CURSO DE DIREITO CONSTITUCIONAL

CURSO DE DIREITO CONSTITUCIONAL

TEORIA DA CONSTITUIÇÃO

TOMO II

2018

Carlos Blanco Morais
Professor Catedrático da Faculdade de Direito da Universidade de Lisboa

ALMEDINA

CURSO DE DIREITO CONSTITUCIONAL
TEORIA DA CONSTITUIÇÃO
TOMO II

AUTOR
Carlos Blanco Morais

EDITOR
EDIÇÕES ALMEDINA, S.A.
Rua Fernandes Tomás, nºs 76, 80
3000, 167 Coimbra
Tel.: 239 851 904 · Fax: 239 851 901
www.almedina.net · editora@almedina.net

DESIGN DE CAPA
FBA.

PRÉ, IMPRESSÃO
EDIÇÕES ALMEDINA, SA

IMPRESSÃO E ACABAMENTO

Outubro, 2018
DEPÓSITO LEGAL

ALMEDINA | GRUPOALMEDINA

BIBLIOTECA NACIONAL DE PORTUGAL – CATALOGAÇÃO NA PUBLICAÇÃO

MORAIS, Carlos Blanco de, 1957-

Curso de direito constitucional. – v. - (Manuais universitários)
T. 2: Teoria da constituição em tempo de crise do estado social. - p.- ISBN 978-972-40-7667-6

CDU 342

À Patrícia, nos seus nove anos e à sua alegria contagiante,
imaginação fascinante e inquebrantável "decisionismo"

Introdução

1. O presente livro, na sua primeira edição publicada pela Almedina, recupera em boa parte os conteúdos de uma prévia obra do Curso que foi publicada por outra Editora e que, entretanto, esgotou.

Esta edição, para além de diversas atualizações que pontualmente se procurou introduzir no corpo originário dessa obra, integra uma rúbrica nova relativa ao chamado cosmopolitismo constitucional e elimina um importante capítulo final do Curso pré-existente, relativo à "jurisprudência da crise" que assumia uma natureza mais conjuntural, ligada aos acontecimentos de 2010/2014, e cujo conteúdo será publicado e atualizado num escrito à parte.

2. Este excurso não se resume às classificações clássicas sobre constituições, poder constituinte e poder de revisão, nem a sintetizar a história constitucional portuguesa e os princípios reitores da ordem constitucional de 1976, mas procura também, com algum desenvolvimento, dar resposta, no tempo presente, à interrogação de Cass Sunstein: "Para que serve uma Constituição?"

Com maior relevo na última década e meia, a conceção de Constituição como "Lex Superior", fruto de vontade popular soberana destinada a regular a arquitetura política de um Estado e a garantir os direitos fundamentais das pessoas foi sendo questionada por duas ideologias político-constitucionais maximalistas e anti-positivistas: o neoconstitucionalismo e o constitucionalismo multinível.

O *neoconstitucionalismo* absolutiza a Constituição, alçada a um virtual projeto de governação permanente, imposto a qualquer maioria política, transforma-a numa metanorma dirigente com forte impacto regulador na organização económica e social e confere um papel liderante à Justiça Constitucional para atuar como moderador, corretor e até como suplente do legislador, sobretudo no campo da concretização de direitos sociais.

O *cosmopolitismo constitucional*, procura desidratar a noção de Constituição da sua estatalidade, da sua hierarquia em face de outras ordens jurídicas internacionais, bem como da soberania constituinte do povo que inere à sua criação, alargando a noção de "constituição" ao estatuto de organizações internacionais e supranacionais e conferindo aos tribunais constitucionais e instâncias jurisdicionais transnacionais, em diálogo reciproco, a função dc dirimirem conflitos entre normas constitucionais estatais e não estatais, recorrendo a princípios comuns.

Assim, dirigistas estatocráticos e anti-dirigistas predominantemente neo-liberais têm procurado, através dos seus paradigmas de Constituição, prosseguir fins diversos: os primeiros, um estatuto algo leviatânico e intervencionista garantido por tribunais ativistas e os segundos, a remoção de escolhos normativos à expansão de leis transnacionais afeiçoadas ao livre mercado global, arbitrados por tribunais cosmopolitas que decidem através de juízos de ponderação e não mediante critérios hierárquicos.

Uns e outros, convergem, contudo, na liquefação da Constituição positiva que, efetivamente, existe como direito decidido, fazendo primar princípios de objeto difuso sobre as regras constitucionais; reforçando o protagonismo político de tribunais constitucionais arrojados que corrigem o legislador; e fazendo esmaecer a vontade democrática, na medida em que as políticas públicas dos representantes do povo passam a ser escrutinadas, no seu próprio mérito, por juízes-jupiterianos, desprovidos de uma legitimidade inquestionável para o efeito.

Neste sentido, velhas frases como a de Carlo Mezzanotte, quando afirmava que mais importante do que a Constituição é o Tribunal Constitucional, impõem aos juristas um trabalho crítico dirigido sobre conceções que desnaturem a dogmática jurídico-constitucional, à margem direito posto e, sobretudo, quando o fazem sem argumentos juridicamente consistentes. Cumpre, por outro lado, fazer uma chamada de atenção para uma questão problemática que se encontra na origem do fenómeno: o Direito Constitucional tem sido, há décadas, objeto de uma sobre-exposição a influxos aditivos e corrosivos da Filosofia do Direito, da Sociologia, da Politologia e do Direito Europeu, os quais, discursivamente embasados na hipertrofia dos valores, vão abalando a supremacia da Constituição como norma decidida, a vontade popular no ato constituinte e, sobretudo, a hermenêutica constitucional.

Torna-se, pois, pertinente, antepor uma Teoria Geral da Constituição ao constitucionalismo das Ciências Sociais, reforçando no plano teórico os pilares estruturantes da Constituição como Lei, à luz da Ciência Jurídica.

3. O presente volume Curso de Direito Constitucional, destina-se não apenas ao ciclo de licenciatura, mas também aos ciclos de Mestrado e Doutoramento. No que respeita ao primeiro ciclo, considera-se serem de leitura obrigatória todas as matérias que não forem precedidas pelo título "Nota" ou "Anotação, bem como a maioria das secções da Parte VII.

Cumpre agradecer, finalmente, a todos os que contribuíram para a presente publicação, em especial à Editora Almedina.

Lisboa, 5 de outubro, 2018.

Parte I
O que é uma Constituição?

Capítulo I
A Constituição como norma fundamental de uma ordem jurídica de domínio estatal

1. Introdução conceptual

1. O conceito de "Constituição" sempre apresentou uma pluralidade de relações de significado[1]. Etimologicamente deriva do verbo latino *"costituere"* que traduz a ideia de criação ou estabelecimento de algo de definitivo[2].

As Ciências Naturais reportam-se à ideia de "constituição" como a *"estrutura, composição, propriedades essenciais e funcionalidade de um ser ou de uma*

[1] Cfr. de entre múltiplos significados, KONRAD HESSE "Manual de Derecho Constitucional", in BENDA, MAIHOFFER, VOGEL, HESSE, HEYDE, Madrid, 2001, p. 3; LAWRENCE TRIBE "The Invisible Constitution", Oxford, 2008, p. 9 e seg.; CASS SUNSTEIN "A Cosa Servono le Costituzioni", Bologna, 2001, p. 95 e seg. e 133 e seg.; LIVIO PALADIN "Diritto Costituzionale", Padova, 1991, p. 18 e seg.; EDUARDO GARCIA DE ENTERRIA "La Constitución como Norma y el Tribunal Constitucional", Madrid, 1988, p. 41 e seg. e 49 e seg.; JORGE MIRANDA "Manual de Direito Constitucional", II, Coimbra, 2013, p. 7 e seg. e "Curso de Direito Constitucional", 1, Lisboa, 2016, p. 15 e seg.; JOSÉ DE MELO ALEXANDRINO "Lições de Direito Constitucional", I, 2015, p. 176; GOMES CANOTILHO "Constituição Dirigente e Vinculação do Legislador", Coimbra, 1982, p. 11 e seg. 14 e seg.; MANOEL GONÇALVES FERREIRA FILHO "Principios Fundamentais do Direito Constitucional", S. Paulo, 2009, p. 22 e seg.; GILMAR MENDES "Curso de Direito Constitucional", in GILMAR MENDES, MARTIRES COELHO, PAULO GONET BRANCO, 1 e seg. e 4 e seg. S. Paulo, 2007 e a mesma obra de GILMAR MENDES e PAULO GGONET, Ed. 2015.

[2] Enrique Alvarez Conde "Curso de Derecho Constitucional", I, 1996, p. 142.

substancia"[3]. Algo que, afinal permite definir as características fundamentais e permanentes de uma certa realidade.

Essa ideia de *essencialidade* ou *fundamentalidade* também está presente na noção de Constituição que impera no mundo do direito. Com efeito, a perceção empírica de uma Constituição de um Estado radica na ideia de norma fundamental que regula o funcionamento do poder político e a ordem social.

Esboçando uma definição provisória, diremos que *a Constituição consiste numa norma investida numa posição única de supremacia que rege uma ordem jurídica e política de domínio estatal e que tem por fim legitimar, regular e limitar o poder político bem como traçar os critérios ordenadores da sociedade.*

Observemos as três componentes desta definição: *supremacia normativa, ordem de domínio estatal e fim estruturante.*

2. A noção de "supremacia" alude à ideia de *"lex superior"*[4], com reminiscências nas "nómoi" atenienses da Antiguidade Clássica e nas *"leis fundamentais"* dos reinos medievais, pressupostamente pactuadas entre o Monarca e as ordens sociais, tendo em vista a ordenação do poder e que eram envolvidas numa aura difusa de superioridade (e até de sacralidade). É essa supremacia de caráter singular ou único, em face das demais normas, que confere à referida norma uma marca referencial de "fundamentalidade".

A *fundamentalidade* da ideia de Constituição moderna deriva do facto de se tratar de:

i) Uma Lei com uma *génese e escopo diferentes das demais,* investida numa posição de supremacia , não só porque foi gerada, seja por uma decisão soberana unilateral e não condicionada a limites jurídicos pré-estabelecidos[5], seja por um pacto jurídico de poder[6], mas também porque o seu fim consiste em regular o poder e garantir a unidade jurídica e política de um Estado[7].

[3] Nicolas Perez Serrano "Tratado de Derecho Político", Madrid, 1984, p. 453.

[4] Sobre a ideia de Constituição como "norma fundamental" em sentido lógico-jurídico cfr. Hans Kelsen "Teoria General del Estado", Ciudad de Mexico, 1979, p. 325 e seg.; e Carl Schmitt Teoria de La Constitucion", Madrid, 1982, p. 63.

[5] Sobre a Constituição como decisão política fundamental e incondicionada, cfr. Carl Schmitt ult. loc cit, p. 47.

[6] Relativamente à Constituição como pacto estamental ou como pacto federal cfr Carl Schmitt, ult. loc cit, p. 66 e seg. e p. 80 e seg.

[7] Hans Kelsen ult. loc. cit.

ii) Uma Lei que, em regra, no plano jurídico-formal, se assume como *norma de hierarquia superior de um ordenamento jurídico em face das restantes normas,* ou seja, como norma sobre a normação (*"norma normarum"*)[8] já que rege a produção das principais normas de direito público, fundamentando a sua validade.

3. Por seu turno, a noção de *"ordem jurídica e política de domínio estatal"* supõe que a Constituição cria, justifica e regula o *regime político* de um Estado, constituindo o *fundamento da sua unidade, na qual se baseiam as relações entre governantes e governados*[9]. Um regime constitui um modelo estruturante de poder político materialmente justificado numa ordem específica de valores e princípios[10]. Uma monarquia absoluta justifica a autoridade do poder político na tradição hereditária, no direito divino e em pactos reais ou ficcionais celebrados entre uma dinastia e as ordens sociais. Uma ditadura revolucionária fundamenta o seu poder na construção coativa de um determinado modelo de sociedade tida por justa, sob a liderança de uma vanguarda política não eleita livremente. E, finalmente, uma democracia justifica o poder político dos governantes no consentimento dos governados, através de um sufrágio livre, pluralista, igual e competitivo e com alternativa de opções.

Qualquer um dos regimes expostos pressupõe, na sua origem, a "fundação" de um sistema de poder, organizado em torno de um conjunto de objetivos agregadores. Neste sentido, a Constituição é *o ato político fundacional e a cúpula normativa de um sistema de poder e de sociedade, propondo-se garantir, através da sua autoridade normativa, que essa ordem político-social seja acatada a título permanente, por governantes e governados.*

Por outro lado, a ideia de ordem *"estadual"* inere à natureza da Constituição[11] como forma de organização política do Estado soberano[12]. Ainda assim,

[8] No que respeita à noção da Constituição como principal fonte de direito ou seja como norma que tem por objecto regular a criação e pautar a validade de outras normas, cfr IGNACIO DE OTTO "Derecho Constitucional, Sistema de Fuentes", Barcelona, 1989, p. 76 e seg.

[9] Cfr. KARL LOEWENSTEIN " Teoria de La Constitución", Barcelona, 1979, p. 149 e seg.

[10] Cfr. CARLOS BLANCO DE MORAIS "Le Metamorfosi del Semipresidenzialismo Portoghese", in AAVV "Semipresidenzialismi", Coord Lucio Pegoraro, Angelo Rinella, Padova, p. 126; MAURICE DUVERGER "Institutions Politiques et Droit Constitutionnel", Paris, 1971.

[11] Pese o facto de a noção de Constituição ser mais antiga do que a de Estado em sentido moderno.

[12] Cfr. JORGE MIRANDA "Manual de Direito Constitucional", II, op. cit, p. 9 e seg.; ERNST BOCKENFÖRDE "Stato, Costituzione, Democrazia", Milano, 2006, p. 29; KONRAD HESSE in "Constitución y Derecho Constitucional", op. cit, p. 2 e seg.

também Estados de soberania limitada (como os membros de confederações e de organizações internacionais supranacionais) e estados não soberanos (como os estados-membros de uma Federação), são regidos por constituições.

Constituição e Estado estão, assim, histórica e juridicamente, ligados por via umbilical, pois não é possível conceber uma Constituição positiva em sentido autêntico, fora de uma ordem estatal (cfr. infra § 5).

4. Em terceiro e último lugar, a Constituição corporiza instrumentalmente um fim estruturante da ordem estadual que é o de *legitimar e regular o poder político bem como o de traçar os princípios ordenadores da sociedade.*

A Constituição legitima o poder político de um Estado (cfr. infra §366) já que, como ato soberano, *justifica a autoridade de uma forma de poder público em torno de* um conjunto de valores e princípios políticos, jurídicos, éticos, sociais e até religiosos, que erige a pressuposto de uma unidade coletivamente aceite, de forma expressa ou tácita. Trata-se de uma legitimação com uma dimensão política e com uma componente "legal, racional"[13].

Por outro lado, a Constituição, como norma de organização, regula e limita juridicamente o mesmo poder político, disciplinando as suas instituições fundamentais no que respeita à designação de titulares, exercício de competências e relações de controlo interorgânico[14].

Finalmente, a Constituição, sem pretender necessariamente reger, diretamente, a essência da vida em sociedade, *toma posição sobre princípios de organização social*[15], definindo aspetos do relacionamento jurídico das pessoas com os órgãos do poder, em termos de *direitos, prerrogativas e deveres.* Os *direitos fundamentais* das pessoas, que estas fazem valer frente aos poderes públicos, e que constituem um *limite* à atuação daqueles, constituem o "núcleo duro" da organização social das constituições modernas.

[13] MAX WEBER "Economia y Sociedad", Tomo I, Mexico, 1977, p. 27 e seg. e Tomo II, idem, p. 707. No fundo, trata, se do fenómeno da "dominação legal" em que o fundamento da autoridade decorre da observância de regras e procedimentos de direito positivo. Trata-se de um tipo de legitimidade que justifica os poderes constituídos mas não a própria Constituição.
[14] KONRAD HESSE ult. loc. cit.
[15] ROGÉRIO EHRHARDT SOARES "Constituição", DJAP, II, Lisboa, 1990, p. 672 e seg.

2. As relações de interdependência entre a Teoria Geral do Estado e a Teoria da Constituição

2.1. Uma relação biunívoca em que o Estado assume carácter principal

5. Questiona Gomes Canotilho[16] se deve ser aceite o teorema de que a Constituição pressupõe o Estado e que o Estado pressupõe a Constituição?

A Constituição não nasce por si mesma ou para si mesma, mas surge como manifestação de um poder de autoridade que pretende assegurar a unidade política de um Estado.

Não se torna possível conceber uma Constituição positiva fora do Estado ou do processo constitutivo de um novo Estado. Fora do âmbito teorético de discussão de uma hipotética constituição "multinível" bem como da mítica constituição "global" (cfr. infra § 405) e se excluirmos o uso desadequado do conceito nos tratados constitutivos de certas organizações internacionais (cfr. a "Constituição" da Organização Internacional do Trabalho), verifica-se que quando a União Europeia instituiu uma Convenção para aprovar um "Tratado Constitucional", esse tratado, a ter vingado, embora nascesse na esfera do Direito Internacional Público como um "Pacto federal" acabaria por se transformar, através de um processo evolutivo, na Constituição de um novo Estado Federal europeu.

Havendo memória de Estados sem Constituição[17], não é possível, contudo, conceber um *Estado de direito* (cfr. infra § 88), sem uma Constituição como norma de referência que opere como parâmetro de validade desse direito e como limite jurídico do poder político.

Em suma, o Estado, em face da Constituição, reveste uma natureza principal enquanto a segunda assume um papel relevante, mas instrumental relativamente ao primeiro.

Isto, em *primeiro lugar*, porque o Estado, em regra, antecede a Constituição e pode ser servido não apenas por uma, mas por várias constituições que se sucedem ao longo do tempo. O Estado é tanto um viveiro como um

[16] Gomes Canotilho "Novos Questionamentos da Teoria da Constituição" in AAVV "La Constitución Española en el Contexto Constitucional Europeo", Coord. F. Fernandez Segado, Madrid, 2003, p. 143.

[17] Até ao dealbar do movimento constitucionalista no Século XVIII, os Estados não eram regidos por qualquer constituição em sentido moderno, havendo, no tempo presente, monarquias árabes que não são servidas por constituições.

cemitério de constituições. Daí que as posições que tendem de forma reducionista a alçar o relevo da Constituição a um patamar superior ao do Estado estribados na ideia de "patriotismo constitucional"[18] ou que a circunscrevem a uma "Carta de direitos fundamentais"[19] pecam por reducionismo e por confusão entre o essencial e o acessório. Pátria significa pertença a um espaço e a um devir coletivo e não a um mutável estatuto jurídico que rege esse espaço numa folha de papel. Por outro lado, cartas de direitos fundamentais do homem multiplicam-se pelas mais diversas organizações internacionais, carentes de base estadual.

Em *segundo lugar*, a Constituição nasceu para servir o Estado estruturando os seus elementos, definindo o regime e o sistema político, ordenando as suas normas jurídicas e atos políticos, traçando as tarefas cometidas aos poderes públicos e estabelecendo o regime dos direitos fundamentais. Ora, ressalvados os novos Estados que nascem de processos de descolonização, todos estes atributos, são pré-determinados pelas características históricas e identitárias do Estado e pela vontade de um dos seus elementos, o povo, que é fonte legitimante da sua soberania política.

Em *terceiro lugar*, Constituição que tenha alguma pretensão de durabilidade, deve ajustar-se à natureza do Estado, reger a factualidade do tempo presente e integrar a sua diversidade. A realidade que emerge da prática política, das exigências de uma sociedade pluralista e dos imperativos da economia influem sobre a interpretação e aplicação da Constituição. Caso as normas constitucionais não logrem assegurar a sua efetividade aplicativa e contribuir para a unidade política, numa realidade política e social em mudança, elas definham, nominalizam-se e colocam em causa quer a sua própria legitimidade, quer a sua função legitimadora.

6. Dito isto, verifica-se, também, pelo seu lado, que a Constituição logra modular e definir o papel Estado.

A Lei Fundamental, ao estabelecer os fins e as tarefas estaduais acaba por ter um forte impacto na sua transformação como pessoa coletiva pública. Hoje o Estado, como refere CANOTILHO, é uma coletividade adjectivada: com efeito, Estado Liberal, Estado Social, Estado de Direito, Estado

[18] Cfr HABERMAS infra §426. Trata-se e um entendimento que confunde o peso essencial da unidade coesiva de destino de um povo com a relatividade e transitoriedade uma Lei, cuja aplicação e interpretação se faz com a razão e não com a emoção própria dos patriotismos.

[19] Cfr. ALEXY, infra § 399. Este entendimento esquece que sem um estatuto jurídico do poder político, a Constituição não existe.

Socialista, Estado Republicano, Estado autoritário, Estado Corporativo, são paradigmas estaduais marcados por perfis políticos que resultam do conteúdo das Constituições que os ordenam. É o fundamento do poder político, o seu modo de acesso, o seu controlo, as tarefas que lhe são cometidas e os termos em que são garantidos os direitos de cidadania, que permitem classificar um Estado e inseri-lo numa determinada família[20].

7. Assim, sem prejuízo de o Estado preceder a Constituição, ambos se pressupõem e influenciam biunivocamente. Daí que Teoria Geral do Estado e Teoria da Constituição estabeleçam entre si um importante sistema de vasos comunicantes.

A Teoria da Constituição consiste num *domínio do saber no âmbito da Ciência do direito público*[21], *que analisa, categoriza e fundamenta a ordenação jurídico-constitucional superior do fenómeno político.*

Por seu turno, a Teoria Geral do Estado é *o domínio do conhecimento que estuda os problemas que defluem da natureza e dos atributos constitutivos do Estado, das suas funções e fins, da legitimação e organização do poder político, da sua forma territorial e da sua evolução e categorização histórica e política em torno dos conceitos de legitimidade e soberania*[22].

A Teoria do Estado influi, incontornavelmente, na teorização constitucional. Vejamos alguns exemplos.

Um modelo de Estado democrático organizado na base de um sistema parlamentar e centrado na realização dos seus fins básicos (Justiça, segurança e mínimos de bem-estar) revê-se num paradigma próprio de Constituição mais curta ou sintética, não dirigista e aberta à livre adoção de políticas públicas alternativas, em razão dos programas ratificados pelo

[20] A própria interpretação constitucional transforma as tarefas e os fins do Estado. Por exemplo, na Constituição brasileira de 1988 o perfil intervencionista do Estado no domínio social encontra-se na Constituição mas foi catalisado a patamares muito superiores aos que resultam do texto, pela leitura construtivista e ativista que o poder judicial fez da Lei Fundamental convertendo-a em Carta dirigente e gerando transformações nas tarefas e na gestão prestacional do Estado que não pensadas pelo constituinte.

[21] SCHMITT entendia que se tratava de um ramo especial da Teoria do Direito Público (Cfr. CARL SCHMITT "Teoria de la Constitución" op. cit, p. 21.)

[22] Cfr. MARTIN KRIELE "Introdução à Teoria do Estado", Porto Alegre, 2009, p. 24 e seg. e 29 e seg.; REINHOLD ZIPPELIUS Teoria Geral do Estado", Lisboa, 1971, p. 2 e seg.; HANS KELSEN "Teoria General del Estado", op. cit, p. 6 e seg.; SANCHEZ AGESTA "Principios de Teoria Política", Madrid, 1983, p. 102 e 105. MARCELLO CAETANO "Manual de Ciência Política e Direito Constitucional", I, Coimbra, 1995, p. 43 e p. 121 e seg.

eleitorado. Já um modelo de Estado com grandes desigualdades económico-sociais e com uma vocação intervencionista, centrado na promoção do nível de vida dos mais desfavorecidos, pode potenciar uma Constituição mais programática ou até dirigista, extensa e portadora de tarefas detalhadas impostas ao legislador no domínio económico e social, restringindo a sua liberdade de executar o programa político ratificado em eleições.

No primeiro caso, a teorização constitucional dominante que emerge do texto positivo centra-se na liberdade democrática do legislador, na contenção do poder judicial e na eficácia limitada das normas constitucionais que se resumem ao papel de regulação das "regras do jogo" político e de garantia dos níveis mínimos de prestações económicas e sociais. Trata-se de uma realidade comum a vários Estados europeus, como a Holanda, Suécia, Dinamarca, Alemanha e até certo ponto, Espanha. Já no segundo caso abre-se espaço para o predomínio de teorias que acentuam o papel diretivo das normas constitucionais, determinando políticas públicas ao legislador e fundamentando o apagamento do legislativo em face de um poder judicial tornado garante ou fiador da efetividade desses mandatos normativos. É o caso do Brasil e, em menor extensão, o de Portugal.

Do mesmo modo, estados multinacionais ou territorialmente extensos reclamam uma gestão descentralizada do espaço que se estrutura sob a forma de uma federação ou de uma regionalização avançada, predicando teoréticas constitucionais justificativas de determinados modelos de autonomia política territorial e de repartição vertical das funções do Estado. O inverso sucede em estados pouco extensos e culturalmente homogéneos, que predicam uma forma unitária.

8. No tempo presente, com relevo crescente após a Segunda Guerra Mundial, o Estado experimentou um conjunto mutações fisionómicas que não deixam de projetar o seu impacto na Teoria Geral do Estado e na Teoria da Constituição.

Já em 1932, Carl Schmitt antecipava que a Era da simples estatalidade teria os seus limites, como paradigma dominante de organização coletiva[23] em razão de uma *perda progressiva da plenitude soberana do Estado,* tal como esta foi concebida depois de Vestefália e, ainda assim, mantida até ao termo da Segunda Guerra Mundial relativamente a um conjunto significativo de

[23] Carl Schmitt "El Concepto de la Politica", in "Escritos Politicos", Madrid, 1975.

atores internacionais. Vários fatores contribuíram para essa perda de vigor soberano, cumprindo neste breve apontamento alinhar seis deles[24]:

i) No plano *político-administrativo* verifica-se, frente ao Estado, um movimento gradual de afirmação, dos interesses específicos dos grupos que integram a sociedade pluralista, sendo o mesmo Estado impelido a integrá-los no processo público de decisão, mediante trâmites de "democracia participativa" que envolvem audições obrigatórias de grupos na feitura das leis e procedimentos administrativos de participação dos administrados bem como institutos que agilizam a impugnação dos atos da administração[25].

ii) No plano dos *direitos fundamentais,* existe um fenómeno crescente de "individualização" dos direitos (com a perda do papel de mediação das corporações, das instituições religiosas e das estruturas tradicionais intermédias, como a família) assim como a afirmação agressiva das liberdades dos indivíduos e de grupos inorgânicos ligados a causas que antes eram consideradas de baixo perfil (questões ambientais e direitos de minorias) que aumentaram o seu impacto público, graças à comunicação de massas e redes sociais;

iii) Na esfera da *organização territorial,* assiste-se a um movimento ascendente de afirmação das autonomias, a nível local, regional e federal, traduzido numa transferência gradual de responsabilidades do centro estatal, para poderes territoriais periféricos[26], na multiplicação de relações diretas entre municípios e regiões de distintos países através de comunidades transfronteiriças[27] e na irrupção de movimentos de autodeterminação de comunidades nacionais[28];

[24] Cfr. Arthur Benz "El Estado Moderno", Madrid, 2010, p. 378 e seg.

[25] A impugnação de atos administrativos e regulamentares potencialmente lesivos de direitos e interesses legalmente protegidos, a agilização de providências cautelares e "writs" de defesa de direitos de liberdade, como a intimação para a proteção de direitos, liberdades e garantias são exemplos desta marcha subjetivista que faz recuar o poder do Estado-Administração e as suas imunidades em face dos administrados.

[26] No Reino Unido, Portugal, Espanha e Itália a implantação da regionalização político-administrativa envolveu sucessivos atos de devolução de poderes para as regiões.

[27] Com base numa Convenção-quadro do Conselho da Europa foram celebradas dezenas de acordos de cooperação transfronteiriças e criadoras de entidades territoriais transnacionais, com poderes administrativos limitados.

[28] Na União Europeia registaram-se movimentos favoráveis a atos referendários para sufragar a independência da Escócia, Catalunha e Veneto, tendo no continente americano o Canadá realizado um ato referendário da mesma natureza no Quebec.

iv) *No plano da organização económica do Estado,* os acontecimentos de 1989 que levaram à queda do "Muro de Berlim", à desintegração da URSS e do comunismo na Europa, potenciaram o triunfo do modelo de economia de mercado, com a reprivatização massiva de empresas e a substituição de um *Estado Gestor* de um vasto setor patrimonial público, por um *Estado-regulador*[29], que criou autoridades independentes[30] para supervisionar os mercados económicos e financeiros entregues a privados;

v) *No plano político, económico e social externo,* assiste-se a um fenómeno de internacionalização da cooperação entre Estados, através do fortalecimento de organizações internacionais, passando o Direito Internacional Público a regular matérias que antes eram apenas decididas a nível estadual, tal como questões financeiras, policiais, criminais, de defesa e, em particular, a garantia de direitos humanos, a par de um fenómeno de globalização nas comunicações e na circulação de pessoas, patentes, bens e capitais, com redução de controlos estaduais sobre esses fluxos;

vi) *Finalmente, a supracitada internacionalização da cooperação evoluiu, em certos continentes, para modelos de integração supranacional,* quando na Europa foi criada uma estrutura associativa de Estados de natureza confederal, com elementos federais (a União Europeia), na qual os mesmos Estados delegaram poderes que são exercidos, em nome do mesmo ente ou em nome de todos, e cujas normas vinculam as ordens jurídicas internas.

2.2. Nota sobre o influxo do supranacionalismo inorgânico e orgânico na arquitectura da Teoria do Estado e Teoria da Constituição

9. Cumpre destacar, quanto ao último ponto abordado, o influxo do supra, nacionalismo, nas suas vertentes *inorgânica e orgânica*, nas Teorias do Estado e da Constituição.

A nível inorgânico, o novo paradigma de capitalismo financista globalizado, sendo responsável por expressivos avanços tecnológicos e pelo desen-

[29] Carlos Blanco de Morais "O estatuto Híbrido das Autoridades Reguladoras da Economia", Estudos Jorge Miranda, IV, Coimbra, 2012, p. 189 e seg.

[30] Uma administração não sujeita à direção ou superintendência dos Governos.

volvimento de potências emergentes (como a China e a India), dos quais decorreu a elevação de nível de vida de estratos mais pobres da população, acabou por ter o seu reverso da medalha no hemisfério ocidental.

A deslocalização das indústrias europeias e norte-americanas para a Ásia gerou redução do produto interno bruto de muitos Estados ocidentais, desequilibrou a sua balança comercial e potenciou o desemprego. Empresas privatizadas cujo centro de decisão era nacional foram alvo de ofertas públicas de aquisição oriundas do estrangeiro, tendo subitamente mudado de mãos, sendo fundidas ou tendo sido desmanteladas. A concentração do capital gerou níveis nunca antes alcançados, quebrando uma lógica inerente ao sistema capitalista que é o da competitividade, concorrência e disseminação de ativos. A falta de supervisão financeira levou a que crises graves geradas num Estado (o "sub-prime" nos Estados Unidos em 2008) contagiassem outras economias, potenciando outras crises, como a das dívidas soberanas na Europa, a partir de 2009, com potencialidade de contágio a terceiros.

A traumática experiência europeia da *crise da dívida soberana* levou Estados de pequena dimensão (Portugal, Irlanda e Grécia) e potências médias (Espanha), a serem colocados numa posição insustentável, pelo facto de o impacto da crise financeira internacional os ter surpreendido em cenários de despesismo público incontrolado e endividamento altíssimo, derivado da subsidiação irrefreada de um Estado intervencionista e social. Com o aumento da notação de risco de incumprimento do serviço da dívida dada por agências de "rating" internacionais, e a consequente elevação das taxas de juro desta última, para níveis incomportáveis, programas internacionais de resgate foram lançados para evitar a insolvência desse Estado, tendo sido aprovadas medidas draconianas de austeridade como contrapartida dos empréstimos concedidos por credores internacionais[31].

Ora, o facto é que passou a ser *um poder transnacional e, faticamente supranacional, de carácter inorgânico*, composto por uma mole difusa de credores financeiros representados por uma "junta" de estruturas internacionais (como o Fundo Monetário internacional, a Comissão Europeia e o Banco Central europeu) a determinar, com detalhe, as políticas publicas dos Estados, sob resgate, da justiça à defesa, passando pelas finanças, segurança

[31] Em geral AAVV "La Dimensione Sociale dell'Unione Europea alla Prova della Crisi Globale", Org. Andrea Ciccarelli, Pietro Gargiulo, Milano, 2012.

social e saúde. O transnacionalismo financeiro[32], um poder multiforme, invisível e dificilmente sujeito a um heterocontrolo democrático, passou a dominar a política estadual, utilizando como instrumento da sua força de pressão os poderes fáticos das sociedades de notação financeira, que são subsidiadas quer por Estados quer por grandes estruturas privadas do setor bancário e financeiro: todo o Estado endividado e carente de financiamento que não siga as recomendações dos representantes desses credores arrisca-se a ter uma baixa na sua notação, passível de afugentar investidores, potenciar a subida dos juros da dívida e de o forçar a adotar políticas restritivas ainda mais rigorosas para evitar a cessação de pagamentos.

No plano da supranacionalidade orgânica, a integração de Estados europeus na União Europeia, pressupõe que esta exerça, em relação aos mesmos, poderes subordinantes que implicam, quer a limitação da sua esfera de competências, quer alterações no respetivo sistema político. Com efeito, na medida em que os Estados-membros delegam na União Europeia (U E.) competências que passam a ser exercidas em nome de todos (e cujas correspondentes decisões são concebidas, na prática, pelos grandes Estados da União, como a Alemanha, França e alguns membros do norte e centro da Europa), aqueles deixam de poder exercer em plenitude os poderes constitucionais, passando a soberania a assumir caráter limitado.

Tivemos a oportunidade de descrever no tomo I do Curso de Direito Constitucional quais os efeitos da supranacionalidade europeia no exercício dos poderes constituídos do Estado português e de outros estados europeus, bem como na arquitetura do princípio da separação de poderes[33].

Concluímos, então, que a mesma supranacionalidade europeia:

i) Reforçou os poderes de direção política e de centralidade legislativa dos Governos nacionais a expensas dos poderes homólogos dos Parlamentos, os quais recuaram para as esferas da fiscalização política e da emissão de legislação impulsionada pelo Executivo;
ii) Debilitaram os Governos no exercício da função administrativa, pela emergência de uma constelação dispersa de autoridades administrativas independentes e semi-independentes, separadas dos Executivos, mas ligadas à UE;

[32] Designado na gíria comum por "mercados".
[33] Carlos Blanco de Morais "Curso de direito Constitucional Tomo I", op. cit, § 59 e seg..

iii) Reforçaram o poder jurisdicional a expensas das atividades políticas e legislativas protagonizadas pelo Governo e do Parlamento, seja através da transformação dos juízes nacionais em juízes europeus, escrutinadores da prevalência das normas europeias sobre as leis internas, seja por força da Jurisprudência de alguns Tribunais Constitucionais que reservaram, a última palavra sobre a validade das leis do Estado que medidas de austeridade impostas pela Europa[34].

10. As considerações expostas sobre as transformações do Estado contemporâneo, com relevo para o impacto que sobre ele se manifestou a partir dos poderes supranacionais e transnacionais, numa era incerta de globalização e cosmopolitismo político-constitucional[35], não deixaram de produzir um impacto relevante em sede da Teoria Geral do Estado e da Teoria da Constituição.

Legitimidade e soberania são atributos ancilares do estudo da Teoria Geral do Estado. Ora, a *legitimidade democrática* do poder político de um Estado, como Portugal, num tempo de submissão a um programa de ajustamento financeiro (que cessou em 2014 mas que subsistirá, em outros termos, à luz de compromissos financeiros assumidos, bem como o império do Tratado Orçamental da U.E.), não pode deixar de ser reequacionada à luz de uma perda efetiva de soberania. Esta, não deixa de relativizar o mandato eleitoral como elemento substancial de legitimação do decisor político: qualquer partido do arco democrático eleito para governar está vinculado, não a um programa próprio ratificado nas urnas, mas a um programa, a um caderno de encargos ou a compromissos internacionais impostos pelos representantes dos credores internacionais, tornando menos relevantes as opções alternativas oferecidas ao eleitorado. Como explicar, pois, neste contexto de guião único dotado de vinculação política, que a democracia representativa é legitimadora do poder, que o povo exerce esse poder através dos seus representantes, que "os mais devem governar os menos" e que a democracia competitiva entronca no binómio governo-oposição? A realidade da prática política faz com que o eleitorado possa votar nos candidatos que entender, sem prejuízo das linhas de força do programa de governo já se encontrem pré-formatadas, com uma margem limitada para ajustamento.

[34] Caso de Portugal. Cfr. confra, § 812 e seg.

[35] Cfr. Marcelo Neves "Transconstitucionalismo", S. Paulo, 2009, p. 47 e seg. 133 e seg. 165 e seg. e 190 e seg.

Os programas eleitorais alternativos contrapõem-se em torno de diferenças pouco relevantes que essa margem limitada permite bem como na incontornável oferta de algumas doses de utopia eleitoral.

O mesmo se diga da *soberania*[36]: como falar em unidade, indivisibilidade, inalienabilidade e auto-referencialidade da soberania ou mesmo em "órgãos soberanos", se essa soberania é nuns casos transferida "de facto" e noutras "de direito" para organizações e outras estruturas internacionais? Se são estas a aprovar as normas harmonizadoras em áreas fundamentais da ordem interna e se são credores internacionais a ditar, em memorandos desprovidos de valor normativo mas de incontornável relevo político, as linhas de força das principais políticas públicas que as instituições "soberanas" se limitam a concretizar ou, até, a "carimbar"? E como falar em primado "real" da função legislativa parlamentar se a integração europeia faz assentar no Governo o centro efetivo de impulsão, conceção e até de decisão político-legislativa?

Esta é a realidade de alguns Estados do sistema solar da União Europeia.

Existe, ainda assim, algum reducionismo analítico que tende a generalizar a diagnose que atesta o enfraquecimento da capacidade de direção política do Estado contemporâneo e da relativização da sua soberania. Com efeito o fenómeno aqui descrito ocorre essencialmente no universo europeu ocidental, no qual, *a supranacionalidade orgânica se cumulou, em diversos Estados, com a supranacionalidade fáctica e inorgânica, em tempos de crise.*

Fora desse universo, o paradigma do Estado-nação ou até do Estado-multinacional soberano existe plenamente na maioria das regiões do globo, mormente nas grandes potências como os Estados Unidos, a Federação Russa e a China ou em potências regionais como o Canadá, o Brasil, o Japão, o Irão, a União Indiana, a Austrália, a Indonésia ou a África do Sul. E o mesmo sucede, em menor grau, em outros estados europeus, asiáticos e latino-americanos, alguns dos quais operam em pleno desafio a grandes potências liderantes.

Pode-se qualificar como de "soberania limitada" uns Estados Unidos que adotam unilateralmente medidas económicas e financeiras com impacto internacional e que quebraram o Direito Internacional com a invasão do Iraque em 2003? Ou uma Federação Russa que, igualmente em rotura com o Direito internacional, anexou em 2014, a Crimeia? Ou um Irão que,

[36] Cfr. em geral, AAVV "Sovereignity in Transition", Ed. Neil Walker, Oxford, Portland, 2003.

insensível a sanções internacionais e a ameaças militares de grandes potências, prossegue um programa nuclear incerto? Ou uma China que envia navios militares para arquipélagos em disputa com Estados vizinhos e desencadeia operações quase abertas de espionagem informática e industrial junto de estados ocidentais? Ou até uma Suíça que de costas voltadas para todo o tipo de pressões dos Estados vizinhos da União europeia impõe por via referendária limitações à imigração (mesmo oriunda da UE) e à construção de minaretes?

Daí que, generalizar o modelo de soberania limitada ou diminuída própria da União Europeia, aos restantes Estados que constituem a esmagadora maioria da Sociedade Internacional envolve o uso de um falso argumento radicado num eurocentrismo deslocado. E tanto mais deslocado, quanto o facto de a Europa Ocidental ter deixado de constituir um dos dois maiores pólos económicos internacionais e de, passadas duas décadas, não ter logrado exportar com sucesso o seu modelo supranacional para outros blocos de cooperação regional, como os da NAFTA, MERCOSUL e ASEAN[37].

Por outro lado, recentemente, no período 2016/2018, registou-se na Europa um forte movimento de afirmação soberanista, com o processo ainda inconclusivo de saída do Reino Unido da União Europeia, o reforço de partidos populistas eurocéticos e o acesso ao Governo, em diversos Estados (Itália e Áustria, a par do quarteto integrado no "Grupo de Visegrado"), de forças políticas favoráveis a uma reforma da União, à recuperação de poderes pelos mesmos Estados e a um maior protecionismo. Movimento que tem recebido um cada vez menos discreto apoio por parte de grandes potências, como os Estados Unidos e a Rússia.

Ainda assim, mesmo nos Estados soberanos não europeus, haverá que reconhecer que o grau de soberania atual não é o mesmo que pontificava no período anterior à Segunda Guerra Mundial: as tarefas estatais internacionalizaram-se em quadros de cooperação e interdependência regional; as

[37] A NAFTA é o Tratado norte-Americano de Livre Comércio que agrupa os Estados Unidos da América, o Canadá e o México; o MERCOSUL (Mercado Comum do Sul) é uma associação de comércio livre que agrupa o Brasil, Argentina, o Uruguai, o Paraguai e a Venezuela, encontrando-se a Bolívia em processo de integração. A ASEAN (Associação das Nações do Sudeste Asiático) é uma associação de cooperação económica que integra a Tailândia, Malásia, Singapura, Indonésia, Brunei, Filipinas, Vietnam, Camboja, Laos e Birmânia (ou Myanmar).

redes políticas, económicas e financeiras transnacionais passaram a limitar a autonomia de decisão dos poderes internos; e a universalização dos direitos fundamentais foi-se impondo gradualmente (e aderiu mesmo à agenda interna de certos Estados autoritários, obrigados a justificar-se e a alterar procedimentos repressivos). A irrupção de direitos de cidadania junto de novas gerações mais inconformistas, a expressão inorgânica do pluralismo radical nas redes sociais, o aumento do escrutínio público das autoridades por atores internacionais (difusos ou institucionais) e a globalização imediatista e visualizada da informação escrutinam, limitam e fragilizam o poder das próprias grandes potências[38].

O "Estado" e, sobretudo, os Estados da União Europeia, encontram-se num equilíbrio instável, confrontando-se entre uma opção de uma travagem da globalização, uma devolução de poderes às autoridades nacionais pelas estruturas supranacionais e uma contenção dos efeitos da radicalização pluralista e outra opção voltada para novos passos em frente no sentido da federalização. A nova composição do Parlamento Europeu, em 2014, refletiu as tensões dialéticas do problema exposto para os anos vindouros e as eleições europeias de 2019 poderão constituir um ponto de viragem decisivo sobre o futuro da União ou da sua atual arquitetura.

11. Estas transformações operadas nos poderes soberanos, nas formas de expressão democrática e nas novas fontes jurídicas e fáticas de legitimação dos poderes do Estado não deixam de afetar os debates doutrinais e os ensinamentos jurídicos em torno da Teoria da Constituição. Em aberto nessa discussão ficam questões como o valor hierárquico das normas constitucionais, a identidade normativa da Constituição em face de transformações operadas no Estado que a mesma regula, os novos métodos na interpretação constitucional convocados pelos tribunais e os seus impactos na arquitetura tradicional da separação de poderes e ainda o declínio integrador da Constituição "pós-moderna" como fundamento da convivência

[38] O caso *Wikileaks*, uma organização não governamental transnacional que divulga dados sensíveis sobre Estados e empresas a partir de fontes anónimas, debilitou entre 2007 e 2010 os Estados Unidos, confrontados com a divulgação pública de torrentes de segredos militares e de segurança. Procedimentos coativos sancionatórios, formais ou informais, que seriam legítimos ou tolerados há décadas para lidar com este tipo atuações tornaram-se, no tempo presente, inviáveis, sobretudo no universo dos estados democráticos.

social[39]. A equação problemática de algumas dúvidas da atualidade permitem debater a natureza e o grau dessa afetação[40].

A Teoria da Constituição, a par de uma dogmática própria tem de lidar com factos consolidados gerados por transformações no Estado e na prática

[39] Giuseppe Volpe "Il Costituzionalismo del Novecento", Bari, 2000, 253.

[40] Assim: – Será que as normas de direito da união europeia prevalecem sobre as estruturas fundamentais das constituições dos Estados (como defende o Tribunal de justiça da União) ou apenas sobre disposições instrumentais e sobre o direito ordinário (como sustenta o Tribunal Constitucional alemão)?
– O impacto do direito supranacional, a existência de princípios protegidos por limites materiais ou cláusulas pétreas, a existência de pretensos valores suprapositivos e a diferente estrutura de normas em matéria de direitos fundamentais não terá gerado diferentes hierarquias no interior da Constituição?
– Se o poder constituinte soberano é juridicamente ilimitado, pode a União Europeia tentar condicioná, lo à luz dos princípios basilares dos seus tratados institutivos? (questão colocada a propósito da Constituição húngara de 2012);
– Uma lei que afete direitos fundamentais, e que não tenha sido objeto de qualquer discussão pública, no contexto de uma "democracia deliberativa", poderá ser julgada inconstitucional com fundamento em défice democrático à luz da "democracia participativa"?
– Em situações de crise financeira existirá um estado implícito de urgência passível de restringir a mínimos ou até a um grau zero os direitos sociais por força da prevalência de razões de interesse público? Terão os direitos sociais o mesmo peso substancial e regime de proteção constitucional que os direitos de liberdade? Fará sentido transferir para os tribunais constitucionais juízos políticos de ponderação entre direitos e interesses públicos em conflito, que envolvam políticas públicas com impacto social e adotadas em contextos de crise financeira?
– Pode o constituinte alterar a identidade de uma Constituição programática e fazê-la evoluir para um modelo de Estado pós, social, sem violar limites materiais implícitos de revisão constitucional?
– Em face do protagonismo do poder jurisdicional fará sentido redefinir o conteúdo do princípio da separação de poderes, quando os tribunais Constitucionais criam por via interpretativa, usando uma pluralidade de fórmulas por eles gizados, novas normas constitucionais à margem do processo formal de emenda constitucional ou se substituem ao legislador através de sentenças normativas em casos de omissões legislativas?
– Fará, finalmente, sentido que as normas constitucionais sejam interpretadas à luz do caso concreto e no respeito de valores morais não explicitados na Constituição mas revelados pelo juiz no respeito das suas pré-compreensões, da jurisprudência comparada ou dos consensos éticos e políticos que predominam no momento em que é proferida a sentença? E faz, igualmente, sentido incorporar axiomas morais nas normas, quando o pluralismo social e político legitima o desacordo e a diferença de opiniões, do qual deflui algum relativismo ético na normação e uma revalorização das opções democráticas do legislador? (cfr. José Juan Moreso "La Constitución: modelo para armar", Madrid, Barcelona, Buenos Aires, 2009, p. 22 e seg.)?

política, as quais carecem de resposta. Daí que uma "Teoria Geral da Constituição" (infra, § 431 e seg.) que apenas assente incrementalmente nos pilares doutrinais do último meio-século, padeça de alguma forma de autismo e não forneça as respostas adequadas que o Estado em transformação e a sociedade inquieta do tempo presente dela exigem.

Capítulo II
Classificação de constituições

12. As constituições podem ser classificadas segundo critérios distintos, já que não se reconduzem a um único paradigma[41]. Observemos alguns critérios tipológicos.

Secção I
Critério estrutural

13. De acordo com um *critério de estrutural,* que aborda os atributos fundamentais das Constituições (atributos identitários relativos ao fim, ao conteúdo e à hierarquia formal), poderemos classificá-las, respetivamente, em Constituições em sentido *institucional, em sentido material e em sentido formal.*

[41] Cfr. sobre tipologias clássicas J. Gomes Canotilho "Constituição Dirigente e Vinculação do Legislador", op. cit, p. 80 e seg.; Jorge Miranda "Manual de Direito Constitucional" ult. loc. cit, p. 18 e seg.; Marcelo Rebelo de Sousa "Direito Constitucional", Braga, 1979, p. 41 e seg.; Manoel Gonçalves Ferreira Filho "Curso de Direito Constitucional", S. Paulo, 2008, p. 10 e seg.; Gilmar Mendes, Inocêncio Mártires Coelho "Curso de Direito Constitucional", op. cit, p. 14 e seg.; Enrique Alvarez Conde ult. loc cit, p. 167; Karl Loewenstein ult. loc. cit, p. 205 e seg.

1. Constituição em sentido institucional ou "absoluto"

1.1. Conceito

14. Embora o conceito de Constituição do tempo presente tenha sido enformado pelos fins matriciais do movimento constitucionalista, existem atributos desse mesmo conceito que lhe são anteriores e que se encontravam latentes, pelo menos, desde os alvores das Cidades-Estado da Antiguidade Clássica e que subsiste até à *Idade da Comunicação* que marca o tempo presente. Isto porque, na cultura ocidental, sempre existiram normas escritas e não escritas, investidas numa posição de proeminência, destinadas a organizar política e socialmente as comunidades territoriais organizadas.

Associando todos os elementos comuns *à ideia-fim de Constituição, presentes nos momentos anterior e posterior ao movimento constitucionalista* que emergiu a partir de finais do Século XVIII, podemos definir Constituição em *sentido "absoluto"*[42] *ou institucional*[43], como um *conjunto de normas* que, em qualquer momento histórico, legitimam *e ordenam a organização do poder político de uma coletividade e que tomam posição sobre a sociedade regida por esse poder*[44].

Esta definição de Constituição institucional, abrange tanto a chamada "Constituição Antiga" como a "Constituição Moderna" nascida no Séc. XVIII[45] e, como veremos, exibe atributos comuns com a noção dogmática de Constituição material (infra, 25 § e seg.), relativamente à qual configura um pré-conceito.

A ideia de Constituição é inseparável da noção de direito, na medida em que este supõe, por via coercitiva, a criação e a aplicação de regras de conduta obrigatórias que garantam a ordem e a justiça em sociedade, regulando conflitos entre interesses contrapostos. Daí que esta noção de Cons-

[42] Carl Schmitt, ult. loc. cit. Para o autor, Constituição em sentido absoluto consiste numa *"regulação legal fundamental"* ou num *"sistema de normas supremas e últimas"*.

[43] Jorge Miranda ("Manual e Direito Constitucional", II, Coimbra, Ed. de 2003, p. 12.) utilizava esta expressão para aludir à noção de Constituição anterior ao Constitucionalismo. Pela nossa parte, procuramos utilizá-lo num sentido mais amplo, para aludir a uma realidade intemporal de ordenação superior das colectividades estaduais politicamente organizadas.

[44] Cfr., numa noção próxima Rogério Ehrhardt Soares "Constituição", DJAP, II, op. cit, p. 672 e seg.

[45] Manoel Gonçalves Ferreira Filho "Princípios Fundamentais do Direito Constitucional", S. Paulo 2009, p. 3.

tituição esteja ligada à ordenação jurídica e política de uma comunidade, em particular ao modo como o poder é organizado através de regras de direito reconhecidas como superiores, estejam elas presentes no costume, em "leis fundamentais" (mesmo apócrifas como as das Cortes de Lamego em Portugal), em pactos entre ordens sociais ou num documento legal escrito.

A Constituição em sentido institucional ou absoluto visa, igualmente, a legitimação do poder político já que toda a autoridade reclama uma justificação religiosa, ética ou política para fundamentar junto dos governados as suas faculdades de domínio[46], procurando obter a sua aceitação, expressa ou tácita. E procura, ainda, traçar alguns critérios estruturais sobre a vida em sociedade, já que, fixando regras e princípios sobre a relação entre governantes e governados, deve tomar posição sobre o estatuto da comunidade e dos governados, sejam estes integrados em ordens sociais, ou serem configurados em abstrato como cidadãos.

Trata-se, contudo, de uma definição politológica e não dogmática de Constituição com um mero interesse histórico e teorético.

1.2. Nota sobre os atributos da aceção institucional de Constituição

A. *Uma noção polissémica*

15. No plano político e filosófico, regista-se que na *Grécia clássica* o termo "constituição" foi utilizado por Aristóteles para traduzir *a noção de "ordenação" que regularia em concreto a vida em comum numa Cidade, Estado (ou cidade--comunidade)*, afetando em particular a organização e articulação do poder político. Aristóteles distinguiu a *politeia*, as *nomoi* e as *psefisma*, como fontes do poder da "Polis" ou Cidade.

Embora para alguns autores, a noção de *Politeia* traduzisse a ideia de Constituição como ordenação do Estado, devendo as *"nomoi"* equivaler às leis ordinárias modernas[47], já outros consideram, a nosso ver mais convincentemente, que a *Politeia* constituía uma ideia básica de ordem constitucional *"envolvendo a totalidade da estrutura social da comunidade e não apenas o seu marco legal"*[48]. No plano estritamente normativo foram as *"nomoi"*, durante cerca de dois séculos, as verdadeiras "leis fundamentais" ou "constitu-

[46] Karl Loewenstein "Teoria de La Constitución", op. cit, p. 150.

[47] Alvarez Conde ult. loc. cit,

[48] Loewenstein ult. loc. cit, p. 149, 150.

cionais" da Polis ateniense, sendo por regra intocáveis e prevalecendo sobre os *psefisma,* que consistiam nos decretos da assembleia (Eclésia), caracterizando-se pela sua mutabilidade.

Para Isócrates, a consolidação temporal dos "nómoi" em algo de permanente e imutável configuraria a ordenação fundamental e identitária de uma comunidade (Politeia) e, como tal, constituiria o "ethos"[49] de um povo e a *"Alma da Pólis". No seu entendimento, se a "Alma da Polis" fosse* suprimida, a realidade estadual vigente desapareceria para dar origem a uma nova. No fundo, tal como nas ciências da natureza, as *"nomói"* como componentes normativas de uma "Constituição", consubstanciavam o conjunto de disposições e cânones essenciais que definiam a estrutura de poder, bem como algumas das regras dominantes da vida em sociedade.

16. De acordo com a doutrina, não houve na Roma da Antiguidade Clássica uma rutura com a tradução grega sobre esta ideia difusa de Constituição e a expressão *"rem publicam constituere"* traduziria a ideia de um instrumento eficaz de organização de uma comunidade política[50]. Todavia o conceito acabou por sofrer uma redução relativista do seu alcance. Na *República Romana* o conceito de "constituição" teria sido utilizado pela primeira vez por Cicero[51], com um significado político similar ao grego, mas agregado a uma função de *limite do poder,* fundada na ideia de supremacia do direito natural e na idealização de uma forma de *governo misto,* resultante da combinação das três formas tradicionais de autoridade (a monárquica, a aristocrática e a democrática).

Já durante o Império, a expressão sofreu uma relativização em face do significado anterior. A fórmula latina *"costitutiones principum"* reconduziu-se a diversos tipos de decisões legislativas solenes dos Imperadores romanos[52].

17. Não muito distante do paradigma anterior, o Direito Canónico utilizou a expressão *"constituição apostólica"* para se reportar aos decretos papais. E, na Monarquia Estamental medieva (mormente entre o Século V e o Século XII), as *"costitutiones"* constituíam, no quadro da matriz carolíngia,

[49] O "ethos"era na Grécia Clássica, configurado como uma síntese dos valores, costumes e natureza de um povo.

[50] ALVAREZ CONDE ult. loc. cit, p. 143.

[51] KARL LOEWENSTEIN, ult. loc. cit, p. 150 (relativamente à obra "De Respublica", I).

[52] J. GAUDEMET "Institutions de L'Antiquité", Paris, 1967, p. 732; MANOEL GONÇALVES FERREIRA FILHO "Estado de Direito e Constituição", S. Paulo, 1999, p. 72.

um acto legislativo solene do Monarca[53]. De qualquer forma, alguns autores alertam para o facto de textos legislativos de grande importância serem qualificados como "constituições": teria sido, por exemplo, o caso da Magna Carta (*"Costitutio Libertaris"*)[54].

18. Em síntese, no período situado entre a Antiguidade Clássica Romana e a Monarquia Estamental, retira-se da raiz etimológica da expressão "constituição" uma ideia de *ordenação legal solene em razão do elevado grau de autoridade de quem a edita.*

19. Ainda no decurso da *Idade Média,* a ideia difusa de "constituição" logrou abranger uma realidade ordenadora mais vasta, pois estaria, segundo certos ilustres mestres do Direito Público do tempo presente, contida no conceito emergente da fórmula *"status"*, o qual pretendia significar uma condição ou um estado de coisas numa dada comunidade[55]. Esta expressão, pese a sua polissemia, foi utilizada por S. Tomás de Aquino na *Summma Theologica* para traduzir a *noção de sistema político ou forma de governo de uma colectividade,* sendo esses sistemas descritos como: o "estado aristocrático" (*status optimarum*); o "estado oligárquico" (*status pancorum*); e o estado democrático" (*status popularis*). Para S. Tomás, o *status* de uma coletividade assumiria uma vertente dualista, na medida em que envolveria *a participação das pessoas na vontade política da coletividade e definiria, também, a forma de governo ou de domínio*[56].

20. A associação entre a ideia difusa de constituição e o conceito mais definido de "status" (forma de governo) foi também de algum modo compaginada na *Idade Moderna* pelos teorizadores do absolutismo real, como Bodin, Hobbes e Grotius[57]. Pese este facto, *a primeira Constituição escrita do Estado Moderno* resultou de uma revolução político-religiosa liderada pela fação puritana inglesa[58] contra o absolutismo. Tratou-se do *"Instrument of Government"* de Cromwell (1654) que acabou por se degradar como estatuto

[53] Carlos Blanco de Morais "AS Leis Reforçadas", Coimbra, 1998, p. 23 citando uma obra de Perrou. Cfr. na p. 26 da mesma obra o uso dessa forma legal em Portugal entre a Fundação do Reino e a Conquista de Ceuta.

[54] Manoel Gonçalves Ferreira Filho "Princípios Fundamentais (...)" op. cit, p. 23 e seg.

[55] Giovanni Sartori "Teoria de la Democracia", 2, Madrid, 1987, p. 344.

[56] Carl Schmitt, ult. loc cit, p. 32.

[57] Carl Schmitt, ult. loc cit, p. 31.

[58] Facção radical do protestantismo.

de poder de uma ditadura republicana de recorte familiar que soçobrou para dar lugar à restauração do absolutismo monárquico da Dinastia Stuart.

B. O Movimento Constitucionalista e o reforço da noção de "Constituição" como limite do poder político

21. Tendo como precedente a revolução liberal inglesa de 1688 ("Glorious Revolution") que pôs termo ao absolutismo, foi todavia no dealbar da chamada *Idade Contemporânea,* com as revoluções liberais norte-americana e francesa, ocorridas no final do Século XVIII, que irrompeu o *movimento constitucionalista.* Com ele, a fórmula "Constituição" passou a ser expressamente utilizada com um significado semântico muito preciso, do qual resultou, no plano formal e substancial, um salto qualitativo na sua definição.

Em primeiro lugar, a Constituição, sendo uma Lei escrita de organização do poder político do Estado, não ordenava um qualquer tipo de poder, mas sim um poder supremo. A autoridade soberana instituída, careceria de ser não apenas regulada mas limitada através de uma separação ideal das funções do Estado por distintos órgãos (a separação de poderes). O fim da Constituição seria, assim, não apenas, o de ordenar o poder mas, também, e na essência, o de o *limitar política e juridicamente,* de forma a precludir formas de governo absolutistas ou tirânicas, que pusessem em causa os valores dominantes da vanguarda burguesa e ilustrada que liderava o movimento constitucionalista. Valores que se traduziam na garantia da liberdade individual, da segurança e da propriedade.

Em segundo lugar, a ideia constitucional de "status", na sua etimologia medieval, deixa de estar conectada, apenas, à *forma de poder político* dominante numa dada sociedade, para se reportar igualmente às *prerrogativas e direitos das pessoas* perante o mesmo poder (que a Magna *Charta britânica* consagrara como privilégios e direitos estamentais mas que posteriormente a doutrina tomista desenvolveu no plano filosófico como direitos da pessoa humana).

As "declarações de direitos" nascidas com o movimento liberal inglês (em especial com a "Glorious Revolution" de 1688), ainda pensados como prerrogativas de classe, foram posteriormente universalizadas para todos os cidadãos[59] a partir da sua positivação nos textos constitucionais das Coló-

[59] Tal como na Grécia Clássica excluíam-se os escravos que não eram titulares de direitos de cidadania.

nias rebeldes norte-americanas, em 1786, e na Declaração dos Direitos do Homem e do Cidadão de 1789, a qual marcou o momento inicial da Revolução francesa. A partir de então, as declarações de direitos fundamentais das pessoas feitas valer frente ao poder do Estado, em face do qual constituíam mais um limite, passaram a integrar o conteúdo necessário de uma Constituição prototípica do Estado Liberal.

22. *A situação descrita levou sectores da doutrina a colocarem o acento tónico da ideia liberal de Constituição no escopo do limite à autoridade do Estado: a Constituição seria, mais do que tudo, um instrumento jurídico positivo de limitação do poder político*[60]. Reza, sintomaticamente, o artº 16º da "Declaração dos Direitos do Homem e do Cidadão": *"sociedade em que não esteja assegurada a garantia dos direitos nem estabelecida a separação dos poderes não tem Constituição"*.

23. A pluralidade de formas de governo que pontificam desde a primeira metade do Século XX até à Idade da Comunicação cujo dealbar tem como marco referencial o ano de 1989[61] e que assinala o início da presente Época, foi assinada pela eclosão de novas ideologias revolucionárias de raiz autoritária e totalitária, como foi o caso dos fascismos, do marxismo e de diversos movimentos nacionalistas revolucionários.

Semelhante fenómeno político e ideológico não deixou de *dificultar uma construção dogmática e universal do conceito de Constituição* ancorada em torno da axiologia própria do liberalismo: não apenas os Estados democráticos, mas também os Estados autocráticos passaram a ser, afinal, regulados por leis solenes designadas por Constituições, pese o facto de, no último caso, não existir verdadeiramente separação de poderes e de os direitos civis e políticos se encontrarem coartados.

Ainda assim, a noção de Estado regido formalmente pelo direito reclamou uma legitimação política da autoridade pública, num conjunto de regras sobre a organização do poder. Por exemplo, o Estado corporativo português de 1933 instituiu um Regime autoritário que, embora limitado pela *Moral e pelo Direito*, não consagrava na prática uma verdadeira separação de poderes (que estavam concentrados de direito e de facto no Governo) nem

[60] Cfr. Manoel Gonçalves Ferreira Filho ult. loc. cit, p. 3, acompanhando o pensamento de Charles McIlwan.

[61] Data marcada pela queda do "Muro de Berlim" e cujos efeitos ideológicos, políticos, económicos, culturais e territoriais foram quase equivalentes à Revolução Francesa, exatamente dois séculos atrás.

garantia com efetividade os direitos e liberdades fundamentais (sujeitando--os à vontade conformadora do legislador ordinário). Ainda assim, era um Estado de direito e, como tal, submetia-se ao império de uma Constituição.

Por outro lado, tanto os regimes totalitários do bloco comunista soviético, previamente à sua desintegração entre 1989 e 1991[62], não garantiram a separação de poderes e efetividade dos direitos civis e políticos das pessoas, sem prejuízo do facto dos respetivos Estados serem regidos por Constituições.

24. Será, assim, difícil conceber uma noção intemporal de Constituição marcada apenas por uma matriz liberal, centrada na ideia de limitação do poder político através da separação de poderes e da garantia dos direitos fundamentais das pessoas[63]. E daí a noção ampla e intemporal de constituição institucional dada supra § 14, a qual influirá na noção dogmática de Constituição Material do tempo presente e que examinaremos na rubrica seguinte.

2. Constituição em sentido material

25. Buscando caracterizar *o conteúdo fundamental ou necessário de uma Constituição moderna* e seguindo a sugestiva e oportuna definição dada por

[62] Assim como, presentemente, a Teocracia iraniana ou os regimes comunistas chinês, cubano, vietnamita ou norte-coreano.

[63] A ideia de "Constituição" como limite do poder pontifica, igualmente, em regimes autocráticos. Ninguém duvida, por exemplo, que na Monarquia absoluta existia uma estrutura organizada de poder, com órgãos distintos do monarca e com limites traçados à ação deste último. Presentemente na República Popular da China, existe uma concentração absoluta do poder no Partido Comunista que opera, em paralelo, com as instituições do Estado, mas tal não obsta a que existam normas constitucionais que estruturam o poder político em vários órgãos (Congresso Nacional Popular, Presidente, Primeiro-Ministro, Conselho de Estado). O regime autocrático vigente em Pequim organiza constitucionalmente o poder de tal forma que nem o Presidente, nem o Secretário-Geral do Partido dispõem de poderes ilimitados. E o facto é que vários líderes políticos chineses foram destituídos das suas funções supremas (como foi há décadas o caso do ex Primeiro-Ministro e Secretário-Geral do Partido, Zhao Ziang, depois da revolta dos estudantes em Tienamen), sendo também certo que, até muito recentemente, os Presidentes e Primeiros-Ministros se encontravam sujeitos a uma renovação periódica dos cargos diretivos que ocupam. Com efeito, sobretudo depois do terror estalinista na antiga URSS e maoísta durante a Revolução Cultural chinesa, alguns regimes autocráticos marxistas tomaram precauções quanto a excessos no exercício do poder por déspotas individuais ou por fações radicais nas vanguardas dirigentes, criando limites internos a esse exercício.

George Burdeau[64] e há muito adotada entre nós por Jorge Miranda[65], *deve entender-se que a Constituição em sentido material consiste no estatuto identitário do poder político e no estatuto da sociedade nas relações com esse poder.* Examinemos estas duas componentes do conceito.

26. A Constituição, como *estatuto do poder político*, é uma norma superior de organização e funcionamento do Estado, concebido como coletividade e como ordenamento jurídico. Trata-se de uma *lei que regula a estrutura, os fins, as funções e a forma territorial do Estado, bem como os órgãos que neste exercem o poder político, compreendendo-se nessa regulação as competências e atos dos mesmos órgãos, o modo de designação e demissão dos respetivos titulares, os seus limites e seu controlo a todos os níveis*[66]. Quando se alude ao caráter "identitário" do estatuto do poder pretende-se destacar os princípios e regras estruturantes que conferem ao texto constitucional uma *fisionomia ou identidade própria*, ou seja, um conjunto de traves-mestras que permitem a definição do regime político[67], do sistema político de governo[68] e da organização territorial ou forma de Estado[69].

27. Como estatuto da sociedade nas suas relações com o poder a Constituição toma uma posição valorativa sobre o tipo de eixos de comunicação estabelecidos entre a comunidade social e o Estado[70] e enumera os direitos fundamentais das pessoas individuais e coletivas[71].

[64] Georges Burdeau "Une Survivance: la notion de Constitution", in AAVV Etudes Achille Mestre-Parris, 1956, p. 59 e seg.

[65] Jorge Miranda "Manual de Direito Constitucional", II, op. cit, p. 25. Presentemente o mesmo autor usa uma caracterização mais difusa (Curso de Direito Constitucional", 1, op. cit, p. 115).

[66] Segue-se aproximadamente neste preciso ponto, a caracterização de Marcelo Rebelo de Sousa "Direito Constitucional", op. cit, p. 41.

[67] O regime político, sob um ponto de vista formal, pode assumir-se como uma Monarquia ou uma República e, sob um ponto de vista material, pode revestir a natureza de um regime democrático ou de um regime autocrático.

[68] Em democracia, o sistema político de governo pode ser presidencialista, semipresidencialista e parlamentar (com uma pluralidade de variantes, onde se destacam os parlamentarismos racionalizados e os parlamentarismos de assembleia).

[69] A Forma territorial de Estado envolve o Estado unitário (nas suas versões municipalizada, regionalizada administrativamente e com regionalização político-administrativa) e o Estado composto ou Federal.

[70] Por exemplo, o preâmbulo da Constituição Norte Americana traça como metas a criação de uma sociedade justa e livre para as gerações presentes e futuras pautada pela tranquilidade interna e pelo bem-estar geral. O artº 5º da Constituição portuguesa de 1933 almejava

Os *direitos fundamentais* consistem em posições jurídicas ativas de que os cidadãos e as pessoas coletivas privadas (sociedades comerciais, fundações e associações) são titulares e que, nessa qualidade, podem fazer valer frente aos poderes públicos, com recurso aos tribunais.

Estes direitos desdobram-se *em direitos, liberdades e garantias e em direitos sociais* (cfr. mais desenvolvidamente, infra § 558 e seg.).

Os primeiros consistem em *direitos civis e políticos* (nos quais se conta o direito à vida, à integridade física, à inviolabilidade de domicílio, o direito à intimidade da vida privada, as liberdades de associação e de expressão do pensamento e o direito de sufrágio, de entre muitos outros) cuja constitucionalização constitui um pressuposto da existência da Constituição em sentido material no quadro de um Estado de direito. Já os *direitos sociais* consistem em posições jurídicas das pessoas que, contudo, envolvem comandos aos poderes públicos para assegurar em benefício das primeiras, prestações de natureza económica, social e cultural (vide o direito à gratuitidade no ensino básico, direito a um sistema público de segurança social e direito a uma habitação condigna). Nem todas as constituições constitucionalizam, contudo, os direitos sociais (caso da Constituição dos Estados Unidos da América e da Constituição federal alemã) ou os alçam ao patamar de direitos fundamentais (Constituição espanhola de 1978).

28. A noção adotada de Constituição em sentido material assume uma natureza dogmática, na medida em que reúne os atributos estruturantes de qualquer Constituição moderna, independentemente do seu regime político.

Autores como Augusto Barbera, referem com pertinência a este respeito: "*(...) parece-me óbvio sublinhar, por exemplo que o Irão ou Cuba têm uma Constituição (...)*" mesmo que não inspirada na legitimidade democrática, não se podendo olvidar *que "à luz da velha leitura do constitucionalismo liberal, mais de um constitucionalista ficou perplexo em face do modelo introduzido pela Constituição de Weimar"*[72]. Roberto Bin sublinha, igualmente, que toda a

a constituição de uma sociedade corporativa e no livre acesso de todos os estratos sociais aos benefícios da civilização. E a Constituição Portuguesa de 1976, na sua versão originária, propunha-se no seu artº 2º reger a evolução da sociedade para o socialismo, meta que se encontra presente em diversas constituições marxistas.

[71] Que constituem o núcleo fundamental do estatuto jurídico da sociedade, já que esta é composta pelos cidadãos e pelas pessoas coletivas por estes criados.

[72] Augusto Barbera "Esiste Una Costituzione Europea?, in "Quaderno Costituzionali", I, 2000, p. 71.

sociedade tem uma Constituição, ou seja um conjunto de regras relativas às relações entre governantes e governados e relações entre os órgãos de governo[73].

Neste sentido, o conceito acolhido diferencia-se de outras perspetivas que reconduzem a noção de Constituição material ao modelo "ideal" do constitucionalismo liberal assente na Declaração dos Direitos do Homem e do Cidadão de 1789 que concebia a Lei Fundamental como um limite superior à autoridade, através da consagração do princípio da separação de poderes e do reconhecimento de direitos civis e políticos (infra §83, nº 3). Ainda assim, esse sentido ideal não é afastado nesta obra na medida em se assume como a estrutura vertebral da família das Constituições enformadoras do Estado de direito democrático, onde a Constituição portuguesa de 1976 se insere.

3. Constituição em sentido formal

3.1. Noção

29. A *Constituição em sentido formal* consiste num *texto ou numa pluralidade de textos escritos e solenes, integrados por normas dotadas de uma hierarquia e de uma força passiva superior às demais.*

A ideia de *hierarquia* consiste na ideia de supremacia jurídica das normas de valor constitucionais sobre as demais normas jurídicas do Estado, a qual se funda, em regra, na superior função ordenadora da Constituição como estatuto do poder e da sociedade.

A força passiva traduz-se no poder jurídico de resistência das normas constitucionais à sua revogação por normas de valor distinto e deriva do facto de o respetivo processo de alteração assumir caráter especial e agravado, em relação ao processo legislativo comum[74].

Garantida por técnicas normativas específicas (infra § 309 e seg. e, em especial § 313), a força passiva *destina-se, instrumentalmente, a garantir o primado da hierarquia e a conferir-lhe um sentido lógico*[75]. De pouco serviria consi-

[73] Roberto Bin "Capite la Costituzione", Roma, Bari, 2002, p.4.

[74] Carlos Blanco de Morais "As Leis Reforçadas", Coimbra, 1998, p. 148 e seg. e p. 481.

[75] Cfr. Alessandro Pace "La Causa della Rigiditá Costituzionale", Padova, 1995; Carlos Blanco de Morais "As Leis Reforçadas, Coimbra, 1998, p. 856 e seg. Em geral, Maria P. Schlein "Rigiditá Costituzionale: limiti e graduazioni", Torino, 1997.

derar que a Constituição prevaleceria hierarquicamente sobre as restantes normas e deveria ser por estas respeitada se se permitisse que a primeira pudesse ser alterada através de um processo idêntico ao processo legislativo comum utilizado para a revogação ou modificação de leis de grau inferior. A vontade do legislador teria idêntica intensidade política e observaria os mesmos limites quando aprovasse, tanto as normas constitucionais como as normas de direito comum. A hierarquia das primeiras seria emblemática e nominal, já que o legislador as poderia alterar sempre que constituíssem um obstáculo às suas políticas públicas. A Constituição deixaria de ser um limite do poder legislativo.

Ao ser estabelecido um processo especial para alteração constitucional (que *reflete uma intencionalidade específica no ato de revisão*) e ao fixarem-se neste processo requisitos que agravam ou dificultam a adoção e emendas de forma a impor largos consensos no Parlamento (veja-se, em especial a maioria de dois terços dos deputados efetivos, requerida para a revisão da Constituição de 1976) cria-se uma rigidez nas normas da Constituição que a defende, estabiliza e confere sentido à sua supremacia através da adjudicação de uma maior força jurídica.

3.2. Problemas de justaposição entre Constituição material e formal

30. Nem sempre existe uma justaposição clara entre a Constituição Material e a Constituição Formal.

Sendo a Constituição material o "core" identitário do estatuto do poder e da sociedade, haverá que reconhecer que existem muitas disposições laterais a essas regras estruturantes de natureza identitária que se resumem a um complexo de normas formalmente constitucionais. Na Constituição portuguesa de 1976 (CRP) é o caso da maioria das disposições da Parte II (Organização económica), com exceção dos princípios fundamentais de natureza fiscal e orçamental[76].

Importa, em qualquer caso, assinalar também a existência de constituições em sentido material que não o são em sentido formal, dado que as suas nor-

[76] Também como disposições apenas formalmente constitucionais temos as leis extravagantes à lei Fundamental que, por razões utilitárias presas a exigências de rigidez, o legislador pretendeu atribuir valor constitucional. É manifestamente o caso das Lei relativas à incriminação dos agentes da Ex-Pide/Dgs, mencionadas no artº 292º da CRP. No direito estrangeiro vide, em Itália, o caso dos estatutos das cinco regiões italianas com autonomia especial, no marco da Constituição de 1947.

mas se encontram desprovidas de força passiva superior às demais leis (Constituição britânica, Constituição israelita e Constituição Italiana de 1848).

Secção II
Critério de codificação normativa: Constituição instrumental e não instrumental

4.1. Noção

31. A Constituição em sentido instrumental *consiste na técnica de inclusão dos princípios e normas constitucionais num um único documento escrito.*

A fórmula "instrumental" revela um propósito de consolidação ou codificação das normas constitucionais num texto homogêneo e vem do termo latino *"strumentum"* que significa documento.

Trata-se de uma noção que se pode conjugar, mas não se identifica com a noção de Constituição formal[77]. Existem normas que não integram constituições em sentido formal mas que são reunidas num único documento escrito, alterável por um processo idêntico ao processo legislativo comum (texto originário da Constituição italiana de 1848, conhecido por "Estatuto Albertino"). Já outras Constituições são-no em sentido formal, mas não em sentido instrumental dado que se repartem por distintas leis com valor Constitucional (caso da Constituição da III República Francesa de 1875[78]); finalmente, outras ainda, não são Constituições, nem em sentido formal nem em sentido instrumental (cfr. a Constituição de Israel composta por uma pluralidade de declarações políticas e atos legislativos[79], desprovidos de força passiva superior aos restantes).

Em síntese, leis constitucionais compostas por uma soma de documentos normativos autónomos podem ser definidas como *Constituições não instrumentais* (precisamente a Constituição francesa de 1875, a Constituição

[77] Cfr. em geral JORGE MIRANDA "Manual de Direito Constitucional", II, op. cit, p. 35 e seg.

[78] Integrada por três Leis, aprovadas naquele ano.

[79] De entre outros documentos, é o caso da Declaração de independência, a Lei do Knesset, a Lei das Terras Israelitas, a Lei do retorno, a Lei do presidente, a Lei do Governo, a Lei da Economia, a lei das Forças armadas, a Lei do judiciário, a lei da Liberdade e Dignidade e a Lei da ocupação.

israelita e as sete "Leis Fundamentais do Estado" que regulavam o poder político e os direitos dos cidadãos em Espanha, durante o regime autocrático do Generalíssimo Franco[80]).

Pode-se, por outro lado, falar em Constituição instrumental em sentido impuro ou em *Constituição predominantemente instrumental*, quando a essência da normação constitucional se encontra reunida num único texto jurídico codificado mas, ainda assim, se regista a existência de algumas normas constitucionais separadas desse documento (normas constitucionais extravagantes). É, de entre muitos outros, o caso: da Constituição norte americana (no que concerne aos seus 27 aditamentos); da Constituição italiana de 1946 (no que respeita aos estatutos de cinco regiões de autonomia especial); da Constituição Francesa de 1958 (quando incorpora com valor normativo, o preâmbulo da póstuma Constituição de 1947 e a Declaração dos Direitos do Homem e do Cidadão, de 1789); e da Constituição portuguesa de 1976 em relação às leis e normas que são objeto de receção constitucional.

4.2. A receção de normas constitucionais extravagantes

32. O instituto da receção constitucional *consiste na técnica atributiva de valor constitucional a normas externas à Constituição instrumental.*

A caracterização feita nas presentes linhas, afasta-se da nomenclatura clássica da "receção material" e "receção formal" esboçada por Jorge Miranda[81], à qual chegámos a aderir[82] mas da qual agora nos distanciamos na medida em que a terminologia utilizada se presta a algumas confusões sobre a relação exata de sentido dos institutos em presença.

A receção como ato de *constitucionalização de normas extravagantes*, compreende três modalidades.

[80] Mais precisamente, a Carta do Trabalho, de 1938, a Lei Constitutiva das Cortes de 1942, a Carta dos Espanhóis de 1945, a Carta do Referendo Nacional de 1945, a Lei da Sucessão do Chefe de Estado de 1947, a Lei dos Princípios do Movimento Nacional de 1958, e a Lei Orgânica do estado, de 1967. Trata-se, na sua maioria, de leis decretadas pelo Chefe de Estado.

[81] Jorge Miranda "Manual (...)" op. cit, p. 38 e seg. A receção formal é uma designação cuja semântica não parece concordante com a realidade sobre a qual incide, já que permite supor que se está perante normas apenas formalmente constitucionais e desinseridas da Constituição material, o que não é manifestamente o caso da Declaração Universal dos Direitos do Homem, integrada na Constituição pelo nº 2 do artº 16º da Constituição Portuguesa de 1976.

[82] Carlos Blanco de Morais "Justiça Constitucional I" op. cit, p. 70.

33. A primeira consiste na *receção constitucional simples*, e tem lugar sempre que a Constituição decide, tão só, atribuir o *valor formal de lei* constitucional a normas extravagantes, estranhas à Constituição material, dependendo a subsistência da forma jurídica e a interpretação das mesmas normas, daquilo que a este respeito for determinado na Constituição instrumental. *Não existe, por conseguinte, autonomia das normas rececionadas* em face da Constituição instrumental. É o caso dos estatutos das regiões com autonomia especial na Constituição italiana de 1947 e, em Portugal, das leis revolucionárias que permitem a incriminação retroativa dos agentes da ex-Pide/Dgs nos termos das disposições transitórias da Constituição (artº 292º da CRP). A razão de ser da atribuição de valor formalmente constitucional a estas leis seria permitir, em prejuízo dos referidos agentes policiais do antigo regime, a derrogação do artº 29º da CRP que enuncia o princípio da legalidade penal (*nulla poena sine lege*) e que proíbe, em nome da segurança jurídica, a retroatividade da lei penal incriminadora. Trata-se, portanto de normas rececionadas que, não integrando a Constituição material, impactam nesta última, através da introdução de uma exceção ou derrogação constitucional (infra § 276 e seg.).

34. Já a *receção* constitucional *plena*, consiste numa técnica jurídica que implica, em domínios da constituição material, a atribuição de valor jurídico-constitucional a normas extravagantes ao instrumento constitucional, as quais, contudo, conservam a sua autonomia originária. Isto, na medida em que a sua alteração não depende da Constituição instrumental e a sua interpretação não se encontra necessariamente sujeita aos parâmetros hermenêuticos da mesma Constituição. As normas objeto deste tipo de receção *integram, por regra, tanto a Constituição material como a Constituição formal.*

É, nos termos do nº 2 do artº 16º da Constituição portuguesa de 1976, o caso da Declaração Universal dos Direitos do Homem (DUHD).

A Declaração Universal consiste num documento acoplado à Carta das Nações Unidas e que reveste originariamente a natureza de documento político, não assumindo, contudo, o valor jurídico-normativo de convenção internacional que caracteriza a referida Carta[83]. Contudo, a Constituição portuguesa atribui às disposições da DUDH um especial valor constitucional que é, inclusivamente, o de parâmetro interpretativo e integrativo

[83] A Declaração Universal, não fora o nº 2 do artº 16º da CRP, vigoraria na ordem interna portuguesa por força do nº 2 do artº 8º da CRP, se bem que desprovida de valor normativo já que assume natureza política.

das normas do texto constitucional português que regem direitos fundamentais. Reza o nº 2 do artº 16º da CRP que *"Os preceitos constitucionais e legais relativos aos direitos fundamentais devem ser interpretados e integrados de harmonia com a Declaração universal dos Direitos do Homem"*.

Trata-se de um domínio nuclear da *Constituição material* (domínio dos direitos fundamentais) e da *Constituição formal* (o nº 2 do artº 16º só pode ser alterado mediante um procedimento de revisão constitucional, constituindo, em qualquer caso, um limite de revisão).

O ato de receção plena da declaração assume, contudo, natureza primacial, pois significa que a um documento político internacional se atribuiu um valor ordenador da interpretação das normas da própria Constituição instrumental sobre direitos fundamentais, tendo o mesmo documento validade e subsistência autónoma independentemente do disposto na referida Constituição. Daqui resulta, em tese, que havendo dúvidas sobre o sentido a dar a normas que enunciem direitos fundamentais na Constituição instrumental, estas devem ser elucidadas de acordo com o sentido decorrente das disposições da Declaração, o mesmo sucedendo com a integração de lacunas que emirjam no primeiro texto.

Tratou-se, pois, de um fenómeno de auto-limitação do poder constituinte do qual decorre uma proeminência material das normas da Declaração apenas para efeitos interpretativos e integrativos. O ato de receção formal, gizado num período de ditadura militar (1975-1976), marcado pelo risco de uma leitura marxista das normas de uma Constituição ambígua e consagradora de uma democracia incerta, foi justificado na necessidade de interpretar o catálogo de direitos fundamentais numa lógica materialmente democrática e consentânea com os princípios de um Estado de direito (cfr infra § 209 e seg. e § 581).

Embora exista, dentro de certas correntes jusnaturalistas, quem defenda a supremacia hierárquica da Declaração sobre as normas da Constituição instrumental, consideramos que não existe uma hierarquia formal ou uma heterolimitação imposta pela Declaração, mas tão só, uma parametricidade material para efeitos interpretativos resultantes de um ato de auto, limitação constitucional.

Importa esclarecer que, algo diversamente do que afirma Jorge Miranda[84], não sufragámos, sem mais, a tese de Paulo Otero[85] relativa-

[84] Jorge Miranda ("Manual (...)" op. cit, p. 40).
[85] Paulo Otero "Legalidade e Administração Pública", Coimbra, 2003, p. 561 e seg.

mente a superioridade hierárquica da Declaração sobre as normas constitucionais, num contexto de heterosubordinação, se bem que tenhamos coincidido com este autor[86] na ideia de que, em caso de contradição no plano interpretativo entre os dois blocos normativos, deverá prevalecer aplicativamente a interpretação oriunda da mesma Declaração[87]. Mas não nos podemos também rever na tese do próprio Jorge Miranda seguindo a qual a Declaração não prevaleceria no plano interpretativo contra normas da Constituição originária e que a primeira não poderia ser invocada para impedir a aplicação de norma da Constituição instrumental *"mais favorável aos direitos fundamentais"* dado que, no seu entendimento, o *"artº 16º nº 2 serve para reforçar a consistência e alargar o âmbito dos direitos e não para os diminuir e restringir"* [88]. Julgamos que o posicionamento do ilustre constitucionalista não logra ter amparo no texto do nº 2 do artº 16º da CRP ou no seu espírito[89] e permite a desvalorização do sentido útil da declaração, esmaecendo o seu finalismo.

Quando o nº 2 do artº 16º da CRP prescreve que os preceitos constitucionais e legais relativos aos direitos fundamentais **"devem"** ser interpretados e integrados de acordo com a Declaração, tal enunciado envolve um comando positivo unidirecional que impõe a prevalência do sentido decorrente da referida Declaração sobre aquele que resulta de uma norma do texto constitucional originário ou emergente de uma Lei de Revisão Constitucional. A Constituição consagrou textualmente um "dever" e não uma qualquer fórmula ambígua que envolvesse uma mera ideia de aproximação biunívoca entre o sentido das duas realidades normativas. Por conseguinte, optar por uma desvalorização desse mesmo dever significa abrogar inter-

[86] Carlos Blanco de Morais "Justiça Constitucional", I, Coimbra, 2006, p. 71.

[87] Excluindo-se, contudo, a possibilidade da declaração de inconstitucionalidade de normas constitucionais originárias por ofensa à declaração, tal como era defendido pelo mesmo autor num escrito mais antigo (Paulo Otero "Declaração Universal dos Direitos do Homem e constituição: a inconstitucionalidade de normas inconstitucionais?, "O Direito", Ano 122º, 1990, p. 603 e seg. e 609 e seg.

[88] Jorge Miranda ult. loc. cit.

[89] Atenta a confusa mistura entre direitos e liberdades públicas e direitos sociais no texto pós-revolucionário de 1976, sendo alguns desses direitos inspirados em fonte ideológica marxista, a razão de ser da constitucionalização da Declaração só poderia ser, no contexto da época onde pontificava um tempo de incerteza, a de fazer prevalecer uma leitura democrática do conteúdo dos direitos positivados no texto originário de acordo com uma matriz ocidental, sobre uma leitura funcional e estatocrática, permeável a derivas autoritárias.

pretativamente o espírito e a letra da decisão constituinte conferindo-lhe um alcance que ela não contém. Por outro lado, considerar que a Declaração não pode limitar restritivamente o alcance de uma norma constitucional que consagre uma dimensão mais favorável de um direito fundamental significa criar, à margem da Constituição, uma restrição ao próprio alcance da Declaração que a letra do nº 2 do artº 16º não consente. A Constituição impõe um dever geral de interpretação de normas constitucionais que catalogam direitos fundamentais em harmonia com a Declaração, independentemente do facto de as referidas normas serem ou não mais favoráveis aos referidos direitos, pelo que procurar impor um critério "bonificador" ou de maior favorabilidade será retorcer o preceito de forma a mutilar o seu âmbito de aplicação e a sua efetividade jurídica[90].

[90] É certo que o Tribunal Constitucional, num dos seus arestos juridicamente menos impressivos (Ac. nº 121/2010 relativo ao casamento entre pessoas do mesmo sexo), se suportou nesta tese defendida por Jorge Miranda e outros autores para se recusar interpretar a noção indeterminada de "casamento" que consta da Constituição, à luz a da nº 1 do artigo 16º da Declaração Universal dos Direitos do Homem que concebe o instituto matrimonial como uma relação entre um homem e uma mulher. Entendeu o Tribunal que *"(...) o nº 2 do artigo 16º da Constituição funciona apenas do lado jurídico – individual dos direitos fundamentais e quando não conduza a uma solução menos favorável aos direitos fundamentais do que a interpretação "endógena" da Constituição. Deve intervir aqui o princípio da preferência de aplicação das normas consagradoras de um nível de proteção mais elevado"*. Só que o critério de preferência resulta de uma criação audaciosa do próprio Tribunal e não da Constituição ou da própria Declaração Universal. E daí que seja paradoxal e até irónico que o Palácio Ratton tenha, no mesmo aresto, reconhecido paralelamente à Declaração *"(...) um lugar especial, quase supra-constitucional, a partir do momento em que o concebemos como elemento de referência para a interpretação das próprias regras constitucionais"*. Paradoxal porque, apesar de atribuir valor *"quase supraconstitucional"* à Declaração, o Tribunal adita à Constituição um critério normativo novo que reduz drasticamente o alcance dessa suposta "quase-supraconstitucionalidade" esclarecendo que o conteúdo desta opera unidireccionalmente em sentido mais favorável aos direitos constitucionalizados. No fundo o Tribunal proferiu uma quase-sentença aditiva de revisão constitucional (cuja validade é mais do que duvidosa) ou, mais precisamente uma *quase-sentença* de revisão "supra-constitucional", com o bizarro propósito de reconhecer a superioridade puramente nominal de um complexo de normas, para posteriormente o esvaziar na sua incidência jurídica como parâmetro interpretativo. O Tribunal fundamenta complementarmente a sua opção, no nº 3 do artº 52º e no nº 53º da Carta dos Direitos Fundamentais da União Europeia que prescreve que: *"(...) o sentido e o âmbito desses direitos são iguais aos conferidos por essa convenção, a não ser que a presente Carta garanta uma proteção mais extensa ou mais ampla. Esta disposição não obsta a que o direito da União confira uma proteção mais ampla."*
Trata-se de uma fundamentação juridicamente débil. Em primeiro lugar porque uma convenção internacional, como o Tratado de Lisboa é um instrumento de valor infraconstitu-

35. Poderá, finalmente, falar-se em receção material de normas extravagantes à Constituição quando esta incorpora expressa ou tacitamente princípios gerais do ordenamento enunciados em outras leis, ou submete certas normas externas ao seu regime jurídico substancial, sem lhes reconhecer valor formal de lei constitucional[91].

É, no primeiro caso, a situação dos artº 7º (princípio cronológico e da especialidade), 9º (interpretação das leis) e 12º (aplicação da lei no tempo) do Código Civil (CC) que por integrarem o bloco de princípios gerais do ordenamento, podem ser qualificadas como normas materialmente constitucionais.

cional (nº 1 do artº 278º e nº 4 do artº 279º da CRP), não podendo servir nessa qualidade, de parâmetro interpretativo de um preceito da Constituição (como o é o caso da norma do nº 2 do artº 16º) e, por maioria de razão, como padrão interpretativo de normas da Declaração que o Tribunal alça um valor "quase supraconstitucional".

E não se diga que a questão da hierarquia seria ultrapassada na medida em que, a convocação da Carta pelo Tribunal como fonte interpretativa adviria do disposto no nº 4 do artº 8º da CRP. Como tivemos a oportunidade de demonstrar, o nº 4 do artº 8º da CRP configura-se como uma norma remissiva para os tratados da União. Ora nenhuma norma do Tratado de Lisboa de 2010 reconhece a sua supremacia ou a das normas de direito europeu derivado sobre a Constituição dos Estados-Membros. Por outro lado, mesmo que essa supremacia ocorresse em tese, como defende o Tribunal de Justiça da União (em oposição aos tribunais constitucionais de diversos Estados) ela não operaria, no caso concreto, sobre os "princípios fundamentais do Estado de direito democrático" nos quais pontificam os princípios estruturantes do sistema de direitos, liberdades e garantias onde figura o nº 2 do artº 16º da CRP. Constitui, portanto, no plano dogmático, um vício hermenêutico evidente no plano da hierarquia das fontes, interpretar normas de hierarquia superior à luz de normas de hierarquia inferior.

Em segundo lugar, a Carta Europeia viu-se na contingência de esclarecer que a interpretação das suas normas à luz da Declaração ficaria condicionada ao sentido mais favorável desta última. Ora o nº 2 do artº 16º da CRP não contém qualquer limitação redutiva do seu alcance como aquela que consta do nº 3 do artº 52º da Carta. Logo, não pode o mesmo preceito ser interpretado com um sentido igual, mas sim com a exacta relação de significado que decorre da sua própria letra.

Em conclusão a construção de Jorge Miranda, tendo respaldo do Tribunal Constitucional, implicou uma vitória doutrinal algo pirrónica, já que foi utilizado pelo mesmo Tribunal para validar uma lei sobre o casamento entre pessoas do mesmo sexo que o mesmo constitucionalista rejeitou publicamente. Cfr ainda sobre esta questão Carlos Blanco de Morais "Mutações Constitucionais de Fonte Jurisprudencial: a fronteira crítica entre a interpretação e a mutação" i AAVV "Mutações constitucionais", ORG Gilmar Mendes, Blanco de Morais, S. Paulo, 2016, p. 87 e seg.

[91] Cfr. Carlos Blanco de Morais "Direito Constitucional II, Relatório"Coimbra, 2001, p. 174.

Trata-se, *no segundo caso*, da situação prevista no nº 1 do artº 16º da CRP, que respeita a direitos constantes de lei ordinária e de convenção internacional reconhecidos pelo Tribunal Constitucional como direitos fundamentais, atenta a sua natureza análoga (identidade de razão) com os direitos fundamentais constitucionalizados (cfr. Ac. nº 109/85 do Tribunal Constitucional – 1ª Secção – e, em sentido oposto o Ac. nº 174/87 – 2ª Secção). No entendimento adotado nestas páginas, esses direitos, na medida em que sejam análogos aos direitos, liberdades e garantias são regidos, no todo ou em parte, pelo regime destes, mormente pelo artº 18º da CRP sem que, contudo, integrem a reserva de Lei Constitucional. Isto significa, por exemplo, que sendo criados por lei ordinária, podem igualmente ser extintos por esta, contanto que se respeite o principio da proteção da confiança (artº 2º da Constituição).

Rejeita-se, em qualquer caso[92], o entendimento que considera que esses direitos criados por lei ordinária só poderiam ser suprimidos por Lei de Revisão Constitucional[93]. Isto, porque tal entendimento implicaria uma subversão inaceitável do sistema de fontes e da tipicidade da Lei constitucional. O reconhecimento pelo Tribunal Constitucional da qualidade de direito fundamental de natureza análoga a um direito criado por lei ordinária não permite a conversão dessa lei comum em lei constitucional. Não só porque o Tribunal Constitucional não é uma espécie de Rei Midas que converte, pelo simples toque dos seus arestos, outros metais em ouro, como não é um legislador constitucional apto a converter, à margem do processo de revisão que a lei consagra para o efeito, uma lei ordinária, noutra lei de hierarquia superior.

Secção III
Critério processual

36. Atendendo a um *critério processual de modificação das normas* constitucionais, podemos classificar as Constituições em *rígidas e flexíveis*.

[92] Cfr. a nossa posição mais desenvolvida in Carlos Blanco de Morais "Direito Constitucional II (...) Relatório" op. cit, p. 175 e seg.

[93] Jorge Miranda "Manual de Direito Constitucional", IV, 3ª edição. Uma posição mais mitigada consta da pág. 183 da 4ª edição (2008) e da pág. 203 de 5ª edição (2014).

A presente classificação oferece escassa autonomia em relação à noção de Constituição formal previamente examinada (supra, § 29), mas utilizamo-la por ser recursivamente convocada na doutrina como critério taxinómico.

1. Constituições rígidas

37. São constituições rígidas, *aquelas que reclamam para o seu processo de revisão um procedimento especial e agravado, em relação ao processo legislativo ordinário, do qual resulta uma força jurídica passiva superior à das demais leis, a qual se traduz numa resistência à sua revogação por atos de distinta natureza*[94].

A rigidez constitui um importante atributo garantístico da Constituição material e é assegurada por limites temporais, materiais, circunstanciais e formais à revisão da mesma Lei (infra, § 309 e seg.). Destacam-se com especial relevo os limites formais, os quais envolvem, em regra, maiorias qualificadas exigentes para a alteração das normas constitucionais.

As regras e os princípios assim produzidos e revelados têm uma maior vocação de estabilidade e durabilidade do que os demais, já que exigem compromissos políticos alargados e exigentes para a sua alteração. Tal opção parece ser materialmente justificada, em razão: da maior essencialidade das matérias constitucionalizadas[95]; do respeito pela hierarquia superior das normas correspondentes[96]; da garantia do acatamento dessa hierarquia pela Justiça Constitucional; e da salvaguarda de uma maior solenidade do ato normativo e da consequente duração temporal do consenso de regime que o mesmo consagra.

38. Observemos as duas últimas razões justificantes.

A *rigidez constitucional* é um pressuposto para a existência *de um sistema de fiscalização jurisdicional da constitucionalidade.* A inconstitucionalidade de uma norma de direito comum consiste na relação de desvalor que a fere pelo facto de esta violar a hierarquia superior de um princípio ou de uma regra constitucional (cfr. nº 3 do artº 3º e nº 1 do artº 277º da CRP). Ora, se estas normas constitucionais pudessem ser alteradas por procedi-

[94] Carlos Blanco de Morais "Justiça Constitucional, I", Coimbra, 2006, p. 59.

[95] Quanto mais essenciais ou politicamente relevantes certas matérias, maior a vocação de estabilidade das leis correspondentes. Tal sucedia com as "nomói" de Atenas.

[96] Sendo a Constituição uma Lei de hierarquia superior, a rigidez confere, tal como vimos, uma eficácia jurídica à mesma hierarquia na medida em que a mecânica da "lex superior" é poder revogar e condicionar outros atos sem ser por estes revogada ou condicionada.

mentos idênticos aos procedimentos comuns, essa supremacia normativa seria puramente nominal pois faltar-lhe-ia uma força passiva superior às restantes normas que garantisse, em face destas, uma imposição de respeito e exigência de conformidade. A fiscalização da constitucionalidade pelos tribunais seria um exercício espúrio. E por isso mesmo, o controlo de constitucionalidade não existiu, como tal, durante muito tempo Reino Unido e em Israel, se bem que mais recentemente, neste último Estado, durante a Presidência Barak, marcada por um influxo suprapositivista e por uma prática ativista, o Supremo Tribunal tenha estimado que as "Leis básicas seriam "Higher Law" tendo-se auto-investido no poder de invalidar leis que as contrariassem (cfr. Caso Bank Mizrahi).

Finalmente, como *norma estruturante de uma ordem política* onde figuram as "regras do jogo" sobre a organização e funcionamento do poder, natural será que essas regras não possam ser modificadas fortuita e arbitrariamente por maiorias políticas conjunturais, mas antes impor-se às mesmas. Mal andaria uma Constituição se pudesse ser "capturada" pela maioria fortuita do momento em seu benefício, de modo a poder dobrar a respetiva identidade à espuma de opções políticas variáveis, permitindo a detenção e a perenização do poder por um grupo político dominante[97].

Volvida alguma incerteza no início da Revolução Francesa, a larguíssima maioria das constituições contemporâneas assumem caráter rígido.

39. Algumas constituições assumem natureza *hiper-rígida* atenta a profusão de limites à sua alteração ou ao facto de nem sequer preverem processos de alteração. É manifestamente, no primeiro caso, o exemplo da Constituição portuguesa de 1976, uma das poucas constituições ocidentais com limites temporais (fixados num defeso de cinco anos após a última revisão ordinária) e com uma multiplicidade de *limites materiais* ou *"cláusulas pétreas* que vedam que normas sobre certas matérias possam ser objeto de supressão ou de alteração profunda do seu conteúdo, mediante um processo revisão constitucional ou apenas através de um único ato de revisão[98].

[97] Cfr. Carlos Blanco de Morais ult. loc cit, p. 60 e seg.; Afonso de Oliveira Martins "La revisión onstitucional y el Ordenamiento português", Lisboa, Madrid, 1995, p. 101; J. Varela Suanzes "Reflessioni sul Concetto di Rigidità Costituzionale", Giurispr. Cost, nº 5, 1994, p. 3312 e seg.

[98] Em Portugal os limites materiais expressos do artº 288º admitem que as normas que fixam limites não intangíveis possam ser suprimidas ou modificadas por um ato de revisão constitucional, admitindo-se que, posteriormente, um segundo ato de revisão altere ou remova os

40. A hiper-rigidez constitui um sinal de insegurança do poder político no contexto de sociedades altamente conflituais. Poder que, no fundo, teme as maiorias futuras e pretende cristalizar conquistas constitucionais fortuitas e perpetuar trincheiras políticas, económicas e sociais contra adversários políticos. O excesso de híper-rigidez gera distorções patológicas, fazendo proceder, segundo alguns, a crítica de que uma sociedade de mortos passaria a dirigir uma sociedade de vivos. Quanto os índices de excesso de rigidez atingem níveis anómalos, eles convidam à nominalização da Constituição (não acatamento normativo) ou à eclosão de transições constitucionais[99] e ruturas revolucionárias (infra, § 228 e seg. § 236)[100].

2. Constituições flexíveis

41. São constituições flexíveis, aquelas que, para a sua alteração, reclamam um processo idêntico ao legislativo ordinário. É, como vimos, o caso presente da Constituição britânica (uma constituição deslizante em sentido histórico e consuetudinário) e da Constituição israelita.

No plano da psicologia política comportamental, o respeito dos britânicos pela sua Constituição Histórica é tal que as alterações são raras e processam-se durante fases particularmente longas. Veja-se o caso da reforma da Câmara dos Lordes lançada há mais de uma década (1997) e que não foi concluída devido a falta de consenso sobre os termos exatos da alteração constitucional. Ainda assim, a flexibilidade constitui um enorme risco para sociedades conflituais como as da Europa Continental, já que implicaria

princípios e regras que se encontravam originariamente protegidos pelos limites entretanto superados.

[99] PONTES DE MIRANDA "Comentários à Constituição e 1967, com a Emenda de 1969", Rio de Janeiro, 1987, III, p. 145.

[100] Os custos destas opções petrificadoras podem ser elevados, como foi o caso do princípio da "irreversibilidade das nacionalizações" realizadas após a revolução de 25 de Abril de 1974. Tendo o mesmo princípio sido declarado no texto originário da Constituição de 1976 e perdurado até 1989, ele gerou para o País, até 1991, perdas de recursos públicos num valor superior a cinco biliões de euros (um bilião de contos), sem correção monetária para os valões atuais. Pese estas opções espúrias de imortalização da obra constitucional, o facto é que os limites temporais fixados à revisão da Lei Fundamental geram em cada cinco anos, um frenesim ou uma ansiedade constitucional geradora de revisões desnecessárias e tecnicamente mal concebidas da mesma Lei (como as de 1997 e 2004). Portugal tendo uma constituição hiper-rígida é, talvez por esse facto, um dos Estados da Europa ocidental com maior número de revisões constitucionais.

a desfiguração do espírito das Constituições pelas maiorias ocasionais e o império do despotismo das mesmas maiorias, tal como sucedeu com as primeiras constituições da França revolucionária. O modelo, até ao presente, só funcionou bem no Reino Unido, dado o facto de se tratar de uma sociedade consuetudinária e tradicionalista em que o pacto ou contrato histórico de poder se encontra interiorizado na consciência coletiva.

3. Constituições semi-rígidas

42. Trata-se daquelas Constituições em que uma parcela normativa pode ser revista através de um processo idêntico ao ordinário e outra parte através de um processo especial e agravado. Foi o caso da Carta Constitucional brasileira de 1824, outorgada pelo Imperador D. Pedro I, já que só era matéria intrinsecamente constitucional e passível de revisão com procedimento agravado em tudo aquilo que dissesse respeito aos limites e atribuições do poder político e direitos fundamentais (no fundo, rigidificava-se a Constituição material)[101].

Secção IV
Critério teleológico

43. Considerando o "telos" ou o fim do modelo constitucional adotado em razão da estrutura aplicativa das normas, conjugada com as tarefas que as mesmas determinam para o Estado, haverá a distinguir, um pouco na linha de uma classificação de LOEWENSTEIN[102], as constituições *utilitárias das constituições programáticas.*

1. Constituições utilitárias

44. As *Constituições utilitárias* são *aquelas cujo fim essencial, no contexto de um regime democrático, consiste na limitação do poder político, que pressuponha a repartição das funções do Estado por diversos órgãos, a garantia dos direitos fundamentais das pessoas e uma relativa contenção e neutralidade ideológica no elenco das tarefas de intervenção estatal.*

[101] GILMAR MENDES, INOCÊNCIO MÁRTIRES COELHO, PAULO G. BRANCO "Curso de Direito Constitucional", S. Paulo, 2007, p. 16.
[102] KARL LOEWENSTEIN ult. loc cit, p. 211.

Trata-se, a título principal, das constituições liberais dos Séculos XVIII e XIX e das que ainda subsistem como tal no universo anglo-saxónico, como é o caso das Constituições Norte-Americana e Britânica. E nesta categoria é possível igualmente incluir, numa versão impura ou mista, diversas constituições europeias, cujas metas de intervenção social são mínimas, como é o caso do texto constitucional alemão de 1949 (que se resume a proclamar a cláusula do "Estado social", sem elencar direitos sociais ou tarefas intervencionista de vulto[103]). O facto de nos ordenamentos britânicos e alemão existir uma lógica intervencionista dos seus poderes públicos, no quadro de um Estado social avançado, não deriva de mandatos específicos fixados na Constituição, mas das opções políticas do legislador ratificadas eleitoralmente.

45. O *constitucionalismo utilitário* radica numa filosofia garantista, a qual resulta ser otimista em relação às virtualidades autodeterminativas da sociedade civil e cética quanto às supostas virtudes intervencionistas da atuação dos poderes do Estado, optando por uma função guardiã da estabilidade das leis e da proteção das pessoas contra condutas arbitrárias do poder[104]. Nesse sentido, contentam-se em estabelecer as regras básicas do funcionamento do sistema, sem que as suas disposições manifestem preferências marcadas de ordem ideológica sobre as tarefas do Estado que ultrapassem os seus fins estruturais: segurança, justiça e mínimos de bem-estar. São, por conseguinte *constituições sintéticas*, pouco extensas na sua normação e essencialistas no núcleo das matérias que visam regular, aplicando-se as respetivas normas em regra, diretamente às situações sobre as quais incidem, assumindo predominantemente natureza precetiva (§ 548 e seg.).

2. Constituições programáticas

2.1. Noção

46. As Constituições programáticas, *a par da organização do poder e da garantia dos direitos de liberdade, assumem igualmente fins de transformação social, através da imposição ao poder político de metas e tarefas de conteúdo ideológico e de cunho*

[103] Sem prejuízo de os direitos sociais figurarem nas constituições dos estados federados alemães.

[104] Gustavo Zagrebelski "Societá, Stato, Costituzione", Torino, 1988, p. 59 e seg.

intervencionista, no plano da promoção dos direitos sociais dos cidadãos e da organização económica.

Estamos diante das constituições "sociais" que nasceram na órbita do Estado de direito democrático com a Constituição de Weimar de 1919[105] e, depois da Segunda Guerra Mundial, com uma plêiade de leis constitucionais que passaram a conter programas de ação estatal mais ou menos extensos: é o caso do texto constitucional italiano de 1947, dos franceses de 1946 e 1958, das constituições sueca, dinamarquesa e holandesa e, ainda, das constituições portuguesa de 1976, espanhola de 1978, bem como, além, mar, a Constituição brasileira de 1988.

Mas estamos, igualmente, diante das constituições não democráticas de Estados socialistas (Constituição Mexicana de 1917, na fase oligárquica do domínio do Partido Revolucionário Institucional e diversas constituições revolucionárias de África, Ásia e América Latina); comunistas (Constituições soviéticas de 1917, 1936 e 1977); fascistas (leis fundamentais do fascismo italiano incorporadas na Constituição de 1848) e corporativas autoritárias (a Constituição portuguesa de 1933 e as "Leis Fundamentais do Estado Espanhol" do regime franquista).

47. O escopo intervencionista das constituições programáticas parte de uma visão cética quanto à capacidade da autonomia privada da sociedade civil em produzir espontaneamente valores positivos como a paz, o bem, estar, o progresso e a justiça social, e, por conseguinte, de uma perspetiva otimista quanto à capacidade do Estado em assegurar esses mesmos objetivos, no quadro de metas constitucionais pré-estabelecidas. A Constituição não é neutra mas ideologicamente comprometida com programas de transformação coletiva, os quais assentam na obrigação positiva do Estado em assegurar meios jurídicos, financeiros e materiais para garantir a realização permanente de direitos sociais e culturais a prestações dos cidadãos, no plano assistencial e económico, com relevo para a redução de desigualdades na distribuição de rendimentos.

Importa clarificar que as normas que contém programas de ação são juridicamente vinculantes, pese que essa vinculatividade se encontre mitigada e dependente da "reserva do possível" ou seja, das disponibilidades financeiras e materiais dos poderes públicos para concretizarem esses programas ou o fazerem num patamar de suficiência.

105 Influenciada por correntes sociais-democratas, comunistas e centristas.

2.2. Constituições programáticas sincréticas e prolixas

48. As constituições programáticas são constituições mais extensas do que os textos utilitários, podendo variar entre um *programatismo sincrético* (próprio de uma parte maioritária das constituições sociais europeias, cuja extensão é bastante moderada como é o caso da França, Suécia, Holanda e Dinamarca) e um *programatismo prolixo* (especialmente evidente, de entre outras, na Constituição portuguesa de 1976 e Constituição brasileira de 1988, caracterizadas por enunciados extensos e palavrosos contendo princípios ideológicos, tarefas e incumbências estaduais e direitos sociais).

O excesso de prolixidade constitucional, segundo alguns constitucionalistas geraria autênticos "catecismos políticos", dado que a verbosidade e promiscuidade ideológica prejudicaria o estilo de formulação do direito, pouco tendo a ver com o desenvolvimento racional do processo político e dos direitos básicos das pessoas, o qual seria adequadamente alcançado através de normas concisas[106]. Existem, igualmente, *constituições programáticas de extensão intermédia* entre a primeira e a segunda categoria, como é o caso das Leis Fundamentais da Espanha e Itália.

Secção V
Critério ontológico

1. Noção

49. Atentando no *critério ontológico* traçado por Loewenstein, a partir da matriz do Estado de direito democrático, cumpre distinguir as *constituições normativas, nominais e semânticas.*

A classificação em análise não pode, segundo o autor, ser feita apenas a partir do texto, mas sim de uma diagnose rigorosa e distanciada sobre a efetividade prática das normas constitucionais, já que todas as constituições se presumem, à partida, como normativas[107]. Daí o facto de a classificação se designar de "ontológica", termo que alude à realidade existencial ou à "Ciência do ser" e que, no caso em apreço, envolve uma análise à Constituição tal como ela opera na realidade, nas suas relações jurídicas e políticas com o Estado e a sociedade.

[106] Karl Loewenstein, ult. loc. cit, p. 212.
[107] Karl Loewenstein, ult. loc. cit, p. 219.

2. Constituições normativas

50. São constituições normativas, as que *envolvem uma relação de concordância entre o conteúdo das suas normas e a realidade que visam regular*[108].

Para que uma Constituição seja qualificável como "normativa", necessário será que as suas normas tenham aplicação efetiva e que dominem o processo político e a realidade social que pretendem reger. O controlo da constitucionalidade das normas pelos tribunais constitui uma importante garantia da normatividade constitucional, na medida em que permite sancionar com inconstitucionalidade os atos do poder político que violem a Constituição, ou, como sucede com a Constituição portuguesa, declarar a inconstitucionalidade por omissão, se o legislador não efetivar mandatos normativos contidos na Lei Fundamental.

As constituições que consagram sistemas de justiça constitucional incorporam, deste modo, tendencialmente, constituições normativas, como é o caso dos Estados Unidos da América, da Alemanha, Áustria e Itália.

3. Constituições nominais

51. A *Constituição nominal consiste num texto constitucional cujas normas não são aplicáveis com efetividade à realidade política e social que intentam regular.* Existe, por conseguinte, uma não sintonia entre o verbo constitucional e o mundo da realidade das coisas, pautado por práticas e dinâmicas políticas e sociais que fluem à margem da Constituição ou que contrariam os seus princípios e comandos jurídicos, remetendo a Lei fundamental para um protagonismo emblemático.

As causas para esta situação repousam, frequentemente, no excesso de verbosidade e de jactância programática de algumas constituições prolixas que formulam promessas na esfera dos direitos que a realidade económico-social e política se mostra incapaz de garantir. As suas normas passam a ficar desprovidas de praticabilidade normativa, do que resulta a perda da sua juridicidade e a sua conversão em declarações políticas, em peças arqueológicas ou em simples panfletos.

52. Diversas constituições de Estados africanos e da América Latina enfermam claramente de falta de normatividade da sua Constituições[109].

[108] Karl Loewenstein, ult. loc. cit, p. 219.

[109] Angola tem sido o exemplo de um Estado provido de constituições prolixas e consteladas de normas sobre direitos sociais e regras sobre o funcionamento de um Estado de direito

Noutras situações, a nominalização advém de um texto que faria pressupor o exercício de poderes democráticos na eleição dos governantes e a garantia dos direitos civis e políticos dos cidadãos mas que é desmentido por uma prática autoritária em que o sistema eleitoral é semi-competitivo ou desigualitário nessa competitividade e os direitos fundamentais acabam por sofrer restrições legais intensas que inviabilizam, em parte, a utilidade das normas que os consagram. Foi o caso da Constituição portuguesa de 1911 (desafiada por uma prática política revolucionária e por um despotismo maioritário de um partido hegemónico), da Constituição portuguesa de 1933[110], da Constituição brasileira de 1967 e da Constituição da Venezuela de 2000.

Finalmente, noutras situações, a aprovação prematura de textos Constitucionais pouco consonantes com a realidade existencial no plano político, económico, social e cultural ou a ausência de consensos para a revisão da Constituição (complementada por limites materiais que congelam realidades póstumas) nominalizam, no todo ou em parte, os textos constitucionais. A Constituição portuguesa, na sua Parte III (Organização do poder Económico[111]) e em relação a diversos direitos sociais[112], contém disposições que, não sendo integralmente efetivas, se afastaram com o tempo da possibilidade de alcançarem as metas a que se propuseram e que, por conseguinte, se nominalizaram (infra, § 294). Existe, neste caso, um fenómeno de nominalização parcial.

4. Constituições semânticas

53. As constituições semânticas definem-se como textos constitucionais que, independentemente da efetividade da sua aplicação, se destinam a

democrático. Contudo, esses enunciados contrastam com uma prática pautada por situações de exclusão social, desigualdade na distribuição da riqueza e práticas políticas por vezes pouco consentâneas com um Estado limitado pelo direito e desejavelmente respeitador dos direitos civis e políticos.

[110] Exemplo dado pelo próprio LOEWENSTEIN.

[111] Caso das normas sobre algumas das incumbências prioritárias do Estado (artº 81º); sobre cooperativas e experiências de autogestão (artº 85º); relativas à participação dos trabalhadores na gestão de unidades de produção do sector público (artº 90º); e concernentes às políticas agrícola, comercial e industrial (título III).

[112] Caso da gratuitidade progressiva de todos os graus de ensino (prevista na alínea e) do nº 2 do artº 74º) e gratuitidade tendencial do sistema nacional de saúde (acolhida na alínea a) do nº 2 do artº 64º da CRP).

formalizar e a legitimar um poder político autocrático, não cumprindo qualquer função como instrumento real de limitação do poder e de garantia dos direitos civis e políticos dos cidadãos.

Todo o constitucionalismo soviético e chinês, bem como o constitucionalismo cubano e a Constituição italiana de 1848, depois da sua apropriação e transformação pelo fascismo italiano, são exemplos deste tipo de fenómeno.

Secção VI

Critério da unidade axiológica e ideológica: constituições simples e compromissórias

54. A Constituição em sentido material implica a existência de valores políticos, jurídicos e até morais, com caráter dominante, que marcam ou selam uma opção por uma determinada matriz de poder e de sociedade. A identidade da Constituição é, assim, inseparável das opções axiológicas e ideológicas que triunfaram e que foram traduzidas em normas pelo ato ou pacto constituinte.

55. Mesmo as constituições utilitárias do liberalismo, que pretendiam enformar alguma neutralidade ideológica, não deixavam de plasmar uma opção dos constituintes por um modelo de Estado democrático e não intervencionista e por uma sociedade estribada em valores liberais e fundada na garantia dos direitos civis e políticos.

Sucede que, em razão da natureza e do grau de coesão política dos decisores que lideraram o processo constituinte, poderemos defrontar-nos com constituições mais homogéneas em relação à sua identidade e unidade axiológica, e constituições mais heterogéneas quanto à pluralidade de influências valorativas e ideológicas que se encontram refletidas no seu conteúdo.

56. Haverá, assim, que distinguir as constituições *simples* das constituições *compromissórias.*

As constituições simples definem-se como as *leis fundamentais de um Estado que exprimem uma unidade manifesta de pensamento político nos seus atributos identitários.* Tal deriva do facto de os decisores constituintes terem pretendido criar um modelo de poder e de sociedade sustentado em valores e opções ideológicas muito precisas, sem concessões ou com escassas concessões a outras correntes de pensamento.

As constituições de Estados totalitários, mormente dos chamados Estados comunistas, são o exemplo de textos constitucionais simples, enformados por uma cosmovisão integral da sociedade e do Estado estribada na ideologia marxista. Também certas constituições democráticas, pese a pluralidade de fontes cognitivas, envolveram um menor grau de compromissos e pautaram-se pelo seu caráter doutrinal e axiologicamente coesivo em torno de um modelo de poder, contribuindo para essa natureza o facto de serem deliberadas por via referendária[113]. Parece ser o caso da Constituição francesa de 1958.

Quanto mais simples ou axiologicamente uniforme for o conteúdo de uma Constituição, menor será a sua função integradora, ou seja, a sua aptidão para incluir e ajustar as diversas sensibilidades e interesses de uma sociedade pluralista. Essa inaptidão, se não for compensada por revisões constitucionais que desempenhem essa função integradora, pode conduzir à nominalização do texto constitucional, convidando a ruturas.

As *constituições compromissórias* são aquelas que transmitem a influência de um conjunto de correntes axiológicas e ideológicas diversas, sem prejuízo de algumas destas assumirem um pendor objetivamente dominante. No fundo, a normação constitucional integra o produto de acordos entre as diferentes correntes protagonizadas pelos decisores constituintes. A grande maioria das constituições democráticas assume natureza compromissória, a qual é mais acentuada quando são produto de processos constituintes tramitados em assembleias muito fragmentadas quanto às correntes políticas nelas representadas. Constituições excessivamente compromissórias tendem a ser contraditórias, carentes de identidade e inaptas para assegurarem a estabilidade governativa e a unidade de ação do poder político[114].

A Constituição norte americana de 1787 refletiu no seu bojo as correntes anti-federalistas e federalistas com, um importante contributo das pri-

[113] Dos quais resulta a entronização de sistemas de governo presidencialistas ou parlamentares racionalizados, sistemas eleitorais constrangedores e moções de censura construtiva.
O respetivo texto foi elaborado por comissões técnicas e não por assembleias constituintes.

[114] O conceito de constituição compromissória permite que se analise política e historicamente as constituições contemporâneas com base nas suas fontes cognitivas e na influência diversiforme que na conceção das suas normas tiveram as correntes liderantes que marcaram o exercício do poder constituinte.

meiras mas uma preponderância das segundas; na Constituição francesa de 1791 confluíram as correntes monárquicas, jacobinas (democratas, radicais) e girondinas (liberais) com predomínio dos últimos; a Constituição de Weimar de 1919 acomodou correntes sociais-democratas, comunistas, centristas cristãs e liberais, com preponderância das primeiras; a Lei Fundamental de Bona equilibrou o ideário social democrata com o pensamento social-cristão, com alguma prevalência deste último; a Constituição portuguesa de 1976 balanceou contributos marxistas, republicanos, sociais-democratas e socialistas, que preponderaram; e a Constituição brasileira de 1988 foi um imenso compromisso de grupos políticos e sociais diversos que envolveu marxistas, liberais, sociais-democratas, monárquicos, republicanos, parlamentaristas e presidencialistas, com prevalência da última corrente em sintonia com os terceiros, no plano das funções sociais do Estado.

57. Mesmo Estados autoritários podem ser regidos por constituições compromissórias. É o caso da Constituição portuguesa de 1933, que transmite a influência de correntes monárquicas, republicanas, fascistas, conservadoras-autoritárias e católico-corporativas, tendo preponderado uma mescla das duas últimas.

Parte II

O movimento constitucionalista e as metamorfoses do Estado Constitucional

Capítulo I
A "Constituição antiga" e os Estados estamental e absoluto

1. Leis fundamentais e limitação difusa do poder real no "Estado de ordens"

58. O chamado *"Estado Estamental"* da Idade Média foi considerado uma realidade estadual em sentido imperfeito, quando confrontada com o modelo de "Estado-Nação" moderno, nascido com os tratados de Münster e Osnabrück de 1648 (Paz de Vestefália) que puseram fim à Guerra dos Trinta Anos e redesenharam o mapa da Europa a partir dos escombros da "Respublica Christiana". Tratava-se de um modelo estadual imperfeito porque o poder do soberano era limitado pelos poderes das ordens sociais, estamentos ou "estados" e porque as relações de vassalagem entre reinos e casas senhoriais diluíam ou tornavam incertas, quer a noção e a identificação precisa dos súbditos e dos seus direitos e privilégios, quer a delimitação das fronteiras territoriais.

59. Durante a Época Medieval e a Idade Moderna, a ideia institucional de Constituição liga-se à existência de *"leis supremas" relativas à legitimação e conservação do poder do Reino e que não poderiam ser contrariadas pela autoridade do Monarca*[115].

[115] Manoel Gonçalves Ferreira Filho (ult. loc. cit, p. 19) cita Jean de Terre Rouge que por volta de 1484 escrevera que *"Não é consentido ao Rei mudar o que está ordenado ad statum publicum regni"*.

A noção institucional de "Constituição" tanto na Monarquia estamental como na Monarquia absoluta envolvia sempre uma ideia de legitimação da autoridade do soberano, erigida em princípios reitores do seu acesso ao poder e à sua atuação, os quais não deixavam de consubstanciar um limite difuso, ao referido monarca. Limite que em algumas comunidades decorreria do princípio da *Lex Regia,* com reminiscências nas teorizações de Ulpiano e nos velhos princípios da República Romana que se fizeram sentir, ulteriormente em diversas fases do Império. De acordo com o referido dogma da *Lex Regia,* o poder do Monarca teria a sua fonte numa delegação (expressa ou implícita) do poder político da sociedade no mesmo soberano[116]. Trata-se de um fundamento que coexistiu, incertamente e paredes meias, com o fundamento divino do poder monárquico[117].

Ora, tal como alguém sublinhou, uma monarquia fundada no direito divino implicava que o soberano tivesse de acatar limitações que a religião professada colocaria ao seu poder[118]. Nos casos citados, o não acatamento pelo Príncipe das Leis Fundamentais propiciava a deslegitimação política do poder, da qual poderiam resultar rebeliões, guerras civis e atos de excomunhão, com a possibilidade de deposição do monarca[119].

[116] Karl Loewenstein, ult. loc. cit, p. 157.

[117] Quando se aludia às "Leis Fundamentais" dos Reinos medievais, estivessem as mesmas contidas em proclamações, textos escritos, em atas de Cortes ou em simples princípios consuetudinários imemoriais, pretendia-se apelar a normas de direito "sacro" ou supostamente pactuado entre o Monarca e as ordens ou estamentos (clero, nobreza e povo). Nessas "Leis Fundamentais" repousavam critérios centrais sobre a sucessão no trono, a religião do Reino, direitos e privilégios reconhecidos às referidas ordens, bem como obrigações do Monarca perante as mesmas.

[118] Uma monarquia cujas Leis Fundamentais obrigassem o Rei a convocar as Cortes para ouvir as ordens sobre atos legislativos que afetassem os seus direitos "naturais" e privilégios ou para decidir o aumento de impostos e a elevação do valor da moeda supunha um respeito mínimo perante estas essas obrigações. Do mesmo modo, um Príncipe que violasse as regras de sucessão ao trono na sua ascensão à coroa cometeria um ato de usurpação.

[119] Tal como já tivemos a oportunidade de recordar, na comunidade inglesa medieval, a imutabilidade do direito velho protegia as "antigas liberdades" da aristocracia tendo levado os Barões, no "Parlamento de Morton" em 1202, a reivindicar junto do Monarca, João sem Terra, o princípio de que "*nomulus leges anglie mutare*". Anos mais tarde, um conflito com o Papado e o aumento dos impostos, associado a insucessos militares suscitou uma rebelião da nobreza que, em 1215, forçou o Rei a aceitar os chamados "artigos dos Barões". Esta foi a *Magna Charta* original, embora não fosse conhecida então por esse nome. A cláusula nº 61 constituía um importante limite ao poder real, na medida em que estatuía que se o documento fosse desrespeitado pelo Monarca, um comité de 25 barões poderia revogar a vontade daquele.

2. Os limites ao poder real no Estado Absolutista

60. A monarquia absoluta nasceu a partir de uma certa desordem jurídica gerada por uma concorrência de fontes de direito[120] e por constantes ruturas à paz interna[121]. Este movimento de concentração do poder no Monarca, iniciado em França a partir de Luis XI (1461-1483) e que atingiu o apogeu com Luis XIV (1643-1715), foi apoiado pelo estamento burguês, ansioso por garantir a certeza jurídica indispensável ao comércio[122].

Numa tentativa de compreender o absolutismo, não apenas no plano político mas também no jurídico, KRIELE lembrou que não sendo a *paz interna* condição suficiente para garantir uma vida com dignidade, ela seria, contudo, uma condição necessária para tal desiderato, constituindo até o fundamento mais importante para a coercibilidade do direito[123].

Foram os horrores e misérias de guerras religiosas que levaram os teóricos do Absolutismo a colocarem o poder dos monarcas acima da própria questão religiosa. Foi o caso do Chanceler de L'Hôpital e de JEAN BODIN, os quais, embora católicos, entenderam ser mais importante a garantia da

Uma nova guerra civil contestou a legitimidade de um Rei que nunca pretendeu respeitar a Carta e impediu que o documento vigorasse por mais de três meses.
A *Magna Charta* só logrou imperar depois da morte de João sem Terra em 1216, mas com sucessivas alterações, sendo suprimida a cláusula 61. A chamada Carta de 1297 passou a firmar-se como uma importante lei fundamental (a qual integra a atual Constituição britânica com o valor de *"statute law"*). A Carta envolvia uma multiplicidade de direitos estamentais, impostos, penas, exercício da Justiça, propriedade da Igreja e direito sucessório, Cumpre destacar, no plano dos direitos dos súbditos, o "Habeas Corpus", o qual pressupunha o controlo legal da prisão de qualquer pessoa, realizado sumariamente pelo juiz, autoridade que aferia da legalidade da prisão. Em Portugal, os sucessivos confrontos de D. Sancho II com o alto clero e sectores da nobreza, a propósito de privilégios destes estamentos valeram-lhe a excomunhão papal, uma guerra civil e a sua deposição em 1248. E em França, mesmo os defensores do poder real procuraram limitar o poder de *etablissement* do monarca, fazendo depender o seu poder revogatório da realização do "justo" (FRANÇOIS BEUMANOIR cit por PAULO MERÊA "Divagações Sobre a Estabilidade da Norma Jurídica" in "Estudos Sobre a História do Direito, Coimbra, 1923, p. 176 e seg.

[120] O Imperial, o Canónico, o Pátrio e ainda o senhorial.

[121] Suscitadas por guerras privadas entre nobres, guerras religiosas, guerras entre o Rei e poderosos sectores da nobreza e conflitos entre reinos, como efeito das complexas teias vassaláticas estabelecidas entre príncipes.

[122] Estamento que pressionou a feitura de compilações de leis e a eliminação de normas tributárias intermédias, oriundas das ordens aristocrática e eclesial.

[123] MARTIN KRIELE "Introdução à Teoria do Estado", Porto Alegre, 2009, p. 68.

vida, da coabitação social, da paz pública e da "nutrição" dos cidadãos do que a determinação impositiva da "verdadeira religião". Para BODIN a soberania deveria garantir esses objetivos através da sua encarnação na pessoa do Monarca. Para terminar com os direitos pessoais dos senhorios feudais e com a excessiva dependência dos poderes públicos em relação ao poder religioso importaria que o Rei fosse entendido como "legibus absolutus", não vinculado através da lei e titular de um poder soberano para dispor, quer sobre os direitos da nobreza e do clero quer, ilimitadamente, sobre o próprio direito em geral[124].

Com HOBBES, o Monarca soberano é a fonte de todo o direito, incluindo aquele direito superior ou "constitucional" em sentido institucional, o que significaria que o mesmo soberano poderia dispor das leis fundamentais, do costume, do direito pactuado e do "ius naturale". A teoria ficcional do contrato social que este autor elaborou teria redundado num contrato em benefício de terceiro. Os súbditos obrigar-se-iam à desistência incondicional dos seus direitos em favor do soberano que, contudo não seria parte contratual[125]. O risco da degradação do absolutismo em tirania, explorada por Aristóteles e desenvolvida pelo Tomismo é desconsiderado por HOBBES e até certo ponto por BODIN que entendia que a guerra civil era pior do que a tirania[126]. O Chanceler d L'Hôpital defendeu em 1561 que existiria uma diferença entre "leis estáveis" (no fundo as normas constitucionais em sentido institucional) e "leis indiferentes", implicando um pecado contra o Criador a ofensa ou a revogação das primeiras pelo monarca, sem justa causa[127]. O próprio BODIN não concebia, diversamente de outros teóricos como HOBBES, a "summa potestas" do monarca como uma *"autorização geral ou ilimitada"* mas como um conjunto de direitos e prerrogativas específicas, tais como exclusividade legislativa, decisão sobre nomeação de altos funcionários, poder judicial supremo e direito de indulto, decisão sobre a guerra e a paz e direito à fidelidade e obediência. A sua atuação deveria pautar-se pela observância do direito natural, sem o qual o poder resvalaria para a tirania, que BODIN considerava como se disse, apesar de tudo mais suportável do que a guerra civil. BODIN considerava, ainda, que

[124] MARTIN KRIELE, ult. loc. cit, p. 74 e 81.
[125] MARTIN KRIELE, ult. loc. cit, p. 82.
[126] MARTIN KRIELE, ult. loc. cit, p. 83 e seg.
[127] PAULO MERÊA "Divagações (...)" op. cit, p. 177.

o soberano deveria respeitar as leis de sucessão admitindo, neste caso, por razões de legitimidade e legalidade, o direito de resistência contra os usurpadores do poder real. Finalmente, reconheceu aos estamentos superiores um direito de resistência contra a cobrança arbitrária de impostos (cobrados sem autorização ou audição das ordens tributadas)[128].

61. Relativamente à "constituição antiga" do Estado Absolutista e ao seu escopo de limitação do poder cumpre guardar os seguintes pontos fundamentais:

i) Mesmo um conjunto de teóricos da Monarquia absoluta, como Bodin, que a justificaram como a melhor forma de garantir a Soberania do Estado e evitar a guerra civil, não conceberam o absolutismo como um poder ilimitado;

ii) Os limites por eles traçados (leis fundamentais de sucessão, *pacta sunt servandae*, direito natural, tributação com consulta ou autorização dos estamentos) não deixaram de integrar uma noção mínima de "Constituição em sentido institucional", como forma de limitação do poder;

iii) Os monarcas absolutos europeus nunca sustentaram exclusivamente o fundamento da sua autoridade na nova teoria da soberania (fundada na razão, na delegação ou no contrato social implícito), pois fizeram-no, também, nos direitos antigos de raiz teocrática, consuetudinária ou pactícia, os quais, apesar de inobservados pelo Monarca, eram convocados sempre que necessário;

iv) O absolutismo implicava a concentração no Rei dos poderes legislativo, executivo, judicial e de política externa, os quais exercia de forma livre, sem prejuízo de esse exercício dever ser feito de forma a não desrespeitar os limites inerentes ao direito antigo;

v) A inobservância desses limites, com relevo para a religião do Estado, a revogação de privilégios dos estamentos e a cobrança de impostos sem autorização ou consulta às Cortes, conduziu a ruturas revolucionárias que colocaram o absolutismo entre parêntesis (a revolução de Cromwell de 1649) ou derrubaram mesmo o regime absolutista inglês (*Glorious Revolution* de 1688), verificando-se que a convocação tardia e conflitual das estruturas parlamentares por um Monarca absoluto, mas débil, funcionaram contra o poder real;

[128] Cfr sobre o pensamento Bodiniano Kriele, ult. loc cit, p. 84 e seg.

vi) No termo do absolutismo, o estamento burguês, detentor do poder financeiro mas desprovido de poder político, entendeu ser tempo de reclamar este último a um rei absoluto mas financeiramente frágil[129], considerando que o conflito (incluindo a guerra civil) tinham passado a ser preferíveis à subsistência do arbítrio, do despotismo e da desigualdade inerente a privilégios ligados ao nascimento.

[129] Rogério Soares "Função e Limites da Função Legislativa no Estado Contemporâneo" in "A Feitura das leis", Lisboa, 1986, p. 432 e seg.

Capítulo II
O Estado de direito e a Constituição Moderna

Secção I
A formação do Estado Liberal de direito

1. Noção de Constituição Moderna

62. O sentido moderno da Constituição traduz-se num conjunto sistematizado de normas escritas e solenes que limitam juridicamente o poder e garantem os direitos dos cidadãos.

A ideia moderna de Constituição nasceu com o movimento constitucionalista do Século XVIII e teve com fim primacial a limitação do poder absoluto do Monarca ou de qualquer outro tipo de poder que lhe sucedesse. Em face do modelo da *Constituição Antiga* (e excluindo as características atípicas do ordenamento constitucional britânico), a *constituição moderna* evidencia as seguintes características diferenciais:

i) A Constituição deixa de ser enformada por normas desagregadas, intuídas ou pressupostas, mas por normas decididas, escritas, solenes e dotadas de supremacia política e jurídica sobre a lei ordinária e os demais atos públicos que serão ilegítimos ou inválidos caso as contrariem;
ii) As normas constitucionais não se limitam a reger aspetos parcelares organização fundamental do Estado (tais como a religião do Reino ou a sucessão), como sucedia com as leis fundamentais, mas a disci-

plinar em detalhe o estatuto dos órgãos de poder político, a declarar os direitos das pessoas e a disporem sobre outros aspetos da ordenação social, económica e territorial do Estado;

iii) A supremacia da Constituição moderna, deixa de ser uma realidade intuída e a sua garantia deixa de se encontrar à mercê de meras vicissitudes políticas ou da natureza das relações de força, para passar, gradualmente, a ser defendida pelos tribunais contra atos que a desrespeitem, operando como uma verdadeira Lei.

2. O Movimento constitucionalista

2.1. Introdução ao conceito de "constitucionalismo"

63. O termo "constitucionalismo" entronca numa realidade mais recente e com um significado muito próprio. Gomes Canotilho[130] define-o como uma *"técnica moderna de limitação do poder com fins garantísticos"* podendo extrair-se a ideia de que se trata de uma "teoria ou ideologia"[131] que procura limitar o poder político através de uma "lei superior"[132] como requisito indispensável à garantia dos direitos das pessoas e à organização estruturada do poder de uma dada comunidade.

64. Historicamente, o constitucionalismo constituiu um movimento político e cultural radicado no pensamento liberal que, tendo as suas raízes no século XVII, despontou no Século XVIII como uma identidade perfeitamente definida, enfrentando e fraturando a ordem política absolutista.

2.2. Nota sobre os antecedentes políticos e filosóficos do movimento constitucionalista

A. O impacto diferido da "Glorious Revolution" britânica

65. Uma das causas das revoluções anti-absolutistas que deflagraram em Inglaterra no Século XVII consistiu na inobservância por parte do Monarca,

[130] Gomes Canotilho "Direito Constitucional", op. cit. p. 51 (seguindo sugestivamente Matteuci).
[131] Gomes Canotilho ult. loc. cit.
[132] Neste sentido exacto Manoel Gonçalves Ferreira Filho "Curso de Direito Constitucional", S. Paulo, 2008, p. 3 e seg.

de alguns dos limites do direito antigo fundamental ao seu poder absoluto, realidade que, como vimos, relativizava a omnipotência desse mesmo poder (supra § 61 e seg.). A influência dos teóricos do absolutismo inglês e francês em Jaime I e posteriormente no seu filho Carlos I geraram condutas de afrontamento às regras constitucionais não escritas da *common law*[133] sobre o exercício do poder. Para os dois monarcas deveria imperar o corolário de Hobbes segundo o qual, "*Auctoritas non veritas facit legem*".

66. A revolução republicana de Cromwell contra o Rei Carlos I, que culminou com a deposição e decapitação do monarca[134], ditou a primeira e efémera constituição escrita europeia da Idade Moderna, o "*Instrument of Government*" de 1653, que instituía um poder concentrado no Executivo, assumido por um *Lord Protector*, que governaria em consulta com um Conselho de Estado. O Parlamento eleito por voto censitário reunir-se-ia trienalmente sendo considerados inelegíveis católicos e monárquicos[135].

67. As primícias do constitucionalismo liberal despontaram em Inglaterra, não com a revolução cesarista de Cromwell, mas sim com a "Glorious Revolution" de 1688 que derrubou o rei Jaime II e que teve na sua origem

[133] Costume reconhecido pelos tribunais e que era obrigatório enquanto não alterado por via legislativa.

[134] Não existindo uma Constituição escrita, havia, contudo, em sentido jurídico e político, uma Constituição em sentido institucional. Em Inglaterra, o poder estava repartido entre o Rei (que acumulava a essência das diversas funções do Reino), a Câmara dos Lordes, a Câmara dos Comuns e os tribunais da "common law". E o sistema operou enquanto os Monarcas, mesmo alguns dos mais autoritários e centralizadores como Isabel I, não violaram ostensivamente as competências das restantes instituições. Tal como sucedera com outros monarcas absolutos, o Rei Carlos I absteve-se durante mais de uma década de convocar o Parlamento, desencadeou prisões arbitrárias em desconformidade com as regras do "habeas corpus", aprovou leis revogatórias de direitos e privilégios e lançou impostos sem aquiescência parlamentar. A regra de "*common law*" da co-decisão legislativa em diversas matérias (que relativizava a natureza absoluta da monarquia, nomeadamente na noção ainda hoje vulgar, mas errada, de que se trataria de um poder ilimitado) começou a ser incumprida pelo monarca desde o tempo de Jaime I o que levou a um conflito jurídico com o Parlamento que foi dirimido pelos tribunais a favor deste último órgão.

[135] A Constituição acabou por criar um sistema "absolutista republicano", com Cromwell erigido a Protetor vitalício e governando em virtual ditadura militar, depois de dissolver o Parlamento em 1655. Direitos confessionais foram reconhecidos, exceto para os católicos. Quanto à própria Constituição, embora elaborada pelo "*Council of Officers*", nunca foi aprovada pelo Parlamento ficando, por conseguinte, ferida na sua legitimidade. Foi substituída em 1657 por um outro documento constitucional, seguindo-se o desmoronamento do regime republicano e restauração monárquica na pessoa de Carlos II, como Rei absoluto.

um conflito religioso (o monarca era católico). Os rebeldes, com apoio de um exército estrangeiro, colocaram no poder o príncipe holandês protestante Guillherme de Nassau, da casa de Orange.

68. JONH LOCKE, o filósofo político que justificou o poder da Casa de Orange, teorizou sobre a legitimidade da nova ordem monárquica à luz da *"rule of law"*, recriando as teses aristotélicas, polibianas e maquiavélicas dos sistemas políticos mistos, fundando-os na axiologia do contrato social (designado por *trusteeship e* passível de recondução à tese do pacto civil onde se inspiraram tanto liberais como absolutistas.

Nesse "trust", os homens livres não transfeririam para o Monarca o principal poder, o legislativo, mas apenas para a instituição parlamentar, onde estariam os representantes dos súbditos, em especial do povo. O Monarca seria titular do poder Executivo e Federativo[136] (bem como de poderes de urgência) e os tribunais exerceriam a função jurisdicional. Contudo, o temor da omnipotência das maiorias levaram LOCKE a defender que a aristocracia, presente na Câmara dos Lordes, deveria exercer um poder de travão sobre o "povo" (leia-se a burguesia) representada na Câmara dos Comuns, dispondo também da última palavra em matéria judicial sobre certas questões. Esta divisão relativa de poderes, com diversas formas de controlo interorgânico, tinha como objetivo, a par do bom governo do "bem comum", o reconhecimento de valores fundamentais como a liberdade e a propriedade, erigindo LOCKE o direito natural a limite jurídico e moral para todos os poderes, em especial para o legislativo[137].

As novas regras constitucionais sobre o exercício do poder ficaram contidas num importante documento normativo sobre os direitos das pessoas, o *Bill of Rights* de 1689, que enunciou os princípios fundamentais da Constituição, reafirmou as liberdades antigas, reforçou os poderes do Parlamento, garantiu o direito de petição, consagrou a reserva tributária da instituição parlamentar, salvaguardou liberdades e garantias contra certas penas cruéis e multas exorbitantes e protegeu direitos de propriedade[138].

[136] O Poder Federativo estava ligado à política externa.

[137] Ainda assim a noção fiduciária do "trust" de LOCKE afastava, se da noção de *"pactum subiectionis"* da construção absolutista, na medida em que, no caso de o monarca violar o contrato celebrado, os súbditos poderiam reclamar os seus direitos e invocar, mesmo, o direito de resistência (JONH LOCKE "On Civil Government", Second Treatise, JW GOUGH, 1964, Cap. II, § 4 e Cap. VIIII, §122).

[138] Este documento foi completado pelo *Triennal Act* de 1694 (que reforçou o poder parlamentar) e o *Act of Settlement de 1701* que regulou o poder do rei e dos Tribunais e estabeleceu a

A ideia de Constituição como ordenação superior foi reforçada na medida em que o poder absoluto do Rei, encarado como epicentro do exercício das diversas funções do Estado cessou, para dar lugar a uma forma de repartição dessas funções por outros órgãos, com relevo para o Parlamento e para os tribunais, bem como a formas de responsabilização dos membros do Executivo (órgão da confiança do Monarca) ante o Parlamento.

69. A experiência constitucional britânica caracterizou-se por ter sido precoce em cerca de um século, em relação às revoluções liberais norte-americana e francesa; por ter conservado o Regime Monárquico; por ter prescindido de mais atos revolucionários; e por ter evoluído deslizantemente no sentido da parlamentarização do sistema, através do binómio entre a instituição parlamentar e um Executivo crescentemente dissociado do Monarca.

Diversamente das experiências revolucionárias norte-americana e francesa, o constitucionalismo britânico não optou por condensar a sua Constituição num texto escrito[139] mas sim numa pluralidade desagregada de leis escritas, em regras de *common law* e em convenções de ordem costumeira. A Constituição britânica constituiu, até ao tempo presente, um caso único e atípico de Constituição histórico-evolutiva, portadora de uma supremacia política (e não tanto jurídico-normativa) e formada maioritariamente por normas não escritas, interiorizadas pela Comunidade e reconhecidas pelos tribunais. Por esta razão constitui uma realidade não enquadrável na noção de Constituição Moderna (supra, § 62).

70. Com as características acabadas de sintetizar, a revolução liberal britânica influenciou o movimento constitucionalista norte-americano e europeu continental que desabrochou cem anos depois.

Fê, lo, com base em três vetores fundamentais.

O primeiro, deflui do entendimento de que as regras de ordem constitucional constituem "Higher Law" ou, seja, direito investido numa posição de supremacia em relação ao restante. Na verdade, tal como afirmámos em sede própria[140], no ano de 1610, em pleno absolutismo, o Juiz "Sir" Edward Coke (um dos mais importantes juristas britânicos da época e um dos arquitectos da filosofia inerente à *"Petition of Rights"*) considerou a propósito do caso *Bonham* no Tribunal das *Common Pleas,* que a *Common Law* seria

responsabilidade individual dos ministros diante do Parlamento. Em geral, Basil Henning "The History of Parliament: the House of Commons", Londres, 1983.

[139] O precedente do *instrument of Government* de Cromwell não foi considerado positivo.

[140] Carlos Blanco de Morais "Justiça Constitucional - I", Coimbra, 2006, p. 275 e seg.

direito superior relativamente à organização do poder e aos direitos dos súbditos, o que o levou a contestar a legitimidade de uma lei que violava a "natural equity". Depois da *Glorious Revolution*, o primado da lei parlamentar fez com que a doutrina Coke se tivesse esfumado em Inglaterra em favor da flexibilidade constitucional, mas as suas linhas de força inspiraram as sentenças de *"judicial review"* proferidas por diversos tribunais coloniais na América, entre 1776 e 1778, tendo a Constituição da Pensilvânia consagrado esse controlo de constitucionalidade.

Daí que, quando a Constituição federal norte-americana de 1787 entrou em vigor já se verificava uma envolvência da "doutrina Coke" em teóricos do poder como GEORGE MASON e ALEXANDER HAMILTON[141], que salientavam uma ideia de superioridade do direito ínsito na Constituição sobre a lei ordinária, a qual acabou por ser lapidarmente reconhecida em 1803 pelo *"obter dicta"* do Juiz Marshall no célebre caso *"Marbury Vs Madison"*. A partir desta decisão nasceu a ideia de Constituição rígida como norma de hierarquia superior sobre as demais leis bem como o poder do judiciário para recusar a aplicação de normas contrárias à mesma Constituição.

A segunda razão consiste no reconhecimento da natureza proto-constitucional das declarações de direitos dos súbditos contidas na "Bill of Rights", as quais constituíram um precedente para as declarações de direitos das constituições das colónias americanas e para a *Declaração dos Direitos do Homem e do Cidadão* em França. Acompanha, se aqui CARL SCHMITT quando coloca reservas à ideia de que o "Bill of Rights" tenha sido, efetivamente, a primeira declaração de direitos fundamentais inerente ao movimento constitucionalista, na medida em que o seu conteúdo revelaria ainda uma estreita ligação aos velhos estatutos de garantias de direitos e privilégios aristocráticos e burgueses. Para ele, os direitos fundamentais nasceram com as declarações de direitos das colónias americanas[142]. Ainda assim, atenta a diferença de épocas, parece incontestável a influência do *Bill of Rights* nessas declarações constitucionais de direitos ocorridas um século depois.

A terceira, radica na ideia de que com a revolução liberal britânica, se tornou claro que não bastaria que a Constituição fosse um instrumento superior de organização do poder. Necessário se tornaria que *o mesmo ins-*

[141] Cfr. HAMILTON "The Federalist Papers", Coord. CHARLES KESLER e CLINTON ROSSITER, New York, 1999.

[142] CARL SCHMITT "Teoria (...)" op. cit, p. 164. No mesmo sentido G. JELLINEK "La Declaración de Derechos del Hombre y del Ciudadano", Madrid, 1908, p. 17 e seg.

trumento servisse para limitar juridicamente esse poder através de uma repartição de funções por órgãos diversos bem como de uma declaração de direitos que as autoridades devessem respeitar. Daqui resultou o fim do absolutismo real, traduzido no cúmulo do núcleo das diversas funções na pessoa do Monarca e a emergência do primado legislativo dos parlamentos, como assembleias representativas dos súbditos ou dos cidadãos.

B. O ideário político do iluminismo europeu continental

71. A influência da revolução liberal inglesa manifestou-se no pensamento político francês a partir da obra do Barão de Montesquieu "*O Espírito das Leis*"[143], em especial no Capítulo VI do Livro XI, onde o filósofo exprimiu o seu ponto de vista sobre a ordem constitucional inglesa e dela extraiu a sua construção relativa ao princípio da separação de poderes.

Procurando sintetizar com grande singeleza alguns pontos dominantes do pensamento constitucional de Montesquieu, dir-se-á que:

i) O Autor considera a liberdade um valor axial da comunidade, considerando ser a Inglaterra o País em que "*A Constituição tem por objeto direto a liberdade política*", entendendo que essa liberdade envolve igualmente a ideia de segurança, pois para que um cidadão possa desfrutar a liberdade, necessário será que o "*governo seja de tal natureza que um cidadão nunca deva temer outro*";

ii) A noção de liberdade em Montesquieu é aristocrática e estamental e é marcada pela noção de "privilégio" atribuível às "*pessoas que se distinguem pelo nascimento, a riqueza e a honra*" o que leva alguns teóricos a afirmar que o autor, sendo um liberal, não é, necessariamente, um democrata no sentido clássico do termo[144];

iii) Um pressuposto essencial para a garantia da liberdade será a existência de um governo moderado ou misto, o qual pressupõe que as três classes de poder, legislativo, executivo e judicial, não se concentrem numa única pessoa, já que se tal suceder, o soberano ou o senado poderão aprovar leis tirânicas para as executar tiranicamente;

iv) Um governo moderado ideal que proteja as liberdades implica que os diferentes poderes estejam confiados a distintos titulares, dado que "*só o poder limita o poder*".

[143] Montesquieu "De l'Esprit des Lois", Paris, 1987.

[144] Maurice Hauriou "Derecho Constitucional y Instituciones Políticas", Barcelona, 1980, p. 261, nt. 15.

A construção de MONTESQUIEU envolveu diferentes leituras e interpretações. ALTHUSSER e EISENMANN consideram que a linha rígida de Montesquieu sobre a divisão de poderes em Inglaterra não corresponderia à realidade constitucional britânica da época[145]. Ainda assim, FREDERISH VON HAYECK[146] entendeu que, apesar da Constituição inglesa não transmitir a existência de uma separação tão rígida de funções[147], MONTESQUIEU teria captado a ideia de contrapesos e limites entre os órgãos que exerceriam os diversos poderes[148] e a importância do legislativo como realidade principal e autónoma deixaria de ser uma prerrogativa do Monarca, sendo a lei concebida como um ato geral e abstrato, insuscetível de ser alterada para atender a casos particulares. Ainda assim, a interpretação que foi feita de MONTESQUIEU por alguns constituintes norte-americanos de 1787 e, sobretudo, pelos constituintes franceses de 1798, radicou numa conceção mais estrita de separação de poderes como divisão de funções por órgãos distintos, sem prejuízo da existência de uma interdependência entre os mesmos que MONTESQUIEU sempre sustentou, mas que foi desvalorizada por leituras posteriores.

72. Na órbita das correntes filosóficas radicais-democratas, JEAN JACQUES ROUSSEAU partiu de uma crença otimista na racionalidade da vontade humana para conceber uma filosofia contratual do poder. Tendo essa filosofia bebido em LOCKE, ela foi, igualmente, marcada pelo calvinismo genebrino e pelos ensinamentos de MARSÍLIO DE PÁDUA, nos quais se sustentava o protagonismo do individuo na génese do contrato social e no exercício do poder soberano, o qual se distanciava do "pacto de sujeição" que ficcionava o Monarca como depositário do consentimento da comunidade quanto ao exercício da soberania.

Cumpre apenas selecionar, muito sumariamente, os seguintes pontos do seu pensamento:

i) O homem, que nasceria em estado de bondade, liberdade e igualdade, ao ser forçado a viver em sociedade, seria levado a, por via de

[145] CARLOS BLANCO DE MORAIS "As Leis (...)" op. cit, p. 32.

[146] FREDERISH VON HAYEK "Droit, Legislation et Liberté", Paris, 1985, I, p.154.

[147] Havia, por exemplo, porosidade entre o Executivo e o Parlamento e a Câmara dos Lordes exercia funções judiciais como tribunal supremo.

[148] Tal como observa HAURIOU (ult. loc. cit, p. 265) no Capítulo do "Esprit des lois" referente à Constituição inglesa, Montesquieu observou que os poderes, atenta a dinâmica das coisas, ver-se-iam forçados a mover-se e a concertar-se.

um "contrato social", a abdicar de uma parcela da sua liberdade em favor da coletividade;

ii) A unidade da sociedade seria expressa através de uma vontade geral, manifestada por todos os cidadãos através de leis; estas constituiriam a expressão máxima da vontade geral, e como tal, instrumento de soberania e de garantia da igualdade dos direitos e interesses de todos os contraentes, bem como reflexo da justiça e da racionalidade no exercício do poder, já que no entendimento do filósofo *"La volonté generale est toujours droite"*[149];

iii) Em termos de balanceamento dos poderes estaduais, ROUSSEAU admite a sua separação num sentido puramente funcional que não obstaculize a omnipotência soberana de um poder legislativo confiado a todo o povo, resumindo-se o Executivo a aplicar a lei em concreto;

iv) A vontade geral não poderia ser delegada em órgãos, pelo que o poder legislativo deveria ser exercido por todos os cidadãos através de processos de democracia direta[150].

Este radicalismo democrático centrado na preponderância do legislativo através de uma democracia direta foi posteriormente sujeito a uma transfiguração pragmática, através da teoria da representação, defendida pacificamente pelos utilitaristas ingleses (BENTHAM), pelos constituintes norte-americanos (JAMES MASON) e, igualmente, trabalhada em França pelo abade SIEYÈS nas vésperas da Revolução Francesa[151], o qual ampliou e transformou inventivamente o dogma de ROUSSEAU[152] (infra § 81).

2.3. Os três paradigmas dominantes do constitucionalismo liberal e a circulação de modelos

73. No tempo presente, pautado pela globalização circulatória das pessoas, capitais e comunicações, é banal falar-se em *transconstitucionalismo, em cosmopolitismo dos direitos fundamentais, em redes constitucionais e Constituição Multinível* (supra § 9 e seg. e §). Contudo, também nos Séculos, XVII, XVIII e XIX a circulação do ideário constitucionalista e de modelos de Constitui-

[149] JEAN JACQUES ROUSSEAU "Do Contrato Social", Lisboa, 1989, Livro II, Cap. III.

[150] Para ROUSSEAU, o povo inglês seria soberano em cada ato eleitoral, mas escravo no período entre eleições.

[151] SIEYÈS "Quest, ce que le Tiers Etat", Paris, 1982.

[152] KARL LOEWENSTEIN ult. loc. cit, p. 159.

ções já existia e operava com razoável eficácia através das difíceis e frágeis vias de comunicação marítimas. O absolutismo monárquico iluminista não era sinónimo de um universo de espaços nacionais fechados e a Era do "despotismo esclarecido" favoreceu, mesmo com o patrocínio de certos monarcas, a discussão de novas ideias.

Vimos como o pensamento de LOCKE influenciou em França o ideário constitucional de MONTESQUIEU e, até certo ponto, o de ROUSSEAU. Examinámos, também, como os dois pensadores acabados de mencionar, bem como BLACKSTONE, a doutrina do Juiz COKE e a *Bill of Rights* britânica marcaram o pensamento dos "founding fathers" do movimento constitucional norte, americano. Por seu turno este mesmo ideário constituiu uma incontornável fonte inspiradora da *"Declaração dos Direitos do Homem e do Cidadão"* de 1789 que marcou o início da revolução francesa. Por exemplo, o general LAFAYETTE (que combatera ao lado dos norte-americanos e depois se tornou comandante da "guarda nacional" dos revolucionários) e THOMAS JEFFERSON (embaixador dos Estados Unidos em França durante o período de 1784-1789) foram alguns dos agentes políticos e ideológicos que catalisaram discussões na elite política francesa sobre ideias e paradigmas e intervieram na feitura de anteprojetos de textos revolucionários. Mesmo após o termo da revolução francesa, as matrizes constitucionais, britânica, norte-americana e francesa (quer a revolucionária quer, sobretudo, a Carta restauracionista de 1814) marcaram o despertar do constitucionalismo no resto da Europa, com especial relevo para o espaço germânico, Espanha, Itália e Portugal.

2.3.1. *O movimento constitucionalista norte-americano*

A. Nota sobre o pensamento fundacional do constitucionalismo nos Estados Unidos da América

74. O pensamento liberal que esteve na origem do constitucionalismo americano assumiu carácter proteiforme.

Assim, no que toca à influência britânica, o ideário contratualista de JONH LOCKE foi determinante[153] no ambiente cultural que antecedeu a revolução independentista, no sentido da aceitação da existência de limites legais ao poder do soberano, no quadro de um acordo recíproco entre

[153] Cfr. LOUIS HARTZ "The Liberal Tradition in America", New York, 1955, p. 140.

governantes e governados. Posteriormente, consumada a rutura com a Monarquia inglesa, a ideia de "trust" ou contrato fiduciário de LOCKE foi recomposta no sentido de configurar um acordo, já não com o soberano, mas entre o próprio povo, como justificação existencial de uma Lei Fundamental[154].

Contudo, o dogma da soberania, tendo como fonte a vontade do povo, foi também bebida pelas elites coloniais norte-americanas no pensamento de BLACKSTONE[155] que, numa perspetiva não muito distante do radicalismo democrático francês, entendia que a autoridade parlamentar, como expressão da vontade do povo, seria suprema e "incontrolável".

Finalmente, a construção de MONTESQUIEU relativa ao fracionamento dos poderes, como forma de os limitar, constituiu uma importante fonte cognitiva do pensamento constituinte norte-americano[156].

75. Os colonos debateram desde o início da década, iniciada em 1760, os limites ao poder político, um pouco como sucedia em Inglaterra, começando por concentrar criticamente nos poderes do Rei, o maior risco às suas liberdades e prerrogativas. Estas assentavam nos seus direitos individuais (enquanto súbditos ingleses), nos poderes das respetivas assembleias coloniais e nas antigas Cartas da Coroa que lhes concediam direitos e privilégios especiais[157].

Posteriormente, a ameaça aos direitos coloniais advieram de leis fiscais do Parlamento britânico, o que levou JACOB ADAMS, em 1765, a questionar a autoridade do Parlamento inglês na medida em que o mesmo violava os limites da Constituição britânica, destruindo assim os seus próprios fundamentos de autoridade[158]. A ideia de uma lei de hierarquia superior (Higher Law) a limitar o legislador comum e popular nos tribunais coloniais) tornou-se mais incisiva na América do que na Mãe-Pátria (supra § 70). Em face da rutura política com a Monarquia britânica, as treze colónias declararam a independência e elaboraram, em 1786, as suas constituições escritas, através da convocação de *"constitutional conventions.*

A ideia de "convenção constituinte" designava um parlamento ilegalmente formado, destinado a protagonizar uma rutura, tal como sucedera

[154] MIGUEL NOGUEIRA DE BRITO "A Constituição Constituinte", Coimbra, 2000, p. 28 e seg.
[155] LUIS PEREIRA COUTINHO "A Autoridade Moral da Constituição", Coimbra, 2009, p.283.
[156] NICOLAS PEREZ SERRANO ult. loc. cit, p. 489 e.... nota.
[157] Cfr. Em geral GORDON WOOD "The creation of American Republic", North Carolina, 1969.
[158] GORDON WOOD, ult. loc. cit.

com a "Glorious Revolution" em Inglaterra, e a justificar a existência de um órgão com maior legitimidade política do que as assembleias legislativas existentes no período colonial[159].

A noção de *poder constituinte*, nasce assim na América do Norte, antes mesmo da emblemática construção de SIEYÈS em França, tendo sido teorizada em 1777 por THOMAS YOUNG quando, em carta aberta publicada em Filadélfia, apoiava a criação do Estado do Vermont[160]. As primeiras constituições escritas das colónias rebeldes, contendo regras de organização do poder associadas a declarações de direitos, tal como sucedeu com a Constituição de Virgínia, despontaram como primeiro paradigma formal do movimento constitucionalista que no ano de 1787 elaborou na Convenção de Filadélfia, a Constituição Norte-Americana.

76. A par das correntes importadas do liberalismo aristocrático britânico e do iluminismo francês, o pensamento constitucional norte-americano foi marcado igualmente por fontes próprias. Estas centraram-se no *pensamento republicano*, defendido por figuras como JOHN ADAMS, BENJAMIN FRANKLIN, THOMAS JEFFERSON, THOMAS PAINE, GEORGE WASHINGTON, JAMES MADISON e ALEXANDER HAMILTON.

A *conceção republicana de governo*, inspirada no paradigma da República Romana da Antiguidade Clássica, constituía um conceito difuso (o qual suscitou interpretações antagónicas) que contestava a hereditariedade como fundamento do exercício do poder supremo do Estado e fazia radicar o fundamento desse poder na vontade popular e na renovação dos mandatos[161]. Entroncava, igualmente, num "ethos", num complexo de valores de entre os quais se destacava: a igualdade de direitos; a defesa das liberdades individuais no contexto de uma comunidade pluralista; a prossecução do bem comum; a ideia de criação de um governo estável e moderado (no sentido aristotélico, polibiano e maquiavélico) que instituísse um processo de deliberação não corrompido; e a salvaguarda de valores cívicos contra a decadência, a corrupção e o vício[162].

[159] R. PALMER "The Age of democratic Revolution, a political History of Europe and America, 1760, 1800", I, Princeton, New Jersey, p. 185 e seg,

[160] MIGUEL NOGUEIRA DE BRITO, ult. loc cit, p. 33.

[161] HAMILTON, nos "Federalist Papers" (nº LXXVIII) entendeu que o princípio axial do governo republicano traduzir-se-ia no direito do povo alterar ou abolir a Constituição estabelecida.

[162] Sobre o "ethos republicano" dos pais fundadores do constitucionalismo norte-americano cfr. RICARDO LEITE PINTO "O Momento Maquiavélico na Teoria Constitucional Norte-Americana", Lisboa, 2998, p. 95 e seg. p. 110 e seg. e p. 180 e seg.

Tal como se antecipou, as instituições da República Romana não deixaram de influenciar o pensamento de expoentes da corrente federalista (MADISON, HAMILTON e JAY) os quais assinavam os "Federalist Papers" com o pseudónimo de "Publius" e invocavam as antigas virtudes republicanas no exercício do poder. O mesmo surgiu com os chamados artigos "anti-federalistas" publicados na imprensa, onde se contrapunham pseudónimos como "Brutus" e "Cassius". Aliás, o estudo da República Romana e dos motivos da sua decadência constituíam preocupações permanentes dos teóricos norte-americano, evidenciados nos seus escritos[163].

Finalmente, os valores igualitários e moralistas do *protestantismo puritano*, contrário à estratificação social defendida pela Igreja anglicana, adubaram o pensamento republicano em torno um jusnaturalismo religioso.

77. O debate intenso entre federalistas e antifederalistas durante a Convenção de Filadélfia de 1787 e do processo de ratificação do texto constitucional pelos Estados evidenciou duas grandes correntes liberais e republicanas. Correntes distintas, sobre a configuração do sistema político, do sistema de direitos e liberdades públicas e da estrutura territorial do novo Estado Federal que sucedia à efémera e débil Confederação que associava treze repúblicas rebeldes e independentes.

78. A corrente federalista, de tendência conservadora, rejeitava a democracia direta de ROUSSEAU, impraticável em razão da extensão do território e desaconselhável em nome da defesa das liberdades individuais e do bem comum, atenta a necessidade de garantir que nenhum interesse emergente numa sociedade diversa e plural se pudesse sobrepor aos outros. Esta sensibilidade concebeu uma teoria da representação política centrada na ideia de que o poder deveria ser exercido por representantes direta ou indiretamente eleitos pelo povo, conformando uma "aristocracia" natural e espiritual, formada por homens probos e virtuosos que imporiam a sua superioridade em face de situações de injustiça[164].

Quando ao sistema político, HAMILTON procurou inicialmente, sem que tivesse obtido apoio, uma aproximação a uma espécie de monarquia eletiva, com um Executivo confiado a um Presidente eleito vitaliciamente.

Ainda assim, e contra a corrente democrática-radical ou antifederalista que propugnava por um *"governo de leis e não de homens"* (traduzido num Pre-

[163] RICARDO LEITE PINTO, ult. loc. cit, p. 52.

[164] MADISON "The Federalist Papers", nº X e JAY, op. cit, nº III.

sidente fraco, eleito pelo Congresso), acabou por impor-se, com apoio dos federalistas, a ideia de um Presidente forte, eleito indiretamente pelo eleitorado por um mandato de quatro anos. A ideia de poderes separados na lógica de MONTESQUIEU, num quadro orgânico de interdependência funcional[165] e a noção ampla de federalismo propugnada pelo mesmo filósofo francês foram também acolhidas pela corrente em exame. Esta, no plano da organização do território, procurava aquietar os temores dos futuros estados federados em relação à perda dos seus privilégios de autogoverno, através de regras constitucionais que garantissem essa autonomia (sem prejuízo da necessidade de se garantir a sua subordinação clara ao poder Federal, mediante uma cláusula de supremacia) e que assegurassem a igualdade dos mesmos estados num Senado ou "câmara aristocrática" que atuaria em sua representação[166] com a função de freio à Câmara de Representação popular[167]. O fantasma do "despotismo das maiorias" num governo de assembleia constituiu um dos terrores noturnos do federalismo[168] que se inclinava mais para um republicanismo liberal de matriz aristocrática do que para uma democracia convencional[169].

O pensamento federalista esteve igualmente presente nas declarações de Direitos de Constituições Estaduais como a de Virgínia onde interveio a pena de MADISON, mormente na consagração da liberdade religiosa (a par da intervenção de antifederalistas como GEORGE MASON). Para os federalistas, os direitos civis e políticos do "Bill of Rights" de Virgínia constituíam

[165] Cfr. MADISON "The Federalist Papers". No XLVII o autor defende a separação de poderes na lógica do filósofo francês que é expressamente citado, considerando que a acumulação dos mesmos numa entidade supõe um risco de tirania. No XLVIII (e também no LI) defende a existência de freios e contapesos políticos entre os três poderes, legislativo, executivo e judicial, já que entende (no próprio título do primeiro dos dois artigos citados) que os órgãos não podem estar de tal forma separados que se vejam impedidos de se controlarem reciprocamente.

[166] Cfr. sobre esta matéria MICHAEL KRASNER, STEPHEN CHABERSKI "Il Sistema di Governo degli Stati Uniti", Torino, 1994, p. 35 e seg.

[167] MADISON "The Federalist Papers", nº XLIX.

[168] Cfr a interessante alusão de MADISON ao despotismo eletivo da República de Veneza (The Federalist Papers nº XLVVV).

[169] ALEXIS TOQUEVILLE ("De La Democracie en Amerique", Paris, 1951, p. 265 e seg.) em análise às correntes fundacionais da Constituição Americana entendia que a tirania da maioria, através de um poder legislativo incontrolado, poderia converter-se numa tirania espiritual que, ao impor as suas próprias ideias, não hesitaria em esmagar a autonomia de pensamento individual.

o reconhecimento das pretensões individuais das pessoas contra a soberania e o poder arbitrário do Rei, do Parlamento inglês e posteriormente, contra o legislativo norte-americano. Os direitos seriam, deste modo, limites à ação do Estado em benefício dos cidadãos sendo inseparáveis da Constituição como instrumento jurídico de limitação do político. Ainda assim, os Federalistas opuseram-se à consagração de uma declaração de direitos na própria Constituição federal norte-americana. Isto, não só porque diversos estados membros tinham inscrito nas suas constituições essas declarações de direitos (argumento utilizado na Alemanha para justificar a ausência de uma declaração de direitos fundamentais na Constituição bismarkiana de 1871) mas porque temiam que a redução de direitos a um documento constitucional federal pudesse justificar o não reconhecimento de outros direitos ausentes desse texto, pelo poder político[170].

Um compromisso foi estabelecido em torno da tese de TOMAS JEFFERSON, segundo a qual uma declaração de direitos não teria carácter taxativo e não excluiria o reconhecimento de outros direitos, mormente por via jurisdicional. Um *Bill of Rights*, por pressão da corrente antifederalista acabou por ser inserida nos primeiros dez aditamentos à Constituição, aprovados em 1789.

79. Os antifederalistas incluíam diversas sensibilidades liberais e radicais democratas que contestando os artigos da Confederação como inapropriados para o momento político, contribuíram para a convocação da Convenção de Filadélfia. Entre alguns dos mais destacados expoentes da corrente figuravam GEORGE MASON, PATRICK HENRY, SAMUEL ADAMS, JAMES MONROE e GEORGE MARSHALL. Esta sensibilidade constitucional revelava uma maior proximidade ao ideário de ROUSSEAU, temperada pela lógica utilitária de representação do britânico BLACKSTONE (que fundamentou a autoridade "irresistível" do Parlamento) e também em BENTHAM que reclamou para o legislativo um poder "omnicompetente", entendendo que qualquer limitação ao mesmo poder entraria em *"contradição com o princípio geral da felicidade"*[171].

A preocupação anti-federalista com a permeabilidade de um governo "forte" à corrupção e a sua adoção do figurino do governo parlamentar

[170] Cfr. HAMILTON "The Federalist Papers", nº LXXXIV em relação a este segundo argumento.

[171] J. BENTHAM "Constitutional Code", "Works", Edimburg, IX, 1843, p. 119.

de assembleia, com um Presidente eleito pelo Congresso e um Executivo dependente do legislativo, levou-os a criticar a figura do Presidente da República. O poder de veto presidencial sobre as leis parlamentares levou-os a compararem a figura do Presidente ao monarca britânico, tendo igualmente criticado uma câmara de representantes com um numero escasso de membros (colonizável por elites sociais e económicas) e um Senado aristocrático e não representativo do eleitorado que, à margem dos interesses da população interferiria no poder legislativo, ratificaria tratados e confirmaria a nomeação de altos funcionários[172].

Vacilando entre correntes centralizadoras que propugnavam pela expansão das competências da União a expensas dos Estados (MARSHALL) e outras que denunciavam o modelo de governo forte dos federalistas como compressor da autonomia dos futuros estados federados (MASON), os antifederalistas não lograram deter, como pretendiam, a ratificação da Constituição Federal pelos Estados, mas lograram o seu propósito de incluir um "Bill of Rights" na Constituição. Tendo perdido para os federalistas a configuração do modelo de governo e alguns aspetos do modelo de organização territorial, eles lograram, todavia, que as dez primeiras emendas à Constituição contivessem um repositório de direitos fundamentais, de clara matriz jusnaturalista[173], pese o facto de a sua constitucionalização não ter sido simultânea com a aprovação da Constituição de 1787, ocorrendo dois anos mais tarde.

B. Tópicos sobre constitucionalismo norte-americano: a Constituição como direito supremo e a garantia efetiva das liberdades civis e políticas

80. O movimento constitucionalista norte-americano, que culminou com a ratificação da Constituição Federal de 1787 *inaugurou inquestionavelmente a matriz reitora do que foi aqui designado como a Constituição Moderna* (supra § 62), assumindo quatro características referenciais.

1º. A Constituição norte-americana, *sendo predominantemente um texto escrito de natureza positiva (sete artigos*[174] *e vinte e sete aditamentos) assume uma*

[172] Cfr BERNARD BAYLIN "The Ideological Origins of the American Revolution", Cambridge, Massachussets, 1992, p. 331 e seg.

[173] KRIELE (ult. loc. cit, p. 194) sublinha que na Constituição de Virgínia constava que as pessoas tinham *"certos direitos inerentes"* e na Constituição do Massachussets era declarado que elas *teriam "certos direitos naturais, essenciais e inalienáveis"*.

[174] Subdivididos e vinte e uma "secções".

natureza subsidiariamente consuetudinária[175] porque integra alguns princípios e regras costumeiras. Estas, contudo, não têm a relevância dos costumes constitucionais britânicos que são convertidos em *"Common Law"* mediante decisão dos tribunais superiores[176]. Contudo, constitui, igualmente, Direito Constitucional em sentido material, a interpretação autêntica da Constituição feita pelo Supremo Tribunal Federal e tornada vinculativa pela força do precedente ("stare decisis") sendo inviável abarcar toda a normatividade constitucional, apenas a partir do texto da Constituição "instrumental e dos seus aditamentos.

2º. *A Constituição de Filadélfia é reconhecida como lei hierarquicamente superior a todas as restantes.* Trata-se de um princípio de supremacia jurídica que deflui do artigo VI, Secção 2 da mesma Constituição quando esta proclama o seu preceituado como *"The Supreme Law of the Land"*.

A ideia de supremacia jurídica da Constituição constitui o grande contributo inovador do constitucionalismo norte-americano pois garante o primado material e político que já existia no constitucionalismo inglês, através de um primado jurídico-formal que atribui rigidez e imposição de respeito às normas de hierarquia superior. A garantia jurídica desta hierarquia passou a ser assegurada através das *técnicas jurídicas da revisão Constitucional* e da *fiscalização da constitucionalidade das leis* ("Judicial Review")[177].

[175] Marcelo Rebelo de Sousa "Direito Constitucional", op. cit, p. 48.

[176] A "Common Law" norte-americana é distinta da britânica e não se afirma como uma fonte própria de Direito Constitucional. Os tribunais norte-americanos só podem criar interpretativamente direito a partir da Constituição escrita. Existem algumas, escassas, excepções em que essa criação opera sem reporte ao texto positivo da Constituição, quando estiver em causa a defesa de interesses federais no domínio da política externa e no domínio económico. Cfr. *National Basketball Association v. Motorola, Inc.*, 105 F.3d 841, 843, 44, 853 (2d Cir. 1997).

[177] Trata-se, em qualquer caso, de uma *construção hierárquica que, no plano substancial, foi tributária de um direito natural* (tido pelos seus defensores como superior ao direito positivo e irrevogável por este) interiorizado pela elite colonial na sua luta contra as leis tributárias iníquas do Parlamento inglês (cfr. Eduardo Garcia de Enterria "La Constitución como Norma (...)" op. cit, p. 50 e seg.).

A revisão constitucional envolve a necessidade de alteração da Constituição por leis com valor idêntico ao do texto originário, através de um procedimento legislativo especial e agravado em face do procedimento legislativo comum. A Constituição de 1787, de acordo com o seu artº 5º, pode ser alterada mediante deliberação do Congresso, tomada por maioria de dois terços, tanto na Câmara dos Representantes como no Senado, devendo posteriormente a mesma lei ser ratificada por três quartos dos Estados. Pode, optativamente, ser igualmente alterada através de Convenção dos estados, convocada pelo Congresso por iniciativa de três

3º. A ordem constitucional norte-americana mostrou-se *congruente com a doutrina aristotélica do governo misto e estável, com o postulado da separação com interdependência de poderes bebida em Montesquieu e com a legitimidade popular como fundamento da Constituição.*

A revolução americana não foi desencadeada contra um Monarca absolutista mas contra a Monarquia liberal que reinava em Inglaterra. Nestes termos, não se verificou uma rutura ideológica profunda quanto ao fundamento do poder político com a Mãe-Pátria, já que as teses liberais, aristocráticas de LOCKE foram fonte cognitiva do movimento constitucionalista americano[178].

A Constituição Norte-Americana constituiu universalmente um dos textos constitucionais escritos mais duráveis da humanidade, ultrapassando os duzentos e vinte e cinco anos de longevidade, apenas manchados por uma Guerra Civil (1861-1865). O pensamento dos federalistas procurou obstar à emergência de lutas precoces de fação que contaminassem o poder, no caso de o sistema evoluir para um parlamentarismo de assembleia onde os excessos do processo revolucionário viriam seguramente à tona[179].

quartos dos Estados, mas este método nunca foi utilizado). Quanto à *"Judicial Review"*, desde a Sentença Marbury vs Madison, de 1803, proferida pelo Supremo Tribunal Federal norte-americano que a hierarquia da Constituição passou a ser reconhecida pelo poder judiciário, para o efeito de poder declarar inválidas, com fundamento em inconstitucionalidade, todas as leis e actos normativos contrários à mesma Constituição (Cfr. com desenvolvimento, CARLOS BLANCO DE MORAIS "Justiça Constitucional" – I, op. cit, p. 276 e seg.).

[178] Este incorporou, ainda assim, como características próprias: a ideia republicana a necessidade de um governo equilibrado que obviasse o risco de despotismos maioritários das assembleias (os quais se reconduziam à imagem de um Parlamento britânico opressor das liberdades e violador da Constituição); e o imperativo de que os limites ao poder, constantes de uma Constituição, não teriam apenas natureza vaga e proclamatória, mas assumiriam também efetividade jurídica (constando de um texto legal escrito, dotado de hierarquia superior e garantido jurisdicionalmente).

[179] No que concerne à lógica clássica do Governo misto (na linha de Aristóteles, Políbio, Cícero e Maquiavel) MADISON (MADISON paper nº XIV in "The Federalist Papers", HAMILTON, MADISON, JAY, op. cit) entendeu que a República norte americana não seria em sentido próprio e rigoroso do conceito, um sistema com essa natureza típica já que, pese a presença de elementos aristocráticos no Senado, democráticos na Câmara de Representes e "monárquicos" na Presidência, o fundamento do poder supremo seria sempre o povo. Ainda assim, deduz-se dos escritos do mesmo autor (MADISON, ult. loc. cit, nº L I.) que uma *nova forma democrática de governo misto ou balanceado teria sido concebida*, na medida em que o poder seria distribuído por órgãos distintos, cada um com um perfil e um campo e atuação próprio, mas todos eles fundados direta ou indiretamente numa legitimidade popular. A fórmula "*We The*

4º. *Ao garantirem o cumprimento da Constituição através de um poder judicial, independente, os constituintes norte-americanos garantiram que os direitos e liberdades constitucionais da pessoa humana assumiriam carácter verdadeiramente fundamental,* já que teriam de ser juridicamente respeitados pelo próprio legislativo.

Os constituintes norte-americanos levaram a sério os direitos fundamentais na sua dimensão civil e política. Diversamente dos tribunais da Europa Continental que foram vistos pelos revolucionários liberais e radicais-democratas com suspeição, em razão das suas relações com o poder Monárquico, os tribunais coloniais norte-americanos foram desenhados como guardiões da liberdade e "amigos dos direitos". A judicialização da proteção dos direitos constituiu uma conquista norte-americana que apenas um século depois emergiu no direito continental europeu[180].

People" no preâmbulo da Constituição é emblemática relativamente ao fundamento do poder que radicaria no Povo em geral, *"the People at large"*.
Mas, a bem da verdade, como reconhecem certos autores Cfr. Luis Pereira Coutinho, ult. loc. cit, p. 299 e seg.) a vontade popular foi algo diluída no processo constituinte e na designação dos órgãos do poder: os constituintes da Convenção de Filadélfia não foram eleitos diretamente pelo povo mas designados pelos estados; o Presidente foi eleito através de uma forma de sufrágio indireto em que a vontade popular expressa nas urnas era mediatizada por uma aristocracia de representantes, os eleitores; os senadores, sendo eleitos, não refletiam a representatividade de todos os cidadãos mas sim a igualdade entre os estados; o Senado e a Câmara de Representantes eram eleitos por voto censitário em termos tais que apenas uma minoria decidia em nome de todo o povo; e os juízes do Supremo Tribunal Federal, que constituiu um relevante poder de controlo do legislativo, eram designados por concertação de vontades entre o Presidente e o Congresso.

[180] A matriz jusnaturalista religiosa na conceção dos direitos reforçou o imperativo de conferir a um "Bill of Rights" uma verdadeira cogência. Thomas Jefferson redator da Primeira Declaração de Independência apela à ideia de que os representantes do povo são autorizados a agir em nome das leis da natureza, consagradoras de verdades evidentes, na medida em que se inscrevem numa lógica divina inerente à criação (Cfr Jacques Derrida "Declarations D'Independence", "Otobiographies, L'Enseignement de Nietzeshe et la Politique du Non Propre", Paris, 1984, p. 26 e seg.). Aliás, a questão religiosa esteve particularmente presente na génese do "Bill of Rights", na medida em que foram questões de intolerância confessional que levaram milhares de pessoas a emigrar da Europa para o Novo Mundo, não pretendendo os "Pais Fundadores" do movimento constitucional que problemas dessa natureza afetassem uma sociedade plural e diversa como a americana. Nesta matéria, terá sido inquestionável a intervenção de Madison e Mason na configuração da liberdade de consciência e de religião na Declaração de direitos da Constituição de Virgínia. Sobre esta matéria existe uma diferença de pontos de vista entre Jellinek que acentua como base da fundamentação jusnaturalista dos direitos fundamentais a liberdade religiosa e a posição de Kriele que procura

2.3.2. *O constitucionalismo revolucionário francês: soberania popular e omnipotência da lei*

A. Nota breve sobre o influxo doutrinal dominante

81. A par da herança liberal do enciclopedismo, MONTESQUIEU e sobretudo ROUSSEAU tiveram uma influência relevante no movimento constitucionalista francês, pese com ajustamentos à realidade política cambiante que despontava num efervescente processo revolucionário.

O Abade SIEYÈS ocupou um protagonismo central, quer na teorização do fenómeno representativo (que suplantou a doutrina da democracia dircta de ROUSSEAU) quer na configuração da vontade constituinte como um poder ilimitado, quer na construção de um paradigma de Constituição como lei rígida e investida numa posição de supremacia jurídica.

Partindo, tal como ROUSSEAU, da ideia ficcionada de "pacto social", SIEYÈS considerava que a organização social carecia de ser garantida por uma Constituição adotada pelos representantes do povo. Ajustou, assim, pragmaticamente, o pensamento de ROUSSEAU à realidade própria de um grande Estado, como a França, onde a ideia de democracia direta se revelaria impraticável. O povo seria o titular da soberania mas exercê-la-ia através dos seus representantes que exprimiriam em seu nome, a vontade geral. Dessa vontade emergiria um poder supremo de organização política, o poder constituinte, o qual consistiria na faculdade de o povo aprovar uma

demonstrar que, tirando as Constituições de Rhode Island e Virginia, as restantes constituições das colónias rebeldes não consagravam expressamente a liberdade religiosa que, assim, não teria arrastado os restantes direitos (cfr. KRIELE "Introdução (...)" op. cit, p. 186).
Por outro lado, excluindo a complexa questão da escravatura que seria resolvida apenas após uma cruenta guerra civil, o respeito pela diversidade e pelo pluralismo marcou o momento constituinte americano, admitindo uma boa parte dos arquitetos da Constituição que, na sociedade concorre um elevado número de interesses particulares, insuscetíveis de recondução forçada à unidade através de uma maioria parlamentar já que seria indispensável tecer compromissos (ARTHUR BENZ "El Estado Moderno" op. cit, p. 81).
De qualquer modo, sendo as liberdades fundamentais tidas como exigências naturais da boa razão, não foram as mesmas tratadas pela Constituição americana apenas como nobres e elevados ideais político-filosóficos mas como genuínas posições jurídicas ativas, formulada de um modo geral negativamente, de forma a poderem ser feitas valer contra o poder estadual quando excessivamente compressivo. O papel dos tribunais como poderes independentes especialmente legitimados para interpretar a Constituição e garantir os direitos resultou da prática posterior à entrada em vigor da Constituição e assinalou um elemento diferencial desta matriz constitucional (Cfr. em geral KRIELE ult. loc cit. p. 194 e seg.).

Constituição. A separação de competências entre órgãos não obstaria à predominância de um poder legislativo confiado ao Parlamento onde imperaria a vontade da maioria, ou seja, de uma nova vanguarda política protagonizada pelo povo ou "Terceiro Estado"[181].

Fiel às teses de ROUSSEAU, SIÈYES, durante um *primeiro estádio do seu pensamento* sobre o poder constituinte, marcado pelo radicalismo dos momentos que antecederam e que se sucederam à Revolução, entendeu que o referido poder seria uma realidade permanente e ilimitada, depositada no coração do povo. Neste sentido não poderia a Nação submeter-se a uma Constituição, já que tal implicaria uma perda do seu direito de exprimir a vontade geral em liberdade. Daí que, sem prejuízo do reconhecimento do direito natural como fonte de valores constitucionais de ordem superior, o poder constituinte, como expressão soberana da vontade geral poderia ser exercido pelo povo a todo o tempo, o que significaria a alteração permanente das regras da Constituição[182].

82. Já num segundo momento, após avaliar o insucesso de diversas experiências constitucionais e virada a página de uma fase de radicalismo (na qual o próprio SIÈYES ultrapassou ignominiosamente o limite do "direito natural" que supostamente interiorizava, ao votar favoravelmente a execução do Rei Luís XVI), o autor, no período do Thermidor ou fase de "calmação" da Revolução, terá sustentado a necessidade de conferir maior permanência à Constituição[183]. A distinção que faz entre poder constituinte e poderes constituídos (nos quais se sediaria o legislativo) e a sua proposta (falhada) de instituição, também entre os poderes constituídos, do *"Jury Constitutionnaire"* (um órgão misto de fiscalização e de revisão constitucional) acabou por constituir uma engenhosa construção favorável à supremacia jurídica da Constituição sobre a lei.

[181] A Constituição, para o radicalismo democrático, é a máxima expressão normativa da vontade geral e soberana de um Estado e tem o seu fundamento no povo. Mas a dificuldade em encontrar um "status" jurídico da Constituição em face da lei, como expressão soberana da vontade geral, esteve presente na evolução do pensamento de SIEYÈS, um dos deputados revolucionários que teorizou o conceito do "poder constituinte".

[182] SIEYÈS, ult. loc. cit, p. 130 e seg.

[183] PAUL BASTID "Sieyès et sa Pensée", Paris, 1970, p. 593 e seg.

B. Linhas de força do movimento constitucionalista francês

83. O constitucionalismo gaulês nasceu de uma revolução iniciada com uma declaração de direitos, em 1789, tendo-se caracterizado por um conjunto de características que se passa a examinar.

1º. O movimento constitucional francês *deu continuidade ao paradigma da constituição moderna, inaugurado pelo Constitucionalismo Norte-Americano, o qual se traduziu num texto legal investido numa posição de supremacia, no marco de um sistema normativo não consuetudinário.*

A supremacia da lei constitucional não foi, contudo, garantida no plano jurídico, nos mesmos termos que a Constituição norte-americana, e semelhante debilidade perdurou por mais de um século e meio.

As primeiras constituições francesas equiparavam implicitamente a força da lei e a da Constituição ou eram, pelo menos, ambíguas a esse respeito. A Constituição revolucionária ordenava o poder e condensava os direitos dos cidadãos mas não lograva *"evitar ou limitar o papel do legislador e o caráter absoluto da norma legal na criação de direito material"*[184].

Tal como escrevemos em outra obra[185] a noção de "força de lei" inscrita no artigo 6º da primeira constituição revolucionária francesa em 1791 revelou ser perturbadora pois não permitia, no plano jurídico traçar uma distinção entre lei constitucional e lei ordinária. A teoria da vontade geral de Rousseau era algo avessa à ideia de hierarquia formal e à de rigidez[186].

2º. O movimento constitucionalista francês nasceu *em rutura radical com a Monarquia absoluta e sob o signo da omnipotência legislativa parlamentar, a qual gerou a instabilidade das instituições e a emergência de ciclos constitucionais, pautados por uma sucessão interminável de regimes políticos e de constituições.*

Diversamente do que sucedeu com a Revolução americana, a qual, excetuada a forma republicana e federal de Estado associada ao movimento de autodeterminação da Mãe-Pátria, não exibia uma linha ideológica de

[184] Roberto Nania "Il Valore della Costituzione". Mulino, 1986, p. 56.

[185] Carlos Blanco de Morais "As Leis Reforçadas", op. cit, p. 42.

[186] Firmada a ideia supremacia da Constituição francesa em face da lei e dos demais atos dos poderes constituídos verificou-se, sem prejuízo da rigidez dos textos constitucionais adotados após a constituição jacobina de 1793, que essa supra ordenação da Lei Fundamental assumiu, durante mais de um século e meio, um sentido mais político do que jurídico já que a sua garantia ficou a cargo do Parlamento ou de órgãos especiais por este, instituídos. Apenas com a Constituição de 1958 (Vª República) foi criado um órgão de controlo não político, o Conselho Constitucional, que com o tempo se veio a afirmar como um guardião independente da Constituição no exercício de uma atividade jurisdicional.

rutura em relação à ontologia liberal da Monarquia constitucional britânica, a Revolução francesa nasceu de uma rutura violenta entre os ideais republicanos, igualitários e democráticos-radicais dos revolucionários e uma Monarquia com natureza absoluta[187].

[187] A preocupação da vanguarda revolucionária não era tanto a criação de um governo misto e moderado, mas a destruição da ordem tradicional e a instituição de uma nova ordem centrada no novo absolutismo da vontade geral expressa na lei, na defesa dos direitos burgueses da liberdade, segurança e propriedade e no protagonismo governante do poder dos parlamentos que representariam a vontade popular.
Daí que todas as constituições do primeiro ciclo constitucional francês tenham constituído textos com maior valor político do que jurídico, já que não foram em geral acatadas por um poder que se exercia à margem das mesmas leis fundamentais, nunca tendo garantido, na prática, pelo menos durante o decurso do primeiro ciclo revolucionário, a efetividade do princípio da separação de poderes retoricamente proclamada na Declaração dos Direitos do Homem e do Cidadão de 1789. A Constituição de 1791, que consagrou o principio da separação de poderes ente o Monarca (titular do poder Executivo), o Parlamento (poder Legislativo) e os tribunais (poder judicial reduzido ao papel de *"bouche de la loi"*) tenha assumido um papel puramente compromissório ente monárquicos, liberais e radicais-democratas, desmoronando, se em face dos poderes de facto. A Constituição republicana de 1793 consagradora de um parlamentarismo legicêntrico de assembleia acabou por ter a sua vigência suspensa desde o início, por força da situação de exceção permanente que levou a Convenção, que concentrava os poderes legislativo e executivo, a instituir um regime conhecido pelo "Terror". A Constituição de 1795, conhecida pelo Diretório, dominada pelos liberais girondinos e qualificada pelos adversários como uma "República de burgueses proprietários", foi caracterizada por uma pluralidade de órgãos protagonizando poderes próprios e partilhados com mecanismos rígidos de controlos recíprocos (Executivo confiado a cinco "diretores" e legislativo confiado a duas câmaras). Não se tratou de uma separação de poderes à americana na medida em que o Executivo e o Legislativo partilhavam funções de política externa e finanças e o Legislativo exercia funções de ordem jurisdicional em matéria acusatória. O funcionamento deste sistema demasiado complexo e rígido para evitar os excessos do "Terror" gerou um modelo de governação bloqueado que culminou com um auto-golpe de Estado de Napoleão Bonaparte.
A Constituição de 1799 e as suas derivações que culminaram na Constituição do Império de 1804, sepultaram a matriz ideológica da Revolução Francesa, já que, mantendo a semântica revolucionária, instituíram um Império autoritário e oligárquico embora com uma semântica revolucionária e liberal.
Os dois ciclos constitucionais seguintes caracterizaram-se, tal como no primeiro ciclo, por uma sequência de constituições que, de um modo geral, se iniciavam com um texto equilibrado e compromissório, evoluíam para um modelo constitucional mais radical e de recorte mais acentuadamente parlamentarista e tinham o seu ocaso num modelo pautado por uma maior concentração de poderes no executivo. A instabilidade institucional permanente, as ruturas sucessivas e violentas de regime por via revolucionária, o sacrifício dos ideais de liberdade e de separação de poderes a imperativos de urgência permanente que esmagaram os direitos

3º. *O movimento constitucional francês, ao marginalizar o poder judicial do processo de garantia da Constituição nunca logrou, durante o primeiro e parte do segundo ciclo constitucionais, fazer com que a Constituição se assumisse como limite jurídico do poder político e como parâmetro efetivo do respeito das autoridades públicas pelos direitos fundamentais dos cidadãos.*

Tendo colocado os tribunais sob suspeita de conivência com o Regime Absolutista e tendo magnificado o "império da lei" sobre os demais poderes do Estado, os revolucionários reduziram o juiz ao papel de um aplicador servil dos comandos legislativos e nunca atribuíram aos tribunais (até ao dealbar da Constituição de 1958, com relevo para a reforma de 2008) poderes de controlo da compatibilidade da mesma lei com a Constituição.

A *Declaração dos Direitos do Homem e do Cidadão* constitui uma admirável peça política e literária de fundamentação do Estado Constitucional, não apenas na França mas na Europa Continental, sendo vista por uma boa parte da doutrina como a fonte cognitiva da noção de Constituição em sentido material do liberalismo. Verifica-se, no entanto, que, como relembra Kriele, *"A ideia de que a história dos direitos humanos fundamentais começa com a Declaração francesa (...) de 1789 (...) é um engano, e por sinal, com consequências fatídicas (...)"*, pois, tal como foi lembrado por Jellinek, a Declaração francesa não continha praticamente nenhum direito que não constasse das *"Bill of Rights"* americanas"[188]. E o carácter dito "fatídico" deste engano derivaria do facto de os direitos fundamentais terem permanecido, pelo menos durante as Constituições dos primeiros dois ciclos, como *"declamações sem realidade jurídica permanente"*[189]. Em nome dos direitos dos cidadãos e da vontade geral ocorreram as chacinas de 1792 e foi instituído o "Terror" como ideo-

e instituíram tiranias maioritárias ou unipessoais, marcaram o movimento constitucional francês até ao século XX, caracterizado, em antinomia com o estável paradigma americano, por uma dezena e meia de constituições. Sem prejuízo da retórica dos grandes ideais do liberalismo, as constituições do primeiro e do segundo ciclo foram, sobretudo, formalizações políticas e jurídicas de poder fáctico, exercidas por vanguardas sociais e ideológicas num dado momento histórico, para garantir posições conquistadas por via revolucionária. Contrariamente ao que sucedeu nos Estados Unidos, o constitucionalismo francês institucionalizou uma lógica de rutura permanente e de frenesi constituinte.

[188] Kriele ult. loc. cit, p. 199. Os políticos do universo anglo-saxónico tornaram esta realidade bem clara até ao tempo presente. Margaret Thatcher, célebre Primeira-Ministra britânica, disse, com crueza em Paris, no primeiro bicentenário da Revolução Francesa que os *"direitos do Homem não começaram em França"* (*Le Monde* de 13 Juilet, 1989).

[189] Kriele, ult. loc. cit, p. 195.

logia. Robespierre, o rosto da Convenção, escreveu concludentemente que *"se a mola do governo revolucionário é a paz e a virtude, a mola do governo popular durante a Revolução é, ao mesmo tempo, a virtude e o terror"*[190].

A realidade transmitida pelos factos históricos evidenciou o carácter efémero da Constituição de 1791 e a natureza ectoplásmica da Constituição de 1793, suspensa pela Convenção, sumo exemplo da tirania maioritária que o constitucionalismo liberal anglo-americano sempre procurou evitar. O constitucionalismo francês do primeiro ciclo encarnou, numa dimensão exponencial, o arquétipo do "farisaísmo dos direitos fundamentais", retomado por outras ditaduras contemporâneas[191]".

[190] Cit de Gustavo Zagrebelski "Societá, Stato, Costituzione", Torino, 1988, p. 99 e seg.

[191] As proclamações filosóficas e poéticas de carácter abstrato em matéria de direitos chocavam-se com uma realidade marcada por justificações inflamadas e demagógicas da necessidade da perseguição aos inimigos da Revolução, do extermínio de ordens sociais que envolviam o Rei e a aristocracia, do massacre indiscriminado de dezenas de milhares de camponeses, homens, mulheres e crianças, com requintes de barbaridade na região monárquica da Vendeia e, a título final, da eliminação dos adversários políticos dentro da própria vanguarda democrática-radical que assumiu o poder. Quanto a esta purga interna tornou-se perfeitamente elucidativa a afirmação de Büchner de que *"a revolução como Saturno devora os seus próprios filhos* (Para uma descrição histórica particularmente detalhada do ciclo do "Terror", vide Rodney Allen "Threshold of Terror: The Last Hours of The Monarchy in the French Revolution", Sutton, 1999; D.M. Sutherland "The Vendée: Unique or Emblematic", in AAVV, Collin Lucas "The Terror", IV, "The French Revolution and the Creation of Modern Political Culture", Oxford, 1994; David Andress "O Terror, A Guerra Civil na Revolução Francesa", Porto, 2007).

A criação do sofisticado regime repressivo policial do Império revolucionário de Bonaparte selou a matriz semântica dos direitos humanos da Revolução e demonstrou como a nobreza dos valores pode ser depreciada e distorcida pelo radicalismo encarniçado das fações partidárias e pelo despotismo maioritário. Como é óbvio, estas considerações não procuram ofuscar a tremenda influência, positiva e negativa, que o constitucionalismo francês teve na Europa Continental mesmo depois da derrota da França Revolucionária. Partidários das correntes liberais girondinas e democráticas-radicais jacobinas provocaram ondas de choque durante todo o século XIX, mesmo em Estados que conservaram as suas monarquias. A ideia de Constituição como limite do poder esteve presente quer no Constitucionalismo Monárquico dualista e conservador (como o da Carta Francesa de 1814 e da Constituição Imperial Alemã de 1871), como nas Constituições liberais monistas ou dualistas emergentes de ciclos revolucionários democráticos-radicais (revoluções vintistas na Península Ibérica e as revoluções burguesas de 1848, ocorridas na própria França e na Europa Central). Portugal foi, por exemplo, nas constituições de 1822, 1838 e 1911, influenciado pelas ideias e pelas matrizes institucionais do constitucionalismo revolucionário francês.

2.3.3. *O constitucionalismo pactuado e compromissório das monarquias dualistas*

A. *Nota histórico, doutrinal*

84. O modelo constitucional monárquico dualista despontou na sequência da derrota da França revolucionária e imperial, da restauração monárquica naquele País e da ordem anti-revolucionária das casas reinantes europeias, imposta pela Santa Aliança. Ele envolveu um pacto entre as legitimidades monárquica e democrática na génese da Constituição ou, pelo menos, na sua alteração e, igualmente, no exercício da função legislativa.

O seu primeiro paradigma foi a Carta Constitucional Francesa de 1814[192].

[192] Com a queda de Bonaparte, o Governo provisório e o Senado do ciclo do Império elaboram uma Constituição monárquica que foi rejeitada por Luis XVIII, o qual se considerou Monarca por direito divino e, como tal, estimou como inaceitável jurar uma Lei Fundamental imposta pelos representantes do povo, cujo poder fáctico, contudo não ignorava. Decidiu então conceder, por outorga (dádiva real), uma Carta Constitucional ao povo, a qual assumiu o caráter compromissório típico das Monarquias dualistas pós, revolucionárias do Século XIX, tendo sido elaborada por uma comissão de vinte membros. A Carta instituía uma Monarquia Constitucional que combinava a autoridade soberana do Rei, oriunda da tradição antiga, com a ideia de limitação do poder através da sua distribuição por diversos órgãos e da consagração de direitos fundamentais, agregando, igualmente, alguns atributos do constitucionalismo imperial. A Constituição britânica constituiu uma fonte cognitiva importante do dualismo, pese o facto de o sistema britânico já ter evoluído para uma configuração parlamentarista. Tratou-se do compromisso possível entre monárquicos e liberais, gerado no rescaldo do movimento revolucionário, em que o Rei e a aristocracia restauracionista se renderam à evidência da impossibilidade do regresso ao absolutismo e à necessidade de permitirem uma partilha de poderes com um setor político do liberalismo que ficara marcado negativamente pelo despotismo maioritário e pelo balanço sangrento da experiência revolucionária, e que por isso, tática ou utilitariamente, se encontrava disposto a reconhecer a legitimidade real.
A Carta não consagrava um regime de separação de poderes como nos Estados Unidos e na Constituição de 1791. O Monarca era titular do poder executivo e partilhava o legislativo com as Câmaras parlamentares, ou seja, com a Câmara de Deputados (eleita por sufrágio censitário) e a Câmara dos Pares (inspirada na Câmara dos Lordes Britânica). Essa partilha ou co-decisão, implicava que o Monarca tivesse a iniciativa das leis que seriam ulteriormente deliberadas pelo Parlamento e depois sancionadas pelo soberano que as poderia vetar, tendo o mesmo veto caráter absoluto. A sanção era tida como uma manifestação de poder do Rei na atividade legiferante. O Monarca poderia, ainda, dissolver a Câmara dos deputados e nomear juízes independentes para os tribunais.

85. O mais destacado teórico do dualismo constitucional monárquico foi Benjamin Constant[193], um admirador da Monarquia Constitucional Britânica e um crítico duro do radicalismo democrático de Rousseau[194]. Tendo analisado o fenómeno do "Terror" ele demonstrou como os excessos da democracia se puderam converter num sistema tirânico e totalitário. Sistema, onde as próprias pessoas que vivessem a vida mais tranquila, laboriosa e obscura não tinham garantidos os seus mais elementares direitos, em face de um regime de exceção e vigilância permanente protagonizado por turbas dirigidas por ideólogos arrebatados. A par da Carta, algumas das suas teses de reconciliação das liberdades antigas com as modernas estiveram presentes na Constituição Orleanista de 1830, um texto mais liberal e limitador do poder do Rei do que a Carta de 1814.

Constant concebeu o poder monárquico como um poder neutral, tendo-o designado de poder "moderador", implicando o mesmo, a faculdade de o Monarca exercer poderes de controlo sobre os demais poderes, atuando como um conservador ou um árbitro do sistema. Assim, o Executivo seria composto pelos ministros que, se bem que nomeados e destituídos pelo Monarca, responderiam perante o Parlamento. O Monarca poderia, igualmente nomear os pares, dissolver as Câmaras e vetar as suas leis e, finalmente, no universo judicial, conceder perdões e indultos.

Quer a Carta de 1818, quer a Carta reformada de 1830, referiam-se preambularmente à perpetuidade e irrevogabilidade das Constituições, o que não deixava de refletir uma intenção ideológica de *supremacia e permanência* do direito básico e fundamental em relação às leis ordinárias[195].

Este modelo em concreto inspirou, para além dos textos constitucionais franceses, as Cartas Constitucionais Brasileira de 1824, portuguesa de 1826 e o Estatuto Albertino de 1848 em Itália.

86. A Monarquia absoluta subsistiu, após o colapso da Revolução Francesa, em muitos estados alemães, sem prejuízo de, noutros, terem nascido precocemente constituições liberais de modelo dualista, similares às Cartas francesas, sendo as mesmas outorgadas pelo Monarca (Constituição de Hessen de 1820) ou pactuadas entre assembleias constituintes e príncipes alemães (como as Constituições do Würtemberg, de 1819, e a Constituição

[193] Cfr. Em geral, Benjamin Constant "Cours de Politique Constitutionnelle", I, Paris, 1861.
[194] Cfr. K. Steven Vincent "Benjamin Constant, the French Revolution, and the Origins of French Romantic Liberalism," French Historical Studies, Vol. 23, Nº 4, Fall 2000, p. 607 e seg.
[195] Carlos Blanco de Morais "As Leis reforçadas" op. cit, p. 943.

da Saxónia, de 1831)[196]. Com as revoluções radicais democráticas de 1848 que irromperam na Europa verificou-se, sobretudo no espaço alemão a multiplicação de Constituições de legitimidade dualista que dominaram os sistemas políticos europeus durante mais de metade no Séc. XIX[197].

O dualismo constituiu, no entendimento de Zagrebelski[198], um sistema de "soberania indecisa", pois no momento constituinte, sempre que o Monarca dispunha de maior força política, ele autolimitava a sua autoridade e outorgava uma Carta Constitucional. Contudo, sempre que a sua posição se encontrava mais débil, celebrava um pacto jurídico com assembleias dominadas pela vanguarda liberal ou radical-democrática burguesa. Carl Schmitt, por seu turno, referindo-se ao papel da burguesia liberal no período pós-restauracionista, afirma que a mesma desempenhou um papel ambivalente, ora jogando a carta da democracia contra a monarquia ou o contrário, conforme as tentações de concentração do poder viessem do Monarca ou dos setores radicais-democráticos[199].

Na Monarquia Constitucional Prussiana, o Monarca originariamente debilitado procurou gradualmente reforçar os seus poderes jurídicos e polí-

[196] Carl Schmitt "Teoria (...)" op. cit, p. 83.

[197] No ano de 1948, a França, a Hungria, a Itália, o império Austríaco e uma boa parte dos trinta e nove Estados Alemães foram sacudidos por um violento movimento revolucionário, na sequência de uma crise económica e social sem precedentes. Correntes liberais, radicais-democráticas e sensibilidades românticas favoráveis à unidade alemã puseram em causa o absolutismo e o poder da ordem aristocrática, reivindicando direitos civis e políticos e questionando a ordem da "Santa Aliança" simbolizada pelo Chanceler Austríaco Metternich, que tombou politicamente no processo. Uma tentativa de criação de uma Constituição Imperial alemã unificada, pelo Parlamento de Frankfurt, o qual tentou uma reconciliação compromissória entre a velha e a nova ordem, falhou em 1849 e a burguesia liberal cessou de desafiar o poder monárquico com movimentos de massas preferindo, antes pressioná-lo através de braços de ferro canalizados nas assembleias representativas, onde eram maioritários (Elmar Hucko "The Democratic Tradition, Four German Constitutions", Hamburg, New York, 1987 e seg.). O Rei da Prússia, o mais importante de todos os Estados alemães do norte, viu, em qualquer caso, a sua autoridade contestada por uma assembleia eleita com poderes constituintes da qual resultou a Constituição de 1850 que o Monarca teve de aceitar, perdendo o seu poder absoluto. O Rei era o chefe de um Executivo que não era responsável perante o Parlamento, órgão composto por duas Câmaras, uma de representação popular e outra aristocrática composta pelos "Junkers". Dispunha, igualmente, de poder de sanção sobre as leis deliberadas pelo parlamento intervindo no exercício do poder legislativo. E era, constitutivamente, o Comandante Supremo das Forças Armadas.

[198] Gustavo Zagrebelski "Il Diritto Mite", Torino, 1992, p. 25 e seg.

[199] Carl Schmitt "Legalité et Legitimité", Paris, 1990, p. 34 e seg.

ticos, graças a talentosos constitucionalistas, como PAUL LABAND, um alsaciano que constituiu um dos grandes teóricos da monarquia dualista alemã.

O primeiro grande contributo de LABAND no âmbito da Constituição de 1950, centrou-se na justificação do reforço de um poder regulamentar independente do Rei, a propósito da aprovação do orçamento militar, do qual resultou uma limitação do domínio da reserva material de lei pelo Parlamento[200]. O constitucionalista, partindo da teoria da divisão de poderes de Montesquieu que aceitava em tese geral, contestou que cada função fosse cometida a um órgão próprio, defendendo, ao invés que um dado órgão poderia exercer mais de que uma actividade do Estado. Tal seria o caso da função legislativa, co-decidida entre o Parlamento e o Monarca, através da sanção real. Por outro lado, fora do domínio da lei material (que se reportava à tutela de direitos fundamentais por norma geral e abstracta) existiria uma lei formal, a qual, na medida em que disciplinasse outros domínios não essenciais, não seria uma verdadeira regra de direito. Ora, no caso de faltar uma lei nesses domínios, situados fora da reserva de lei material, o Monarca poderia aprovar regulamentos independentes. Assim foi justificada a aprovação do orçamento militar da Prússia por regulamento real, depois de um contencioso com um Parlamento que se negava a aprovar uma iniciativa do Executivo sobre esta matéria.

JELLINEK[201], no seu pensamento originário e numa linha próxima de LABAND, entendia que o monarca no exercício do poder legislativo estaria numa posição superior à do Parlamento já que não concorreria com este no exercício de faculdades soberanas. Seria o Parlamento que limitaria um soberano legislador e não o contrário. Com a Constituição Imperial Alemã de 1871, influenciada por LABAND[202] e por BISMARK, criou-se um arquétipo dualista com preponderância do poder monárquico, no quadro de um Estado federal, através de um sistema político de chanceler: o Monarca, a par do poder de co-decisão legislativa, dispunha poderes "neutrais" tais como a nomeação e demissão do Chanceler e membros do Governo e a dissolução do Parlamento. O Governo não dependia da confiança do Parlamento, limitando-se a deliberar as leis e a fiscalizar o Executivo. Foi esta lógica dualista

[200] PAUL LABAND "Derecho Pressupuestario", Dir. Rodriguez Bereijo, Madrid, IEFI, Vol, 1979, p. XII, XXI.

[201] Cfr. sobre a construção originária de JELLINEK , MANUEL AFONSO VAZ "Lei e Reserva de Lei", Porto, 1992, p. 120 e seg.

[202] Cfr. PAUL LABAND "Le Droit Public de L'Empire Allemand", Paris, II, 1901.

monárquica que preponderou nos impérios centrais até ao seu colapso no termo da Primeira Guerra Mundial, em 1918.

B. Traços dominantes do constitucionalismo dualista

87. Em síntese, sobre o Estado constitucional dualista do liberalismo poder-se-á fazer as considerações que se seguem.

1º. O modelo dualista *constituiu um compromisso entre a legitimidade Monárquica e a legitimidade popular*, através de uma constituição outorgada pelo primeiro ou pactuada entre ambos. Essa Constituição afigurou-se como limite ao poder real, mediante o reconhecimento dos direitos dos súbditos e de uma nova conceção de separação de poderes centrada na partilha da função legislativa por órgãos distintos[203].

2º. A ideia de *supremacia constitucional estava presente, seja nas proclamações preambulares sobre a estabilidade e irrevogabilidade da Constituição dualista, seja no procedimento agravado de revisão da mesma Constituição*[204]. Contudo, tal como sucedeu com as constituições revolucionárias francesas, essa supremacia assumia um sentido político e ideal, e não tanto jurídico, diferentemente do que ocorria nos Estados Unidos onde a juridicidade da Constituição era garantida pelos tribunais[205].

3º. A construção dualista procurou *garantir um sistema governo misto*, com freios e contrapesos, os quais não ocultavam a intenção de consagrar o Rei como o grande regulador do sistema, com a capacidade de intervenção moderadora em todos os restantes poderes (cfr infra § 143 e seg.).

[203] No exercício dos *poderes constituídos*, o dualismo manifestou-se de diversas formas. Uma delas consistia no cometimento ao Monarca de poderes executivos e de poderes legislativos conjuntos com o Parlamento. Neste último caso, o Parlamento deliberaria as leis e o Monarca sancionava-as, como possibilidade de lhes apor um veto absoluto, transformando-se, assim, num co-legislador. Outra seria o uso de regulamentos independentes, nas matérias não ocupadas pela lei.

[204] Ausente, contudo, em certas constituições, como o Estatuto Albertino de 1848.

[205] Sendo a noção de supremacia constitucional oriunda do constitucionalismo norte-americano, agregado à tradição monárquica do valor supremo das "leis Fundamentais Pactuadas", a influência revolucionária francesa fez, se sentir na ausência de controlo jurisdicional da conformidade das normas com a Constituição. Esse controlo era político e era exercido ou pelo ramo parlamentar do legislativo (paradigma francês) ou pelo ramo monárquico desse poder, por via da sanção real (paradigma alemão)[205]. Ainda assim, os primeiros tribunais com funções constitucionais mas com competências limitadas à dirimição de conflitos entre a Federação e os Estados Federados emergiram no seio de monarquias dualistas por remota influência americana. Foi o caso do Tribunal Imperial austríaco de 1867.

4º. *Os direitos fundamentais no constitucionalismo dualista dividiram-se entre uma matriz jusnaturalista e individualista francesa ligada à noção de "liberdades públicas" anteriores ao Estado e uma conceção* estatocrática al*emã de "direitos públicos subjetivos*" que existiriam como efeito de um ato de reconhecimento constitucional, encontrando-se desprovidos de uma garantia jurisdicional efetiva, do tipo do modelo norte-americano[206].

3. A matriz liberal de Constituição: Estado de direito democrático e Constituição utilitária

88. Com a Constituição Liberal emerge, na Alemanha, a construção teórica do *Estado de direito,* cuja conceptualização se destaca como contraponto ao Estado absolutista.

A invenção da ideia de "Estado de Direito" (*Rechtsstaat*) como "reino da lei e da razão" teria, segundo alguns autores, a paternidade espiritual de KANT[207]. Tratar-se-ia de uma ideia de Estado no qual se governaria segundo a vontade comum racional e se prosseguiria o interesse geral ou o bem

[206] A noção de "liberdades públicas" da constituição jacobina de 1793 acabou por ser acolhida, no singular, pela Carta Francesa de 1818 sendo marcada por um jusnaturalismo racionalista que considerava os direitos anteriores e superiores ao Estado, e que implicariam um poder autónomo dos cidadãos em agirem sem restrições. O facto é que este conteúdo individualista foi mitigado por força da dinâmica parlamentar onde se comprimiam e restringiam através da lei, as mesmas liberdades públicas Cfr. CARLOS BLANCO DE MORAIS "Direito Constitucional II, Relatório", Lisboa, 2001, p. 162 e seg.
Já o conceito de "direito subjetivo público", de VON GERBER e JELLINEK, implicava que o Estado reconheceria através do direito objetivo (a Constituição) às pessoas que se encontrassem em condições de com ele se relacionarem, um conjunto de direitos públicos, numa lógica de autolimitação estadual dos seus poderes soberanos. A par destes e fora de uma dimensão constitucional unilateralista encontrar-se-iam, com um estatuto distinto, os direitos subjetivos privados (VON GERBER "Grundzügue eines Systems des Deutshen Staatsrechts" passo incluído em apêndice na obra de Kelsen "Teoria General del Estado", 1979, Mexico, p. 503; JELLINEK "Teoria General del Estado", Buenos Aires, 1954, p. 513 e seg. e, ainda "Sistema di Diritti Publici Subbietivi", Milano, 1912). A violação desses direitos fundamentais por decretos do governo desculpados por *bills de indemnidade do Parlamento*; a falta de consagração desses direitos em algumas Constituições, como sucedeu com a Constituição Imperial alemã de 1871 (sem prejuízo da sua positivação nas constituições dos estados federados); e a regulação ou restrição de direitos por leis individuais e regulamentos reais levaram a críticas de expoentes liberais, como MAX VON SEYDEL, que censuraram a compressão da reserva de lei por interferência do Executivo e algum desdém autocrático dos governantes pelos direitos fundamentais.

[207] LUC HEUSCHLIN "État de Droit", 2002, Paris, p. 35.

comum. No "coração" do conceito, examinado no seu sentido material, estaria a rejeição do arbítrio do poder e da violência nas relações de domínio, e o imperativo de se fazer reinar uma lei ancorada nas virtudes da justiça, razão e objetividade[208].

Na sua dimensão formal desponta a ideia-força de um Estado que *"respeita a lei e a faz respeitar[209]."*

Assim, com o constitucionalismo, o *Estado de direito formal será o modelo regido pelo primado da Constituição, pela submissão da Administração ao princípio da legalidade, pela reserva de lei, pela separação de poderes e pela garantia dos direitos dos cidadãos através de tribunais independentes[210]*.

89. Esse modelo de Estado de Direito é, no plano jurídico, ordenado por uma *Constituição utilitária*[211], texto escrito enformado por um número reduzido de preceitos vocacionados para a organização e limitação do poder através da distribuição de competências por diversos órgãos e a enunciação de um catálogo de liberdades civis e políticas.

Secção II
O Estado Social e as constituições programáticas

1. Noções

90. O Estado social consiste *num modelo de organização coletiva que pressupõe o cometimento aos poderes públicos de tarefas de promoção ativa do bem, estar material dos cidadãos, nomeadamente, reduzindo desigualdades de oportunidades e de rendimento, garantindo prestações económicas, sociais e culturais básicas e regulando a ordem dos bens económicos e ambientais.*

[208] Luc Heuschlin ult. loc cit, p. 40, 42.
[209] Luc Heuschlin ult. loc cit, p. 42 e seg.
[210] A expressão teria sido imputada pela primeira vez, segundo alguma doutrina, a Robert Von Mohl numa obra datada de 1829 pese o facto de este imputar a paternidade a outros autores como Politz, tendo sido utilizado por autores positivistas como Laband e Jellinek. A reelaboração do conceito como um modelo formal (formelles Rechtsstaat) tal como se encontra enunciado supra deveu-se a outros autores como Otto Mayer e R. Thoma (cfr. Juan Santamaria Pastor "Fundamentos de Derecho Administrativo", Madrid, 1988, p. 192 e seg.
[211] Noção concebida por Karl Loewenstein, ult. loc cit, p. 211. Cfr., neste sentido, Marcelo Rebelo de Sousa ult. loc cit, p. 55.

91. A par de fins de soberania como a segurança e justiça que inerem a qualquer modelo estadual, o Estado social adita uma missão de intervenção pública na área social, assumindo um perfil assistencial ou, segundo alguns, de "Estado-Providência". Podendo as políticas públicas de ordem económica e social serem desenvolvidas pelos poderes eleitos, sem necessidade de decorrerem de imposições constitucionais (caso dos Estados Unidos da América ou do Reino Unido) o facto é que, em certos ordenamentos, essas tarefas são reconduzíveis a uma cláusula geral de Estado Social (exemplo Alemanha) ou, discriminadas, por vezes detalhadamente, em normas constitucionais (caso de Portugal, Itália, e Brasil). Ora as Constituições que incorporam tarefas, diretrizes e programas que envolvam atuações positivas do Estado na ordem económica, social e cultural são designadas de Constituições sociais ou Constituições programáticas, firmando-se como a moldura reitora do Estado Social.

2. Estado social de direito e reconfiguração do princípio da separação de poderes

92. Com a constitucionalização de *tarefas programáticas* na área económica, social e ambiental, garantidas por tribunais constitucionais consolida-se um modelo estadual convertido em custódio dos direitos sociais. No que concerne às alterações no domínio da separação de poderes cumpre precisar a ocorrência, nesse modelo, de algumas as transformações processadas na esfera das funções legislativa e jurisdicional.

No *plano ontológico* a lei deixou de se reduzir a uma regra de "justa conduta", ditada pela vontade geral, para descer à regulação de todo um complexo de exigências da sociedade civil[212]. E quanto ao seu *conteúdo*, ela deixou de ser definida em razão da generalidade, passando a tutelar uma maré imensa de exigências de especialidade e singularidade[213]. A atividade legis-

[212] Zagrebelski "Manuale di Diritto Costituzionale", I, Torino, 1987, pg. 8, 17.

[213] Para certos autores (Zagrebelski "Il Diritto Mite" op. cit. p. 43) a lei "pulveriza-se", descendo no sectorial e ao temporário baixando, por conseguinte, o seu grau de generalidade e abstração. Certos modelos mais extremos de intervencionismo levaram a lei a tratar o cidadão e os seus bens como puras utilidades públicas, convertendo o Direito Privado numa reserva material dotada de provisoriedade, e passando a ocupar o Direito Público, um importante espaço de conformação reitora do social, papel que antes era primordialmente assegurado, a título espontâneo, pelos atos da própria sociedade civil.

lativa foi, assim, modelada de forma a atender a toda a espécie de interesses difusos ditados pela ordem social[214].

O "Estado Legislador cedeu lugar a um "Estado-Administrador", o qual "busca nas situações de facto a sua razão para agir"[215]. Os Governos passaram, através de decretos com valor legislativo, a regular as necessidades imediatas e situações particulares, antes tuteladas por normas regulamentares e até por atos administrativos. O novo "ethos" político[216] passou a ser, não o de um "Estado-Mínimo", mas o de um "Estado-Assistencialista", guardião de níveis médios bem-estar dos cidadãos.

Especialmente a partir do período posterior à Segunda Guerra mundial, após o processo de integração europeia, começou a assistir-se no plano eleitoral, a uma "plebiscitação" da liderança do Executivo operada interpoladamente através da eleição dos mandatários parlamentares[217]. Esse fenómeno associado à concentração nos Governos da dinâmica da atividade prestadora de serviços, originou a "perda da centralidade parlamentar". *O Governo emerge, de entre os poderes, como um órgão proeminente em termos políticos e também legislativos.*

93. Na esfera jurisdicional, na Europa Continental e na América Latina, o papel dos tribunais constitucionais alterou-se e reabriram discussões sobre o sentido do princípio da separação de poderes. A indeterminação dos princípios constitucionais permitiu aos Tribunais Constitucionais uma

[214] Nesta tutela de especialidades e singularidades, a Constituição do Estado Social de Direito passa a habilitar o legislador, no sentido de conferir uma incidência não apenas negativa, mas também positiva, ao corolário da igualdade. Passou-se, assim, a introduzir por via legislativa, tratamentos desiguais, mas legítimos, sustentados na discriminação positiva, em benefício dos mais carenciados. Cfr. José Ramon Cossio Diaz "Estado Social y Derechos de Prestacion", Madrid, 1989, pág. 29; J. G. Canotilho e Vital Moreira "Constituição da República Portuguesa" Anotada, 1993, Coimbra, p. 128; João Martins Claro "O Princípio da Igualdade" in "Nos Dez Anos da Constituição", Lisboa, 1986, p. 36, 37. Vide igualmente na jurisprudência constitucional portuguesa e Ac. 395/89 (DR. II Série, nº 212 de 14-09-89).

[215] Carl Schmitt "Categorie del Político", Bologna, 1972 p. 251 e segs. Cfr. também João Caupers ("A Administração Periférica do Estado", Lisboa, 1994, p. 124) sobre a relação causal entre o modelo constitucional do "Estado Providência" e o alargamento multisetorial da Administração Pública.

[216] Jorge Reis Novais "Contributo para uma Teoria do Estado de Direito", Coimbra, 1987, p. 190 e segs.

[217] Cfr. Consuelo Sicluna de Sepúlveda "Legalidad y Legitimidad – La Teoria del Poder", Madrid, 1991, p. 154; G. Leibholz "Teoria y Sociologia Critica de los Partidos", Barcelona, 1980, p. 210 e seg.; Rogério Soares "Sentido e Limites (...)" op. cit. p. 440, p. 443.

atividade interpretativa portadora de uma expressiva criatividade (§ 222 e § 741 e seg.). Essa criatividade foi potenciada por técnicas de decisão que geraram verdadeiras sentenças "normativas"[218].

3. Nota sobre o contexto histórico e político-institucional do despontar das constituições sociais

3.1. A "rebelião das massas"

94. Reproduzindo parcialmente nesta rubrica, um escrito por nós elaborado já há algum tempo[219], foi então dito que o movimento imprimido na ordem social poderá ser *"lento como em Esparta ou na China, ou rápido como em Atenas ou em Inglaterra"*, mas encontra-se sempre em devir perpétuo[220]. O período compreendido entre a fase terminal do século XIX e o início do século XX correspondeu na Europa, a um desses momentos de aumento da velocidade da produção de factos políticos que alteram os ciclos constitucionais. Num curto espaço de tempo registou-se o desmoronamento trágico dos impérios centrais, a transformação das missões do Estado de direito e a irrupção de novas ideologias e de novas formas de poder, não liberais. Os fundamentos do «Estado Liberal de Direito»[221] foram abalados ou transformados por fatores de ordem político, social, económica e ideológica.

[218] O modelo prestacionista do Estado Social na Europa e na América Latina muito deveu, até ao início do novo milénio, à vigilância e criatividade dos Tribunais Constitucionais que escrutinam com rigor as políticas públicas do legislador quando este afrontou direitos sociais. O papel da Justiça Constitucional como jurisdição amiga dos direitos sociais conformou um importante limite ao poder do legislador e uma garantia de que mutações de ciclo político não implicariam o desmantelamento do Estado de bem-estar.

[219] Carlos Blanco de Morais "As Leis Reforçadas op. cit, p. 69 e seguintes.

[220] Vilfredo Pareto "La Transformación de la Democracia" Madrid 1985 p. 29.

[221] O trânsito do Estado Liberal ou Burguês de Direito para o Estado Social, não supôs uma alteração axiomática, mas a outorga de um novo sentido e extensão aos valores da liberdade, igualdade, propriedade e segurança, bem como a adição de um complexo de novos valores, mormente os respeitantes aos direitos de prestação social e económica. Sobre a "transição" vide em geral, Habermas "Teoria de la Accion Comunicativa", II, Madrid, 1987; Forsthoff "Concetto e Natura dello Stato Sociale de Diritto", Milano, 1973; A. J. Porras Nadales "Introdución a una Teoria Del Estado Post-social", Barcelona, 1988 p. 203 seg.; Manuel Garcia Pelayo "Las Transformaciones del Estado Contemporaneo", 1985, Madrid, p. 55; Jorge Reis Novais "Contributo para uma Teoria do Estado de Direito", op. cit.

95. Atentando, primeiramente, nos fatores de natureza político-social e ideológica, a anarquia das relações internacionais protagonizada pelo comportamento expansionista de um Estado guerreiro e comerciante, impulsionou na Europa, guerras de elevada escala[222]. Como consequência dos mesmos conflitos militares, caíram com a Guerra Franco-Prussiana e a Primeira Guerra Mundial as monarquias constitucionais dualistas[223], erodiu-se o princípio da legitimidade monárquica e propiciou-se a contraposição de regimes democráticos-representativos[224] com novos modelos institucionais alternativos, como foi o caso do Estado "Bolchevique" e dos nacionalismos revolucionários fascista e socialista[225].

96. No *plano social*, a relativa indiferença da chamada "idade de ouro do capitalismo" em relação às condições materiais dos trabalhadores assalariados e a consequente situação de carência e desproteção a que esses setores sociais foram sujeitos, sobretudo, no pós-Guerra, precipitaram a emergência de *novos pretendentes ao exercício do poder*.

Dirigidas essencialmente por "contra-elites" intelectuais, oriundas da burguesia, as camadas assalariadas começaram por lançar, num primeiro momento, ainda no Século XIX, um movimento de organização corporativo para a defesa dos seus interesses salariais, através da criação de sindicatos e, depois, de partidos. Seguiu-se uma reivindicação imparável para a universalização do sufrágio que alterou as coordenadas político-sociais dos regimes. A "questão do poder", subitamente, deixou de ser a da integração dos interesses políticos da burguesia num Estado monárquico, através do voto censitário, passando a situar-se na inserção dos votantes e dos interesses do proletariado urbano e do campesinato numa unidade jurídico-política[226].

[222] Caso das guerras Franco-Prussiana, Austro-Prussiana e Primeiro Conflito Mundial.

[223] Em 1871 caiu o II Império francês depois da derrota da França em Sedain. Em 1917 caiu o Império Russo derrotado pela Alemanha e sacudido por uma revolução comunista. Em 1918 desmoronaram-se os Impérios Alemão e Austro-Húngaro depois da sua derrota na Iª Guerra Mundial.

[224] Caso dos primeiros Sistemas de Governo semi-presidenciais, como o de Weimar ou Parlamentares de Assembleia, como o da III República Francesa.

[225] Situação de Portugal, Espanha, Itália, Alemanha, Polónia, Hungria e Roménia, de uma banda, e da União Soviética de outra.

[226] Carl Schmitt "Legalité et Legitimité", op. cit., pág. 35. O princípio democrático, segundo o autor, expandiu-se funcionalmente, exigindo que o povo na sua totalidade passasse a ser institucionalmente representado, e se vocacionasse para assumir a governação.

Com o termo do voto censitário e capacitário[227], a coesão relativa da vanguarda política burguesa fragmentou-se e os Parlamentos passaram a integrar representantes de interesses heterogéneos, os quais se agruparam primeiro em comités eleitorais, e depois em partidos[228]. A adição de uma forte componente ideológica a certos núcleos representativos de estratos sociais bem definidos criou, embrionariamente, os partidos de massas (partidos socialistas, nacionalistas revolucionários e comunistas), enquanto as formações de notáveis típicas do período oitocentista, procuraram adaptar-se aos desafios do voto universal, lançando programas de abrangência pluriclassista[229]. A atomização dos grupos representados nos parlamentos gerou um novo cenário de equilíbrios, entre "candidatos" muito diversos ao poder[230]. Em razão do novo tipo de ruturas ideológicas geradas, e das alianças realizadas para assegurar uma governabilidade utilitária do sistema, passou a ser difícil falar em vanguardas políticas socialmente homogéneas, sustentados num preciso estrato social dominante[231].

[227] No fundo, o fim do voto censitário debilitou a coerência social de um sistema democrático de pendor oligárquico, em que um estrato social (a burguesia) monopolizava o colégio eleitoral e representava sem mandato expresso, a restante parte do povo.
[228] O sufrágio universal masculino foi implantado em 1869-71 na Alemanha de Bismark; em 1848 em França; no período entre 1869 e 1907 em Espanha; em 1907 na Áustria; em Itália em 1912; e no Reino Unido em 1918. Cfr. em geral Dieter Nohlen "Sistemas Electorales del Mundo", Madrid, 1981, p. 59.
[229] Casos paradigmáticos de mutação social e de reivindicação política de novos sectores foram a explosão da Comuna de Paris, depois do colapso do II Império Francês e das revoltas bolcheviques e sociais-democratas nos últimos dias do Império Alemão em 1918.
[230] Rogério Soares in "Sentido e Limites (...)" op. cit.
[231] Vilfredo Pareto (La Transformacíon" op. cit. p. 47 e seg. e 69 81), acentuou o fenómeno de pressão das massas trabalhadoras, guiadas por núcleos cúmplices de sectores da burguesia, tendo em vista o alargamento do sufrágio, bem como a sua afirmação política e social, como grupo de controlo em ascensão. Reproduzindo uma nota da nossa obra "As Leis reforçadas", recorda-se que, com um grafismo demolidor, Pareto relatou como o grupo de controlo burguês se dividiu e se esvaziou, renunciando a exprimir "manifestações hostis para com a classe inferior, que é adulada através de um método já antes utilizado pelos soberanos absolutos". Preocupada em não irritar o adversário, a burguesia submeteu-se frequentemente à sua vontade pontual "beijando a mão que a ameaça", abandonando os sectores sindicais seus aliados nos momentos mais agudos da confrontação social e recusando explorar as suas vitórias episódicas.
Tal como antes sucedera com a aristocracia no termo dos regimes estatamentais e com os monarcas absolutos no seu período de agonia, o grupo de controlo burguês entrou em uma crise de domínio, renunciando ao seu papel oligárquico quanto à representação de toda a comunidade.

97. No universo *económico*, a lógica não intervencionista do "Estado-Polícia" Liberal, respeitador dos valores burgueses acabou por ser sacudida pelas sequelas dos conflitos militares que fizeram tremer a Europa. A "economia de guerra", fórmula descritiva da dinâmica intervencionista do Estado nos circuitos económicos durante os conflitos militares mais prolongados (situação da Iª Guerra Mundial), acabou por ter o seu seguimento lógico em tempo de paz, durante a grande depressão económica gerada a partir de 1929[232]. A organização espontânea do mercado, a "mão invisível» de Adam Smith, é gradualmente substituída pela mão do intervencionismo

O "sentimento da propriedade e defesa do indivíduo, definhou na classe dos possuidores", sendo este facto, um reflexo concludente, do nascimento do conceito de "função social" que passou a ser agregado ao património dos mesmos possuidores. Estes começaram a aceitar ser "expropriados", seja suavemente através de um aumento da carga fiscal, seja mesmo através de coletivização dos "grandes meios de produção", princípio programático adotado pelo chamado "socialismo utópico".
Com a desagregação dos poderes centrais e a fratura da coesão social do grupo de controlo dominante, surgiu uma "feudalização" da sociedade civil e política.
Dotados de relevância institucional, os sindicatos fizeram nascer através da sua força de pressão, no pólo social contrário, associações de proprietários, defrontando-se politicamente os respetivos interesses, tal como antes sucedera com os guelfos e os gibelinos.
E se nos alvores do Estado Burguês de Direito, o desafio de sindicatos aos Parlamentos teria eventualmente *"causado riso"*, a situação mudou completamente de figura com o alargamento do sufrágio. Com ele, entraram nos Parlamentos outros estratos sociais, protagonistas de valores e objetivos não só diferentes como também conflituantes com os interesses antes dominantes.
A representação política passou a pulverizar-se grupalmente, seja através do partido, como grupo organizado para o exercício finalístico do poder, seja através de outras formas de expressão, as quais passaram a falar de igual para igual com um órgão que, não há muito, gozava pelo menos nos sistemas monistas, do mito da omnicompetência. A atomização partidária, gradualmente assegurada por formações de eleitores de natureza semanticamente multiclassista, ou por partidos mistos, fez subsidiarizar quer a hegemonia de formações de massa, quer os tradicionais partidos burgueses de quadros.
Como afirma Rogério Soares, ("Sentido e Limites (...)" op. cit., 430) a Nação passa a ser concebida como um conjunto de grupos, cada um dos quais com interesses próprios que procuram triunfar numa luta permanente.
O desmantelamento da ideia de um grupo de controlo homogéneo na democracia de massas gerada pelo Estado Social vai, pois, promover a diversificação em vários estratos dos grupos com pretensões dirigentes.

[232] Tal como antes, os poderes públicos expropriaram à iniciativa privada o papel de organização económica para poderem enfrentar uma situação de emergência social e, volvido um período de intervenção casuística, passaram a conceber, já numa perspetiva de permanência, uma moldura de planeamento mitigado da economia.

estatal de inspiração keynesiana. Um quadro *planificador* passa a conferir ao Direito Público um papel incentivador e enquadrador do processo económico, interpenetrando-se o mesmo com um Direito Privado que antes dominara no liberalismo oitocentista[233].

3.2. Estado social e constitucionalização dos direitos sociais a prestações

A. *A fase embrionária da positivação jurídica de direitos sociais (1883-1917)*

98. Tendo por base programas dirigistas de intervenção do Estado visando a realização da justiça social e a consequente correção de desigualdades, os constituintes decidiram introduzir na Lei Fundamental "novos direitos" universais mas destinados a ser, fundamentalmente, desfrutados pelos assalariados entretanto convertidos em novos eleitores.

Esses "novos direitos" sediam-se em princípios e regras que comentem ao Estado obrigações legais, financeiras, administrativas e materiais no sentido da criação objetiva de condições para que os cidadãos possam beneficiar de prestações sociais positivas em domínios como os direitos dos trabalhadores, o direito à saúde, o direito à segurança social, o direito a uma habitação condigna e o direito a um sistema público de educação.

99. O "Estado Social" não nasceu com a constitucionalização dos direitos sociais ou de missões sociais do Estado, mas com a positivação desses direitos na lei ordinária e com o intervencionismo de Estado na realização das correspondentes prestações, o qual foi inaugurado a partir do último quartel do Séc. XIX[234] com a "Sozialpolitik" do Chanceler nacionalista e conservador, Otto von Bismark, na Alemanha[235].

Curiosamente, antes do lançamento dessas políticas sociais, as primeiras proclamações circunscritas de direitos sociais nasceram no dealbar do "Terror" revolucionário em França, pois constavam do *"discurso da subsistência"*

[233] Cfr. Marsh "The Welfare State", London, 1980, p. 14 (a propósito da ligação entre "Welfare State" e "Welfare Budget" no ínicio do século) e Henri Lepage "Demain le Capitalisme", Paris, 1978, p. 121 a 263 e 373 e seg. Afirma Zagrebelski ("Il Diritto Mite", op. cit. p. 43 e 134, 135) que o postulado oitocentista de que as actividades de auto-regulação privada são sempre lícitas, inverteu-se, passando a "liberdade natural" a ceder passo a uma autoridade pública orientativa, paternalista e reguladora.

[234] Rogerio Soares "Sentido e Limites (...)" op. cit., p. 438.

[235] Cfr. Hayek "Droit, Legislation (...)" op. cit., p. 171.

de Robespierre e no item X da Declaração jacobina, na qual procurou tornar clara a obrigação da sociedade em prover à subsistência de todos os seus membros e de proporcionar trabalho a quem estivesse em condições de o prestar, implicando essa obrigação uma limitação ao direito de propriedade[236]. Com base neste paradigma, a Constituição democrática-radical de 1793, que nunca vigorou, enunciou no seu artº 21º um direito aos auxílios públicos para os que não se encontrassem em condições de trabalhar[237]. No fundo, tratou-se de uma concessão benevolente e cínica aos *"sans coulottes"*, ou seja, às massas populares às quais a vanguarda jacobina nunca reconheceu direito de voto mas que utilizou como "carne para canhão" na luta contra os seus adversários e como implacável "instrumento de corte" dos direitos civis e políticos. Cerca de meio século mais tarde, o artº 13º da Constituição republicana francesa de 1848 consagrou a gratuitidade do ensino primário, o estímulo ao trabalho e a educação profissional e ainda a assistência aos menores abandonados e aos desamparados. Tratou-se, contudo de um avanço proclamatório da missão social do Estado da Constituição que não edificou qualquer constitucionalismo social ou logrou montar um Estado assistencial.

A teorização dos direitos sociais foi feita, contudo, na Inglaterra, França e Alemanha, pelo socialismo humanista pré-marxista de Louis Blanc, Fourier, Proudhon, Owen e Lassalle que desenvolveu toda uma teorização sobre o direito ao trabalho, a justificação necessária da propriedade no trabalho e o intervencionismo do Estado no plano das obras públicas e nos gastos públicos na proteção social.

Foi, contudo, além Reno, que os direitos sociais saíram do mero universo proclamatório para se corporizarem na realidade jurídica e administrativa. Em 1871, data da aprovação da Constituição imperial alemã, a Europa vivia um período de prosperidade e de desenvolvimento industrial ímpar, com uma duplicação da população, a decuplicação do comércio internacional e o fortalecimento do sistema bancário. Depois da derrota da França em Sedain, a Alemanha impõe-se como grande potência económica e militar continental, o Reino Unido como primeira potência marítima e

[236] Robespierre "Textes Choisis", "Discours du 2 de Decembre de 1792", II, Paris, 1957.

[237] Cfr. Ernst, Wofgang Bockenförde "Stato, Costituzione, Democrazia", Milano, 2006, p. 189.

mais importante império colonial e os Estados Unidos da América e o Japão destacam-se com grandes potências emergentes.

Consciente da necessidade de limar as desigualdades sociais derivadas do processo de industrialização da Alemanha e de criar condições para uma coesão social que acompanhasse o gradual processo de unificação alemã que liderava, o Chanceler BISMARK inspirou-se, por via indirecta, através dos escritos do conservador WAGENER, no ideário intervencionista dos sociais-democratas oposicionistas, protagonizado por LASSALLE. A partir de 1883, o Chanceler fez aprovar um conjunto muito importante de leis sobre o seguro de enfermidade, seguro de acidentes, idade de reforma, limitação diária da jornada de trabalho e outras medidas sociais em favor dos assalariados e dos desvalidos[238], as quais deram origem a sistemas gestionários de prestação social inéditos na Europa. Posteriormente, durante os primeiros vinte anos do Século XX, o Reino Unido adoptou também medidas de protecção laboral e social que culminam no *Old Age Pension Act* (1908) e no *National Insurance Act* (1911).

Tendo o Estado assistencial nascido por via legislativa com BISMARK, o facto é que os referidos direitos sociais revestiam uma natureza precária pois radicavam apenas na lei e nas prestações administrativas concedidas.

Todavia, a pretensão à atribuição de carácter "fundamental" desses direitos esteve ligado à sua constitucionalização em textos rígidos, dado que seria a rigidez que impediria esses direitos de serem eliminados pelo legislador e que pressupunha que a sua realização imperativa constituísse uma obrigação do Estado no quadro das suas tarefas permanentes, independentemente da formação partidária que viesse a exercer o poder[239].

B. A constitucionalização dos direitos sociais nos novos regimes autocráticos

100. Independentemente da constitucionalização dos direitos sociais na Lei Fundamental de Weimar em 1918, foram, paradoxalmente, os novos

[238] Vacilam alguns autores sobre se a influencia de LASSALLE sobre BISMARK terá sido direta (quando se aproximaram politicamente para enfrentarem a facção liberal no Parlamento) ou por via indireta através do político conservador HERMANN WAEGNER (influenciado pelas ideias de LASSALLE e LORENZ VON STEIN) o qual, em 1864, defendeu sobre a questão operária, a adoção de medidas assistencialistas e laborais que erigissem a Prússia a um "Reino Social". No ano seguinte, BISMARK, na Câmara dos deputados da Prússia, defendeu que o Monarca não seria o Rei dos "ricos" mas alguém preocupado com a tutela e melhoria da condição dos mais pobres (Cfr. G. RITTER "Storia dello Stato Sociale", Bari, 1996, p. 72).

[239] Cfr. HAYEK "Droit, Legislation (...)" op. cit. pág. 170 e 81.

regimes totalitários marxistas ou de inspiração fascista que, entre 1917 e 1936, criaram regimes consistentes de proteção social e de intervenção do Estado na Economia[240]. A bem da verdade, nos Estados democráticos, esse tipo de rede de proteção social só se consolidou, a título permanente, depois da vitória aliada contra as potências do Eixo, em 1945.

a) Os direitos sociais no socialismo revolucionário e nos regimes comunistas

101. As primeiras manifestações constitucionalizadoras dos direitos sociais surgiram num contexto revolucionário de matriz socialista, o qual implicou o derrube, não de regimes liberais mas de regimes conservadores autoritários de estrutura agrária. Assim, a Constituição Mexicana de 1917, consagrou três artigos onde foram plasmados direitos dos trabalhadores[241].

102. Histórica e politicamente muito mais marcante acabou por ser o constitucionalismo marxista-leninista que nasceu na Rússia com revolução de Outubro 1917. Através dele foi criado um modelo de Estado e de Regime político inteiramente novo.

A conceção marxista de Constituição segue o pensamento dessa ideologia relativamente à natureza e função do Estado. A Constituição deve não apenas refletir a estrutura do Estado num dado momento histórico mas também a base económica e social da sociedade, com relevo para as correlações de força no processo de luta de classes[242]. Na lógica do constitucionalismo revolucionário soviético, o poder radica no Partido Comunista e não no Estado, o qual se encontra ao serviço do primeiro. A Constituição assume uma importância política relativa, na medida em que, como direito, integra uma realidade super-estrutural condicionada pela evolução da

[240] J. A Santamaria Pastor, "Fundamentos de derecho administrativo", I, 1988, p. 161.

[241] Foi o caso, de entre outros, da jornada diária, direito de greve, participação dos trabalhadores nos lucros da empresa, indemnização em caso de despedimento. Foram, igualmente, com alguma inovação (atento o paradigma liberal do constitucionalismo dominante), ditados limites à propriedade privada e, neste contexto, introduzido o princípio da reforma agrária. O setor radical que prevaleceu nos trabalhos da constituinte para a consagração destes direitos propugnava por um modelo socialista que envolvesse a promoção da igualdade, a repartição da riqueza e a defesa dos direitos das classes baixas de forma a buscar um "maior equilíbrio entre capital e trabalho" (Cfr. Carlos Miguel Herrera "Estado, Constituição e Direitos Sociais", in AAVV "Direitos sociais", Coord. Claudio Souza Neto, Daniel Sarmento, Rio de Janeiro, 2008, p. 13 e seg.

[242] Enrique Alvarez Conde, ult. loc. cit, p. 147.

infraestrutura da sociedade, integrada pelas forças produtivas e relações de produção[243].

Em comum com alguns aspetos do jacobinismo revolucionário francês[244] (embora extremado numa lógica totalitária), verifica-se que no constitucionalismo soviético:

i) A hierarquia constitucional existe, embora nominalmente, pois não é garantida juridicamente em face da lei ordinária, não existindo controlo jurisdicional da constitucionalidade;

ii) A separação de poderes não se encontra garantida (como não se encontrava na Constituição da Convenção de 1793) consagrando, se ao invés, na lógica do principio *"todo o poder aos sovietes"*, a omnipotência dos sovietes de deputados do povo liderados por uma vanguarda institucional, o Soviete Supremo (o qual relembra o "comité de salvação pública" de Robespierre durante o *Terror*);

iii) Os direitos fundamentais (sobretudo os civis e políticos) sendo consagrados proclamatoriamente, não são objeto de uma proteção efetiva, do que resultou o seu consecutivo desrespeito pelo Estado.

Na lógica do constitucionalismo marxista-leninista os direitos dos cidadãos são simultaneamente deveres e encontram-se funcionalizados de modo a que o seu exercício seja dirigido para a construção de uma sociedade comunista. A dimensão subjetiva e individual dos direitos civis e políticos é subsidiarizada e desprovida de garantias reais, magnificando-se, ao invés, os direitos sociais[245]. E na verdade, na *sistemática constitucional* das constituições marxistas, os princípios de organização do Estado, do partido e da economia surgem em primeiro lugar e só depois emergem as declarações de direitos das pessoas onde se misturam, em regra, na mesma rubrica, direitos sociais e direitos civis e políticos[246].

[243] Daí que seja a economia e as relações desta com as forças sociais que condicionam o direito constitucional e a sua evolução. Tal imprime uma ideia de evolução dinâmica da Constituição que assume uma pluralidade de funções: a de formalização jurídica da revolução; a de balanço dos "avanços" realizados; e de programa de acção do que carece de ser feito na evolução para uma sociedade comunista (cfr. Jorge Miranda "Manual (...)", II, op. cit, p. 190.)

[244] Vide supra § 83, 3º.

[245] Cfr. Jorge Miranda Manual de Direito Constitucional", I, 1, 2014, p. 210, 213.

[246] Como primeiro e emblemático ato constitucional constitucionalizador de direitos sociais do marxismo-leninismo, destacou-se a Constituição de 1918 que incorporou a *"Declaração dos direitos do povo trabalhador e explorado"*.

b) *Os direitos sociais na lógica dos regimes nacionalistas, revolucionários e corporativos*

103. Fora do contexto revolucionário marxista, também os movimentos nacionalistas revolucionários inerentes ao fascismo ou ao corporativismo autoritário europeu dos anos trinta incorporaram na sua legislação fundamental, ordinária ou constitucional, direitos sociais e fixaram nas metas do Estado, objetivos intervencionistas no universo da propriedade, do trabalho e da assistência social.

Tratou-se da outra face de contestação, quer da democracia liberal quer da via marxista, através de um modelo inteiramente novo de Estado autocrático, liderado por uma vanguarda político-militar ou por um partido dirigente dominado por uma elite intelectual, que contrapunha à democracia política do Estado burguês de direito, uma democracia "orgânica" de tipo corporativo e um modelo de união de interesses entre o capital e o trabalho colocada ao serviço da Nação. Os direitos sociais assumem aqui, de um modo geral, uma natureza estatocrática, sendo reconhecidos na medida em que esse reconhecimento servisse os superiores objetivos de um Estado "total", ao qual se encontram subordinados a sociedade e os interesses individuais.

104. Não se desenvolverá nestas linhas o pensamento constitucional do *nacional-socialismo*. Isto, porque o amontoado de leis de exceção[247] que

Neste documento, estabelecem-se princípios de organização económica do Estado, nos quais se fundem difusamente e sem grande autonomia, os direitos sociais. Direitos que, fora da tradição liberal-democrática, não se configuram como posições jurídicas ativas das pessoas frente ao Estado mas como posições funcionais ao serviço do Estado. Se o Estado pressupunha a ditadura do proletariado, não podia o mesmo proletariado fazer valer direitos contra si próprio, limitando-se a desenvolver e valorizar os mesmos direitos numa lógica funcionalmente adequada à construção de uma sociedade sem classes onde a "administração das pessoas daria lugar à administração das coisas.

[247] Pode, se dizer que as leis que permitiram que o III Reich vivesse em estado de exceção permanente no quadro de uma ditadura ilimitada exercida pelo Führer constituíam, num Estado Moderno, uma anti-Constituição. Veja-se o caso, no contexto gradual do auto-golpe de Estado do Partido Nacional, Socialista, o Decreto do Presidente do Reich de 28 de Fevereiro e 21 de Março de 1933 que suspendeu direitos civis e políticos e puniu com a pena de morte um conjunto de crimes políticos e de sabotagem; a "Lei de Habilitação" de 24 de Março de 1933, que conferia ao Governo do Reich poder de legislar contra a Constituição; a lei de 2 de Maio de 1933 sobre a dissolução dos sindicatos; a Lei e 14 de Julho de 1933 sobre a proibição de reconstituição dos partidos políticos; a lei de 1 de Dezembro de 1933 que consagrou a unidade entre o Partido Nacional Socialista, as milícias SA e o Estado; a Lei sobre a

foram sendo produzidas no quadro de uma construção ideológica racialista, transpersonalista e propagandística de um *Estado Totalitário*[248], centrado na suspensão de direitos, na obediência ao arbítrio do Führer (como chefe do Estado, do Governo e do Partido único)[249] era antitética em relação a qualquer pálida ideia de organização estruturada do poder ou de catálogo de direitos fundamentais contidos numa Lei Suprema. Loewenstein[250] afirmou com precisão que, por contraste com o fascismo italiano que se apropriou do estatuto Albertino de 1848, o nacional-socialismo alemão terá sido *"mais realista e cru"* pois *"jamais pensou em travar o seu despotismo nem sequer com uma constituição semântica"*[251].

Na Itália, a "Carta del Lavoro", de 1927, constituía uma das principais leis constitucionais do Fascismo integrado no complexo já desfigurado de normas do Estatuto Albertino, que se propôs substituir as declarações

reconstrução do Reich, de 30 de Janeiro de 1934, que decretou o fim dos poderes autónomos dos estados federados; a Lei de 14 de Fevereiro de 1934 que decretou a dissolução do Conselho do Reich e a transferência dos seus poderes para o Governo; a Lei sobre as medidas da legítima defesa, de 3 de Julho de 1933, que envolveram a eliminação física dos dirigentes das SA numa purga interna; e, finalmente, a Lei de 1 de Agosto de 1934, que acumulou no mesmo cargo, as funções de Chanceler e de Presidente do Reich, inaugurando uma ditadura absolutamente ilimitada.

[248] Ernst Forsthoff cit. por Walther Hofer "Dossier do Nacional Socialismo", Lisboa, 1959, p. 91.

[249] No quadro de uma perda de clarividência, marcada pelo contágio do fanatismo colectivo reinante, que o colocou em contradição com a essência de toda a sua obra anterior e com os seus valores conservadores e católicos, Carl Schmitt, no texto de 1934 "O Führer Protege o Direito", colocou em causa a separação de poderes de Montesquieu e defendeu a concentração de todos eles na pessoa do Führer. No seu entendimento *"O Führer protege o direito do pior abuso, quando ele, no instante do perigo cria direito sem mediações por força da sua liderança(...)". O verdadeiro Führer é também juiz. Da sua liderança emana a judicatura. Quem quiser separar ambas transforma o juiz no contra-lider.(...). O Führer (...) não está sujeito á Justiça, porque ele mesmo é a Justiça suprema"*. Cfr. apêndice da obra de Ronaldo Porto Macedo "Carl Schmitt e a Fundamentação do Direito", S. Paulo, 2001, p. 219.

[250] Karl Loewenstein, ult. loc. cit, p. 221.

[251] Em qualquer caso, diplomas avulsos do poder criaram importantes direitos prestacionais sociais no domínio da assistência, programas ocupacionais e protecção aos desempregados, protecção contra acidentes de trabalho, protecção da velhice, assistência popular às famílias numerosas, cuidados públicos de saúde e educação no quadro de um intervencionismo dirigista e estatocrático, o qual visava, ainda assim, similarmente ao sistema britânico, a universalização e a unificação da segurança social. Cfr. de ente vários, o Decreto de 24 de Outubro de 1934 sobre a "Frente do Trabalho alemão" e os decretos do Chanceler de Fevereiro de 1940 e de Outubro de 1941. (Cfr. Ritter, op. cit, p. 133 e seg.)

de direitos do liberalismo e pretendeu criar um Estado Corporativo baseado da unidade de interesses entre o capital e o trabalho[252]. De entre diversos direitos sociais destacava-se o direito a férias pagas, assistência social na saúde e na maternidade e, ainda, indemnização em caso de despedimento.

Numa linha análoga avultava o pensamento da Falange Espanhola. Para o nacional-sindicalismo espanhol, o socialismo teria nascido justamente, na medida em que os trabalhadores teriam tido de se defender de um sistema capitalista que pese o facto de prometer direitos não lhes proporcionava uma vida justa[253]. O trabalho seria o melhor título de dignidade civil e a mais-valia oriunda da produção deveria ser atribuída, não ao capital mas ao sindicato nacional produtor[254]. A realização da reforma agrária, com a expropriação de latifúndios, integrava esta linha de pensamento que propunha restrições à propriedade privada[255] e defendia direitos sociais do povo, integrado estamentalmente em sindicatos.

105. Num ângulo de visão não totalitário, o corporativismo autoritário português recebeu quer a influência fascista[256], quer a influência da Constituição de Weimar[257], quer ainda a das encíclicas papais, mormente a "Quadragesimo Anno", sendo dos poucos regimes nacionalistas a constitucionalizar direitos sociais. A Constituição de 1933 confiava a representação da

[252] *A Carta supunha um "Estado do Povo" fundado "na igualdade jurídica entre trabalhadores e empregadores" que agiriam através de corporações de sindicatos e de produtores e que se relacionariam através de contratos coletivos de trabalho e de instâncias arbitrais e jurisdicionais para dirimir os seus litígios. Essas estruturas corporativas em pirâmide seriam a força motriz de um Estado totalitário. Não pretendendo suprimir as liberdades económicas, o fascismo pretendeu dar-lhes um novo sentido na unidade totalista do interesse da Nação e da função social da propriedade privada. Seria através das corporações que os cidadãos adquiririam, tal como sucedia nos antigos estamentos, garantias de proteção social* (cfr. Pierre Joly "La Mystique du Corporatisme", Paris, 1933, p. 139 e seg.).

[253] Jose Antonio Primo de Rivera "Obras", Madrid, 1970, p. 63.

[254] Jose Antonio Primo de Rivera ult. loc cit, p. 90 e p. 294.

[255] Jose Antonio Primo de Rivera, excerto da intervenção proferida nas Cortes em 23, 7, 1935 in José Miguel Júdice "José António Primo de Rivera" Coimbra, 1972, p. 219. Cfr. também Juan Velarde Fuertes "El Nacional-Sindicalismo Cuarenta Años despúes", Madrid, 1972, 95 e seg.

[256] Ainda mais marcada no Estatuto do Trabalho Nacional, Lei muito próxima à "Carta del Lavoro".

[257] Inequívoca, atentando no teor de um manuscrito de Oliveira Salazar datado de finais de 1931 relativo aos eixos fundamentais da futura Constituição e onde se faz menção às matérias de teor económico e social (Cfr. António de Araújo "A Lei de Salazar", Lisboa, 2007, p. 121 e seg.

sociedade às corporações morais e económicas, defendia a dimensão social da propriedade e as relações de cooperação entre o capital e o trabalho, fazia intervir o Estado nas instituições de solidariedade e previdência e na garantia da melhoria das condições de vida dos estratos mais desfavorecidos "obstando a que aquelas desçam abaixo do mínimo de existência humanamente suficiente" (nº 3 do artº 6º)[258].

C. *A constitucionalização dos direitos sociais no âmbito do Estado de direito democrático*

a) O primeiro ciclo de constitucionalização (1917-1949)

106. A Constituição alemã de Weimar, que formalizou o caótico regime republicano que sucedeu ao Império Alemão depois dos eventos revolucionários de Berlim ocorridos no termo da Iª Guerra Mundial[259], foi a primeira Constituição de um Estado democrático a conter uma "declaração" consistente de direitos sociais[260]. A efémera e nominal Constituição da

[258] Paulo Otero "O Poder de Substituição em direito Administrativo", Lisboa, 1995, II, p. 519; Marcelo Caetano "Manual de Ciência Política e Direito Constitucional", I, Coimbra, 1995, p. 329.

[259] Revolução iniciada pelo movimento comunista em 1918 (a chamada revolta dos "spartaquistas") após um motim naval deflagrado com a iminência da derrota militar da Alemanha, seguindo-se uma revolta liderada pelos sociais democratas que aliados às forças armadas, assumiram o poder para evitar uma revolução bolchevista e para substituir, simultaneamente, o poder imperial.

[260] Declaração que resultou de compromissos entre sociais-democratas, comunistas e centristas-cristãos. Os seus Capítulos II (onde se combinam direitos comunitários sociais e políticos), IV (educação) e V (relativo à Economia e direitos laborais) consagraram um catálogo de direitos sociais.

Esse catálogo constitucional não deixou de abrir, contudo, polémicas acesas em relação à natureza jurídica dos mesmos direitos, já que nem toda a doutrina aceitou pacificamente a natureza jus-fundamental desses direitos. Carl Schmitt (Carl Schmitt, "Teoria (...)", op. cit, p. 174 e seg.) *por exemplo, considerou errado que se falasse, indistintamente, em* direitos fundamentais, *pois os autênticos direitos desta natureza seriam, no seu entender,* os direitos de liberdade. *Estes* (liberdade de consciência, liberdade pessoal, direito de propriedade, liberdade de expressão, de manifestação, de culto, de reunião) *eram qualificados pelo autor como* "absolutos", *em razão da essência dos bens sobre os quais incidiam, já que não se garantiriam pela lei ordinária. A intervenção do legislador surgia como excecional, pese o facto de o autor reconhecer, citando Kurt Häntzschel, que a Constituição de Weimar relativizava alguns deles.*

Quanto aos *direitos políticos, (sufrágio igual, petição, direitos políticos do indivíduo),* Schmitt embora lhes reconhecesse a natureza de *direitos fundamentais,* entendia que o eram num grau

segunda República Espanhola de 1931, marcada por uma influência socialista e comunista, consagrou, igualmente, um catálogo de direitos sociais no Cap. II do seu Título III[261].

b) O segundo ciclo de constitucionalização (1949-2000)

107. O carácter jus-fundamental dos direitos sociais constituiu uma realidade insofismável no movimento constitucional europeu posterior à Segunda Guerra Mundial, no rescaldo do derrube dos regimes totalitários aliados do III Reich e nos alvores de uma aplicação mais efetiva das políticas económicas keynesianas. Tal como se verá adiante, a constitucionalização mais ou menos intensa de direitos sociais acompanhou a construção, em concreto, do modelo do Estado social de direito na Europa e na América Latina (casos do Brasil e da Argentina). Para interiorização dos direitos sociais como autênticos direitos fundamentais, na doutrina e jurisprudência constitucional, contribuiu a internacionalização dos mesmos direitos, desenvolvida por instituições como a Organização Internacional do Trabalho (OIT) e formalizada em convenções internacionais como foi o caso do *Pacto dos Direitos Económicos, Sociais e Culturais das Nações Unidas de 1966* e, mais recentemente, a *Carta dos direitos fundamentais do Tratado reformador europeu*, de 2010.

108. Destacam-se *três fases,* neste ciclo de constitucionalização dos direitos sociais em democracia.

i) Primeira fase (1949-1975)

109. *Este período* reporta-se a uma tendência para a *constitucionalização contida ou limitada* dos direitos sociais. As muito propaladas "constituições

menor do que os anteriores, pois não teriam como objeto o indivíduo enquanto pessoa, mas enquanto cidadão, no quadro de um determinado modelo estadual e, ao mover-se *"dentro do Estado afetam só uma certa medida da participação na vida do Estado"*. Daí, segundo o autor, a sua natureza limitada.

[261] Os direitos a *"prestações positivas do Estado"*, que qualificou de direitos *"socialistas"* ou (de forma irónica) *"mais suavemente, como direitos sociais"*, não poderiam ter caráter ilimitado, e como tal, *não seriam verdadeiros direitos fundamentais*, pois pressuporiam a outorga de prestações alheias, as quais não poderiam deixar de ser naturalmente condicionadas, ao dependerem dos recursos do Estado. Seriam, por conseguinte os direitos sociais realidades limitadas dada a circunstância de pressuporem *"uma organização estadual onde se incorpora o indivíduo titular do direito"*, a qual *"racionaria"* a sua pretensão. (Rudolf Smend, op. cit, 260, Apêndice que contém o teor de uma conferência proferida em 1933 na Universidade Friedrich-Wilhelm de Berlim).

sociais" que nele despontaram limitavam-se a enunciar tarefas sociais do Estado ou a inscrever no seu texto, algumas normas programáticas contendo direitos sociais. Isto, sem prejuízo de, em concreto, o legislador e a administração criarem um sistema gestionário cujas tarefas prestacionais de carácter social iam muito mais além das metas programáticas da Constituição. Dentro de uma *linha mais restritiva ou sintética quanto à componente económico-social da Constituição* emergiram as Constituições da Europa Central e Setentrional[262].

ii) Segunda fase (1976-1988)

110. Uma segunda fase do constitucionalismo social do pós-guerra ocorreu no marco da transição para a democracia dos regimes conservadores

[262] *Assim Lei Fundamental de Bona (Constituição alemã de 1949) definiu a República como um "Estado Social" sem, todavia, proceder à constitucionalização expressa de direitos sociais e sem consagrar uma "Constituição Económica". A Constituição Sueca, marcada por compromissos entre formações sociais democratas e centristas, contém um pouco mais generosamente, no artº 2º do seu "Instrumento de Governo" (1974), algumas missões fundamentais do Estado em promover o bem estar das pessoas.*
A Constituição holandesa (Constituição de 1814, com diversas revisões, destacando-se as de 1946, 1956, 1963, 1962 e, sobretudo, a de 1983), marcada por um compromisso entre correntes sociais democratas, liberais e sociais-cristãs, consagrou como tarefas do Estado: a promoção do emprego, a proteção dos trabalhadores (artº 19º); a garantia dos meios de subsistência da população (em especial para os que não possam por eles próprios granjear o seu sustento); o direito à segurança social (artº 2º); *a defesa do ambiente* (artº 21º); a promoção da saúde e habitação (artº 22º); e um conjunto de deveres prestacionais do Estado em matéria de educação (artº 23º).
No contexto de um maior desenvolvimento na consagração de direitos sociais surgem, a par da Constituição italiana de 1947, as Constituições francesas de 1946 e de 1958.
Assim, Constituição francesa de 1946 (marcada por uma forte influência socialista) enunciou no seu preâmbulo um conjunto de direitos sociais (como por exemplo, o direito ao emprego, direitos dos trabalhadores, direitos à assistência social, direito a um ensino laico e gratuito em todos os seus graus bem como limitações à propriedade privada tais como a apropriação pública dos monopólios). Já a Constituição de 1958 (politicamente conservadora, mas fortemente tributária do intervencionismo social de matriz gaulista), operou no seu artigo 1º uma receção do preâmbulo da Constituição de 1946.
Na mesma linha, a Constituição italiana de 1947 (objeto de um compromisso entre uma democracia cristã tributária da doutrina social da igreja e o Partido Comunista) consagrou nos títulos II e III da sua parte I, direitos e tarefas económicas e sociais do Estado. No plano dos direitos sociais destaca-se o apoio às famílias (com relevo para as numerosas), o direito à saúde (com proteção gratuita para os indigentes) e o direito à educação (gratuita no primeiro grau de ensino público), direito ao trabalho, direitos sindicais e direito à assistência social (obrigatória para os que se encontrem incapacitados de garantir o seu sustento). A propriedade privada, é objeto de um conjunto de limites destinados a garantir a sua função social.

autoritários da Europa meridional e balcânica e foi protagonizada pela Constituição grega de 1975, pela Constituição portuguesa de 1976 e pela Constituição espanhola de 1878. Trata-se de textos mais prolixos e programáticos, do que os da fase anterior no que respeita à organização económica do Estado e consagração de direitos sociais[263].

[263] A Constituição portuguesa de 1976, que constitui o texto mais extenso dos três em matéria de direitos sociais, resultou de um compromisso político (plasmado em dois Pactos ou "Plataformas de Entendimento") entre a ditadura militar protagonizada pelo Movimento das Forças Armadas (MFA) e um conjunto de partidos políticos que lideraram os trabalhos da Assembleia Constituinte, com relevo para o Partido Socialista, o Partido Social, Democrata e o Partido Comunista. O CDS, pequeno partido democrata-cristão, tendo subscrito com reservas o referido Pacto, votou contra o texto constitucional, o qual não beneficiou sensivelmente da sua influência (infra § 213 e notas de rodapé). O texto originário da Constituição de 1976 ostentava um perfil dirigente, fixando metas de transição para o socialismo; regulando profusamente a organização económica do Estado onde avultava o princípio da irreversibilidade das nacionalizações dos grandes meios de produção e dos setores financeiro e segurador realizadas arbitrariamente pela ditadura militar no período 1974-1976; e fixando um sem número de metas programáticas ao Estado no domínio da realização de objetivos económicos e direitos sociais.
A normalização constitucional, num quadro prototípico de Estado social de direito com as revisões constitucionais de 1982 (transição plena para a democracia) e 1989 (transição para uma economia de mercado), desinflacionou a Constituição da sua carga ideológica e de uma parte das metas programáticas e exigências intervencionistas, sendo fundamental como catalisador deste processo, a adesão do País na Comunidade Económica Europeia, em 1986. Ainda assim, ainda subsistem na Lei Fundamental uma profusão normas constitucionais contendo: direitos, liberdades e garantias dos trabalhadores (onde avultam a segurança no emprego, os direitos das associações de trabalhadores, o direito à greve e a proibição do "lock out"; direitos sociais dos trabalhadores; direitos dos consumidores; direito à segurança social (no quadro um sistema de segurança social unificado gerido e subsidiado pelo Estado); um serviço nacional de saúde universal, geral e tendencialmente gratuito; o direito a uma habitação de dimensão adequada em condições de higiene e salubridade; políticas públicas de garantia de rendas compatível com o arrendamento familiar e o acesso a habitação própria; direito ao ambiente e qualidade de vida; apoio à maternidade e terceira idade. A par destes direitos sobram normas programáticas que incumbem o estado das mais dispares tarefas como a realização da justiça social, a eliminação dos latifúndios, a adoção de uma política nacional da água, o apoio à autogestão, a disciplina do investimento estrangeiro e objetivos de política industrial e comercial.
Num grau intermédio de prolixidade entre a Constituição portuguesa e a italiana 1947 destaca-se a Constituição Espanhola de 1978, cujo nº 1 do seu artº 1º define a Monarquia espanhola como um "Estado Social e Democrático de Direito". As suas normas consagram, no quadro das liberdades fundamentais (Capítulo II do Título I), a liberdade sindical e empresarial, o direito à greve das organizações sindicais, o direito ao trabalho remunerado, o direito à educação (consagrando-se a gratuitidade e obrigatoriedade do ensino básico). No plano da

iii) Terceira fase (1988-2014

111. Uma terceira fase de constitucionalização dos direitos sociais enquadrou-se na transição democrática de regimes autoritários para a democracia a partir do final dos anos 80 do Século XX.

Na Europa do Centro e do Leste registou-se a partir de 1988 a aprovação de uma multiplicidade de novas constituições (Constituições da Rússia[264], Ucrânia, República Checa[265], Roménia Eslováquia, Croácia e Sérvia, e entre outras) ou a reforma das constituições precedentes (Hungria). Todos os referidos textos consagraram com uma extensão razoável um catálogo de direitos sociais. No Continente Africano cumpre assinalar as Constituições da África do Sul, de 1996[266], e de Cabo Verde de 1992, esta última com um ca-

organização social e económica do Estado (Cap. III do Titulo I), mas fora do quatro típico dos direitos e liberdades fundamentais, consagra-se o principio da proteção económica, social e jurídica da família; políticas de equidade fiscal e de pleno emprego; o direito à um sistema público de segurança social e apoio do Estado a situações de carência (com relevo para o desemprego); garantia dos direitos económicos e sociais dos trabalhadores espanhóis no estrangeiro; direito a proteção na saúde, nomeadamente através da intervenção dos poderes públicos; garantia do acesso á cultura; estabelecimento de políticas de proteção do ambiente e do património histórico e cultural; apoio aos cidadãos com deficiência; garantia de uma participação da juventude no desenvolvimento político, económico e social; garantia de apoio prestacional à terceira idade; e direitos dos consumidores.

264 A Constituição da Federação Russa, de 1993, segue a sistemática das constituições dos Estados democráticos do Ocidente e posiciona os direitos fundamentais (civis, políticos e sociais) na parte inicial da mesma Lei (Capítulo II). O texto não segue a tradição prolixa dos direitos sociais, próprio do constitucionalismo soviético, mas antes o padrão sintético das constituições europeias ocidentais do pós guerra. Um conjunto circunscrito de artigos (cerca de oito) reconhece, por exemplo, o direito ao trabalho e a liberdade sindical; o direito á proteção da família, infância e da maternidade; o direito à segurança social e à a assistência em caso de incapacidade; o direito á habitação e a um ambiente salubre; o direito á à assistência médica dos serviços públicos; e o direito à gratuitidade de vários graus de ensino.

265 A Carta de direitos fundamentais, autónoma da Constituição de 1992, tem valor constitucional e contém um capítulo contendo um catálogo significativo de direitos sociais.

266 A Constituição da África do Sul é especialmente detalhada no catálogo dos direitos sociais, inscritos no seu capítulo II e na sua forma de exercício. No catálogo de direitos conta-se o direito a um ambiente de qualidade, direitos de organização sindical, direito à habitação, direito ao acesso ao tratamento médico, à água e alimentação e o direito à segurança social, à proteção da infância e maternidade e à educação.

O Tribunal Constitucional tem tido um papel assinalável, através de um ativismo moderado, na efetivação jurídica gradual de muitos direitos sociais, nomeadamente em termos das chamadas "ações afirmativas" no domínio da educação e emprego e em matéria de prestações no domínio da saúde e habitação (Em geral, Eric C. Christiansen, *"Adjudicating Non-Justiciable*

tálogo de direitos sociais, muito aproximado ao da Constituição Portuguesa de 1976.

Na América Latina, as Constituições Brasileira de 1988 e a Colombiana de 1991 são pioneiras num extenso catálogo de direitos sociais, reforçado por um grande detalhe dos preceitos que os consagram e por uma inovação significativa no respetivo processo de garantia jurisdicional[267].

4. Nota sobre a crise do Estado social: evolução incerta para um Estado social "mínimo" ou para um modelo de Estado pós-social?

4.1. O fim do modelo de "Estado proprietário" e intervencionista e a emergência do "Estado regulador"

112. Tal como se antecipou, a queda do Muro de Berlim em 1989, duzentos anos após o início da Revolução Francesa, implicou o termo da chamada Idade Contemporânea e o início da Idade da Comunicação.

A Alemanha unificou-se, os regimes comunistas na Europa desmoronaram-se e, mesmo fora da Europa, os regimes autoritários militares entraram

Rights: Socio, Economic Rights and the South African Constitutional Court", 38 Columbia. Hum. Rts. l. Rev. Nº 321, 2007).

[267] Trata-se, eventualmente, de duas das Constituições mais prolixas em matéria social do universo democrático internacional e daquelas em que o judiciário tem assumido maior ativismo na efetivação dos mesmos direitos, ao ponto de se discutir se não se terá regressado a um modelo e constituição dirigente.
Em especial, a Constituição Brasileira de 1988 que contém dezenas de preceitos em matéria de direitos sociais e de organização económica do Estado, tem como ponto inovatório a outorga de eficácia imediata a muitos desses direitos de natureza auto-executável (sobretudo muitos direitos laborais) e a criação de institutos poderosos e inéditos de controlo de constitucionalidade por omissão. Neste último campo, o "Mandado de Injunção" evoluiu no sentido de poder substituir o legislador, para o caso concreto, em caso de omissão de lei que concretize norma constitucional não exequível por si próprio. Por outro lado, os próprios tribunais comuns têm integrado omissões em concreto, através de uma tutela antecipatória de prestações sociais.
Estes institutos têm funcionado através de um alcance mais longo do que aquele que a Constituição permite graças a uma interpretação ativista ousada da lei Fundamental feita pelo Supremo Tribunal federal e pelos tribunais ordinários. A efetividade das prestações sociais sob a direção do poder judicial marcou um modelo assistencialista que não deixa de questionar o próprio princípio da separação de poderes, em nome da dimensão social da dignidade da pessoa humana.

em remissão na América Latina e em alguns Estados africanos. Os blocos internacionais de poder alteraram-se, com a emergência dos Estados Unidos como super-potência dominante até ao virar do milénio, com o fim do Pacto de Varsóvia, com a alteração expressiva do mapa europeu e asiático derivado da independência de mais de uma dezena de Estados e com o reforço de alianças regionais ou organizações supranacionais como a União Europeia.

Os valores da democracia representativa, da liberdade individual, da propriedade e do livre mercado passaram a ser as ideias triunfantes de uma revolução liberal-conservadora que foi liderada pelo Presidente norte, americano RONALD REAGAN e pela Primeira-Ministra britânica, MARGARET THATCHER[268].

113. A redefinição das tarefas intervencionistas do Estado e a revalorização do papel da iniciativa privada no progresso económico e social propiciou alterações na maioria dos programas político-partidários dos partidos socialistas e sociais-democratas, tendo a chamada "terceira via"[269] protagonizada pelo novo partido trabalhista britânico expandido as suas fronteiras para outros partidos europeus da mesma família, procurado conciliar o Estado social com a modernidade e o livre mercado, excluindo uma lógica de classe na defesa de objetivos de justiça Social.

114. Com o triunfo do movimento liberal e conservador seguido do ideário "centrista" da terceira via no socialismo democrático europeu depois de 1989, o "Estado Proprietário e Gestor" de um vasto sector nacionalizado de economia entrou em crise, em face da emergência de uma nova filosofia pública triunfante, contrária ao dirigismo económico e favorável ao livre mercado[270].

[268] Esse movimento de mudança traduziu-se no triunfo da liberdade política e económica não só sobre o coletivismo marxista mas também da lógica planificadora e estatocrática do socialismo democrático geradora de perdas recursos públicos, tributações fiscais anómalas responsáveis pelas fugas de capitais privados e a obsolescência do aparelho produtivo em diversos Estados europeus.

[269] ANTHONY GIDDENS "The Third Way", Cambridge, 1998.

[270] Essa filosofia assentou numa tricotomia de objetivos estratégicos, assente: na *privatização das empresas* do setor público; na *"deregulation"* como política de redução de normas desnecessariamente constritivas da iniciativa privada e da gestão das empresas; e o *new public mannagement* filosofia administrativa construída a partir de paradigmas de gestão das empresas privadas e centrada em imperativos de especialização, simplificação de procedimentos, ava-

115. A transição do um Estado-Gestor para um *Estado Social mínimo* caracterizou, se por alguma incerteza, no que concerne à descarga de bens e de tarefas do setor público, para o setor privado.[271]

liação das políticas públicas, desburocratização e tratamento dos cidadãos como clientes de um serviço a prestar com qualidade.

[271] Tornou-se óbvio nesse período que a espontaneidade regeneradora e arbitral inerente à lógica do próprio mercado, traduzida na mítica "mão invisível" de Adam Smith, não era bastante para, no novo universo da economia livre que passou a imperar na sociedade técnica, propiciar a correção de distorções de mercado decorrentes da privatização de certas empresas em situação de monopólio. A necessidade de se conceber um poder moderador e corretivo do mercado tornou-se evidente para evitar:
i) O risco de inquinamento das regras de concorrência;
ii) O impacto negativo derivado do colapso de grandes sociedades anónimas cotadas nas bolsas de valores mobiliários internacionais, nos mercados de capitais, como consequência de um mau sistema de *governance* e de práticas fraudulentas dos seus administradores;
ii) A "correção das falhas de mercado" (explicada pela "teoria do interesse público"), mormente as falhas oriundas da privatização dos chamados monopólios naturais (abastecimento eletricidade, gás e água), e das empresas incumbentes ou dominantes (telecomunicações), e necessidade de assegurar que as mesmas garantam as obrigações de serviço público que antes eram cometidas ao setor empresarial do Estado;
iii) A vulnerabilidade dos consumidores, em face do poder das grandes empresas produtoras e distribuidoras;
v) E, a necessidade de conceber o fim da função reguladora, como uma actividade *"procurada e oferecida de acordo com os interesses daqueles que poderão ganhar com a sua implementação* ("teoria dos grupos de interesse")". (cfr. Carlos Blanco de Morais "O Estatuto das Entidades Reguladoras da Economia", in AAVV "Estudos Jorge Miranda", Coimbra, 2012).
A necessidade de uma intervenção mitigada dos poderes públicos para obviar a algumas das disfunções assinaladas demonstrou que o termo do *Estado-Gestor,* intervencionista ou dirigista, não se caracterizou pelo regresso ao *Estado-Polícia* do Liberalismo oitocentista, mas sim pela a consolidação de um *Estado-Regulador.*
A intervenção estadual direta cede, pois, lugar, a uma intervenção indireta (Sabino Cassese "Stato e Mercato dopo Privatizzazione e Desregulation", Riv. Trimm Dir Publ., 1991, nº 2, p. 384)
A nova noção de *regulação pública da Economia,* a partir da década de noventa, passou a ser concebida como um sistema permanente, conformado por instituições, procedimentos, normas e atos idóneos para a aplicação dessas normas e apto a garantir que os agentes económicos satisfaçam as necessidades e o bem, estar coletivo e não prejudiquem, com as suas atividades, o interesse público (Nuno Garoupa, Leonor Rossi "Análise Económica do Quadro Legal Português do Século XX", in "Sub Judice", "Justiça e Sociedade", nº 33, Out, Dez 2005, p. p. 26 e seg.)

4.2. Uma transição para um Estado social mínimo?

A. Crise no modelo capitalista e no modelo prestacional

116. O Estado assistencialista, que vigorava no período posterior à Segunda Guerra, evoluiu para um Estado tecno-burocrático, gestor de prestações.

O último estádio de intervenção que pontificou até meados da década de noventa levou alguns a qualificarem-no, tal como se disse, de "Estado Taumaturgo", como consequência de uma comparação aos lendários "reis milagreiros"[272], já que dele se exigira todo o tipo de tarefas imagináveis, tais como a de atuar como consolo material para os prejudicados pelo mercado, bem como a de injetar, "direito e dinheiro", à medida das necessidades e impulsos político-sociais que vai recebendo nos seus terminais de comunicação[273].

117. A reafirmação da economia livre não poderia deixar de se repercutir no funcionamento de um "Estado de bem-estar", atingido por sintomas dispersos de crise material e ontológica, desde o início dos anos setenta[274]. Se, na realidade, durante as décadas que se sucederam ao pós-guerra, o elevado crescimento económico estimulou os programas prestacionistas do Estado Social, já a crise dos anos setenta, com as suas sequelas de estagnação, desemprego, burocratização e degradação dos serviços assistenciais, deixaram em suspenso as contradições do modelo[275]. Conceber o "bem-estar" sem novos ingressos, equivaleria a uma "quadratura do círculo" razão pela qual foi sentida por diversas sensibilidades do poder político, a necessidade pragmática de se frenar a pressão fiscal e de se libertar a iniciativa privada, para que fossem criadas condições para o crescimento económico e para criação de novos postos de trabalho[276]. Já na década de noventa foi conscencializada a existência de prestações que ameaçam materialmente exaurir-se, como os fundos dos sistemas públicos de segurança social[277] e da educação "pública" gratuita".

[272] Alfonso Ojeda Marin "Estado Social y Crisis Economica", Madrid, 1993, p. 40, 41.
[273] Luhmann "Teoria Politica en el Estado de Bienestar", Madrid, 1993, p. 148, 153.
[274] Cfr. Sartori, idem, p. 24.
[275] Alfonso Ojeda Marin, ult. loc. cit. p. 35 e seg.
[276] Alfonso Ojeda Marin, idem, p. 35, 36.
[277] Luhmann "Teoria Politica (...)" p. 87 e seg.; e Alfonso Ojeda Marin, idem, p. 116.

118. Foi contudo na primeira década do novo século que o Estado social entrou numa crise acentuada que envolveu a retração da sua função assistencialista.

Tal ocorreu nos Estados Unidos com a crise do "sub-prime" em 2008 e na Europa com a crise da divida soberana poucos anos depois, encontrando, se as duas estreitamente ligadas, na medida em que a primeira catalisou a segunda. É admissível falar-se em "crise global de um sistema" quando este fracassa no processo de concretização dos seus fins, sem conceber soluções de reforma[278]. Ora, nesta linha, não será possível falar, ainda, em crise global do Estado Social, pois este ainda responde a exigências prestacionistas elementares.

B. A crise no sistema de integração social e política

119. Desde o período posterior à segunda Guerra Mundial na Europa o Estado Social defrontou-se com novas formas de integração política e social dos principais grupos representativos do pluralismo societário nos processos de decisão do poder político. Ao pluralismo de matriz Norte Americana ferozmente concorrencial e disperso numa imensidão capilar de canais estratificados, os sistemas europeus contrapuseram o "tripartismo"[279], institucionalizando a parceria negocial entre o Estado e as macro-corporações.

Gerou-se, neste contexto, a noção de "política centripta", na qual o poder será "partilhado" por múltiplos centros de decisão "real", e não apenas

[278] Enrique Olivas "Problemas de Legitimacion en el Estado Social", madrid, 1991. p. 22, 23. Cfr. também Alfonso Ojeda Marin idem, p. 119 e seg.; Gonzales Rabanal "La Crisis de la Seguridad Social en el Marco de la Constitucion", Revista de Politica Social, nº 148, 1985 p. 63 e seg.; Gianfranco Mor "Il Riordino de la Sanitá nella Crise dello Stato Sociale e della Costituzione Materiale", "Le Regioni", 1994, p. 957 e seg.

[279] O carácter "triangular" de organismos de acordo e consulta que se encontram presentes nas próprias organizações supranacionais europeias, quase desde a sua origem até à actualidade (cfr. o caso do Conselho Económico e Social), não deixou de influenciar a criação e multiplicação de órgãos de concertação social nos diversos ordenamentos. F. Coccozza "Colaborazione Preliminari al Procesedimento Legislativo", Bologna, 1988, p. 129. Como exemplos deste tipo de órgãos nos Estados europeus, cita-se o Conselho Central da Economia (1948) e Conselho Nacional do Trabalho (1949) na Bélgica; o Conselho Económico e Social (1950) nos Países Baixos; o "Conselho Económico e Social" (1958) em França; o "National Economic Developpement Council" (1960) no Reino Unido; o Conselho Económico (1966) na Dinamarca; o Conselho Económico e Social (1966) no Luxemburgo; a "Acção Concertada" aprovada pelo Parlamento Alemão em 1967; o "National, Economic and Social Council" (1973) na Irlanda; e o Conselho Económico e Social em Portugal (1989).

formal[280]. Democracia não seria apenas a prevalência da vontade dos mais mas também a participação na conceção da lei dos representantes dos seus destinatários, mediante audições e negociações. O discurso *democrático-participativo* e socializador da decisão, de índole concertacionista, logrou uma sensível estabilidade, como modelo dominante até final da década de oitenta[281], mas não resistiu intacto às mutações que fragmentaram a natureza dos interesses representados.

120. As dificuldades experimentadas nos canais de comunicação entre a sociedade pluralista e o Sistema Político, mormente no que concerne ao carácter fechado e auto-referencial do sistema de representação partidária, bem como à oligarquização dos grupos neo-corporativos de interesses, geraram uma crise de representação e de integração jurídica dos grupos plurais[282]. Emerge neste contexto o *"pluralismo difuso"*[283], cujas demandas são ampliadas e ficcionadas junto do poder político, por um modelo de comunicação desagregado e transformado em verdadeiro teleguia político do quotidiano[284]. Seguindo com atualizações nas próximas páginas, um nosso escrito datado de 1998 e que hoje, mais do que nunca, permanece válido[285], a *"participação plural difusa"* corresponde à tendência fragmentária que envolve a especialidade de fins, a dispersão na ação e a ferocidade na competição entre interesses plurais[286].

[280] Cfr. Ghita Ionescu "Centripetal Powers", London, 1975, p. 213.

[281] Cfr. sobre a participação no domínio das estruturas tripartidas de concertação, vide Ugo Resgigno "Curso di Diritto Pubblico"Bologna, 1984 p. 108 e seg. (o qual se reporta ao papel do "Estado Mediador" em processos de concertação); Barbosa de Melo "Introdução às Formas de Concertação Social", BFDUC, Coimbra, Vol. LIX, 1983, p. 165 e seg.; J. Mario Ferreira de Almeida "Grupos de Interesse e Representação Política", Revista Jurídica, Nova Série, nº 8, 1986, p. 169 e seg.

[282] Sainz Moreno "Tecnica Normativa (...)" op. cit. p. 47 e seg.

[283] Cfr. Porras Nadales "Representacion y Democracia Avanzada" in "Cuadernos y Debates", nº 50, Madrid, 1994, p. 72.

[284] Cfr. Elim Papadakis "Public Opinion. Public Policy and the Welfare State", in "Political Studies", XI, 1992, p. 21 e seg.

[285] Reproduz, se aqui, em parte, o nosso escrito "As Leis Reforçadas" op. cit..

[286] Sobre o mesmo carácter dispersivo ou fragmentário das mais recentes formas de expressão pluralista, vide Enrique Olivas "Problemas de Legitimacion (...)" op. cit., p. 21; Pietro Barcelona "Los Sujetos y las Normas" in "Problemas de Legitimacion" cit., p. 40-42; Perez Luño "La Evolucion del Estado Social y la Transformacion de Los Derechos Fundamentales" in Enrique Olivas "Problemas de Legitimacion en el Estado Social", p. 105 e seg.; Porras Nadales "Representacion (...)" op. cit. p. 77.

121. Sob um ponto de vista histórico-político, o colapso do bloco comunista europeu a partir de 1989 importou para o modelo democrático vigente a perda do "inimigo externo", realidade que, como alguém assinalou apelando a uma locução schmittiana, *"altera todos os pontos de referência"* e *"abre a caixa de Pandora dos problemas internos"*[287]. Existem duas disfunções comunicativas que obstruem os canais que o Estado Social utilizou durante décadas, como fonte de legitimação e de integração dos apoios e exigências oriundos do Sistema Social: – de um lado a crise na *comunicação de expressão representativa* de cariz político-partidária[288], a qual se projeta na escolha dos

[207] GIOVANI SARTORI "La Democracia (...)" op. cit. p. 16; no sentido da superação definitiva da dicotomia "amigo, inimigo" vide ZAGREBELSKI "Il Diritto Mite", op. cit. p. 5.

[288] No plano da "comunicação representativa" regista-se que algumas fatores têm acentuado a desvitalização parlamentar, a saber: a concentração no Governo do pólo difusor das respostas do Sistema Político; a crescente impreparação técnica e a quebra da influência política dos deputados; a desvalorização gradual da tradicional função integradora dos partidos políticos; e ainda, segundo alguns, os sistemas eleitorais que favorecem blocos maioritários vocacionados para o mero suporte aos Executivos. O Governo não só assume uma expressiva dianteira na produção legal, como também converte uma significativa parcela do fluxo legislativo parlamentar, em leis de autorização concedidas em benefício do mesmo Executivo.
No que respeita concretamente aos partidos, observa-se a incapacidade crescente dos "catch all parties" (grandes formações políticas de eleitores), em se assumirem como fatores de integração da crescente heteromorfia dos interesses sociais emergentes. O caráter não específico dos programas das grandes formações partidárias no que tange às suas relações recíprocas, o seu hermetismo, a sua centralização, e a sua profissionalização, respondem diretamente pela crescente incapacidade assimiladora e descompressora do Sistema Político. Por um lado, a evaporação ideológica das grandes formações, depois da "queda do muro de Berlim", recentrou e aproximou os seus programas e harmonizou o seu processo de execução e concretização, quando as mesmas formações alternaram no poder, passando a falar-se na gíria corrente em "clonagem" entre as principais opções partidárias oferecidas do eleitorado. Este, quando vota, acaba por ser assomado pela sensação de que, seja qual for o sentido do seu sufrágio, os decisores por ele eleitos pouco ou nada mudarão em relação ao "status quo". O resultado, marcante na viragem do milénio, traduz-se na abstenção crescente nos atos eleitorais, a votação em "partidos de protesto" ou em formações mais radicais do arco partidário, ou ainda a opção pela intervenção radical dos grupos informais que atuam à margem do quadro partidário e do próprio sistema. A irrupção dos "indignados", uma geração tragicamente perdida que contesta na rua os fundamentos do sistema capitalista, com manifestações violentas e ocupação de centros financeiros das cidades, reclamando o regresso de um "Estado Taumaturgo" exaurido de recursos, é bem o símbolo deste fenómeno, o qual foi retratado, na pessoa de um manifestante semi-encapuçado, como figura do ano da revista "Time" de 2011. Um partido competitivo pelos padrões contemporâneos, direciona-se inelutavelmente para uma representação simbólica de massas, fornecida pela comunicação televisiva. Hoje, a mensagem dos agentes políticos não é tanto julgada pelo apelo das ideias, mas pela "magia" da

decisores políticos, por via eleitoral; de outro, *o processo colaborativo de concertação social* entre os mesmos decisores e os macro-interesses pluralistas.[289]

montagem verbal e imagética. Triunfam os que falam mais, mais convincentemente e mais enfaticamente dentro de uma "ciência" behaviorista, dirigida a um "espectador-médio" aculturado e não pensante, que reage através de sentimentos de "hostilidade" e de "simpatia" e onde uma manifestação fabricada de afecto, ou uma "furtiva lágrima" podem, segundo alguns politólogos, valer mais do que "mil palavras" Cfr. Alain Gerard Slama "La Regression Democratique"Paris, 1995, p. 217 e 226-235.).
Como argumento contrário à abertura social dos partidos a grupos fortes ou a fortes personalidades independentes, destaca-se a ideia de que essa abertura conduziria ao fracionismo. Ora a tendência para a "compactação" das principais formações maioritárias e mesmo minoritárias, não deixa de se repercutir nos respetivos grupos parlamentares, como estruturas crescentemente fechadas e sujeitas a uma férrea disciplina.
Num prisma mais amplo que os media fazem ecoar, mas que é confecionado pelos fazedores de opinião pública, cria, se uma mítica cultural da "correção política" que se revê em comportamentos "standard", assentes em valores vazios e "sem réplica". "A solidariedade", a "transparência", a "anti-xenofobia", a "inclusão das minorias étnicas, religiosas e sexuais", a "participação", o "comunitarismo" e a "ética" são exemplos dos pilares de uma doutrina sem sujeito, que, pela abertura elástica dos axiomas que comporta se passou a incrustar como "filosofia pública" incontroversa no glossário dos partidos "institucionais" e "respeitáveis".
[289] Mais complexo é o já descrito fenómeno "micro pluralista". Esse movimento pluralista radical exprime um desejo de fratura da solidão individual, um descontentamento de categorias sócio-profissionais prejudicadas pelas políticas públicas, uma revolta de jovens gerações de desempregados sem futuro imediato e mediato e uma pressão de grupos setoriais de imigrantes (sobretudo afro-asiáticos) que defendem a sua autonomia ou até independência comunitária nas sociedades de acolhimento. O micro-associativismo gerou novas formas de pressão política, caracterizadas pelo seu caráter inorgânico, informal, intenso, disseminado mediático e por vezes extremista. Pouco sensíveis às prestações materiais clássicas patrocinadas pelo Estado Social, as quais passaram a ser concebidas como obrigações mínimas, tacitamente adquiridas, e vinculativas dos poderes públicos a partir das Constituições, os micro-grupos revoltam-se quando, por razões financeiras, essas prestações são reduzidas e até postas em causa, tal como sucedeu com especial relevo com a crise financeira internacional que deflagrou em 2008 e a adoção de inéditas políticas de austeridade na União Europeia.
Os mesmos grupos voltam, igualmente, as suas atenções para questões que alguns qualificam como *"direitos da quarta geração"* Tal será o caso do ambiente, da qualidade de vida, da segurança local, da transformação das relações inter-subjectivas e outros interesses difusos de aparente "baixo perfil". Estes últimos (casamento ente pessoas do mesmo sexo, liberalização da procriação medicamente assistida, proibição de touradas, direito de voto de imigrantes extra-comunitários), logram, através da intervenção intensa dos microgrupos junto das agendas dos grandes partidos, ser magnificados em termos de impacto público como questões de vital importância (Claudio Gemma "Costituzione (...)" op. cit. p. 340 e 334 105). O associativismo pluralista "radical" tem sido levado, desde os anos noventa e com especial relevo depois de 2008, a assumir um *comportamento crescentemente anti-institucional*, o qual carece de precedentes desde a comoção mais funda gerada no Maio de 68. A diferença

122. O "radicalismo plural difuso" que marca o novo milénio constitui descreve uma realidade híbrida, que a crise económico-financeira e a consequente crise do Estado-social irão avolumar nos próximos anos[290].

O Estado Social, após a Segunda Guerra Mundial, foi uma estrutura construída pelas classes médias não só para permitir o seu alargamento a novos pretendentes sociais, mas também para garantir um assistencialismo mínimo às classes trabalhadoras, como antíodoto à sua captura pelo socialismo revolucionário. Ora, se o elemento prestacional do Estado social claudicar no contexto de uma nova grande crise económica, poderão vir a soltar-se os espetros que os seus diques visaram conter.

123. Face a semelhante tipo de riscos de alteração nos equilíbrios do perfila-se um Estado crescentemente agnóstico quanto aos seus fins, que hesita entre três opções divergentes: a da devolução das suas funções prestacionais ao mercado[291]; a da continuidade do seu intervencionismo pontualista e corretor;[292] e a da miragem translativa da gestão da sua função social para uma panóplia de estruturas públicas e periféricas de carácter autónomo, participadas diretamente pelos grupos plurais interessados[293].

fundamental radica no facto de a contestação radical de 68 ter um perfil revolucionário e ideológico definido e envolver a defesa de causas determináveis, realidade que inexiste em grande parte nos movimentos de "indignados", uns tentados para atos de puro banditismo (caso dos motins criminosos provocados pelo "lumpén" de Londres e Birmingham, no ano de 2011); outros para a expressão primária de uma fúria nihilista (situação que envolveu os protestos contra o Papa Bento XVI em Madrid, também no ano 2011); e, por influência imagética das manifestações de jovens nas fracassadas "primaveras árabes", outros ainda na Europa, em manifestações mais ou menos violentas, cujos participantes têm como "punctum unionis" a luta contra o capitalismo financeiro e contra um Estado de bem-estar que já não lhes concede as prestações assistenciais que proporcionava aos seus progenitores.

[290] O fenómeno da pauperização ou proletatização das classes médias, das polícias e das forças armadas em Estados da Europa do Sul constitui um fenómeno paralelo, ainda relativamente silencioso e não avaliado, mas social e politicamente relevante, tal como a história anterior ao Segundo Conflito Mundial tragicamente documenta.

[291] Wildawski cit. por Muñoz Bustillo in AAVV "Crisis e Futuro en el estado de Bienestar, Madrid, 1988" p. 46; Berger "La Revolucion Capitalista", Barcelona, 1989, p. 250 e seg.

[292] A. Majone e Antonio de la Spina "Lo Stato Regulatore" Rev. Trimm Scienze Amministr, 1991, 3, p. 3 e seg.

[293] Ulrich Preuss "Prospetive di Sviluppo della Scienza Giuridica", in "Politica del Diritto", 1992, XXIII, p. 47; e Porras Nadales "Representacion (...)" cit. p. 58 e seg.

Parte III
Sinopse sobre o constitucionalismo português

124. A abordagem conferida ao movimento constitucionalista na rubrica precedente reclama uma apreciação sobre a repercussão do fenómeno em Portugal. A presente rubrica assume, de toda a sorte, uma natureza essencialista e sinóptica e não dispensa a leitura de obras mais desenvolvidas[294].

[294] Uma obra de incontornável referência é o livro de MARCELLO CAETANO "Constituições Portuguesas", Lisboa, 1986. Cfr igualmente JORGE MIRANDA "Manual de Direito Constitucional Tomo I, 2º vol, Coimbra, 2014.

Capítulo I
O constitucionalismo liberal

Secção I
As constituições monárquicas

1. A Constituição de 1822

1.1. Contexto histórico político

125. Com a derrota militar francesa em Portugal e na Península Ibérica, foi retomado em Portugal o regime de Monarquia Absoluta[295]. O Rei D. João VI encontrava-se, contudo, a residir na antiga Colónia do Brasil, cujo estatuto tinha sido elevado ao de Reino (integrando o Reino Unido de Portugal e do Brasil). Quanto ao Reino de Portugal, este encontrava-se submetido, com o consentimento de um Monarca relutante em regressar, a um protetorado britânico dirigido por William Beresford. Depois de diversas conspirações fracassadas (como a de Gomes Freire de Andrade, em 1817) deflagrou em 1820 uma revolução contra o absolutismo e o protetorado britânico, liderada pelo "Sinédrio", uma sociedade secreta maçónica liderada por liberais e radicais-democratas, admiradores das instituições francesas.

[295] Regida pelas Leis Fundamentais das atas apócrifas das Cortes de Lamego, pelos costumes e por leis posteriores que disciplinavam o regime, a regência, a sucessão da coroa e a religião.

Da Revolução de 1820 saiu uma *Junta Provisional do Governo Supremo do Reino* que, depois de uma tentativa absurda e falhada para fazer vigorar a Constituição espanhola de Cádis, determinou a eleição de Cortes Extraordinárias Constituintes por voto censitário. Deste movimento político nasceu o constitucionalismo moderno português.

1.2. Forma de Exercício do poder constituinte

126. Previamente à deliberação da Constituição de 1822, o Rei D. João VI fora forçado (na sequência de uma revolta no Brasil que tentou replicar o movimento de 1820) a jurar o decreto que continha as bases da nova Lei Fundamental e que orientou a atividade das Cortes Constituintes responsáveis pela aprovação da mesma Constituição.

Tratou-se de uma *forma democrática representativa de exercício do poder constituinte* que se desdobrou em dois momentos: o juramento das bases e a aprovação do documento final pelas Cortes[296].

1.3. Fontes Cognitivas

127. A par da Constituição francesa de 1791, foi a Constituição espanhola de Cádis, um texto liberal e democrático-radical, que inspirou os arquitetos da Constituição portuguesa de 1822.

O constitucionalismo vintista adotou um texto tenuemente compromissório entre o tradicionalismo (presente na mera subsistência do regime Monárquico e, sobretudo, na relação com a Igreja Católica, sendo o catolicismo definido como a religião da Nação e sendo invocada a Santíssima e Indivisível Trindade, no preâmbulo) e as correntes liberais e democratas-radicais, as quais predominavam claramente na modulação do poder. Tratou-se de um modelo constitucional liberal e muito próximo da primeira Constituição nascida da Revolução francesa.

[296] Cfr. em geral sobre a Constituição de 1822, cfr. Silvestre Pinheiro Ferreira "Breves Observações Sobre a Constituição política da Monarquia Portuguesa", Paris, 1837; Marcello Caetano ult. loc. cit p. 15 e seg.; Jorge Miranda ult loc cit. p. 29 e seg.; Paulo Otero "O Brasil nas Cortes Constituintes de 1821, 1822", "O Direito", 1988, p. 339 e seg.; José de Melo Alexandrino "A Estruturação do Sistema de direitos, Liberdades e Garantias na Constituição portuguesa", I, Coimbra, 2006, p. 311 e seg.

1.4. Organização política

128. A Constituição consagrava um *regime monárquico representativo*, baseado num modelo de tripartição e de separação de poderes (artº 30º).

129. O Rei, designado por sucessão hereditária na Casa de Bragança, era politicamente irresponsável e a fonte da sua autoridade residia na soberania nacional (artº 121º). O Monarca era o titular do poder Executivo (editando regulamentos para executar as leis e nomeando e demitindo os secretários de Estado) e dispunha de veto suspensivo sobre as leis ordinárias aprovadas pelas Cortes (o qual podia ser revertido por deliberação que confirmasse o diploma vetado, tornando-se a sanção real obrigatória, nos termos do artº 110º). Não dispunha do poder de dissolver ou de suspender as Cortes.

130. O Parlamento, designado por *Cortes, tinha estrutura unicameral* e era eleito bienalmente por voto censitário (os eleitores teriam de deter bens provenientes de atividades económicas) e capacitário (não tinham capacidade eleitoral ativa, de entre outros, as mulheres, os analfabetos, os criados, os vadios e não dispunham de capacidade eleitoral passiva, para além destes, os bispos, os magistrados, os falidos, e outras categorias referidas nos artº 34º e 35º).

As mesmas Cortes, que se reuniam em cada ano durante um período de 3 meses e que integravam representantes do Brasil e de outros territórios ultramarinos, eram titulares da competência legislativa e de diversas competências políticas relevantes (como as de designar um tutor para um Rei menor, nomear o Regente, aprovar tratados de defesa, lançar impostos e autorizar a contração de empréstimos).

131. O poder jurisdicional estava cometido aos tribunais e cabia ao Rei nomear os magistrados.

132. Neste sistema político de governo a instituição dominante recaía nas Cortes e o Monarca assumia um papel diminuído, como chefe de um Executivo frágil.

1.5. Organização territorial

133. A Constituição manteve o Reino Unido de Portugal, Brasil e Algarves no que aparentava ser um esboço de uma futura federação. No Brasil existia uma delegação do Poder Executivo atribuída a uma Regência.

1.6. Direitos fundamentais

134. O preâmbulo da Constituição atribuía as "desgraças" do Reino ao desprezo pelos direitos das pessoas. Registava-se uma influência da Declaração dos Direitos do Homem e do Cidadão de 1789, na declaração de direitos ínsita no texto constitucional. A par de diversos deveres e de uma predominância das garantias (tais como a inviolabilidade de domicílio, sigilo de correspondência, abolição de penas cruéis e infamantes e proibição de prisão sem culpa formada) sobre os direitos e liberdades, consagrava-se a liberdade de culto de estrangeiros, a liberdade de expressão (sem prejuízo de censura eclesiástica), direito a eleger procuradores às Cortes e liberdade de ensino e igualdade perante a lei.

135. Tratava-se de uma constituição de tipo utilitário (supra, § 44).

1.7. Fiscalização e revisão constitucional

136. Cabia às Cortes a garantia do cumprimento da Constituição (I do artº 102º), pontificando um tipo de fiscalização política da constitucionalidade realizada pelo Parlamento, seguindo-se o modelo francês.

137. A revisão constitucional (artº 28º) *operava de acordo com o sistema do parlamento renovado:* volvido um período de vigência de 4 anos, todas as propostas de alteração deveriam ser deliberadas por maioria qualificada pelas Cortes que seriam posteriormente dissolvidas, carecendo o diploma de ser confirmado pelos deputados, na legislatura seguinte.

1.8. Vigência

138. A Constituição de 1822, absolutamente inepta para ordenar um Reino exausto pelas invasões francesas, politicamente dividido e ainda marcado pelos valores do absolutismo, não vigorou praticamente em virtude de uma sublevação em Trás-os-Montes e da revolta da "Vila Francada" liderada no ano de 1823, pelo Infante D. Miguel, filho mais novo do Rei D. João VI e chefe do "partido" absolutista ou legitimista. D. João VI acabou por ser forçado a dissolver as Cortes e a revogar a Constituição, em 1823, sendo nomeada uma Junta Preparatória, chefiada por Palmela, para elaborar uma Carta Constitucional. Com nova revolta legitimista (a "Abrilada", ocorrida 1824), o desterro de D. Miguel e a dissolução da Junta de Palmela, retornou-se fugazmente às *leis tradicionais* do Reino, enquanto o Brasil se separava de Portugal, mediante uma proclamação de independência feita por D.

Pedro, o filho mais velho de D. João VI que foi coroado Imperador daquele Reino. Em 1825, o rei D. João VI reconheceu a independência do Brasil.

2. A Carta Constitucional de 1826

2.1. Contexto histórico-político

139. O falecimento do Rei D. João VI conduziu a que o seu primogénito, D. Pedro, Imperador do Brasil, fosse aclamado Rei de Portugal. Tido como responsável pela separação do Brasil e expoente das correntes liberais, a sua regência foi contestada pela forte fação absolutista, tendo durado apenas oito dias, durante os quais o Monarca tomou, contudo, duas importantes decisões, políticas e institucionais.

D. Pedro optou por uma solução política de compromisso para a Chefia do Estado. Abdicaria do Trono em favor da sua filha, ainda menor, D. Maria da Glória, sob condição de esta contrair casamento, quando atingisse a maioridade, com o seu tio, o Infante D. Miguel, líder da corrente absolutista, ficando até lá, D. Miguel, com o estatuto de Regente.

140. Para selar o compromisso político, D. Pedro outorgou uma Constituição aos portugueses, inspirada na Carta de 1824, que tinha, previamente, outorgado ao Brasil. A Carta, diversamente da Constituição de 1822, espelhava um efetivo equilíbrio entre o tradicionalismo e o liberalismo[297].

2.2. Forma do exercício do Poder Constituinte

141. Tratou-se de uma *outorga* (do francês *octroi* que significa dádiva real), ou seja, de uma manifestação constituinte autocrática e unilateral do monarca, própria dos regimes dualistas (supra § 87). O Rei aceita, exclusivamente com base na sua legitimidade real, limitar o seu poder absoluto, decretando uma Constituição e doando-a aos súbditos (supra § 84 e infra § 226). Por ser precisamente outorgada, a Constituição assim decretada

[297] Cfr. em geral, sobre a Carta Constitucional, Lopes Praça "Estudos Sobre a Carta Constitucional de 1826 e o Ato Adicional de 1852", Vol I a III, Coimbra, 1878, 1880; Silvestre Pinheiro Ferreira ult. loc cit; Marnoco e Sousa "Direito Político, Poderes do Estado: sua organização segundo a Sciencia Politica e o Direito Constitucional português", Coimbra, 1910; Marcello Caetano ult. loc cit, p. 30; Jorge Miranda ult. loc cit, p. 39 e seg.; Paulo Otero "O Poder de Substituição em Direito administrativo", I, Lisboa, 1995, p. 338 e seg.

recebe a designação da Carta (cfr. os precedentes da Carta francesa de 1814 e da Carta Brasileira de 1824)[298].

2.4. Fontes cognitivas

142. A Carta brasileira de 1824, pese o seu pendor mais liberal[299], foi, inequivocamente, o texto que maior influência teve na elaboração da Carta. No fundo, o centro de poder constituinte era o mesmo, ou seja, a pessoa do Imperador e Rei D. Pedro de Bragança. Foi também possível descortinar, na mesma Constituição, a influência da Carta francesa de 1814 e do constitucionalismo britânico, no que particularmente respeita à criação de uma Câmara de Pares. Paralelamente, foi enorme a influência doutrinal de BENJAMIN CONSTANT, o grande teórico das monarquias dualistas (supra § 85).

2.5. Organização política

143. A Carta consagra um regime monárquico de tipo dualista e um sistema político marcado pelo poder moderador do Rei.

Pese o facto de a constituição ser outorgada, o regime de alteração constitucional envolveu maior protagonismo da Câmara de Deputados potenciando uma concatenação de legitimidades, a monárquica e a democrática, na produção de normas constitucionais. Também a descrição do Monarca, no texto originário, como um dos ramos do poder legislativo (a sanção das leis equivalia a uma co-decisão) reforçam esta mesma matriz dualista.

144. A atribuição *expressis verbis* ao Rei de um quarto poder, o *"poder moderador"*, que o situava como instância "reguladora" acima das restantes instituições, refletiu o peso da doutrina de BENJAMIN CONSTANT e reforçou, claramente, o protagonismo do Monarca como órgão dominante, no quadro de uma monarquia representativa. CARL SCHMITT referiu-se elogiosamente à Carta portuguesa de 1826[300], indicando que o poder moderador do Chefe de Estado, que o mesmo autor procurava reflectir no Presidente

[298] Foi a seguinte a fórmula da outorga *"Faço saber a todos os meus súbditos portugueses que sou servido decretar, dar e mandar jurar pelas três ordens do Estado a Carta Constitucional abaixo transcrita"*.

[299] A Carta brasileira consagrava um Senado eletivo e não uma Câmara de Pares como em Portugal, conferia ao Imperador um veto suspensivo, e não um veto absoluto como na Carta portuguesa e estatuía que os poderes do Monarca e de outros órgãos de poder eram delegados pela Nação, ao invés do texto fundamental português que entronizava ao rei como representante da Nação.

[300] CARL SCHMITT "La Defensa de La Constitución", Madrid, 1983, p. 40 nota 30 e 215 e seg.

da República na Constituição de Weimar de 1919, assentava num estatuto de relativa "neutralidade" que permitia ao Rei exercer formas de controlo inter-orgânicas sobre os restantes órgãos de poder, atuando como um fiel da balança do sistema político, velando *"pela independência, equilíbrio e harmonia dos demais poderes políticos"* (artº 71º).

O poder moderador permitia ao Rei, no contexto da Carta (artº 74º): i) Relativamente ao Executivo, nomear e demitir os ministros; ii) Em relação ao Legislativo, nomear pares, sancionar ou vetar leis deliberadas pelas Cortes e dissolver a Câmara de Deputados quando o exigisse a "salvação do Estado"; iii) Em relação ao poder jurisdicional, suspender magistrados e conceder perdões e amnistias.

145. O Rei era, igualmente, chefe do poder Executivo (que exercia através dos ministros) dispondo, nos termos do artº 75º, de largas faculdades para, por exemplo, nomear altos funcionários, chefias militares, executar as leis (através de regulamentos de execução não se prevendo regulamentos independentes, como os que pontificavam nos regimes dualistas do espaço alemão) e curar da segurança interna e externa do Estado.

Havia, sem embargo, alguma confusão entre os poderes Executivo e Moderador do Monarca, já que a Carta situava na esfera do segundo a nomeação dos Ministros, realidade que pareceria mais consentânea com os poderes do Rei como Chefe do Executivo. Esta simbiose entre Poder Moderador e Poder Executivo fazia radicar no Monarca e no Governo (com relevo para o Presidente do Ministério) o pendor dominante do sistema político.

146. O poder legislativo era exercido pelas Cortes, *assumindo estas uma estrutura bicameral, que* eram integradas por uma Câmara de Pares, nomeados sem número fixo[301] pelo Monarca e por uma Câmara de Deputados, com um mandato de 4 anos[302] e eleitos por voto indireto[303], censitário[304] e capacitário[305].

[301] A Câmara de Pares era formada por membros vitalícios e hereditários, integrando a aristocracia. Com o decreto ditatorial de 1895 e a Lei de 1896 (Bill de Indemnidade) os pares vitalícios foram reduzidos a 90. Posteriormente o ato adicional de 1907 tentou repor o regime anterior mas acabou por não ser convalidado pelas Cortes.

[302] Reduzido para três anos com o Ato Adicional de 1885

[303] Tendo sido instituído o voto direto, a partir do ato adicional de 1852.

[304] Votavam originariamente os que tivessem renda líquida anual duzentos mil réis por bens de raiz, indústria, comércio ou emprego (tendo a revisão de 1852 reduzido os limites do voto censitário) e eram eleitos os que auferissem quatrocentos mil réis.

As Cortes, a par de diversas competências políticas (designar o regente, nomeação do tutor do Rei, deliberar sobre matéria financeira, tributária e patrimonial do Estado, autorizar forças estrangeiras a entrar no território) deliberavam as leis do Reino, com intervenção das duas câmaras num processo complexo (artº 48º a 55º), cabendo ao Monarca sancioná-las ou denegar sanção, o que equivalia a um veto absoluto (artº 58º).

147. O poder judicial era qualificado como um poder independente, sendo composto por juízes e jurados (artº 118º).

2.6. Direitos fundamentais

148. A Carta era uma constituição utilitária. Os direitos fundamentais foram, no plano sistemático, remetidos para a parte final da Constituição. Haveria um maior equilíbrio na Carta, entre direitos e garantias, por contraposição à Constituição de 1822 (cfr Título VIII). Mas a primeira integrava muitos direitos insertos na Constituição vintista.

Como novidades relativas na esfera dos direitos, destaca-se a liberdade religiosa para todos e a limitação da censura eclesiástica, a liberdade de trabalho, a liberdade de circulação, a liberdade de empresa, e, em termos de garantias, o princípio da legalidade penal (proibição de lei penal incriminadora com efeito retroativo). No plano social previu-se a gratuidade da instrução primária e a criação de um sistema de socorros públicos.

2.7. Revisão e fiscalização constitucional

149. As revisões à Constituição operavam através de atos adicionais (aditamentos) deliberados pelas Cortes e sancionados pelo Rei.

150. Pese algumas tentativas de introduzir um controlo jurisdicional concreto de constitucionalidade, mormente numa proposta de lei de reforma da Carta em 1900, o controlo de constitucionalidade era exercido por via política através das Cortes e do próprio Monarca, tendo a Rainha D. Maria II, pelo menos uma vez, denegado a sanção a uma lei com fundamento na violação da Constituição.

[305] Eram excluídos, por exemplo, os religiosos, criados de servir e oficiais militares (Cfr. artºs 64º e seg.)

2.2. Vigência: as três "vidas" da Carta

151. *A primeira e efémera vigência da Carta* teve lugar entre Julho 1826 e Maio de 1828. Nessa data, o Regente D. Miguel fez-se proclamar Rei pelos "Estados do Reino" que aboliram a Carta Constitucional e reimpuseram as "Leis Fundamentais", retornando o Regime legitimista, o qual vigorou durante a cruel guerra civil entre liberais e absolutistas.

A *segunda e não menos curta vigência* teve lugar entre 1834, data da derrota dos absolutistas, do exílio de D. Miguel e da entronização de D. Pedro como Rei de Portugal (tinha entretanto abdicado da Coroa do Brasil em favor do filho e liderado as forças liberais em Portugal) e o ano de 1836, em que, já depois da sua morte, uma revolução de democratas-radicais dirigida pelo Marechal Saldanha pretendeu repor em vigência a Constituição de 1822. A *terceira vigência da Carta*, essa particularmente longa, teve lugar entre o ano de 1842, marcado pelo golpe de Estado "cartista" de Costa Cabral, e a revolução republicana de 1910 que derrubou a monarquia. Durante o terceiro ciclo de vigência a Carta experimentou diversas revisões (1852 e 1885-- 1886[306]).

152. Tratou-se da Constituição portuguesa de maior longevidade e seguramente aquela que, pese o facto de o não ter iniciado, corporizou, constitutivamente, a essência e a prática do movimento constitucionalista em Portugal.

3. A Constituição de 1838

3.1. Contexto Histórico-Político

153. Entre 1834 e 1835, o Governo conservador de Palmela é sistematicamente obstruído pelos radicais-democratas de Manuel da Silva Passos, gerando-se fortes tensões entre as fações liberais que triunfaram na guerra civil. A instabilidade política leva a Rainha a dissolver em 1836 a Câmara dos Deputados, seguindo-se um golpe militar do Marechal Duque de Saldanha[307], que ficou conhecido por "Revolução Setembrista". Os revolucio-

[306] O ato adicional de 1907, em razão do assassinato do Rei D. Carlos, não foi confirmado pelas Cortes.

[307] Saldanha era um conspirador compulsivo e um profissional de golpes de Estado do período oitocentista, sendo oriundo do radicalismo democrático.

nários, que constituíam a fação jacobina do sistema, governaram em ditadura, sob a direção de Passos Manuel, e repuseram a Constituição de 1822, sendo a sua vigência meramente simbólica, pois a maioria das leis em vigor concretizavam disposições da Carta Constitucional, entretanto abolida.

É então convocada uma Assembleia Constituinte, no mesmo ano, com o propósito de rever a Constituição de 1922, acabando o processo por resvalar para a feitura de outra Constituição que, começou por pretender ser um compromisso entre cartistas e vintistas[308].

3.2. Forma de exercício do poder constituinte

154. Tratou-se, no plano jurídico, *de uma forma pactícia de exercício do poder constituinte,* na medida em que a aprovação da Lei Fundamental resultava de uma concertação de vontades entre dois tipos de legitimidade: a democrática-representativa, oriunda das Cortes Constituintes que deliberaram o texto e a monárquica, reconduzida à sanção real da Lei Constitucional, a qual assumia natureza constitutiva (poderia ser denegada). No fundo, um processo constituinte típico dos regimes dualistas mais liberais (supra § 137).

154. Numa perspetiva política a Constituição assumia o caráter de um compromisso entre fações conservadores-liberais cartistas e fações democratas-radicais vintistas.

3.3. Fontes cognitivas

155. A par da influência interna da Constituição de 1822 e da Carta de 1826, destacou-se, a nível de fontes externas, a Carta Constitucional francesa reformada em 1830 (a chamada "Constituição Orleanista") e as constituições liberais belga de 1831 e espanhola de 1837.

3.4. Organização política

156. O regime monárquico instituído regressou à tripartição de poderes, abolindo o poder moderador do monarca. A legitimidade do Rei fundava-se na soberania nacional, sendo titular do Poder Executivo, o qual exercia através dos ministros, aos quais nomeava e demitia (artº 34º e 82º). Dispunha da faculdade de dissolver a Câmara de Deputados, na medida em que

[308] Cfr. sobre a Constituição de 1938, Franz Langhans "Constituição de 1838", "Dicionário de história de Portugal, I, Porto, p. 677 e seg.; Marcello Caetano ult. loc cit, p. 41 e seg.; Jorge Miranda ult. loc cit, p. 52 e seg.

tal fosse determinante para a "salvação do Estado" (decorrendo deste ato a renovação de metade dos membros do Senado) e de vetar as leis, considerando-se, ante o silêncio da Constituição e à luz da prática política, que o veto tinha efeito absoluto. Podia, igualmente, conferir indultos e amnistias.

O Parlamento possuía uma estrutura bicameral, sendo composto por uma Câmara de Deputados e um Senado. A Câmara de Deputados era designada por sufrágio direto, restrito e censitário, sendo os deputados eleitos com um mandato de 3 anos e sendo exigível para que se pudesse ser eleito, ser-se detentor de uma renda de 400 mil reis (artº 74º). Os senadores eram eleitos por sufrágio direto, restrito e censitário, com um mandato de 6 anos, devendo renovar-se metade do Senado sempre que se registassem eleições para a Câmara de Deputados. Vigorava, também, um regime capacitário no Senado, na medida em que, para se poder ser eleito senador, necessário seria integrar uma categoria de notabilidades estatutárias e profissionais, como grandes proprietários e comerciantes, embaixadores, oficiais generais, juízes do Supremo Tribunal, bispos e professores universitários de certas Escolas (artº 77º).

As leis eram deliberadas mediante o voto das duas câmaras.

157. O poder jurisdicional pertencia aos tribunais e era exercido por juízes e jurados (artº 123º), podendo também integrar juízes de paz.

158. O sistema de governo aproximava-se de um parlamentarismo equilibrado pelo poder do Rei[309].

3.5. Direitos fundamentais

159. Integrados no III Título da Constituição foram acrescentados alguns novos direitos, entre os quais, a liberdade de associação, a liberdade de reunião e o direito de resistência a ordens que violassem garantias individuais, caso estas últimas não estivessem suspensas. A Constituição de 1838 mantinha, como as anteriores, uma natureza utilitária.

[309] Da Carta retirou-se o poder monárquico de dissolução parlamentar e de veto bem como o bicameralismo. Da Constituição de 1822 convocou-se a tripartição de poderes, o carácter eletivo do Parlamento na base do sufrágio direto (findando-se com a hereditariedade da segunda Câmara) e a recondução estrita do monarca à titularidade do poder Executivo, com abolição do poder moderador.

3.6. Revisão e fiscalização da constitucionalidade

160. A revisão, tal como a Constituição de 1822 operava-se mediante o sistema de parlamento renovado (supra § 137) se bem que, sem dependência de sanção real (artº 139º).

161. A fiscalização da constitucionalidade das leis era política e cabia às Cortes (nº II do artº 37º).

3.7. Vigência

162. A Constituição experimentou uma vigência perturbada que mediou entre 1838 e 1842, nunca tendo sido aceite pela elite política. As fações liberais e conservadoras uniram-se no Partido Cartista contra os democratas-radicais do Partido Setembrista que, entretanto, era abandonado pelo Marechal Saldanha, formando-se, igualmente um Partido do Centro. Em 1842, por via de um golpe militar desencadeado a partir do Porto, em conivência com a Rainha Dª. Maria II, Costa Cabral, dirigente do Cartismo Conservador, embora oriundo do setembrismo, co-lidera um governo de ditadura e abole a Constituição de 1936, impondo a terceira vigência da Carta.

Secção II
A Constituição Republicana de 1911

1. Contexto histórico-político.

163. A crise do regime monárquico acentuou-se no final do Sec XIX com o fim do rotativismo entre progressistas e regeneradores[310], a bancarrota de 1891 e o relativo desprestígio da instituição monárquica na burguesia urbana na sequência do "Mapa Cor de Rosa" e a cedência (inevitável) ao "ultimato" inglês.

No contexto da crise financeira, rebentou em 1891, no dia 31 de Janeiro, uma revolução republicana no Porto que fracassou. Seguiu-se, durante mais de uma década, uma crise larvar em que o PRP (Partido Republicano), pese o seu insucesso nas urnas, promoveu agitação social permanente que cul-

[310] Multiplicando-se os partidos a partir de dissidências destas formações e sendo constituído o Partido Republicano.

minou na crise académica de Coimbra em 1907, passando João Franco, o Presidente do Ministério oriundo do Partido Regenerador Liberal, a governar em ditadura. Em 1908, a *Carbonária,* braço armado e secreto de setores da maçonaria republicana, assassinou a sangue frio o Rei D. Carlos e o Príncipe herdeiro D. Luís Filipe, no Terreiro do Paço. Sobe ao trono o jovem e impreparado Infante D. Manuel e as instituições monárquicas afundam-se.

164. No dia 5 de Outubro de 1910 rebenta em Lisboa uma revolução republicana que triunfa. José Relvas proclama a República a partir da Câmara Municipal de Lisboa e o Rei parte para o exílio.

Teófilo Braga assume como Presidente da República acumulando com as funções de chefe de um Governo Provisório, o qual adota um conjunto de medidas revolucionárias, sendo convocada uma Assembleia Constituinte.

2. Forma de exercício do Poder Constituinte

164. O exercício do poder constituinte assumiu uma *forma autocrática de tipo convencional,* e não um caráter democrático-representativo, tal como é ensinado ainda em certas universidades[311].

O voto, restringido a homens e alfabetizados, e de acordo com uma forma de escrutínio proporcional segundo o método de Hond`t, incidiu virtualmente apenas sobre candidatos propostos pelo diretório do Partido Republicano, com exceção de algumas candidaturas socialistas (foram eleitos dois socialistas independentes). Não foram apresentadas listas monárquicas ou oposicionistas. Em todos os círculos onde se apresentou a candidatura de uma lista, esta considerou-se eleita sem votação, num verdadeiro processo de ficção eleitoral. Foram, nestes termos, designados 91 deputados (correspondentes a dois terços dos círculos eleitorais). Predominaram proprietários urbanos e rurais, bem como académicos não havendo paticamente ninguém com experiencia do Governo.

165. A Constituição de 1911 resultou de um compromisso político na família política republicana, entre democratas-radicais, jacobinos anti-clericais, liberais e alguns socialistas utópicos.

[311] Cfr. em geral, sobre a Constituição de 1911, MARNOCO E SOUSA "Constituição Política da República Portuguesa, Comentário", Coimbra, 1913; ROCHA SARAIVA "Apontamentos de Direito Constitucional", Lisboa, 1931; MARCELLO CAETANO ult. loc cit, p. 79 e seg.; JORGE MIRANDA ult. loc. cit, p. 55 e seg.; LUÍS BARBOSA RODRIGUES "A Constituição portuguesa de 1911", "Scientia Juridica", 2013, p. 519 e seg.; AAVV " Assembleia Constituinte e a Constituição de 1911" (Coord de JORGE MIRANDA, ALEXANDRE PINHEIRO, PEDRO LOMBA), Lisboa, 2011.

3. Fontes cognitivas

166. No plano interno, a Constituição de 1822 assumiu particular destaque, procurando o movimento republicano recuperar ideais do vintismo.

No plano externo, foram fontes inspiradoras a Constituição da Iª República do Brasil de 1891, a Constituição Diretorial Suíça de 1848 e a Constituição francesa de 1875 (III República).

4. Organização do poder político

167.A Constituição teve vários ciclos de vida, tendo dominado um sistema parlamentar de Assembleia com um partido dominante (o Partido Democrático de Afonso Costa), excetuado pelo breve, mas intenso, interregno cesarista de Sidónio Pais, em 1917/1918.

4.1. O período 1911-1918

168. Do texto originário da Constituição emergia um *parlamentarismo de assembleia* que apenas se distinguia de um regime puro de assembleia porque a Constituição previa a existência de um Presidente da República, pese que esvaziado de poderes[312].

O sistema parlamentar definia-se como de Assembleia porque a essência do poder político residia num "Parlamento governante", do qual dependia politicamente o Ministério (Governo) e o próprio Presidente da República, eleito pela instituição parlamentar. Tratava-se, segundo a doutrina, de um parlamentarismo de Assembleia "atípico" porque se previa a possibilidade de o Parlamento poder destituir o Presidente da República pelo voto de 2/3 do Congresso em sessão conjunta e mediante resolução fundamentada[313] (artº 46º).

169. O Presidente da República era eleito pelo Congresso, em sessão conjunta, por um mandato de 4 anos, não podendo ser reeleito. As suas funções eram, essencialmente representativas, certificatórias e, residualmente, arbitrais. Não dispunha da faculdade de dissolver as câmaras do Congresso nem de vetar as leis (nem sequer de requerer a reapreciação).

[312] Chegou-se a debater um sistema sem Presidente da República, uma espécie de Convenção com um ministério absolutamente dependente, como na Constituição francesa de 1793.

[313] Seja por razões de confiança política, quer por prévia condenação por crime de responsabilidade.

Integrando, juntamente com o Ministério, o Poder Executivo (36º), o Presidente da República dispunha da faculdade de nomear os ministros, embora esse poder não fosse, propriamente, livre pois, na prática, chamava e consultava os líderes dos partidos representados no Congresso. O Presidente do Ministério respondia sobre a política geral sendo um *primus inter pares* entre os ministros. O mesmo titular era indigitado pelo Presidente, formava Governo e, se fosse bem sucedido, aprovava uma declaração ministerial. O Governo era, seguidamente, apresentado nas duas Cmaras do Congresso.

Tentativas de formar Governo fora do arco da confiança dos partidos não eram bem-sucedidas.[314]. O poder imenso do Parlamento abatia-se sobre o Governo, pois os Ministros estavam vinculados a comparecer nas sessões do Congresso, estando os membros do Executivo sujeitos a votos de confiança ou desconfiança das câmaras. O Governo só subsistia se obtivesse a confiança das duas câmaras do Congresso, mas chegava a demitir-se quando era colocado em minoria numa só câmara. Partidos da oposição obstruíam o Ministério e quando não o logravam derrubar recorriam ao golpe de estado. Sucederam-se múltiplos executivos frágeis com um partido dominante: o Partido democrata-radical de Afonso Costa.

170. A estrutura do Congresso era bicameral, decompondo-se numa Câmara de Deputados e num Senado (artº 7º).

A Câmara de Deputados era eleita por um mandato de 3 anos e o Senado por um mandato de 6 anos. Os dois órgãos eram designados por sufrágio direto e capacitário (por via de remissão legal, tendo a lei ordinária excluído a capacidade eleitoral ativa das mulheres e analfabetos). As leis eram tramitadas nas duas câmaras, competindo exclusivamente à Câmara de Deputados a iniciativa em matéria tributária, organização militar e revisão da Constituição, sendo competência exclusiva do Senado, nomeadamente, aprovar as propostas de designação dos governadores e comissários para os territórios do Ultramar.

Na medida em que o Congresso tinha a faculdade de prorrogar as sessões legislativas, estas funcionaram, por vezes, em permanência, tendo havido sete legislaturas. O Congresso era o titular do poder legislativo mas podia delegar essa função no Governo (artº 27º).

[314] O Presidente Manuel de Arriaga nomeou Pimenta de Castro para Presidente do Ministério, mas este foi derrubado e Arriaga foi forçado a demitir-se.

4.2. O período 1917-1918: o consulado sidonista

171. Em 1917, deflagrou um Golpe de Estado nacionalista e "ordeirista" apoiado por católicos, nacionalistas e monárquicos e dirigido pelo Major Sidónio Pais, militar e catedrático de matemática que protagonizou uma liderança carismática. O novo poder, governando em ditadura, introduziu uma reforma à Constituição de 1911 (através do Decreto 3997, de 30 e Março de 1918) que, no plano material, envolveu uma transição para uma Constituição materialmente distinta, sobretudo no plano do sistema de governo que assumiu um viés presidencialista.

172. O Presidente da República, erigido a comandante das Forças Armadas, passou a ser eleito diretamente por sufrágio universal, entre cidadãos do sexo masculino, e dispunha de competência para nomear e demitir os ministros, sendo a cabeça do poder Executivo. No que respeita ao Congresso, alterou-se a estrutura e composição do Senado concebido como câmara travão, composto por 49 senadores eleitos pelas províncias e 28 por seis categorias profissionais (envolvendo esta componente da composição do órgão, um primeiro ensaio da instituição de uma câmara corporativa). Este sistema presidencialista, que recolheu apoio popular mas resistência na oposição do Partido Democrático, desmoronou-se em 1918, depois do assassinato de Sidónio Pais por um desequilibrado mental, supostamente manipulado por sectores da *Carbonária*. O Parlamento repôs a velha Constituição em vigor, na íntegra.

4.3. O período 1919-1926: a agonia do parlamentarismo

173. A reposição em vigor do texto original da Constituição de 1911, depois do interregno sidonista, intentou alcançar um mínimo de governabilidade num sistema parlamentar caótico.

Através de duas revisões constitucionais, foi atribuída competência ao Presidente da República para dissolver as Câmaras, quando o exigissem os "interesses da Pátria" e mediante prévia consulta ao Conselho Parlamentar[315]. Foi consagrada a dispensa de referenda ministerial para a nomeação do Governo e prevista a delegação de poderes legislativos aos órgãos das possessões ultramarinas. Estas alterações não lograram, contudo, alterar o

[315] Tratava-se de um órgão de 18 membros que constituía uma deputação ou comissão permanente do Congresso.

sistema político ou mitigar a instabilidade institucional e a degradação progressiva do regime.

5. Direitos fundamentais

174. Os direitos fundamentais estavam consagrados no título II e o artº 3º consagrou uma cláusula aberta, que admitia a inclusão de outros direitos e garantias não expressamente enumerados na Lei Fundamental.

Muitos dos direitos civis e políticos do constitucionalismo liberal monárquico foram incorporados na Constituição de 1911, embora na base de uma filosofia pública republicana, igualitária e anti-católica[316]. Ao princípio da igualdade foi conferida uma magnificação multidigitada, como pedra angular do sistema. No plano das garantias foi abolida a pena de morte, reconhecido o direito ao não pagamento de impostos inconstitucionais e a obrigatoriedade do ensino primário.

175. Para além da gratuitidade do ensino primário e do direito à assistência pública, a Constituição de 1911 assumiu uma natureza utilitária, não conferindo particular relevância aos direitos sociais.

6. Revisão constitucional e controlo de constitucionalidade

176. O Congresso assumia, de 10 em 10 anos, poderes para rever a Constituição, podendo todavia, mediante deliberação por maioria de dois terços em sessão conjunta das câmaras, antecipar de 5 anos a mesma revisão, sendo consagrado o principio republicano como limite material às alterações (artº 82º).

177. O artº 63º introduziu, com inspiração na Constituição da I República do Brasil, o controlo difuso da constitucionalidade das leis e de outros diplomas normativos pelos tribunais. As partes, num dado julgamento poderiam, por exceção, invocar a referida inconstitucionalidade e o juiz teria competência para proceder à desaplicação da norma sindicada ao caso concreto, se a estimasse como contrária à Constituição (não podendo, contudo, o próprio juiz, conhecer por sua iniciativa, ou seja, oficiosamente, essa inconstitucionalidade). O sistema, contudo, não funcionou e nenhuma norma foi julgada inconstitucional.

[316] Foi consagrada a igualdade de cultos, foram banidas as ordens religiosas, findou-se com o ensino religioso nas escolas particulares e sujeitou-se o culto religioso em lugares públicos a uma regulação legal.

7. Vigência

178. A Constituição de 1911 vigorou acidentadamente durante quase 16 anos. No decurso desse período sucederam-se 8 Presidentes da República e 44 Governos.

Os partidos e as suas turbulentas fações e caudilhos exibiam uma elevadíssima taxa de conflitualidade e recorriam ao golpe militar e aos motins para solucionar problemas que não resolviam institucionalmente. Pelo seu turno, os partidários do Rei exilado realizavam recursivas incursões e chegaram a realizar uma efémera proclamação do regime monárquico no norte do País.

A perseguição metódica à Igreja Católica, o desprezo pelos juízes, a ingovernabilidade endémica, a revolução permanente, as fraudes eleitorais, a participação desnecessária e desastrosa na Iª Guerra Mundial, o descrédito internacional e a virtual bancarrota, traçaram o destino deste parlamentarismo exaurido. Tal como sucedeu com o fim da Monarquia, a agonia da República posterior a 1919 foi marcada pela fragmentação de partidos e por ajustes de contas entre fações da maçonaria republicana. Estes culminaram, em 1921, na famosa "noite sangrenta", em que um esquadrão da morte de um grupo da *Carbonária* (a "formiga branca") assassinou, de entre outros, Carlos da Maia, António Granjo (o Presidente do Ministério) e Machado Santos (o herói militar da revolução republicana de 1910), devido ao facto de terem apoiado o consulado sidonista.

179. Em 1926, uma revolução militar de perfil autocrático, nacionalista e conservador, desencadeada a partir de Braga e de Évora, derrubou um regime ingovernável.

Capítulo II
As Constituições sociais

Secção I
A Constituição de 1933

1. Contexto histórico-político

180. A revolução de 28 de Maio de 1926 contou, originariamente, com apoio popular derivado de um desejo objetivo de ordem pública e financeira. Após um breve período de ajustamentos dentro da liderança militar sublevada, em que a fação mais conservadora, liderada pelo General Carmona, afastou o setor republicano mais moderado (Mendes Cabeçadas) ou caudilhista (Marechal Gomes da Costa), vigorou até o ano de 1933 um regime de ditadura militar, também conhecido por "Ditadura Nacional".

A base social de apoio do novo poder, de forte cunho anti-parlamentar e anti-liberal, radicava em monárquicos, sidonistas, católicos do CADC[317], conservadores republicanos e um extenso movimento de jovens tenentes nacionalistas. No Governo, presidido por militares, destacou-se gradualmente o Ministro das Finanças, António Oliveira Salazar (um catedrático de Finanças Públicas afeto ao CADC de Coimbra) pelo facto de ter equilibrado as contas públicas e por ter procurado insuflar no regime nascente, um ideário corporativo, autoritário e nacionalista.

[317] Centro Académico de Democracia Cristã.

181. No ano de 1933, com a aprovação de uma nova Constituição, o regime institucionalizou-se: findava o ciclo da ditadura militar e iniciava-se o "Estado Novo"[318].

2. Forma de exercício do poder constituinte

182. A Constituição foi aprovada mediante um *processo constituinte autocrático, através de uma forma plebiscitária.*

O texto terá, de facto, saído de um grupo restrito de pessoas afetas ao Professor Oliveira Salazar[319], recebido contributos de membros do Conselho de Ministros e sofrido modificações num *Conselho Político Nacional*[320] formado por especialistas, ao qual a elaboração da Constituição foi tecnicamente imputada. Foi seguidamente submetido a voto popular direto e obrigatório, num sufrágio onde as liberdades públicas se encontravam restringidas e em que as abstenções e os votos em branco contaram como votos a favor.

183. O diploma foi aprovado com 1 292 864 votos a favor e 6 190 votos contra. Estando então o regime político num momento alto em termos de popularidade, a opção de restringir a liberdade de expressão durante o ato e fazer as abstenções contar como votos a favor careceu de racionalidade e deslegitimou, desnecessariamente, a título póstumo, um ato que o poder político sempre venceria. Estes factos retiraram competitividade e liberdade ao plebiscito e reconduziram-no a um processo autocrático, diferentemente de outras manifestações plebiscitárias, como a ocorrida em França, em 1958 (infra § 226 e §227).

3. Fontes cognitivas

184. No plano das fontes constitucionais internas, cumpre destacar a Carta Constitucional de 1826 (de onde se retira, implicitamente, o poder mode-

[318] Marcello Caetano ult loc cit, p. 101 e seg.; Marcello Caetano ("As Minhas Memórias de Salazar", Lisboa, 1997; Quirino de Jesus "Nacionalismo Português", Porto, 1932; Afonso Queiró "O Novo Direito Constitucional Português", BFDUC, XII, 1946 p. 45 e seg.; Domingos Fezas Vital "Direito Constitucional", Lisboa, 1945, 46; Franco Nogueira "Salazar", II, Porto, 1977; Jorge Miranda, ult. loc cit, p. 67 e seg.; Paulo Otero "Corporativismo", DJAP, 2º Supl, Lisboa, 2001, p. 187 e seg.; António Araújo "A Constituição de Salazar", op. cit.

[319] Segundo Marcello Caetano ("As Minhas Memórias de Salazar, op. cit, p. 57 e seg.)

[320] Segundo António Araújo ("A Constituição de Salazar" op. cit, p. 45) o texto preliminar foi imputado a Fezas Vital, e Quirino de Jesus, tendo Teotónio Pereira dado parecer.

rador do Chefe de Estado e, indiretamente, o reforço da componente primo-ministerial do sistema político) e a Constituição de 1911 (da qual se decanta a eleição direta do Presidente da República consagrada no interregno sidonista, o regime republicano e a ideia de separação entre Igreja e Estado).

No plano das fontes externas, verificou-se que a Constituição de Weimar de 1919 inspirou a constitucionalização de direitos sociais, a Constituição Imperial alemã de 1871 foi referência do sistema político de governo de chanceler e a Constituição italiana de 1848, modificada pelo Fascismo, foi base inspiradora da criação da Câmara Corporativa[321].

185. A Constituição de 1933 foi, pese a homogeneidade política relativa dos seus ideólogos, uma Constituição compromissória entre correntes conservadoras republicanas, monárquicas, nacionalistas, corporativas e católicas, realidade que pode ser recolhida nas diversas fontes que inspiraram o processo constituinte.

Na verdade, o texto originário da Constituição, recolhia direitos civis e políticos do liberalismo e previa a realização de eleições diretas para o Presidente da República e a Assembleia Nacional, o que implicava uma forma de incorporar o princípio democrático. Este era, contudo, contraposto à lógica antiparlamentar de um "Estado Forte" dotado de um Executivo dominante (com amplos poderes conferidos ao Presidente e ao Governo). A prática acabou por desvitalizar, desde cedo, a componente democrática e reforçar o pendor autoritário.

4. Organização do poder político

4.1. Caracterização geral

186. Enquanto o Regime político, pelo seu estatuto e prática, pode ser caracterizado como um *Regime corporativo autoritário*, o sistema político de governo pode ser definido como um *sistema de chanceler.*

Tal como sucedia com a Constituição Imperial Alemã de 1871 que incorporava essa forma de governo, o Chefe de Estado dispunha de importantes poderes, dos quais se destaca a dissolução da Assembleia Nacional e a faculdade de nomear e demitir o chefe de Governo, poderes que, contudo,

[321] Se bem que o corporativismo português tenha recebido um influxo importante das encíclicas papais e da doutrina social da Igreja.

não exercia em termos de magistratura ativa, resumindo-se a uma função representativa e, atenuadamente, moderadora. O Governo era dirigido por um Presidente do Conselho de Ministros (o "Chanceler") que dependia da confiança política do Chefe de Estado e não do Parlamento. O eixo de suporte do sistema assentava, assim, no binómio Chefe de Estado-Chefe do Governo, com subsidiarização da Assembleia Nacional.

Tratava-se, originariamente, de um sistema "representativo" de chanceler, na medida em que o Chefe de Estado era eleito por sufrágio direto.

187. Na sua origem, o sistema poderia ser concebido, quiçá, como um Presidencialismo atípico (pelo facto de o Presidente não chefiar diretamente o Governo) e o facto é que a prática poderia ter evoluído nesse sentido, se a Chefia do Estado tivesse sido confiada a uma personagem política liderante e o chefe de Governo por si nomeado fosse um dirigente político secundário, dele dependente. O sistema não teve, contudo, essa evolução e progrediu antes, na base de uma aliança implícita entre as Forças Armadas e a União Nacional (o partido do Regime). Desta aliança resultou uma forma de coexistência entre um Presidente Militar de protagonismo representativo e um Presidente do Conselho de Ministros concebido como verdadeiro fulcro da autoridade do Estado.

Curiosamente, a Constituição não impunha "a se" um regime autoritário. Se tivesse sido conservada a eleição direta do Presidente da República a partir do texto originário e se a legislação ordinária que concretizava os direitos civis e políticos permitisse o exercício efetivo das liberdades fundamentais, incluindo a constituição de partidos, bastaria introduzir por via de revisão um mecanismo de responsabilidade do Governo perante a Assembleia Nacional (mediante a figura da moção de censura) para a Constituição de 1933 ter servido de base para um sistema semipresidencialista no quadro de um Regime democrático. O sistema constitucional não teve essa evolução e perdeu-se, tanto em 1946 como em 1969, a oportunidade de uma transição não revolucionária para a democracia sobre a égide da Constituição anterior, a qual era, em qualquer caso, um texto portador de um sólido apuro jurídico.

4.2. O Presidente da República

188. De acordo com o texto originário da Lei Fundamental de 1933, o Presidente da República era eleito por sufrágio direto, por um mandato de 7

anos e suscetibilidade de reeleição. Em 1959, com o desafio da candidatura oposicionista do General Delgado ao poder instituído e a sua promessa de demitir Oliveira Salazar da Chefia do Governo, o regime entendeu que a eleição direta do Chefe de Estado era o "calcanhar de Aquiles" do regime autoritário. Por conseguinte, através da revisão constitucional de 1959 solucionou o problema, através da instituição de uma eleição indireta do Chefe de Estado por um colégio eleitoral, constituído pelos membros da Assembleia Nacional, Câmara Corporativa e representantes dos municípios e das estruturas territoriais do Ultramar.

189. O Presidente representava a Nação e respondia, apenas, diante dela. Era o chefe supremo das Forças Armadas, nomeava e demitia livremente o Presidente do Conselho de Ministros e os restantes membros do Governo sob proposta deste, dissolvia livremente a Assembleia Nacional, conferia ao Parlamento poderes constituintes extraordinários, promulgava e vetava os atos legislativos dos órgãos de soberania (tendo o veto sobre as leis eficácia suspensiva e, sobre os decretos-leis, eficácia absoluta). Muitos dos seus atos estavam, numa lógica chanceleriana, sujeitos a referenda ministerial (artº 82º).

4.3. O Governo

190. O Governo era formado pelo Presidente do Conselho de Ministros (artº 106º), ministros, secretários e sub-secretários de Estado. O primeiro coordenava e dirigia a atividade dos restantes membros do Executivo que respondiam politicamente perante ele. O Governo possuía um forte acervo de poderes legislativos (nomeadamente, mediante o desenvolvimento das bases gerais aprovadas pela Assembleia Nacional) e poderes regulamentares, sendo o órgão de cúpula da condução política do Estado e da superintendência da administração pública. Dependia da confiança do Presidente mas não da Assembleia Nacional. Raramente reunia colegialmente e as decisões eram tomadas através de um consenso induzido pelo Presidente do Conselho. Os diplomas eram aprovados, frequentemente, mediante a sua circulação pelos Ministros.

4.4. O Parlamento

191. O Parlamento era composto por uma câmara política, a Assembleia Nacional e por uma Câmara auxiliar, a Câmara Corporativa.

192. A Assembleia Nacional era composta por 90 deputados eleitos por sufrágio direto, por um mandato de 4 anos (artº 85º). Estes eram designados por um sufrágio que se foi alargando, não sendo os deputados oriundos de partidos políticos formais: em cada ato eleitoral constituíam-se, a par da União Nacional (depois rebatizada de ANP), listas eleitorais oriundas de forças politicas oposicionistas que nunca lograram eleger deputados e que se dissolviam após as eleições. Sem prejuízo de ser autorizado o direito de reunião e manifestação durante as campanhas eleitorais existiam intervenções restritivas das forças policiais sobre a liberdade política desenvolvida por forças oposicionistas, a quais afetavam drasticamente a liberdade do sufrágio.

A Assembleia Nacional vigiava pelo cumprimento da Constituição, exercia poderes de revisão constitucional, acompanhava politicamente a atividade do Executivo e exercia a função legislativa, resumindo-se, contudo, a aprovar, a par de algumas leis estruturantes de ordem financeira e relativas ao Ultramar, as bases gerais dos regimes jurídicos (leis de grandes princípios a desenvolver por decreto-lei do Governo). Funcionava durante um período anual de três meses.

193. A Câmara Corporativa, funcionava através de secções e representava os grupos de interesse de natureza autárquica, universitária, administrativa, sindical, gremial, cultural e económica (artº 103º). Com pouco peso político (contrariamente às estruturas análogas do Fascismo Italiano o corporativismo português carecia de autonomia, encontrando-se narcotizado pelo regime), a Câmara Corporativa era um órgão de consulta de alta qualidade técnica, dando parecer sobre as leis mais importantes, do qual resultaram relevantes contributos de ordem prática.

4.5. Os tribunais

194. Tribunais "ordinários" e "especiais" (artº 115º) exerciam a função jurisdicional no território metropolitano e ultramarino e dispunham de competências para o controlo da constitucionalidade. Os juízes, pese a sua nomeação governamental, detinham um estatuto formal de independência, irresponsabilidade e inamovibilidade (artºs 118º e 119º). Foram também criados tribunais especiais, os "tribunais plenários" para julgar adversários do regime.

5. Direitos fundamentais

195. A soberania estava limitada pela moral e pelo direito (artº 4º e nº 1 do artº 6º). Direitos civis e políticos, como as liberdades de expressão, reunião e associação estavam sujeitos a regulação por leis especiais que desvitalizavam drasticamente o seu exercício. Do § 2º do artº 8º defluía o instituto da censura prévia, a partir de um imperativo de se impedir, preventiva ou repressivamente, a "perversão" da opinião pública. Os partidos políticos não estavam autorizados.

196. Em face de textos constitucionais anteriores, consagrou-se o direito à vida (sem prejuízo da admissão da pena de morte em teatro de guerra com potência estrangeira) e o direito à integridade pessoal.

197. A Constituição de 1933 pode ser definida como uma *Constituição programática*, na medida em que positivou um conjunto de direitos sociais, económicos e culturais em normas não exequíveis por si próprias. Foi o caso do direito à educação e cultura, defesa da saúde pública, contratação coletiva, função social da propriedade, proteção da família, direito ao trabalho e direito à empresa. Verifica-se, contudo, que só a partir de 1969, com o Governo de Marcello Caetano, se criaram as verdadeiras primícias do Estado social[322], com a implantação de um sistema educativo e previdenciário mais robusto.

6. Organização ultramarina

198. A Constituição sofreu diversas alterações no plano da organização dos territórios portugueses no Ultramar, aos quais não se admitia a possibilidade de secessão. Tiveram especial relevo, o Ato Colonial e a revisão constitucional de 1971 a qual, tardiamente, alargou o leque das competências das assembleias legislativas de territórios ultramarinos, como Angola e Moçambique, aos quais permitiu a atribuição da dignidade honorífica de "Estados". O regime instituiu um modelo de Estado Unitário regionalizado, para os territórios africanos e asiáticos, sem que tivesse operado em relação a estes uma genuína descentralização político-administrativa, num quadro de autonomia, a qual implicaria o exercício de funções de autogoverno e de produção de normas próprias por representantes das populações, democraticamente eleitos. Um velho projeto federalista esboçado por Marcello

[322] A fórmula "Estado Novo" foi substituída com Marcello Caetano pela de "Estado social".

Caetano nunca chegou a ser implantado, mesmo pelo próprio, quando ascendeu à Presidência do Conselho de Ministros.

7. Revisão da Constituição e fiscalização da constitucionalidade

199. De acordo com o artº 133º e em termos análogos aos da Constituição de 1911, a Constituição de 1933 podia ser revista de 10 em 10 anos, podendo ser a revisão antecipada em 5 anos mediante deliberação favorável de dois terços dos membros da Assembleia Nacional, órgão competente para exercer essa atividade legislativa qualificada.

O artº 134º atribuía, contudo, ao Chefe de Estado, ouvido o Conselho de Estado e mediante decreto assinado por todos os ministros, a faculdade de cometer à Assembleia poderes extraordinários de revisão, a todo o tempo, nas matérias ínsitas no mesmo decreto.

200. O sistema de fiscalização da constitucionalidade assumia caráter misto, com uma componente jurisdicional e uma deslocada componente política.

O artº 123º cometia a todos os tribunais a possibilidade de julgarem em controlo concreto, seja por invocação das partes, seja mediante iniciativa oficiosa dos juízes, a inconstitucionalidade de normas com vícios materiais, e de atos normativos com vícios orgânicos e formais mas não sujeitos à promulgação presidencial. Tratou-se de uma continuidade parcial com o modelo de controlo difuso instituído na Constituição de 1911. Registaram-se escassos casos de fiscalização concreta.

Paralelamente, a Assembleia Nacional, no quadro de uma fiscalização política verdadeiramente incompreensível, dispunha da competência para declarar a inconstitucionalidade de normas promulgadas pelo Presidente da República, viciadas por inconstitucionalidades orgânicas e formais (§ 2 do artº 123º). Já o § 1 do artº 123º, introduzido pela revisão constitucional de 1971, autorizava a possibilidade de se concentrar num ou e mais tribunais o controlo de constitucionalidade das normas, abrindo espaço para a criação de tribunais constitucionais, o que nunca veio a suceder.

Previa-se mecanismos específicos de controlo de constitucionalidade das normas oriundas do Ultramar das quais, contudo, não nos ocuparemos nesta sede.

8. Vigência

201. A Constituição de 1933 vigorou 41 anos e experimentou 9 leis de revisão constitucional, nenhuma delas, decisiva para a alteração da fisionomia do regime ou da sua organização territorial.

202. O regime corporativo foi derrubado com a Revolução de 25 de Abril de 1974, sendo abolida, gradualmente, a Constituição de 1933, entre os anos de 1974 e 1976. Os principais fatores que estiveram na origem imediata da revolução de 1974 consistiram, nomeadamente:

i) Na longa vigência e crescente esclerose ideológica e de liderança do regime autoritário e na sua dificuldade em integrar segmentos mais jovens, depois das crises académicas desencadeadas a partir dos anos 60, da qual resultou uma dificuldade de renovação dos quadros dirigentes do mesmo regime;

ii) No descontentamento popular causado pelos efeitos da crise económica e financeira internacional de 1973, resultante da guerra do "Yon Kippur" no Médio-Oriente e do consequente aumento do preço do petróleo e da inflação "importada";

iii) Na crescente impaciência de um sector militar de média patente, especialmente dos oficiais oriundos da difícil frente de combate da Guiné, pelo prolongamento da guerra de guerrilhas no Ultramar (Angola, Moçambique e Guiné) travadas por movimentos emancipalistas que lutavam, com apoio de grandes potências estrangeiras, em favor da independência dos territórios, sem que o poder estabelecido consagrasse uma solução política consistente;

iv) Nas reivindicações corporativas dos oficiais do quadro permanente, contra o estatuto atribuído aos oficiais milicianos, as quais culminaram na destituição pelo Governo, em 1974, de dois generais que eram uma referência para a oficialidade: os Generais Costa Gomes (Chefe do Estado Maior General das Forças armadas) e o General António de Spínola (ex Governador da Guiné e Vice-Chefe do Estado Maior General das Forças Armadas).

203. A mesma revolução resultou, por seu turno, de um cruzamento intrincado de diversas conspirações militares autónomas, nas quais avultaram: i) um movimento conservador e nacionalista afeto ao General Kaúlza de Arriaga (que foi isolado pelas restantes conspirações e abortado discretamente pelo próprio regime); ii) um movimento moderado e democrático

dos adeptos do General Spínola (desapoiado à última hora por outras fações militares e igualmente travado pelo regime autoritário com a derrota da tentativa de Golpe de Estado de 16 de Março de 1974, nas Caldas da Rainha, tecida pelos seus apoiantes); iii) e uma federação de sensibilidades militares onde predominava a esquerda política e que se agrupavam na Comissão Coordenadora do *Movimento das Forças Armadas* (MFA) sendo chefiada no plano militar e operacional pelo Major Otelo Saraiva de Carvalho. Esta última sensibilidade, à qual aderiram militares de outras fações, conduziu o golpe militar que derrubou a ordem vigente, protagonizada pelo Presidente Américo Thomaz e pelo Presidente do Conselho Marcello Caetano, e instituiu uma ditadura militar transitória, a qual se propunha, em termos discursivos, solucionar a questão ultramarina e instaurar um regime democrático. Foi contudo o prestígio popular do General Spínola, reforçado com a publicação do livro "Portugal e o Futuro", um texto crítico do regime bem aceite na opinião pública (centrado num modelo federalista e numa visão democrática presidencialista), que, forçou a demissão compulsiva daquele general pelo antigo regime e constituiu a bandeira legitimadora do movimento dos capitães junto de uma parte maioritária da população, sendo duvidoso que a revolução de 1974 tivesse sucesso se não tivesse progredido à sombra da figura daquele general.

Secção II

Introdução à Constituição de 1976

Subsecção I

A génese da Constituição da III República

1. Contexto histórico-político

204. O novo regime foi assumido inicialmente por uma Junta de Salvação Nacional, composta por oficiais generais e oficiais superiores e presidida originariamente pelo General Spínola. Na prática e na realidade dos factos, o poder acabou por ser liderado por uma vanguarda de militares de média e baixa patente, aglutinados na *Comissão Coordenadora do Movimento das Forças*

Armadas, tendo a situação política evoluído muito rapidamente do simples marco de um golpe de Estado, para uma revolução em sentido material. Na lógica de que as revoluções devoram os seus próprios filhos (supra § 83-3º e nota de rodapé), a Comissão Coordenadora do MFA foi radicalizando ideologicamente o seu programa em torno de uma matriz socialista e de um discurso anticolonialista, tal como era adotado internacionalmente pelo Grupo dos 77, do chamado bloco afro-asiático dos "não alinhados".

O Presidente Spínola passou a ser um entrave ao projeto político dos jovens oficiais radicais, na medida em que defendia que o povo referendasse livremente a opção entre um modelo federal e o da independência dos territórios ultramarinos. Sustentava, igualmente, uma rápida transição para a democracia, em aliança com os partidos políticos do arco democrático, propondo a antecipação de eleições presidenciais diretas às quais se tencionava candidatar. Contudo, gorado o processo de eleição direta presidencial[323], forçado a reconhecer a independência do Ultramar e ultrapassado por ministros e comissários militares que acordaram unilateralmente e de facto a entrega do poder nos territórios ultramarinos aos movimentos de guerrilha, sem eleições, Spínola demite-se depois de falhada uma tentativa para concentrar em Lisboa os seus partidários, no dia 28 de Setembro de 1974. Seguiu-se um ciclo de prisões aos adversários do regime, o controlo da imprensa livre, a ilegalização de partidos políticos conservadores e de extrema-direita[324] e a ratificação de um processo de independência desordenada do Ultramar[325].

[323] Que conduziu à demissão do Primeiro-Ministro Palma Carlos e de diversos ministros, entre os quais Sá Carneiro, que apoiavam o projeto spinolista, tendo-se seguido quatro Governos do Coronel Vasco Gonçalves, um militar simpatizante do Partido Comunista.

[324] Como o Partido do Progresso, o Partido Liberal no primeiro caso e o Movimento Popular Português, no segundo.

[325] A chamada "descolonização", já antes anunciada no discurso presidencial de 27 de Julho, caracterizou-se pela fuga desordenada da população de origem europeia para a Metrópole e a entrega do domínio sobre as populações residentes no Ultramar aos movimentos de guerrilha marxistas que combatiam o Estado português, sem que o povo, da metrópole ou do Ultramar, pudesse livremente escolher o seu destino, tal como constava do Programa do MFA. Em consequência desta decisão e do processo caótico que dela decorreu geraram-se a curto, médio e longo prazo sangrentas e intermináveis guerras civis (Angola e Moçambique), ocupações estrangeiras (Timor) e o nascimento de Estados inviáveis ou falhados (Guiné Bissau).

Volvido o fracasso de um golpe de Estado spinolista em 11 de Março de 1975, o poder político ficou confiado, entre 20 de Março de 1975 e 25 de Novembro do mesmo ano, a um Conselho da Revolução dominado maioritariamente por oficiais de sensibilidade marxista. O poder militar coexistiu, num regime autocrático "aberto", com Governos provisórios compostos por militares e civis, sendo estes executivos integrados, a par de independentes, por personalidades dos principais partidos legais do novo sistema[326].

O Conselho da Revolução imprimiu ao processo revolucionário um cunho marcadamente ideológico e ruturista: o sistema financeiro e segurador, bem como os grandes meios de produção e distribuição foram nacionalizados sem justa indemnização; edifícios particulares e herdades foram ocupados; empresas privadas foram intervencionadas; partidos políticos tiveram as suas atividades suspensas e foram impedidos de concorrer a eleições para a Assembleia Constituinte[327]; a comunicação social foi na sua grande maioria dominada pelo poder militar e pelos partidos radicais seus aliados[328]; e as prisões encheram-se de adversários reais ou potenciais do novo regime[329]. No estrangeiro, criavam-se, entretanto, a partir de exilados, forças clandestinas tanto conservadoras como de extrema-direita[330] dispostas a enfrentar o novo regime através de atos violentos e de movimentações populares no interior rural, criando ligações clandestinas com associações de agricultores, com setores da Igreja Católica e com grupos de militares descontentes. Em Lisboa e no Porto os partidos democráticos, liderados pelo Partido Socialista, manifestavam-se nas ruas contra o Governo militar.

205. No cenário de uma elevada tensão política gerada pela constituição de um Governo moderado, de centro-esquerda, chefiado pelo Almirante Pinheiro de Azevedo (após o chamado "pronunciamento de Tancos" que afastou o Primeiro-Ministro Vasco Gonçalves, afeto ao Partido Comunista),

[326] O PPD (centro), o PS (esquerda socialista), o PCP (esquerda marxista-leninista) e o MDP/CDE (uma força apendicular do PCP).

[327] Mais propriamente o Partido Democrata Cristão, a AOC e o MRPP, os dois últimos de inspiração maoista (cfr Decreto 137-E/75 de 17-3).

[328] Com purgas no" Diário de Notícias" pelo Vice-Diretor e futuro prémio-Nobel, José Saramago; com a ocupação da Radio Renascença que pertencia à Igreja Católica; e com a ocupação do jornal República, afeto ao Partido Socialista, situação que levou ao distanciamento deste Partido em relação à ala radical do poder militar.

[329] Registava-se a existência de muitos mais presos políticos durante o Processo revolucionário, do que no termo do regime autoritário derrubado no dia 25 de Abril de 1974.

[330] Respetivamente o MDLP e o ELP.

setores político-militares comunistas e de extrema-esquerda desencadearam uma tentativa de insurreição militar para a véspera do dia 25 de Novembro de 1975, iniciada através de uma sublevação de paraquedistas que ocuparam algumas bases aéreas. Esta procurou antecipar-se, quer a uma perda de poder em favor de um VI Governo Provisório dominado pelos partidos democráticos do sistema, quer ao alastrar de uma insurreição das populações conservadoras do Norte do País, seduzidas pelos grupos clandestinos a cometer atos violência contra partidos marxistas, os quais começaram a alastrar. Esse movimento militar acabou por ser derrotado pela esquerda não comunista do setor militar (os chamados "Nove"), aliada a oficiais moderados (os chamados oficiais "operacionais"), encabeçados pelo Tenente-Coronel Ramalho Eanes[331] que dirigiram no terreno as operações que em Lisboa dominaram os revoltosos marxistas. Esta nova aliança de sensibilidades militares passou a liderar o Conselho da Revolução que acelerou o processo de transição para a democracia representativa.

206. Foi neste contexto político revolucionário, operado num regime de ditadura militar em transição incerta para uma democracia e, simultaneamente, para uma via socialista, que se elegeu uma Assembleia Constituinte. Esta desenvolveu os seus trabalhos entre 1975 e 1976.

Contudo, mesmo após a entrada em vigor da Constituição de 1976 e das eleições pluralistas que nesse ano foram realizadas para a Presidência da República[332] e para um novo Parlamento, a componente revolucionária do regime militar cessante ainda fez subsistir, até 1982, um enclave autoritário, o Conselho da Revolução, que funcionou como um órgão legislativo em matéria militar e um anacrónico órgão de fiscalização política da constitucionalidade das leis. Apenas com a revisão constitucional de 1982 (que expurgou uma boa parte do léxico marxista de segmentos da Constituição, extinguiu o Conselho da Revolução, reforçou o poder parlamentar e criou um Tribunal Constitucional) o Estado português transitou para um estatuto de democracia plena que, contudo, nunca deixou de se ressentir de entorses criadas pelo processo revolucionário e por um período oneroso e

[331] Tendo-se destacado neste grupo, o Major Jaime Neves, os Coronéis Firmino Miguel, Soares Carneiro e Morais e Silva, os Brigadeiros Pires Veloso e Melo Egídio e o Almirante Souto Cruz.

[332] O tenente-coronel Eanes, graduado em General, foi o primeiro Chefe de Estado democraticamente eleito.

desnecessário de "pretorianismo arbitral", ocorrido entre 1976 e o mesmo ano de 1982[333].

2. Forma de exercício do poder constituinte

2.1. Classificação

207. A forma de exercício do poder constituinte da Constituição de 1976 é usualmente qualificada como *democrática-representativa*. Resultou da deliberação de uma Assembleia Constituinte eleita por sufrágio universal e contou, apenas, com o voto desfavorável do CDS.

Sucede, porém, que essa forma de expressão da democracia representativa constituinte foi depreciada por formas de pressão e até de coação sobre os eleitores e sobre os próprios deputados constituintes em níveis que turbaram o pluralismo inerentes a um processo plenamente democrático.

De entre as referidas formas de constrangimento da liberdade democrática cumpre destacar:

i) O clima anómalo em que decorreu o processo eleitoral, marcado por prisões de adversários do poder militar na sequência do 11 de Março; domínio dos principais órgãos de imprensa, por sectores radicais e proibição ou suspensão de órgãos da imprensa escrita; assaltos a sedes de partidos democráticos e assédio violento dos seus congressos e comícios; e proibição de candidatura às mesmas eleições de diversas formações oposicionistas do processo revolucionário (§ 204);

[333] Cfr sobre o processo constituinte e as vicissitudes originárias da Constituição, Pedro Sanchez "Lei e sentença", II, 2017, p. 11 e seg.; Jorge Miranda ult. loc cit, p. 101 e seg.; Luís Pereira Coutinho "O Processo Constituinte Longo" in AAVV "Nos 40 Anos da constituição", Lisboa, 2017, Marcello Caetano ult. loc. cit, p. 123; p. 9 e seg.; Giuseppe De Vergottini "Le Origini della Seconda Reppublica Portoghese", Milano, 1977; A: Thomashausen "Constituição e Realidade Constitucional", ROA, 1977, p. 471 e seg.; Gomes Canotilho e Vital Moreira "Fundamentos da Constituição", Coimbra, 1991; Diogo Freitas do Amaral "O Antigo Regime e a Revolução", Lisboa, 1995; Francisco Lucas Pires "A Transição Dualista", Coimbra, 1988; Adriano Moreira "O Novíssimo Principe", Coimbra, 2009 (reimpressão); Pedro Delgado Alves "Governos Provisórios" in RFDUL, I2005, p. 385 e seg.; e numa perspectiva de história político-militar, Amaro Bernardo "Memórias da Revolução", Lisboa, 2004.

ii) Intervenção do poder militar no ato eleitoral, com tentativas de adiamento das eleições[334], com declarações de membros do Conselho da Revolução no sentido de que a opção constituinte deveria ser "a socialista" e com a especulação feita por dirigentes militares até perto da eleição, segundo a qual as abstenções deveriam ser contadas como votos na Revolução, com eventual tradução em mandatos protagonizados por deputados militares escolhidos pelo poder revolucionário (o que acabou por não se concretizar mas que lançou a perturbação sobre o ato);

iii) Assinatura forçada de dois Pactos MFA/Partidos que configuraram os pontos essenciais da nova Constituição, constituindo o primeiro deles, a matriz de uma forma de ditadura com inserção de elementos representativos e que jamais poderia ser aceite, em liberdade, por qualquer partido democrático;

iv) Influência da volátil e tensa conjuntura político-militar nos trabalhos da constituinte, ameaça de encerramento ou suspensão dos trabalhos, cerco da Assembleia por multidões afetas aos aliados radicais do poder revolucionário e fuga dos dirigentes dos partidos democráticos para o Porto após um rumor da iminência de um golpe de estado Comunista e de extrema-esquerda em Lisboa[335], o qual foi tentado e falhou, no dia 25 de Novembro:

v) Declaração do estado de sítio durante os trabalhos da constituinte.

Sempre entendemos que a Constituição ficou afetada na sua vontade por estas manifestações evidentes de coação e que a mesma Lei deveria ter sido objeto de um ato de novação constituinte, através da sua submissão a referendo, como defendeu o líder social-democrata, Francisco Sá Carneiro. Contudo, a sua consolidação no tempo e as sucessivas revisões de que foi objeto terão sanado fáctica e politicamente esse vício originário.

[334] Diogo Freitas do Amaral "O Antigo Regime e a Revolução", op. cit., p. 356.

[335] Cfr. sobre a fuga dos dirigentes políticos para o Porto Diogo Freitas do Amaral "O Antigo Regime e a Revolução", op. cit., p.460.

2.2. Nota sobre a formatação das linhas gerais do figurino constitucional pelo poder revolucionário

A. O Programa do Movimento das Forças Armadas

208. As normas constitucionais portuguesas que vigoraram entre 25 de Abril de 1974 e 25 de Abril de 1976, data da entrada em vigor da Constituição saída da Revolução, eram compostas quer por disposições da Constituição de 1933 que regeu o regime derrubado pelas Forças Armadas, quer por trinta e cinco leis constitucionais revolucionárias adotadas pelo poder militar (primeiro pela Junta de Salvação nacional, depois pelo Conselho de Estado e finalmente pelo Conselho da Revolução).

A mais importante de todas as mencionadas leis constitucionais foi a Lei nº 3/74 de 14 de Maio que, de entre outras matérias, constitucionalizou o *"Programa do Movimento das Forças Armadas"* [336], o qual consistia num documento elaborado por uma comissão coordenadora do chamado movimento dos capitães, posteriormente sujeito a correções informais pelo futuro Presidente da Junta de Salvação Nacional, e no qual a Revolução revelava o seu projeto de poder para Portugal[337]. Foi neste programa constitucionalizado que se plasmou *a primeira manifestação do poder constituinte material,* ou seja, a ideia de direito que iria enformar a Constituição de 1976.

As linhas de força da nova ordem jurídica constitucional deveriam assentar no *princípio democrático, na definição da política ultramarina pelo povo após debate alargado, no pluralismo, no respeito pelas liberdades civis e políticas, na independência do poder judicial, na consagração de direitos sociais e no termo da intervenção das forças armadas logo após a aprovação da Constituição e a eleição por sufrágio universal de um novo Presidente e de um novo Parlamento.* No fundo um Estado social de direito assente numa democracia representativa[338].

[336] Disponível em: http://www1.ci.uc.pt/cd25a/wikka.php?wakka=estrut07

[337] O programa originário, elaborado pelo Major Melo Antunes e designado de "Os militares, as Forças Armadas e a Nação" constituía um documento de inspiração socialista que consagrava a intenção do movimento em conceder independência aos territórios ultramarinos. Estas e outras disposições programáticas foram alteradas pelo futuro presidente da Junta de Salvação Nacional, António Spínola, consagrando-se, ao invés a opção por uma política ultramarina que "conduzisse à paz".

[338] De entre as linhas de força da Lei nº 3/74 que relevaram para o início da sedimentação desse poder constituinte, cumpre destacar:
i) O princípio da legitimação das instituições políticas pela via democrática;

Com a evolução do processo revolucionário exposta supra § 204, a Lei nº 3/74 sofreu graves desvios, a partir de 27 de Julho de 1974.

B. *A Configuração do modelo constitucional através de pactos impostos pelo poder militar*

209. Na linha de um importante desvio à Lei nº 3/74, que atribuía valor constitucional ao Programa do MFA, emergiram duas "*Plataformas de Acordo Constitucional*" entre o Movimento das Forças Armadas e os partidos políticos legais, usualmente conhecidos por "*Pactos MFA/Partidos*".

Com a criação do Conselho da Revolução e da Assembleia do MFA, operada pela Lei Constitucional nº 5/75 (como efeito da purga militar de 11 de Março desse ano, ocorrida em resultado da sublevação falhada do ex-Presidente Spínola), decidiu o Movimento das Forças Armadas impor aos Partidos um acordo político nos termos do qual se definiam as linhas mestras do conteúdo da futura Constituição. Visto pelos líderes dos partidos democráticos com um verdadeiro ultimato (em caso de recusa de assinatura, haveria o risco de a eleição para a Constituinte ficar comprometida, e a Constituição não ser promulgada ou de a segurança dos partidos não ser garantida),

ii) A criação de condições para um *"debate franco e aberto"*, a nível nacional, do problema ultramarino;

iii) A convocação, no prazo de doze meses, de uma Assembleia Nacional Constituinte, eleita por sufrágio universal directo e secreto, segundo lei eleitoral a elaborar pelo futuro Governo Provisório;

iv) A nomeação de um governo provisório *"civil"*;

v) A proclamação do princípio de que as grandes reformas de fundo só poderiam ser adoptadas no âmbito da futura Assembleia Nacional Constituinte;

vi) O termo do período de exceção logo que, de acordo com a nova Constituição Política, fossem eleitos o Presidente da República e a Assembleia Legislativa, sendo então dissolvida a Junta de Salvação Nacional e restringida a ação das forças armadas à sua missão específica de defesa da soberania nacional.

vii) A aplicação de medidas preparatórias de carácter material, económico, social e cultural que garantissem o futuro exercício efetivo da liberdade política dos cidadãos;

viii) A liberdade de expressão e pensamento sob qualquer forma e abolição da censura;

ix) A independência e a dignificação do Poder Judicial;

x) A adoção de uma nova política económica, posta ao serviço das camadas da população mais desfavorecidas, tendo como preocupação imediata a luta contra a inflação e a alta excessiva do custo de vida, implicando uma estratégia antimonopolista;

xi) A consagração de uma nova política social que tivesse essencialmente como objectivo a defesa das classes trabalhadoras e o aumento progressivo e acelerado, da qualidade da vida de todos os Portugueses.

o *Primeiro Pacto* foi assinado em 13 de Abril de 1975. As suas linhas-mestras configuravam o modelo de uma Constituição autoritária de viés marxista com uma vertente pluralista, onde uma vanguarda militar coexistiria com uma componente democrática de espetro limitado.

De acordo com o I Pacto:

i) Uma Comissão do MFA acompanharia os trabalhos da Assembleia Constituinte (criando-se uma forma de vigilância permanente da atividade dos representantes eleitos democraticamente por parte do poder militar vigente);

ii) A nova Constituição deveria ser promulgada pelo Presidente da República, que era o Chefe de Estado Maior General das Forças Armadas e Presidente Conselho da Revolução, depois de ouvido este último órgão, criando-se o pressuposto de que, em caso de desvio ao pacto, a Constituição poderia não ser promulgada;

iii) Os resultados eleitorais para a Assembleia não influiriam na composição do Governo Provisório que continuaria a ser um órgão da confiança do poder militar;

iv) Em violação do programa do MFA, o Presidente seria eleito indiretamente pela futura Assembleia Legislativa e pela Assembleia do Movimento das Forças Armadas;

v) Seria introduzido um sistema parlamentar bicameral, composto pela Assembleia do MFA e por uma Assembleia Legislativa eleita por sufrágio universal, num modelo que relembrava o do regime ditatorial indonésio;

vi) Formar-se-ia um Governo com ministros da confiança do MFA e ministros da confiança da Assembleia Legislativa, e que seria responsável perante esta e perante o Presidente da República;

vii) Manter-se-ia um Conselho da Revolução, com competência para sancionar as leis mais importantes, com poderes legislativos indeterminados de urgência e com competência legislativa em matéria militar sendo erigido a órgão consultivo e instituição de controlo da constitucionalidade das leis;

viii) Consagrar-se-ia o principio da irreversibilidade das conquistas revolucionárias, leia-se, as nacionalizações decretadas pelo Conselho da Revolução no período anterior.

Os pactos assumiram valor político e não jurídico e a sua outorga pelos partidos era, na aparência, voluntária. Contudo, parece bem evidente que apenas no contexto de um fenómeno de forte coação política[339], partidos democráticos poderiam aceitar um modelo constitucional que defraudava o programa originário da Revolução e instituía um modelo próprio de uma autocracia revolucionária, agregado a algumas componentes limitadas do pluralismo democrático. No fundo uma solução provisória de "unidade democrática" forçada, liderada por uma vanguarda revolucionária idêntica à que ocorreu em diversos países do Centro e Leste da Europa antes da tomada definitiva do poder pelos partidos comunistas[340].

339 O referido ambiente político foi elucidativamente descrito por FREITAS SO AMARAL (então líder do CDS) na já mencionada obra "O Antigo Regime e a Revolução" (op. cit, p. 359). Assim, no dia da apresentação pública do texto da" Iª Plataforma de Entendimento" pelo Conselho da Revolução, no dia 2 de Abril de 1975, verificou-se que durante o período de esclarecimentos, o dirigente do CDS, AMARO DA COSTA terá interpelado o Primeiro-Ministro VASCO GONÇALVES e o Almirante ROSA COUTINHO nos seguintes termos : *"Srs Conselheiros: qual a margem de liberdade que os partidos políticos têm para aceitar ou recusar assinar este Pacto, se por hipótese não concordar com o seu conteúdo?*
Responde Rosa Coutinho:
– "Sr Engº Amaro da Costa: é óbvio que todos os partidos têm total liberdade para assinar ou não assinar o Pacto e portanto o CDS também. Mas não posso esconder uma coisa: o Sr Engº sabe bem as enormes dificuldades que a polícia e as Forças armadas têm tido para garantir a segurança das sedes, dos dirigentes e das reuniões dos diferentes partidos, nomeadamente do CDS. Imagine o Sr. Engº que dificuldades muito maiores não teremos em garantir a proteção dos partidos que não assinarem o Pacto com o MFA".
Na verdade os comícios do CDS e do PSD eram usualmente boicotados por contra-manifestantes violentos de extrema-esquerda, tolerados pelos militares. A sede do CDS tinha sido destruída após os acontecimentos de 11 de Março e um Congresso do partido no Palácio de Cristal no Porto foi cercado, tendo a evacuação dos congressistas pelos militares ocorrido apenas após pressões duríssimas dos governos francês e alemão, dado que havia congressistas estrangeiros também sitiados.

340 Os precedentes eram sombrios e significativos. Veja-se o caso da Hungria que após a Segunda Guerra e sob ocupação soviética que realizou eleições em 1945 e em que o *Partido dos Pequenos Proprietários* venceu com mais de 50%, tendo o Partido Comunista obtido cerca de 17%. Mesmo assim, os ocupantes soviéticos impediram o partido vitorioso de formar Governo e impuseram um executivo de coligação com todos os partidos legais, incluindo sociais-democratas e o partido dos Camponeses, tendo o Partido Comunista assegurado a pasta do Interior. A partir desse momento iniciou-se um processo de tomada de poder com sucessivos golpes palacianos, extinção de partidos não marxistas, fusão forçada dos sociais-democratas no Partido Comunista e exílio de lideres políticos.
Também em 1946, na Checoslováquia, o Partido Comunista venceu com maioria relativa as eleições na Boémia e Morávia (40%) e o partido do centro Direita KSC venceu com 60% na Eslováquia. Forma-se um Governo de coligação forçada presidido por um Primeiro-Ministro comunista, Gotwald que coabitava com Presidente moderado, Edvard Benes. Controlando

Os projetos de revisão constitucional dos três partidos democráticos, os quais elegeram mais de dois terços dos deputados, distanciaram-se rapidamente, na prática, do conteúdo do primeiro pacto, o que levou a Assembleia do MFA a reagir com a aprovação do *"Documento Guia da Aliança Povo-MFA"* que apresentava como alternativa, uma ditadura marxista baseada no "poder popular" correndo a Assembleia Constituinte o risco de encerrar.

Em 13 de Novembro de 1975 ocorreu novo episódio inédito de coação física sobre os deputados, quando a Assembleia foi cercada por turbas de operários da construção civil, mobilizados pelos partidos marxistas aliados da vanguarda militar, com destaque para o Partido Comunista, sendo os deputados constituintes dos partidos do arco democrático evacuados e humilhados pelos sitiantes[341].

Com o triunfo do contra-golpe militar de 25 de Novembro e a purga da ala radical do poder castrense, os partidos pressionaram a vanguarda militar no sentido da celebração de um novo Pacto, o qual se ajustou à dinâmica do processo constituinte parlamentar, tendo a *segunda Plataforma de acordo constitucional* sido assinada em 26 de Fevereiro de 1976. Desta segunda "Plataforma" resultaram, no fundo, as linhas de força do modelo de Constituição política e económica que foi adotada pela Assembleia Constituinte: a via socialista; um Presidente da República eleito por sufrágio universal e presidindo ao Conselho da Revolução; um Conselho da Revolução com poderes legislativos em matéria militar e transformado em órgão supremo de controlo da constitucionalidade; um Governo duplamente responsável perante o Presidente e o Parlamento; o Parlamento eleito por sufrágio universal e com poderes de revisão constitucional na sua segunda legislatura; e a consagração das "conquistas revolucionárias" com a salvaguarda dos bens nacionalizados.

Nos limites destas balizas assumiram algum relevo os contributos dos projetos de revisão constitucional do Partido Socialista, do Partido Popular Democrático e do Partido Comunista Português. Dos consensos entre o primeiro e o terceiro gerou-se a *Constituição Económica* e os direitos sociais

os principais ministérios, incluindo o do interior, o Partido Comunista purgou os ministros não comunistas e desencadeou em 1948 um golpe de Estado.

[341] A imprensa não comunista da época (mormente o Jornal de Notícias e o Comércio do Porto) de 14 e 15 de Novembro de 1975 entenderam em editoriais e artigos de opinião que uma ditadura comunista parecia iminente e que a Assembleia da República e o Governo deveriam ser transferidos para o Norte de Portugal.

extensos. Dos compromissos entre o primeiro e o segundo, o sistema de direitos, liberdades e garantias e o sistema autonómico regional dos arquipélagos da Madeira e dos Açores. O Programa do MFA foi, assim parcialmente recuperado depois de uma fase de eclipse.

Derrotada a vanguarda radical do poder militar, será de questionar a razão pela qual os partidos democráticos assinaram o segundo Pacto com o MFA, permitindo o condicionamento do poder constituinte.

Alguns autores, como JORGE MIRANDA, que participaram no processo de feitura da Constituição, assumem uma posição benevolente sobre essa opção[342]. Para os mesmos não seria crível que o poder militar que ganhara autonomia aceitasse a mesma subordinação ao poder civil que imperava nos outros Estados europeus. Seria preferível um período de transição em que o Presidente da República eleito conduzisse gradualmente os militares para uma normalização democrática. Por outro lado seria mais realista integrar as forças armadas no sistema político, co-responsabilizando-as, do que aceitar as suas intervenções como na Primeira República.

Não é possível concordar com esta asserção e considera-se, mesmo, que se terá verificado uma ostensiva falta de coragem política de um setor dos partidos de arco democrático, em aceitarem semelhante condicionamento ao poder constituinte. Diversamente do entendimento do autor citado, consideramos que fazia todo o sentido a não celebração do segundo Pacto pelas razões que se passa a mencionar.

1º. Depois dos acontecimentos do 25 de Novembro que criaram uma dinâmica democrática na sociedade, amplamente respaldada nas urnas, caso os três partidos do arco democrático recusassem celebrar qualquer pacto, o setor político das Forças Armadas que dominava o Conselho da Revolução não dispunha de força militar nem de legitimidade para impor essa exigência nem para bloquear a aprovação da Constituição. Como admite o próprio JORGE MIRANDA o Conselho da Revolução dominado pelo "grupo dos nove" tinha na altura *"um reduzido poder operacional"*[343] pois o domínio efetivo dos quartéis passou a ser exercido por militares politicamente moderados, os "operacionais" (supra § 205).

2º. A conservação transitória de alguma autonomia militar não teria de passar pela subsistência de um Conselho da Revolução, maioritariamente

[342] JORGE MIRANDA "Manual (...)", I, op. cit, p. 356.

[343] JORGE MIRANDA, ult. loc cit.

composto por uma gerontocracia de militares políticos sem poder operacional e, ainda para mais, transformados em poder supervisor da constitucionalidade das normas. Para tal bastaria reconhecer um poder auto-regulador transitório em matéria militar a um Conselho de Chefes dos Estados-Maiores, presidido pelo Chefe de Estado[344].

3º. O facto de as forças armadas terem tido um historial de intervenção em Portugal durante o Século XX não significava que essa dinâmica interventiva não pudesse ter um epílogo em 1976. No fundo, a transição da Espanha e da Grécia para a democracia, dois países marcados por uma funda intervenção militar nas instituições políticas operou num período curto, sem necessidade da formalização de pactos constitucionais outorgados com o poder militar e sem conselhos revolucionários instituidores de formas de pretorianismo arbitral.

4º. Os próprios dirigentes dos partidos democráticos antes de 5 de novembro, com o apoio técnico de Jorge Miranda, chegaram a preparar uma lei constitucional para ser votada pela Constituinte reunida no Porto, na qual se atribuía à assembleia poderes legislativos e se decretava a extinção do Conselho da Revolução, a responsabilidade do governo perante a Assembleia (com funções constituintes e legislativas) decorrendo deste projeto a eliminação do pacto MFA/Partidos[345].

O facto de Jorge Miranda ter elaborado o referido diploma constitucional, que não veio a ser aprovado, demonstra que a extinção do Conselho da revolução esteve, afinal, bem presente na mente dos partidos democráticos antes do 25 de Novembro e do próprio Professor. E demonstra, igualmente, que foi depois desta data que se registou um recuo, o qual foi seguramente influenciado pela ligação que o Partido Socialista tinha na esquerda militar não comunista do Conselho da Revolução, liderada por Melo Antunes.

[344] A conservação do Conselho da Revolução até 1982 violou o Programa do MFA, bloqueou a transição da economia para um modelo económico de mercado com perdas de recursos públicos e apenas gerou novas divisões no seio das forças armadas, com a emergência de sectores profissionais que defendiam a subordinação ás instituições democráticas e que não se sentiam representados na gerontocracia palaciana, político-militar que, a par dos chefes de Estado maior, se incrustou no mesmo conselho.

[345] Cfr. Diogo Freitas do Amaral "O Antigo regime e a Revolução (...)" op. cit, p. 463. Segundo o autor, Jorge Miranda, então deputado à Constituinte, elaborou o projeto a pedido do PS e do PPD, na pessoa do Presidente do PS, António Macedo, tendo o mesmo sido redigido entre 15 e 16 de Novembro.

3. Fontes Cognitivas

210. No plano interno, a nova Constituição foi influenciada pela Carta Constitucional (poder "moderador" implícito do Presidente da República), pela Constituição de 1911 (sistema de direitos fundamentais e regime democrático) e pela Constituição de 1933 (redação de diversos preceitos, poderes alargados do Presidente da República e autonomia legislativa do Governo).

A nível externo, destacaram-se a Constituição francesa de 1958 (relevo do modelo semipresidencialista do sistema de Governo), italiana de 1947 (modelo de organização regional para os arquipélagos insulares) e alemã de 1949 (sistema de direitos fundamentais). Também constituições de países comunistas do Leste europeu e de regimes revolucionários do norte de África e América Latina terão influenciado o sistema económico misto de base coletivista, as tarefas programáticas e a profusão de direitos sociais. Da Constituição comunista da Jugoslávia retirou-se a inconstitucionalidade por omissão.

Foi uma Constituição compromissória entre as opções da vanguarda militar, as correntes comunistas e socialistas que configuraram o modelo económico e social e as correntes socialistas e sociais-democratas que esculpiram o modelo de Estado de direito.

4. Sistema político

211. Foi instituído, no quadro de um modelo de Estado social de Direito assente numa democracia representativa, um *sistema político de governo semipresidencialista* que, com o tempo e a prática política, fez acentuar oscilantemente o seu pendor, ora parlamentar, ora governativo.

Com efeito, regista-se a dupla dependência do Governo: perante um Presidente da República (Título I da Parte III), eleito por sufrágio universal que, a par do seu poder de veto[346], pode demitir o primeiro se estiver em causa o regular funcionamento das instituições democráticas (artº 195º); e diante de uma Assembleia da República (Título III da Parte III) também eleita por sufrágio universal que pode demitir o Executivo mediante a reprovação do Programa de Governo, aprovação de uma moção de censura por maioria absoluta dos deputados efetivos e reprovação de moção de confiança (artº 195º).

[346] Suspensivo sobre os diplomas do Parlamento e absoluto sobre os oriundos do Governo.

A par da democracia representativa e participativa foi criado, igualmente, o instituto do referendo (artº 115º).

Dispondo de maioria absoluta no Parlamento, o Governo afirma-se como a instituição liderante.

5. Direitos fundamentais

212. A par de importante acervo de direitos civis e políticos (os direitos, liberdades e garantias ínsitos no Título II da Parte I e cujo regime básico está regulado no artº 18º da CRP) a Constituição consagra um volume copioso de direitos sociais em normas programáticas (Título III da Parte I). Este facto associado às tarefas e mandatos que a Constituição comete ao Estado no plano económico, social, cultural e ambiental, convertem a Constituição portuguesa numa Constituição programática com caráter prolixo (cfr supra, § 48).

6. Organização territorial

213. A República foi definida no artº 6º como um Estado Unitário, municipalizado e com uma regionalização político-administrativa periférica para os arquipélagos da Madeira e dos Açores. A regionalização administrativa para o território continental foi programada mas acabou rejeitada, em referendo realizado em 1998.

7. Revisão constitucional e sistema de controlo da constitucionalidade

214. O Título II da Parte IV regula o processo de revisão constitucional. A Constituição pode ser revista quinquenalmente mediante deliberação favorável de dois terços dos deputados efetivos e no respeito de limites materiais (artº 288º). A Assembleia da República pode, ainda assim, assumir poderes de revisão extraordinária, nos termos do nº 2 do artº 284º da CRP.

Foi criado, com a 1ª revisão constitucional, em 1982, um Tribunal Constitucional que opera no contexto de um sistema misto de controlo da constitucionalidade: a fiscalização concreta que, na tradição portuguesa inaugurada em 1911, é alargada a todos os tribunais, com recurso possível ou necessário para o Tribunal Constitucional; e a fiscalização abstrata (preventiva, sucessiva e por omissão) que é tramitada em via direta para o Tribunal Constitucional mediante pedidos formulados por órgãos e titulares de órgãos constitucionais (Título I da Parte IV).

8. Vigência

215. A Constituição vigora desde 1976, tendo experimentado sete revisões constitucionais: quatro revisões ordinárias (1982, 1989, 1997 e 2004) e três extraordinárias (1991, 2001 e 2005).

As revisões mais relevantes consistiram na 1ª revisão, de 1982, (que operou a transição política plena para a democracia, extinguindo o Conselho da Revolução, criando o Tribunal Constitucional e acentuando a componente parlamentar do semipresidencialismo) e a 2ª revisão, de 1989 (que operou a transição, do regime económico misto, de pendor coletivista, para uma economia social de mercado).

As revisões de 1991, 2001 e 2004 tiveram igualmente relevância na medida em que ajustaram a ordem jurídica portuguesa à Comunidade Europeia (depois, União Europeia) à instâncias jurisdicionais internacionais e a exigências de combate a formas de criminalidade transnacional.

Parte IV
Poder constituinte e transformações constitucionais

Capítulo I
O poder constituinte como ato fundacional de uma ordem jurídica de domínio estatal

Secção I
Introdução a uma fonte existencial de Direito estruturante

1. Conceito de poder constituinte

216. Pode, em sentido lato, definir-se *poder constituinte, como o ato de vontade política, cuja força ou autoridade permite estabelecer a Constituição de um Estado*[347]. A decisão ou ato de vontade de estabelecer uma Constituição começa por ser uma *realidade ontológica ou existencial.* Trata-se de uma expressão de vontade política radicada na realidade dos factos, já que não carece de ser autorizada juridicamente, emergindo antes como uma manifestação concreta do mundo do ser[348].

[347] Segue-se parcialmente a definição de CARL SCHMITT "Teoria de la Constitución" op. cit, p. 93. Cfr. Sobre outras noções mais ou menos próximas de poder constituinte, NICOLAS PEREZ SERRANO "Derecho político" op. cit, p. 462; JORGE MIRANDA "Manual (...)" II, op. cit, p. 109 e seg. e Curso de Direito Constitucional", 1, op. cit, p. 129; e, numa acepção específica MARCELO REBELO DE SOUSA ult. loc. cit, 60; AFONSO OLIVEIRA MARTINS "La revision Constitucional en el ordenamento Portugues", Lisboa, Madrid, 1995, p. 25.
[348] CARL SCHMITT ult. loc. cit, p. 93.

O uso das expressões *"força"* e *"autoridade"* carecem de precisão. A vontade constituinte pode resultar de um simples *ato de força*, mediante a expressão de uma rutura anti-jurídica, que implica a quebra forçada da legalidade instituída (como é o caso de uma revolução[349]). E pode assentar num *ato de autoridade* que repousa num poder reconhecido à luz de uma fonte típica de legitimidade política (como a legitimidade tradicional do Monarca[350] ou a legitimidade representativa de uma assembleia[351]). Em certas situações ocorre uma situação mista, que envolve uma autoridade constituinte no contexto de um ato de força.

217. Em razão do *grau de liberdade* que inere à vontade constituinte, cumpre distinguir um *poder constituinte soberano e um poder constituinte não soberano ou de soberania restringida.*

A vontade constituinte é *soberana* quando envolve uma decisão livre e incondicionada[352] imputada ao Povo ou à Nação, fórmula que inere à teorização originária do poder constituinte feita pelo constitucionalismo norte americano e francês (supra § 80-2º e §81 e §83-1º). Mas haverá, também, a considerar um *exercício não soberano da autoridade constituinte* se poderes heterónomos (exteriores) a um dado Estado atribuírem ou condicionarem a outorga de uma Constituição a essa coletividade estadual (constituições impostas a Estados sujeitos a ocupação estrangeira ou aprovadas por autoridades de outros Estados e organizações internacionais). Retornaremos a esta questão mais adiante (§ 237 e seg.).

[349] Como a que resultou do movimento militar de 25 de Abril de 1974 em Portugal.

[350] O exemplo da outorga real da Carta de 1826.

[351] Exemplo da constituinte Brasileira de 1988, no quadro de uma transição política e jurídica, feita a partir da ordem constitucional de 1967.

[352] Sobre o caracter "ilimitado" do poder constituinte, IGNACIO DE OTTO "Derecho Constitucional" op. cit, p. 53. Relativamente a outras obras de referência sobre poder constituinte, cfr. E.W. BOCKENFÖRDE "Il Potere Constituente del Popolo: un concetto limite del Diritto costituzionale", In AAVV "Il Futuro de la Costituzione", Org. ZAGREBELSKI, PORTINARO, LUTHER, Torino, 1995, p. 231 e seg.; CARRÉ DE MALBERG "Contribution à la Théorie Génerále de l'État", II, Paris, 1922, p. 483 e seg.; PEDRO DE VEGA "La Reforma Constitucional y la Problematica del Poder Constituinte", Madrid, 1985; ANTONIO NEGRI "El Poder Constituyente", Madrid, 1994; MANUEL GONÇALVES FERREIRA FILHO "O Poder Constituinte", S. Paulo, 2014; JOSÉ ALFREDO BARACHO "Teoria Geral do Poder Constituinte", "Revista Brasileira de estudos Políticos", 52, Jan, 1981, p. 7 e seg.; MIGUEL NOGUEIRA DE BRITO "A Constituição Constituinte", Coimbra, 2000; CATARINA SANTOS BOTELHO, "Constitutional Narcissism on the Couch of Psychoanalysis: Constitutional Unamendability in Portugal and Spain" (policopiado), no prêlo do "European Journal of Law Reform".

218. O poder constituinte é uma manifestação excecional de autoridade política, um poder fundador, uma fonte de normação e um ato legitimante da institucionalidade estadual. Consiste num *ato excecional de autoridade política e normativa,* na medida em que se trata de uma manifestação rara e extraordinária de vontade ordenadora de um Estado, seja como unidade política seja como ordem jurídica. Trata-se, também, de um *poder fundador,* pois o poder constituinte rompe materialmente com uma ordem jurídica e política de um Estado e institui, neste, uma nova ordem política baseada numa diferente ideia de direito quanto à organização do Estado e da sociedade. Consiste numa fonte *suprema de criação jurídica* na medida em que, como máxima expressão da vontade política, produz uma Lei de hierarquia superior às demais e que passa a operar como norma de referência e fundamento da validade daquelas. É, finalmente, uma *potestade legitimadora* porque estabelece os princípios que justificam materialmente a instituição de um determinado Regime político.

2. Fundamento e atributos do poder constituinte

2.1. Fundamentos históricos e políticos do conceito

219. A noção de poder constituinte reveste caracter recente, ligando-se ao dealbar do movimento constitucionalista liberal. No período anterior à noção moderna de Constituição pressentia-se, contudo, esse mesmo poder na obra de MONTESQUIEU, a propósito do constitucionalismo britânico, na medida em que se supunha existir uma *"potestas"* superior e antecedente por detrás dos três poderes separados mas interdependentes do Estado. Algo pomposamente, SIEYÈS, na sua teorização do poder constituinte e numa sessão parlamentar realizada no Ano II do Thermidor, reivindicou a excelência do conceito como *"conquista definitiva da Ciência devida ao génio francês"* (ou ao seu próprio génio, disseram alguns). Trata-se de uma reivindicação que foi desestimada por LAFAYETE nas sus memórias[353], dado que para este aristocrata e general revolucionário que lutara ao lado dos americanos, a noção seria originária do constitucionalismo do Novo Mundo.

[353] PEDRO DE VEGA "La Reforma Constitucional y la Problematica del Poder Constituinte", op. cit, p. 25 e seg.; NICOLAS PEREZ SERRANO "Tratado (...)" op. cit, p. 463.

Segundo alguns autores[354], as suas reminiscências remontariam a pactos religiosos ou *"pactos da graça"* como o que foi celebrado no navio Mayflower (1620), os quais regulavam as regras de culto das primeiras comunidades de colonos com a participação de todos os seus elementos ativos e que se transformaram ulteriormente em *"convenants"*, pactos políticos relativos à organização das colónias (cfr. as *Fondamental Orders of Connecticut* de 1631). Estes *convenants* terão estado na génese das Constituições das colónias independentes e do pacto federal inerente à Constituição de 1787, embora com diferenças em termos de legitimidade: a legitimidade dos *convenants* era direta, realizada pelos colonos nos *"town meetings"*, enquanto o poder constituinte federal resultou de uma Convenção representativa dos novos estados independentes, cujos titulares não foram sequer eleitos diretamente.

Em qualquer caso e como antecipámos supra, § 219, o conceito moderno de poder constituinte terá sido teorizado originariamente no ano de 1777 por Thomas Young quando respaldava a criação do Estado do Vermont.

2.2. A natureza do poder constituinte

220. Cumpre ponderar sobre quatro questões essenciais que se colocam sobre a essência, a titularidade, a subsistência e os efeitos jurídicos do poder constituinte.

1º. *Qual a relação entre o poder constituinte e os poderes constituídos?*

Trata-se de uma densificação que foi feita por Sieyès naquilo que será a sua mais célebre teorização, resultante da segunda fase do seu pensamento.

O poder constituinte consiste numa vontade política *originária, ilimitada, pré-jurídica mas criadora de direito*, que estabelece uma Lei superior onde se encontram reguladas as instituições de um Estado e os correspondentes poderes. Trata-se de um exemplo evidente de precedência do "poder" ou de uma "autoridade política" inorgânica em relação à norma. Já os poderes constituídos são realidades institucionais fundadas, criadas e vinculadas por força das normas constitucionais que o poder constituinte estabeleceu.

Enquanto o poder constituinte soberano constitui um *"Legibus Solutus", uma manifestação de vontade política auto-justificada num ato de força ou de auto-*

[354] Cfr. Fundamentalmente Hatshchek "Algemeines Staatsrecht", II, Leipzig, 1909, p. 26; Nicolas Perez Serrano ult. loc cit.

ridade e cuja validade não radica em qualquer outro parâmetro jurídico, os poderes constituídos devem a sua validade às normas constitucionais que os instituem. Daí, que, como veremos, o poder de revisão constitucional consista num poder constituído de alteração da Lei Fundamental que se deve mover nos limites traçados nesta mesma Lei pelo poder constituinte. Em síntese, a relação entre as duas realidades é a do criador em relação à realidade criada.

2º. Quem é o titular do poder constituinte?

Independentemente da forma de exercício do poder constituinte, o seu titular será sempre o povo ou a Nação. Isto porque "povo" como realidade jurídica e espiritual, ou a "Nação" como realidade histórica, cultural, sociológica e identitária, ambos ligados a uma comunidade humana que se organiza política e juridicamente, podem ser, simultaneamente, a fonte legitimante e os destinatários de uma Constituição. A menção das expressões *Nação* e *povo* não é indiferente. Na verdade, no processo constituinte revolucionário de matriz liberal e radical-democrática, o povo era a fonte primária do poder constituinte.

No campo liberal, a Constituição norte-americana é iconográfica quando declara preambularmente: "*We the people of United States (...) do ordain and establish this Constitution for the United States of America*". No universo democrático-radical originário, Sieyès concebeu o poder constituinte como uma expressão do "direito natural" do povo[355], expressa numa manifestação da sua vontade geral e investida numa qualidade soberana. Já no longo período oitocentista em que pontificaram monarquias dualistas, o Rei outorgou ou pactuou textos constitucionais, invocando uma representação "nacional" ou a legitimidade da própria "Nação". Tal como Carl Schmitt elucida quando aborda o poder constituinte nesse contexto histórico, "*Nação é o sujeito do poder constituinte (...)*" e embora alguns considerem que as noções de povo e Nação têm igual significado, a fórmula "*Nação é mais expressiva e induz menos em erro. Designa o povo como unidade política com capacidade de operar (...)*"[356].

É certo que, nos casos em que o Monarca outorga uma Constituição, ele é o sujeito de facto do poder constituinte como expressão de uma vontade

[355] Sièyes, ult. loc. cit, p. 130 e seg.
[356] Carl Schmitt ult. loc. cit, p. 96.

política. A circunstância de o fazer em nome de uma "Nação" constitui uma forma de *representação existencial*, na medida em que o mesmo sujeito aceita auto-limitar-se, no exercício do seu poder absoluto, que é originário de Deus ou de leis fundamentais pactuadas para, como representante espiritual de uma Nação, dotar esta última de um estatuto de poder e de regulação societária.

De todo o modo, desde a *Idade Contemporânea* até ao momento presente da *"Era da Comunicação"*, o poder constituinte é sempre legitimado na vontade democrática do povo ou na sua aceitação presumida ou existencial.

Na medida em que esse poder se exerça num contexto democrático essa titularidade não levanta objeções jurídicas ou políticas. Já no contexto de um regime diverso, o poder constituinte pode ser nominalmente exercido em nome do povo quando uma vanguarda política, mesmo minoritária, assume o poder e o exerce faticamente em nome desse mesmo povo. SCHMITT, na lógica da sua teoria existencial sobre o poder constituinte, aceitou que a Assembleia Nacional Constituinte Francesa de 1789 tivesse legitimamente aprovado a Constituição de 1791[357], mesmo sem respaldo no consentimento do povo ou da Nação (já que resultou de uma transformação dos "Estados Gerais" reunidos por Luis XVI, no quadro de uma representação estamental). E o mesmo se poderia dizer, embora num grau menor, da Convenção de Filadélfia (cujos membros não foram eleitos por voto popular mas atuavam em representação dos Estados). Mas o autor vai mais longe quando concede que uma oligarquia minoritária (leia-se, uma vanguarda política e social) pode agir em representação existencial de um povo, no contexto de uma manifestação constituinte, aludindo ao poder dos sovietes e dos "fascios" na Itália totalitária[358].

3º. *Qual o estatuto do poder constituinte depois de a Constituição entrar em vigor?*

Tal como observámos supra § 81, SIÈYES, durante a primeira fase do seu pensamento teórico sobre o poder constituinte, entendeu que o referido poder seria uma realidade suprema e permanente. A Nação não poderia submeter-se a uma Constituição sob pena de perder o seu direito de exprimir a vontade geral. Nestes termos, o poder constituinte, como manifes-

[357] CARL SCHMITT ult. loc. cit, p. 97 e seg.
[358] CARL SCHMITT ult. loc. cit, p. 98.

tação soberana dessa vontade geral, poderia ser exercido pelo povo a todo o tempo, o que implicaria a possibilidade de substituição incondicional da Constituição[359].

Posteriormente, esta subsistência do poder constituinte em "estado selvagem" foi reponderada pelo próprio SIÈYES e pelo positivismo jurídico, na medida em que, produzida uma Constituição, pareceria ser anacrónico atribuir-se à vontade de um povo um poder de revolução permanente.

Por um lado, o poder constituinte como vontade soberana pré-juridica concebe-se fora de toda a limitação imposta pelo direito[360], não podendo em regra ser regido pela Constituição, sob pena de não mais ser poder constituinte. Mas, por outro lado, se o poder constituinte se exprimiu, num dado momento histórico, na produção de uma Constituição, será lógico que, como realidade excecional, se dissipe enquanto a sua criação jurídica, a Constituição, subsista em vigor. O espírito do poder constituinte viveria nas normas que consagrem a identidade da respectiva ordem constitucional.

Mas a dissipação ou a evanescência do poder constituinte depois da sua formalização coloca sempre a questão de se saber para onde o mesmo migra durante a vigência da Constituição por ele segregada. *A resposta parece ter de se colher na própria natureza do poder constituinte material como realidade fáctica ou existencial.* Como uma *potente força da natureza*, equivalente a um tornado ou a um terremoto, o poder constituinte conserva-se em estado de latência, num limbo, podendo voltar a manifestar-se se forem criadas condições políticas para o efeito ou, ao invés, poderá não voltar a ressurgir, se essas condições estiverem ausentes.

Momentos de esgotamento constitucional e de rutura política podem criar um contexto para que o povo aprove uma Constituição nova e nessas circunstâncias a soberania constituinte manifesta-se em toda a sua *potestade* criadora. Noutras circunstâncias ele pode emergir de uma forma mais subtil: assim, sob o pretexto de se rever uma Constituição, o poder de revisão pode ir longe demais e alterar a identidade constitucional, podendo nesse caso falar-se num poder constituinte encoberto ou dissimulado por detrás de um ato de revisão. Finalmente, pode ser ensaiada uma domesticação desse poder quando a própria Constituição (cfr. a Constituição espanhola de 1978) preveja a sua revisão total, através de um procedimento específico

[359] SIÈYES, ult. loc. cit, p. 130 e seg.

[360] PEDRO DE VEGA, ult. loc. cit, p. 26 e seg.

que implica uma vontade constituinte hetero-regulada. O certo é que, mesmo que a Constituição gerada através desse procedimento venha a ofender as regras formais de produção e se impuser de facto, terá nascido uma vontade constituinte nova à margem desse "iter" fixado na Constituição antiga.

Como força existencial, o poder constituinte *pertence, em regra, ao mundo dos factos*. Caso se manifeste contra a ordem constitucional estabelecida, os seus protagonistas poderão ser sancionados por atentarem contra a legalidade e o produto da sua decisão pode ser declarado nulo. Se triunfar, a conduta dos seus arquitetos será desculpada e a sua obra normativa impor-se-á.

4º. *Que tipo de relação mantém o poder constituinte com o Direito?*

Embora o poder constituinte na sua essência material não seja, primariamente, um ato jurídico, mas sim um ato político, sucede que o mesmo não só é vertebrado por uma *ideia de direito* como, igualmente, se revela como uma *decisão criadora de direito*, na medida em que estabelece uma lei com valor constitucional.

3. Tipologia

3.1. Poder constituinte material e formal

3.1.1. *Razão de ser de uma distinção*

221. O poder constituinte material pode definir-se como uma *faculdade de organizar politicamente um Estado, segundo uma determinada ideia de direito*[361].

Ao gerar-se um movimento político que rompe com uma dada ordem jurídica estadual, esse movimento pretende erigir em sua substituição um novo modelo de Constituição material, ou seja, um conjunto de princípios reitores do estatuto do poder e da sociedade a ser instituído no futuro.

Assim, a Declaração dos Direitos do Homem e do Cidadão de 1789 condensou as ideias estruturantes da Constituição de 1791 que puseram termo à ordem absolutista e presidiram à instituição de uma efémera monarquia limitada com divisão de poderes. O programa do Movimento das Forças Armadas, que derrubou em Portugal um regime corporativo autoritário,

[361] Cfr. Jorge Miranda ult. loc. cit, p. 110 e seg.; "Curso de Direito Constitucional", 1 op. cit, 131 e seg.

declarou os valores de democracia, da liberdade e da auto-determinação dos povos, como atributos identitários do regime a instituir no processo constituinte iniciado em 1975.

Numa palavra, o poder constituinte material transporta consigo *a faculdade de imprimir o código genético* de uma dada Constituição em processo de formação.

222. O poder constituinte formal, que é pressuposto pelo poder constituinte material, respeita à *natureza e ao tipo de procedimento adotado para a aprovação de uma Constituição.*

Na verdade, a tradução jurídica do poder constituinte material numa lei de valor constitucional supõe a existência de modos específicos de aprovação da mesma lei que envolvem distintos paradigmas de produção e revelação normativa. Paradigmas que resultam de diferentes combinações entre legitimidades políticas, órgãos, procedimentos e atos.

Com efeito, há constituições nascidas de assembleias constituintes democraticamente eleitas (Constituição portuguesa de 1976); Constituições adotadas por Assembleias constituintes democraticamente eleitas seguidas de referendo (Constituição espanhola de 1978); constituições outorgadas por um Monarca (Carta francesa de 1814); e constituições aprovadas por vanguardas revolucionárias ou assembleias parlamentares não democraticamente eleitas (constituições marxistas).

3.1.2. *Modos de exercício do poder constituinte formal*

223. seguindo nestas linhas um modelo antigo, qualificamos o modo de exercício do poder constituinte formal em *modalidades democráticas, autocráticas e mistas.*

224. A *modalidade democrática de exercício do poder constituinte* implica a intervenção do povo no processo de feitura da Constituição, através de um sufrágio livre, competitivo, igual e com equivalência de opções[362].

Existem várias formas democráticas de exercício do poder constituinte.

[362] Na medida em que num estado soberano o poder constituinte exprime a mais elevada manifestação de soberania de um Estado, a forma democrática de exercício desse poder é aquela que traduz a mais genuína vontade do povo, como elemento humano desse Estado, em se organizar política e socialmente através de uma Constituição, que é imputada à sua vontade funcional, expressa em liberdade.

A mais clássica é a *forma representativa*. O povo elege livremente uma Assembleia Constituinte, ou seja, um Parlamento investido na função de elaborar uma Constituição. A Constituição será, em regra, promulgada após a sua deliberação pela mesma Assembleia[363].

Existem modalidades *representativas de carácter pactício com procedimentos específicos, próprios do federalismo*. Por exemplo, a Constituição Norte-Americana de 1787 foi elaborada por uma Convenção Constituinte cujos membros não eram diretamente eleitos, mas eleitos indiretamente pelo poder democrático representativo das treze colónias rebeldes erigidas a Estados independentes. A Constituição assim deliberada teve, para poder entrar em vigor, que ser, ainda, ratificada pelos parlamentos dos mesmos Estados, acentuando a sua natureza de "pacto federal" entre a Federação e os estados.

A modalidade democrática também envolve a *forma referendária*. O povo elege livremente uma Assembleia Constituinte que delibera o texto constitucional, mas este só ganha validade depois da sua aprovação em referendo popular. É o caso típico da Constituição francesa de 1946 e, também, da Constituição espanhola de 1978.

225. Determinados entendimentos consideram que o método representativo é axiológica e politicamente superior ao referendário já que neste último existe o risco de o povo rejeitar a Constituição deliberada e criar um vazio de poder, sendo preferível ter uma Constituição a não ter Constituição alguma[364].

Discordamos. Em primeiro lugar porque nunca existe um vazio constitucional "qua tale", na medida em que, durante o processo constituinte, um Estado é regido por legislação constitucional transitória ou provisória. Em segundo lugar, porque é preferível a um povo não ser regido por uma nova Constituição durante algum tempo, a sê-lo por uma má Constituição. Em terceiro lugar, a vontade dos representantes expressa num projeto constitucional deve ser controlada pela vontade popular, que deve aferir se houve ou não desvio do exercício do mandato conferido, sendo certo que recusar a vontade popular direta no processo constituinte será lavrar no mesmo discurso dos regimes autoritários que duvidam da preparação do

[363] No plano da representação direta, a Constituição de Weimar de 1919, a Constituição italiana de 1947, a Constituição grega de 1975 e a Constituição Brasileira de 1988 são exemplos de formas representativas. O mesmo ocorre, de algum modo, com as constituições portuguesas de 1822 e 1976.

[364] JORGE MIRANDA ult. loc. cit., p. 124 e seg.

povo para exercer o sufrágio democrático. O processo constituinte francês entre 1945 e 1946 ilustra a razão do nosso entendimento. A Constituição de 1945, um texto desequilibrado e marcado por uma sensível influência marxista foi rejeitada pelo eleitorado em referendo nacional, tendo de ser deliberado pela Assembleia Constituinte um novo texto, aprovado em 1946. A ter procedido a primeira opção sem referendo o País poderia ter sido lançado no limiar de um grave conflito civil e em cenários de rutura revolucionária.

226. A modalidade *autocrática ou autoritária* implica que o poder constituinte não resulte de uma vontade popular livre e competitivamente expressa mas mediante intervenções de órgãos não eleitos ou de colégios eleitorais inaptos para exprimir uma vontade livre e plural, que exercem em nome do povo uma representação puramente existencial. A representação existencial reconduz-se a centros de decisão não eleitos que exercem "de iure" e "de facto" o poder, atuando em nome do povo através de um mandato tácito ficcionado[365].

Nalguns casos, este poder é exercido por órgãos unipessoais, não eleitos livremente. É o caso da outorga[366]. Ainda no cenário unipessoal, cumpre aludir às *formas cesaristas*, quando um ditador aprova uma Constituição por decreto, operando em termos idênticos a um monarca, embora desprovido da sua legitimidade[367]. Noutras situações, existem formas *convencionais vanguardistas* de exercício do poder constituinte, quando: os órgãos que assumem o poder no contexto de uma revolução ditam uma nova Constituição (caso da Constituição Soviética de 1918 e das sete "Leis Fundamentais" do Regime Franquista em Espanha); ou quando os órgãos parlamentares de um regime autoritário, não eleitos livremente, aprovam novas constituições (o constitucionalismo marxista soviético e chinês pautou-se pela aprovação de diversas constituições pelos seus órgãos de base parlamentar, as quais correspondiam a diferentes estádios de evolução do processo político).

Finalmente, existem certas formas *plebiscitárias*, em que um órgão não eleito elabora um texto Constitucional e este é submetido a um voto popu-

[365] Cfr em geral, Eric Voeglin "The New Science of Politics", Chicago, 1952.

[366] Trata-se do caso de numerosas constituições das Monarquias dualistas do Século XIX, com relevo para a Carta Constitucional francesa de 1818, a Constituição da Prússia de 1851 e as Cartas Constitucionais brasileiras de 1824 e portuguesa de 1826.

[367] Foi o caso da Constituição brasileira de 1937, aprovada por decreto pelo Presidente Getúlio Vargas.

lar de aprovação ou rejeição (o plebiscito), sem que se encontrem reunidas condições para que o sufrágio seja minimamente livre, competitivo, igual e regular. Foi o caso do plebiscito da Constituição Portuguesa de 1933 (cfr. supra § 183).

227. Finalmente, haverá a considerar a *modalidade mista,* a qual se traduz na combinação de elementos democráticos e não democráticos no exercício do poder constituinte. Cumpre destacar duas modalidades: a *pactícia de carácter legitimário*[368] e a *plebiscitária* realizada em condições minimamente livres e regulares[369].

[368] A *forma pactícia legitimária* supõe um *acordo jurídico de legitimidades.* A legitimidade democrática, expressa na eleição livre de uma Assembleia Constituinte e a legitimidade monárquica (componente autocrática) traduzida na sanção real do texto deliberado, ato que assume natureza livre e carácter constitutivo. Tratou-se de um processo típico de algumas monarquias dualistas do Século XIX, tendo sido adoptada pelas Constituições de diversos Estados alemães e pela já citada Constituição portuguesa de 1838.

[369] A *forma plebiscitária* realizada em condições minimamente livres e regulares implica a elaboração do texto constitucional por um órgão não eleito e a sua submissão a um plebiscito realizado em condições democráticas. Foi o caso da Constituição francesa de 1958, elaborada por uma Comissão de especialistas (Presidida por Michel Debré), mediante prévia habilitação parlamentar em lei constitucional e posteriormente aprovada pelo Governo democrático do General de Gaulle e submetida a voto popular. E foi, embora num grau qualitativamente inferior em termos de legitimidade democrática, o caso dos plebiscitos constitucionais chilenos e uruguaios de 1980, o plebiscito turco de 1982 e o acto plebiscitário que aprovou a Constituição da Federação Russa de 1993. Nos três primeiros casos, os plebiscitos foram organizados em regime de ditadura militar transitória e os textos foram submetidos a votação pelas Juntas que governaram os três Estados, concedendo-se aos opositores padrões mínimos de liberdade de expressão e reunião e garantindo-se a regularidade do processo, sem fraudes eleitorais ou formas de constrição da vontade nos locais de voto. A Constituição Chilena de 1980 elaborada pela Comissão Ortúzar nomeada pela Junta Militar presidida pelo General Augusto Pinochet (e que se encontra ainda em vigor com várias alterações) foi assim aprovada, tendo contudo o texto constitucional uruguaio sido rejeitado pelo eleitorado.
A Constituição russa de 1993 foi aprovada por um órgão criado pelo Presidente eleito (Boris Yeltsin) e sujeito a votação popular num clima conturbado de transição do comunismo para a democracia e num contexto de enfrentamento violento entre o Presidente e a Duma (o órgão parlamentar), a qual foi dissolvida ao tentar aprovar uma Constituição paralela. Ainda assim, verificaram-se, a nível mínimo, debates públicos livres e regularidade processual do acto.

3.2. O poder constituinte revolucionário e o poder constituinte ditado por uma transição política

A. *Constituição e revolução*

228. Atendendo à natureza dos factos que constituem a causa de uma rutura constitucional e à intensidade desta última, poderemos falar num *poder constituinte revolucionário* e num *poder constituinte estribado numa transição política.*

229. Uma larga maioria das Constituições nasceu a partir de atos revolucionários. A noção *de revolução em sentido lato* (e que integra quer a noção de revolução em sentido restrito[370] quer a de golpe de Estado[371]) *num ato de força protagonizado por uma vanguarda político-militar que, com quebra da legalidade instituída, destitui ou promove a substituição dos titulares do poder vigente, tendo em vista instituir uma nova ordem política*[372].

230. *Num primeiro bloco situam-se as revoluções que emergem no contexto da autodeterminação dos povos.* Com o movimento emancipalista, a Constituição, para além de fundar uma nova institucionalidade política, funda simultaneamente um novo Estado[373]. *Um segundo bloco respeita às revoluções geradas*

[370] Movimento político e social protagonizado por forças internas e externas ao sistema político e prolongado no tempo que, mediante o uso da força, derruba a ordem estabelecida e institui uma ordem sustentada numa nova legitimidade política, num novo regime e numa constituição de tipo distinto.

[371] Movimento político desencadeado a partir das instituições políticas ou militares do poder vigente que através de um ato de força substitui os titulares de poder e altera, eventualmente, a ordem constitucional, sem que modifique os fundamentos básicos da legitimidade do poder e da natureza do Regime.

[372] Manuel Gonçalves Ferreira Filho ("O Poder Constituinte", S. Paulo, 2014, p. 57) tem um aceção ainda mais ampla de "revolução" próxima da de Kelsen, em que engloba no fenómeno "toda a modificação ilegítima da Constituição" o que integra as ruturas revolucionárias produzidas por atos de força insurrecional, as transições e as próprias mutações contrárias à Constituição.

[373] Com efeito, os atos revolucionários podem surgir no contexto de uma guerra ou sublevação emancipalista em que um povo colonizado ou sujeito a ocupação externa declara a independência e institui um novo Estado. Tal foi o caso do poder constituinte das 13 colónias norte-americanas que declararam a independência da Grã-Bretanha e, de algum modo, da própria Constituição norte-americana de 1787, produzida ainda durante a guerra da independência. E foi o caso da maioria das colónias espanholas da América Latina volvida uma guerra de independência em relação à Mãe-Pátria. Fora de um cenário de guerra, e no marco de um golpe de Estado palaciano seguido de uma rutura pacífica e negociada entre membros da mesma Casa Real, emergiu a independência do Brasil e a Carta Constitucional de 1824.

num contexto puramente interno, onde o poder político foi substituído por razões político-ideológicas através de um ato de força de carácter militar. Trata-se do fenómeno mais comum que inere à via revolucionária[374]. *Um terceiro e último bloco respeita a efeitos revolucionários de origem externa*, em que um regime é substituído como efeito da derrota militar do respetivo Estado num conflito internacional e, eventualmente, por força de uma imposição oriunda de uma ocupação estrangeira. Isto, sem prejuízo de essa substituição ser reforçada, complementarmente[375], por uma rutura operada na ordem interna[376].

B. A transição constitucional

231. Já as *transições constitucionais envolvem a translação de uma ordem jurídico-constitucional para outra, com observância da legalidade formal.*

As *transições espontâneas* implicam a eclosão de um *movimento político que, no respeito da legalidade formal vigente, força uma alteração no regime ou no sistema político, da qual decorre uma rutura material da Constituição em vigor.*

Trata-se de um *ato de força política* oriundo de dentro e de fora do próprio regime, que impele um sector do poder a aceitar uma alteração na ordem

O ciclo das independências coloniais nos anos sessenta e setenta do Século XX, bem como outras guerras emancipalistas ocorridas na década de oitenta, geraram uma multiplicidade de constituições. Tal foi, por exemplo, o caso da Constituição da Argélia de 1963 (resultante da guerra de guerrilha da FLN contra a França); das constituições marxistas das ex-províncias ultramarinas portuguesas nos anos setenta, após a outorga da independência desses territórios aos movimentos de guerrilha que combatiam o Estado português; da Constituição da Croácia de 1990 e da Eslovénia de 1991 (após o conflito militar independentista que travaram contra o poder central de uma Jugoslávia dominada pela Sérvia); e da Constituição da Eritreia de 1997 (volvida uma longa luta de guerrilhas contra o poder central da Etiópia).

[374] Assim sucedeu, por exemplo, com: a Constituição britânica no marco da *Glorious Revolution* (1688); a quase totalidade das Constituições francesas, com exceção das Constituições bonapartistas de 1802 e de 1804 e da Constituição de 1958; muitas constituições da Europa Central instituídas na sequência das revoluções radicais-democráticas que emergiram no ano de 1848; as Constituições Soviética e Mexicana de 1918, respetivamente no contexto de insurreições marxistas e socialistas; a totalidade das Constituições portuguesas; uma larga maioria das Constituições do universo afro-asiático geradas entre 1960 e o final dos anos oitenta; uma maioria das Constituições da América Latina, com relevo para o Brasil, na medida em que, neste Estado, apenas a Constituição de 1988 não emergiu num contexto revolucionário.

[375] Complementarmente porque, sem a componente externa ditada por uma derrota militar o regime em causa não seria passível de destituição por factores revolucionários internos.

[376] Será o exemplo da Constituição alemã de Weimar de 1919, da Lei Fundamental de Bona de 1949, da Constituição italiana de 1947 e da Constituição Japonesa de 1946.

constitucional que em circunstâncias normais não aceitaria, não implicando o uso da força militar, própria de uma quebra revolucionária. E trata-se de um processo que envolve o respeito formal por regras jurídicas adotadas em conformidade com a ordem constitucional em processo de extinção. O poder constituinte nasce do movimento político que lidera a rutura pacífica com a ordem pré-existente e orienta o trânsito para uma nova institucionalidade[377].

Veja-se o caso da transição constitucional da IV para a V República francesa. A instabilidade parlamentar, a agudização de um conflito interpartidário, a derrapagem nas finanças públicas, o golpe militar em Argel dirigido por militares conservadores favoráveis aos colonos franceses residentes na Argélia[378] e a pressão dos partidários do *Comité de Salvação Pública* dirigido pelo General de Gaulle forçaram, a partir do Parlamento, a nomeação e a investidura deste político como Primeiro-Ministro[379].

Outro exemplo pertinente consistiu na transição espanhola para a democracia a qual implicou, sob a liderança do Governo de Adolfo Suarez, com apoio do Rei, a aprovação da *Lei da Reforma política* pelas próprias Cortes do regime autoritário franquista, seguindo-se a submissão dessa Lei a referendo e a convocação de uma assembleia constituinte eleita democraticamente[380].

Também na Europa Central e Oriental, a queda do Muro de Berlim, em 1989, como efeito da política armamentista da NATO, das dificuldades

[377] Vide critérios distintivos relativamente a um fenómeno autónomo, mas por vezes confluente, que consiste na transição política in Carlos Blanco de Morais "Sistema político", Coimbra, 2017, p. 213 e seg.

[378] Militares que ameaçaram desencadear uma operação para a tomada do poder na Metrópole.

[379] Pressentindo o risco do colapso da ordem constitucional através de um ato de força militar, a classe política francesa induzida pelo novo Primeiro-Ministro aprovou uma lei constitucional que habilitou a revisão da Constituição da IV República com derrogação do processo ordinário de alteração constitucional. A dinâmica política fez com que fosse o Governo a mandatar uma comissão de especialistas, a elaborar o texto de uma nova Constituição, o qual foi aprovado pelo mesmo Executivo e submetido a plebiscito (cfr nt 23).

[380] A pressão para uma mudança política advinha não apenas do interior do regime mas dos partidos políticos nacionais e regionais exilados que exigiam na rua o retorno à democracia. Pactos com forças exiladas de movimentos regionalistas foram celebrados. A Assembleia Constituinte deliberou a Constituição de 1978, posteriormente referendada, a qual instituiu uma Monarquia democrática e parlamentar e uma regionalização político-administrativa do território, a qual integrou os acordos políticos dos pactos pré-constituintes.

económicas e militares do bloco comunista (Guerra do Afeganistão), da política reformista da nova liderança soviética e da esclerose dos velhos regimes comunistas nos Estados satélites da União Soviética, fez desencadear um movimento popular de massas lideradas por contra-elites intelectuais, políticas e sindicais. Este movimento catalisou, com apoio de sectores reformistas dos próprios regimes autocráticos no poder, transições político-constitucionais pacíficas para a democracia, na antiga República Democrática Alemã, Hungria, Checoslováquia, Bulgária, Polónia e finalmente na União Soviética[381].

Na América Latina, o Brasil protagonizou uma transição política do regime autoritário da Constituição de 1967 para um presidencialismo democrático[382].

232. Existe, igualmente, uma figura híbrida, a da *transição político-constitucional autoprogramada*, a qual ocorre quando os detentores do poder político programam constitucionalmente a alteração do regime ou do sistema de governo. A transição autoprogramada pode ter uma origem autocrática ou uma origem democrática.

No primeiro caso, teremos um exemplo de transição de um regime de ditadura para a democracia. Um regime político autoritário que governa no

[381] Enquanto, na maioria dos referidos Estados, foram eleitas democraticamente assembleias com poderes constituintes, no caso da Hungria a transição (iniciada antes dos demais casos, através da liderança inovadora de uma facção reformista do partido oficial), implicou em 1989 uma reforma da Constituição de 1949, Lei que foi radicalmente alterada no seu núcleo material, de forma a substituir um regime ditatorial marxista por uma república parlamentar.

[382] O detonador da transição, que ocorreu num contexto de crise económica, foi o movimento popular "Directas Já", ocorrido entre 1983 e 1984, liderado pelo MDB (partido oposicionista com representação parlamentar e que vinha afirmando a sua legitimidade através de êxitos eleitorais). Nas manifestações de massas ocorridas em todo o País, para as quais convergiram diversos sectores políticos e sociais, foi exigido que o Presidente da República fosse eleito por sufrágio universal.

Depois de fracassada uma emenda apresentada pela oposição no Congresso para consagrar a eleição direta, o grupo parlamentar dos partidários do governo cívico-militar dividiu-se e o sector liberal deste último uniu-se à oposição democrática para fazer eleger como Presidente, Tancredo Neves, um dos líderes da mesma oposição. Eleito Presidente da República pelo Congresso em 1985, segundo as regras da Constituição vigente, Tancredo Neves morreu em funções e foi substituído por José Sarney (antigo líder da fação liberal da ARENA, o partido aliado ao poder militar) que liderou a transição, convocando uma Assembleia com poderes constituintes. Com a aprovação da nova Constituição em 1988, completou-se a transição constitucional no Brasil.

contexto de uma ditadura comissarial (sujeita a termo no quadro de uma exceção prolongada) faz aprovar uma Constituição destinada a consagrar um regime democrático, mas esta, no seu corpo normativo principal, fica suspensa até ao termo do referido período de exceção, começando apenas a vigorar após esse termo, estipulado na própria Lei fundamental. Foi o que sucedeu no Chile com a Constituição de 1980[383].

No segundo caso, haverá o caso de Constituições, como a espanhola de 1979, que consagrando processos extraordinários que programam uma transição constitucional (infra § 244).

3.3. Poder constituinte soberano e não soberano

A. O dogma soberanista do poder constituinte no liberalismo oitocentista

233. A Constituição, ao propor-se organizar o poder político numa sociedade democrática, procura também limitá-lo. Trata-se de uma norma parâmetro em relação a todas as restantes normas jurídico-públicas e que, no *modelo constituinte soberano* do *Estado de direito,* não se subordina a qualquer outra norma jurídica que lhe preexista (infra § 254). Ainda assim, existem derrogações ao dogma de Siéyès, ulteriormente retomado com diversas excepções por Schmitt[384], segundo o qual o poder constituinte é sempre e necessariamente *ilimitado.* Isto, porque o atributo de incondicionalidade, próprio de um *modelo constituinte soberano ou perfeito,* apenas ocorre no paradigma clássico do Estado soberano, o qual, sendo maioritário, não constitui um caso único. Efetivamente, sobretudo depois do segundo conflito mundial, emergiram diversos cenários de *heteronomia constituinte que* excecionam

[383] O regime militar do General Augusto Pinochet que dirigiu o País entre 1973 a 1990, com base em leis de exceção de valor constitucional, ditadas por uma Junta militar, submeteu a plebiscito, no auge da sua popularidade, a Constituição de 1980, tendo sido dada alguma abertura para um debate público na imprensa e em alguns comícios (reunindo-se, por exemplo, a oposição, no termo do processo eleitoral, no Teatro Caupolicán para escutar o ex-Presidente Frei apelar ao voto contrário). Embora surgida no contexto de um poder constituinte revolucionário, a Constituição de 1980 instituiu um regime democrático presidencialista com elementos autoritários, destinado a ser implantado depois de um plebiscito a realizar em 1988 sobre um candidato à Presidência proposto pela Junta militar. Seguir-se-iam eleições parlamentares abertas Até 1990 vigorariam disposições transitórias ínsitas na mesma Constituição que estruturavam o poder militar e que caducaram com a entrada em vigor do texto principal, após o início de funcionamento das instituições democráticas.

[384] Carl Schmitt "Teoria de la Constitucion", cit, p. 45 e seg.

a radicalidade da afirmação de que o poder constituinte, para que possa ser considerado genuíno, deverá ser tido como ilimitado, já que, a ser suscetível de constrição, deixará de ser *"poder constituinte"*[385].

234. Haverá, pois, que distinguir o *poder constituinte estadual soberano* do *poder constituinte estadual não soberano*.

B. O poder constituinte soberano

235. *O poder constituinte soberano*, que constitui a regra geral e conforma o escalão mais intenso do exercício dessa autoridade fundadora da unidade e da ordenação de um Estado, pressupõe que a decisão criadora de uma Constituição não se encontre, *a título necessário*, subordinada a qualquer norma jurídica de referência que lhe preexista. Tal significa que a *ideia de direito* que é normativamente concretizada na Constituição não deve necessária observância jurídica a nenhuma matriz normativa precedente, seja de direito interno seja de Direito Internacional.

Daí *a plenitude soberana*, interna e externa, da decisão constituinte.

Plenitude externa que, no tempo presente, convirá precisar, não é sinónimo de insubmissão do Estado soberano à ordem pública internacional (como pretendiam certas correntes do positivismo oitocentista), significando sim, que a validade jurídica interna da Constituição não depende da sua conformidade com um parâmetro de Direito Internacional, exceto se a própria Lei Fundamental determinar a sua submissão a esse parâmetro.

Deve, aliás, ter-se presente que a soberania de um Estado só se justifica à luz de um quadro de respeito pelas soberanias estaduais alheias, quadro esse que inere à noção de *ordem pública internacional*.

236. Mas não será que o poder político, que rompe com o poder instituído e protagoniza o movimento constituinte, não intenta conferir a este último uma disciplina jurídica?

Tal ocorre, efetivamente, em vários tipos de ruturas constitucionais.

No caso das *ruturas revolucionárias*, existem normas constitucionais transitórias e normas legais ordinárias que regulam o processo de feitura da nova Constituição. Tal sucedeu no contexto da Revolução portuguesa de 1974[386], no caso das leis que regularam os termos e o processo de eleição

[385] Cfr. Modugno cit por Miguel Nogueira de Brito "A Constituição Constituinte", op. cit., p. 395.

[386] Cfr. o Programa do MFA, constitucionalizado na Lei Constitucional nº 3/74, de 14 de Maio, que previa a eleição de uma Assembleia Constituinte por sufrágio democrático.

da Assembleia Constituinte, bem como todos os demais trâmites relativos à promulgação e publicação da nova Constituição. Mas, como certos autores assinalaram, a vinculatividade dessas regras processuais relativas à feitura de uma nova Constituição é relativamente inexpressiva num processo constituinte gerado por via revolucionária[387]. É certo que a violação de regras processuais relativas à formação do ato constituinte, ocorridas antes do termo da decisão constitucional ou até antes da entrada em vigor da Constituição podem ser preventivamente sancionadas por órgãos políticos ou jurisdicionais competentes para o efeito. E essa sanção pode implicar a interrupção ou o cancelamento do processo constituinte ou a recusa de promulgação do texto constitucional.

Contudo, se a violação dessas regras for arguida depois da entrada em vigor da Constituição, tal antinomia será, por regra, juridicamente irrelevante já que a vigência efetiva da Lei Fundamental como nova ordem jurídica superior desconstitucionaliza[388] ou faz cessar a vigência de todo o Direito Constitucional antecedente que não seja por ela expressamente recebido e faz, ainda, caducar o Direito ordinário contrário[389]. Daí que, mesmo que tenham ocorrido vícios normativos no processo constituinte, a efetiva entrada em vigor da nova Constituição acaba por sanar esta última, pois deixa de haver normação paramétrica onde se possa fundar um juízo de invalidade sobre o novo texto constitucional

Admite-se, como exceção relativa, que deformidades que se repercutam nos requisitos mínimos de identificabilidade formal do ato constituinte possam predicar a sua inexistência jurídica, a qual poderá ser suscitada por qualquer autoridade pública, e justificar, inclusivamente, o seu desacata-

[387] SCHMITT (ult. loc cit p. 46) refere que a decisão constituinte imputada a uma *"unidade política existente"* tem o seu valor e razão de existência não na *"justiça ou conveniência de normas", mas na sua própria existência.* Trata-se, portanto, de um poder de autoridade que emerge da força dos factos. A Constituição não se apoia numa norma que fundamente a sua validade, mas deriva de um "Ser" político, e dispõe *"sobre o modo e a forma do próprio Ser"*, pelo que o conceito de vontade constituinte denuncia *"o que é verdadeiramente existencial no seu fundamento de validade"* (p. 94). E por não estar *"vinculado a formas jurídicas e procedimentais"* o poder constituinte conserva-se sempre *"em estado natural"* (p. 97).

[388] A Constituição portuguesa de 1976 pôs termo às disposições ainda não revogadas da Constituição de 1933 e desconstitucionalizou, no nº 1 do artº 290º, leis constitucionais revolucionárias, emitidas no período posterior a 25 de Abril de 1974.

[389] O nº 2 do artº 290º da CRP faz caducar todo o Direito ordinário anterior à entrada em vigor da mesma Constituição, que a esta seja contrário.

mento geral. Trata-se, contudo, de algo que operará a paredes meias com a contestação política à própria legitimidade da nova Constituição. Daí a dimensão mais intrinsecamente política do que jurídica da força fundacional e legitimadora do poder constituinte e daí, também, a importância da *efetividade*[390], como fator de conservação da normatividade e da legitimidade da Constituição, no momento ulterior ao seu início de vigência. Sobre as virtualidades da efetividade, verifica-se mesmo que em certas *situações-limite*, a aceitação social do texto e a prova temporal da sua aceitação social consolidam certos vícios (como o da coação) que poderiam colocar a problemática da própria inexistência (supra § 207 e seg.).

C. *Poder constituinte não soberano*

237. No que concerne ao *poder constituinte não soberano*, este pode ocorrer, fundamentalmente, em quatro situações. Observemo-las.

a) Poder constituinte "autónomo"

238. *O poder constituinte meramente autónomo* concerne à aprovação de constituições de estados federados, no quadro da criação de *federações imperfeitas ou centrífugas* (casos do Brasil e da Bélgica)[391]. Nestas, um Estado unitário, mediante a aprovação de uma nova Constituição, transforma-se numa Federação e os eleitores dos estados federados em formação exercem, a título derivado, o seu próprio poder constituinte que se traduzirá na aprovação de constituições que regularão o regime de autonomia desses mesmos entes. Trata-se, no fundo, de um poder não soberano que se traduz numa

[390] Steffano Maria Cicconetti ("Appunti di Diritto Costituzionali", Torino, 1992, p. 33 e seg.) destaca a importância do princípio da efetividade na subsistência da Constituição originária, ligando-o à necessidade de a mesma Constituição receber uma obediência média e presumivelmente estável por parte dos cidadãos e dos poderes constituídos, situação que constitui uma verdadeira prova real de legitimidade de exercício.

[391] Já as Federações perfeitas (caso dos Estados Unidos da América e da Alemanha de 1871) reportam-se a um processo político e constitucional em que Estados soberanos, mediante um acordo ou pacto federal, renunciam à mesma soberania em favor de um novo Estado soberano de natureza federal que pretendem instituir em comum, mediante a aprovação de uma Constituição federal. As constituições desses Estados, que resultaram originariamente do exercício de um poder constituinte soberano, são posteriormente emendadas de forma a ajustarem-se à novo Constituição Federal, passando a reger entidades que deixaram de ser independentes para passarem a ser estados autónomos.

simples *autonomia constituinte,* limitada política e juridicamente pela Constituição Federal.

b) Poder constituinte com soberania suspensa

239. A soberania do Estado pode encontrar-se *"suspensa"*[392] ou restringida, de direito ou de facto, durante o processo de feitura de uma Constituição.

Esta suspensão (ou restrição) deriva do facto de o referido Estado se encontrar sob ocupação militar ou tutela militar externa e o poder constituinte se encontrar limitado pelas potências ocupantes, no que toca a aspetos relativos à escolha do modelo político adotado pelos representantes do povo. Foi o que sucedeu com os processos constituintes das potências derrotadas do eixo (Itália, Alemanha, Áustria), após a 2ª Guerra Mundial[393]. Foi, também, mais recentemente, os casos do Afeganistão e de Timor[394].

[392] Sobre a suspensão da soberania, em graus diversos, no decurso dos processos constituinte italiano e alemão, cfr. G. Ferrara "L'instaurazione della Costituzione, Profili di Storia Costituzionale", Studi Leopoldo Elia, I, Milano, 1999, p. 596, 597.

[393] Foi atenuadamente o caso da Itália, relativamente à Constituição de 1947 (a *Comissão aliada* terminou apenas em Janeiro de 1947 embora a maioria das tropas aliadas tivessem saído da quase totalidade do território em 1946)) e mais acentuadamente a situação da Alemanha no que respeita à Constituição de 1949 (tendo a presença militar forçada de tropas estrangeiras no País findado apenas após 1994, com a saída de contingentes ocidentais de Berlim). Com efeito, os processos constituintes ocorreram durante o processo de ocupação ou vigilância desses Estados pelas forças aliadas, o qual limitava necessariamente a liberdade plena e soberana, inerente ao exercício do poder constituinte pelos representantes eleitos. Parece evidente que, se por mera hipótese académica, partidos políticos próximos do regime fascista italiano derrubado no final da segunda Guerra Mundial tivessem participado e vencido com maioria absoluta as eleições para a Assembleia Constituinte, as potências ocupantes impediriam a aprovação de uma Constituição que não consagrasse os fundamentos de um regime democrático. Foi, igualmente, em 1945, o ato de reposição em vigor da Constituição austríaca de 1920 (com as emendas de 1929), a qual ocorreu durante a ocupação aliada.

[394] Cfr. A situação do Afeganistão em 1985 (cuja Constituição foi ratificada pelo poder revolucionário comunista durante a ocupação soviética) e em 2004 (sendo adotada uma nova Constituição durante a ocupação do País por forças anglo-americanas e, posteriormente, pela NATO). Será, ainda até certo ponto o caso da Constituição de Timor de 2002, elaborada e adotada num tempo em que o novo Estado se encontrava protegido por um contingente de forças militares estrangeiras, sob comando das Nações Unidas (com uma significativa presença da Austrália). As bases do projeto originário da Constituição foram elaboradas, durante a administração do território pela ONU (UNTAET), por uma comissão de vinte juristas, uma parte deles estrangeiros, sendo posteriormente o texto definitivo aprovado por uma Assembleia Constituinte democraticamente eleita.

c) Poder Constituinte heterónomo

240. Pode falar-se em poder constituinte heterónomo quando constituições ou as bases constitucionais de um Estado são efetivamente ditadas por um outro Estado ou por uma organização internacional[395]. Está-se, neste caso, perante uma heteroconstituição[396].

Nalguns casos está-se perante um fenómeno de *imposição constitucional externa,* em que a vontade constituinte repousa integralmente numa potência ou numa organização internacional exterior ao Estado a quem é atribuída a nova Constituição e cujo povo se encontra materialmente desprovido de soberania constituinte. Veja-se o caso do Japão[397] no respeitante à Constituição de 1946, a qual resultou de uma deliberação tomada em cinco dias por uma Assembleia de vinte e quadro peritos ocidentais nomeada pelo comandante das forças aliadas de ocupação, General Mac Arthur, tendo sido depois remetida compulsivamente ao Imperador para outorga.

241. Noutros casos poderá ter lugar um fenómeno de *internacionalização convencional do poder constituinte,* quando as bases ou o texto de uma nova Constituição são estabelecidos numa convenção internacional concluída, em regra, pelo Estado recetor da Constituição e por um conjunto de outros Estados (que poderão ser Estados garantes ou Estados ocupantes) ou por organizações internacionais e outros sujeitos de Direito Internacional. Foi o caso da Áustria em 1919, de Chipre em 1960 e da Bósnia em 1995[398].

[395] Schmitt, (ult. loc. cit, p. 90), classifica como formas constitucionais de submissão e dependência toda a aprovação de um *status* político de um Estado através de um Tratado, que não revista a natureza de um Pacto Federal.

[396] Jorge Miranda ult. loc cit. p. 104 aludindo a uma expressão de Miguel Galvão Teles.

[397] Cfr. A Constituição de 1946.

[398] Cfr. o caso da Áustria relativamente aos princípios e regras relativas à conservação da independência do Estado, impostas pelo Tratado de Saint Germain de 1919, o qual condicionou a Constituição de 1920. E foi, já no contexto de uma quase ausência de autonomia constituinte interna, o caso de Chipre (cuja Constituição integrava o Acordo de Zurique, concluído em 1960 pela Grécia, Turquia e Reino Unido) e da Bósnia-Herzegovina.
A Constituição da Bósnia foi aprovada por convenção internacional, figurando como Anexo aos acordos de Dayton, de 1995. Embora as partes se resumam às três "repúblicas" do Estado, o facto é que a República da Jugoslávia e a da Croácia assinaram igualmente os acordos, na posição de Estados – garantes, registando-se, também, o facto de a Rússia, os Estados Unidos e um conjunto de Estados europeus terem assinado como testemunhas.
A circunstância de a Constituição ter sido politicamente imposta pela mediação norte americana às partes, (mediação amparada na força da NATO e na legitimação interposta das Nações Unidas) e de os acordos terem instituído na Bósnia-Herzegovina uma estrutura esta-

242. Noutras situações, ainda, estar-se-á perante uma *deliberação constitucional externa seguida de um ato de ado*ção interna.

O texto constitucional é deliberado por um Estado ou organização internacional e atribuído a um outro Estado, que o aprova posterior ou simultaneamente, ou o submete a um ato de ratificação. Existe, neste plano, uma partilha do poder constituinte entre o Estado que elabora a Constituição e o Estado que é destinatário da mesma Constituição e que a incorpora como sua, através de um ato interno. Trata-se do caso da Constituição Canadiana de 1982[399].

d) Poder constituinte hetero-regulado por Constituição antiga

243. A *quarta situação* pode ocorrer no quadro de certas *transições constitucionais,* realidade definível, tal como constatámos supra § 232, como o *trânsito de uma ordem constitucional para outra, sem rutura formal, ou seja, na observância de regras constitucionais que habilitam essa translação.* A Constituição velha programa o exercício de um poder constituinte gerador de uma Constituição nova (revisão total de uma Constituição ou revisão da componente identitária fundamental de uma Constituição)[400].

244. É o caso das constituições austríaca, suíça, búlgara e espanhola e, sem limites processuais definidos, o caso *do artº 146º da Lei Fundamental de Bona (*modificado em 1990), o qual admite a perda de eficácia da Consti-

dual semelhante à de um protetorado de Direito internacional (com uma força militar dependente das Nações Unidas e uma Alta Autoridade internacionalmente designada, investida de poderes vinculativos sobre as autoridades das repúblicas) retirou ao referido Estado qualquer soberania constituinte (e constituída).

[399] A Constituição Canadiana de 1982 resultou de uma exigência do Governo do Canadá (expressa originariamente pelo Primeiro-Ministro Pierre Trudeau) de que o Estado fosse regido por uma Constituição própria (e não como até então, por leis e costumes desagregados) de forma a ser formalizada a independência efetiva deste Estado em face da Grã-Bretanha. A Constituição foi aprovada em paralelo pelos parlamentos britânico e canadiano e, com a deliberação deste último órgão, consumou-se a chamada *"patriation"* do texto constitucional, que foi posteriormente ratificado por todas as províncias (estados federados), menos pelo Quebec. Será, também, o caso de outros Estados da Commonwealth, cujas constituições foram aprovadas primariamente por leis do Parlamento britânico, como é o caso da Nova Zelândia.

[400] Trata, se de um fenómeno classificado, talvez excessivamente em razão da sua exiguidade e não praticabilidade, como uma *"tendência para disciplina jurídica do poder constituinte"* (Cfr. Morbidelli, in Morbidelli, Pegoraro, Reposo, Volpi "Diritto Costituzionale Italiano e Comparato", Bologna, 1997, p. 75 e seg.).

tuição através da entrada em vigor de uma nova Constituição adotada livremente por todo o povo alemão. Esta última disposição parece ter deixado de fazer grande sentido depois de concretizada a reunificação da Alemanha.

A Constituição espanhola no seu artº 168º determina que, caso seja proposta a revisão total da Constituição ou a alteração do seu núcleo estruturante e identitário (constante do Título Preliminar, o Capítulo II, Secção I do Título I, ou o Título II) deve a mesma ser aprovada por maioria de dois terços de cada Câmara, à qual se seguirá a dissolução das Cortes tendo em vista o seu refrescamento eleitoral para que assuma verdadeiros poderes constituintes. As câmaras eleitas devem ratificar a decisão anterior e o texto constitucional deve ser aprovado por maioria de dois terços em cada uma delas e sujeito a referendo.

3.4. Poder constituinte soberano como decisão unilateral e como pacto

245. O *poder constituinte soberano é uma decisão fundamental e incondicionada de organização coletiva imputada a um povo.* Trata-se de uma definição que não procede nos processos constituintes não soberanos, nos quais a decisão popular se encontra mediatizada, submetida ou pré-determinada pela intervenção de entidades superiores ou heterónomas na formação da Constituição.

246. *O decisionismo clássico*[401] reconduziu o referido poder a uma *realidade de facto*, dotada de carácter existencial, produto da vontade omnipotente de um povo que existiria como unidade política antes do próprio Estado e que lograria exprimir uma decisão fundamental sobre a organização dessa mesma unidade política. Semelhante dado constitucional *positivo* não seria disciplinável juridicamente, distinguindo-se da *lei constitucional,* realidade, essa sim, intrinsecamente jurídica e criada pelo instituto anteriormente mencionado.

Também o *positivismo normativo* francês[402] assentiu sobre a natureza *não jurídica* do poder constituinte, reconduzido também por ele a uma realidade factual. Realidade que, por isso mesmo, não interessaria ao Direito

[401] E. Siéyès "Qu' est-ce que le Tiers État", Paris, 1982; Carl Schmitt "Teoria de la Constitución", Madrid, 1982, p. 37-65.
[402] Carré de Malberg "Contribution à la Theorie Generále de L'Etat", I, Paris, 1929, p. 493.

Constitucional, o qual apenas se debruçaria sobre o produto normativo desse mesmo poder, que é a Constituição.

247. Parece evidente que uma das modalidades do poder constituinte soberano se reconduz ao protótipo do *decisionismo unilateral* esboçado por SIÉYÈS[403], o qual domina os *processos constituintes* ocorridos em *Estados unitários* ou em *federalismos imperfeitos ou centrífugos,* em que a ordem federal é fixada a partir do centro.

Contudo, não se resume ao mesmo paradigma.

Como bem salienta SCHMITT[404], a decisão fundamental que subjaz ao poder constituinte pode, igualmente, assumir um caráter *plurilateral ou pactício,* no contexto dos velhos acordos de legitimidade entre os parlamentos e os monarcas nas velhas monarquias dualistas e, sobretudo, no chamado "pacto federal" que inere a alguns *federalismos perfeitos ou centrípetos.*

Assim, o processo constituinte americano[405], a Constituição da Federação da Alemanha do Norte de 1867 e a Constituição Imperial de 1871[406], bem como processos constituintes suíço[407] e argentino[408] ancoraram-

[403] E. SIÉYÈS ult. loc cit.

[404] CARL SCHMITT "Teoria (...)", cit, p. 66.

[405] A Constituição de 1787 pelo Congresso de Filadélfia (que integrava os representantes dos Estados), foi seguida da sua posterior ratificação por todos os Estados formalmente independentes, o que envolveu, de algum modo, a formação de um Pacto federal não contido em tratado.

[406] Em 1866, dezasseis Estados Alemães liderados pela Prússia, concluiriam um complexo de tratados confederais nos quais foi acordado criar uma Federação, designada equivocamente por Confederação da Alemanha do Norte, devendo a futura Constituição ter como base o projeto que a Prússia remeteu à Dieta de 1866, quando anunciou a sua saída da Confederação Germânica. Com base nestes pactos federais foi convocado em 1867 um *Reichtag* com poderes constituintes, na cidade de Berlim, com representantes dos Estados, que alteraram significativamente o texto base, tendo o mesmo sido sancionado unanimemente pelos Reis e príncipes alemães. Estes, também por força dos tratados, aceitaram promover a alteração das suas constituições de forma a ajustá-las à Constituição federal.
Por seu turno, na base da Constituição do Império Alemão de 1871 estiveram vários tratados concluídos em 1870, em Versalhes e Berlim, entre a Confederação da Alemanha do Norte e diversos Estados Alemães do sul. Através de um deles, promulgado em 31 de Dezembro de 1870, determinava-se a entrada em vigor de uma nova Constituição, que era a Constituição de 1867 com alterações.

[407] Importa referir o Pacto Federal suíço de 1815, de que o Congresso de Viena foi garante, através do qual os cantões foram ligados entre si por laços contratuais.

[408] Na Argentina, o Pacto Federal de 1831, foi assinado pelas províncias de Buenos Aires, Entre Rios e Santa Fé, através do qual se estabelecia uma aliança contra as províncias da

-se num acordo constitucional, designado por "Pacto federal" que plasma uma união entre Estados soberanos que abdicam da sua soberania em favor de uma nova realidade estadual que é a Federação. Embora se possa falar a propósito desta segunda modalidade, numa *decisão constituinte fundamental*, esta não assume carácter unilateral, mas sim *natureza concertada* entre sujeitos dotados de uma legitimidade soberana específica ou própria. O momento constituinte resulta do livre acordo de uma pluralidade de vontades, expressas por representantes de cidadãos de Estados diversos. Ocorrendo uma novação soberana a partir do momento em que é produzido ou "decidido" o ato constituinte federal, este último acaba por resultar de um prévio assentimento de vontades que ainda são soberanas, no momento em que *pactuam o procedimento de feitura da Constituição federal*[409].

No *modelo decisionista unilateral*, o procedimento jurídico constituinte, tal como ensina SCHMITT, assume uma relevância subsidiária para a validade da Constituição produzida nos seus termos. A Constituição é, sobretudo um ato político cuja entrada em vigor sana, em regra, irregularidades jurídicas na sua feitura. Essa subsidiariedade jurídica não ocorre necessariamente, contudo, com o *modelo decisional plurilateral dos federalismos centrípetos*, onde a sequência de atos do processo constituinte é pactuada, em regra através de um Tratado, pelo que o complexo normativo final não deixa de ser determinado pela relação condicionante entre o *pacto federal e o procedimento inerente à formação da decisão constituinte*.

3.5. Poder constituinte originário e derivado: objeções a uma fórmula antiga

248. Autores como DUGUIT e DUVERGER[410] distinguiram as noções de poder constituinte originário e poder constituinte derivado.

O primeiro constituiria a faculdade de criar inovatoriamente uma Constituição, enquanto o segundo implicaria uma espécie de delegação do poder originário noutro poder instituído, tendo por fim a revisão da mesma Constituição. Nesta linha de entendimento, alguns constitucionalistas con-

Liga Unitária. Tendo operado como Constituição dessas e de mais 10 províncias argentinas, o pacto deu lugar posteriormente à Constituição de 1853.

[409] Cfr. LOUIS LE FUR "État Federal et Confederation dÉtats", (1896), Paris, 2000, p. 100-265.

[410] Cfr. sobre o tema, MARCELO REBELO DE SOUSA, op. cit, p. 69.

temporâneos de língua portuguesa[411] ainda apelam às noções de *"poder constituinte originário"* (o qual seria inicial, ilimitado e incondicionado) e *"poder constituinte de reforma"* (que se destinaria a alterar a Constituição, tendo em vista a sua regeneração, na observância dos limites nesta estabelecidos para o efeito).

249. Consideramos, numa linha não muito distante de um determinado sector da doutrina portuguesa que alinha pelo entendimento dominante na doutrina constitucional contemporânea[412], que apenas fará sentido falar numa só noção de poder constituinte, num contexto de soberania. Só este tem, no nosso entendimento, natureza inicial e juridicamente incondicionada. Só ele é fonte de poder. O poder de revisão constitucional é um poder criado nos termos do poder constituinte, sujeito aos limites por este traçados, de modo a não poder pôr em causa a identidade constitucional.

No fundo, o poder de revisão é um poder constituído. Como tal, não parece satisfatório equiparar com uma designação idêntica, um poder subordinante e um poder subordinado, um poder juridicamente incondicionado e um poder condicionado, um poder inicial e um poder derivado e sujeito a limites normativos. No fundo, não fará sentido equiparar semanticamente o criador e a criatura.

Por outro lado, se bem que a doutrina brasileira supra mencionada (§ 249-nota de rodapé) configure o *poder constituinte de reforma* como um poder limitado, outros autores, como LAFERRIÈRE E DUVERGER teriam qualificado o poder constituinte derivado como um poder também omnipotente e incondicionado, realidade insustentável no tempo presente onde predomina o princípio da observância de limites materiais, mesmo implícitos, pelas leis de revisão. Mesmo em Constituições como a espanhola que preveem a sua revisão total através de procedimentos específicos, as mesmas nada mais fazem do que procedimentalizar o exercício de um novo poder constituinte.

[411] GILMAR FERREIRA MENDES, INOCÊNCIO MÁRTIRES COELHO, PAULO BRANCO ult. loc. cit p. 187 e 203.

[412] GOMES CANOTILHO ("Direito Constitucional" op. cit, p. 1059 e seg.) distingue o poder constituinte do poder de revisão, numa base qualitativa, e citando ZAGREBELSKI e PEDRO DE VEGA, sustenta que o poder de revisão baseia-se, é limitado e tem o seu fundamento na Constituição, diversamente do poder Constituinte que, como poder soberano, é prévio e independente.

Secção II
A problemática dos limites ao poder constituinte soberano

1. Poder constituinte e soberania

250. Restringindo a presente análise ao *poder constituinte soberano*, verifica-se que a força geradora da Constituição originária é, essencialmente, a legitimidade de uma decisão constituinte livre, auto-referencial e omnicompetente, de que o povo é sujeito material. É o *povo soberano em movimento*, na sua veste suprema de poder constituinte, que exprime a potência *criadora* de uma norma de hierarquia superior às demais onde o ordenamento de um Estado se funda em torno de um determinado paradigma político

251. Observámos, também, que as constituições nascem a partir de *atos de força*[413] *geradores de uma rutura na ordem constitucional, que podem ocorrer pacificamente através de transições constitucionais ou, ao invés, por via de revoluções. Ora, emergindo do império dos factos e logrando impor-se como manifestação de vontade soberana,* a decisão constituinte não deve, necessariamente, tributo material a qualquer norma jurídica de referência de carácter superior, sendo por conseguinte, juridicamente, um poder *livre e incondicionado*, no contexto do conceito dogmático de Constituição. *Por conseguinte as normas constitucionais geradas por um poder constituinte soberano não podem, salvo casos de autolimitação livremente adotada, ser declaradas inválidas por referência a parâmetros normativos supraconstitucionais*[414].

251. É a sua origem fáctica e existencial de ato de rutura, a sua imputação ao soberano feito povo, a sua pré-existência em relação à Constituição que por ele é legitimada e a liberdade e incondicionalidade que inere à vontade política expressa que permitem qualificá-lo como uma *decisão fundamental.*

[413] Cfr. Gianni Ferrara, ult. loc. cit, p. 592, o qual se reporta à guerra e às revoluções como eventos causacionais do processo constituinte.

[414] Liberdade e incondicionalidade que surgem como paradigmáticas em determinados processos constituintes incertos, como o atinente à turbulenta feitura da Constituição russa aprovada por referendo em 1993, dele tendo podido emergir, tanto o regime de democracia reforçada e autoritária que presentemente pontifica, como um regime puramente autoritário com traços análogos aos do antigo constitucionalismo soviético.

2. Conceções que defendem a existência de limites ao poder constituinte soberano

2.1. A problemática dos limites jurídicos "imanentes" e "transcendentes"

252. Diversos autores criticam a ideia de incondicionalidade do poder constituinte soberano, na medida em que, no Estado democrático do tempo presente, ter-se-iam imposto *limites transcendentes e imanentes* ao mesmo poder[415]. Tratar-se-ia de limites que pré-existiriam à decisão constituinte na qualidade de *princípios normativos* com caráter vinculante e que ou relativizariam a *incondicionalidade* da mesma decisão política.

Não consideraremos, neste plano, os limites heterónomos já que os mesmos, existindo comprovadamente no plano factual e jurídico, marcam a génese de um poder constituinte não soberano (supra, § 240), o qual, como poder secundário, não constitui objeto da presente análise.

Não apreciaremos, também, nesta sede, as objeções filosóficas e politológicas do constitucionalismo cosmopolita que será objeto de algumas observações especificas infra § 405, § 406, § 437 e §440).

253. Os limites transcendentes consistiriam em *"imperativos de Direito natural ou de valores éticos superiores de uma consciência coletiva"*[416]. Seriam, por exemplo, os direitos fundamentais radicados no princípio da dignidade da pessoa humana.

Os limites imanentes, realidade algo opaca na sua compreensão objetiva, decorreriam da *"noção e do sentido do poder constituinte formal enquanto poder situado que se identifica por certa origem e finalidade e se manifesta em certas circunstâncias"* e envolveria, também os *"limites que se reportam à soberania do Estado e de alguma maneira (por vezes) à forma de Estado"*[417].

A. Apreciação crítica aos limites transcendentes

254. A Construção dos limites transcendentes assumiu no universo suprapositivista algum destaque na Alemanha, logo após a segunda Guerra Mundial, surgindo como reação às ideologias totalitárias que pontificaram na Europa antes e durante o mesmo conflito (cfr, infra § 363 e seg.).

[415] Cfr. Jorge Miranda "Manual (...)", II, p. 142 e seg. Vide também Curso de Direito Constitucional", 1, op. cit, p. 151.

[416] Jorge Miranda ult. loc. cit.

[417] Jorge Miranda ult. loc. cit. 144.

Importa, *em primeiro lugar*, lembrar que os *limites transcendentes* de Direito natural carecem de aceitação unívoca como estruturas garantísticas de bens jurídicos inquestionáveis. O Direito natural, enquanto reflexo de uma ordem normativa Divina[418], apenas pode ser aceite por uma parte da coletividade que crê nessa ordem, a qual, podendo até ser maioritária, não esgota em cada Estado a totalidade do povo que é titular do poder constituinte. Por outro lado, a pré-compreensão teológica que lhe subjaz, seria insusceptível de invocação como parâmetro pela Justiça Constitucional dos Estados laicos, como o português[419].

Na verdade, a sua variabilidade axiológica, o reduzido consenso quanto à identificação dos valores que lhe subjazem, a mutabilidade ou volubilidade destes últimos e a ausência de coercibilidade, situam o direito natural num patamar ético-político e filosófico, *inservível como parâmetro objetivo da validade jurídica* do produto normativo da decisão constituinte. Ora, os *autores que defendem a existência desses limites não extraem deles as devidas consequências, já que não admitem a inconstitucionalidade de normas constitucionais originárias*[420], o que constitui a confissão de que os supostos parâmetros transcendentes, não são verdadeiros limites jurídicos.

Se as normas constitucionais se caracterizam pela sua hierarquia superior em relação às demais e se os limites transcendentes pressupõem a existência de um patamar hierárquico superior ao das próprias normas constitucionais, então como sustentar que a ofensa a uma destas normas situadas numa "hierarquia de hierarquias" passe sem sanção jurídica? Se a violação da Constituição por uma lei ordinária e a violação dos limites materiais de revisão constitucional por uma lei de revisão implicam a inconstitucionalidade e a nulidade irremediável das regras infratoras, como será possível

[418] Para G. Dietze ("Il Diritto Naturale nelle Costituzioni Moderne Europee, "Jus", Marzo, 1957, p. 534), a própria Constituição alemã tomaria em consideração a Lei Divina, como norma objetiva e eterna.

[419] Estas considerações objetivas de ordem dogmática não precludem o facto de, subjetivamente, no plano espiritual e filosófico, considerarmos existir uma ordem normativa Divina a qual implica que todo aquele que nela crê deva procurar transpor os seus valores essenciais para a ordem positiva, na medida do possível.

[420] Jorge Miranda "Manual (...)", II, 1996, p. 317-319. É sintomática a expressão do autor quando afirma que a violação de limites transcendentes por uma Constituição não implica uma questão de inconstitucionalidade mas *"uma questão que a ultrapassa"*. E mais detidamente, num reparo à nossa posição cfr "Manual (...), II, ed 2013, p. 143. Diversamente, Paulo Otero ("Direito Constitucional Português", II, Coimbra, 2010, p. 157) admite essa possibilidade.

sustentar que a violação de um limite supraconstitucional pela Constituição originária, a qual implica por maioria de razão um vício agravado, possa passar sem censura jurídica?

A resposta só pode ser uma: os referidos limites não revestem natureza jurídica e, como tal, não são parâmetros de constitucionalidade.

Em segundo lugar, verifica-se, no plano da prática constitucional, que o não acolhimento pleno por certas ordens jurídicas de certos valores aparentemente inquestionáveis pelos suprapositivistas no universo do Estado de direito democrático, não logra retirar validade constitucional às normas que restringem ou relativizam esses bens. Seria concebível perspetivar a inconstitucionalidade de normas constitucionais do ordenamento o norte-americano, pelo facto de as mesmas admitirem nos estados federados a consagração pena de morte[421]?

Na verdade, o jus-naturalismo mostra-se inapto como fundamento objetivo de limitação jurídica ao poder constituinte, em razão: do carácter instável e movediço dos bens jurídicos fundamentais que o pressupõem; da leitura subjetivista que se pode fazer dos referidos bens[422]; e da falta da sua aceitação plena na comunidade, como um "dever-ser" objetivo.

255. As considerações acabadas de expor valem para as teses da moral reflexiva, defensoras de um *suprapositivismo ético,* uma espécie de axiologia superior sem Direito natural[423]. Esta perspetiva ainda logra ser mais frágil do que a anterior pois procura ancorar-se em torno de um ideal de "justo" puramente agnóstico, que permite as mais díspares pré-compreensões subjetivistas de carácter filosófico e político, as quais vacilam entre uma ontologia liberal de valorização da pessoa humana, até conceções de remota

[421] Sobre o direito à vida e a garantia da pena de morte como um limite transcendente, vide JORGE MIRANDA "Manual (...)", II, p. 143.

[422] Tanto posições esclavagistas e anti, esclavagistas, bem como teorias de igualdade racial e de supremacia rácica já foram extraídas do direito natural, como acentua ZAGREBELSKI ("Intorno a la Legge", Torino, 2009, p. 47 e seg.), numa comparação certeira, mas deselegante, entre a convocação do direito natural por Bento VI e pelo III Reich.

[423] Cfr. em perspectivas diversas, a posição transpositiva e axiológica de R. DWORKIN "Taking the Rights Seriously", Cambridge, 1977, p. 131 e seg.; PETER HÄBERLE (cit. por IGNACIO DE OTTO, "La Posición del Tribunal Constitucional a Partir de la Doctrina de la Interpretacion Constitucional", AAVV, "El Tribunal Constitucional", III, Madrid, 1948 e seg.); LUZIA MARQUES CABRAL PINTO "Os Limites do poder Constituinte e a Legitimidade Material da Constituição", op. cit., p. 137 e seg.

inspiração marxista[424] magnificadoras dos direitos sociais e da democracia participativa.

Sustenta-se, no moralismo reflexivo e no constitucionalismo cosmopolita, que os direitos fundamentais, sobretudo os mais absolutos, como a vida e a integridade física fariam parte de um "ius commune" euro-americano com pretensões universais. Mas o que dizer deste direito quando o principal Ordenamento que se insere neste universo, o norte-americano, prevê em algumas das suas entidades federadas a pena de morte? E quando ao arrepio das constituições que ostentam esse direito, as jurisprudências constitucionais crismam o aborto por simples vontade da mulher e a eutanásia aprovados pelo legislador? Como limite transcendente, o "direito á vida" já terá conhecido melhores tempos, indo sendo modulado à vontade das maiorias e do discurso político dominante.

Quando uma moral laica em transmutação permanente tem a pretensão de se impor à Constituição, como "religião civil", com que legitimidade se pode censurar os Estados islâmicos que fazem primar a Sharia sobre as suas constituições?

B. *Os pretensos limites imanentes*

a) *Os limites imanentes à natureza do Estado*

256. Quanto aos *limites imanentes*, sustentam os seus paladinos que o seu finalismo se reconduz à origem do poder constituinte formal, enquanto *"poder situado"*[425]. Assim, por razões lógicas e teleológicas, o poder constituinte nunca poderia colidir com realidades inseparáveis do Estado a que respeita.

Não se conceberia, segundo essa conceção, que um Estado soberano que continuasse a pretender manter-se como tal, viesse a perder a sua independência; que um Estado federal passasse a assumir carácter unitário; e que um Estado democrático se viesse a fundar numa ideia de Direito autoritária.

257. Examinados os argumentos expostos, pensamos que os mesmos revelam alguma obscuridade e uma manifesta fragilidade. A história é um viveiro de exemplos que contrariam essa suposta impossibilidade de transformação da identidade primitiva do Estado. A extinção da antiga RDA e

[424] Cfr., de alguma forma, Luzia Marques Cabral Pinto, op. cit, p. 209.
[425] Jorge Miranda, ult. loc. cit, p. 44 e seg.

a fusão das suas componentes na República Federal Alemã constitui um exemplo claro de renúncia voluntária ou espontânea, imposta pelo império dos factos, por parte de um Estado à sua independência, constitucionalmente consagrada e cuja classe dirigente desejava manter[426]. No plano dos regimes políticos, já para não abordar o caso do Fascismo italiano e a desfiguração do Estatuto Albertino, verifica-se que as Constituições da Venezuela de 1999 e da Hungria de 2012 (estas últimas seguidas da aprovação de uma panóplia de leis complementares reforçadas), operaram no quadro da evolução de dois Estados democráticos de recorte liberal para o universo das do autoritarismo ou da democracia iliberal[427].

[426] Também, se por exemplo, do exercício de um novo poder constituinte alemão, no quadro de uma transição constitucional, o federalismo fosse suprimido em favor de um modelo unitário regional, não haveria fundamento para declarar a inconstitucionalidade das normas da nova Constituição que consagrasse esse modelo. Isto, porque já se teria registado a revogação global da ordem constitucional precedente, a qual, por não se encontrar mais em vigor, não poderia servir de parâmetro de controlo constitucional da mesma ordem.

[427] Considera Jorge Miranda, criticando as nossas objeções à sua exposição, que o que está em causa com os limites imanentes é *"a necessária atinência, num concreto momento histórico de um concreto Estado, do exercício do poder constituinte formal ao poder constituinte material"* (Jorge Miranda ult. loc cit. p. 144 e seg.).

Verifica-se, contudo, que essa atinência é uma realidade relativa que prescinde da noção de limites imanentes. Veja-se o caso da Constituição portuguesa de 1838. A revolução setembrista de 1836 que lhe deu origem pretendia que a Assembleia Constituinte repusesse em vigor, com alterações, a Constituição de 1822 ou que aprovasse uma Constituição fiel aos valores radicais-democratas. Esta foi, intrinsecamente, a matriz da ideia de direito inerente ao poder constituinte revolucionário. Contudo, dos compromissos gerados na Constituinte emergiu uma Constituição com algum recorte dualista, com alguns atributos mais próximos da Carta Constitucional, que fora abolida, do que da Constituição de 1822 e que, ainda por cima, foi aprovada através de sanção real, num pacto de legitimidades com a Raínha D. Maria II. Trata-se de um caso em que a partir da Assembleia Constituinte se gerou um novo poder constituinte material que quebrou a atinência hipotética (e como tal não necessária) entre o poder constituinte material revolucionário (que pretendia um sistema de base parlamentar e com limitação do poder real) e o texto monárquico dualista gerado por um poder constituinte formal pactício.

Observe-se ainda o caso da Constituição portuguesa de 1976. Se do programa do MFA e dos Pactos MFA/Partidos (supra § 209) emergiu um poder constituinte material de recorte claro (Estado em transição para o socialismo, com um sistema semipresidencialista sujeito à tutela militar do Conselho da revolução e um regime de economia mista de pendor coletivista), a Assembleia Constituinte, depois do 25 de Novembro, poderia ter tido a coragem para romper com os pactos e instituir um regime democrático civil, de base parlamentar e consagrador de uma economia social de mercado, próximo do modelo que presentemente vigora. Ora, teríamos neste caso um desvio plenamente inteligível ao poder constituinte material

b) *Os limites derivados do Direito Internacional público cogente ou imperativo*

258. Em Portugal diversos autores suprapositivistas sustentam que o direito imperativo internacional, o chamado *Jus Cogens*[428], é não apenas um parâmetro normativo da validade das demais normas jurídicas internacionais, mas, igualmente, um limite normativo às Constituições originárias.

Não se negando que as normas de *Jus Cogens* (apesar da sua total falta de efetividade prática como parâmetro jurídico) se configurem, em abstrato, como um padrão normativo de validade das normas de Direito Internacional Público, exclui-se, contudo, que o mesmo se erija a *limite das constituições dos Estados*[429]. Isto, na medida em que essa relação de prevalência não resulta minimamente das fontes de Direito Internacional que dispõem sobre a sua existência e regime nem decorre de qualquer imposição inerente ao Direito Constitucional.

259. O *Direito cogente* ou *imperativo* consiste, à luz do artº 53º da Convenção de Viena de 1969, no conjunto de princípios e regras jurídicas indispensáveis à estruturação funcionamento e subsistência de uma ordem pública internacional, e que, sendo nessa qualidade reconhecido pelos Estados que integram a Comunidade Internacional, assume uma posição proeminente na *hierarquia das normas* da mesma Comunidade. As normas de *Direito Cogente* sediam-se, no plano das "fontes", em princípios jurídicos, em costumes e em tratados, dotados de aceitação geral, constituindo um padrão de validade de normas oriundas dessas fontes que não revistam natureza cogente.

Não existe, contudo, nenhuma regra internacional ou interna que habilite essas normas a vincularem juridicamente uma Constituição. Na ordem Constitucional Portuguesa, as normas de Direito Internacional Público cogente valem na qualidade de princípios gerais, de costumes gerais e de

revolucionário que seria substituído por um novo poder constituinte material gerado no parlamento em rutura com o anterior e coerente com o produto normativo do poder constituinte formal. Quanto à coerência entre o poder constituinte formal e um poder constituinte material que imediata e necessariamente o pressupõe, trata-se de uma realidade lógica e fáctica que, todavia, torna inteiramente dispensável o recurso à confusa figura dos limites imanentes.

428 Sobre o instituto e suas diversas acepções vide, em geral, Eduardo Correia Baptista "Ius Cogens em Direito Internacional", Lisboa, 1997.

429 Contra, Jorge Miranda "Direito Internacional Público I", Lisboa, 2004, p. 156, em favor do valor supra, constitucional do "ius cogens".

tratados internacionais gerais, nos termos dos nºs 1 e 2 do artº 8º, todos eles, sujeitos a uma fiscalização da constitucionalidade que postula a sua subordinação à Constituição.

Poderá ser defendido por alguns a existência de alguns princípios de *Direito Cogente* no Artº 7º da CRP, que valem como Direito Constitucional[430]. Presumindo que se trata de normas dessa natureza, o que não se afigura correto em relação à larga maioria dos princípios aí inscritos, haverá que reconhecer que o seu valor hierárquico deriva apenas da sua natureza constitucional e não por imposição de qualquer regra heterónoma de Direito Internacional. Tão pouco as mesmas normas assumem uma posição de supremacia no universo das normas constitucionais, já que não constituem parâmetro interpretativo de outras normas (contrariamente ao que sucede com a Declaração Universal dos Direitos do Homem, de acordo com o nº 2 do artº 16º) e não se configuram, igualmente, como limites materiais à revisão, nos termos do artº 288º da CRP. Se o artº 7º fosse suprimido, ou contraditado até em diversos dos seus princípios por leis de revisão, a ordem constitucional continuaria, na essência, a ser a mesma[431].

As normas de direito cogente valem, na ordem interna, com a hierarquia própria dos tratados e dos costumes internacionais. Se as convenções internacionais assumem, na ordem constitucional portuguesa valor supra-

[430] No nosso entendimento, os princípios relativos à igualdade entre os Estados, solução pacifica de conflitos, não ingerência em assuntos internos e cooperação com todos os povos são princípios de direito Internacional geral mas não direito imperativo (a sua violação é uma constante na realidade internacional e a sanção dessa violação, quando existe, é política). A abolição do colonialismo, imperialismo, agressão e exploração são valores de um certo tipo de discurso político internacional estranho ao Direito imperativo. Apenas a independência nacional (e o direito aos recursos naturais próprios) e o respeito pelos direitos do homem na sua dimensão absoluta (direito humanitário da guerra, proibição do genocídio e de crimes contra a humanidade) poderá entoncar num parâmetro de direito imperativo.

[431] O novo conceito estratégico da Aliança Atlântica, adotado em 1999, e aceite pelo Estado Português, contradiz não só o artº 5º do próprio Pacto do Atlântico, mas também a Carta das Nações Unidas em matéria da proibição de guerras de agressão, admitindo atos militares ofensivos de carácter preventivo que reprimam situações de ameaça à paz e estabilidade da área Euro-Atlântica.

Ora, se o referido conceito estratégico fosse inserido no conceito de defesa da Constituição portuguesa, tal norma constitucional que o corporizasse derrogaria uma parcela do artº 7º e colidiria com a Carta das Nações Unidas e com o princípio cogente da proibição das guerras de agressão, mas não acarretaria, contudo, a inconstitucionalidade dessa norma constitucional. Apenas a responsabilidade internacional do Estado português.

-legislativo (nº 2 do artº 8º da CRP) mas infraconstitucional (nº 1 do artº 278º da CRP) e se, no plano internacional, as convenções e os costumes têm a mesma hierarquia, então, concluir-se-á que os costumes gerais vigoram diretamente na ordem interna portuguesa com uma posição hierárquica idêntica à das convenções(nº 1 do artº 8º da CRP). Se assim sucede, normas de direito imperativo constantes de costumes ou convenções vigoram na ordem interna com o valor das demais fontes costumeiras ou convencionais, ou seja, respeitando a Constituição e prevalecendo sobre o direito ordinário interno.

Não existe, deste modo, supremacia do direito cogente sobre a Constituição originária e não existe uma via substantiva, jurisdicional e processual que permita a declaração da invalidade de normas constitucionais por contradição com normas que, na lógica da CRP, assumem valor infraconstitucional.

260. As considerações acabadas de expor não significam que a soberania estadual, mesmo a constituinte, não seja, como se disse supra, fortemente condicionada pela ordem jurídica Internacional. Só que, esse condicionamento, imposto pelas relações inter-estaduais, resulta mais de uma auto-limitação política do Estado do que de uma heterolimitação jurídica.

A Comunidade Internacional, sobretudo no contexto global do tempo presente, pode sancionar e isolar Estados *párias* que incumpram com regras básicas de ordem pública internacional ou com princípios essenciais de tutela de direitos fundamentais (realidade que ocorreu com a África do Sul, Iraque e com o Afeganistão). E não é menos certo que, na OIT (Organização Internacional do Trabalho), na *Comissão das Convenções e Resoluções*, os Estados são, por vezes, instados a alterar disposições constitucionais que colidem com convenções por eles ratificadas.

Se esse condicionamento ocorre a partir do Direito Internacional comum, por maioria de razão ocorrerá num tempo de cosmopolitismo e escrutínio global no domínio dos direitos. Só que não é essa não sintonia que faz com que as Constituições de Estados infratores que violem regras de direito humanitário possam ser tidas como juridicamente inválidas em face do Direito Internacional com o qual colidam, pelo que a única consequência de semelhante colisão consiste na fixação de sanções políticas aos Estados, a sua responsabilização internacional por incumprimento do Direito ao qual se encontram sujeitos ou até o julgamento, em certos casos dos seus, dirigentes e agentes políticos e administrativos em caso de violação do Direito Internacional Penal[432].

c) Nota complementar: os limites "imanentes" derivados do direito da União Europeia

i) Limites jurídicos

261. Outro limite de natureza equivalente poderia ser configurado na esfera da ordem jurídica da União Europeia[433].

Foi, sensivelmente, desde o caso *Van Gen en Loos* de 5 de Fevereiro de 1963, por força do qual o hoje designado de Tribunal de Justiça da União (TJU) reconheceu a *aplicabilidade directa* do Direito Europeu nos ordenamentos dos Estados-Membros da Comunidade Europeia que, por via jurisprudencial, se tem procurado criar um suposto "Direito Constitucional europeu". Nessa sua linha interpretativa de viés federalista, o TJU defendeu a supremacia de todo o Direito Comunitário, originário e derivado, sobre todo o Direito interno dos Estados-Membros, incluída a Constituição (casos *Costa/Enel, de 15 de Julho de 1964, Internationale Handelsgesellschaft, de 17 de Dezembro de 1970, e Simmenthal, de 9 de Março de 1978*)[434].

Esta tese da federalização pretoriana do Direito Comunitário, com a sua consequente supremacia "soberana" sobre as Constituições dos Estados-Membros e uma transferência para as instituições supranacionais do próprio poder constituinte dos estados esteve até 2005 em expansão e é

[432] Mesmo a inobservância do *Jus Cogens*, podendo acarretar efeitos jurídicos em sede de responsabilidade internacional do Estado, opera quanto a essa nos mesmos termos das demais normas de Direito Internacional quando violadas pela conduta de um Estado, não configurando uma panóplia normativa de valor supraconstitucional.

[433] Segue-se as linhas gerais do estudo Carlos Blanco De Morais "A Sindicabilidade do Direito da União Europeia pelo Tribunal Constitucional Português", in "Estudos Sérvulo Correia, I, Coimbra, 2010, p. 221 e seg.

[434] Tal como é referido por certa doutrina, o Tribunal *"cortou o cordão umbilical que ligava a Comunidade ao Tratado de origem, de modo a que a mesma Comunidade constituísse um ordenamento originário em relação aos ordenamentos nacionais.* Nessa base, o TJU raciocinaria *"como se a Comunidade Europeia fosse um Estado Federal, embora imperfeito e ainda situado num estádio embrionário de formação"* e como *"se o Tratado fosse uma Constituição" (e assim o define no Parecer 1/91 de 14 de Dezembro de 1991 (...)), susceptível de fornecer ao mesmo Tribunal o parâmetro para um juízo de legitimidade, não só das normas comunitárias, mas também dos actos dos Estados, Membros (...)"* Mario Patrono "I Diritti Dell'Uomo Nel Paese D'Europa", Padova, 2000, p. 176 e seg.

defendida por um conjunto expressivo de autores comunitaristas e administrativistas estrangeiros[435] e portugueses.[436]

262. Sendo inegável o *percurso federal* desde há muito trilhado pela União Europeia e a componente federalizante de alguns dos pilares em que assenta presentemente a sua estrutura organizatória e funcional (mormente no plano monetário, orçamental e, quiçá, bancário), consideramos que, no momento atual, em que vigora o Tratado de Lisboa de 2010, a União assume uma *natureza confederal*, não dispondo os seus tratados institutivos de valor constitucional.

263. Três razões militam para que se exclua a supremacia jurídica do direito da União europeia sobre o direito Constitucional originário ou derivado.

1º *No plano da natureza e morfologia das coletividades estatais a União Europeia não é um Estado e, como tal, não pode ser regida por uma Constituição, mas sim por tratados internacionais celebrados livremente entre Estados soberanos que os podem alterar por acordo e deles se podem unilateralmente desvincular.*

Se por *"constituição"* se pretende aludir à norma de organização e funcionamento de uma associação de Estados ou de uma organização internacional supranacional, a expressão não levantaria objeções[437]. Contudo, se se pretender referir a noção de *Constituição* em sentido dogmático, verifica-se que a mesma é inaplicável fora do Estado.

Dado que Constituição em sentido dogmático se encontra ligada indissociavelmente à estatalidade cumpriria demonstrar que a União Europeia é um Estado. Ora, nenhum autor logrou demonstrar o carácter estadual da

[435] Ernst Pettersmann "Proposals for a New Constitution for the European Union: Building, Blocks for a Constitutional Theorie and Constitutional Law of the EU", "Common Market Law Review", 32, 1995, p. p. 1123 e seg.; Frederico Mancini "The Making of a Constitution for Europe", "Common Market Law Review", nº 26, 1989, p. 595; Santiago Muñoz Machado "La Unión Europea y las Mutaciones del Estado", Madrid, 1993, p. 59; AAVV "La Constitucion Europea", Madrid, 1994.

[436] Francisco Lucas Pires "Introdução ao Direito Constitucional Europeu", Coimbra, 1997; Carla Amado Gomes "A Natureza Constitucional do Tratado da União Europeia", Lisboa, 1997 (que considera que o Tratado da União Europeia, sendo um projecto constitucional, não seria ainda uma Constituição); André Gonçalves Pereira e Fausto de Quadros "Manual de Direito Internacional Público", Coimbra, 2013, p. 124 e seg. (em favor da supra, constitucionalidade do Direito Comunitário).

[437] Vide este sentido puramente referencial de *constituição* das organizações internacionais, utilizado por diversos autores jus-internacionalistas, como assinala Carla Amado Gomes, ult. loc. cit, p. 21.

mesma União, já que nela se encontram ausentes os atributos típicos do Estado reconhecidos pelo Direito Internacional Público geral: povo, território e poder político soberano[438]. Quanto a este último atributo, a ideia de que os seus poderes resultam de uma delegação de faculdades soberanas, sempre modificável ou revogável, e não de uma transferência definitiva, encontra-se presente na jurisprudência do Tribunal Constitucional Alemão[439]. Não é, pois, concebível um Estado cujo poder soberano se defina como um poder delegado por outros Estados[440].

[438] *Esta não dispõe, em primeiro lugar, de um território* com fronteiras próprias sendo o seu espaço composto pelo somatório das fronteiras dos Estados que a integram, as quais são reconhecidas pelas Nações Unidas e pelo Direito Internacional, como fronteiras próprias dos Estados-membros e não da União.

Tão pouco dispõe o mesmo ente de um *"povo"* em sentido jurídico. A *"cidadania europeia"* (cfr. artº 9º do Tratado de Lisboa) não constitui uma realidade originária, mas derivada e dependente da cidadania nacional, já que é atribuída a um dado sujeito pelo único e simples facto de este ser cidadão de um dos Estados-Membros, os quais são exclusivamente soberanos para determinar os critérios de atribuição dessa mesma cidadania. Trata-se de um direito que, como refere o referido preceito, acresce e não substitui a cidadania nacional, não podendo a cidadania europeia ser concedida a pessoas que não sejam cidadãos nacionais. Por outro lado, os direitos atribuídos pelos Tratados aos cidadãos europeus (livre circulação, direito de voto para as eleições europeias, proteção diplomática, entre outros) são absolutamente insuficientes para investir qualquer pessoa no "status" de cidadão de pleno direito de uma realidade estadual.

Finalmente no plano da soberania, a União Europeia não é titular de um poder soberano de natureza originária e genérica que exerça em nome próprio. As responsabilidades públicas que exerce em nome de todos os Estados-Membros (que muitos reduzem à ideia de soberania partilhada ou exercida em comum pela União) e lhe foram por estes delegadas através do Tratado institutivo, também por tratado podem ser sempre modificadas no sentido do seu alargamento ou redução (não existindo, nem podendo existir, qualquer *proibição implícita de retrocesso*).

[439] Segundo o Tribunal, na decisão sobre o Tratado de Lisboa, a autorização, para, nos termos do artº 23.1 da Constituição se delegar poderes na U E depende na "manutenção da natureza soberana do Estado" http://www.bundesverfassungsgericht.de/entscheidungen/es20090630_2bve000208en.html).

[440] O mesmo Tribunal, numa recente sentença sobre o Tratado de Lisboa, resumiu a essência da questão no quadro da seguinte ideia: na ordem jurídica alemã, o acesso desse País a um qualquer Estado Federal europeu exigiria a aprovação de uma nova Constituição. Contudo, não é essa a realidade que está em causa com o Tratado de Lisboa. A União Europeia continua a ser uma união de domínio (*Herrschaftsverband*) fundada no Direito Internacional, uma união permanentemente suportada na decisão fundacional dos Estados-Membros, dotados de carácter soberano http://www.bundesverfassungsgericht.de/entscheidungen/es20090630_2bve000208en.html)

2ª. *Não existiu na União europeia um processo constituinte imputado à vontade dos povos europeus da qual tenha resultado a criação de uma Constituição aceite pelos Estados-Membros como ordem jurídica superior à das constituições nacionais, tendo-se frustrado em 2005 uma tentativa de criação de um pacto federal europeu através de um Tratado Constitucional.*

Mas, para lá de as noções de Estado e Constituição se pressuporem reciprocamente, existe outra condição existencial da mesma Constituição que importa examinar, e que é o *poder constituinte.* Não existem constituições "implícitas" reveladas pelos tribunais: uma Constituição sem poder constituinte é filha de pai incógnito e carece de legitimidade popular[441].

3ª. *Se, por ausência de uma cláusula de prevalência ínsita nos tratados e admitida constituições dos Estados-membros, as normas dos tratados institutivos da União europeia não prevalecem sobre os princípios identitários e normas estruturantes dessas constituições, por maioria de razão não poderão prevalecer sobre o poder constituinte que lhes deu origem.* O Tribunal Constitucional alemão na sua Sentença sobre o Tratado de Lisboa[442] proferida em 2009, e já referida supra, exprimiu algumas asserções muito importantes e de referência incontornável sobre essa matéria[443].

4º *Interpretando a Constituição portuguesa na mesma linha de entendimento da jurisprudência constitucional alemã, decorre do nº 4 do artº 8º da CRP que o direito europeu só pode prevalecer sobre a Constituição se essa prevalência decorrer dos tratados institutivos, o que não sucede. Mas mesmo que tal viesse a suceder por alteração dos mesmos tratados, essa prevalência não poderia nunca afetar os "princípios fundamentais do Estado e direito democrático", ou seja, as estruturas jurídicas identitárias da República portuguesa como Estado de direito democrático com caráter soberano, as quais se reconduzem aos limites materiais intangíveis de revisão constitucional previstos no artº 288º.*

[441] É certo que se procurou criar,como se já referiu *supra*, na Europa, numa reprodução mimética da Convenção americana de Filadélfia, uma Constituição Europeia, sob a forma de Tratado Constitucional que continha todas as características de um Pacto constituinte federal e que intentava criar as bases de uma Federação europeia. Sucede, porém, que os referendos francês e holandês de 2005 feriram de morte o processo constituinte europeu.

[442] (http://www.bundesverfassungsgericht.de/entscheidungen/es20090630_2bve000208en.html).

[443] Para um sumário do aresto vide Carlos Blanco de Morais "A sindicabilidade do Direito da União Europeia", op. cit.

Alguns autores[443-A] contestam esta afirmação ínsita na anterior edição deste livro, entendendo que incorreríamos numa visão legalista e formalista que ignoraria o "acquis communautaire" e tudo o que ocorreu no processo de integração, com relevo para o papel da jurisprudência da União. Não é possível acolher a crítica. Na verdade, quando está em causa determinar se existe uma norma heterónoma que prevalece sobre a Constituição de um Estado e representando essa Constituição uma superior manifestação de soberania fundacional do mesmo Estado, necessário se torna saber o que diz a Constituição a esse respeito, como norma de referência do ordenamento português. Ora, se a Lei Fundamental, no nº 4 do seu artº 8º, condiciona, em primeiro lugar, o modo de aplicação interna (incluindo a prevalência) das normas jurídicas europeias "aos termos definidos pelo Direito da União", então haverá que concluir que, como as competências da mesma União derivam dos Tratados e como o nº 6 do artº 7º da CRP dispõe que as competências delegadas por Portugal na União são "convencionadas", ou seja, acordadas nesses Tratados, parece inequívoco que o Direito da União a que o nº 4 do artº 8º se refere só pode constar dos tratados. O contrário faria com que no mesmo Direito figurasse a jurisprudência do TJ da União, cujos precedentes a Constituição não reconhece como fonte de direito interno, mormente como fonte constitucional ou supraconstitucional. Se a supra-constitucionalidade do Direito da União ficasse dependente do decisionismo do TJ, carente de legitimidade constituinte e embasamento no Direito institucional europeu (mormente no Tratado de Lisboa), os Estados deixariam de ser "senhores dos tratados" tal como lapidarmente reconhece o Tribunal Constitucional alemão. A leitura feita ao nº 4 do artº 8º, sistematicamente conjugada com o nº 6 do artº 7º da CRP é, deste modo, uma leitura não formalista, mas sim objetivista da natureza da União, do que é disposto nos seus tratados e do modo como estes são recebidos pela Constituição da República. Uma clausula constitucional tão importante como a de um reenvio receptício para Tratados, relativamente ao modo como estes ou outras normas prevalecem ou não, sobre o direito ordinário interno e sobre a própria Constituição, deve seguir uma rigorosa interpretação lógico-sistemática, histórica e teleológica e não artifícios de natureza tópica e saltos lógicos que, sem fundamento normativo, alcem em

[443-A] Jónatas Machado "Direito da União Europeia", Coimbra, 2014, p. 65.

hierarquia supraconstitucional, uma fonte do direito, a jurisprudência do TJ, a quem nenhuma norma de referência reconhece inequivocamente essa supremacia (vide infra §405 e seg., as hesitações que se manifestam entre os próprios expoentes do constitucionalismo cosmopolita).

O elemento histórico da interpretação é, também, relevante e é, precisamente, por considerarmos "tudo o que ocorreu no processo de integração", que valoramos o ato histórico de rejeição da clausula de supremacia do direito da União sobre as Constituições dos Estados em referendo na França e Holanda e a subsequente morte do tratado constitucional que o acolhia; as decisões de inconstitucionalidade tomadas sobre normas de direito europeu pelo Tribunal Constitucional alemão; e o fenómeno político soberanista que ocorre com especial vinco desde 2016 e cuja dinâmica questiona, politicamente, a posição que ora se critica. É também na base de se considerar "tudo o que ocorreu" em Portugal no plano da integração europeia, que se assinala que o nº 4 do artº 8º da CRP foi concebido, prematura e apressadamente, para se encaixar no artº 6º-I do Tratado Constitucional europeu, o qual não viu a luz do dia. Interpretar o nº 4 do artº 8º à luz de uma norma nada-morta desafia qualquer regra consistente de hermenêutica constitucional.

Em síntese, se o Tribunal Constitucional pode fiscalizar normas de direito europeu contrárias às estruturas fundamentais do Estado presas à identidade constitucional, tal significa que as normas de Direito Europeu (mesmo que qualificadas como *Direito Europeu originário*) não poderão condicionar juridicamente o poder constituinte soberano que institui essas estruturas. No limite, nunca poderão por em causa os princípios fundamentais da República Portuguesa como Estado de direito, soberano e democrático.

ii) Limites políticos

264. ***As considerações acabadas de expor, feitas no plano jurídico-normativo, não obstam a que no plano fáctico, o poder constituinte dos Estados-Membros da União Europeia esteja sujeito a limites políticos.***

A União Europeia é, nos termos dos seus tratados uma comunidade material de Estados de direito democrático. Salvo situações de exceção, não existe espaço para a inclusão na mesma União, de regimes políticos caracterizados pela natureza não democrática das suas instituições soberanas, pelo arbítrio e pela violação sistemática de direitos fundamentais (cfr. os valores ínsitos no artº 2º do Tratado de Lisboa). A ocorrerem violações graves de axiomas como a democracia, pluralismo, dignidade humana, princípios ancilares do Estado de direito e o conteúdo essencial de direitos de liberdade, o Estado em causa poderia ser objeto de uma suspensão dos seus direitos nos termos do artº 7º do referido Tratado e, no limite, forçado politicamente a abandonar a União.

Neste sentido, o poder constituinte de cada Estado-Membro da União é livre e incondicionado no plano jurídico e a Constituição produzida não pode ser declarada inválida por violação dos tratados. Contudo, essa liberdade tem um preço, na medida em que, caso haja uma incompatibilidade grave e inultrapassável entre a Constituição aprovada e os valores do artº 2º do Tratado de Lisboa, o Estado em causa sofrerá as sanções previstas. Só que, mesmo fora da União, subsistirá como Estado soberano regido pela Constituição que adotou[444].

Uma situação ambígua desta natureza esteve algo presente com a aprovação da nova Constituição Húngara de 2012. Não estando em causa a essência da democracia, nem a defesa da dignidade da pessoa humana[445], verifica-se, no entanto, que a nova Lei Fundamental terá criado pressupostos, diretos e indiretos, para uma redução controvertida da competitividade eleitoral, do pluralismo político, da independência judicial. O poder constituinte (democraticamente expresso) foi inteiramente livre e soberano para criar uma Constituição desta natureza, pese os reparos, censuras e ultimatos políticos oriundos da própria União Europeia. A pressão externa, contudo, não logrou forçar o regime a alterar a sua constituição, realidade que, sem prejuízo do caráter discutível de algumas das suas componentes, milita em favor da soberania constituinte dentro dos Estados da União Europeia.

2.3. A ausência de juridicidade nos chamados "limites estruturais"

265. Os limites de ordem política, ética, religiosa, económica, social e cultural, que alguns expoentes do institucionalismo[446] e do estruturalismo[447]

[444] Jónatas Machado "Direito da União Europeia", Coimbra, 2014, p. 65.

[445] Sendo, por exemplo, consagrada em contra-corrente com a *inteligensia* dominante na Europa, a criminalização do aborto e a proibição do casamento entre pessoas do mesmo sexo.

[446] C. Mortati "Costituzione", Encic. Del Diritto", XI, p. 168 e seg.; e "Studi sul Potere Costituente e sulla Riforma Costituzionale dello Stato", "Scritti", I, 1972, Milano.

[447] Cfr. Pedro de Vega "La Reforma" (...) cit., p. 75; Marcelo Rebelo de Sousa "Direito Constitucional" cit, p. 35 e seg.

reconduzem a "limites estruturais", tão pouco vinculam juridicamente a Constituição originária.

É inegável que realidades da natureza descrita condicionam individual ou grupalmente os decisores constituintes, na medida em que uma Constituição faz opções ou escolhas no domínio da organização do poder e da sociedade que refletem todas essas variáveis[448]. O poder constituinte pode optar por um Estado laico ou por um Estado confessional; pode pronunciar-se por um Regime democrático ou por um regime autocrático fundado em diversos tipos de legitimidade; pode produzir normas com uma propensão de maior neutralidade axiológica ou introduzir normas programáticas e princípios normativos insuflados de valores de ordem ética; pode, finalmente, instituir uma economia de mercado ou uma economia coletivista de raiz marxista.

As forças políticas que desencadeiam e lideram o processo constituinte são inevitavelmente marcadas por todo esse tipo de influências, as quais se manifestam, unilateral ou compromissoriamente, nas suas opções ideológicas, nas pré-compreensões individuais dos titulares que intervêm e influem nesse mesmo processo e, ainda, na perceção pelos mesmos, num dado momento e contexto histórico, da consciência política, social e cultural dominante na comunidade. E o Direito Internacional público, bem como as relações internacionais, assumem uma expressiva força condicionante sobre as opções do constituinte.

Só que este tipo de limites ou condicionamentos assumem natureza essencialmente política, axiológica e cultural e não um carácter jurídico normativo. Com efeito, uma norma constitucional não pode ter-se juridicamente como inválida por contrariar, por exemplo, uma linha religiosa ou económica dominante na sociedade, a qual não tenha sido considerada em conta pelos constituintes, dado que, semelhante tipo de realidade, inscreve-se na esfera do sistema social e não no espectro do sistema jurídico.

266. É inegável que uma contradição entre o conteúdo de uma dada Constituição e as estruturas económicas, sociais e religiosas enraizadas numa comunidade estadual pode muito bem conduzir à nominalização das normas constitucionais, ao seu desacatamento, à deslegitimação da Constituição e a uma rutura constitucional. Só que, semelhante cenário, intrinsecamente político, nada tem a ver com a validade jurídica das controvertidas

[448] MARCELO REBELO DE SOUSA, op. cit, p. 62.

normas da mesma Constituição, as quais subsistem formalmente enquanto não forem modificadas por via de revisão, de interpretação constitucional evolutiva, de uma transição constitucional ou de uma revolução.

Em suma, existem limites políticos, éticos, sociais e culturais ao poder constituinte que são desprovidos de valor jurídico *mas que podem influir na durabilidade e na legitimidade da Constituição ditada por esse poder. Uma Constituição que lhes seja contrária não será juridicamente inválida, mas arriscará a sua nominalização e a sua subsistência.*

Capítulo II
Transformações da Constituição

Secção I
Tipologia sinóptica sobre as alterações constitucionais

1. Introdução

267. Embora com uma pretensão de vigência indeterminada, as Constituições são sempre produto do seu tempo. Como tal, muitas das suas normas tendem a oxidar à medida que se confrontam com factos novos que conduzem ao seu desajustamento em relação à realidade política, económica e social.

Daí que a mutabilidade das Constituições e das suas normas constitua uma realidade existencial que antes de ser jurídica é fundamentalmente política, tal como, aliás, sucede com a própria decisão constituinte.

268. A fórmula "alterações constitucionais" é suficientemente abrangente para abordar duas realidades:

i) A da *alteração total da Constituição,* que implica a substituição de uma constituição material por outra;
ii) A da *alteração parcial da Constituição,* que envolve uma modificação do conteúdo de um conjunto delimitado de disposições normativas da Lei Fundamental sem prejuízo da subsistência da identidade substancial desta última.

2. Alterações totais da Constituição – a transição constitucional e a revolução: noção e remissão

269. Na análise que fizemos ao poder constituinte tivemos oportunidade de abordar a *revolução* (supra § 229) *e a transição constitucional* (supra, § 231) como fenómenos causais de alterações totais da Constituição que envolvem materialmente um ato de novação do poder constituinte.

A expressão "total" deve ser relativizada pois pretende significar uma modificação da Constituição material, que não obsta em alguns casos (raros, por sinal) à subsistência de normas formalmente constitucionais da ordem precedente.

3. Alterações parciais da Constituição

3.1. Tipologia

270. As alterações parciais implicam modificações, expressas ou implícitas, numa parte ou segmento do complexo de normas de uma Constituição, sem afetação do seu núcleo identitário.

Como alterações *expressas* haverá a considerar *a revisão constitucional e a derrogação constitucional.* Como alterações implícitas a *interpretação evolutiva e o fenómeno da mutação informal da Constituição.*

3.2. Alterações expressas

A. A revisão constitucional: introdução e remissão

271. A revisão constitucional consiste numa alteração *expressa e parcial*[449] de uma Constituição cuja subsistência intenta *garantir*, e que opera com observância das regras estipuladas para o efeito na própria Lei Fundamental e com respeito pelo seu núcleo identitário.

272. É uma alteração *expressa,* na medida em que envolve a produção de normas constitucionais através de um processo especial e agravado estabelecido para o efeito na própria Constituição, o qual reflete uma intencionalidade particular do poder constituinte no sentido de habilitar a modificação do estatuto do poder. Não são admissíveis formas implícitas, tácitas e subtis de revisão constitucional como trâmite normativo, as quais defrau-

[449] Jorge Miranda "Manual (...)", II, op. cit, p. 174 e seg.

dam essa intencionalidade processual e, por conseguinte, criam o risco de uma fraude à Constituição[450].

273.A revisão consiste, também, numa *alteração parcial*, já que não pode envolver todo o texto constitucional ou o seu núcleo identitário pois, nesse caso, a Constituição material já seria outra e já se estaria diante de uma das modalidades de transição constitucional e não de uma revisão.

274. Finalmente, a revisão constitucional consiste, também, num *instituto de garantia* da *própria Constituição*, sendo nessa expressa qualidade incluída na Parte IV da Constituição de 1976, a par da fiscalização da constitucionalidade.

Mas, se a revisão constitucional se destina a operar modificações na Lei Fundamental, não constituirá um paradoxo afirmar que o mesmo instituto contribui, simultaneamente, para a garantia da referida Constituição? Será possível conceber uma garantia vocacionada para a eliminação de parcelas do objeto garantido? Pese o facto de a Constituição ser uma "filha do poder constituinte que vive no futuro"[451]; pese a plasticidade dos seus princípios e a abertura das suas normas; e, pese ainda, a utopia profética e milenarista de certos constituintes fundamentalistas, o facto é que o devir político, social, cultural e económico tende a fazer deslaçar muitas normas constitucionais do objeto que intentam regular. Toda a Constituição é, como se disse supra, uma Lei Fundamental *"no tempo"*, já que, a realidade político-social com a qual as suas normas se confrontam encontra-se sujeita a mutações históricas, não deixando *"incólume o conteúdo da Constituição"*, pelo que se existir uma petrificação normativa desse conteúdo, a mesma Constituição não logra cumprir com a sua função[452].

Uma "*Constituição* não pode fazer-se por si própria: *alguém a fez e não apenas de uma vez, mas em várias ocasiões. É mutável (...) e não pode vigorar se não se adaptar ao tempo e a diferentes circunstâncias. A sua vida é prolongada pelo facto de, em tempos diversos, se alterarem algumas das suas partes*"[453]. É por isso que uma Constituição não é redutível ao legado normativo do poder constituinte,

[450] Cfr. EUGENIO RIPPE "Riforma della Costituzione o Assalto alla Costituzione", Padova, 2000, p. 42 e seg. e p. 73 e seg.

[451] KLAUS STERN "Derecho del Estado de la Republica Federal de Alemania", Madrid, 1987, p. 201.

[452] BENDA, in BENDA, MAIHOFFER, VOGEL, HEYDE "Manual (...)" cit, p. 8 e seg.

[453] GEORGE SAVILE (MARQUÊS DE HALIFAX) "Political Thoughs and Reflexions", cit. por GIANFRANCO MIGLIO "Verso Una Nuova Costituzione", I, Milano, 1983.

embora não possa subsistir como tal se os fundamentos nucleares desse legado forem suprimidos ou depreciados. Em suma, uma desconformidade entre a norma e a realidade tende a erodir a normatividade da Constituição e a contribuir para a sua nominalização, facto que convida à deslegitimação do texto fundamental e à emergência de ruturas constitucionais.

Neste sentido a revisão permite conservar a Constituição regenerando[454] e atualizando o seu preceituado.

275. Tal como se antecipou, o poder de revisão consiste num poder constituído, sem prejuízo de, no respetivo processo, serem produzidas normas com a mesma hierarquia da generalidade das disposições normativas que constam na Constituição originária. E é um poder constituído porque deve observar, sob pena de invalidade, os limites que para o efeito lhe foram fixados pelo poder constituinte. O único fenómeno conhecido de *normas constitucionais inconstitucionais* deriva da colisão das regras produzidas por uma Lei de revisão constitucional com as *normas sobre a normação* da lei Fundamental que regem o seu processo de alteração questão que será desenvolvida infra § 309 e seg. e 325 e seg.).

B. A derrogação constitucional com carácter derivado

276. A derrogação constitucional, também designada por alguns como auto-ruptura constitucional, consiste numa quebra[455] ou exceção de um princípio ou regra geral estruturante de uma Constituição, para um ou vários casos singulares, autorizada por uma disposição normativa da própria Lei fundamental. Isto significa que a referida regra ou princípio vigoram permanentemente para a generalidade dos casos, salvo para uma situação individualizada e, eventualmente, concreta, a qual será regida por um regime excecional contido na norma derrogatória.

Pode falar-se em *derrogação originária* se a mesma exceção consta do texto primitivo da Constituição. É o caso já referido do artº 292º da Constituição portuguesa que ao conferir valor constitucional a uma lei revolucionária (a Lei nº 8/75 de 25 de Julho e as suas duas alterações) que permite a incriminação retroativa dos agentes da ex Pide/DGS[456]. Haverá uma *derro-*

[454] Jorge Miranda "Manual (...)", II, op. cit, p. 175.

[455] Carl Schmitt "Teoria de la Constitución (...)" op. cit, p. 116.

[456] Tratava-se dos agentes de polícia de Estado do Regime político corporativo (deposto pela Revolução de Abril de 1974) em derrogação do principio da legalidade penal que, nos termos do nº 1 do artº 29º da CRP proíbe a retroatividade da lei penal incriminadora.

gação derivada se a exceção em causa for introduzida por uma revisão constitucional ou a aprovação de uma lei com valor constitucional. Observe-se o caso da extensão por mais um mandato do Presidente do *Reich* Alemão (República de Weimar) pela lei Constitucional de 27 de Outubro de 1922 e do Presidente Finlandês Kekkonen em 1974, por força de uma "lei de exceção" de valor para-constitucional, aprovada por 5/6 dos votos.

277. Cremos, contudo, que *a derrogação constitucional só se define como instrumento de transformação da Constituição quando assume natureza derivada*[457] e, nessa sede, a sua autonomia em relação à revisão constitucional é escassa, pois a mesma derrogação processa-se através da aprovação de uma lei de revisão ou de uma lei dotada de valor constitucional que segue, em regra, um procedimento análogo ao da referida revisão. No fundo, a derrogação constitucional derivada *constitui uma forma peculiar de revisão constitucional* traduzida na aprovação de uma regra excecional que conforma uma quebra a um princípio ou uma regra geral pré-estabelecida.

278. As derrogações derivadas podem suscitar controvérsia sobre a sua constitucionalidade quando implicam exceções aos limites materiais de revisão constitucional ou seja, quando incidem sobre princípios ou regras identitárias da constituição que não possam ser alteradas num sentido supressivo ou substancialmente redutor, mediante um processo de revisão.

Se, por exemplo, o artº 292º da CRP não constasse to texto originário da Lei Fundamental mas fosse, antes, introduzido através de revisão constitucional, ele seria rotundamente inconstitucional por violação do limite material de revisão constitucional constante da alínea d) do artº 288º que preclude a depreciação ou a supressão, total ou parcial, dos princípios e regras estruturantes dos direitos, liberdades e garantias, constituindo o princípio da legalidade penal , enunciado no nº 1 do artº 29º da CRP, uma destas disposições estruturantes.

[457] A derrogação originária não transforma a Constituição pois faz dela parte desde a sua origem.

3.3. As mutações informais da Constituição

A. *Noção*

a) Introdução ao fenómeno e ensaios de caracterização

279. A normatividade de uma Constituição nunca se reduz ao seu texto, porque toda a constituição positivamente decidida nunca é uma construção acabada[458].

A Constituição experimenta alterações formais por via de revisões textuais, mas, sofre, igualmente, alterações informais e difusas que desvitalizam ou alteram o seu sentido, sem que os correspondentes preceitos experimentem qualquer modificação no respetivo texto.

Estas alterações tácitas ou implícitas da Lei Fundamental em que o conteúdo das normas é modificado sem prejuízo de a letra dos preceitos se manter intocada, são designadas de *mutações informais da Constituição*[459].

A mutação informal *não é um instituto mas um fenómeno.* E um fenómeno difícil de definir, de limitar e de qualificar quanto à sua natureza, pese o facto de, como realidade fática e jurídica, produzir impactos incontornáveis no plano da metódica da interpretação constitucional, da legitimidade democrática e da separação de poderes.

280. Gomes Canotilho entende que as mutações constitucionais, ou são *endogenéticas* e consistem num ato legítimo de interpretação (do que resulta, contudo, a falta de autonomia da figura da mutação face à da interpretação), ou são *exogenéticas* envolvendo, fora do processo de revisão, a criação silenciosa de normas constitucionais que exorbitariam o programa

[458] Segue-se, aqui, muito de perto, quer o nosso escrito "As mutações constitucionais de fonte jurisprudencial: a fronteira crítica entre a interpretação e a mutação" in AAVV "Mutações Constitucionais", org. Gilmar Mendes-Carlos Blanco de Morais, S. Paulo, 2016, p. 65 e, ainda, um nosso texto anterior *"As Mutações Constitucionais Implícitas e os seus Limites jurídicos: autópsia de um Acórdão controverso"*, publicado na obra coletiva "Democracia e Controlo de Constitucionalidade", Coordenada por André Fellet e Marcelo Novelino, S. Paulo, 2012. Vide, igualmente Catarina Santos Botelho "Constitutional Narcisism (...)" op. cit, que sublinha que a pedra fundacional legada pelo poder constituinte é apenas parte (embora "a mais magnificente") do processo de feitura de normas constitucionais.

[459] Anna Cândida Ferraz ("Processos Informais de Mudança da Constituição: Mutações Constitucionais e Mutações Inconstitucionais". São Paulo 1986, p. 12) qualifica as mutações de *"processos indiretos, processos não formais ou processos informais para designar todo e qualquer meio de mudança constitucional não produzida pelas modalidades organizadas de exercício do poder (...)"* de emenda constitucional.

normativo e o compromisso constitucional, provocando a derrocada das suas normas[460]. Trata-se de uma *construção restritiva* de mutação que, tendo a vantagem da sua simplicidade, não resolve muitos problemas: por um lado, em diversos casos típicos de mutação não se rompe gravemente com os princípios estruturantes da identidade ou do compromisso constitucional; por outro existem mutações que não se confundem com um processo linear de interpretação evolutiva[461]. Não sendo mutações em sentido exogenético nem soluções interpretativas típicas, como qualificá-las?

Por seu turno, Ana Cândida Ferraz alude a processos informais que alteram o significado e alcance do texto constitucional e que ocorrem à margem do poder reformador[462]. Observa-se, no entanto que esta definição não logra traçar uma distinção perfeitamente cristalina entre mutação e interpretação constitucional evolutiva. Esta última, aceite por positivistas e suprapositivistas, envolve alterações no sentido dos preceitos. Ora Bockenförde refere, a este propósito, que fenómenos como modificações no âmbito da realidade da vida regida pelas normas, a descodificação de conceitos indeterminados e a concretização de princípios que, em sede dos direitos fundamentais, incorporam valores morais, geram uma criatividade normativa por via interpretativa que faz crescer a Constituição sem que se possa

[460] Gomes Canotilho "Direito Constitucional e Teoria da Constituição", op. cit, p. 1228 e seg.

[461] Observemos alguns casos típicos de mutação que não se circunscrevem nem a uma interpretação evolutiva nem rompem com o contrato constitucional. Durante o ciclo ativista do Supremo Tribuna Federal norte Americano (STF) durante a presidência de Earl Burger (1969-1986), o principio do "devido processo" foi transfigurado na sua dita dimensão material, no caso *Roe vs Wade,* de forma a fundar o reconhecimento do direito ao aborto por vontade da mulher, gerando reações duras, até de expoentes relevantes da doutrina não originalista. Em Itália, as sentenças nºs 29 de 1979 e 15 de 1982 do Tribunal Constitucional (TC) teriam introduzido o instituto de suspensão de garantias constitucionais, transformando-se segundo em verdadeiras decisões criativas de normas constitucionais. No Brasil, por força da ADI nº 4277 e da ADPF nº 132, o STF considerou constitucional a união entre pessoas do mesmo sexo, por força de uma interpretação conforme que, em tese, não teria aplicabilidade no caso em julgamento, derrogando-se a previsão constitucional expressa de que o instituto da união estável envolveria apenas pessoas de sexo diferente. Ter-se-ia operado uma mutação constitucional. E, finalmente, em Portugal, o TC, no Ac. nº 786/96, seguindo a jurisprudência administrativa à época, aditou faticamente uma norma ao nº 3 do artº 282º da CRP de modo a que os efeitos retroativos das declarações de inconstitucionalidade salvaguardassem, não só, o caso julgado, mas também o caso decidido administrativo, sem que entre as duas figuras fosse possível traçar uma analogia.

[462] Anna Cândida Ferraz "Processos Informais (...)", op. cit.

falar em mutação informal, na medida em que se respeita o programa normativo da Constituição emanado do texto[463].

b) Definição

281. Não havendo definições confortáveis poderemos provisoriamente definir os atos de mutação informal como um fenómeno em que *normas em sentido material de conteúdo politicamente inovador, geradas e consolidadas gradualmente no tempo* à margem do poder formal de revisão, *são aditadas à Constituição, alteram o significado de disposições constitucionais vigentes ou desvitalizam a sua eficácia*[464].

c) O problema da identificação em concreto

282. A tarefa de identificação de um fenómeno de mutação informal, no caso concreto, constitui por vezes um difícil trabalho de artesania jurídica. Ela reclama a necessidade de se avaliar, qualitativamente, o *grau de inovação política* que rodeia a alteração do sentido de um preceito constitucional e traçar uma fronteira entre a mutação e o domínio constitucionalmente adequado da interpretação evolutiva bem como a consolidação do fenómeno no tempo.

Essa fronteira nunca logrou ser traçada com exactidão dado que é desafiada por situações híbridas e casos de transição, em que a interpretação se transforma larvarmente em mutação. A muito controvertida imagem de Dworkin sobre o chamado "construtivismo", em que, a partir de precedentes judiciais cada juiz vai acrescentando um "capítulo" novo, num processo de criação interpretativa feito a partir de um preceito ou até de um princípio implícito, ilustra bem como a interpretação pode gerar, passo a passo, invisivelmente, uma mutação informal. E demonstrar, igualmente, como o texto de uma Constituição pode correr o risco de ser desfigurado à margem de qualquer decisão do povo e dos seus representantes. Ainda assim, a imagem literário-artística do autor permite-nos inferir que uma mutação raramente é instantânea pois, tal como o costume, *carece de uma prática reiterada e consistente, de um tempo de aceitação (a qual, em regra, é tácita, por falta de oposição relevante), bem como de interiorização nos tribunais e no universo jurídico.*

[463] Böckenforde "Estudios sobre el Estado de Derecho y la Democracia", Madrid, 2000, p. 185.
[464] Segue-se de Perto Carlos Blanco de Morais "As Mutações Constitucionais de Fonte Jurisprudencial (...)" in "Mutações Constitucionais", op. cit, p. 65.

No que concerne à consolidação da mudança de significado normativo no tempo, esta tanto pode ocorrer a partir de uma alteração brusca de ordem jurisprudencial que serve de precedente a muitas outras decisões de igual teor, como por via de uma transformação gradual em pequenos passos, em que como aludia DWORKIN, os juizes vão escrevendo capítulos sucessivos sobre a relação de sentido de um preceito. Contudo, raros são os casos em que as mutações operam instantaneamente, carecendo da prova do tempo, tal como o costume,mediante uma maturação e aceitação, expressa ou tácita, pela doutrina e tribunais.

B. Nota sobre as primícias e ciclos das mutações informais da Constituição

283. A mutação informal foi apreendida nos Estados Unidos no Séc. XIX a propósito da noção de *"Living Constitution"* criada pela prática política e pela jurisprudência. A questão ganhou especial relevo desde o caso *McCulloch v. Maryland* (1819), tendo o JUIZ MARSHALL defendido um construtivismo constitucional, com base na cláusula dos poderes implícitos, o qual não mereceu então especial resistência.

No universo anglo-saxónico, as alterações informais da Constituição misturam-se com o direito costumeiro e com a interpretação judicial inerente à "common law", num processo há muito assumido e que leva constitucionalistas do tempo presente, como LAWRENCE TRIBE, a assumirem que, a par de uma Constituição textual visível, existe uma normatividade constitucional invisível que desafia a linearidade da Lei Fundamental como produto acabado de uma decisão constituinte[465]. Para o entendimento exposto, a *Constituição invisível* estaria no centro de gravidade constitucional e muito do que se entende por Constituição não radicaria nas fórmulas do texto normativo.

Na Europa continental, a figura foi originariamente conceptualizada na Alemanha Imperial por PAUL LABAND e depois por JELLINEK, a propósito da Constituição alemã de 1871.

LABAND constatou a existência dessas mudanças tácitas, identificou algumas das suas modalidades, assinalou que as mesmas representavam uma *"contradição entre a situação constitucional e a lei constitucional"*[466] e estabeleceu

[465] LAWRENCE TRIBE "The Invisible Constitution", op. cit, p. 22.

[466] KONRAD HESSE "Limites da Mutação constitucional" in "Temas Fundamentais de Direito Constitucional", S. Paulo, 2009, p. 151-152.

uma diferenciação conceptual entre reforma e mutação constitucional. Já JELLINEK esboçou uma tentativa de categorização das mutações, a qual foi criticada pelo fato de transportar alguma falta de sistematicidade. Se bem que JELLINEK tenha elaborado, sob um ponto de vista doutrinal, uma construção restritiva quanto à admissibilidade dessas mutações, não deixou o mesmo autor de assinalar a dificuldade, que persiste até à actualidade, em se traçar limites jurídicos a essas transformações silenciosas, já que entendeu, corretamente, que as mutações se caracterizam por ser um *"facto consumado"*, uma imposição fática de um fenómeno histórico e político de *"potencialidade constituinte"* contra o qual qualquer oposição poderá ser um *"intento vão"*[467]. Na verdade, as normas dificilmente lograriam domar toda a realidade relativa ao exercício do poder, pelo que seriam as forças políticas reais a impor as suas regras à margem do direito pré-estabelecido.

Uma importante reelaboração taxinómica sobre as espécies de mutação no respeitante à Constituição de Weimar foi realizada pela pena algo improvável de HSU DAO LIN[468], um meticuloso jurista chinês discípulo de SMEND que se doutorou na Alemanha antes da segunda Guerra Mundial, e cujas elaborações da sua tese "Die Verfassungswandlung" permanecem atuais. segundo este autor, a Constituição não poderia quedar-se numa posição estática perante um Estado e uma sociedade em progressão, sendo as mutações informais o resultado natural de um imperativo do ajustamento elástico da Carta Fundamental à realidade em mudança.

O fundamento das mutações radicaria, assim, na necessidade política e na vitalidade de um Estado em evolução[469].

Para além do caso particular dos Estados Unidos da América, o *primeiro ciclo* das mutações iniciou-se na Europa ainda no Século XIX, tendo diversas transformações informais e silentes à Constituição derivado de fatores como:

i) A ação dos Executivos dependentes do Monarca (com a aprovação não prevista na Constituição, dos chamados "decretos ditatoriais", a criação de cargos fora dos seus pressupostos constitucionais, e o uso de competências de exceção para lidar com questões não contempladas nos seus fins);

[467] KONRAD HESSE (p. 154-155) apreciando a construção de Jellinek.
[468] HSU DAO LIN "Mutación de la Constitución", Instituto Vasco de Administración Pública, Tad. Christian Förster, 1998.
[469] KONRAD HESSE p. 159-160.

ii) A difícil implantação do federalismo em certos Estados como na Alemanha, depois da aprovação da Constituição imperial de 1871 (com leituras da repartição de poderes entre a federação e os estados feita a partir das leis federais ordinárias).

Tratou-se de um tempo em que Justiça Constitucional inexistia ou dava os seus primeiros passos.

O *segundo ciclo* teve expressão mais relevante desde o termo das Monarquias dualistas no início do Séc. XX e erigiu os Parlamentos a principais protagonistas de mutações, ganhando dimensão os costumes de génese parlamentar, leis integrativas de lacunas constitucionais e leis contrárias a normas constitucionais desvitalizadas.

O *terceiro ciclo*, iniciado na Europa após a segunda guerra mundial e sobreponível com o anterior, teve como autor fundamental a Justiça Constitucional. Trata-se de uma realidade com antecedentes nos Estados Unidos durante o período oitocentista, tendo medrado em torno da *"loose construction"* jurisprudencial e dos *"poderes implícitos"*. Ora, na Europa e também a América Latina, os tribunais constitucionais, erigidos a guardiões da Constituição, passaram não poucas vezes, sob o pretexto de interpretar a Carta Fundamental, a injetar-lhe inovações que se configuraram como verdadeiras mutações.

D. *As fontes da mutação informal e o valor das normas objeto de transformação*

a) Fontes

284. Anotando contributos tão diversos como os de Hsu Dao Lin, de Maria Cândida Cunha Ferraz ou, em especial, de Michele Carducci e Michele Macri[470] que procuraram sistematizar de novo, na actualidade, o naipe das fontes das mutações, consideraremos as seguintes:

i) *Fontes fáticas de formação espontânea*: é o caso do *costume* (*praeter e contra legem*); *das práticas e de convenções constitucionais consolidadas* que alteram o funcionamento do sistema político criando regras informais,

[470] Michele Carducci "Dualismo e Monismo nella Osservzione dei Mutamenti Costituzionali Informali", in "Diritto Pubblico Comparato ed Eoropeo", 2009, IV, p. 1653 e seg.; e Michele Macri "Sintesi Rappresentative dei Mutamenti Costituzionali Informali", "Diritto Pubblico Comparato ed Eoropeo", 2009, IV, cit, p. 1911 e seg.

umas vinculativas e outras ordenadoras ("soft law"); e *do desuso de princípios e regras*, gerador da sua nominalização progressiva ou da sua caducidade normativa;

ii) *Fontes "ato"*, geradas por manifestações de vontade infraconstitucional das instituições políticas que vão desaplicando ou derrogando informalmente o sentido das normas da Constituição, derrogação essa que se vai sedimentando sem contraditório relevante ou sanção: é o caso de *decisões legislativas e administrativas "contra constitutionem"*; *do direito positivo da União Europeia* contrário à normação constitucional escrita; do desenvolvimento inovatório e discricionário de princípios proteiformes como o princípio da subsidiariedade, com relevo para as relações entre o poder central e territórios autónomos, bem como entre o Estado e a União Europeia; e do *impacto político do transconstitucionalismo cosmopolita* corporizado em tratados que disciplinam direitos fundamentais;

iii) *Fontes jurisprudenciais de base interpretativa* e integrativa que criam ou revelam inovatoriamente normas materialmente constitucionais e envolvem, em níveis de intensidade diversa, tanto as chamadas *sentenças aditivas de revisão constitucional*, como também uma intensa e impalpável atividade construtiva e inovadora de desenvolvimento dos princípios e normas constitucionais, tecida a partir de fórmulas concretizadoras obtidas na esfera da função hermenêutica dos Tribunais Constitucionais[471] e, ainda, das decisões do Tribunal de Justiça da União Europeia.

b) Valor jurídico-constitucional

285. O valor jurídico-normativo das normas geradas por mutação informal não é unívoco. Há, por um lado, normas materiais cogentes e interiorizadas pela comunidade. Há normas cuja vinculatividade é precária e instável atentas as oscilações dos agentes que as produziram, o seu caráter recente e o seu défice relativo de aceitação. E há, igualmente, diretrizes políticas com o valor de "soft law" que ordenam o poder, mas que se forem contrariadas não envolvem juridicamente uma violação da Constituição,

[471] E do uso pelos mesmos de paradigmas jurisprudenciais de outros estados e organizações internacionais. Cfr. F. FERNANDEZ SEGADO "As Mutações Jurisprudenciais na constituição" in AAVV, "Mutações (....)" op. cit, p. 49 e seg.

gerando antes uma censura política passível de afetar a legitimidade puramente política do decisor[472].

E. *Nota sobre algumas fontes de mutação informal*

a) *Interpretação evolutiva e mutação informal*

286. A interpretação evolutiva implica o ajustamento do sentido de certos preceitos constitucionais a novas realidades políticas, económicas e sociais que o respetivo enunciado não abarcava expressamente[473]. O texto normativo subsiste mas com uma transformação material da sua relação de sentido a qual é determinada pelo intérprete autorizado, ou seja, pela Justiça Constitucional.

Ora, a definição e a identificação de uma mutação constitucional ensaiada por via interpretativa não é uma operação fácil, sob um ponto de vista dogmático.

[472] Cfr, desenvolvidamente Carlos Blanco De Morais "Mutações Constitucionais de Fonte Jurisprudencial (...)" op. cit, p. 72 e seg.
Observe-se, a este respeito, na ordem jurídica portuguesa, o caso hipotético de um ato presidencial de demissão do Governo, o qual se deve fundar no pressuposto constitucional da garantia do *"regular funcionamento das instituições democráticas"* (nº 2 do artº 195º da CRP). Sem prejuízo de se poder discutir se o preceito já terá perdido, ou não, efetividade (já que não foi convocado desde 1977, tempo em que o poder de demissão não estava sujeito ao referido pressuposto), a prática institucional ligada a esse não uso, sustentada por um amplo consenso doutrinal, consolidou a ideia (eventualmente ancorada numa norma implícita que se foi formando) de que, pese o fato de o Presidente da República ser o único juiz da existência dessa necessidade de assegurar o regular funcionamento das instituições, o exercício dessa faculdade passou a situar-se no domínio dos poderes excecionais ou extraordinários do Chefe do Estado, incompatíveis com faltas de confiança política deste em relação ao Executivo ou com conflitos políticos comuns entre os dois órgãos. Assim sendo, se o Presidente demitir o Governo por razões de desconfiança política onde não esteja objetivamente em causa o regular funcionamento institucional, ele terá violado de algum modo a Constituição, mormente o critério que se consolidou com o tempo, por via de uma eventual mutação de efeito "integrativo" no sentido de proibição do uso dessa faculdade fora de situações extraordinárias de crise que envolvam bloqueamentos graves entre os órgãos de poder. Ainda assim, o ato presidencial em causa (que não é sujeito a controlo de constitucionalidade) produzirá os seus efeitos jurídicos, sendo a sanção presidencial por eventual ofensa a uma norma invisível de "soft law" que se foi afirmando, remetida para um universo puramente político, onde a legitimidade presidencial poderá vir ou não a ser questionada, tudo dependendo do acolhimento que o ato tiver na opinião pública e na comunidade jurídica e política.

[473] Jorge Miranda "Manual (...)", II, op. cit. p. 179; Karl Loewenstein "Teoria (...)" op. cit, p. 164 e seg.

É possível, preliminarmente, falar em mutação constitucional informal por via da interpretação jurisprudencial quando as jurisdições constitucionais, com ou sem conexão com o direito constitucional positivo, revelam critérios materiais de decisão de natureza inovadora que não defluem "prima facie" da semântica do texto da Lei Fundamental e que implicam alterações constitutivas no ordenamento constitucional. Existem, todavia, operações interpretativas que evoluindo "paredes meias" em relação à mutação não constituem, em bom rigor, genuínas alterações tácitas da Constituição, na medida em que defluem do preceituado constitucional por via de extensão, de subsunção, de atualização teleologicamente fundada, de concretização lógica e axiologicamente justificada ou de ponderação constitucionalmente orientada.

A título exemplificativo, BÖCKENFORDE[474], considerou *não se inscreverem na figura das mutações,* situações como as que se passa a mencionar.

O primeiro caso reporta-se a alterações no âmbito da realidade da vida regida pelas normas constitucionais que modifiquem a relação de significado destas últimas. Será o caso, evidenciado por TRIBE, da noção de *"free speech"* que não se reporta apenas à expressão oral mas envolve também a expressão escrita, a expressão gestual e a que se encontra inscrita em imagens, *posters* e panfletos[475]. É, igualmente, na Constituição portuguesa, o caso que envolveu na o valor atribuído às pensões das viúvas de cônjuges mortos em acidentes de trabalho que era superior ao dos viúvos em iguais circunstâncias, solução que, não sendo originariamente inconstitucional, se tornou gradualmente com o tempo e as circunstâncias, ofensivo do princípio da igualdade. Isto, a partir do momento em que as mulheres passaram a afluir ao mercado de trabalho e se procedeu à igualização do estatuto remuneratório entre homens e mulheres, tendo o Tribunal Constitucional português julgado essa inconstitucionalidade através de uma sentença aditiva (Ac. nº 449/87).

A segunda situação prende-se com a descodificação jurisprudencial de conceitos jurídicos indeterminados através da elucidação dos mesmos, feita a partir de uma zona de clareza pré-definida no texto da Constituição. Por exemplo, em Portugal, a noção de questões da competência dos órgãos de

[474] BÖCKENFORDE "Estudios Sobre el Estado de Derecho y la Democracia", Madrid, 2000, p. 185.

[475] LAWRENCE TRIBE "The Invisible Constitution", (...) cit, p. 25.

soberania *"respeitantes às regiões autónomas"* prevista no nº 2 do artº 229º da CRP, as quais obrigam à audição dos órgãos de governo regional pelo legislador soberano foi definida inovatoriamente pela justiça Constitucional, um pouco à luz da antiga definição de interesse específico, noção também ela de criação jurisprudencial. Por via interpretativa, o Tribunal Constitucional criou um critério normativo de decisão, a partir de um conceito ou uma fórmula de densificação do Direito Constitucional positivo. No fundo, um verdadeiro parâmetro normativo de valor constitucional, embora com reporte ao direito posto, cuja indeterminação foi equacionada pelo legislador de modo a que o citado parâmetro fosse densificado pelo mesmo Tribunal. *A terceira situação* respeita à concretização de conceitos extrajurídicos como os de ordem ética quando as normas constitucionais para eles explicitamente remetem. Na verdade, seguindo-se a linha positivista inclusiva de Herbert Hart[476], quando a Constituição remete a clarificação do conteúdo de certas disposições para conceitos ou padrões extrajurídicos, a interpretação daquelas faz-se, até certo ponto, à luz do significado próprio desses padrões[477].

A *quarta e última situação* tange com diversas variantes da construção interpretativa jurisprudencial incidente sobre normas abertas que declaram e configuram direitos fundamentais, sendo este o domínio mais poroso entre mutações informais e desenvolvimento hermenêutico da Lei Fundamental sobre o qual é difícil, *a priori*, traçar critérios especialmente definidos.

287. Já mais explicitamente, *no universo das decisões com conteúdo inovador da Justiça Constitucional geradoras de mutações constitucionais*, importa referir, a título exemplificativo, três situações.

A primeira prende-se com uma *decisão que revele a presença de uma norma pré-existente.*

Essa norma poderá ter sido consolidada gradualmente através de um costume *"praeter"* e *"contra constitutionem"*, ao qual falte um reconhecimento superior que crisme ou torne inequívoca a sua obrigatoriedade constitu-

[476] H. Hart, Penelope Bulloch, J. Raz "Post Scriptum al Concepto de Derecho", Mexico, 2000, p. 26.

[477] Tal sucede, por exemplo, com a elucidação de fórmulas como "moralidade", "probidade", "penas degradantes" e "dignidade da pessoa humana" (cfr. no Brasil, como decisão híbrida, a ADI 661-MC sobre a noção de "moralidade administrativa" e a Súmula Vinculante nº 12 sobre nepotismo e principio da moralidade administrativa a qual terá ficado a meio caminho entre interpretação concretizadora e mutação, talvez no hemisfério da primeira).

cional. Poderá, ainda ser uma norma constante de lei ordinária ou de convenção internacional que crie um direito fundamental análogo a um direito constitucionalizado e cuja natureza cabe ao tribunal qualificar mediante um poder interpretativo dotado de uma eficácia normativa próxima à de um legislador constitucional[478]. Poderia, ainda, estar-se diante de uma norma sedimentada *"contra constitutionem"* por fenómenos de caducidade ou perda de efetividade normativa[479].

A segunda situação envolve a *aplicação das normas constitucionais a novas e relevantes decorrências jurídico-normativas não configuradas no texto e ainda não representadas ou totalmente consolidadas na comunidade jurídica*[480].

Finalmente, teremos o cenário em que é a própria Justiça Constitucional a introduzir uma norma inovadora a partir de uma releitura do espírito ou da prática constitucional, mas sem sustentação no texto, na finalidade da norma ou na vontade do legislador[481]. Cenário em que o Tribunal, ao cabo e ao resto, *"inventa uma disciplina constitucional que não existe"*[482].

b) Usos e costumes constitucionais

i) Considerações gerais

288. A realidade dos factos transmite-nos a ideia que uma boa parte da Constituição é integrada por usos e por práticas consolidadas e conscencializadas como obrigatórias. A Constituição, graças à indeterminabilidade relativa dos seus princípios e à abertura das suas regras, projeta-se muito para além daquilo que se encontra expressamente estipulado.

[478] Como seria a situação de norma materialmente constitucional ínsita numa lei ou num tratado que consagrasse um direito fundamental fora do catálogo constitucional, nos termos do nº 1 do artº 16º da CRP.

[479] Caso da nominalização de parte da Constituição económica portuguesa, no contexto exemplificativo da extinção dos latifúndios, caso o Tribunal Constitucional se pronunciasse sobre a matéria.

[480] Vide o caso Lüth na Alemanha (BverfGE, 7, 198) ao qual nos referiremos adiante.

[481] Manoel Gonçalves Ferreira Filho "Constituição, Alteração e Mudança" (texto policopiado de Seminário da USP de 2012). Impondo-se destacar o MS 26.602 relativo à questão da fidelidade partidária, o MI 708/DF relativo aos efeitos substitutivos do mandado de injunção associados a uma eficácia ampliada ou "erga omnes" e a ADI 4277 e ADPF 132 sobre a união familiar homoafetiva).

[482] Aproveita, se, para o caso em exame, uma frase sobre as sentenças aditivas discricionárias de Ludovico Mazzarolli "Il Giudice dele Leggi tra Predeterminazione Costituzionale e Creativitá", Padova, 2000, p. 76.

289. No universo anglo-saxónico existe um importante espaço para o império do Costume como fonte de Direito Constitucional.[483] Já nos sistemas codicistas, como o português, o papel do costume como instrumento de alteração implícita do sentido normativo das normas constitucionais é bem mais modesto.

O costume interpretativo das normas escritas, ou costume *"secundum legem"* e o próprio costume integrativo de vazios e lacunas constitucionais, ou costume *"praeter legem"* são, em tese, admissíveis nestes sistemas. Contudo necessitam, para se tornarem verdadeiras regras constitucionais, de uma prática reiterada e uniforme, sedimentada durante um largo período de tempo, de modo a que criem espontaneamente uma convicção nos titulares do poder, de que os critérios de decisão que deles defluem devem aplicar-se no futuro. Carecem ainda de serem reconhecidos como tal pela Justiça Constitucional.

Não é possível afirmar, com segurança, que cerca de 37 anos de vigência da Constituição de 1976 tenham consolidado um corpo normativo consuetudinário. Sem prejuízo de se poder ponderar, em tese, a emergência de algumas regras costumeiras de alcance interpretativo, uma parte da doutrina prefere falar em *"usos institucionais"*[484], algo equivalente, quanto a nós, no léxico britânico, à figura das *"conventions"*. Estes usos, que integram o corpo da *prática constitucional*, podem relevar auxiliarmente como *precedente* na conduta de órgãos soberanos (os Presidentes da República e os Governos são atentos a esta realidade) e como base de justificação de um comportamento de constitucionalidade controvertida. O modo como uma norma

[483] Nos Estados Unidos da América, uma Constituição com cerca de sete artigos e 22 Aditamentos sabiamente redigidos logrou impor-se incólume à usura do tempo, não apenas graças ao seu conteúdo minimalista, ao seu notável equilíbrio e à respetiva interiorização coletiva mas, também por força do sua permeabilidade ao devir, graças à força de convenções políticas e à interpretação evolutiva operada pelos tribunais. Em certos casos, um uso reiteradamente praticado gerou uma norma consuetudinária que, ao ser desrespeitada, fundamentou a aprovação de uma emenda constitucional destinada a torná-la inequívoca. Foi o caso do *costume da proibição de reeleição do Presidente para um terceiro mandato*, o qual, quando foi desacatado pelo presidente Roosevelt, determinou a aprovação da vigésima segunda emenda que formalizou em lei constitucional essa regra proibitiva. Também o carácter livre do veto presidencial resultou de um costume consolidado que ultrapassou derrogatoriamente os limites de um texto originário que o condicionava a situações onde se verificasse a necessidade de precludir a entrada em vigor de leis defeituosas (cfr. LOEWENSTEIN, ult. loc cit, p. 168).

[484] GOMES CANOTILHO "Teoria da Constituição (...)" op. cit, p. 1136.

polissémica é aplicada pode ser tido em consideração pelo Tribunal Constitucional na avaliação dos termos em que a Constituição é cumprida, na medida em que essa aplicação assente numa regra costumeira ou num uso solidificado.

A prática pode transformar-se numa espécie de *"Direito constitucional vivente"* na interação institucional. Contudo, é duvidoso que só por si possa valer como parâmetro autónomo de controlo de constitucionalidade, operando sempre numa relação de complementaridade com normas constitucionais positivas, concorrendo para a sua descodificação ou integração.

Muito mais duvidosa é a admissibilidade, nos sistemas codicistas, de costumes derrogatórios ou costumes "contra-legem". Em regra, esse tipo de costumes, apenas logram consolidar-se em duas situações:

– *no universo das atos políticos,* na medida em que os mesmos estão imunes à fiscalização da sua constitucionalidade, podendo o incumprimento reiterado de normas constitucionais por esses atos , a partir do momento em que seja tacitamente aceite pelas instituições, implicar a emergência de um costume "contra legem";
– *no espectro da constituição económica e social e no domínio de normas programáticas* quando se registe a caducidade de certas disposições, em virtude de uma prática normativa infraconstitucional contrária e uniforme assente no direito europeu, na lei, no Direito Administrativo e na conduta dos particulares, da qual tenha resultado a convicção geral de que essas normas se encontram e obsoletas.

Fora deste universo, normas jurídicas que pretendam iniciar uma prática contrária à Constituição devem ter-se como inválidas podendo ser julgadas inconstitucionais a todo o tempo.

ii) A relevância de certas práticas na ordem jurídica portuguesa com o status de "soft law" constitucional

290. Examine-se três exemplos das práticas descritas no ordenamento português.

Assim, no plano político-institucional, embora o Presidente tenha *liberdade de escolha do Primeiro-Ministro,* tendo em conta os resultados eleitorais, o facto é que se consolidou uma prática que reduz drasticamente o alcance desse poder. Havendo um partido maioritário ou uma coligação maioritária, o grau de liberdade presidencial é tido como praticamente nulo, procedendo à escolha do líder do partido mais votado ou da personalidade que lhe for indicada pelos diretórios políticos dessa coligação[485].

No que respeita à *utilização das forças armadas em missões no exterior em teatros de conflito*, resulta da Constituição que o Governo, como órgão superior de uma Administração pública onde as Forças Armadas se integram como corpo especial, possui poder funcional e hierárquico para determinar essa mesma intervenção. Nos termos da Lei de Defesa Nacional o Presidente deve ser informado previa e fundamentadamente sobre a intenção do Governo mas não pode vetar a decisão político-administrativa do Executivo. Verifica-se, contudo, que a prática política conduziu a que a vontade presidencial não possa ser ignorada se for contrária a esse envolvimento, atento o estatuto do Chefe de Estado como comandante supremo das Forças Armadas[486]. No universo legiferante, o processo legislativo governamental encontra-se, em parte, regulado no Regimento do Conselho de Ministros e o circuito que envolve a *remissão do decreto aprovado para a Presidência da República tendo em vista a sua promulgação* caracteriza-se por algum secretismo e por uma apreciável informalidade. Em consequência deste facto, os diplomas em tramitação na Presidência sofrem, frequentemente, por iniciativa

[485] Seria tido como uma intromissão intolerável do Presidente na autonomia dos partidos a escolha, dentro destes, de um Primeiro-Ministro em discrepância com a vontade das lideranças partidárias. E isto, mesmo que o partido maioritário seja o partido do presidente e este seja o seu líder natural, situação que é inversa da francesa onde, pese a pouca diferença textual entre constituições, o Presidente escolhe o Primeiro-Ministro com grande discricionariedade em caso de confluência entre maioria parlamentar e presidencial.
No nosso País, mesmo no caso de não resultar das eleições uma solução maioritária, a discricionariedade presidencial é limitada na escolha do Chefe de Governo. Salvo se os partidos menos votados apresentarem uma solução governativa maioritária, o Presidente deve seguir um protocolo implícito que envolve um convite ao partido mais votado para formar governo e só, em caso de inviabilidade dessa solução deve testar outras.
Os Governos de iniciativa presidencial, que já existiram entre 1977 e 1979, são hoje tidos como uma solução intromissiva e distorciva da lógica moderadora de um presidente não governante, ficando reservadas para cenário de último recurso de um sistema bloqueado por uma grave crise política e institucional.

[486] Em 2003, uma objeção presidencial ao envio de contingentes das forças armadas para o Iraque foi acatada pelo Governo que optou por enviar um contingente da GNR, uma força militar policial. Salvo situações de extrema urgência (como o resgate de portugueses em perigo num Estado africano) que podem implicar a superação de uma oposição presidencial, não se vislumbra como poderia o Governo sustentar politicamente um envolvimento militar num teatro de conflito externo com a oposição do Comandante Supremo das Forças Armadas.

presidencial, um conjunto de vicissitudes que envolvem modificações no seu conteúdo introduzidas pelo Governo e, em certos casos, a sua retirada pura e simples, sem que se verifique a aposição de um veto. Cria-se, nesta esfera, uma prática constitucional que, como já escrevemos[487], relembra a sanção real das monarquias dualistas, pois o Presidente em alguns casos atua, materialmente, em silêncio, como um co-legislador. Trata-se de uma das mais discretas mas mais poderosas manifestações do poder moderador no semipresidencialismo português.

291. Observados os exemplos dos parágrafos precedentes importará, então, perguntar: as normas constitucionais não formais que nas matérias descritas se sedimentaram pela prática institucional podem servir de parâmetros para julgar a inconstitucionalidade de direito ordinário que as contrarie? No caso do universo dos atos políticos essa possibilidade não se verifica. Sem embargo, existem inelutáveis consequências políticas derivadas de um incumprimento. Se uma resolução do Conselho de Ministros vier a determinar o emprego de Forças Armadas num teatro de guerra externo, ouvido o Chefe de Estado mas contando com a oposição deste, essa resolução não seria inconstitucional por violação de um poder implícito de veto presidencial sobre essa decisão, o qual inexiste (nunca tendo, aliás, existido). Ainda assim, o Governo ficaria debilitado nessa sua opção e se a intervenção viesse a ser marcada pelo insucesso, o Executivo poderia ficar exposto a uma responsabilidade institucional perante o Chefe de Estado[488] e a maioria parlamentar poderia, igualmente, ser politicamente responsabilizada através do poder de dissolução da Assembleia da República pelo Presidente.

No que tange ao controlo de mérito presidencial sobre os decretos-leis, o Governo pode recusar negociações informais com a Presidência a propósito da tramitação desses atos legislativos, expondo-se em campo aberto à inevitabilidade de vetos absolutos ou à promoção de controlos preventivos de constitucionalidade, bem como a um atrito político com o Chefe de Estado.

[487] Carlos Blanco de Morais "Curso de Direito Constitucional I", op. cit p. 455.

[488] A qual pode, em, tese, envolver a demissão, em caso de insucesso grave com impacto negativo nos cidadãos e instituições.

F. *A problemática da existência de uma Constituição "não oficial"*

a) A equação do fenómeno da constituição "paralela"

292. Uma Lei Fundamental que vá sendo alterada silenciosamente e que gere uma Constituição ideal, mas real, de conteúdo diverso de uma Constituição democraticamente decidida, converte esta última numa realidade nominal e abre espaço à tese de LASSALLE que a reduz a uma "folha de papel", frente aos fatores reais de poder que gerariam uma constituição ou não oficial[489]. Tal como escreveu uma constitucionalista italiana[490], a matéria das mutações geradoras de fenómenos como o descrito encontra-se muito pouco presente na doutrina portuguesa[491]. Alguns autores, todavia, conferem especial atenção à vivência constitucional paralela ao texto oficial, reconduzida ao "desenvolvimento constitucional" operado pela interpretação evolutiva e pela modificação implícita da Lei Fundamental a qual, no seu entender, pode constituir-se como um dos fatores de *"transfiguração constitucional"*[492]. Nesta dimensão, a mesma doutrina faz relevar na Constituição, a importância de uma *normatividade "não oficial"* e até subversiva *"contra costitutionem"* que geraria a inaplicabilidade ou o adormecimento das normas escritas e a emergência de um complexo de normas não escritas. Como exemplos, cita, de entre outros: a subversão informal do princípio socialista; a deslocação do primado do legislativo da Assembleia da República para o Governo; e na inversão da responsabilidade do Governo perante a Assembleia com a maioria parlamentar responsabilizada ante um Primeiro-Ministro liderante, reforçando-se o sistema político na sua dimensão de presidencialismo de Primeiro-Ministro[493].

293. Consideramos, pela nossa parte, que a dimensão das mutações informais na Constituição portuguesa, embora real, alcançou um nível mais

[489] Cfr. FERDINAND LASSALLE "O Que é uma Constituição", Lisboa, Ed. de 2013, p. 88. Entre nós, a respeito de uma noção contemporânea de Constituição não oficial vide PAULO OTERO "As Instituições Políticas e a Emergência de uma Constituição Não Oficial", in "Anuário Português de Direito Constitucional", II, Coimbra, 2003, p. 83 e seg.

[490] ANNA CIAMMARICONI "Ipotesi reconstrutive nella Prospetiva dell'emersione di una "Constituição não Oficial" in Portogallo in "Diritto Pubblico Comparato ed Europeo", 2009, IV, p. 1720.

[491] JORGE MIRANDA faz um apontamento do fenómeno in "Manual de Direito Constitucional", II, op. cit, p. 178 e seguintes.

[492] PAULO OTERO "Direito Constitucional Português", I, Coimbra, 2010, p. 207 e seg.

[493] PAULO OTERO ult. loc cit p. 209.

modesto do que o sustentado pela tese exposta. Desde logo, no que tange ao léxico ideológico, porque as menções ao rumo socialista foram eliminadas por via de emendas formais à Lei Fundamental, logo em 1982 e 1989, restando hoje uma referência isolada no preâmbulo carente de valor jurídico. Quanto ao regime económico, a sua transformação teve como pressuposto fundamental a revisão de 1989 que permitiu a reprivatização dos bens nacionalizados, reduziu a natureza planificadora da economia e expurgou das clausulas pétreas da Carta Fundamental (atual artº 288º), o principio coletivista da apropriação coletiva dos meios de produção, limando simultaneamente no texto da Constituição, fórmulas de teor mais ideológico.

Já no que toca à centralidade legislativa do Governo, esta resulta das amplas competências constitucionais positivas de que o mesmo órgão dispõe e, circunstancialmente, da predominância de executivos maioritários desde 1987[494].

Finalmente, o reforço da componente de gabinete ou primo-ministerial do sistema político não constitui um dado adquirido, dependendo a sua manifestação da ocorrência de variáveis decisivas mas conjunturais, como a existência de uma maioria parlamentar absoluta de apoio ao Governo, do perfil mais ou menos liderante do Primeiro-Ministro e do protagonismo regulador mais ou menos intenso do Presidente da República[495]. A dinâ-

[494] Com efeito, de entre as constituições dos estados da União Europeia, a Constituição portuguesa é a que maior acervo de competências legislativas atribui ao Governo. Pode assim dizer-se que, por força da própria letra da Constituição de 1976, se criaram condições para que o Governo pudesse legislar em maior volume do que o Parlamento e para que pudesse dominar a própria iniciativa na produção de leis parlamentares, detendo o que há muito designamos por *"centralidade legislativa"*. Isso não significa, contudo, que o Parlamento tenha perdido o seu "primado", pois legisla reservadamente sobre as matérias mais importantes, aprova leis "paraconstitucionais" mediante maiorias qualificadas que reforçam consensos alargados, adota certas leis paramétricas que detêm hierarquia material sobre os decretos-leis do Governo que a elas se subordinam (como as leis de bases, leis de delegação legislativa e leis de enquadramento) e pode revogar, praticamente, todos os atos legislativos do Governo e submete-los à sua apreciação parlamentar.

[495] Sobre o chamado *sistema primo-ministerial ou presidencialismo de primeiro-ministro* que a prática constitucional teria introduzido no sistema político não constitui uma realidade normativa mas um simples efeito, *não permanente,* gerado predominantemente pela existência de uma maioria absoluta parlamentar de apoio ao Governo (monopartidária ou envolvendo uma coligação entre partidos de famílias políticas próximas) e, secundariamente, condicionado pelos perfis de liderança do Primeiro-Ministro e do Presidente da República, bem como por cenários de confluência ou coabitação entre estes dois titulares. O pendor

mica de semipresidencialismo de pendor parlamentar acentuado gerada a partir de 2016 constitui um forte argumento contrário à governamentalização do sistema.

294. Mas tem parcialmente razão a referida doutrina quando afirma que *uma boa parte da Constituição económica* se encontra desvitalizada por força da integração de Portugal na União Europeia. Preceitos como as normas das alíneas d) a g) do artº 80º, alínea h) do artº 81º, nº 4 do artº 83º, nº 3 do artº 85º, artº 89º, artº 95º e artº 100º, caducaram total ou parcialmente desde a entrada de Portugal na CE. Em seu lugar não emergiu, quanto a nós, uma normação constitucional contrária, mas antes o reforço do alcance e do

governativo do sistema político é, assim, uma realidade predominante, mas reversível que depende, em boa parte, da existência dessa maioria parlamentar homogénea, podendo-se desvanecer na ausência dela. Quando o Governo goza do apoio de uma maioria parlamentar absoluta e o Primeiro-Ministro tem um perfil liderante, o domínio do sistema político repousa no Governo e, no seio deste, na figura do Primeiro-Ministro. O protagonismo do Parlamento apaga-se, podendo o papel de supervisão moderadora do Presidente da República flutuar, acentuando-se em cenários de coabitação (Presidente eleito por maioria distinta da que pontifica no Parlamento). Tal ocorreu entre 1987 e 1995 nos governos de Cavaco Silva e regressou entre 2005 e 2009, com o Governo de José Sócrates.
Em cenários de coligação maioritária entre partidos da mesma família e com um Primeiro-Ministro mais compromissório, o protagonismo é do Governo, mas o papel do chefe do Executivo experimenta alguns limites pela ação de ministros-chave que são parceiros de coligação, bem como pela ação de fiscalização e controlo do Presidente da República (caso do governo de Durão Barroso entre 2002 e 2004 e de Passos Coelho no ciclo iniciado em 2011). Já em executivos minoritários, o protagonismo do Governo atenua-se em face do Parlamento, sem que todavia se apague. Tal ocorreu com os governos quase maioritários de António Guterres (obrigado a negociar politicas públicas no Parlamento) e mais pronunciadamente com o executivo minoritário de José Sócrates entre 2009 e 2011, cujo perfil liderante não lhe permitiu dominar um sistema político marcado por um Parlamento hostil e um Presidente crítico num quadro de coabitação. Nesse ciclo, a Assembleia da República dominada pelas oposições reforçou o seu poder, sendo acusada pelo Executivo de se tornar um "parlamento governante".
Não é pois, possível, reconhecer uma mutação constitucional no sentido da primo-ministerialização do sistema político, mas sim anotar a ocorrência de uma prática governamentalizante que tem predominado desde 1987 graças à preponderância de governos maioritários ou quase maioritários. Se o Governo tiver maioria absoluta o Executivo tende a dominar o sistema. Se não dispuser dessa maioria o sistema tende a parlamentarizar-se (Para uma explicação desta mecânica, vide Carlos Blanco de Morais "Semipresidencialismo on Probation" in AAVV "A Constituição revista, Coord. A. Tavares, Poiares Maduro, Nuno Garoupa, Pedro Magalhães, Fundação Francisco Manuel dos Santos (http://www.ffms.pt/ebook/5/a, constituicao, revista), p. 65 e seg.

peso dos direitos fundamentais de propriedade e de iniciativa privada, concretizados pelo direito europeu e pela lei ordinária, tendo a expansão do âmbito de proteção dos mesmos direitos, prevalecido sobre certas dimensões intervencionistas de tarefas económico-sociais do Estado que colidiam ou limitavam o alcance desses direitos. Quem se lembra hoje de invocar a norma constitucional que visa a eliminação dos latifúndios? Os limites à dimensão da propriedade privada agrária deixaram de fazer sentido em face da ampliação do direito de fruição da mesma propriedade, cujo grau efetivo de otimização se tornou incompatível com limites espaciais ditados por razões ideológicas, radicando doravante os limites pertinentes ao exercício desse direito na esfera da dimensão social da propriedade, reconhecida pelo Tribunal Constitucional

295. A par dos casos mencionados terão ocorrido em Portugal outras mutações constitucionais de escasso impacto, geradas pelos órgãos do poder político, que foram evidenciadas pela doutrina portuguesa e italiana[496]: terá sido o caso póstumo dos governos de gestão[497]; o reforço do poder dos presidentes dos Municípios[498]; e, com maior destaque, o reforço do protagonismo das comissões parlamentares em face do Plenário do Parlamento, no tocante à votação das leis na especialidade, consistindo a regra geral atinente à votação na especialidade em comissão o produto de um eventual costume "contra legem"[499].

Em conclusão, em Portugal, salvo o caso já aludido da narcotização da Constituição económica pelo direito europeu e pela legislação ordinária, as principais alterações à mesma Lei fundamental decorreram de emendas formais e não de mutações informais geradas pela ação dos órgãos do poder político.

[496] Anna Ciammariconi ult. loc cit, p. 1730 e seg.

[497] Tendo a prévia prática política do estatuto diminuído de um governo demitido nos primeiros governos de Mário Soares na década de setenta influenciado uma alteração formal da Constituição sobre a matéria.

[498] Que aguarda um consenso para ser formalizado com um maior alcance, através de uma emenda constitucional.

[499] Costume plasmado no regimento parlamentar (artº 150º do RAR), o qual terá "derrogado" a letra da Constituição que sustenta uma solução inversa (nº 3 do artº 169º da CRP).

G. *O problema dos limites jurídicos às mutações constitucionais criadas pela Justiça Constitucional*

a) A questão dos limites

296. Coloca-se, quanto a este ponto, a questão menos satisfatoriamente desenvolvida pela doutrina sobre as mutações e que foi equacionada como central por Konrad Hesse[500]: quais os limites jurídicos da mutação constitucional?

Na verdade, uma cómoda renúncia à densificação de limites jurídicos efetivos à mutação informal não é aceitável pois significaria a "legitimação do fato consumado" [501]; a negação da função da Constituição como limite jurídico superior do poder político[502]; a negação do fim compromissório da rigidez constitucional[503]; a negação do princípio democrático como fonte da legitimidade do poder constituinte e do poder de revisão[504]; e a negação do principio do Estado de direito Constitucional que supõe a subordinação dos centros de poder político ao direito estabelecido, com exclusão do arbítrio inerente ao império dos fatos[505].

297. A doutrina[506] concebe pacificamente a *existência de mutações formais puras ou conformes à Constituição*[507] e *mutações impuras ou inconstitucionais,*

[500] Konrad Hesse "Limites da Mutação Constitucional" p. cit, p.164 e seg.

[501] Konrad Hesse ult. loc cit, p. 171.

[502] O movimento constitucionalista nasceu, no contexto de uma reação contra o absolutismo, como doutrina que preconizava a existência de uma "Higher Law" destinada a separar os poderes e a estabelecer entre eles controlo inter-orgânicos, como forma de limitar o seu exercício, na medida em que, tal como evidenciava Montesquieu, "só o poder limita o poder".

[503] A rigidez constitucional tem como escopo garantir a hierarquia da Constituição e estabelecer através de uma via procedimental agravada trâmites que façam depender a alteração da mesma Lei Fundamental da adoção de amplos compromissos entre os representantes do povo.

[504] O povo é a única fonte do poder constituinte e do poder de revisão, pelo que não é admissível, em democracia, introduzir alterações constitucionais inovadoras não ratificadas pela vontade popular.

[505] Os fatos políticos, no contexto de um Estado subordinado ao direito, devem ser conformes ao direito e não o inverso, sob pena da legitimação do arbítrio.

[506] Michelle Carducci "Sobre a Distinção entre Mutações Constitucionais Informais "puras e Impuras", Revista Brasileira de Estudos Constitucionais", Belo Horizonte, Ano 4, 15, 2011; Ronaldo Guimarães Gallo "Mutação Constitucional", "Jus Navigandi", 63, 2003.

[507] Bökenforde (ult. loc cit, p. 191 e seg.) dá como exemplo o caso Lüth (BVerfGE, 7, 198) sobre a oponibilidade dos direitos fundamentais (direitos civis e políticos) não apenas frente aos poderes públicos (como a Constituição prevê) mas também em relação a relações privadas (componente inovadora da solução interpretativa que terá potenciado uma ulterior mutação).

questão delicada que respeita ao tema nunca cabalmente solucionado dos limites jurídicos às mutações.

Existem na doutrina, de entre outros, *dois parâmetros de referência* sobre esta matéria que importa destacar. Um deles configura um limite extremo, induzido por Gomes Canotilho sobre a própria figura das "mutações exogenéticas", e que envolveria a inconstitucionalidade das alterações informais da Constituição que impliquem o desrespeito pelos pilares do compromisso político fundamental em torno da identidade constitucional[508]. Semelhantes alterações poderiam, no limite, implicar uma fraude ou uma transição constitucional gerada à margem dos representantes do povo e do processo devido.

Outro parâmetro, de alcance intermédio, é aflorado por Bockenförde, Hesse e Müller[509] no plano da mutação de fonte jurisprudencial e predica o imperativo de a criação emergente de uma solução interpretativa dever guardar fidelidade ao programa normativo "posto" pelo texto constitucional e não se transformar em direito "proposto" pela Justiça Constitucional que emirja a partir do nada[510], derrogando faticamente o direito anterior ou despontando partir de princípios neutros de onde tudo, e o seu contrário possa ser extraído[511].

Por conseguinte, para ser válido, o direito jurisprudencial deve progredir a partir da norma constitucional positiva e democraticamente decidida[512]. Pelo que se impõe que a interpretação constitucional que envolva criatividade normativa (a qual pode ou não implicar uma mutação) não exorbite a sua função de desenvolvimento evolutivo do *"direito posto com anterioridade"* por um decisor democrático[513]. Tal não inibe a mesma interpretação de assumir uma feição evolutiva e adaptativa, aperfeiçoando, atualizando ou reconstruindo conceitos constitucionais face a novas situa-

[508] Gomes Canotilho ult. loc cit.

[509] Bökenforde ult. loc cit, p. 193. Konrad Hesse ult. loc cit, p. 164 e seg.

[510] Böckenforde ult loc cit 193 e seg.; Hesse, ult. loc cit, p. 168; Friedrish Müller "Discours de La Methode Juridique", Paris, 1997, p. 275 e seg.

[511] Cfr John Hart Ely ("On Discovering Fundamental Values" op. cit). Em Portugal e no Brasil, segundo algumas opiniões, seria o caso de "princípios-passepartout" como o da Justiça, moralidade, desenvolvimento da personalidade ou, até, dignidade da pessoa humana, de onde se podem extrair uma pluralidade de normas de direito não decidido pelas vias constitucionais.

[512] Cfr. Infra § 553 e seg. e § 665 e seg., relativamente à metódica da interpretação constitucional.

[513] Böckenforde ult loc cit, p. 193.

ções da vida, integrando criteriosamente lacunas da própria Constituição, operando extensões normativas da Carta Fundamental a situações conexas e, como diz TRIBE[514], escavando, na raiz das normas as suas premissas, de modo a ajustá-las a situações carentes de tutela.

Essa exigência envolve o uso de um método jurídico.

298. Assim, não será legítimo impor, como fator exogenético de mutação: fatos que não tenham uma evidente relação material de cabimento no âmbito normativo; fugas ao programa normativo da Constituição com inobservância do texto; o recurso a linhas de reflexão tópicas fundadas numa exuberância argumentativa de ordem filosófica e ideológica que indicie por parte do intérprete um marcado subjetivismo na apreciação dos fatos; a formulação de soluções normativas consumadas e mudas que contrariem a exigência de fundamentação e o princípio da publicidade; soluções interpretativas derivadas de uma combinação ou cocktail de princípios que derroguem regras constitucionais; e resultados normativos obtidos através do uso erróneo de técnicas e cânones interpretativos.

Não constituirá, igualmente, uma mutação pura, uma operação integrativa de lacunas fictícias da Constituição, através de normas jurisprudenciais inovadoras que não resultem de um recurso válido à analogia.

Será, também, com grande probabilidade, uma mutação "impura", toda a criação normativa jurisprudencial que contrarie o "aquis constitucional" sobre uma dada matéria e, modifique a esfera das competências explícitas dos órgãos de poder (salvo o caso de uma inefetividade funcional de poderes, largamente assumida pela comunidade, nunca as competências implícitas podem contrariar competências explícitas).

Finalmente, configura uma mutação de validade controvertida a substituição jurisprudencial do pensamento dogmático por soluções tópicas carentes de fundamentação ou de consenso na comunidade jurídica.

299. Se os dois tipos de limites expostos, de entre outros, podem servir perfeitamente como padrões de juízos de inconstitucionalidade que reprimam mutações "impuras", sobretudo as que nascem bruscamente, *o facto é que eles não dão solução a certo tipo de casos concretos.*

O primeiro tem a ver com as mutações impercetíveis, lentas e graduais que advêm do já referido construtivismo judicial (infra §739, §745 e §748)

[514] TRIBE ("The Invisible (...)" op. cit, p. 194) qualifica a apreensão interpretativa das raízes e premissas dos direitos positivados em normas textuais no método "geológico" de identificação da Constituição invisível.

que opera em camadas e capítulos e em que é difícil descortinar o momento em que nasce a norma inovadora que contraria a identidade ou o programa constitucional. A partir de que momento será legítimo arguir a sua inconstitucionalidade?

O segundo tem a ver com situações mais claras em que a jurisprudência contraria "ex abrupto" o compromisso constituinte, como seria retirar a um órgão de soberania poderes que a Constituição expressamente lhe atribui e conferi-las a outro[515]. *Quid juris* se a mesma alteração, pese a sua controvérsia doutrinal, for mantida por jurisprudência reiterada, sem oposição das demais instituições soberanas e se os novos poderes, retirados a um órgão e transmitidos a um órgão diverso, passarem a ser efetivamente exercidos por este?

O terceiro tem, a ver com o desuso e perda de efetividade de normas derrogadas pela prática legislativa infraconstitucional e em que uma normatividade ordinária não oficial contraria, sem oposição, o que diz a Constituição, ignorando o programa normativo.

b) As mutações informais como expressão de um poder constituinte atípico e difuso?

300. Em face do que se expôs, emerge uma questão que excede o mundo do direito, entroncando na fenomenologia política e no império dos factos. Com efeito, mutações nascidas inconstitucionais mas perenizadas no tempo e sem oposição efetiva, podem criar um *"facto consumado"*. Uma mutação impura que se consolide sem ser declarada inválida pode vir a transformar-se em norma constitucional cogente ou numa prática de *soft law*. Ora, não será que o império dos factos e comportamentos reiterados e a subsequente aceitação tácita dos mesmos não consuetudinariza a mutação e propicia, uma indemnidade espontânea e deslizante que exculpará a inconstitucionalidade?[516]

Assim, a natureza misteriosa da mutação informal terá menos a ver com a revisão constitucional (que segue um processo pré determinado na lei

[515] Veja-se o caso dos "Crimes Hediondos" (reclamação nº 4.335-A/AC na interpretação de alguns ilustres ministros do Supremo Tribunal Federal do Brasil onde se questiona o poder do Senado Brasileiro na suspensão de normas julgadas inconstitucionais em controlo concreto pelo STF e no cometimento dessa competência ao Supremo Tribunal.

[516] Por exemplo, no tempo presente alguém no seu perfeito juízo declararia a inconstitucionalidade de leis contrárias à norma que na CRP proíbe os latifúndios?

fundamental) *e mais com o poder constituinte, como referia* HESSE[517], dado que a nova norma nasce "schmittianamente" por via existencial a partir de factos, decisionismo judicial e relações de força. Trata-se de uma *manifestação difusa de uma certa forma de poder constituinte, mas de um poder constituinte sem povo e sem vontade democrática legitimadora. Esta conclusão, provocadora, reconduz-nos à terceira questão.*

301. No tempo presente os tribunais constitucionais são o epicentro do fenómeno da mutação constitucional. Isto:

i) Porque as mutações oriundas dos órgãos políticos só subsistem com a não oposição dos tribunais constitucionais;

ii) Porque as mutações oriundas da jurisprudência internacional e supranacional só ocorrem se os tribunais constitucionais não se impuserem às instâncias internacionais, sendo eloquente a este propósito ocaso do Tribunal Constitucional alemão;

iii) Porque uma boa parte do fenómeno das mutações exsurge da própria jurisprudência constitucional, a qual não está sujeita a qualquer heterocontrolo e dispõe do poder de dizer, no plano do direito ordinário, a última palavra sobre o sentido da Constituição.

c) As mutações e a responsabilidade da Justiça constitucional

302. É sobre a terceira questão exposta no parágrafo anterior que cumpre tecer algumas considerações.

A Justiça Constitucional nasceu idealisticamente como um poder independente e imparcial, pese a sua natureza de jurisdição de cunho político, para defender a Constituição em relação a violações oriundas dos despotismos maioritários do legislador de onde promanaram parte das mutações informais na Europa do Séc. XIX e da primeira metade do Séc. XX. Foi qualificada, por HAMILTON como "The Least Dangerous Branch" (ou seja, o ramo do "poder" estadual menos perigoso)[518]. Ora como poder, a Justiça Constitucional está sujeita ao primado da separação com interdependência de poderes, com relevo para o respeito pelo núcleo essencial de cada poder, e a sua a função consiste no exercício de uma atividade de controlo, sendo a interpretação um simples instrumento desse mesmo controlo.

[517] KONRAD HESSE ult. loc cit, p. 151 e seg.

[518] Tendo meio ironicamente, ALEXANDER BICKEL utilizado a expressão numa monografia ("The Least Dangerous Branch: the Supreme Court at the bar of Politics", Bobs Merril 1962) na qual percorre a história do Supremo e censura alguns dos seus ciclos ativistas.

Ora, quando a Justiça Constitucional decide inovar politicamente, afastando-se do programa político dos preceitos constitucionais para revelar normas não decididas que derrogam as decididas, para as transformar em algo sem correspondência no texto e para aditar critérios de decisão a partir de princípios neutros, ela dificilmente exercerá uma função de controlo imparcial. A imparcialidade, atributo da função jurisdicional entra em crise, quando o Tribunal, ao invés de pretender revelar o significado da norma e ajustá-lo ao contexto de um caso, no quadro de uma situação problemática, soluciona essa mesma situação, não através da Constituição positiva, mas de uma norma que ele próprio cria e depois concretiza, podendo derrogar a própria Constituição e transformar politicamente a consciência coletiva.

Regressando à questão inicial, o défice de heterocontrolo dos tribunais constitucionais deriva do facto de as constituições não terem sido concebidas para limitar os mesmos tribunais, porque o constituinte entendeu que não seria suposto que os mesmos atuassem materialmente como um poder constituinte ou um poder de revisão, mas como um poder de controlo. Ora a partir do momento que os tribunais, ao invés de guardarem a Constituição, a alteram mediante legislação material, emerge um problema crucial, não resolvido, no plano do princípio democrático e do princípio da separação de poderes.

Secção II
A revisão constitucional na ordem jurídica portuguesa em vigor

1. Revisão e conservação atualista da Constituição

303. Tal como sustentámos noutra obra onde abordámos a matéria e cujo teor seguimos de perto[519], revisão constitucional e rigidez guardam, entre si, uma relação simbiótica: a liberdade conformadora do decisor responsável pela revisão constitucional move-se dentro dos limites pré-estabelecidos que lhe foram fixados e que atribuem rigidez, ou seja, uma maior "dureza" e estabilidade, às normas da Constituição; já a rigidez confere sentido

[519] Carlos Blanco dDe Morais "Justiça Constitucional" I, op. cit, p. 65 e seg.

jurídico ao largo assentimento de vontade política necessária para aprovar o ato de revisão, na medida em que, por força de um procedimento especial e agravado destinado a refletir esse consenso alargado, se imuniza o texto constitucional de modificações fortuitas geradas por maiorias episódicas.

304. Esta situação ocorre, sem prejuízo de a revisão constitucional poder aumentar ou diminuir a espessura dessa rigidez, alterando, por exemplo, as normas respeitantes aos limites formais (referentes aos procedimentos normativos agravados), os quais não se configuram "a se", simultaneamente, como limites materiais necessários. Pode, ainda assim, defender-se que a *rigidez,* em abstrato, se configura como um limite material implícito de revisão, já que o poder constituinte configurou a Lei Fundamental de 1976 como uma Constituição rígida (senão mesmo, hiper-rígida) pelo que a sua transformação num texto flexível, mediante a ablação dos limites formais de revisão significaria uma via livre para a desfiguração de componentes fundamentais identitárias da Constituição[520], com uma consequente transição constitucional.

2. Introdução às formas típicas de revisão constitucional em democracia

305. As formas típicas de revisão constitucional, de acordo com o paradigma democrático, envolvem sempre uma *dimensão representativa,* ou seja, implicam sempre a alteração da Constituição mediante deliberação parlamentar.

Ainda assim é possível distinguir processos de revisão *exclusivamente representativos* e processos de revisão *mistos de base representativa.*

306. Dentro dos *processos de revisão exclusivamente representativos,* cumprirá subdistinguir os processos de revisão constitucional por *assembleia ordinária e por assembleia especial.*

No que toca ao modelo de assembleia geral, e excluindo as constituições flexíveis (Reino Unido e Israel) que são alteradas por um processo legislativo idêntico ao comum, incidiremos a presente análise sobre os *processos parlamentares agravados* de revisão constitucional (agravamento derivado da consagração de maioria qualificada e outros limites como os temporais e materiais) que abarcam a esmagadora maioria dos ordenamentos. Existe a possibilidade de esta via processual envolver três modalidades:

[520] Como é o caso do sistema de governo e dos direitos sociais que não estão protegidos por limites materiais. Por outro lado o uso do processo de dupla revisão seria facilitado.

i) A *modalidade comum*, que implica, tão só, a faculdade de o Parlamento ordinário, investido em funções de revisão, deliberar as correspondentes alterações com observância das regras especiais e agravadas prescritas (caso da Constituição portuguesa de 1976, da Constituição espanhola de 1978 e da Constituição brasileira de 1988);

ii) *A revisão por Parlamento renovado:* a iniciativa de revisão é deliberada no Parlamento em funções que é dissolvido tendo em vista a sua renovação, passando o Parlamento eleito a ficar investido de um mandato para rever a constituição (constituições monárquica portuguesas, a norueguesa de 1814, a grega de 1975 e a holandesa de 1986);

iii) *E a revisão parlamentar sujeita a ratificação de estados federados:* ocorre em certas federações e envolve um processo em que as emendas deliberadas pelo Parlamento federal carecem de ratificação das assembleias de um número determinado de estados federados (caso da Constituição norte-americana de 1787 na sua modalidade principal).

307. Pode, contudo, a revisão ser feita por *assembleia especial convocada para o efeito,* apenas para fazer a revisão. É o que sucede com a Constituição norte americana através da modalidade da Convenção, caso esta seja convocada mediante deliberação favorável de dois terços das assembleias dos estados federados e, também, da Constituição russa de 1993, no tocante a um conjunto de matérias qualificadas. Trata-se de um processo que é proclive a alterações que se situam na zona de fronteira entre a revisão e a transição. Algumas transições constitucionais recentes derivaram da convocação de assembleias especiais como o caso da Constituição húngara de 2011.

308. Quanto aos *processos mistos de preponderância ou base representativa*, haverá a distinguir, fundamentalmente:

i) O caso em que a alteração deliberada por assembleia parlamentar (ordinária ou especial) se encontra sujeita a referendo popular obrigatório (Constituições irlandesa de 1937 e Suíça de 1999, em função de um conjunto de matérias qualificadas, e ainda as Constituições dinamarquesa de 1953, Polaca de 1997 e colombiana de 1991);

ii) As situações em que a deliberação parlamentar pode ser, eventualmente seguida de referendo, o qual pode ser dispensado no caso de a lei ser aprovada por maioria qualificada agravada (Constituições francesas de 1946 e 1958[521]).

[521] A necessidade do referendo pode ser afastada se o Presidente submeter a revisão ao Senado e à Assembleia Nacional reunidos conjuntamente.

3. Os limites da revisão constitucional no ordenamento português.

309. Observámos que a Constituição de 1976 é marcada pelo carácter agravado do seu processo produtivo, sujeito a *limites temporais* (artº 284º), *formais* (artºs 285º a 287º), *circunstanciais* (artº 289º) e *materiais* (artº 288º). A sua inobservância conforma o fundamento, o único fundamento, da existência de normas constitucionais inconstitucionais.

3.1. Limites temporais

310. De acordo com o disposto no nº 1 do artº 284º, a Constituição de 1976 não pode ser alterada a todo o tempo, mas apenas em determinados momentos, criando o mesmo preceito um período de "defeso" contra iniciativas que visem modificar a mesma Lei fundamental. Ora, as regras que condicionam a prática de atos de revisão à observância de critérios de ordem temporal consistem nos limites temporais de revisão constitucional.

311. As revisões constitucionais revestem natureza *ordinária e extraordinária.*

As *revisões ordinárias* caracterizam-se pela admissibilidade jurídica da sua realização em cada quinquénio.

Resulta do nº 1 do artº 284º conjugado com a alínea a) do nº 1 do artº 119º da CRP que a Assembleia da República é órgão competente para rever a Constituição volvidos cinco anos contados da data de publicação da última revisão ordinária. Tal significa que não é qualquer tipo de revisão que releva como marco temporal para a contagem do período de cinco anos. As revisões extraordinárias são desconsideradas nesse processo de contagem do tempo em que a alteração constitucional é vedada[522].

É, ainda assim, possível, alterar a Constituição a todo o tempo através de um processo de *revisão extraordinária.*

De acordo com o nº 2 do artº 284º da CRP, a adoção de poderes de revisão em qualquer momento requer a aprovação pelo Parlamento de uma

[522] A revisão constitucional ordinária de 1982 operou uma transição do regime de democracia tutelada pelo poder militar consagrado no texto originário da Constituição de 1986 para uma democracia plena, reforçou o poder do Parlamento e criou um Tribunal Constitucional. A revisão de 1989 operou a transição do regime económico, assente num modelo misto de pendor coletivista para uma economia de mercado. A revisão de 1997 renumerou (com grave violação das regras de legística) a Constituição, alterou (ou desfigurou) o sistema de atos normativos, alterou o sistema de autonomia das regiões periféricas (tornando-o insustentável) e criou um sistema referendário que bloqueou a regionalização administrativa do Continente. A revisão de 2004 desfez as alterações da revisão de 1997 em matéria regional e intentou alterar o quadro de relações normativas entre o Estado e a União europeia.

deliberação favorável à admissibilidade dessa revisão extraordinária, tomada pela maioria híper-qualificada de quatro quintos dos deputados em efetividade de funções.

Cumpre referir que a mesma maioria se destina, apenas, a investir o Parlamento de poderes de revisão imediata. A aprovação de cada norma de revisão constitucional processa-se na observância da maioria de dois terços, estipulada no nº 1 do artº 286º.

As revisões extraordinárias exigem um larguíssimo compromisso parlamentar que excede, em regra, a representação dos dois maiores partidos, reclamando a anuência de outras formações minoritárias. Em regra deveriam justificar-se na introdução de modificações relevantes e inadiáveis, as mais das vezes ditadas por exigências ligadas aos compromissos internacionais do Estado[523].

312. Os limites temporais constituem um fator dispensivo de bloqueamento de reformas constitucionais em tempo de crise, deixando o Estado refém do poder de veto dos partidos menores que se podem opor a revisões extraordinárias tidas como impreteríveis pelos partidos do arco democrático.

Por outro lado, pese esses limites, a Constituição portuguesa já experimentou mais revisões do que a larga maioria das Constituições europeias, as quais não contemplam limites temporais. Tal facto deve-se ao chamado "frenesim constitucional" dos deputados que, atento o largo período de defeso, procuram, em cada quinquénio aproveitar a possibilidade de alterar a Constituição para lhe introduzir alterações nem sempre necessárias. Tal foi o caso da revisão de 1997, um ato inútil que depreciou formal e substancialmente o texto Constitucional não se caracterizando por nenhum objetivo necessário e transcendente como o que resultava das revisões ordinárias precedentes. E foi também o que sucedeu com a revisão de 2004 , a qual introduziu uma infeliz regra (presentemente redundante) de primado parcial de direito europeu ajustado a um preceito de um tratado que nunca entrou em vigor (o Tratado constitucional europeu). Ainda assim, contra-

523 Assim, a revisão extraordinária de 1992 procurou criar condições para a ratificação pelo estado Português do Tratado de Maastricht que previa a criação de uma moeda europeia única. A revisão de 2001, cuja necessidade imediata era questionável procurou ajustar a Constituição à ratificação pelo Estado Português do Tribunal Penal Internacional criado pelo Tratado de Roma. E, finalmente, a revisão de 2005 permitia a realização de um referendo sobre um Tratado que visava a construção e aprofundamento da União Europeia (na altura o nado-morto Tratado Constitucional europeu).

riamente à prática anterior, verifica-se desde 2009 pela primeira vez, um impasse entre os dois maiores partidos quanto à oportunidade de introduzir alterações na Lei Fundamental. Tal é devido a um aumento do índice de conflitualidade política e a um distanciamento entre as referidas formações do arco de governo, quanto aos programas de ordem económico e social que prosseguem.

Finalmente, raras são as constituições democráticas vigentes que consagram limites temporais (será, por exemplo, o caso da Constituição grega de 1975).Entende-se, por conseguinte, que os limites temporais ganhariam em ser suprimidos numa próxima revisão constitucional.

3.2. Limites formais

313. Trata-se dos trâmites fundamentais de produção normativa que a Assembleia da República deve observar no processo de aprovação e revelação das normas de revisão constitucional. Cumpre destacar os limites formais de natureza mais relevante:

i) Reserva de iniciativa de revisão constitucional atribuída aos deputados (nº 1 do artº 285º da CRP);

ii) Aprovação das alterações à Constituição por maioria de dois terços dos deputados em efetividade de funções (nº 1 do artº 286º).

314. A maioria qualificada de dois terços consiste no limite formal com maior peso para efeito da atribuição de rigidez às normas constitucionais. Essa maioria envolve um expressivo compromisso parlamentar que implica, em regra, um acordo entre os dois maiores partidos (que têm reunido sempre essa maioria) mas que pode, em tese, vir a agregar, em certos ciclos políticos, um compromisso entre um desses dois partidos e outros partidos políticos de menor representação parlamentar[524]. Está-se, assim, diante do principal fator de estabilização relativa das normas constitucionais e do pressuposto da realização de compromissos interpartidários para a transformação da Lei Fundamental.

[524] Por contraposição à maioria simples que, nos termos do nº 3 do artº 116º da CRP se configura como a regra geral para a aprovação da legislação comum, a maioria de dois terços é a causa direta da maior força passiva das leis de revisão que resiste a qualquer revogação por processos legislativos que envolvam maiorias menores.

3.3. Limites circunstanciais

315. Reportam-se esses limites a factos e situações específicas que precludem, durante a sua ocorrência, a prática de atos de revisão constitucional.

O artº 289º da CRP consagra um limite dessa natureza quando declara que não pode existir *"nenhum ato de revisão constitucional na vigência de estado de sítio ou de estado de emergência"*.

Entende-se a razão de ser desse obstáculo. Durante a vigência desses estados de exceção ou de necessidade pública previstos no artº 19º da CRP, encontram-se suspensos direitos, liberdades e garantias e, no caso de estado de sítio, compete às autoridades militares a sua administração ou execução local. Nestes termos, não será numa conjuntura de legalidade de crise, em que as medidas excecionais podem condicionar a vontade dos deputados (a qual num processo de revisão constitucional se pretende inteiramente livre) que a Constituição deve ser modificada. O facto de a Lei fundamental de 1976 ter sido produzida numa conjuntura tumultuada durante a qual foi declarado o estado de sítio poderá ter pesado na decisão dos deputados em consagrarem este limite, obstando a cenários coativos ou emocionais que possam distorcer a liberdade do legislador ou frenar a liberdade de expressão que deve rodear, no plano do debate público, um processo de revisão conducente à deslegitimação da decisão constitucional.

316. Perguntar-se-á se, de entre os atos de revisão vedados, figurará a promulgação presidencial, no caso de o texto de revisão ter sido deliberado em estado de normalidade. Em bom rigor a resposta deveria ser negativa. O momento constitutivo da revisão constitucional radica na sua aprovação parlamentar. A promulgação presidencial é um ato obrigatório ou devido e a publicação um mero requisito de eficácia, pelo que, se os mesmo forem praticados durante a vigência do Estado de exceção, estes, em nada alteram a lei de revisão previamente deliberada. Não são, em sentido próprio, atos de revisão mas atos devidos embora acessórios ou instrumentais quando confrontados com os primeiros.

Por outro lado, tendo o ato de revisão sido deliberado num estado de normalidade, a decretação do estado de exceção poderia constituir um expediente do Presidente da República para obstar à promulgação de uma Lei de revisão da qual discorde, com base numa interpretação literal da CRP. Se transcorresse o prazo de promulgação, que subsidiariamente é de 20 dias, em estado de exceção sem que a referida Lei fosse promulgada, colocava-se o problema da caducidade da lei de revisão por ausência de promulgação no prazo constitucional, fundada num limite circunstancial. Este risco leva-nos a sustentar a obrigatoriedade de promulgação presidencial da Lei de revisão numa conjuntura de estado de exceção se a Lei de revisão tiver sido aprovada numa conjuntura de normalidade institucional.

3.4. Limites materiais

317. Limites materiais ou cláusulas pétreas consistem em disposições constitucionais, expressas ou implícitas, que vedam ao poder de revisão a faculdade de suprimir ou alterar normas incidentes sobre certas matéria qualificadas ou de, se a alteração for possível, reduzir ou depreciar o seu conteúdo fundamental.

A aposição de limites materiais expressos ocorre desde o liberalismo, mas com um alcance limitado. Foi o caso da garantia da forma republicana de Estado em diversas constituições (norte-americana, brasileira de 1891, portuguesa de 1911, da Constituição francesa de 1958 e da Constituição grega de 1975). Mas têm sido igualmente salvaguardados por esses limites, outros princípios, como os do Estado de direito, a separação de poderes, a dignidade da pessoal humana e o princpio federal (Constituição alemã de 1949); os princípios fundamentais do estado de direito democrático (Constituição checa de 1992); e a forma federal do Estado, o voto direto, a separação de poderes e os direitos e garantias individuais (Constituição brasileira de 1988).

318. Na Constituição portuguesa de 1976 os limites materiais de revisão constitucional são profusos e constam do artº 288º.

A. *Da existência de limites materiais intangíveis.*

a) Equação do problema da superação dos limites materiais à revisão constitucional

319. O debate sobre os limites materiais da revisão constitucional perdeu, no tempo presente, uma parte da sua primitiva dramatização e interesse jurídico e político na doutrina juspublicista portuguesa. Na verdade, a supressão de alguns dos limites materiais de revisão inseridos no primitivo artº 290º da CRP (presentemente o artº 288º) ocorrida por força de revisão constitucional de 1989, *consolidou pragmaticamente a tese da admissibilidade da dupla revisão.*

Tal circunstância remeteu, à primeira vista, para uma reserva puramente referencial de debate histórico[525], diversas construções contrapostas, favoráveis à irrevisibilidade das disposições cobertas pelos referidos limites, ou à sua revisibilidade plena. Isto, sem prejuízo de a questão de relevância dos limites poder ser, em tese, retomada a propósito de algumas questões politicamente relevantes, como a da cláusula implícita do Estado social de direito (infra § 329 e § 354) e da pretensa supremacia do direito europeu sobre alguns desses limites materiais que, segundo algumas opiniões, resultaria de uma autorização em branco conferida pelo nº 4 do artº 8º da CRP (supra § 261 e § 614).

Por esse facto, remetemos para outras obras uma descrição mais aprofundada da razão de ser da consagração deste limites na Constituinte e de alguns detalhes sobre os debates que rodearam a matéria[526].

320. A radicalidade da controvérsia que envolveu o primitivo artº 290º tinha, essencialmente, a ver com o modelo económico coletivista que então imperava, atenta a associação que era feita entre o princípio da *"apropriação coletiva dos principais meios de produção e solos, dos recursos naturais bem como a eliminação dos monopólios e dos latifúndios"* que constava da sua alínea f) por um lado, e o artº 83º que consagrava a clausula da "irreversibilidade das nacionalizações" realizadas após a Revolução de 25 de Abril de 1974, por outro.

Quatro teses eram defendidas sobre a problemática da intangibilidade dos referidos limites, importando realçar duas delas: *a da relevância absoluta dos limites materiais e a da relevância relativa, sustentada na possibilidade de uma dupla revisão.*

321. A *tese da relevância absoluta* teve Gomes Canotilho[527] como seu principal paladino e centrava-se nos argumentos que adiante se sintetiza:

i) O poder constituinte seria superior e prevaleceria sobre o poder de revisão que teria no primeiro, o seu fundamento justificante;
ii) Como tal, o poder de revisão deveria mover-se nos limites do poder constituinte, nos quais se encontrariam os limites materiais, como garantia da identidade histórica da Constituição;

[525] Cfr. para uma representação histórico, teorética do problema, Jorge Miranda "Manual (....)" II vol, 2000, cit, p. 184 e seg.; Gomes Canotilho "O Problema da Dupla Revisão na Constituição Portuguesa", Separata da Revista "Fronteira", Coimbra, Dezembro de 1978.
[526] Jorge Miranda "Manual (...)", II, op. cit. p. 238 e seg.
[527] Gomes Canotilho "O Problema da Dupla Revisão op. cit, p. 32 e seg.

iii) A norma que consagrava a irrevisibilidade de certas matérias seria igualmente inalterável, pese o facto de não consagrar a sua própria irrevisibilidade (seria um limite material implícito), pois careceria de sentido admitir que um poder subordinado pudesse por em causa uma regra estabelecida por um poder subordinante, como forma de destruir ou defraudar a identidade constitucional, ao invés de a defender como decorreria da sua função garantística[528].

322. A tese da dupla revisão foi sustentada em Portugal por JORGE MIRANDA[529] numa perspetiva compromissória. Nos termos do mesmo entendimento:

i) A natureza da cláusula de limites materiais seria declarativa e não constitutiva, assumiria uma função de garantia de princípios e conformar-se-ia como uma norma da CRP dotada do mesmo valor das restantes;
ii) De entre os princípios salvaguardados por limites, haveria alguns de carácter nuclear (limites de primeiro grau) cuja alteração implicaria a transição para uma nova Constituição material, e outros (limites de segundo grau) que, se fossem modificados, não afetariam a essência da Constituição material;
iii) Não consagrando o artº 290º a sua própria irrevisibilidade, poderia ser o mesmo suprimido ou alterado através de uma revisão ordinária a qual, contudo, não poderia suprimir ou comprimir redutivamente os princípios protegidos, sem prejuízo de os mesmos poderem ser alterados numa revisão constitucional seguinte;
iv) O artº 290º seria, assim, uma cláusula de super-rigidez, que permitiria a ocorrência de um período de alteração gradual e espaçada no tempo dos limites materiais;
v) Pese este facto, os limites de primeiro grau teriam carácter implícito caso fossem eliminados do artº 290º, devendo os princípios por eles protegidos ser sempre respeitados no texto da CRP, pelo poder de revisão.

[528] GOMES CANOTILHO comparou a tese da dupla revisão (supressão ou alteração da clausula num acto de revisão e remoção das normas antes protegidas numa segunda) a um filme cómico de Charlie Chaplin em que o mesmo ator, confrontado com uma tabuleta que proibia a entrada numa propriedade, virou a tabuleta ao contrário e entrou.

[529] JORGE MIRANDA "Manual (...)", II Vol, op. cit, 247 e seg.

323. No que concerne a outras teses minoritárias, cumpre sublinhar uma construção favorável à *irrelevância* dos limites que relembra as primeiras posições de SIEYÈS (supra § 81) e que foi sustentada por MARCELLO CAETANO[530] que parificava em hierarquia as normas do poder constituinte e do poder de revisão (que seria o poder constituinte do futuro, não podendo o primeiro sequestrar precisamente as gerações futuras), tendo sustentado a irrelevância de todas as clausulas pétreas imposta pelo primeiro.

Outra posição, sufragada por AFONSO QUEIRÓ[531] e defendida com nuances por MARCELO REBELO DE SOUSA[532] e por nós próprios, oralmente, nas aulas da Faculdade de Direito de Lisboa até 1989, aceitava a tese de GOMES CANOTILHO favorável à supremacia (ou hierarquia) do poder constituinte sobre o poder de revisão do que decorreria que as normas que estabeleciam as condições de validade de outras normas (como o artº 290º) se encontrariam numa situação de proeminência em relação às segundas. Por conseguinte, para alterar os limites do artº 290º seria necessário um processo de novação do poder constituinte, traduzido num ato soberano dotado da mesma autoridade do que o "poder constituinte originário". Tal seria conseguido pela convocação de uma nova assembleia com poderes constituintes ou por via de referendo constitucional, constituindo a não previsão deste instituto na Lei fundamental o maior escolho à procedência desta construção.

Contudo, o que os seus defensores sustentavam, verdadeiramente, era uma transição constitucional parcelar por via referendária, constituindo o referendo constitucional uma manifestação irreprimível e implícita da soberania constituinte do povo que não careceria de consagração.

324. O texto originário da Constituição portuguesa de 1976 era, sob um ponto de vista económico, um exemplo claro de nominalização parcial da Constituição. A imensa e dispendiosa estrutura económica nacionalizada durante a Revolução e toda a retórica constitucional marxista centrada na via socialista, a construção da "propriedade social" e o apoio à experiências

[530] MARCELLLO CAETANO "AS Constituições Portuguesas", op. cit , p. 157.

[531] AFONSO QUEIRÓ "Da Licitude de uma Reforma da Constituição" – "Democracia e Liberdade", 15, 1980 p. 12 e seg.

[532] MARCELO REBELO DE SOUSA "Direito Constitucional", op cit, p. 85, nt 73. A falta de consenso nacional de alguns limites poderia tornar inevitável uma "rutura na ordem constitucional", mormente por via de um referendo nacional, dotado de um grau de legitimidade e autoridade idêntica à do poder constituinte.

autogestionárias vivia de costas votadas para um ressurgimento da dinâmica de mercado e para uma integração europeia assente num modelo incompatível com esse segmento da Constituição.

A *radicalidade* do debate doutrinário que envolveu, antes de 1989, o problema da transponibilidade dos limites materiais de revisão do antigo artº 290º, o maior de todos os debates constitucionais depois da Revolução de 1974, só poderia conduzir à cedência da tese que intentava petrificar o modelo económico legado pela Revolução e ao trunfo da pragmática tese da dupla revisão, que admitia a evolução do modelo dentro de um quadro de hiper-rigidez, evitando uma transição do regime económico ditada do exterior. Na verdade, o congelamento do modelo de economia mista de pendor coletivista através dos limites materiais colocou, em face das obrigações de Portugal perante a Comunidade Europeia, a necessidade de uma transição imperativa do modelo económico a partir de um compromisso entre os dois maiores partidos.

Não fora o acordo entre os diretórios partidários (operado entre dois economistas, o Primeiro-Ministro Cavaco Silva e o líder da oposição, Vitor Constâncio) no sentido da alteração do artº 290º da CRP e seria duvidoso que um processo apenas conduzido pelos deputados pudesse gerar o mesmo efeito

Não fora, igualmente, a hábil, mas muito controversa *dissociação material entre o princípio da apropriação coletiva dos meios de produção*[533] e o artº 83º *que continha a cláusula da irreversibilidade das nacionalizações* efetuadas entre 1974 e 1976, (artigo que foi suprimido nessa mesma revisão), e veríamos a Constituição de 1976 confrontada com uma inelutável rutura.

Semelhante dissociação, salvo melhor opinião, poderá ter-se configurado mais como um *duplo processo de revisão* do que como uma dupla revisão. Isto porque não terá sentido lógico a existência do princípio de apropriação coletiva dos meios de produção, sem a existência paralela de um outro princípio que lhe dava consecução e que era o da irreversibilidade das nacionalizações, tendo sobretudo em conta que os bens nacionalizados constituíam uma componente fundamental do objeto material dessa apropriação. Assim, num só ato de revisão, retirou-se o princípio da apropriação coletiva da panóplia dos limites materiais e eliminou-se o corolário das nacionaliza-

[533] Que foi retirado dos limites materiais na revisão de 1989, mas que subsistiu ainda que reduzido a um adorno semântico-programático no texto da Lei Fundamental.

ções em favor do da admissibilidade de reprivatizações, deixando-se o referido princípio da apropriação coletiva sem objeto útil.

B. *A dupla revisão e o problema da subsistência de limites materiais intangíveis: equação do problema*

325. No tempo presente, o debate sobre os limites materiais parte já da premissa da admissibilidade da "dupla revisão", operada na revisão constitucional de 1989.

Importa agora aferir se, por força de uma dupla revisão, se torna possível operar no texto da Constituição, uma *supressão total* dos princípios ínsitos na cláusula de limites materiais (artº 288º da CRP) bem como, em alteração a efectuar em momento posterior, das normas que os servem ou se, ao invés, existem princípios e regras constitucionais dotadas de proeminências ou hierarquias distintas, assumindo os parâmetros de maior estalão, carácter irrevisível.

326. Sobre esta matéria, cumpre muito brevemente, alinhar algumas ideias que previamente expendemos noutra obra[534].

1º. Ainda não se dissipou inteiramente na doutrina o postulado, aparentemente dogmático, segundo o qual todas as normas constitucionais têm o mesmo valor jurídico, ou seja, ostentam uma paridade de grau, independentemente da importância diversiforme das matérias tratadas. Para muitos, os princípios garantidos pela cláusula dos limites materiais de revisão com carácter expresso, assumiriam em face dos restantes, não uma hierarquia jurídica, mas um estatuto de maior rigidez, dada a "mais-valia" comparativa, em termos de resistência, que ofereceriam à sua revogação, processada através de uma dupla revisão[535].

2º. Sem que se possa falar num diferença hierárquica entre normas constitucionais, são legítimas as dúvidas sobre se não existirá, no plano positivo, uma *proeminência* entre normas constitucionais, seja no plano substancial, seja no plano da força jurídica.

Em primeiro lugar, do disposto no nº 2 do artº 16º da CRP deflui o imperativo da interpretação das normas relativas a direitos fundamentais, feita em conformidade com a Declaração Universal dos Direitos do Homem, à qual a CRP atribui valor constitucional, por efeito de um ato de

[534] CARLOS BLANCO DE MORAIS "Justiça Constitucional I" op. cit.
[535] Cfr. Sobre esta posição, JORGE MIRANDA "Manual (...)" II, 2000, cit, p. 259 e seg.

receção. Semelhante interpretação conforme à Declaração é grávida de consequências, já que a ela deve necessariamente estar ligado um efeito útil, o qual pode ter como variantes: ou a *"inconstitucionalidade de normas constitucionais"*[536]; ou, mais atenuadamente, uma aplicação preferencial da interpretação conforme à Declaração Universal sobre uma interpretação divergente contida na Constituição instrumental. É esta última posição que sufragamos (supra § 34) por ser a que mais se coaduna com o sentido do nº 2 do artº 16º da CRP, que alça a DUDH a "parâmetro interpretativo", permitindo que do mesmo documento exunde uma interpretação prevalecente[537].

3º. De todo o modo, considera-se que a situação acabada de descrever não configura o único caso de supremacia relacional entre normas constitucionais.

Os defensores originários da tese da dupla revisão, pese o facto de negarem a existência de uma hierarquia entre disposições constitucionais, consideram que, de entre os princípios presentes na cláusula de limites expressos, despontariam alguns enunciados normativos de caráter *transcendente (como os direitos, liberdades e garantias) e imanente* (soberania e unidade do Estado, aspetos da legitimidade democrática, atributos do Estado de Direito) que assumiriam, em razão dessa natureza, o estatuto de *limites materiais de primeiro grau*[538]. Eles continuariam a valer como limites implícitos caso fosse eliminado o artº 288º.

Já os limites de segundo grau poderiam ser suprimidos da cláusula e, posteriormente, num segundo ato de revisão, do texto da Constituição (como seria o caso do princípio do controlo de inconstitucionalidade por omissão).

Outra posição mais recente[539], *defensora da imanência de limites implícitos intransponíveis*, tem com a anterior, a perspetiva comum de se considerar que a cláusula de limites materiais expressos conformaria um fenómeno de rigidez constitucional, sendo possível a um processo de revisão eliminar a referida cláusula, no todo ou em parte. Todavia, o que o processo de revi-

[536] Paulo Otero "Declaração Universal dos Direitos do homem e Constituição: A Inconstitucionalidade de Normas Constitucionais", in "O Direito", 1990, p. 612 e seg.

[537] Isto, sem prejuízo da desvalorização a que o preceito foi submetido pela jurisprudência constitucional vide, supra § 34.

[538] Jorge Miranda "Manual (...)" II, p. 254 e265.

[539] Luis Miguel Nogueira de Brito "A Constituição Constituinte", op. cit, p. 397-440.

são constitucional não poderia eliminar seriam os princípios que se reportassem à identidade nuclear da Constituição, já que essa identidade, sendo fixada pelo poder constituinte, na sua qualidade de atividade jurídico-normativa superior e fundacional, não poderia ser questionada por um poder constituído, como o poder de revisão constitucional.

Este último encontrar-se-ia habilitado a modificar a Constituição, mas não a operar uma transição para outra ordem constitucional, a qual seguramente ocorreria se fossem modificados princípios conformadores do núcleo carateriológico da Lei Fundamental. Estes princípios revestiriam a natureza de *limites materiais implícitos,* valendo na qualidade de enunciados constitucionais de hierarquia superior, como balizas absolutas ao poder de revisão, independentemente do facto de serem ou não, simultaneamente, declarados numa cláusula de limites materiais expressos, como a do artº 288º. Essa natureza poderia conferir-lhes alguma proeminência sobre outras normas constitucionais.

4º. *Que opinar sobre estas duas posições?*

A valorização da fundamentação da existência de uma supremacia material entre normas constitucionais tem sido, desde o início dos anos oitenta, operada pela doutrina e jurisprudência constitucional europeia[540], com relevo para a italiana, ganhando a questão uma especial acuidade política, nas antevésperas do malogrado processo de *"reforma"* da Constituição de 1947, iniciada no ano de 1987. O facto de se tratar de um texto constitucional com um reduzidíssimo número de limites materiais (onde se destaca, sobretudo, a forma republicana de Estado) colocou-se a questão sensível de se saber se existiriam outros princípios constitucionais imunes a um ato de revisão constitucional. O Tribunal Constitucional italiano contribuiu decisivamente para o debate[541] quando na sentença nº 1146/88 procedeu a uma distinção clara entre poder constituinte e poder de revisão, tendo conside-

[540] Cfr em geral Otto Pfersmann "Reformas Constitucionales Inconstitucionales: una perspetiva normativista", REDC, 99, 203, p. 17 e seg. Na p. 43 e seg. o autor refere que, em face de limites implícitos, a sua relevância como parâmetro de constitucionalidade só pode ser evidenciada através da interpretação.,

[541] Cfr. Sobre as diversas posições negacionistas de limites absolutos, favoráveis a esses limites e defensoras da eliminação de limites expressos através da dupla revisão constitucional, Steffano Maria Cicconetti "Revisione Costituzionale", Enciclopedia del Diritto. XL, Milano, 1989, p. 145.

rado que este último, na qualidade de poder constituído, deveria respeitar o núcleo da Constituição[542].

Semelhante núcleo seria constituído por princípios imodificáveis, os quais, de acordo com a sentença nº 99/97 do mesmo Tribunal (que retomou a linha argumentativa da jurisprudência anterior), não careceriam de textualização, podendo ser deduzidos da ideia de Direito plasmada na Constituição. Sectores importantes da doutrina deram respaldo a esta solução que procurou frenar os que, através de uma revisão da Constituição, procuravam operar uma verdadeira transição constitucional. O entendimento jurisprudencial segundo o qual existiria um *núcleo duro* na Constituição que seria irrevisível, levou certos autores a erigir os princípios respeitantes a esse *domínio intangível*, a um patamar superior, destacando a existência de uma hierarquia em sede dos enunciados axiológicos e das normas constitucionais[543]. De entre estes princípios destacar-se-iam os *direitos fundamentais*, os quais gozariam de uma máxima garantia; os *princípios da supremacia constitucional, da separação de poderes* (bem como os corolários decorrentes da reserva de lei e de jurisdição)[544] e *da forma republicana de Estado* (que é simultaneamente um limite expresso); *o regime político;* e, segundo alguns entendimentos, o *sistema de governo*[545].

A relevância de limites materiais implícitos à revisão constitucional recebeu também reconhecimento jurisprudencial na Alemanha, mormente na decisão do Tribunal Constitucional Federal de 12 de Outubro de 1993 (relativo ao Tratado da União Europeia). Considerou aquele Tribunal que o nº 3 do artº 79º da Lei Fundamental vincularia a evolução do ordenamento

[542] Cfr. a posição contrária da doutrina francesa que, entendendo que a opção política é sempre prevalecente, equipara os dois poderes. A questão foi colocada depois de a "Lei Pasqua" sobre o direito de asilo ter sido julgada inconstitucional pela decisão 93, 325 de 13 de Agosto de 1993 do Conselho Constitucional, tendo o Parlamento superado esta dificuldade operando uma revisão constitucional das normas relativas ao direito fundamental de asilo. Cfr. L. Favoreau "L'octroi de L'Asile, Acte de Souverenité de L'Etat", Figaro, 22 de Set. de 1993 (Cit. por Mario Dogliani "Potere Costituente e Revisione Costituzionale", "Quaderni Costituzionali", 1, 1995, p. 10-11.

[543] Franco Modugno "Validitá" (Dir. Cost), "Enciclopedia del Diritto", XLVI, cit, 1993, p. 54 e p. 70.

[544] Paolo Barile "Diritti Fondamentali e Garanzie Costituzionali:, Un' introduzione", Studi Elia, I, cit., p.143.

[545] Antonino Spadaro "Dalla Costituzione come atto alla Costituzione come Processo", "Quaderni Costituzionali", 3, 1998, p. 375.

estatal, no respeito do núcleo essencial da Constituição, existindo, contudo, a dúvida sobre se se trataria de um condicionamento que valeria para a revisão simples, ou para a própria revisão total, a qual se condensa numa genuína transição, e que como vimos, a própria Constituição de Bona intenta disciplinar.

5º. Na ordem jurídica portuguesa, de entre as conceções que defendem um "status" diferenciado dos princípios e normas que assumem a natureza de limites materiais de revisão, consideramos que a *tese da dupla revisão* favorável à admissibilidade de limites materiais de revisão de *primeiro e de segundo grau*, não impressiona decisivamente, pelo menos quanto ao critério que estabelece em relação à relevância jurídica de uns e de outros[546].

Na verdade, a qualificação dos mesmos limites como *"transcendentes"* e *"imanentes"* funda-se numa assumida cosmovisão jusnaturalista. Cosmovisão que antepõe, aliás, balizas análogas ao exercício do poder constituinte, não sendo semelhante tese, pacífica para todos os que, como o autor destas linhas, excluem a admissibilidade de parâmetros jurídicos originários à decisão constituinte soberana e não aceitam limites ao poder de revisão que não resultem, *explicita ou implicitamente*, da ordem jurídico-positiva (§ 415, § 420 §426). A inclusão deste ou daquele princípio, ou de esta ou daquela norma, na esfera de um suposto limite de primeiro grau, ostenta uma margem crítica de subjetivismo potenciador de um casuísmo, de uma incerteza valorativa e de uma virtual variabilidade que posicionam a linha de abordagem que lhe subjaz mais num campo axiológico do que verdadeiramente dogmático[547].

[546] Jorge Miranda (ult. loc., II, cit), p. 254 e seg.

[547] Verificamos, por exemplo, que Jorge Miranda (op. cit) cataloga como limites imanentes um conjunto tal modo expressivo de limites implícitos que praticamente faz desaparecer os limites de segundo grau. Ora, sucede que *muitos dos limites que cataloga como imanentes do primeiro grau não o são verdadeiramente já que a Constituição seria a mesma se os princípios que protegem fossem suprimidos*: é, até certo ponto, o caso da separação das Igrejas do Estado (a Constituição seria a mesma se reconhecesse uma relação preferencial da Igreja Católica como confissão maioritária); os direitos dos trabalhadores e comissões de trabalhadores que não revistam a natureza de direitos, liberdades e garantias; a coexistência dos sectores de propriedade dos meios de produção (em grande parte já nominalizado); a existência de planos económicos no âmbito de uma economia mista (igualmente esmaecido pela prática legislativa e constitucional); o sistema de representação proporcional; a fiscalização de inconstitucionalidade por omissão; e a autonomia político-administrativa dos Açores e da Madeira.

C. *Síntese da posição adotada: necessidade de observância de limites materiais "intangíveis" pelo poder de revisão.*

327. Em conclusão, relativamente ao exposto na rubrica precedente, aceita-se o entendimento segundo o qual o poder constituinte impõe ao poder de revisão a observância de um conjunto de limites materiais.

Uns, referentes ao *núcleo identitário da Lei Fundamental*, são deduzidos da ideia de Direito inerente à Constituição Material, e assumem uma proeminência substancial em razão do seu *status* de irrevisibilidade. Isto, sob pena do poder de revisão, como poder constituído, desafiar a supremacia lógica e teleológica do poder constituinte que operou a sua criação.

328. O referido núcleo é conformado pelos princípios e por algumas regras[548] que servem a ideia de Direito enformadora de uma dada ordem jurídica de domínio constitucional e cuja eliminação ou descaracterização, no todo ou em parte, por via de revisão, significaria necessariamente o trânsito para uma nova ideia de Direito e para uma Constituição diferente[549]. A sua *seleção deve assumir um carácter restringente* já que a intangibilidade do respetivo estatuto radica, dentro da observância de um *critério de essencialidade*, na sua *absoluta indispensabilidade* para a conservação da fisionomia singular da ordem constitucional vigente.

Aceita-se, para o efeito da sua identificação, a perspetiva segundo a qual, *"o critério básico para os conhecer é o perscrutar do sistema constitucional como um todo"*[550]. E aceita-se, também, o entendimento da mesma doutrina quando afirma que não integram esse núcleo duro de intangibilidade, prin-

[548] Considera-se que integram esse núcleo, não apenas os princípios normativos, mas também aquelas regras ancilares que servem o conteúdo essencial dos primeiros, já que uma revisão que mantivesse emblematicamente um princípio mas lhe retirasse *objeto consecutório* eliminando as regras que o densificam, e substituindo-as por outras suscetíveis de servir princípios distintos ou contrários do anterior, não deixaria de constituir um acto de transição, em razão da natureza puramente nominal do sobredito princípio.
Tratar-se-ia de algo que, no texto da Constituição, se assemelharia ao "status" do "princípio da transição para o socialismo" (que bruxeleia esvaziada e inofensivamente no preâmbulo da Constituição de 1976), mas que teria face a este a agravante de, pelo facto de figurar também no instrumento normativo da Lei Fundamental, poder propiciar dispensivas lacunas de colisão com outros princípios, mesmo depois de verificado um acto de transição.

[549] Para Jorge Miranda, ult. loc. cit, p. 264, os limites materiais não podem ser ofendidos, sob pena de se deixar de fazer revisão, para se passar a fazer uma nova Constituição. E a violação de limites materiais de primeiro grau equivaleria a um Golpe de Estado ou a uma fraude á Constituição, se se respeitarem as regras constitucionais de competência e forma.

[550] Jorge Miranda, ult. loc. cit.

cípios que se encontram, por razões de uma mera hiper-rigidez, inseridos na cláusula de limites explícitos.

329. Na Constituição de 1976, as traves-mestras que erigem uma identidade intangível da Constituição ancoram-se, nuclearmente, na *soberania e unidade nacional, no regime político e no regime axial de direitos liberdades e garantias*, realidades que se refletem nos seguintes princípios do artº 288º: *independência nacional e unidade do Estado; forma republicana de governo; sistema ou regime dos direitos, liberdades e garantias; sufrágio universal; pluralismo de organização política; separação e interdependência dos órgãos de soberania; independência dos tribunais; e principio da autonomia do poder local. Acrescem a estes, como limites implícitos, a rigidez constitucional*[551] *e o princípio do Estado social de direito no que concerne às obrigações assistenciais indispensáveis à garantia nuclear da dignidade da pessoa humana*[552].

330. Parece na verdade claro que se deixaria de poder falar na Constituição de 1976, e sim numa Constituição reformada por um novo movimento constituinte: se o Estado fosse convertido numa componente federal da União Europeia ou se transformasse numa realidade híbrida, despojada da essência nuclear dos seus atributos soberanos; se o Regime Político assumisse uma forma monárquica (a qual se repercutiria necessariamente no sistema de governo); se o sistema político evoluísse para uma forma de governo de concentração das diversas funções do Estado num órgão dominante (como seria um Super-Tribunal Constitucional investido em funções normativas e em poderes substitutivos); e se os titulares dos municípios fossem designados pelo poder central ou as suas competências normativas fossem eliminadas[553].

[551] Os limites temporais e formais não são, por si só, limites materiais implícitos, pelo que podem ser alterados no sentido da sua suavização ou agravamento. O que não parece possível é uma revisão global do sistema garantístico da rigidez de que resulte a conversão da presente Lei Fundamental numa Constituição flexível (cfr supra § 304).

[552] Nomeadamente no tocante ao direito à saúde, à segurança social e à Educação no ensino básico.

[553] Este raciocínio já não vale para outros limites constantes do artº 288º. Poder-se-ia na verdade falar, com propriedade e rigor, na emergência de uma nova Constituição, se, através de um acto de dupla revisão se suprimisse a alínea f) e, posteriormente, a relevância constitucional do sector cooperativo e social da propriedade? Se se retirasse a alínea g) e, ulteriormente, a existência dos planos económicos? Se Se revogasse a alínea l) e, subsequentemente, a fiscalização da inconstitucionalidade por omissão? A resposta é negativa, pois a ordem política fundamental instituída em 1976 não ficaria beliscada no seu perfil prototípico e singular, pela

331. De todo o modo, nem todas as componentes da identidade constitucional se revelam tão lineares na sua relevância, como as que se encontram presentes nos exemplos acabados de expor.

No nosso entendimento, que passa pela aceitação de uma dupla revisão, haverá que distinguir duas situações.

Um ato de revisão constitucional que incida num domínio coberto pelos *limites materiais* não pode reduzir o alcance nuclear das normas constitucionais que regulam os bens protegidos, mormente no seu âmbito de proteção. Pode, por exemplo, na esfera dos direitos, liberdades e garantias, precisar o sentido, reconfigurar aspetos do conteúdo do direito, regular o seu modo de exercício de forma menos generosa do que aquela que era permitida na versão originária e positivar limites e restrições implícitas derivados da colisão entre o mesmo direito e outros direitos ou interesses constitucionalmente protegidos (tarefa que é, afinal, admitida à própria lei ordinária, atenta a interpretação lata que é feita ao nº 2 do artº 18º da CRP[554]).

Contudo, no caso de ocorrer uma dupla revisão que, por hipótese, *suprima um limite material intangível,* como os direitos liberdades e garantias, do artº 288º (eliminação da alínea d)) cumpriria verificar quais normas a eles referentes que, no texto da Constituição, continuariam a revestir a natureza de limites materiais implícitos com carácter impostergável. Isto, porque seria legítimo, nesse caso, a supressão de normas consagradoras de alguns direitos de liberdade ou as respetivas garantias. Assim, se fosse eliminado no nº 2 do artº 33º a garantia da necessidade de a expulsão de estrangeiros do território nacional se fazer por via judicial ou a equiparação de direitos entre nacionais e estrangeiros residentes a Constituição não alteraria a sua fisionomia sendo possível a dupla revisão.

Na generalidade, considera-se que haveria um ato de transição constitucional se o *sistema de direitos, liberdades e garantias* fosse afetado no seu *núcleo reitor.* Este é composto por alguns dos seus princípios estruturantes (nº 2 do artº 12º, artº 13º, nº 2 do artº 16º, artº 18º, e nºs 1, 2 e 4 do artº 20º), pelos direitos políticos inseparáveis do regime democrático, pelos direitos civis

desaparição dos referidos institutos, já que continuaria a manter as suas traves-mestras e os seus requisitos elementares de identificação.

[554] Veja-se o caso da revisão constitucional de 2001 que restringiu o âmbito de protecção da garantia da inviolabilidade de domicílio durante a noite (nº 3 do artº 34º) quando esteja em causa criminalidade qualificada.

e políticos acoplados à essência do Estado de direito democrático e, ainda, pelos direitos ditos "absolutos", elencados no nº 6 do artº 19º, os quais são insuscetíveis de suspensão. Nestes termos, não seria admissível a *supressão do sentido útil do conteúdo fundamental dessas normas*, sendo, ainda assim, admissível a positivação de restrições[555].

332. Em síntese, os *limites materiais intangíveis* correspondem ao núcleo identitário da Constituição e que por serem inalteráveis através de uma revisão constitucional, sob pena de fraude à mesma, assumem uma proeminência em relação aos restantes princípios e regras constitucionais.

333. Não é, contudo, possível acompanhar a doutrina que propugna *pela imodificabilidade absoluta dos sobreditos limites materiais intangíveis do poder de revisão*, no ponto em que esta considera que esses limites são, como tal, também imunes ao *próprio poder constituinte*. O entendimento em exame censura o pensamento decisionista existencial[556], não aceitando o facto de este conceber um poder constituinte que, existindo em estado de natureza acima da própria Constituição, poderia ele próprio ultrapassar os limites identitários ao poder de revisão, gerando uma nova Constituição.[557]

Não ocorre, contudo, qualquer falta de lógica na doutrina existencial do poder constituinte. Ela limita-se a exprimir, em primeiro lugar, uma reali-

[555] Fora deste universo, haveria a possibilidade de reconfigurar, restringir inovatoriamente e até desconstitucionalizar alguns dos direitos, liberdades e garantias, bem como alguns princípios estruturantes do sistema de direitos fundamentais, não integrativos do referido núcleo (como seria o caso do nº 1 do artºs 12º e nº 1 do artº 16º, artº 17º ou artº 21º da CRP). Com efeito, se as regras sobre a expulsão, extradição e asilo no artº 33º fossem profundamente alteradas num sentido diverso do existente, se o exercício do direito de greve fosse sujeito a restrições, se a proibição do "lock out" fosse removida ou se os direitos das comissões de trabalhadores fosse suprimida seria difícil sustentar que a Constituição teria deixado de ser a mesma e que o seu código genético teria sido irremediavelmente afetado.

A validade da dupla revisão dependeria, nos casos citados, da relação de sentido das normas constitucionais afetadas, com o núcleo identitário da Constituição, da relevância do objeto garantido na conformação desse núcleo e na natureza mais ou menos vivida e coletivamente aceite das nomas afetadas num dado momento histórico. O que não deixa de conferir um expressivo grau de discricionariedade ao intérprete jurisdicional.

[556] Miguel Nogueira de Brito, op. cit, p. 378 e seg.

[557] Nessa perspectiva, um poder constituinte em estado existencial, ou permanente, colocaria em causa, a identidade e continuidade da Constituição que antes gerara. E chocar-se-ia, também, com a ideia da submissão da revisão constitucional à identidade da Lei Fundamental que o mesmo decisionismo defende. Isto porque de nada serviria a limitação do poder de revisão, se a identidade da Lei Fundamental assentasse na contingência de algo mutável e existencial como o referido poder constituinte.

dade fáctica relativa à produção constitucional, que é a incondicionalidade criadora do poder constituinte. O núcleo identitário de uma Constituição, não é, na verdade, indisponível a um ato de revisão simulada que proceda à sua desconstrução ou eliminação, através de uma transição constitucional.

O poder constituinte pode ser disciplinado, mas não é necessariamente disciplinável. Existe com toda a sua força criadora que se manifesta quer por via de uma rutura unilateralista quer, mais suavemente, através da *"renegociação do pacto constitucional"*[558]. Este dado *existencial* não é contraditório com a subsistência do poder de revisão, dado que este opera como atividade ordinária de adaptação evolutiva da Constituição, subordinada ao seu núcleo identitário definido pelo poder constituinte. Já quanto a este último a situação é diversa pois manifesta-se, unicamente em cenários de rutura, os quais tornam inevitável a revogação do conteúdo da anterior manifestação do mesmo poder. E não se procure, como fez Carré de Malberg no seu positivismo elíptico, considerar que, como mero *facto*, o poder constituinte não interessa ao Direito. Como poderá não interessar ao Direito a fonte de criação e legitimação da mais fundamental de todas as suas leis, que é a Constituição?

334. Poderá perguntar-se até que ponto o processo de revisão constitucional pode servir, não para esse estrito fim mas, para a manifestação de um novo poder constituinte, através da modificação cirúrgica do próprio *núcleo identitário da Constituição.*

Neste preciso aspeto, prevalece a *dimensão realista da tese ontológica da dupla revisão*, a qual admite que, *"por detrás do poder de revisão se encontra sempre presente, ou latente, o poder constituinte material (originário)*[559]*"*. O poder constituinte "subsiste após a edição da Constituição" embora "fora da Constituição" como expressão da vontade e da "liberdade humana"[560].

Os limites materiais do núcleo identitário limitam, tal como afirma a mesma doutrina, a revisão constitucional, mas não inibem a possibilidade (existencial) que através de uma revisão se opere uma transição constitucional. *E daí que, repete-se, uma lei constitucional que suprima esse núcleo identitário, no todo ou em parte, ou é declarada inconstitucional, ou, tornando-se efetiva, ganha a legitimidade fundacional própria de uma nova manifestação constituinte.*

[558] Dogliani, op. cit, p. 14, a propósito das teses neocontratualistas.

[559] Jorge Miranda, ult. loc. cit, p. 223.

[560] Manoel Gonçalves Ferreira Filho "O Poder constituinte" op. cit, p. 78.

O êxito ou inêxito consecutivo desse poder depende, paradoxalmente, da correlação de forças políticas e do grau de interiorização coletiva da normatividade e legitimidade política da Constituição.

335. Já outros limites, inseridos no hemisfério da identidade adjacente ou instrumental da Constituição, que designamos de *limites materiais secundários*, são balizas hiper-rígidas à revisão, apenas em razão do facto de os princípios por eles protegidas serem explicitados numa cláusula de limites materiais.

Tal permitirá que os princípios e regras correspondentes sejam suprimidos do texto fundamental através de uma dupla revisão constitucional. Desta forma, verifica-se que a revisão constitucional, sendo uma importante garantia da Constituição, assume, nesse papel, uma eficácia relativa.

4. O processo de revisão da Constituição de 1976

4.1. Órgão competente

336. O órgão exclusivamente competente para aprovar as leis de revisão constitucional é a Assembleia da República (alínea a) do artº 161º e artº 284º e seguintes da CRP) pelo que pontifica na ordem jurídica portuguesa um *modelo representativo simples de revisão constitucional*, realizado pelo Parlamento ordinário. A competência que o mesmo Parlamento dispõe para o efeito depende da circunstância de o referido órgão se considerar investido em poderes ordinários de revisão, nos termos do nº 1 do artº 284º da CRP, ou de ter deliberado por maioria qualificada, de acordo com o nº 2 do mesmo artigo, a assunção de poderes extraordinários de revisão constitucional.

Importa destacar que a alínea a) do nº 2 do artº 115ºda CRP veda a possibilidade de a Constituição ser alterada por referendo o que encerra a sua garantia num senhorio do "Estado de Partidos" e demonstra o receio crónico do poder político da III República em relação à força política do voto direto.

4.2. Fases processuais

A. *Iniciativa*

337. A iniciativa do procedimento de revisão constitucional é exclusivamente reservada aos deputados[561], nos termos do nº 1 do artº 285º da CRP.

[561] Aos deputados e não aos grupos parlamentares, se bem que os projetos subscritos pelas lideranças dos grupos parlamentares e outros deputados se identifiquem com as iniciativas

Trata-se de um ato facultativo, pelo que, no caso de se ter iniciado o prazo constitucional que investe o Parlamento em poderes de revisão, os deputados não se encontram obrigados a desencadear o processo.

Iniciado um processo de revisão ordinária ou extraordinária, qualquer preceito constitucional passível de revisão pode ser alterado, pelo que os projetos apresentados pelos deputados para esse efeito não delimitam o conteúdo da Lei Fundamental suscetível de ser revisto[562]. Na verdade, as conexões entre os preceitos e novas questões que podem ser suscitadas oportunamente e que não constam dos projetos podem tornar incontornável a modificação de outras normas, cuja alteração não tenha sido originariamente proposta, mas que resulte ser necessária em iniciativas derivadas que mereçam consenso[563].

338. Tendo sido apresentado um projeto, quaisquer outros devem ser também apresentados no prazo de trinta dias (nº 2 do artº 285º)[564], o que permitirá favorecer o cúmulo de todas as iniciativas num só procedimento,

oficiais do Partido X ou do Partido Y. O efeito prático desta reserva reconduzida aos deputados é a de alguns deputados pertencentes a um dado partido e grupo parlamentar poderem apresentar projetos próprios.

562 Contra Gomes Canotilho, Vital Moreira, "Constituição (...)", II, p. 1000.

563 Uma solução diversa implicaria a introdução de mais um limite implícito de revisão, mais elementos de rigidez que não derivam da letra da Constituição, a adicionar um texto já por si híper-rígido, tolhendo sem fundamento razoável, a liberdade dos deputados e a plenitude implícita do poder de revisão atribuído ao Parlamento dentro dos limites consagrados num processo que pode exigir modificações mais vastas do que as que constam de meros projetos. Cfr. com as devidas diferenças o Ac. TC 403/2009 sobre questão análoga no Estatuto dos Açores, em que o julgamento de uma norma que consagrava a delimitação do âmbito da revisão em razão do conteúdo dos projetos de alteração foi julgada inconstitucional, embora por razões de ordem distinta. Referiu o Tribunal que: *"Ao dispor sobre o alcance e os termos em que o procedimento das alterações estatutárias devem desenrolar-se, o preceito em causa acaba por intrometer-se na delimitação ou definição dos poderes constitucionais da intervenção da Assembleia da República sobre a matéria (artº 110º, nº 2, da Constituição). Ora, o certo é que não pode uma norma de direito ordinário estatuir o nível de rigidez de que a mesma norma se encontra revestida quando esse nível de imperatividade decorra de uma norma de categoria superior, como a norma constitucional. Deste modo, o legislador ordinário está a usurpar poderes de legislador constituinte."* No caso presente o fundamento radica no facto de a interpretação que se critica tolher a amplitude das competências da Assembleia da República, no plano da revisão Constitucional, tal como resulta, da conjugação do artº 110º, alínea a) do artº 161º e os artºs 184º a 189º.

564 De acordo com o artº 25º e 126º do RAR o dia de apresentação é o da admissão definitiva do projeto (Defendendo esta solução Afonso D'Oliveira Martins "La Revisión Constitucional y el Ordenamiento Portugues", op. cit., p. 480).

propiciando – uma ponderação global.[565] O prazo é excessivamente curto e pode gerar projetos de revisão apressadamente elaborados. Ainda assim a Assembleia pode por voto maioritário cancelar o processo de revisão, caso os maiores partidos o tenham por inoportuno[566]. No caso da revisão extraordinária, na medida em que a deliberação que assuma poderes de revisão tenha por base a apresentação de um projeto, todos os demais devem ser apresentados num prazo de trinta dias contados da data dessa deliberação[567].

Ainda assim, nada impede que, em projetos supervenientes, novas normas sejam alteradas. A CERC pode apresentar textos de substituição, nos termos do nº 8 do artº 167º da CRP.

Importa finalmente referir que, pese a debilidade do sistema de garantia da Constituição que deriva da circunstância de não se prever controlo preventivo de constitucionalidade das leis de revisão constitucional, existe um mecanismo de controlo político interno do Parlamento que implica, à luz da alínea a) do nº 1 do artº 120º do Regimento parlamentar (RAR) a não admissão de projetos que violem limites materiais de revisão.

B. *Instrução*

339. A *fase instrutória* decorre na *Comissão Eventual para a Revisão Constitucional* (CERC), procurando-se, no decurso da mesma buscar consensos entre os diversos projetos que devem ser submetidos a votação no Plenário, assim como auscultar o parecer de peritos ou determinados cidadãos ou entidades, se assim for entendido pela Comissão[568]. Não existe, ainda assim, qualquer dever de audição de entidades corporativas ou das regiões autónomas.

[565] Jorge Miranda, ult. loc cit, p. 188.

[566] Seria absurdo que um partido sem possibilidade de fazer aprovar o seu projecto desencadeasse um processo de revisão e este , depois de culminar na rejeição do referido projecto, relevasse para efeito da contagem dos limites temporais. Estes, na verdade, contam-se a partir da publicação da última Lei de revisão aprovada em processo ordinário, ou seja, de uma revisão constitucional conseguida.

[567] Cfr sobre esta matéria, em sentido diverso, Alexandre Sousa Pinheiro ("Prazos para a apresentação dos Projetos de revisão Constitucional em Processos de Revisão Extraordinária", "Revista Juridica", nºs 18-19, 1996, p. 355 e seg.) Vide, ainda a posição de Jorge Miranda ult. loc cit, p. 207.

[568] A audição de estruturas sindicais, associações de estudantes ou das regiões autónomas, em razão das matérias tratadas, que a Constituição impõe no processo legislativo comum, não é

340. A prática envolve um percurso paralelo ao do processo legislativo constitucional, na conceção política das alterações. A par do mesmo processo regulado na Constituição, os diretórios dos grandes partidos reúnem-se para acordar as alterações fundamentais, num ato particular ou privado, facto que tem gerado uma prática de efetiva revisão constitucional feita à margem dos deputados que, nalguns casos, discutem alterações menores e chancelam as modificações concertadas pelas lideranças. Um fenómeno desta natureza levou na revisão constitucional de 1997 à demissão de Vital Moreira, presidente da CERC[569]. Embora alguma doutrina equipare estes acordos aos Pactos MFA/Partidos[570] e censure a diminuição da liberdade dos deputados, o facto é que o abaixamento da qualidade dos parlamentares a partir da revisão de 1995 tornou indispensável essa prática política.

C. *Fase constitutiva*

341. A *fase constitutiva*, que decorre em Plenário é, indubitavelmente, o momento mais relevante da formação destas leis.

342. Do disposto no artº 286º da CRP decorre que as alterações à Constituição *realizam-se mediante uma votação na especialidade, apenas realizada em sessão plenária*, sendo as mesmas aprovadas por *maioria de dois terços dos deputados em efetividade de funções.*

As alterações referidas e inseridas no lugar próprio do texto constitucional revestem, nos termos do nº 1 do artº 287º da CRP: a forma de *substituições* (que envolvem a modificação do texto de um preceito pré-existente); de *supressões* (que predicam a ablação ou remoção de um preceito); e de *aditamentos* (que supõem a introdução de um preceito novo que deve ter a mesma numeração de uma disposição normativa precedente acrescida de

obrigatória em sede de revisão constitucional (não prevendo a CRP esse trâmite), o qual tem como único parâmetro os limites de revisão.

[569] Paulo Otero (in "O Acordo de revisão Constitucional: significado político e jurídico", Lisboa, 1997) reporta, se a fenómeno como a de acordo jurídico, privado com relevância constitucional, fenómeno que utiliza como exemplo da existência de uma Constituição real ao lado da constituição textual; António de Araújo, Miguel Nogueira de Brito "Argumentação e Negociação em Debates Constitucionais: a revisão constitucional de 1997", in AAVV "Perspetivas Constitucionais", III, Coimbra, 1998, p. 117 e seg.

[570] É o entendimento de Jorge Miranda (ult. loc cit, p. 215) do qual se discorda. Os Pactos MFA/Partidos foram uma imposição, um "Diktat" de um regime autoritário militar aos partidos, enquanto os acordos extraparlamentares foram feitos, livremente, por lideranças de partidos que representavam mais de dois terços do eleitorado.

uma letra maiúscula do alfabeto, implicando outro aditamento ulterior a aposição do mesmo algarismo seguido letra maiúscula subsequente).

Às referidas alterações podem cumular-se normas transitórias que assumem, igualmente, valor formalmente constitucional.

343. Atento o disposto no nº 2 do artº 286º, as alterações são reunidas numa única lei de revisão (que deve ser designada depois da sua aprovação, como *Lei Constitucional*), *sendo desnecessária a sua aprovação em votação final global*, pese o facto de a mesma ter tido lugar em diversas revisões, designadamente, na revisão constitucional de 1997[571].

D. Fase certificatória

344. Trata-se de um estádio processual correspondente ao ato de promulgação presidencial que, de acordo com o nº 3 do artº 286ºda CRP assume carácter vinculado, pelo que não será pertinente falar a seu propósito num genuíno controlo de mérito, na medida em que o Presidente não dispõe da competência para vetar politicamente os mesmos diplomas[572]. Pode mesmo sustentar-se que a promulgação não consiste num ato constitutivo do processo de revisão, mas um ato instrumental de certificação da natureza da Lei promulgada como diploma de revisão e condição da sua existência jurídica.

345. A Lei Fundamental não fixa um prazo promulgatório, devendo entender-se que essa lacuna deve ser suprida pela aplicação analógica do prazo geral de promulgação das demais leis parlamentares que é o de vinte dias contados da data de receção da Lei (nº 1 do artº 136º da CRP).

A Lei de revisão não deve encontrar-se sujeita a referenda ministerial (não se lhe aplicando o disposto no nº 1 do artº 140º da CRP conjugado com a alínea b) do artº 134º)[573], na medida em que, tendo o constituinte parlamentarizado integralmente o processo constitutivo da revisão, lateralizando a intervenção do Presidente que é reduzido a um papel certificatório, por maioria de razão lateralizou (em absoluto) a intervenção do Governo, órgão responsável perante o Chefe de Estado e o Parlamento.

[571] Semelhante deliberação espúria, caso não tivesse atingido por alguma razão a maioria de dois terços, criaria um debate jurídico inútil (onde deveria prevalecer a validade da deliberação feita na especialidade) e, pior do que tudo, deslegitimaria politicamente a revisão.

[572] Cfr. Vide sem embargo a nota nº 79.

[573] Assim Gomes Canotilho, Vital Moreira "Constituição da República Portuguesa, Anotada", Coimbra, II, 2010, Coimbra, 2010, p. 1003; Contra, Freitas do Amaral, Paulo Otero ("O Valor Jurídico, Político da Referenda Ministerial", ROA, 1996, p. 113).

Seria pouco lógico que, por falta de referenda dos membros de um órgão que, formalmente, é alheio ao processo de revisão, uma lei desta natureza carecesse de existência jurídica[574]. Veja-se, por outro lado, que a referenda certifica certos atos discricionários do Presidente. Ora, no caso presente, estamos diante de uma promulgação vinculada, carecendo de grande sentido a certificação de um ato devido.

346. Tão pouco compete ao Presidente exercer a fiscalização preventiva da Lei de revisão constitucional[575]. Isto porque:

i) De acordo com o nº 1 do artº 278º da CRP o Presidente promove o controlo de *decretos* que a Assembleia da República lhe envie para promulgação como leis e não atos já previamente qualificados pela constituição *como Leis de Revisão Constitucional;*
ii) Em caso de veto por inconstitucionalidade sobre o decreto parlamentar, este pode ser confirmado pelo Parlamento para efeito de superação do veto por maioria de dois terços de deputados presentes desde que superior à maioria absoluta dos deputados efetivos (nº 2 do artº 279º da CRP), a qual é uma *maioria menor* do que a maioria de aprovação da Lei de Revisão (dois terços dos deputados efetivos), o que envolveria uma solução ilógica. Isto porque as maiorias expressas de confirmação previstas na Constituição são sempre mais onerosas do que as de aprovação originária, não tendo cabimento textual, lógico e sistemático reinterpretações derrogatórias ou modificativas do artigo feitas à medida do problema;
iii) Quer a aposição do *veto translativo* do presidente no caso de o Tribunal Constitucional se pronunciar pela sua inconstitucionalidade (nº 1 do artº 279º) quer a faculdade de o Presidente arbitrar o conflito entre Tribunal e Parlamento após eventual confirmação, nomeadamente através de uma *recusa de promulgação,* colidiriam frontalmente com nº 3 do artº 286º da CRP que torna a obrigatória a promulgação presidencial.

[574] Mesmo que dúvidas houvesse sobre os requisitos de qualificação (imagine-se a votação de uma norma em que presencialmente não se encontravam efectivamente presentes dois terços dos deputados) seria ininteligível que, não tendo o Presidente devolvido a "Lei" com fundamento na sua inexistência jurídica, viesse a ser o Governo a decidir sobre a matéria, sub-rogando-se correctivamente ao estatuto presidencial, tornando o ato inexistente por falta de referenda.

[575] Cfr. Desenvolvidamente, Carlos Blanco de Morais "Justiça Constitucional", II, op. cit. p. 57.

Não está, contudo, em causa a possibilidade de o órgão Presidencial, bem como os outros órgãos e titulares de órgãos mencionados no nº 2 do artº 281º, alíneas a) a f) poderem promover o controlo sucessivo abstrato da Lei e de os juízes dos tribunais ordinários, os cidadãos ou o Ministério público questionarem a constitucionalidade da mesma com fundamento em preterição dos limites de revisão. Com efeito, a alínea a) do nº 1 do artº 281º inclui no objeto de controlo de constitucionalidade, quaisquer normas da Lei Fundamental.

348. Considera, no entanto, a generalidade doutrina[576] que o Presidente pode *recusar a promulgação* do ato de revisão e proceder à devolução do mesmo à Assembleia da República, *se ao mesmo ato faltarem requisitos fundamentais que o identifiquem como Lei de Revisão Constitucional.* Carecendo desses requisitos não se tratará de um ato de revisão e, como tal, o Presidente não o poderá promulgar.

Deve entender-se que esta situação *só pode ocorrer no caso de estarem em causa inconstitucionalidades orgânico-formais de carácter essencial* que tornem o ato inidentificável como lei de revisão e precludam a sua imputação, como tal, ao Parlamento. Estando em causa a mera aparência de Lei de revisão, esta será *juridicamente inexistente* e, por consequência, qualquer órgão poderá desaplicá-la ou não a acatar. Daí a faculdade do Presidente poder recusar a sua promulgação[577].

São *requisitos essenciais de qualificação* do ato como Lei de Revisão para o efeito de justificar a sua devolução pelo presidente ao Parlamento, caso os mesmos não se encontrem reunidos, os seguintes[578]:

i) Aprovação da Lei de Revisão pela Assembleia da República;
ii) Observância dos limites temporais de revisão;
iii) Aprovação das normas revistas por maioria de dois terços dos deputados efetivos.

E. *Fase integrativa de eficácia*

348. Finalmente, a *fase integrativa de eficácia* tem lugar com a publicação da lei de revisão no *Diário da República*, devendo a Constituição com o seu novo texto ser republicada conjuntamente com a referida lei (nº 2 do artº 287º

[576] Por todos Jorge Miranda ult. loc cit, p. 215 e seg. e 217.
[577] Carlos Blanco de Morais "Justiça Constitucional" I, op. cit, p. 205.
[578] Cfr. Jorge Miranda ult. loc. cit., p. 215.

da CRP), a qual é objeto de uma numeração própria. De qualquer forma, verificada a publicação, esgota-se o poder de revisão. No caso de, por erro, forem publicadas duas leis de revisão que afrontem o caráter unitário e global da Lei de revisão, previsto no nº 2 do artº 286º a CRP a questão pode implicar as seguintes soluções:

i) Se as duas leis versarem sobre matérias diversas e forem publicadas na mesma data, resultando a segunda Lei de um ato aprovatório que, por razões de excecionalidade teve lugar dias depois do ciclo de aprovação das restantes normas, considera-se que se gerou uma irregularidade formal que não implica a invalidade da segunda Lei cujas alterações complementarão as da primeira (devendo já contê-las em diploma republicado);

ii) Se as duas leis forem publicadas em datas diferentes, a segunda carecerá de validade ou mesmo de existência, já que a publicação da primeira esgotou o processo de revisão.

Parte V
Para que serve uma Constituição?: os novos desafios à Teoria da Constituição num Estado social em transformação

Capítulo I
Teoria da Constituição e redefinição das tarefas do Estado de direito

1. Premissa: uma influência biunívoca entre a teorética do Estado de direito e da Constituição

349. Concluímos, (supra § 5 e § 6) que *a Constituição existe para o Estado* e em função dele, pois o seu fim medular consiste em assegurar a unidade política e jurídica do Estado[579]. Mas observámos, igualmente, que o Estado de direito *predica necessariamente uma Constituição,* dado que a submissão do poder político ao próprio direito que produz e o respeito das autoridades pelos direitos fundamentais das pessoas só podem ser regidas e asseguradas, através de uma "lex superior" que regule o referido Estado. O poder do Estado submete-se ao direito porque a Constituição o impõe e os tribunais asseguram essa imposição.

Daí que se possa afirmar que "onde houver Constituição existirá Estado" e, já mais restritivamente que "onde houver *Estado de direito* haverá Constituição".

350. A esta rubrica interessa dissecar a teorética constitucional própria do *Estado de direito democrático,* onde o ordenamento português se filia.

[579] Carl Schmitt "Teoria de la Constitución", op. cit, p. 30; Konrad Hesse "Conceito e Peculiaridade de Constituição" in "Temas Fundamentais do Direito Constitucional", op. cit, p. 81.

2. A Constituição e a definição das tarefas do Estado

2.1. A Teoria da Constituição e as teorias constitucionais sobre o papel e as tarefas da Constituição e do Estado

351. Anotámos (supra § 7), a existência de uma porosidade relacional entre a Teoria Geral do Estado e a Teoria da Constituição, multiplicando-se, nesta última, as conceções que foram sendo construídas em torno de distintos modelos de Estado de direito.

352. Esse pluralismo concetual leva algumas correntes doutrinais a falar, já não numa teoria mas em várias teorias da Constituição, ligadas a diferentes "constitucionalismos" ou movimentos constitucionalistas[580]. Observemos sinteticamente os traços gerais dessa evolução em democracia.

1º. Alguns consideram que o chamado "movimento constitucionalista" do Século XVIII corresponderia, apenas, ao *primeiro constitucionalismo*, chamado "constitucionalismo liberal" ligado a um modelo de Estado de direito burguês ou Estado-polícia, regido por uma Constituição utilitária.

2º. A este se seguiriam, em democracia, diversos "constitucionalismos sociais", que alguns integram no designado "segundo constitucionalismo" o qual se articula com o Estado social de direito. Contemporaneamente, depois da Segunda Guerra Mundial, mas com a emergência daquilo que alguns designam de "constituições cidadãs" (como a portuguesa de 1976, a espanhola de 1978, a sul-africana de 1997 e a brasileira de 1988), ter-se-ia começado a sedimentar, ainda dentro deste *segundo ciclo do constitucionalismo*, marginalmente na Europa do Sul, mas, fundamentalmente, na América Latina, um modelo constitucional teórico ou ideológico de pretensão universal, designado por "neoconstitucionalismo"[581]. Em torno de um Estado social intervencionista ter-se-ia erigido um constitucionalismo dirigente, omnicompreensivo e ancorado em princípios difusos de justiça e de moralidade, garantidos e concretizados pelo judiciário e procurando assumir pretensões de contemporaneidade[582].

[580] Gomes Canotilho "Novos questionamentos (...)" op. cit, p. 142 e seg.

[581] Assim, Miguel Carbonell "El neoconstitucionalismo: significado y nivel de analisis", in AAVV "El Canon Neoconstitucional", Madrid, 2010, p. 153-154.

[582] Lammêgo Bulos ("Curso de Direito Constitucional" S. Paulo, 2010, p. 76) pesem as criticas duras e assertivas que faz ao neoconstitucionalismo e as pistas que traça para a sua superação, rende-se ao impacto da sua afirmação no Brasil e qualifica-o, pouco prudentemente, de "Constitucionalismo contemporâneo". Vai seguramente mais longe do que expoentes e

3º. Mais recentemente, emergiu no espaço europeu, com pequenas refrações nos Estados Unidos e Brasil, um complexo puramente teorético de sensibilidades doutrinais que assumiu a pretensão de criar *um terceiro ciclo do constitucionalismo*, baseado no paradigma ideal da Constituição "cosmopolita" e "multinível". A corrente em causa surgiu no contexto da defesa de uma Constituição para a União Europeia, por parte do movimento federalista europeu, mas expandiu-se para horizontes transnacionais de espetro global.

Com o gradual reforço de poderes de organizações supranacionais como a União Europeia e o fortalecimento do papel de organizações internacionais, económicas e financeiras que condicionam a ação do Estado (vide § 9 e seg., supra) teria sido potenciado um direito transnacional (centralizado na União Europeia e fragmentado a nível global) que teria posto em xeque algumas das características típicas da Constituição estadual, a saber: a sua ligação umbilical ao Estado; a incondicionalidade soberana do ato constituinte; a hierarquia superior das suas normas em relação a normas jurídicas transnacionais; a separação entre o público e o privado; e a dependência exclusiva de alterações constitucionais relativamente procedimentos de revisão.

Despontaria, sobretudo no espaço europeu, a chamada "constituição multinível", permeável ao Direito Internacional e neste, a um "ius commune universalis" em matéria de direitos humanos. Uma Constituição integrada numa rede plural com outras constituições, sendo os conflitos normativos solucionados através do diálogo entre a Justiça Constitucional nacional e os tribunais supranacionais ou internacionais, sem que a dirimição dos mesmos siga regras rígidas e unilaterais de prevalência. Trata-se de uma recomposição do modelo de "constitucionalismo suave" de Zagrebelski instrumentalizado posteriormente pelo neoliberalismo internacionalista

divulgadores do neoconstitucionalismo, como Miguel Carbonell e Leonardo Garcia Jaramillo (organizadores da obra coletiva "El Canon Neoconstitucional, op. cit, p. 11 e seg. (Intridução) e p. 153. Num artigo do primeiro, o fenómeno é situado no universo ibeo-americano (no Brasil, Colombia, Venezuela, Equador e Argentina); sustenta-se a propensão "ultranacional" do fenómeno; defende-se a criação de uma "sociedade aberta de neoconstitucionalistas" formada por juízes e académico; não se oculta a sua propensão de expandir o fenómeno e chamar para o seu campo autores da órbita do moralismo reflexivo que não são neoconstitucionalistas; mas não se tem a pretensão de o batizar de constitucionalismo contemporâneo.

e divulgado na opinião pública e em certas universidades pelo chamado "constitucionalismo das ciências sociais" o qual, pese ter constituído um modismo recente se defronta, desde 2016, no plano factual e político, com uma contra-reação soberanista.

4º. Frente a todas estas conceções constitucionais, e a outras não menos importantes teorias de natureza intermédia, houve quem augurasse um dobre de finados da Teoria da Constituição: cada meta-conceção de Estado e de Constituição fundamentaria um "constitucionalismo" e reclamaria uma teoria própria da Constituição. Não haveria, assim, uma Teoria da Constituição, mas várias.

Gomes Canotilho problematizou o tópico da "dissolução da Teoria da Constituição"[583] num conjunto de teorias exógenas, como as "teorias filosóficas da justiça" (que procuram incorporar na Constituição, valores de Justiça centrados em fundamentos de ordem ética); as "teorias sociológicas" (que procuram na Constituição meios procedimentais de materialização do direito); e as teorias económicas materialistas do livre mercado (que colocam em causa a aptidão da Constituição e da sua vertente idealista ou utópica para dar resposta a novas exigências da Economia e da sociedade).

353. Sucede que o Direito Constitucional, como todo o Direito, ancora-se numa Ciência, neste caso a Ciência Jurídica, ocupando as normas constitucionais uma posição hierárquica cimeira no ordenamento, irradiando a sua força jurídica em grau variável, para a generalidade dos ramos do direito.

A Ciência Jurídica não dispensa a observação ou a descrição dos factos e do direito que os rege, nem a conceção de métodos analíticos, a positivação de princípios e teoremas, bem como a elaboração de um pensamento dogmático assente na classificação da realidade que pretende descrever. Ora, a Ciência do Direito Constitucional é servida por uma teoria constitucional, de alcance geral, que fornece modelos explicativos sobre o modo como o Estado e a Constituição interagem, como os tipos de Estado logram ou não dar resposta aos problemas concretos da sociedade[584]. Enfim, explica-nos como o Direito Constitucional deve ser concebido, aplicado, interpretado e garantido[585].

[583] Gomes Canotilho "Direito Constitucional (...)" op. cit, p. 1355.
[584] Gomes Canotilho "Novos Questionamentos (...)" op. cit, p. 140.
[585] Também no sentido da definição de uma Teoria da Constituição de objeto amplo e dissociada de teorias e tendências, vide Manuel Afonso Vaz ("Teoria da Constituição: o que é a Constituição hoje?", Coimbra, 2012, p. 12 e seg.), o qual considera que à Teoria da Cons-

É certo que há quem considere que a Ciência Jurídica no Direito Constitucional não seria uma realidade estática ou contemplativa do seu objeto de estudo, mas que interviria decisivamente para o criar e transformar, de modo a propor meios destinados a tornar eficazes normas inoperantes[586].

Essa afirmação apenas pode ser entendida no sentido de, por exemplo, no domínio das análises e debates da Teoria da Constituição, emergirem contributos doutrinais que propõem institutos destinados a conferir alguma efetividade a normas de eficácia diminuída. Todavia, tal contributo não implica uma filiação da Teoria da Constituição no entendimento expansivo de que é necessário vitalizar todas as normas constitucionais nominais ou adormecidas: ou seja, de que a todas as normas, sejam elas precetivas ou programáticas, deve corresponder uma efetividade jurídica equiparada, mediante remédios judiciários de tipo injuntivo ou substitutivo[587]. Isto, na medida em que existem outras conceções relativas às tarefas do Estado e à natureza das constituições que consideram que há normas sem efetividade porque caducaram ou se nominalizaram naturalmente, não fazendo sentido ressuscitá-las fora do contexto histórico-ideológico que presidiu à sua introdução originária (supra § 294). E que entendem, ainda, que muitas normas relativas à economia e aos direitos sociais de viés programático não podem ter eficácia direta, encontrando-se sujeitas à reserva do possível em termos de organização gestionária e recursos financeiros, não cabendo ao judiciário, à luz da separação de poderes, substituir-se a um legislador omissivo na efetivação desses comandos normativos.

Temos, assim, que a Ciência do Direito Constitucional contribui para a criação e justificação de critérios metódicos, procedimentos e remédios que são aptos, por vezes, a transformar o mesmo direito, através de inovações doutrinais e jurisprudenciais albergadas em teorias específicas. Isto sem que a mesma Ciência se comprometa com eles, salvo situações de alargado consenso ou enraizamento de propensão dogmática.

A objetividade analítica que deve estar presente no estudo do Direito Constitucional, frente à pluralidade de paradigmas e teorizações doutri-

tituição incumpre *"descrever, explicar e seriar os fundamentos ideais e materiais da Constituição, assim como compreender as suas, condições histórico culturais de desenvolvimento e otimização, pondo especialmente em relevo as complexas relações entre a Constituição (escrita) e a realidade constitucional"*.

[586] Luigi Ferrajoli " Derechos y Garantias. La Ley del mas Débil", Madrid, 2010, p. 33.

[587] Como é o caso do mandado de injunção no Brasil e a tutela antecipada de prestações sociais concretizada pelos tribunais comuns.

nárias de Estado e de Constituição, que despontam no tempo presente, é incompatível com a apropriação da ideia de "constitucionalismo" por uma única corrente doutrinal. Daí que, no plano dogmático, não seja rigoroso falar, nem de uma "nova Teoria da Constituição"(no esteio de um ângulo de visão reducionista)[588], nem numa pluralidade atomizada de "constitucionalismos" e "teorias da Constituição", correspondentes às diversas conceções de Estado de direito e de Constituição: concepções, nas quais, a Teoria da Constituição em sentido dogmático se teria diluído.

Sem embargo, este aluvião de teorias específicas conduz a certas perplexidades, como aquelas que consideram que, no tempo presente, a Teoria da Constituição não logrou sequer alcançar uma "opinião dominante" sobre o conceito de Constituição[589].

354. Em face do exposto, e no ângulo de análise que aqui se adota, o "constitucionalismo" em sentido próprio é, em bom rigor, uma só realidade e reporta-se à emergência das constituições positivas e rígidas que estribaram o Estado de direito de matriz liberal a partir do Século XVIII e que posteriormente evoluíram maioritariamente para o paradigma do estado social de direito.

Foi por força desse movimento político revolucionário oitocentista e das suas ondas de choque – que se procedeu a uma alteração tectónica na organização jurídica do poder das coletividades soberanas, traduzida no nascimento da Constituição moderna, como uma lei rígida e suprema que marcou um ponto histórico de viragem do Estado (consubstanciado num AC/DC do estatuto do político e da cidadania) . É claro que o movimento constitucionalista não se quedou aprisionado nesse mesmo Século e no paradigma liberal originário que marcou a sua nascença. O impacto do seu ideário e da sua prática propagou-se, através de diferentes paradigmas, nos séculos seguintes, incorporou na Lei Fundamental tarefas sociais e direitos a prestações e capturou Estados originariamente reativos ao "constitucionalismo", alguns dos quais ainda subsistem no tempo presente em certos cantos do globo[590].

[588] "Nova Teoria da Constitutição", essa, alicerçada ideologicamente numa conceção omnicompreensiva do Direito e do Estado, nos termos que analisámos supra.
[589] Konrad Hesse "Conceito e Peculiaridade de Constituição" in "Temas Fundamentais do Direito Constitucional", op. cit, p. 74.
[590] Verificando-se em relação aos mesmos uma espécie de "Été indien" (um "Verão Tardio") do referido movimento constitucionalista.

Assim, o movimento constitucionalista, que constitui património essencial da Teoria da Constituição, radica num conjunto de atributos axiológicos[591], como é o caso da tutela dos direitos fundamentais (extraídos da relação dialética entre autoridade e liberdade); a escolha livre dos governantes pelos governados; e o principio da separação dos poderes do Estado.

Vimos que existem constituições que, seguramente, não incorporam os pilares identitários do movimento constitucionalista, já que procuram apenas operar como instrumento formal de legitimação de um poder autocrático. Contudo, esses textos, não obstante o facto de nada terem que ver com um sentido "ideal" ou "prototípico" de Constituição inerente ao "constitucionalismo" (movimento político criador do Estado de direito democrático), não deixam de ser constituições na medida em que organizam o poder e declaram direitos. Trata-se, usando o léxico de Loewenstein, de um *constitucionalismo semântico*, ou constitucionalismo em sentido impróprio, que pouco tem a ver com a natureza axiológica e teleológica do constitucionalismo em sentido próprio.

Dito isto, importa, *quando se aborda o fenómeno constitucional no contexto do Estado de direito democrático*, precisar a ideia de que: i) o mesmo Estado experimentou uma evolução histórica quanto ao seu perfil e à conceção e efetivação das suas tarefas; ii) que essa evolução, através de ciclos constitucionais teve tradução em diferentes tipos de Constituição; iii) e que no tempo presente existem, em contraposição, vários paradigmas de Estado de direito democrático que assentam em fundamentos ideológicos, políticos, económicos e técnicos de matriz diversa. O constitucionalismo é, deste modo, servido por vários paradigmas de estado e por diversas conceções de Constituição.

Frente a semelhante evolução histórica e à mencionada diversidade relativa de modelos, cumpre à Teoria da Constituição (e que pode ser designada, neste contexto dogmático, por *Teoria Geral da Constituição*), como componente instrumental da Ciência do Direito Constitucional, não se deixar capturar por qualquer um dos paradigmas ou narrativas constitucionais existentes, sobretudo pelas que evoluem utopicamente à margem do direito positivo, como o neoconstitucionalismo e o chamado "constitucionalismo multinível".

[591] ANTONINO SPADARO "Contributo per una Teoria della Costituzione", Milano, 1994, p. 70.

Competir-lhe-á, ao invés, conhecer explicar, classificar e problematizar essas narrativas através de uma análise crítica, testando a sua coerência e solidez em face das novas exigências e transformações que o Estado democrático e a sociedade experimentam em tempos de cólera social e nacional, crise de identidade da cidadania e tensões geopolíticas fortíssimas entre nacionalismo e transnacionalismo nas esferas política e económica.

355. Não é simples separar a componente dogmática de uma Teoria Geral da Constituição das pré-compreensões naturais que conduzem a uma maior proximidade em relação a certas teorias constitucionais. O que se procurará fazer nas próximas rubricas será, essencialmente, examinar e tipificar as principais correntes doutrinais contemporâneas e questioná-las sobre o papel do Estado, sobre o conteúdo necessário e eventual da Constituição, sobre a força das normas constitucionais e, ainda, sobre o método de interpretação adotado.

Capítulo II
Aceções de Constituição no Estado de direito democrático

Secção I
Introdução conteudística e metódica

356. A presente temática implica uma revisitação prévia do que dissecámos no Tomo I deste Curso (§ 187 e seg.) sobre as grandes conceções de ordenamento jurídico Na verdade as noções consistentes de Constituição revêem-se, em regra, em narrativas mais amplas de Teoria do Direito, as quais envolvem uma tomada de posição sobre os fundamentos, a estrutura e os fins da ordem jurídica. A Constituição ocupará, em qualquer uma dessas construções o papel central na arquitetura do ordenamento.

Para que serve, verdadeiramente, uma Constituição num Estado democrático?

Eis a questão a que a presente digressão procurará responder, através da voz oriunda das grandes matrizes doutrinais que lograram conservar a sua atualidade. Junto delas, tentar-se-á recolher respostas sobre as seguintes indagações temáticas:

i) A problemática da relação entre Estado e constituição e dos limites jurídicos ao poder constituinte;
ii) O conceito, a natureza jurídica e as funções da Constituição;

iii) A estrutura e o posicionamento das normas constitucionais, bem como o seu regime de aplicação na ordem jurídica;
iv) A garantia e a interpretação da Lei Fundamental.

Dito isto, importa fazer uma prevenção. Das grandes referências matriciais abordadas, excluímos o institucionalismo (atenta a sua perda de atualidade) e o marxismo (por força da sua não ajustabilidade teleológica ao paradigma do Estado de direito democrático). A atenção deste escrito centrar-se-á, portanto, nas diversas correntes que perpassam as doutrinas positivistas e suprapositivistas.

Secção II
Os suprapositivismos na Teoria da Constituição

Subsecção I
A Constituição jusnaturalista: uma ordem superior de valores de fonte ética e metafísica

1. Síntese

357. O jus-naturalismo é uma das mais velhas construções teóricas que procuraram fundamentar a natureza do direito e a organização constitucional do Estado, tendo-se manifestado desde a aurora boreal das constituições antigas até à Constituição moderna legada pelo constitucionalismo liberal. É igualmente a mais primitiva, dado que, desde a filosofia naturalista dos Jónios que a natureza das leis editadas pelo poder político era associada às demais leis do Universo, pelo que todo o direito era considerado "natural", tendo alguns autores falado a este propósito em "jus-naturalismo cósmico"[592]. Na Antiguidade Oriental, o referido direito natural encontrava-se confusamente unido à teologia e à moral, ressaltando sempre a existência de leis indiscutíveis editadas pelas autoridades superiores do "Estado" e legitimadas num mandato divino.

[592] Luís Cabral de Moncada "Filosofia do Direito e do Estado", I, Coimbra, 1955, p. 11 e seg.

Na sua ordem "natural" e "intangível" de valores, centrada na justificação divina do poder e do direito foram legitimadas, tanto as monarquias absolutas, como as declarações de direitos fundamentais da pessoa humana inscritos nas constituições liberais revolucionárias, como ainda o Estado direito democrático e social do pós-guerra. Neste sentido estaremos perante as bases de uma *cosmovisão político-constitucional,* ancorada em valores dotados de uma abertura relativa com pretensão de universalidade, bem como de superioridade ética, que se vão ajustando plasticamente a todos os tempos e a todas as estações[593].

Antes de ser direito, o jus-naturalismo é uma filosofia, metafísica e moralista, que sustenta que o direito natural consistiria num conjunto de *"princípios ou normas absolutamente vigentes, ou porque se inscrevem na própria natureza do homem e das coisas, ou porque se inscrevem na consciência moral informada da reta razão"*[594].

No que concerne às correntes jusnaturalistas do tempo presente cumpre reter, na sua relativa diversidade, um conjunto *pontos identitários* sobre teoria constitucional que se passa a mencionar.

1º. *Poder Constituinte e seus limites.* De um modo ou de outro, todos os expoentes jusnaturalistas reconhecem, com maior ou menor explicitação, a existência de valores suprapositivos que constituiriam uma refração imperfeita da essência divina, e que, no seu estatuto de anterioridade e de supremacia material, limitariam o poder constituinte e prevaleceriam sobre o direito constitucional positivo, quer se encontrem ou não incorporados na Constituição.

Os referidos valores refletiriam o primado de uma ordem moral superior de raiz personalista que deslegitimaria ou invalidaria as normas constitucionais positivas que lhes fossem contrárias, cabendo aos tribunais a tarefa de garantir o referido primado.

2º. *Caracterização de Constituição.* A Constituição seria definida, em regra, como uma ordem de valores jus-fundamentais, alicerçada na dignidade pessoa humana, que se destinaria a operar como estatuto jurídico dos cidadãos e dos seus direitos, no quadro de uma sociedade livre, justa e solidarista e, também, como limite e pauta organizadora das instituições estaduais.

593 Alguns autores, como ADELINO MALTEZ ("Princípios de Ciência Política: o problema do Direito", II, Lisboa, p. 258) referem benevolamente que se trata de "uma espécie de evolução que é restauração e de um progresso que nem sempre hostiliza a tradição".

594 ADELINO MALTEZ, citando o pensamento de LUGI VALLAURI (ult. loc cit. p. 260).

3º. *Funções e fins da Constituição.* Existindo primordialmente para regular um Estado de direitos humanos fundamentais, a Constituição teria como fim essencial prosseguir uma função de integração da diversidade pessoal, funcional e material numa ordem estadual estruturada e pluralista.

4º. *Estrutura das normas constitucionais.* As normas constitucionais exibiriam uma morfologia aberta, de forma a incorporar princípios de direito internacional e europeu, valores cosmopolitas traçados em torno dos direitos fundamentais, documentos políticos e jurídicos internacionais objeto de receção e, ainda, manifestações diversiformes de uma sociedade plural. Essa abertura normativa permitiria que os valores incorporados na Constituição se pudessem ajustar a novas realidades políticas, sociais e culturais, mediante uma atividade interpretativa e integrativa a realizar pelos tribunais.

5º. *Garantia da Constituição e hermenêutica.* Existe, em qualquer caso, uma diferença entre um direito natural jus-racionalizado que estabelece pontes com o positivismo e até com o institucionalismo (na definição de Constituição, na ideia de "mínimo ético" suprapositivo, e na aceitação de um método interpretativo que não se reduza à subsunção, cfr. Bachof infra § 368) e juristas da Europa meridional onde existe uma tendência para exercícios de teologia política em torno da Teoria da Constituição, de que os tribunais seriam intérpretes (Verdú e Spadaro infra §378 e seg.).

2. Nota sobre a evolução do pensamento constitucional jusnaturalista

2.1. As primícias pré-constitucionais: do império da "lei eterna" à secularização do Direito Natural

A. Antiguidade Clássica

358. Na Grécia clássica, durante o período pós-socrático, passa a recortar-se com nitidez a diferença entre as normas de direito positivo da Pólis e as leis não escritas ditadas pelos deuses e que se imporiam à consciência humana. Para Aristóteles, o poder político regularia a vida dos cidadãos mediante leis e o conteúdo das mesmas radicaria na ideia de Justiça que consistiria num bem fundamental de recorte suprapositivo que justificaria a função da Pólis.

Na Roma Clássica, a uma visão antropomórfica de direito natural sustentada por Ulpiano que, ao distinguir o "ius civile" do "ius naturale" associou este último, no "Digesto", a um fundamento naturalista (o direito natural seria aquele que a natureza teria transmitido a todos os animais)[595], CÍCERO contrapôs um direito natural teísta e racionalizado. Existiria, segundo ele, uma lei natural, universal e inderrogável, ancorada na "reta razão", concordante com uma natureza eterna, imutável e tendo por origem um Deus único.

Com o Cristianismo, a fundamentação do direito natural em Roma fez vincar a sua génese metafísica e divina, embora estreitamente associada à moral e à intuição humana. Num decreto de GRACIANO, o direito natural é descrito como um direito comum a todas as nações e que teria a sua origem na criatura racional estabelecida pelos povos, por "causa humana e divina"[596].

B. O Pensamento tomista

359. No decurso da Idade Média SANTO AGOSTINHO[597] sistematizou a ordem jurídica em torno de um conjunto de ordens legais concêntricas, distinguindo a *lei eterna* (imutável e produto da vontade divina que impõe a observância de uma ordem natural), a *lei natural* (refração da lei eterna na razão humana, permanente nos seus valores mas ajustável às circunstâncias do momento histórico) e a *lei temporal* (ditada pelo poder dos homens e pautada pela mutabilidade). A lei eterna é para ele uma lei justa, porque sem Deus não haverá Justiça e sem Justiça não haverá direito. Esta tricotomia foi posteriormente recomposta por S. TOMÁS DE AQUINO na "Summa Theologica" e nos seus comentários a Aristóteles, tendo aquele doutor da Igreja introduzido no contexto de uma quadritomia, a ideia de uma lei divina (inacessível aos humanos) numa posição supra-ordenada em relação às leis eternas, naturais e humanas cuja caracterização se ajustou, com algumas variações conceptuais, à construção de Santo Agostinho. A lei natural tomista seria uma reprodução tentativa e imperfeita da lei eterna e tornar-se-ia apreensível pelo homem através da razão; e a lei humana, consistiria num ato produzido pela razão humana e conforme à referida lei natural[598].

[595] Digestro I, 1 fr. I, § 3) cit GIORGIO DEL VECCHIO Filosofia del Derecho", Barcelona, 1991, p. 23.

[596] ALFONSO GARCIA GALLO "Manual de Historia del Derecho Español", II, Madrid, 1959, p. 17 e seg.

[597] H. WELZEL "Introdución a la Filosofia del Derecho, Derecho Natural y Justicia Material", Madrid, 1971, p. 50 e seg.

[598] LUÍS CABRAL DE MONCADA "Filosofia do Direito (...)" op. cit, p. 80 e seg.

360. Na Idade Moderna o pensamento tomista foi modernizado e "corrigido" pelo pensamento escolástico protagonizado pela Escola Clássica espanhola, sendo FRANCISCO SUAREZ[599], o mais destacado expoente do pensamento jurídico católico do século XVI[600]. SUAREZ realizou um esforço tentativo de secularização e racionalização do direito natural, confrontado com a convivência e a descoberta de novos mundos e novos povos que não professavam a fé cristã[601]. Surge aqui o entendimento, ainda presente no jus-naturalismo contemporâneo, de que os princípios de direito natural não são imutáveis e válidos para todos os povos, havendo a considerar várias e diversas expressões do mesmo direito adaptáveis a cada comunidade humana[602]. Produto da contra-reforma, o pensamento de SUAREZ advogava um contratualismo tácito na base do Estado (*pacto unionis*) que permitiria aos homens viver em comunidade e um *pacto subjectionis* que implicaria a transferência do poder para o príncipe, procurando esta conceção contestar a nova teoria protestante do "direito divino" como fundamento do absolutismo real[603].

C. A secularização do Direito Natural

361. A racionalização e uma maior secularização do pensamento jusnaturalista, que acompanhou o desenvolvimento das ciências exatas e as exigências crescentes de liberdade e tolerância religiosa deram um passo significativo no Sec XVII, com PUFENDORF (*"De Iura Natura et Gentium* e "De *Officis*

[599] Cujas obras fundamentais foram "Tractadus de Legibus" e "Defenso Fidei Catholicae Apostolicae". Cfr. em geral, PAULO MERÊA "Suarez Jurista ", Coimbra, 1917; e ALFONSO GARCIA GALLO op. cit, p. 26 e seg.

[600] LUÍS CABRAL DE MONCADA "Filosofia (...) op. cit, p. 130.

[601] Para o autor, os princípios da lei natural só ganhariam efetividade quando ajustados, pela vontade do homem, a circunstancialismos históricos, temporais e territoriais

[602] LUÍS CABRAL DE MONCADA ult. loc cit, p. 137.

[603] HUGO GRÓCIO (*"De Iuri Belli et Pacis"*), fundador do moderno Direito Internacional Público, assentou nas mesmas premissas de SUAREZ, que foi seu contemporâneo, mas atribuiu-lhes um maior influxo humanista e individualista, tendo sido mais permeável ao "direito divino" dos monarcas como fundamento do poder, sem prejuízo da limitação dos mesmos pelo "direito natural". BODIN (*"Methodus"* e *"Six Libres de la Republique"*), teórico do absolutismo monárquico, sufragava um jusnaturalismo não muito distinto, embora mais elaborado. A sua noção de soberania (que por vezes confundia com a pessoa do soberano) foi construída no direito e este fundava-se numa ordem moral objetiva, resultante da vontade de Deus. E se o monarca se encontrava acima das leis (positivas) não se encontrava supra-ordenado em relação ao direito (natural) nem às leis fundamentais do reino.

Hominis et Civis"). este filósofo e jurista protestante que regeu em Heidelberg a primeira cátedra de direito natural e que foi criticado pela sua falta de originalidade em relação ao pensamento de SUAREZ e HOBBES[604] cujos conceitos retomou num fundo de pensamento mais abstrato e matemático, desenvolveu, ainda assim, uma ideia inovadora e completa de sistema jurídico[605].

Tendo sustentado uma ideia de autonomização entre o mundo divino e o mundo do direito, a qual foi percursora do iluminismo, o autor faz assentar o poder soberano na instituição de um *"pacto de sujeição"* que se imporia ontologicamente pela própria natureza das coisas, e que não teria sido criado por Deus, cuja intervenção no processo teria consistido, fundamentalmente, na criação das coisas de uma certa e determinada maneira. Esta impediria que os homens pudessem viver num simples estado de natureza, carecendo de um poder soberano fundado no referido pacto[606]. PUFENDORF distingue direito de teologia, bem como as noções de direito natural (que guardaria a supremacia e que estabeleceria orientações às leis estaduais) e de direito positivo (direito posto pelas autoridades).

362. Com o iluminismo e as revoluções liberais inglesa, americana e francesa, dá-se uma secularização efetiva do direito natural, que os ensaios jus-racionalistas de GRÓCIO, BODIN e PUFFENDORF, bem como de outros teóricos do absolutismo real numa base contratualista, como HOBBES, já faziam antever, proparando já então a irrupção de um direito natural mais laicizado.

LOCKE, MONTESQUIEU, ROUSSEAU, MADISON e HAMILTON professavam em grau variável credos religiosos[607] e propugnavam a existência de prin-

[604] GIORGIO DEL VECCHIO "Filosofia del Derecho", op. cit, p. 62 e seg.

[605] Cfr. SAMUEL PUFENDORF "De Los Deberes del Hombre y del Ciudadano Según la Ley Natural en Dos Libros", Org. RUS RUFINO, Madrid, 2002 (cfr. em particular, o estudo preliminar do organizador da obra, in xvii e seg.).

[606] LUÍS CABRAL DE MONCADA op. cit, p. 189.

[607] LOCKE era um cristão calvinista e um *"puritano sincero"* (LUÍS CABRAL DE MONCADA ult. loc cit, p. 219), que acreditava numa lei natural e divina, enformada por altos princípios éticos, de carácter transcendente que limitariam o indivíduo e o poder político. MONTESQUIEU era católico e entendia que enquanto as leis naturais e físicas decorriam da inteligência e da vontade divina, as leis positivas das instituições publicas eram falíveis porque criadas pelos homens (*L'Esprit des Lois*). Deus era o criador da natureza e a religião serviria para aperfeiçoar o individuo. As leis civis existiriam para o desenvolvimento da sociedade, não servindo para impor às pessoas, normas de conduta religiosa. ROUSSEAU era deísta, acreditando num

cípios de direito natural e valores suprapositivos que fundavam os direitos fundamentais das pessoas. Contudo, conceberam e alicerçam o fundamento e a revelação desse direito na razão humana. A racionalização e secularização do direito natural foram, deste modo, teorizados e plasmados nas primeiras constituições escritas.

A noção de um poder Divino criador do universo e arquiteto dos valores fundamentais naturais, mas não conformador do recorte dos princípios da lei natural (a qual seria intuída pela razão humana) e muito menos inspirador das leis do Estado, encontrava-se presente nos teóricos deste jus-naturalismo racionalista[608].

D. Eclipse e revivescência do pensamento jusnaturalista

363. Pese esta influência do pensamento jusnaturalista nos textos constitucionais do liberalismo[609], verificou-se que na Europa Continental o agnosti-

Deus que se configurava como causa transcendente e criadora do universo e cuja manifestação na sociedade humana se traduziria socialmente num princípio ético de bem e virtude. Na sua filosofia otimista, tudo na natureza seria bom enquanto obedecesse à lei natural que o Criador lhe teria imposto ao nascer (*"Emile ou sur l`Education"* – Liv I). Madison, um defensor enfático da completa separação entre as igrejas e o Estado tornou claro que os deveres humanos para com o Criador e a religião professada só poderiam ser apreendidos pela razão humana e pela convicção individual e nunca pela força *(Memorial and Remonstrance* to the Assemby of Virginia). Hamilton (http://hartbrad.blogspot.pt/2011/07/alexander-hamiltons--religion.html), um cristão fervoroso na sua juventude e nos seus últimos anos de vida, tratou no período revolucionário a problemática das confissões religiosas em face do Estado de forma distanciada, censurando tanto o fanatismo de seitas religiosas e o seu efeito perverso para a paz pública, como também o que designou como a contaminação ateia de Jefferson (que, na verdade, era deísta) em razão dos seus contactos com filósofos ateus e agnósticos do movimento revolucionário francês.

[608] Menções à Divindade e ao direito natural como distante fundamento e limite axiológico do poder estão, de qualquer forma, previstos em textos constitucionais revolucionários do liberalismo. Na Constituição do Estado da Virgínia de 1776, redigida nessa parte pela pena de Madison, a Secção 16 considera a religião ou *"o dever que temos para com o nosso Criador"* como uma realidade que só pode ser dirigida por razão ou convicção e não pela força ou pela violência, garantindo-se a liberdade religiosa. Na secção 1 o influxo jus-naturalista é evidente quando se proclama que *"Todos os homens são, por natureza, iguais, livres e independentes e são titulares de certos direitos inerentes"*. Por seu turno, a "Declaração dos Direitos do Homem e do Cidadão" de 1789, "Magna Charta" do movimento revolucionário francês, prescreve no seu artigo 2º que a *"finalidade de toda associação política é a conservação dos direitos naturais e imprescritíveis do homem. Esses direitos são a liberdade, a prosperidade, a segurança e a resistência à opressão"*.

[609] E presente, também no preâmbulo da Constituição portuguesa de 1822 que invocava a "Santíssima e Indivisível Trindade".

cismo revolucionário seguido pelo positivismo exegético que veio a dominar o direito do Século XIX e os primeiros quarenta anos do Século XX, geraram um forte refluxo do jus-naturalismo de fonte metafísica.

Independentemente de toda a teorização do direito natural ínsito na filosofia católica e nas encíclicas papais[610], o terceiro ciclo de relevância do direito natural ocorreu depois da Segunda Guerra Mundial em diversos Estados europeus[611], mas especialmente na Alemanha, como reação de uma comunidade jurídica ferida pelo totalitarismo nacional-socialista e os crimes contra a humanidade que foram cometidos por esse regime. A censura de um suposto positivismo indiferente que teria permitido a descaracterização das leis e da Constituição e a influência das correntes filosóficas cristãs, associou-se à revalorização do moralismo racional kantiano. Esse retorno pode refletir-se na invocação da essência Divina no preâmbulo da Constituição alemã de 1949, a Lei Fundamental de Bona, onde a expressão *"Consciente da sua responsabilidade ante Deus e os homens"* se associa à vontade constituinte do povo alemão[612].

[610] Luís Cabral de Moncada ult. loc cit, p. 342 e seg.; Paulo Otero "Instituições Políticas e Constitucionais", I, Coimbra, 2007, p. 430 e seg.

[611] Caso de Luc Ferry-Alain de Renaut ("Philosophie Politique", Paris, 2007, p. 54.) defensores de um retorno ao paradigma antigo de direito natural, de forma a recuperar a transcendência da justiça; e Jean Lacroix "O personalismo como anti-ideologia", Porto, 1977, p. 101 e seg.

[612] No plano da Filosofia do Direito, a Escola de Friburgo, com figuras como Heinrich Rommen, procurou então harmonizar o pensamento jusnaturalista tomista com o jusracionalismo, de forma a intentar conceber um direito natural plástico e ajustável a diversos povos, na linha de Suarez. Também Radbruch propôs que a Ciência do Direito meditasse sobre a necessidade de conceber um direito superior à lei, um direito divino ou racional, que tornasse inequívoco que a justiça não alteraria a sua natureza, mesmo que revestisse a forma de lei e que a sentença fundada numa lei iníqua não seria direito (Hans Welzel ult. loc cit, p. 230.) Erich Voeglin concebeu, por seu turno, o direito como processo em que a sociedade se dá a uma existência ordenada, na medida em que deve conectar a pessoa humana à sociedade, ao universo (cosmos) e a Deus que impera numa ordem primordial e verdadeira (Adelino Maltez ult. loc cit, p. 414 e seg.). Outras figuras referenciais desta corrente no universo jurídico e constitucional foram, por exemplo, Mallemann, Grewe e Bachof.

2.2. Teorias constitucionais dominantes

A. O institucionalismo jus-naturalista

364. Nesta referência acolhe-se as construções de diversos autores que, partindo como os jus-racionalistas oitocentistas do primado de princípios de direito suprapositivo, fundados em valores ético-religiosos de matriz cristã sobre a Constituição, conceberiam no entanto a ordem constitucional como uma realidade institucional secularizada e autónoma das doutrinas metafísicas.

365. OTTO do BACHOF, foi um dos maiores expoentes do pensamento jusnaturalista do universo do Direito Público no período posterior ao Segundo Conflito Mundial[613]. Marcado pela filosofia dos valores e pela teorética do papel integrador do Estado e da Constituição elaborada por SMEND (§382 e seg.) antes da Segunda Guerra Mundial, o Professor de Tübingen e antigo juiz do Tribunal Constitucional de Baden Würtenberg, foi o autor do famoso escrito *"Normas Constitucionais Inconstitucionais"* publicado em 1951[614].

366. *Quanto à noção de Constituição em sentido material* e às funções que desempenha, BACHOF parte de uma definição *dogmática de Constituição* em sentido material, muito próxima das caracterizações avançadas por autores positivistas, concebendo-a como *"o conjunto de normas jurídicas sobre a estrutura, atribuições e competências dos órgãos supremos do Estado, sobre as instituições do Estado e sobre a posição do cidadão no Estado"*[615].

Trata-se de uma definição que é acompanhada, em Portugal, em termos próximos, por outros autores que se revêm no institucionalismo jus-naturalista, como ROGÉRIO SOARES[616] e JORGE MIRANDA[616].

[613] O pensamento do autor reflete a revivescência do direito natural de matriz cristã do pós-guerra na Alemanha como reação ao totalitarismo nacional socialista.

[614] OTTO BACHOF "Normas Constitucionais Inconstitucionais? Coimbra, 2008. Trata-se obra teórica de referência entre várias universidades europeias, mormente as escolas de Lisboa e Coimbra, quando se estuda a matéria dos limites ao poder constituinte.

[615] OTTO BACHOF ult. loc cit, p. 39.

[616] Num curto mas incontornável artigo ("Constituição", DJAP, Vol II, op. cit, p. 671 e seg.) publicado ainda antes de implantada a ordem constitucional de 1976, o ilustre professor de Direito Administrativo de Coimbra lançou inovadoramente os fundamentos de um jusnaturalismo secular moderno na teorização da Constituição que inspirou outros autores suprapositivistas portugueses. Rogério Soares parte de uma plataforma suprapositivista centrada numa difusa e secularizada base metafísica assente nos valores personalistas de raiz cristã da

Ao destacarem as funções desempenhadas pela Constituição, os três expoentes doutrinais refletem a influência de SMEND, ao valorizarem *a "missão integradora que lhe cabe face à comunidade que ela mesma «constitui»*[618].

Numa linha jusnaturalista associada a um institucionalismo realista de matriz francesa, em que toda a problemática da Constituição se encontra soldada a pressupostos políticos, é possível filiar o pensamento de um dos grandes expoentes do Direito Constitucional brasileiro, que é MANOEL GONÇALVES FERREIRA FILHO[619]. A sua definição de Constituição reflete esse realismo e revela um influxo mais positivista, mais próximo da organização do poder e menos preocupado com a função integradora. A Constituição seria " *o conjunto de regras concernentes à forma do Estado, à forma do*

dignidade da pessoa humana e do bem comum, numa linha não muito distante de BACHOF, e recolhe os contributos do institucionalismo de MORTATI, para além das teorias integrativas de SMEND e do seu discípulo KONRAD HESSE. Para o autor a Constituição *"seria a ordenação fundamental de um Estado que define os titulares do poder político, enuncia os órgãos políticos e a sua competência, indica os fins supremos da comunidade e, normalmente, assegura um elenco de garantias dos particulares"* (ROGÉRIO SOARES ult. loc cit, p. 671.).

617 O Professor de Direito Constitucional da Faculdade de Direito de Lisboa não ostenta uma posição doutrinária linear no plano da Teoria da Constituição, facto que suscitou diversas qualificações e rótulos de outros autores, como a de "jusnaturalista não praticante" e jus-naturalista com uma componente voltada para o positivismo sociológico. O próprio auto-qualifica-se como um jusnaturalista "temperado" por uma linha de pensamento neo-institucionalista (JORGE MIRANDA "Manual de Direito Constitucional", II, op. cit, p. 95 nt. 3). Para Jorge Miranda a Constituição é, na linha de definição de GEORGES BURDEAU, o estatuto da comunidade e do poder político. Nas funções constitucionais avultaria o escopo inerente ao fundamento da ordem jurídica positiva do Estado, à legitimação do poder e à sua função como fator de integração, filiando-se neste ponto, na construção de SMEND (JORGE MIRANDA ult. loc cit, p. 25 e seg e p. 90 e seg.).

618 OTTO BACHOF, ult. loc cit, p. 11. Para o autor, uma Constituição que falhe essa função integradora perde a sua razão de ser e não pode ser salva, mesmo por um sistema de garantia jurisdicional "completo". Na mesma linha, ROGÉRIO SOARES ("Constituição (...)" op. cit) estima que as funções da Constituição consistiriam na legitimação e organização do poder, na sua limitação, e na consagração de uma unidade política em torno de um conjunto de princípios estruturantes da Constituição material que desempenhariam um importante papel integrador. Também JORGE MIRANDA (ult. loc cit, p. 90 e seg.) faz avultar nas funções constitucionais, o fundamento da ordem jurídica positiva do Estado, a legitimação do poder e a sua função de integração.

619 MANOEL GONÇALVES FERREIRA FILHO é Professor titular emérito de Direito Constitucional na Faculdade de Direito da Universidade de S. Paulo e presidente do Instituto Pimenta Bueno. Nos seus múltiplos discípulos filiam-se, quer jus-naturalistas como positivistas.

governo, ao modo de aquisição e exercício do poder, ao estabelecimento dos seus órgãos, aos limites da sua ação"[620].

367. No que respeita aos *parâmetros que limitariam o poder constituinte* esta corrente rejeita claramente que a Constituição seja uma lei resultante de uma pura decisão política.

BACHOF entende que sobre a Constituição imperaria um direito "supra-legal", de origem e natureza pré-estadual que revestiria uma posição de superioridade em face de normas constitucionais que não positivassem esse direito. Embora não seja inteiramente claro a este respeito, o jus-publicista alemão aceita não apenas a natureza moral, mas também a natureza metafísica das fontes desse direito, ao acolher o entendimento de MALLMANN de que o legislador constituinte, ao incorporar na Lei Fundamental de Bona valores "metafísicos" do direito natural logrou *"abraçar o Céu"*, tendo esses valores sido transformados em princípios de direito positivo[621]. Ora, as normas constitucionais que violassem direito natural, positivado ou não[622], seriam elas próprias inconstitucionais, carecendo de legitimidade e como tal, de obrigatoriedade[623].

ROGÉRIO SOARES, pelo seu turno, rejeita o decisionismo constituinte considerando que a Constituição moderna nasce de um *"compromisso sobre o bem comum e uma pretensão de ligar o futuro ao presente"*[624], compromisso que nas sociedades técnicas do tempo presente assumiria uma dimensão plurilateral. Para o autor haveria a considerar a existência de *"limites transcen-*

[620] MANOEL GONÇALVES FERREIRA FILHO "Curso de Direito Constitucional", S. Paulo, 2008, p. 11.
[621] OTTO BACHOF ult. loc. cit, p. 41.
[622] Princípios como a proibição do arbítrio, igualdade e dignidade da pessoa humana integrariam a abóbada desse direito natural positivado na Lei Fundamental. O autor entende existir, por conseguinte, uma hierarquia entre normas constitucionais, na medida em que as normas que incorporassem direito natural corporizariam valores supremos da Constituição e valeriam mais do que aquelas que fossem "apenas" Direito Constitucional positivo (OTTO BACHOF ult. loc. cit, p. 63). E admite, igualmente, haver direito natural supra-positivo fora da Constituição.
[623] OTTO BACHOF ult. loc cit. p. 63 e 65. Reconhecendo que a jurisprudência constitucional dos anos cinquenta se encontrava dividida, já que existiriam decisões de tribunais constitucionais dos estados alemães e do Tribunal Constitucional federal que faziam alusão à superioridade do direito natural enquanto outras a negavam recusando diferenças de hierarquia na Constituição, BACHOF considerou que caberia ao Tribunal Constitucional a competência exclusiva para aferir e julgar essa inconstitucionalidade.
[624] ROGÉRIO SOARES ult. loc cit, p. 672.

dentes" ao próprio Estado Constitucional que partem de princípios suprapositivos que a Constituição deve receber, admitindo a inconstitucionalidade de normas constitucionais que surjam em *"manifesto desacordo com o imbrincamento geral"*[625]. Ainda assim, com a peculiaridade percursora de uma tese que em Portugal influenciou, posteriormente, outros autores (infra § 372) Rogério Soares aproxima-se do realismo sociológico de Lassalle[626] para problematizar a existência de uma Constituição "real" e não escrita[627], enformada por princípios fundamentais, critérios jurisprudenciais, praxes e costumes que integrariam, parcialmente, a própria constituição material. Ainda assim consciencializa que uma constituição "real" destrói a normatividade da Constituição escrita na medida em que não se limite a integra-la, mas se proponha, antes, a contraditá-la.

Jorge Miranda, no contexto da sua filosofia cristã personalista, desenvolve a noção de limites materiais transcendentes ao poder constituinte, enformados por valores éticos superiores e uma consciência coletiva presa à Justiça e à dignidade da pessoa humana, sustentando a invalidade ou ilegitimidade das normas de uma Constituição originária que os contrariem. Neste elenco de parâmetros coloca, igualmente, as normas de Direito Internacional Público cogente. Ainda assim, o autor compromete a juridicidade desses limites quando recusa o controlo de constitucionalidade das normas constitucionais originárias que violarem direito supra-positivo, colocando o problema da sua subsistência no plano da sua legitimidade política, o que enfraquece a mesma construção no plano garantístico[628].

Manoel Gonçalves Ferreira Filho admite a existência de um direito natural *"anterior ao Estado e superior a este"* e, como tal, ao direito positivo. Desse direito natural decorreria *"a liberdade do homem estabelecer as instituições porque há de ser governado"*, pelo que o poder que organiza o Estado, o poder constituinte é *"um poder de direito"*[629].

368. *Já quanto à garantia das normas constitucionais e à sua interpre*tação esta corrente valoriza o papel dos tribunais constitucionais e sustenta um modelo hermenêutico não restrito à mera subsunção, em que a descodificação

[625] Rogério Soares ult. loc cit, p. 682.

[626] Também recuperado noutra perspetiva pelo discípulo de Smend, Hsu Dao Lin (supra, § 283).

[627] Rogério Soares ult. loc cit, p. 677.

[628] Jorge Miranda ult. loc cit, p. 143 e seg.

[629] Manoel Gonçalves Ferreira Filho "Curso de Direito Constitucional", op. cit, p. 23.

de valores e a interpretação evolutiva de normas abertas predicaria alguma criatividade jurisdicional.

BACHOF, a propósito da defesa da legitimidade constitucional do judiciário, considera *"que o juiz não é menos órgão do povo do que os demais"*[630] e relembra que, mesmo no positivismo clássico[631], se reconheceu ao juiz um papel de criação de direito, nunca se tendo o mesmo restringido a uma mera atividade subsuntiva[632].

ROGÉRIO SOARES partindo de uma *morfologia normativa da Lei Fundamental integrada por princípios e disposições normativas*, concede um importante papel da interpretação da Constituição aos tribunais e à hermenêutica constitucional, a qual conformaria o principal instrumento de garantia da mesma Lei[633]. No que concerne à metodologia interpretativa, o autor defende que o método jurídico clássico de recorte positivista estaria superado, na medida em que na interpretação Constitucional haveria que descodificar valores constitucionais e não apenas regras. Ainda assim, adverte para o risco de métodos científico-espirituais como os de SMEND poderem gerar a desformalização da Constituição, pondo em causa a positividade do próprio direito[634].

JORGE MIRANDA sustenta uma visão mais compromissória entre valores e positividade, tanto na classificação das normas constitucionais e na equação da sua garantia, como na definição do método interpretativo.

[630] OTTO BACHOF "Jueces y Constititución" Madrid, 1985, p. 59.

[631] BACHOF estabeleceu pontes para o positivismo, as quais estão evidentes na essência do seu raciocínio jurídico e da sua definição dogmática dos institutos jurídicos. Exibe, igualmente, uma preocupação permanente em escudar-se ou amparar-se em autores positivistas de referência.

[632] OTTO BACHOF ult. loc cit, p. 24.

[633] ROGÉRIO SOARES entende que a tese clássica do poder judicial como poder nulo, teorizado por Montesquieu à luz da formulação originária da separação de poderes, já se encontraria superada, defendendo que o juiz comum ou o juiz constitucional gozariam da confiança da comunidade para proferirem decisões de controlo de constitucionalidade traçados de acordo com princípios definidos, embora essa confiança se possa esbater se tivessem de envolver a extração de apreciações políticas.

[634] Nessa medida, o autor recusa o abandono da interpretação às mundividências subjetivas do intérprete, sufragando uma interpretação feita a partir dos valores objetivos que a Constituição recebeu e das conexões íntimas estabelecidas pelas instituições do poder, que garanta a compatibilidade entre a integridade estrutural da Constituição e a evolução política e social, sem que a primeira se dissolva na segunda, sob pena de dissolver a normatividade constitucional (ROGÉRIO SOARES ult. loc cit, p. 682).

No âmbito da *estrutura normativa* o autor considera a Constituição um conjunto de normas materiais e procedimentais que regem a vida institucional do Estado e ainda, de valores básicos na estrutura subjetiva dos direitos fundamentais e das estruturas políticas e sociais[635]. Valorizando o papel dos Tribunais Constitucionais na garantia dessas normas, o autor parte do método jurídico positivista adaptado às especificidades próprias da hermenêutica constitucional: unidade, identidade, efetividade e supremacia seriam cânones ou postulados que se projetariam nos elementos literal, histórico, teleológico e sistemático da interpretação[636]. Já colisões entre princípios, mormente no plano dos direitos fundamentais, justificariam o recurso á ponderação (infra § 544 e § 732).

No plano interpretativo Manoel Gonçalves Ferreira Filho parte igualmente do método jurídico como via de interpretação constitucional[637], sem prejuízo de sublinhar necessidade de se tomar em conta a especificidade da Constituição como lei suprema enformada por valores (incorporados em princípios) e objetivos que reforçariam a componente teleológica do processo hermenêutico. O autor aceita o contributo de Gomes Canotilho, inspirado em Hesse, no que respeita à incorporação no método jurídico de um conjunto de tópicos ou cânones específicos da interpretação constitucional[638]. De qualquer forma, recusa interpretações audaciosas ou "enganadoras", oriundas da doutrina realista e de setores do moralismo reflexivo quando afirmam que "o intérprete produz a norma" ou que a "interpretação é um ato de vontade". E precisa, no passo que ora se cita, o seguinte: *"(...) mesmo que a interpretação seja um ato de vontade, o intérprete não pode arbitrariamente dar o sentido que quiser à norma; há um limite que advém* exatamente da linguagem, *sob o pressuposto da boa fé. Como diz Umberto Eco «a interpretação consiste em ler sob controlo do que está escrito"». Fugir disto é identificar o aplicador com o legislador (o que contraria a separação dos poderes, uma das bases do constitucionalismo[639]".*

[635] O autor defende a abertura da Constituição à sociedade pluralista e às mutações dos seus interesses e valores, tendo como elemento perene, a dignidade da pessoa humana (Jorge Miranda ult. loc cit.)

[636] Jorge Miranda ult. loc cit. p. 311 e seg e 320 e seg.

[637] Manoel Gonçalves Ferreira Filho ult. loc cit, p. 382 e 385.

[638] Manoel Gonçalves Ferreira Filho, ult. loc cit, p. 386.

[639] Manoel Gonçalves Ferreira Filho, ult. loc cit, p. 381.

B. A teologia constitucional

369. Esta corrente, com reminiscência em certos expoentes da Filosofia Direito alemã do pós guerra, edificou-se, sobretudo nos Estados católicos da Europa meridional.

A Teoria da Constituição foi erigida pelos expoentes doutrinais que se revêm nesta sensibilidade, em torno de uma ordem de valores do cristianismo que transcenderiam para os crentes através de Deus e para os agnósticos e ateus por força da interiorização de um conceito de dignidade humana autojustificada, "valiosa por si própria" e fundada numa raiz antropológica[640]. Os fundamentos do Direito e da Constituição repousariam, assim, na essência divina e no direito natural metafisico associado a uma ordem moral de raiz personalista..

370. *Segundo este entendimento haveria um complexo de valores personalistas que se imporiam ao poder constituinte.* Para Pablo Lucas Verdú, Catedrático Emérito da Universidade Complutense de Madrid, que encarnou nos anos oitenta um jus-naturalismo católico, democrático e progressista, a Teoria da Constituição é concebida como *"cultura euro-atlântica ideologicamente inspirada"* e justificada em valores que fundamentam os direitos humanos e a delimitação dos poderes públicos,[641]. A "Teoria da Constituição" seria uma *"ciência cultural fundada em valores"*, distinguindo-se das restantes "teorias constitucionais" sobre o fundamento, o conteúdo e as funções da Constituição.

Os valores em causa, dos quais se destaca a *"dignidade da pessoa, a liberdade, o desenvolvimento da personalidade, o respeito pelos demais, a justiça, a igualdade, o pluralismo político-social e a solidariedade"*[642] enformariam um património axiológico-cultural com uma *"conexão evidente entre categorias da Teoria do Estado e da Constituição, os dogmas da Igreja Católica e os princípios antropológicos inspirados pelo cristianismo"*[643]. O autor propõe-se evidenciar a inspiração teológica de postulados jurídico-constitucionais, ensaiando uma *Teologia da Constituição* de base católica com vasos comunicantes para a teoria dos valores de Smend (também ela, segundo o autor, com uma

[640] Pablo Lucas Verdú "Teoria de La Constitución como Ciencia Cultural", Madrid, 1997, p. 122.

[641] Pablo Lucas Verdú "Teoria de La Constitución" op. cit., p. 22 p. 39 e seg.

[642] Pablo Lucas Verdú ult. loc cit, p. 62.

[643] Pablo Lucas Verdú ult. loc cit, p. 73.

matriz-cristã)[644] e para o constitucionalismo moralmente reflexivo e pluralista de HÄBERLE[645].

O primado dos valores descritos não dependeria da vontade positivadora do constituinte, já que a este não competiria criá-los como se fosse uma *"espécie de demiurgo"*. A revelação da identidade e supremacia dos valores suprapositivos operaria por via intuitiva, captando-se pelo "sentir emocional"[646].

Não é possível deixar de assinalar que a teologia constitucional do autor acaba por se condensar numa espécie de catecismo ideológico que o mesmo designa de "jus-naturalismo crítico"[647], a partir do qual desfere críticas ao liberalismo, ao capitalismo, ao jus-naturalismo "reacionário", ao marxismo e ao positivismo, tomando posição sobre se certas matérias deveriam ou não ser constitucionalizadas (como é o caso do modelo de economia de mercado, cuja incorporação na Lei fundamental rejeita).

371. Em Itália, o Professor ANTONINO SPADARO, da Universidade de Reggio de Calabria é um dos expoentes atuais mais exuberantes da construção de uma Teoria da Constituição centrada em valores católicos[648].

Na obra *"Contributo per una Teoria della Costituzione"*[649], o autor visa, tal como VERDÚ, construir uma verdadeira Teologia do Direito Constitucional, em torno do conceito de "Verdade", desferindo ao positivismo agnóstico e relativista de KELSEN e ao decisionismo católico oitocentista de DONOSO CORTÉS, que qualifica de "exasperado", uma apreciação critica impiedosa em dezenas e dezenas de páginas. Para o efeito, não hesita em travar um profundo debate com esses autores e também com SCHMITT, sobre os fun-

[644] PABLO LUCAS VERDÚ ult. loc cit p. 129.

[645] PABLO LUCAS VERDÚ "La Constitución Aberta y Sus «Enemigos»", Madrid, 1993, p. 32 e seg e p. 43 e seg.

[646] PABLO LUCAS VERDÚ ult. loc cit, p. 116.

[647] PABLO LUCAS VERDÚ ult. loc cit, p. 179 e seg.

[648] O autor elaborou com ANTONIO RUGGERI uma das mais importantes obras em matéria de Justiça Constitucional em Itália (*"Lineamenti di Giustizia Costituzionale"*), cumprindo observar que a esse propósito que toda a lógica discursiva, inatacavelmente dogmática que se encontra presente nesse excurso, que não desdenharia a qualquer autor positivista, é antecedida por uma nota de apresentação, na qual o autor apela a uma axiologia constitucional. Nesse entendimento clarificou que o escrito não envolveria qualquer *"paixão pela Carta republicana"* de 1947, mas seria fiel *"à generosa utopia cultivada pelos pais fundadores"* e à estrutura de base formada pelos *"princípios e valores fundamentais comuns ao Estado constitucional"*.

[649] ANTONINO SPADARO "Contributo per una Teoria della Costituzione: fra democrazia relativista e assolutismo etico", I, Milano, 1996.

damentos do direito e da Constituição, os quais faz repousar na essência divina e no direito natural metafisico associado a uma ordem moral[650].

372. Em Portugal, PAULO OTERO, Professor da Faculdade de Direito de Lisboa, é a referência de um jus-naturalismo de raiz católica, marcado pela doutrina tomista e agostiniana e pelas encíclicas papais. Embora não se propondo explicitamente a conceber uma Teologia Constitucional (pese a sua proximidade fáctica com o pensamento de LUCAS VERDÚ), o autor combina a axiologia suprapositivista com uma análise sociológica e histórica das relações entre Constituição e realidade político-constitucional (aproximando-se, neste ponto, da construção ambivalente de outro jus-naturalista, ROGÉRIO SOARES, supra § 367)[651]. PAULO OTERO considera que a perda do monopólio do Estado na produção da normatividade reguladora dos direitos fundamentais, terá gerado um *"ius commune"* constitucional de raiz internacional, conformado por princípios extraídos da consciência jurídica geral e inerentes à natureza "sagrada" e "inalienável" da dignidade da pessoa humana, que se imporiam ao poder constituinte dos Estados e assumiriam para este, natureza vinculativa. Tratar-se-ia de um "ius cogens" em matéria de direitos fundamentais com hierarquia superior às normas constitucionais, posição não muito distante da de JORGE MIRANDA sobre a matéria[652].

[650] Para o autor (ANTONINO SPADARO "Contributo (...)" op. cit. p. 465-471) haveria na ordem político-constitucional a considerar:
i) Uma superestrutura encimada por Deus como epicentro do que designa como esfera de *"Verdade"* (estudada pela teologia e filosofia), a qual constituiria a base de legitimação do poder vinda do Alto, envolvendo uma hétero-integração do ordenamento;
ii) Uma estrutura intermédia formada pela *"democracia constitucional" (estudada pelo Direito Constitucional)* e composta tanto pela dimensão da *"auctoritas"*, legitimada e ordenada pelos princípios suprapositivos da esfera da "Verdade" sobretudo no domínio dos direitos fundamentais (lugar ocupado pela mediação oferecida pela Constituição), como pela dimensão da *"potestas"* (conformada pela democracia representativa, sob mediação parlamentar, legitimada pelo povo);
iii) Uma estrutura inferior, a *"esfera da democracia"* (estudada pela Ciência Política, Sociologia e Economia) cujo núcleo seria o povo, fundamento da dimensão da "potestas" e fator de auto-integração do ordenamento.

[651] Na sua obra "Direito Constitucional Português", PAULO OTERO é claro quando se propõe conjugar e confrontar o "texto normativo oficial" e a vivência institucional, a par do diálogo entre doutrina e jurisprudência (PAULO OTERO "Direito Constitucional Português", I, op. cit, p. 8 e seg.)

[652] PAULO OTERO ult. loc cit p. 126.

373. *A definição de Constituição* dada por esta sensibilidade doutrinal não resulta ser unívoca, primando por alguma imprecisão, atenta a sua forte carga axiológica. O mesmo se diga das *funções atribuídas à mesma Lei Fundamental.*

Pablo Lucas Verdú distingue um conceito *"de Constituição"* e um conceito *"sobre a Constituição"*. O primeiro, referido pelo autor como pouco profundo e próprio de manuais com caráter didático, seria o de *"Lei Fundamental, difícil de rever, que versa sobre a organização e limitação dos poderes públicos e que assegura os direitos e liberdades numa estrutura social"*. O segundo, que equivaleria a um conceito de Constituição substancial e de uma fórmula política, assinalaria os *"fatores ideológicos, valorativos e socio-económicos que influem no texto fundamental"*[653].

Partindo da noção algo livresca de Constituição substancial como *"Casa"* ou *"Lugar da cidadania"*, o autor assina-lhe uma *pluralidade de funções* ideais, tais como: a de integração dos cidadãos nos valores que estribam a realidade estatal (o velho paradigma de Smend); a remoção de obstáculos[654] tendo em vista a criação de uma sociedade democrática avançada, como utopia realizável no devido tempo; e a realização de valores e tarefas sociais fundamentais mediante procedimentos jurídico-públicos de carater aberto à sociedade.

Também Antonino Spadaro distingue uma *Constituição em sentido dogmático*, de recorte neutral, aplicável a qualquer regime, de uma *Constituição ideal* que interessaria, sobretudo, ao Estado de direito democrático correspondendo ao paradigma do movimento constitucionalista iniciado pelas revoluções americana e francesa[655]. A Constituição ideal resultaria num *posicionamento fundamental das instituições públicas, entendido como equilíbrio, como sistema de "limites jurídicos essenciais" e como base dos valores perenes a concretizar*[656].

Sendo diversas as funções desempenhadas pela Constituição, o autor absolutiza o seu papel de *"mediação/ integração axiológica e social"* que seria irrenunciável porque constituiria a forma mais desenvolvida de regulação

[653] Pablo Lucas Verdú ult. loc cit, p. 47.

[654] Tais como a corrupção, novas formas de opressão e disfunções do poder.

[655] Noção marcada por atributos constitutivos típicos como a garantia dos direitos, a separação de poderes, a livre escolha dos governantes pelos governados e a igualdade de todos os homens.

[656] Antonino Spadaro ult. loc cit, p. 472.

da convivência social. SPADARO assume, neste ponto, a função integradora da Constituição teorizada por SMEND[657].

PAULO OTERO filia-se numa aceção personalista de Constituição. Para ele, a ligação "umbilical" de Constituição à pessoa humana leva a Lei Fundamental a deixar de poder ser definida como estatuto jurídico do Estado ou do poder político estadual, para *"se afirmar como estatuto jurídico e político fundamental do ser humano e da sua vivência em sociedade"*

A Constituição de 1976 regularia, para ele, um "Estado de direitos humanos" que acolheria um compromisso de valores diversos, alguns dos quais portadores de uma superioridade sobre os outros, envolvendo fins constitucionais. Os valores centrais consistiriam, no seu entendimento: na construção de uma sociedade livre, justa e solidária; tarefas de dignificação da pessoa humana, pedra angular do Estado; e a satisfação de necessidades coletivas no plano dos direitos liberdades e garantias e direitos sociais[658].

Três postulados vinculariam o poder político: o exercício da autoridade pública estaria vinculado ao objetivo do "bem comum", conceito que retira de encíclica do Papa João XXIII; o poder estaria, no plano subjetivo, ao serviço dos mais débeis e necessitados[659]; e o fundamento desse mesmo poder seria sempre concebido em razão das pessoas.[660]

374. *No que respeita à estrutura normativa da Constituição,* os expoentes doutrinais assinalados aderem ao paradigma da "Constituição aberta", cujos construtores se sediam no "constitucionalismo moralmente reflexivo.

[657] ANTONINO SPADARO ult. loc cit, p. 469, nt. 84.

[658] PAULO OTERO ult. loc cit p. 32.

[659] O autor evoca Santo Agostinho quando aludiu que o poder ao serviço dos mais fortes, seria um poder sem justiça equivalendo a uma quadrilha de ladrões.

[660] A *dignidade da pessoa humana,* conceito oriundo tanto da tradição cristã (reconduzível à ideia do homem feito à semelhança de Deus e dotado de valor sagrado) como do pensamento renascentista e das filosofias kantiana e hegeliana, manifestar-se-ia como o valor fundacional de um "Estado de Direitos humanos" concebidos como direitos naturais (direitos ligados á natureza humana), se bem que nem todos os direitos positivados tenham, no seu entender, uma conexão imediata com essa natureza. Tratar-se-ia de um dogma da consciência jurídica universal e de fonte supra-positiva que, como valor absoluto, configuraria um limite à soberania popular e não poderia por seu turno ser limitado por outros princípios. Dele decorreriam princípios inderrogáveis e parâmetros teleológicos de interpretação dos direitos, como a inviolabilidade da vida humana, livre desenvolvimento da personalidade, proibição de retrocesso no nível alcançado de proteção do direito à vida e o direito à diferença (PAULO OTERO ult. loc cit p. 32 e 37 e seg.).

375. Para Lucas Verdú, o texto fundamental de um Estado democrático de direito abrir-se-ia a conteúdos normativos heterónomos (direito internacional) e a conteúdos extra-normativos e meta-normativos (usos, valores, postulados morais e magnitudes socio-económicas) entrando em conexão com outros ordenamentos[661]. O autor ensaia mesmo um esboço de quatro tipos de abertura normativa da Constituição[662].

376. Paulo Otero, por seu turno, no que respeita à morfologia normativa da Constituição, considera que esta é integrada por uma textura normativa aberta, formada por regras, princípios e conceitos indeterminados que apelariam a pautas de valoração concretizadora e a operações hermenêuticas de balanceamento entre princípios e valores[663]. O autor parte da premissa de uma "Constituição aberta", pressuposta por uma sociedade também ela aberta e plural, para evidenciar manifestações dessa abertura, mormente, a sua "abertura estrutural", "abertura normativa" e "abertura interpretativa"[664]. Neste ponto, assume posições próximas a expoentes do suprapositivismo moralmente reflexivo e do próprio neoconstitucionalismo (Paulo Bonavides, infra §404 e seg.).

377. Finalmente, no que concerne à garantia constitucional e à metodologia interpretativa, esta corrente realça a consciência valorativa autónoma do juiz constitucional na descodificação de normas abertas e conceitos jurídicos indeterminados, bem como da integração de lacunas, de acordo com as mutações do tempo histórico e político e do critério natural do pensamento "justo".

378. Lucas Verdú reconhecendo ao Tribunal Constitucional o papel de intérprete supremo da Constituição, e sem rejeitar por completo o método dogmático de interpretação, destaca o papel dos princípios e enunciados normativos gerais como veículos intensos de transformação da realidade

661 Pablo Lucas Verdú "La Constitución Aberta (...)" op. cit, p. 11 e seg.

662 Pablo Lucas Verdú ult. loc cit, p. 15-56.

663 Paulo Otero "Direito Constitucional (...)" op. cit, p. 192.

664 A primeira abertura reportar-se-se-ia ao texto fundamental como um "projeto de inclusão" que integraria diferentes leituras, gerações e mudanças sociais, sendo sempre permeável a uma revisão. A segunda tange com a abertura da Constituição ao "ius cogens" (Direito internacional imperativo), a várias normas e documentos políticos de Direito Internacional e a uma normatividade invisível e não oficial, passível de gerar mutações informais da Lei Fundamental. Quanto à terceira é defendida a permeabilidade das normas a uma diversidade de sentidos e a uma pluralidade de intérpretes, tendo a Justiça Constitucional a última palavra. Paulo Otero "Direito Constitucional (...)" op. cit, p. 177 e seg.

social, concretizados pelo legislativo, mas também pelo judiciário. Ainda assim, o autor adverte para a canonização de critérios normativos revelados e depois repetidos pela jurisprudência como uma forma de positivismo jurisprudencial[665].

379. Numa linha mais proclive a um certo ativismo axiologicamente orientado, ANTONINO SPADARO reconhece aos tribunais um papel decisivo na garantia e interpretação da Constituição, tendo concedido que a reescritura da Lei Fundamental se deveria hoje à obra dos tribunais constitucionais. Estes, criariam direito no quadro de decisões onde pontificaria o equilíbrio de interesses e uma ponderação feita na base de critérios de razoabilidade, sendo redutor no seu entender, dizer que as mesmas instâncias resumiriam a sua função ao desenvolvimento de uma atividade interpretativa[666]. Ainda assim, coloca reservas à plena disponibilidade dos valores constitucionais supra-positivos pelos tribunais constitucionais em sociedades pós-modernas, tentadas à criação de uma religião constitucional civil e laica.

A posição de PAULO OTERO em matéria de abertura normativa supõe, necessariamente, um amplo poder interpretativo concedido ao poder judicial, mormente para proceder a juízos concretos de ponderação entre normas que encerrem princípios e valores.

Subsecção II
A Constituição moralmente reflexiva

1. Síntese

1.1. Introdução ao constitucionalismo integrador e axiologicamente aberto

380. A corrente em epígrafe é uma "casa" com muitas moradas. Esboçada na Europa por SMEND, antes da Segunda Guerra Mundial, como reação ao positivismo normativo da Escola de Viena, esta linha doutrinal teve um reforço imparável depois do mesmo conflito, como reação, não apenas a um

[665] PABLO LUCAS VERDÚ ult. loc cit, p. 79 e seg. e 70 e seg.
[666] ANTONINO SPADARO ult. loc cit, p. 467.

positivismo acusado de ter aberto as portas ao totalitarismo, mas igualmente à revivescência de um direito natural assente em paradigmas religiosos.

O suprapositivismo axiológico destaca-se como uma espécie de "jus-naturalismo sem direito natural", intentando superar o positivismo normativo sem recurso a paradigmas metafísicos. Axiomas éticos de ordem superior, associados aos valores democráticos, ao princípio da Justiça material e à garantia dos direitos fundamentais numa sociedade pluralista[667] constituíram o ponto de partida desta construção que influenciou significativamente a jurisprudência do Tribunal Constitucional alemão durante alguns anos.

Este antropocentrismo politicamente liberal afirma-se como um "personalismo laico" operante numa sociedade pluralista e multiforme, em que a função da Constituição será essencialmente a de integrar e garantir direitos e expetativas legitimamente tuteladas dos diversos grupos, setores e minorias.

Semelhante construção, que ainda marca um importante setor doutrinário e a jurisprudência constitucional de diversos Estados europeus e, no contexto de uma linha doutrinária própria, dos Estados Unidos da América, teve um impacto significativo na Teoria Geral da Constituição e nas metamorfoses metódicas da interpretação constitucional. E logrou, por outro lado, influenciar quer correntes doutrinárias ditas "progressistas radicais", como o neoconstitucionalismo que pontifica no universo ibero-americano, quer correntes neoliberais que, sobretudo na Europa, marcam o chamado "constitucionalismo cosmopolita e multinível".

1.2. Linhas de força

381. Procurando extrair alguns pontos axiais comuns desta composição caleidoscópica de posições que, no universo europeu, parecem ter na nublosa do pensamento de SMEND o seu difuso e remoto ponto de partida, dir-se-á que o suprapositivismo ético ou moralmente reflexivo se estriba maioritariamente nos postulados que se passa a referir.

[667] Fertilizando uma filosofia antropocentrista de intensidade variável em torno dos princípios que regulam os direitos fundamentais, cujo "humus" adubou a tese da irradiação (*Drittwirkung*) desses direitos, não apenas para esferas públicas, mas também para algumas relações jurídico-privadas, o suprapositivismo moralmente reflexivo procurou substanciar a tese da otimização ou maximização dos efeitos jurídicos das normas que catalogam os mesmos direitos e o desenvolvimento da especificidade das técnicas de interpretação dessas normas (mormente através do recurso à ponderação).

1º. *Axiologia pré-constitucional e poder constituinte.* A Constituição não poderia ser concebida como produto de uma pura manifestação voluntarista do momento constituinte, com pretensões de incondicionalidade e omnipotência. Isto, na medida em que todo o processo de formação constitucional seria condicionado por uma ordem prévia de valores éticos e envolveria um compromisso ou contrato social tácito para a organização política da sociedade entre uma pluralidade diversiforme de forças políticas, sociais e económicas.

No entanto, essa axiologia pré-constitucional, que acaba por ser positivada ou extraída de forma implícita das normas da Lei Fundamental, tanto pode consubstanciar uma base fundamental ou um mínimo "ético" justificante da ordem constitucional instituída (Hesse e Canotilho § 387) como, ao invés, transformar-se num códice principiológico dominante de toda a atividade hermenêutica, fundamentando uma leitura moralista das normas pelo juiz (Zagrebelski e Dworkin, § 401 e seg.).

2º. *Noção de Constituição e respetivas funções.* O conceito de Constituição parte de um "ethos" político e filosófico legado pelo movimento constitucionalista, nos termos do qual a mesma Lei constituiria um instrumento de limitação do poder no contexto de uma sociedade democraticamente organizada, o que envolve uma recusa de tomada de posição sobre constituições de Estados autoritários. Tal opção inviabilizaria um esforço de criação de um conceito "neutro" de Constituição.

A Constituição é concebida como um conjunto de regras e princípios contidos numa lei escrita de hierarquia superior que, com base num complexo de valores identitários resultantes de um compromisso constituinte historicamente situado, ordenaria não só o poder político, de acordo com os limites inerentes à exigência da separação de poderes, mas garantiria também a proteção ativa dos direitos fundamentais dos cidadãos.

De entre as funções primaciais que a Constituição desempenharia, a par da organização do poder e da sua limitação, destacar-se-ia a função integrativa de elementos, como os seguintes: os factos jurídicos e extrajurídicos que levam os cidadãos de uma sociedade pluralista a aderir a um projeto de unidade política (Hesse, § 389); a incorporação de grandes valores, ideias e princípios que integram o consenso constitucional que agrega os cidadãos (Canotilho, § 389); a integração social da diversidade pluralista através de um processo público oferecido pelos princípios e processos constitucionais (Häberle e Zagrebelski, respetivamente § 395 e § 399); e criação de instrumentos participativos e modelos hermenêuticos que integrem no plano constitucional os interesses e direitos das minorias (DWORKIN, § 398).

3º. *Estrutura normativa: uma ordem aberta de regras e princípios.* A decomposição das normas constitucionais em regras e princípios, a dissociação entre disposição e norma jurídica e a construção de uma teoria de efetividade das normas da Lei Fundamental garantida pela Justiça Constitucional através de modelos interpretativos que superam o método jurídico-dogmático são contributos do constitucionalismo moralmente reflexivo para a Teoria Geral da Constituição.

A abertura da Constituição à evolução histórica, e aos influxos da sociedade pluralista e da sociedade internacional, permitiria a sua transformação suave, operada por via hermenêutica e pelo direito supranacional europeu. A própria abertura das normas constitucionais propiciada pela plasticidade de princípios dotados de grande indeterminação e de regras de malha aberta favoreceria a já referida função integrativa da chamada Constituição "aberta", quotidianamente assegurado por uma interpretação construtiva, atualista e concretizadora.

O especial destaque conferido aos princípios constitucionais constitui um vinco referencial desta corrente doutrinária, se bem que existam variações ou modulações muito diversas quanto a esse destaque. Enquanto alguns autores equiordenam o relevo jurídico-positivo das regras e dos princípios (HESSE e CANOTILHO, § 390) outros conferem um primado aos segundos, na medida em que corporizariam os valores morais e de justiça de um sistema de direitos fundamentais, cuja garantia numa sociedade pluralista consistiria a principal razão de ser da Constituição (ZAGREBELSKI e DWORKIN, § 400).

4º. *Justiça Constitucional e hermenêutica.* No plano das metodologias interpretativas, o "punctum unionis" das diversas correntes assenta: na especificidade da interpretação da Constituição e da jurisdição que sobre esta atividade tem a última palavra; na insuficiência do método jurídico como via interpretativa; e no peso substancial de valores e princípios de ordem metajurídica, mormente os de ordem moral, na atividade do intérprete.

Ainda assim:

- algumas sensibilidades combinam a especificidade de interpretação constitucional, com a hermenêutica jurídico-dogmático que por ela seria completada e adaptada através do chamado método hermenêutico-concretizador (HESSE e CANOTILHO, § 391);

- outros dissolvem-se em paradigmas ideológico-doutrinais de interpretação constitucional moralmente corrigida (DWORKIN, § 401);
- outros, ainda, integram-se num pensamento centrado na equação de probabilidades, expresso através de uma "sociedade aberta de intérpretes", em que a Justiça Constitucional teria de tomar em conta os consensos estabelecidos em torno de certas relações de sentido das normas pelos referidos agentes de interpretação. Daqui resulta um (não assumido) relativismo dos próprios princípios interpretados e a provisoriedade das soluções interpretativas dadas às mesmas normas (HÄBERLE, § 396);
- e finalmente, outros favorecem no processo hermenêutico, sempre que existam dúvidas, o método da ponderação entre princípios, como alternativa à subsunção (ALEXY, § 401), com uma abertura à tópica (ZAGREBELSKI, § 401) de modo a que o princípio normativo se molde, suavemente, à especificidade do caso concreto

2. Nota sobre as diversas facetas do moralismo reflexivo

2.1. As raízes: A "teoria da integração"

382. Na Europa, tal como foi antecipado, os diversos ramos da doutrina em epígrafe entroncam no pensamento difuso de RUDOLF SMEND.

Professor na Universidade Georg-August de Göttingen depois da Segunda Guerra Mundial, SMEND divulgou a sua "Teoria da Constituição"[668] ainda durante o pontificado da República de Weimar, na qual expôs os seu contributos primaciais para o constitucionalismo moderno: a teoria da integração e o "método cientifico-espiritual" de interpretação.

Pai do moderno supra-positivismo laico, sem prejuízo de, segundo alguns autores, refletir indiretamente no seu pensamento crenças cristãs[669], refrações da filosofia dos valores e algum romantismo saudosista do fede-

[668] RUDOLF SMEND "Constitución y Derecho Constitucional", Madrid, 1985.

[669] LUCAS VERDÚ "Teoria (...)" op. cit. 129 e "La Lucha contra el Positivismo Juridico en la Republica de Weimar (La Teoria Constitucional de Rudolf Smend) Madrid, 1987. Desse modelo positivista o autor retirou um paradigma de democracia indecisa e de Constituição agnóstica ou relativista, permeável a derivas autoritárias. Distanciando-se claramente do decisionismo de CARL SCHMITT, autor que estimava intelectualmente e com quem mantinha um distanciamento crítico elegante, SMEND pressentiu o despontar dos fascismos,

ralismo imperial alemão, RUDOLF SMEND notabilizou-se pelas suas duras críticas ao positivismo idealista de LABAND, ao positivismo normativo de KELSEN[670], e ao positivismo sociológico que qualificou de "mecanicista" encarnado por MAX WEBER.

A "Teoria da Constituição" de SMEND, haverá que reconhecer, é mais um breviário de filosofia do Direito Constitucional do que propriamente uma construção jurídica. O discurso repetitivo, fosco e etéreo em torno do conceito de "integração", associado a um léxico substancialista sem substância precisa[671], não impressiona pela sua solidez jurídica como fundamento de uma conceção de Constituição e, menos ainda, como construção metódica. Ainda assim a "teoria da integração" veio para ficar fundamentalmente pelas pistas que deixou em torno de algumas ideias-força deixadas algo em bruto pelo autor e que foram consumidas, incorporadas e desenvolvidas pela doutrina e pela jurisprudência alemã do pós-guerra, ávida de uma relegitimação ética da nova República Federal, nascida das cinzas do nacional-socialismo[672]. Na verdade, a irradiação do legado de SMEND deveu-

cujas teorias se baseariam no irracional e se atolariam, no seu entender, na superficialidade da teoria orgânica.

[670] KELSEN respondeu incisivamente à teoria da integração de SMEND e às suas críticas num interessante opúsculo ("O Estado como Integração: um confronto de princípios". São Paulo, 2003). Algumas das suas críticas são verdadeiramente demolidoras. Assim KELSEN, que reduziu o interlocutor à figura de um teólogo estatal e não a um jurista, considera que SMEND ao colocar a Constituição como fundamento do Estado implicaria excluir a possibilidade de a mesma ser fundamento do direito, o que envolveria uma consequência grotesca. Por outro lado, pese o fato de criticar a Escola de Viena pela circunstância de ter uma versão redutora de Estado que não captaria a sua dimensão espiritual. SMEND nunca teria logrado dar uma definição de Estado, o qual teria convertido numa realidade etérea. A ideia de integração seria excessivamente genérica para gerar uma teoria inédita e consequente e as relações especificas de integração que ligariam os indivíduos ao todo não teriam sido demonstradas pelo autor que tão pouco teria logrado justificar que realidade essencial pretenderia atingir com a integração, daqui resultando um valor algo opaco em que a integração permanente seria uma "função funcional", uma realidade tautológica em que a integração como atividade permanente (função) visaria atingir um outro objetivo funcional que seria o a integração como objetivo. A teoria ou teleologia constitucional da integração de SMEND não seria outra coisa senão um instrumento ressentido de combate à Constituição de Weimar.

[671] KELSEN critica, inclusive, as suas exposições "prolixas e confusas", v. nota de rodapé anterior.

[672] A jurisprudência originária do Tribunal Constitucional alemão, num tempo marcado pela revivescência do jusnaturalismo e pela filosofia dos valores, acolheu em parte a construção e

-se, em boa parte, ao brilho de alguns dos seus discípulos que revalorizaram diversas componentes da sua teoria integrativa e científico-espiritual[673].

383. SMEND sustentou que antes de ser realidade normativa, o Estado seria uma associação voluntária, real e soberana, em contínuo processo de integração na realidade. O Estado existiria essencialmente em razão da realização deste processo de auto-integração, que seria realizado *"a partir do individuo e no próprio individuo"*[674]. Isto, pese o fato de considerar que o mesmo indivíduo não tinha consciência do seu papel no processo integrador

O autor sustenta a ideia de que a Constituição é a consagração normativa de aspetos determinados do processo substancial de integração realizado pelo Estado, como reimplantação permanente da realidade, incorporando um conjunto de valores fundamentais que constituiriam a base do referido processo integrador. A Constituição substancial envolve, por conseguinte, uma ordem de valores juridicamente incorporados que presidiriam e justificariam o processo de integração estadual. A par do suporte físico identitário (o território) haveria um conjunto diversiforme de fatores integrativos com diferentes níveis de legitimidade[675], mormente: a integração pessoal, a funcional e a material[676].

o "método" de SMEND, acolhimento que posteriormente esmaeceu um pouco, graças a um reequilíbrio propiciado por alguma revitalização do positivismo.

[673] Foi, num primeiro momento na Alemanha, o caso: de HSU DAU LIN (que elaborou uma tese sobre mutações informais da Constituição, procurando explicar que a Constituição é mais do que um conjunto de normas positivas crescendo e alterando-se à margem de atos de revisão formal); de KONRAD HESSE (que a partir do paradigma historicista e axiológico de SMEND a propósito do conceito de Constituição, sustenta a existência de um mínimo ético suprapositivo que se impõe ao constituinte, reelabora uma construção inovadora sobre a efetividade das normas constitucionais e inaugura um método interpretativo "hermenêutico concretizador" que representa um compromisso entre a teoria dos valores e o positivismo); e de PETER HÄBERLE (que valorizou a noção de Constituição aberta encimada por valores permeáveis a influxos externos, o pluralismo nessa interpretação tecida em torno da ideia de "sociedade aberta de intérpretes" e a publicidade emergente do processo político de integração estadual). Numa segunda linha, muitos outros autores do campo do jusnaturalismo metafísico, como VERDÚ e SPADARO e do campo do moralismo principiológico mais ou menos laico, como ROGÉRIO SOARES e ZAGREBELSKI, beberam nos fundamentos da doutrina de SMEND, levando-a, contudo, bem mais longe do que a vaga Filosofia da Constituição que o teórico alemão tinha ensaiado.

[674] RUDOLF SMEND ult loc cit, 65.

[675] RUDOLF SMEND ult loc cit, p. 70 e seg.

[676] *A integração pessoal* envolveria uma necessidade de estímulo aos governados para participarem na vida comunitária. Quer o Chefe do Estado (como encarnação dos valores políticos

384. SMEND define a *Constituição como a ordenação jurídica do Estado e, por conseguinte, da dinâmica vital em que se desenvolve a vida do mesmo Estado no contexto do processo de integração que este protagoniza e cujo fim seria a reimplantação da realidade total que lhe é inerente.*

No que respeita às funções que assina à Constituição, a par da orientação da função estadual de integração o autor destaca uma função garantística, isto é, de proteção dos alicerces de uma dada ordem política bem como do sistema de direitos fundamentais. Para este Autor, às constituições competiria erigir uma sólida barreira normativa frente às *"forças sociais em perpétua ebulição"*. As normas sobre direitos fundamentais, com especial relevo para os direitos das minorias e as que positivassem o direito supra-estadual, deveriam desempenhar essa função[677].

385. No que respeita à natureza, operatividade e interpretação das normas constitucionais, SMEND entende que não caberia à Constituição regular aspetos concretos do processo integrador. Essa tarefa seria cometida "*ao intérprete constitucional a quem competiria uma interpretação extensiva e flexível que diferiria em grande medida de qualquer outra forma de interpretação jurídica*"[678]. O autor valoriza uma jurisdição própria e um método específico de interpretação das normas constitucionais, embora critique a interpretação judi-

coletivos e da unidade política do povo), quer as assembleias representativas (que encarnam a vontade popular através dos seus representantes) quer mesmo o judiciário e a burocracia (que fariam seus, através de uma atividade técnica e jurídica, interesses alheio), exerceriam uma importante função integradora

A *integração funcional ou processual* consistiria em formas ou expressões de vida que tenderiam a criar um sentido coletivo: seria o caso de manifestações públicas massivas em torno de objetivos comuns, paradas militares, sufrágios eleitorais, a mítica de trabalho coletivo e diversas manifestações do poder de domínio do Estado.

A integração material, partiria da dependência da comunidade dos valores e símbolos (bandeiras, escudos, hinos) bem como do fator territorial, sendo permanentemente realizada através dos fins e funções estaduais. O conjunto desses fins e funções representaria uma especificação da totalidade cultural e a sua projeção na sociedade. Operaria, igualmente, através de uma atividade de mediação das estruturas públicas em relação aos cidadãos.

Tal como o cidadão não seria consciente da sua vida espiritual e da sua participação no processo integrador, tão pouco o legislador constitucional teria consciência da função específica da Constituição como elemento-dinâmico do espírito, pelo que, o que distinguiria esta Teoria da Constituição das outras, seria a correspondência da mesma a uma colocação própria das ciências do espírito. Neste sentido admite a existência de valores jurídicos suprapositivos anteriores à Constituição e passíveis de incorporação por esta.

[677] SMEND ult. loc cit, p. 132.

[678] SMEND ult. Loc cit, p. 132 e seg.

cial feita da Alemanha como demasiado formalista[679], chamando a atenção para a especificidade do conteúdo político das normas constitucionais.

Na realidade, a natureza política dos direitos fundamentais reclamaria uma interpretação distinta ou específica do seu conteúdo material. Isto porque os mesmos encarnariam um sistema de cultura, de valores e de bens que exigiria, no plano hermenêutico, uma fundamentação a partir do mesmo sistema cultural e axiológico de que esses direitos são originários[680]. Por outro lado, a interpretação dos direitos partiria de variáveis históricas e políticas em que os mesmos se inseririam. Nasce o *método científico-espiritual* de interpretação radicado na descodificação do sentido de normas abertas a partir de pressupostos históricos, culturais e axiológicos e já não tanto na subsunção dos factos às previsões normativas.

386. Uma referência final para a ideia de publicidade (coisa pública) dos instrumentos de integração, a qual envolveria a acessibilidade das pessoas aos *"âmbitos de interesse geral"*[681], tema que seria depois desenvolvido por Häberle:

> Na Europa, o pensamento de Smend e, sobretudo, do seus discípulos Hesse e Häberle passaram a influenciar, direta ou remotamente, numerosos constitucionalistas e filósofos do direito. Sem embargo, alguns deles não esboçaram uma Teoria da Constituição, limitando-se a incorporar refrações do pensamento "integrador" nas suas obras de filosofia do Direito Constitucional, sobre direitos fundamentais ou relativas à organização do poder. Tal foi o caso, em Espanha, do constitucionalista Pedro Cruz Villalón[682] e mais recentemente do filósofo do Direito Manuel Atienza[683] (este último fazendo uma ponte para o neoconstitucionalismo). Em Portugal poderemos encontrar alguns reflexos liberais e personalistas desta sensibilidade na obra de Carlos Vieira de

[679] Smend ult. loc cit, p. 202.

[680] Smend ult. Loc cit p. 232 e seg

[681] Smend "sobre El Problema de Lo Público y La Cosa Publica" in "Teoria de La Constitución", op. cit, p. 276. Este fenómeno compreenderia a liberdade autodeterminativa individual de expressão e participação na coisa pública, mormente através da representação popular e justiça, assim como a fé na publicidade dos atos como veículo da verdade, segurança, transparência (anti-secretismo) e justiça, nos resultados que se obtêm nas discussões e nos procedimentos públicos.

[682] Pedro Cruz Villalón "La Curiosidad del Jurista Persa, y otros Estudios sobre la Constitución", Madrid, 1999.

[683] Manuel Atienza "El Derecho como Argumentación, Barcelona, 2006.

ANDRADE[684], administrativista e constitucionalista da Universidade de Coimbra, particularmente evidente nos seus escritos de direitos fundamentais e ainda em LÚCIA AMARAL[685], professora da Universidade Nova de Lisboa. Na Alemanha podem ter-se como expoentes independentes, com algumas refrações deste pensamento, FRIEDRICH MULLER[686] a partir da sua "Metódica Estruturante do Direito" em sede de interpretação constitucional (centrada numa ajustabilidade do direito ao caso concreto como forma de modulação do direito ao mundo do ser, bebida na prática jurisprudencial) e ROBERT ALEXY[687] (que ao aproximar a moral do direito constitucional, através de uma conceção aberta deste último, procede a uma reabilitação axiológica dos direitos fundamentais, esboçando novos paradigmas de interpretação destes direitos, onde avulta a técnica da ponderação).

Nos Estados Unidos, não existiu qualquer influência relevante do pensamento de SMEND. Ainda assim existem pontos de contacto entre o legado smendiano e o pensamento de autores como RAWLS[688], um filósofo liberal do Direito defensor de um contratualismo social kantiano erigido em torno do paradigma da Justiça (tendo marcado o pensamento de DWORKIN que é o principal expoente desta corrente).

2.2. Os teóricos da Constituição como instrumento de integração

A. *A Constituição como ordem moralmente reta e juridicamente efetiva*

387. A sensibilidade doutrinal em epígrafe encontra-se representada no pensamento de KONRAD HESSE, um dos magnos discípulos de SMEND, tendo o impacto da sua teorética da Constituição da doutrina e na jurisprudência constitucional, superado largamente a do Mestre. HESSE foi professor em Freiburg, antes e logo depois da Segunda Guerra Mundial, tendo lecionado posteriormente nas universidades de Breslau e Göttingen. Exerceu, igualmente, funções como juiz do Tribunal Constitucional, onde foi considerado um magistrado "neutro", porque não próximo de nenhum partido.

684 VIEIRA DE ANDRADE "Os direitos Fundamentais na Constituição de 1976", Coimbra, 2012.
685 LÚCIA AMARAL "A Forma da República" op. cit.
686 FRIEDRISH MULLER "Discours de la Methode Juridique", Paris, 1993.
687 ROBERT ALEXY "Teoria de Los Derechos Fundamentales", Madrid, 1997.
688 JOHN RAWLS "A Theory of Justice", Oxford Un. Press, 1999.

O Professor alemão teve em Portugal, como discípulo assumido, Gomes Canotilho, Professor de Direito Constitucional da Universidade de Coimbra, cujos escritos correspondentes à segunda fase do seu pensamento, refletem com modulações muito próprias, aproximações à construção de Hesse.

A integração de Gomes Canotilho na corrente do *"constitucionalismo moralmente reflexivo"*, termo utilizado pelo próprio no seu célebre artigo *"Revisar o romper con la Constitución Dirigente"*[689], corresponde ao momento em que, nos anos noventa, se afastou do paradigma do "constitucionalismo dirigente" de que foi incontornável arquiteto, e que hoje foi recuperado pelas correntes neoconstitucionalistas[690].

388. No que concerne aos *limites ao poder constituinte por parâmetros supraconstitucionais,* Konrad Hesse conciliou o historicismo e a teorética axiológica de Smend com o normativismo. A Constituição seria uma ordem jurídica fundamental da comunidade estatal, cuja compreensão exigiria uma perspetiva histórica, na medida em que apenas poderia cumprir a sua tarefa quando tivesse garantida a sua continuidade, sem prejuízo das transformações históricas que a sociedade pudesse experimentar[691]. É, contudo, um dos expoentes do constitucionalismo moralmente reflexivo cujas pré-compreensões jurídicas e metodologia científica mais se aproximam do positivismo não formalista.

No que respeita à liberdade do poder constituinte, o autor procura traçar uma axiologia nuclear em torno da ideia de *ordenamento moralmente reto* como pressuposto da sua legitimidade, o qual não seria deduzível nem do direito natural existente à margem do pensamento e ação humana, nem de um positivismo cético, para o qual o direito seria qualquer regulação, desde que ditada pelos órgãos competentes[692]. A ideia de retidão entronca numa

[689] Cfr. Gomes Canotilho "Revisar la/o Romper con la Constitución Dirigente", REDC, nº 43-1995.

[690] Gomes Canotilho ult. loc cit, p. 22. O "constitucionalismo moralmente reflexivo", segundo o autor, procuraria afastar duas unilateralidades: o peso do discurso utópico das grandes metanarrativas como as que inerem à fundamentação do dirigismo constitucional e o mero processualismo constitucional axiologicamente agnóstico (embora escondendo uma visão tecnocrática e economicista) levando a uma desestruturação moral dos pactos fundadores das sociedades organizadas.

[691] Hesse "Constituição e Direito Constitucional" in "Temas Fundamentais (...)" op. cit, p. 7 e seg.

[692] Hesse ult. loc cit, p. 6.

ordem de valores e princípios que dariam sentido à forma jurídica de uma Comunidade, pelo que o Estado seria ideologicamente neutro, embora não axiologicamente neutro perante esses valores[693]. A dignidade humana consistiria no valor estruturante por excelência do Estado social de direito. Para Hesse, o individuo só é livre e digno numa comunidade livre, e vice-versa[694].

O autor aproxima-se do positivismo quando considera que o "Direito Constitucional tem de se garantir por si mesmo"[695], já que a sua observância não seria garantida por um ordenamento jurídico existente acima da Constituição. Ainda assim, o distanciamento do jusnaturalismo quanto a esta questão não é completo, na medida em que HESSE considera ser um pressuposto fundamental que a ordem positivada na Lei Fundamental seja "moralmente reta"[696]. O Autor Alemão chega mesmo a considerar que normas que não sejam eticamente retas não serão legítimas, nem serão direito. Os critérios de retidão derivam da realidade histórico constitucional, podendo ser decantados a partir da "tradição acreditada" ou aceite e das experiências históricas que demonstraram aquilo que não era reto[697].

Para GOMES CANOTILHO, que também aceita o parâmetro ético, mas alarga-o a outros valores, a Constituição, pela sua génese histórica e política, deve, a par da organização do poder, corporizar outras exigências mínimas (tal como os direitos e liberdades e fundamentais da cidadania como limite ao poder da maioria). Este "dictum" constitucional seria uma garantia contra a *"deslegitimação ética e a destruturação moral"* da Lei Fundamental, mediante vários tipos de operações desreguladoras e flexibilizadoras.

Algum desenvolvimento recente dado a esta construção levou o autor a precisar que a refração ética não se traduziria num qualquer moralismo constitucional. A refração de valores éticos na Constituição não poderia significar transformar esta última num código do bem e do mal de uma comunidade, entendendo, numa crítica às modernas teses da Constituição dirigente, que enveredam por vezes por esse paradigma, que *"dirigismo cons-*

693 HESSE não reconduz a Constituição apenas a um repositório de princípios e valores. Tem em relação aos mesmos uma visão estrita e essencialista. E reconhece que a ideia de ordem material de valores suscita mais perguntas do que logra dar respostas (ult. loc cit, p. 76).

694 HESSE ult. loc cit, p. 33.

695 HESSE ult. loc cit, p. 11.

696 HESSE ult. loc cit, p. 13 e p. 83.

697 HESSE ult. loc cit, p. 85.

titucional e demonologia constitucional não se casam bem"[698]. Haveria um risco de "farisaísmo" de uma teoria da Constituição aferida em padrões de complexidade moral.

Para além deste substrato ético, a Constituição deveria incorporar, igualmente, uma ideia objetiva de justiça, a qual deveria ser universal[699].

GOMES CANOTILHO rejeita a teoria clássica do poder constituinte livre e incondicionado, e escreve: *"se o poder constituinte se destina a criar uma Constituição concebida como organização e limitação do poder, não se vê como esta vontade de Constituição pode deixar de condicionar a vontade do criador"*[700].

389. No que concerne à *definição de Constituição e à determinação das suas funções como norma*, para KONRAD HESSE a *Constituição é a ordem jurídica fundamental da comunidade e fixa os princípios diretores da unidade política e da realização das tarefas do Estado*[701].

As funções ou tarefas essenciais da Lei Fundamental, consistiriam[702]:

i) Na *integração,* noção que logra tornar mais nítida do que SMEND, aludindo aos fatores jurídicos (tais como princípios e processos ordenados) e extrajurídicos (como a tradição, liderança, símbolos e consciência jurídica) que operariam na ordem constitucional como fatores condicionantes de adesão a um projeto de unidade política numa sociedade pluralista;

698 GOMES CANOTILHO "Novos Questionamentos da Teoria da Constituição" in AAVV, "La Constitución Española en el Contexto Constitucional Europeo", Coord. FERNANDEZ SEGADO, Madrid, p. 145 e seg.

699 Essa universalização permitiria que não fosse se identificada com a chamada justiça dos excluídos com uma diferenciação entre os "in" e os "out". Isto, sem prejuízo de algumas diferenciações positivas (como a proteção de idosos e deficientes) poderem firmar-se como exceções aceitáveis a essa universalização, na medida em que constituiriam refrações morais do contrato social.

700 GOMES CANOTILHO "Direito Constitucional (...)" op. cit, p. 81.

701 HESSE "Temas Fundamentais (...)" op. cit 86. Para um maior desenvolvimento, KONRAD HESSE "Elementos de Direito Constitucional da República Federal Alemã", Porto Alegre, 1988, p. 37 (obra da qual são retirados os estratos que constam no excelente sumário "Temas Fundamentais (...)" op. cit, mas que radica numa má tradução para português, sendo preferível consultar a primeira obra referida).

702 HESSE "Temas (...)" op. cit p. 4 e seg. Neste sentido, ela ordena a vida estatal, contendo procedimentos para resolver conflitos no seio da comunidade, cria as bases da ordem política no seu conjunto e regula o procedimento de ação estatal e da unidade do ordenamento, mormente quando estabelece os pressupostos da criação, vigência e execução das normas. E contém igualmente as bases de ordenação da vida não estatal, como é o caso dos direitos fundamentais.

ii) Na *organização*, que se traduziria na normativização da estrutura institucional do Estado e do cumprimento das suas tarefas, implicando a primeira vertente, a positivação de regras de competência dos diversos órgãos, os seus limites e as regras de cooperação entre os mesmos;
iii) Na *direção jurídica*, que consistiria numa função que assumiria os cânones ou princípios reitores da ordem jurídica, sobretudo no domínio dos direitos fundamentais, dotando-os de força vinculante para todo o ordenamento e garantindo um ordenamento moralmente reto.

CANOTILHO esboça uma definição de Constituição "ideal" e, por conseguinte, menos dogmática e neutra do que a que foi gizada por HESSE, destacando nela os atributos estruturantes do movimento constitucionalista. A Constituição definir-se-ia como *"a ordenação sistemática e racional da comunidade política através de um documento escrito no qual se declaram as liberdades e os direitos e se fixam os limites do poder político"*[703].

Quanto às funções desempenhadas pela Constituição, GOMES CANOTILHO, acolhendo as funções de *integração*[704] e de *organização* vincadas por HESSE, acrescenta outras três[705]:

i) A da legitimidade e legitimação da ordem jurídica e política;
ii) A da garantia dos direitos e liberdades fundamentais e limitação do poder por um direito superior;
iii) A da ordenação do Estado e do sistema jurídico na qualidade de "norma das normas".

390. *A matéria da estrutura normativa da Constituição e da efetividade das normas constitucionais* constitui um ponto de inovação central do pensamento desta sensibilidade doutrinal.

HESSE reporta-se à natureza das normas constitucionais como um conjunto de *regras e princípios*, aludindo ao fato de não serem nem completas nem perfeitas: regulam apenas, com maior ou menor precisão, aquilo que é importante e carente de determinação. Tudo o mais será *"tacitamente pressu-*

[703] GOMES CANOTILHO ult. loc cit, p. 52.

[704] O autor modula, contudo, a sua noção de integração, que qualifica como "integração principial". Assim, seria tarefa da Constituição, a revelação normativa de um consenso fundamental de uma comunidade em torno de grandes princípios, valores e ideias consensualizados que funcionariam como elementos de integração.

[705] GOMES CANOTILHO ult. loc cit, p. 1438.

posto ou deixado as cargo da configuração ou concretização", mormente, pela atividade interpretativa[706].

A consciencialização da Constituição escrita como norma jurídica e *norma vocacionada para uma aplicação efetiva* levou a desferir duras críticas à velha noção sociológica e realista de Constituição defendida por FERDINAND LASSALLE.[707] Para HESSE, ao invés, a Constituição seria essencialmente "dever ser" pelo que as suas normas deveriam exprimir uma força normativa que se impusesse à realidade.

Uma preocupação central do autor a respeito das normas constitucionais é a da sua realização ou efetividade, já que, caso esta não se verifique, elas tornar-se-iam "letra morta" não passando o seu programa e o seu comando à conduta humana. A pretensão de eficácia da norma constitucional não poderia ser separada das condições históricas da sua realização (da envolvência natural e económico-social, para além do substrato espiritual do povo) num dado momento. Daí que a Constituição real (que LASSALE procurou separar da Constituição textual) e a Constituição jurídica, não se encontrariam clivadas entre si, mas inseridas numa relação de coordenação e condicionamento recíproco[708]. E daí que, igualmente, uma Constituição, sob pena de nominalismo ou esterilidade, não deveria intentar construir o Estado de forma teórico-abstrata, apartada do condicionalismo económico, cultural e social: antes, se deveria ajustar às tendências dominantes do seu tempo, de modo a irradiar para as relações da vida[709].

Para HESSE, quanto maior a correspondência entre o conteúdo das normas constitucionais à natureza singular do presente, mormente através de um ajustamento evolutivo, maior a sua força. Isto implicaria uma aplicação não fixista ou rígida, mas dúctil, de certos princípios (os direitos fundamentais deveriam ser balanceados com deveres, a divisão de poderes não poderia precludir alguma dose de maior concentração numa dada instituição e o federalismo não poderia subsistir sem uma dose de centralidade do poder[710]). Fatores essenciais para o reforço da efetividade da Constituição seriam a praxis aplicativa das normas, a sua interiorização na consciência

[706] HESSE "Elementos (...)" op. cit, p. 39.

[707] O qual, recorde-se, considerava que a autentica Constituição não estaria nas normas de um texto fundamental, mas no mundo do ser, mais propriamente nas relações efetivas de poder.

[708] HESSE "A Força(...)" op. cit, p. 15.

[709] HESSE ult loc cit, p. 18.

[710] HESSE ult. loc cit, p. 21,

coletiva, a escassa utilização da revisão constitucional (que desvalorizaria as normas em favor do império dos fatos), e a interpretação, submetida ao principio da otimização ou seja, da concretização "ótima" da norma[711].

Gomes Canotilho no que respeita à morfologia normativa da Constituição concebe-a, na linha de Hesse, como um *sistema aberto de regras e princípios*[712].

Esse sistema permitiria que a Constituição pudesse realizar as suas tarefas de forma gradativa, segundo circunstâncias fácticas e jurídicas. Sem defender a primazia hierárquica dos princípios sobre as regras, Canotilho entende que os dois tipos de normas valem como "lei", na medida em que o Direito Constitucional é direito positivo e dele irradia uma força jurídico-normativa, qualificada por Hesse como a "Força normativa da Constituição"[713].

A ideia de *abertura constitucional* defendida pelo Professor de Coimbra, é poliédrica: envolveria uma abertura "vertical" que significaria o caráter geral e indeterminado de muitas normas, as quais ficariam dependentes de uma mediação legislativa tendente à sua concretização. Já uma maior densidade normativa (determinação ou detalhe regulatório) impor-se-ia sempre que fosse necessário tomar decisões inequívocas na resolução de controvérsias e identificar as estruturas identitárias da ordem constitucional. Os direitos fundamentais estariam mais propensos a uma regulação por normas menos densas, excetuadas algumas garantias[714]. A abertura das normas deveria ser distinguida do fenómeno de abertura da própria Constituição à realidade axiológica da sociedade plural que pretende regular e integrar e ao influxo de princípios oriundo da ordem jurídica internacional e "transconstitucional".

391. Finalmente, quanto à garantia d*a Lei Fundamental e à metodologia da interpretação constitucional,* Konrad Hesse, que centrou no Tribunal Cons-

[711] Hesse ult. loc cit, p. 21 e seg.

[712] O autor considera que um sistema constituído apenas por regras geraria um legalismo exaustivo na regulação da vida, militaria contra a sua indispensável abertura normativa e precludiria um balanceamento entre valores e interesses de uma sociedade pluralista, sufragando parcialmente neste ponto a posição de Zagrebelski. Contudo, adverte também para o fato de um sistema baseado exclusivamente em princípios ser inaceitável, porque a indeterminação, ausência de precisão e conflitualidade entre os mesmos geraria uma realidade marcada pela falta de segurança jurídica e incapaz de reduzir a complexidade do todo.

[713] Gomes Canotilho ult. loc cit, p. 1174 e seg.

[714] Gomes Canotilho ult. loc cit, p. 1180 e seg.

titucional a garantia da Constituição mediante uma tarefa combinada de interpretação-aplicação-sanção, foi o grande teórico do método "hermenêutico-concretizador".

Este método envolveria a necessidade: de se partir do texto da norma para a sua revelação de sentido num determinado contexto histórico concreto; de se valorar a dimensão subjetiva da pré-compreensão (política, filosófica ou jurídica) do intérprete[715]; e de se estabelecer uma relação circular de relações recíprocas entre o texto normativo e o contexto, através da atividade mediadora do intérprete[716]. Trata-se de um pensamento orientado para a resolução de problemas, mas afasta-se do método tópico-problemático: enquanto este defende o primado do problema (do fato) perante a norma, o método concretizador assenta no primado do programa normativo constitucional, enformado pelos quatro estádios interpretativos da dogmática jurídica[717].

No processo de interpretação, HESSE transformou e legou um conjunto de cânones específicos da hermenêutica constitucional, como a *unidade da Constituição, a concordância prática, a correção funcional, o efeito integrador e a otimização da força normativa*[718]. Examiná-los-emos brevemente infra § 693 a propósito dos métodos e das técnicas da interpretação constitucional.

GOMES CANOTILHO, em matéria de interpretação filia-se no método hermenêutico-concretizador gizado por KONRAD HESSE, do qual foi um grande divulgador no espaço de língua portuguesa. Recolhendo, igualmente, contributos de FRIEDRISH MULLER o autor defende a abertura para uma "metódica estruturante" que, sem rejeição do método jurídico clássico, valore a especificidade da interpretação constitucional[719] bem como, ainda, a pluralidade de métodos interpretativos, sem considerar que os mesmos sejam equivalentes.

O autor critica o método tópico-problemático pela insegurança e casuísmo ilimitado que gera na interpretação e concretização de normas consti-

[715] Importando, segundo o autor fundamentar essa pré-compreeensão, como forma de garantir a transparência e evitar o casuísmo e o arbítrio.
[716] KONRAD HESSE "Elementos (...)" op. cit. p. 61 e seg.
[717] GOMES CANOTILHO "Direito Constitucional (...)" op. cit, p. 1212.
[718] HESSE ult. loc cit, p. 64 e seg.
[719] Atenta a abertura normativa das disposições constitucionais, a sua politicidade e a sua decomposição em princípios e normas.

tucionais e específica, na linha de Hesse, as regras fundamentais de concretização das normas constitucionais[720].

B. A Constituição como processo *público aberto* ao influxo jurídico e cultural transnacional

392. O papel integrador da Constituição, a publicização dos elementos de integração e a especificidade da interpretação constitucional foram atributos do legado de Smend desenvolvidos, numa linha mais jus-filosófica do que puramente jus-constitucional, por Peter Häberle, um dos seus discípulos que maior proximidade evidencia em relação ao seu esfumado estilo literário.

O impacto internacional do pensamento do Professor das Faculdades de Direito de Augsburg, Beyreuth e Marburg, foi expressivo junto das correntes axiológicas do direito constitucional de todo o mundo.

Tendo feito uma ponte para o neoconstitucionalismo na América Latina, Häberle marcou o "ativismo" de certos tribunais com funções constitucionais, como o STF no Brasil[721] e influiu no pensamento de autores como Gilmar Mendes, um dos maiores expoentes do Direito Constitucional brasileiro do tempo presente, juiz e ex Presidente do mesmo Tribunal[722].

Na Europa, Häberle conta com distintos discípulos em universidades da Península Ibérica, como é o caso de Francisco Ballaguer Callejón e em Itália, com Paolo Ridola[723]. Contudo, no velho Continente, as

[720] De entre as regras básicas de concretização estariam: a norma como ponto de partida ou elemento primário do processo interpretativo; a não dependência absoluta da semântica e o relevo do problema carecido de decisão a partir da norma; a identificação do programa normativo a partir dos dados linguísticos e da análise de elementos empíricos; e a sujeição a um complexo de cânones ou princípios típicos da interpretação constitucional (Gomes Canotilho ult. loc cit, p. 1214 e seg.)

[721] Gilmar Mendes, Rufino do Vale "O Pensamento de Peter Häberle na jurisprudência do Supremo Tribunal Federal", IDP, Brasilia, http://www.portaldeperiodicos.idp.edu.br/index.php/observatorio/article/viewFile/553/365

[722] Em suspenso fica a questão de se saber se o uso das fórmulas abertas de Häberle na esfera interpretativa, por Gilmar Mendes enquanto juiz hábil e estudioso, representa um ato de fé na validade da sua construção, ou antes, uma via justificativa de resolução casuística de problemas que o STF tem procurado atalhar, numa linha crescentemente intervencionista.

[723] Francisco Ballaguer Callejón "La Contribución de Peter Häberle a la construcción del Derecho Constitucional Europeo", Revista de Derecho Constitucional Europeo", 13, 2010, p. 189 e seg. e «Un jurista Universal Nacido en Europa». Entrevista a Peter Häberle, idem, p. 339 e seg.

sementes dispersas pelo seu pensamento encontraram forte eco na corrente doutrinária do constitucionalismo "cosmopolita e multinível", que ganhou, entretanto, autonomia própria numa cosmovisão neoliberal com vários matizes (§ 405 e seg.).

Ironicamente, HÄBERLE está para a Teoria da Constituição como GEORGE SOROS está para a política. Enquanto o magnata e especulador húngaro, na sua deriva globalista, apoia financeiramente todo o tipo de movimentos contestatários, organizações e governos que operam como fatores de debilitação do Estado soberano, dos valores culturais e familiares tradicionais e da autoridade pública, fomentando a descaracterização identitária dos Estados-Nação da Europa através do apoio a migrações descontroladas, HÄBERLE faz, sofisticadamente, algo de equivalente no universo constitucional. E fá-lo quando questiona a soberania do ato constituinte, amolece o princípio hierárquico, potencia a hipertrofia dos direitos fundamentais a partir de princípios de objeto vazio, inunda a Constituição nacional de precedentes de Direito Internacional e estrangeiro e cria um paradigma interpretativo fosco (§ 396) que serve para todas as estações, excetuada a certeza do Direito. Trata-se de um discurso cultural e filosófico que, até ao momento, apenas tem servido o decisionismo jurisdicional.

393. *No que concerne ao poder constituinte e respetivos limites,* HÄBERLE considera que a Constituição não seria uma normação fechada, mas um projeto em desenvolvimento permanente, aberto às variáveis históricas, a referências internacionais e à própria utopia.

É essa abertura constitucional que o tornou um dos diáfanos pais fundadores da Constituição cosmopolita[724], a qual será adiante desenvolvida (§405)[725].

A Constituição, entrosada num paradigma pluralista, envolveria uma abertura do Estado constitucional ao exterior, tendo o Estado-Nação deixado de ser um referente, devido à necessidade de a Constituição pluralista integrar influxos externos como os do direito europeu (um "jus commune" constitucional europeu) e do cosmopolitismo dos direitos fundamentais, ativado pelo Direito Internacional e pela circulação cultural de modelos em sistemas afins.

[724] Cfr. PETER HÄBERLE "Pluralismo y Constitución: estudios de Teoria Constitucional en la sociedad Abierta", Madrid, 2000.

[725] Häberle

O autor considera que, contrariamente ao que sucede com os totalitarismos que teriam pretensões fundamentalistas sobre a ideia de "verdade", o constitucionalismo democrático-pluralista, pese o fato de assentar em valores fundamentais suprapositivos (e como tal, limitativos da liberdade do constituinte) como o da tolerância, justiça, liberdade, bem comum, democracia e dignidade da pessoa humana, não estaria pré-constituído em verdades eternas, fundando-se, antes, em "verdades provisórias"[726].

394. HÄBERLE define Constituição *como "o ordenamento jurídico básico do Estado e da sociedade"*[727]. Ele entende que o conteúdo do referido ordenamento básico abarcaria não só as estruturas do Estado, a "divisão de poderes" e os símbolos de identidade estadual, mas também a *"sociedade positivamente estabelecida"* ou seja, as relações dos grupos sociais, tanto entre si, como frente ao Estado e à cidadania. Esse ordenamento, fundado no valor ancilar da dignidade da pessoa humana, pressuporia o império da tolerância nas relações entre os vários protagonistas constitucionais[728].

Seriam, nesta linha de pensamento, *funções da Constituição*: a integração societária do pluralismo na dinâmica pública[729]; a limitação e controlo do poder[730]; a ordenação das expressões públicas organizativas, processuais e materiais do Estado; a salvaguarda e progressão do "contrato social" que esteve na base do momento constituinte[731]; a garantia dos direitos e liberdades fundamentais; o cumprimento de uma "cláusula social" a qual envolveria as prestações necessárias a garantir o bem comum no domínio dos direitos sociais dos cidadãos; e a proteção do meio ambiente e do Estado Cultural[732].

395. HÄBERLE, no *plano da estrutura normativa da Constituição,* desenvolve e magnifica o conceito de norma aberta e de processo público legado por SMEND e reelaborado por HESSE.

[726] PETER HÄBERLE "Diritto e Verità", Torino, 2000, p. 85 e seg. e p. 105.

[727] PPETER HÄBERLE "Pluralismo (...)" op. cit, p. 87 e seg.

[728] PETER HÄBERLE ult. loc cit.

[729] PETER HÄBERLE Conversas Académicas com PETER HÄBERLE", Org. Diego Valdés, S. Paulo, 2009 p. 147 e 148, aceita a ideia de integração, sem o cunho "nacionalista" de SMEND que qualifica de seu "avô científico".

[730] PETER HÄBERLE "Conversas Acadêmicas" op. cit, p. 139

[731] "Conversas Académicas com PETER HÄBERLE", op. cit, p. 117.

[732] Ult. loc cit, p. 138.

O autor entende que a Constituição é a ordem jurídica fundamental de um processo público livre e plural, apontando para o futuro. As disposições constitucionais adeririam à publicidade e o Direito Constitucional seria o direito público do bem comum. A relação da Constituição com a publicidade não poderia ser explicada pelo direito natural, já que o Direito Constitucional não existiria num universo transcendente, mas no presente e no futuro, sendo vivido no concreto pelas pessoas no contexto de uma justiça pública[733]. A abertura das normas constitucionais envolveria a sua aptidão, como princípios e regras gerais, para receberem a influência de outros ordenamentos, como o do direito europeu, dos valores básicos do sistema social e político, do mundo cultural historicamente determinado, das múltiplas expressões do pluralismo social e da realidade cultural. Tratar-se-ia de "*law in public action*".

396. Esta noção de abertura constitucional no contexto de um processo público teve um relevante impacto sobre a construção do autor em matéria de *interpretação constitucional e garantia da Lei Fundamental.*

Para Häberle, *norma jurídica só pode ser norma interpretada* e a interpretação envolve a colocação da norma no tempo e na realidade pública. Daí que a validade das soluções interpretativas seja sempre provisória, já que noutro tempo e noutras circunstâncias a mesma disposição constitucional terá outra relação de significado, ou seja, dessa disposição resultará outra norma. Tal como sucederia com a verdade, também as soluções decorrentes da interpretação seriam provisórias. Ao Tribunal Constitucional estaria reservado um importante papel de garantia da Constituição, mediante a sua interpretação e concretização por via jurisdicional. Contudo, o autor relativiza o papel do Tribunal através da magnificação da ideia de que haveria no Estado de direito contemporâneo uma *"sociedade aberta de intérpretes"*. Esta ideia envolveria a seguinte tese: "*No processo de interpretação constitucional estão potencialmente vinculados todos os órgãos estatais, todas as potências públicas, todos os cidadãos e grupos, não podendo estabelecer-se um elenco cerrado ou fechado com numerus clausus de intérpretes da Constituição*"[734].

[733] Logo à partida porque a publicidade permitiria ao cidadão conhecer os seus direitos fundamentais e fazê-los valer junto da Justiça constitucional. A validade e a legitimidade da Constituição assentariam na sua publicidade, sem a qual não haveria Constituição, constituindo um fator de atualização da mesma.

[734] Peter Häberle "Hermenêutica Constitucional: a sociedade aberta dos intérpretes da Constituição-contribuição para a interpretação pluralista e procedimental da Constituição, Porto Alegre, 2002, p. 13.

Para o autor, a teoria da interpretação terá dado um grande enfoque às tarefas, objetivos e métodos e uma escassa atenção aos sujeitos. Ora num modelo republicano de interpretação aberta[735] a norma não pode ser um exclusivo interpretativo de um circuito fechado de juízes e agentes corporativos, devendo nela intervir como participantes todos os que vivem a norma[736]. O juiz constitucional deixaria de interpretar a norma de forma isolada, já que no momento prévio à interpretação por ele efetuada, todas as forças pluralistas são intérpretes da Constituição através de processos públicos formais e informais. A esfera pública pluralista envolve, por exemplo, o legislador que produz a norma; a administração que a aplica; os grupos de interesse e as estruturas corporativas que a escrutinam, apoiam e contestam; a opinião pública que sobre ela se pronuncia; os cidadãos e outros interessados que a impugnam junto da justiça constitucional e outros operadores jurídicos que sobre a mesma se pronunciam no referido processo impugnatório. Ora a interpretação do Tribunal Constitucional não deve poder ignorar este fluxo de interpretações previamente realizadas no âmbito da participação das estruturas pluralistas, ampliando-se o seu raio de focagem e devendo essa interpretação ser *feita "em correspondência com a sua atualização pública*[737]". Os órgãos de Justiça Constitucional devem fomentar este pluralismo interpretativo aceitando o "amicus curiae" e procedendo a audições públicas alargadas. Os intérpretes da "Constituição da sociedade aberta" são para HÄBERLE "*participantes fundamentais no processo de* « trial *and error», de descoberta e de obtenção do direito"*, registando-se uma tendência para a superestimação do significado do texto[738]. Tratar-se-ia, em certos casos de uma interpretação pouco organizada ou disciplinada mas nisto mesmo residiria uma garantia de abertura e espontaneidade. Nesta linha, algo lírica, da interpretação, a Ciência do Direito Constitucional não deveria mesmo "renunciar à fantasia e à força criativa dos intérpretes"[739].

Havendo temas fraturantes com o da lei de despenalização do aborto ou a lei que disciplina o funcionamento do comércio na Alemanha, que despertaram na opinião pública e estruturas corporativas grande interesse e geraram um controlo pluralista intenso sobre as mesmas, o Tribunal Cons-

[735] PETER HÄBERLE ult. loc cit. p. 11 e 19

[736] PETER HÄBERLE ult. loc cit. p. 13.

[737] PETER HÄBERLE ult. loc cit. p. 41.

[738] PETER HÄBERLE ult. loc cit. p. 43.

[739] PETER HÄBERLE ult. loc cit. p. 34.

titucional deveria levar em conta a peculiar legitimação democrática que envolveria consensos sobre sentidos interpretativos das normas gerados pelos protagonistas da sociedade pluralista. Surge aqui a tese da legitimação pública da teoria da norma e da teoria da interpretação, a qual constituiria uma forma de legitimação democrática da própria lei e fator de integração política[740].

Quanto a métodos interpretativos o autor, a par do *método comparativo* (cfr. infra, sobre a comparação como quinto elemento interpretativo, a acrescer aos estádios ou elementos savignianos, § 683) propõe a via das *"alternativas possíveis"*. Para ele, o *"pensamento do possível é o pensamento em alternativas. Deve estar aberto para terceiras ou quartas possibilidades, assim como para compromissos. Pensamento do possível é pensamento indagativo. Na "res publica" existe um ethos jurídico especificado no pensamento concebido em alternativa, que contempla a realidade e a necessidade, sem se deixar dominar por elas. O pensamento do possível ou o pensamento pluralista de alternativas abre suas perspetivas para "novas" realidades, para o fato de que a realidade de hoje pode corrigir a de ontem, especialmente a adaptação às necessidades do tempo de uma visão normativa, sem que se considere o novo como o melhor"*[741].

A par desta abertura a possibilidades alternativas o autor acrescenta, todavia, que um Tribunal Constitucional deve-se valer de diferentes métodos, em razão da norma interpretada e da pluralidade de participantes na interpretação.

2.3. O moralismo principiológico

397. Com a designação em epígrafe, agregamos três autores de universos jurídicos distintos, cujas construções, de bases jus-filosófica, têm tido um sensível impacto na Teoria da Constituição, com relevo para a relevância dos princípios constitucionais em matéria de direitos fundamentais.

Neste rótulo, algo forçado, convergem, em primeiro lugar, dois expoentes anti-positivistas e defensores de um *moralismo constitucional "forte"*, mas crítico do jus-naturalismo: trata-se de GUSTAVO ZAGREBELSKI Professor da Faculdade de Direito da Universidade de Turim e ex-presidente do Tribunal Constitucional italiano que protagoniza em Itália um suprapositivismo

[740] PETER HÄBERLE ult. loc cit. p. 36 e seg.

[741] PETER HÄBERLE *Die Verfassung des Pluralismus, cit por GILMAR MENDES-RUFINO DO VALE ult. loc cit, p.*

axiológico, laico e com ligações à construção de SMEND[742]; e de RONALD DWORKIN, falecido no ano de 2013. Filósofo do Direito e professor de Direito Constitucional, DWORKIN, um liberal-progressista, que lecionou, numa primeira fase, em Yale, e que viria a suceder a HERBERT HART em Oxford, em 1969, na Cátedra de Jurisprudência, tendo findado seu magistério a reger disciplinas de Direito e Filosofia do Direito na Universidade de Nova Iorque.[743]

Já na linha de um *"moralismo fraco"* destaca-se, num hemisfério situado algo à parte, ROBERT ALEXY, Professor de Direito Público na Universidade de KIEL[744].

O pensamento complexo e eclético deste autor situa-o numa linha compromissória e independente entre o moralismo reflexivo e o positivismo. Isto, logo à partida, porque a sua conceção de direito situa-se, assumidamente, entre o normativismo de KELSEN e o pensamento jusnaturalista de RADBRUCH. O sistema jurídico, para ALEXY, seria enformado por princípios morais, que se formalizariam em direitos fundamentais, mas nem todos os postulados de ordem moral assumiriam natureza jus-fundamental.

398. *Relativamente à noção de poder constituinte e ao posicionamento da Constituição no ordenamento*, quer ZAGREBELSKI quer DWORKIN coincidem na existência de padrões de ordem moral que se imporiam ao legislador constitucional.

ZAGREBELSKI considera que a ideia revolucionária liberal de um poder constituinte soberano, omnipotente e ilimitado ou incondicionado estaria morta na Europa do tempo presente, já que o rosto do futuro Direito

[742] A obra "Il Diritto Mitte" consitui o principal repositório dos fundamentos da sua teoria da Constituição (GUSTAVO ZAGREBELSKI "Il Diritto Mite. Legge, diritti, giustizia", Torino, 1992). embora sejam de incontornável referência as suas reflexões valóricas sobre a verdade e a democracia (GUSTAVO ZAGREBELSKI *Il* "Crucifige» *e la Democrazia"*, Torino, 1995) e os seus manuais de maior recorte técnico-jurídico sobre fontes e sobre Justiça Constitucional (GUSTAVO ZAGREBELSKI "Manuale di diritto Costituzionale", vol. I, "Le Fonti del Diritto", *Torino, 1987 e* "La Giustizia Costituzionale", Bologna, 1988*)*. ZAGREBELSKI logra, nestas obras de referência, associar a sua inquestionável vocação de filósofo do Direito Constitucional ao perfil de um constitucionalista fino e experiente.

[743] Cfr. RONALD DWORKIN, "Taking the Rights Seriously" Cambridge-1977; "Justice for Hedgehogs" April 17, 2009 manuscript at 17, on file with the Boston University Law Review-web, Boston University Law Review, 17; "Freedom's Law: the moral reading of the american constitution", Oxford, 1996, p. 32-39.

[744] Cfr. ROBERT ALEXY "Teoria de los Derechos Fundamentales", Madrid, 1977.

Constitucional seria o direito da União Europeia, ao qual as diversas constituições se deveriam acomodar. Ora seria nessa ordem constitucional europeia que se buscariam valores e princípios comuns justificativos das ordens constitucionais[745].

Mas, os limites suprapositivos ao poder constituinte não adviriam, para o autor, do direito natural. Relativamente ao retorno dos debates sobre a relevância direito natural, de essência metafísica[746], ZAGREBELSKI revela-se um crítico do seu ressurgimento". O direito natural seria, no seu entendimento, uma resposta falsa, enganadora e agressiva, a qual *"dividiria pretextuosamente o campo dos homens de boa vontade"*[747] que deveriam, ao invés, pensar em conjunto sobre a busca do que é bom e justo. Neste sentido, o parâmetro do direito natural não serviria como fator de integração no sentido defendido por SMEND, numa sociedade pluralista diversiforme. Para o autor seria o ideal de Justiça, e não o direito natural, a verdadeira bússola, a matriz suprapositiva da ordem constitucional[748].

O "moralismo constitucional" laicista tem nas obras de DWORKIN o seu "apostolado", que chega a roçar um ensaio de "Religião Civil", quando

[745] Mesmo fora da Europa, a ideia de um Estado-Nação fortificado, sofreria uma diluição em razão do Direito Internacional, do cosmopolitismo transnacional de direitos fundamentais e de formas de governo global, experimentando a soberania um esmaecimento significativo em face dos seus predicados orginários. O Estado soberano estaria em vias de desaparição em favor do nascimento do "Estado constitucional". A soberania teria migrado do Estado para a Constituição (ZAGREBELSKI "Il Diritto" op. cit, p. 12 e seg.).

[746] Esse debate foi avivado, nos meios intelectuais, após a estimulante polémica entre o cardeal RATZINGER (posteriormente Papa Bento XVI) e HÄBERMAS, em 2004. Para ZAGREBELSKI o direito natural seria um meio de a Igreja Católica combater o relativismo ético da sociedade e do Estado, de forma a opor-se às uniões fáticas entre pessoas, ao casamento homossexual, à eutanásia, a experiências científicas e novas abordagens no campo da genética. Ora, frente ao pluralismo social associado a imperativos de tolerância, o direito natural não seria para ele *"o terreno de consenso que abraça a humanidade inteira em favor de uma justiça universalmente reconhecida* (ZAGREBELSK "Intorno alla Legge" op. cit, p. 42). O autor chega, *in extremis*, a procurar demonstrar como a Igreja Católica e o nacional-socialismo se confrontam sobre a admissibilidade da eutanásia convocando argumentos de direito natural. Numa sociedade pluralista onde conviveriam diferentes conceções da vida e do bem comum, invocar o direito natural como um paradigma suprapositivo, sobretudo quando se reporta à recuperação pela Igreja de velhas visões da natureza contrárias à liberdade seria, segundo a opinião de um cientista que o autor sufraga, *"lançar um grito de guerra civil* (ZAGREBELSKI ult. loc cit, p. 48).

[747] ZAGREBELSKI ult. loc cit.

[748] ZAGREBELSKI ult. loc cit, p. 49.

supõe que existe sempre uma única interpretação correta do direito, sustentada em critérios de ordem moral. O moralismo do autor envolve uma recusa do historicismo e do direito natural, pois DWORKIN discorda da existência de fundamentos metafísicos do direito ou de princípios imutáveis ou universais que o sustentem intemporalmente. Considera, antes, o Autor norte-americano que a argumentação moral envolve uma construção jurídica que parte de um complexo de princípios ligados aos direitos fundamentais, a qual é erigida num modelo analítico designado por "reconstrução racional" aplicado ao conhecimento jurídico[749].

Para DWORKIN a ideia de Justiça envolve um compromisso com o que designa de moral objetiva, havendo no seu entendimento respostas corretas no plano do Direito para questões morais.

O ideal de regime democrático, para DWORKIN assentaria menos num paradigma maioritário, radicando mais numa matriz de "democracia societária". O critério democrático de decisão democrático, como forma de expressão da vontade coletiva, chega mesmo, em casos envolvendo questões difíceis de essência moral, a ser equiparado por DWORKIN ao método aleatório de atirar uma moeda ao ar,[750]. Esta subsidiarização ou atrofia da demo-

[749] Para DWORKIN a ideia de Justiça envolve um compromisso com o que designa de moral objetiva, havendo no seu entendimento respostas corretas no plano do Direito para questões morais. Daí que, para ele, leis moralmente indefensáveis, criadas no âmbito do sistema jurídico, sejam geradoras de injustiças e como tal, substancialmente ilegítimas. A moralidade de DWORKIN passou a ser, contudo, uma "moral" militante, de figuração algo maniqueísta e de objetividade duvidosa: o casamento entre pessoas do mesmo sexo e a eutanásia, por exemplo, constituiriam direitos fundamentais, considerando o autor que seria moralmente censurável à lei soberana afetar desfavoravelmente esses direitos, já que essa afetação militaria contra a ideia de justiça. O moralismo do autor encontra-se deste modo comprometido com uma visão ideológica liberal-progressista sobre determinadas causas elas próprias eticamente controvertidas, a qual pretende erigir a padrão de correção jurídica. DWORKIN assume, igualmente, uma conceção escorregadia, utópica e até perigosa de democracia, pois considera que o princípio democrático não se resumiria à prevalência da vontade maioritária, mas envolveria a participação de todos os cidadãos, numa posição de igualdade, nas decisões políticas de uma sociedade pluralista. (RONALD DWORKIN, "Justice for Hedgehogs" op. cit, p. 327 e seg.).

[750] A "democracia societária" fundar-se-ia num governo coletivo que integraria a colaboração de todos os membros da comunidade, envolvendo a soberania popular, a participação igualitária dos cidadãos no processo de decisão e a liberdade de expressão da opinião dos cidadãos sobre as matérias sujeitas a deliberação, através da contraposição de argumentos e capacidade de persuasão dos outros Para o Autor, um sistema constitucional deveria equilibrar os princípios da liberdade e igualdade, já que um regime excessivamente intervencionista e assente na igualdade sacrificaria a iniciativa privada e a auto-determinação individual que subjazem

cracia representativa face ao império dos direitos, ou ao império dos juízes que interpretam princípios reitores de direitos, foi objeto de duras críticas de filósofos do direito e constitucionalistas, os quais consideram que, a par da ideia de desobediência civil, DWORKIN cria espaço para bandeiras revolucionárias[751].

Em conclusão, leis, mesmo constitucionais, que ofendam o que DWORKIN entende ser princípios de moral objetiva, nomeadamente na esfera dos grandes princípios estruturantes de direitos fundamentais como a igualdade e a liberdade (que seriam critérios de moralidade pública), seriam injustas, defendendo inclusivamente o Autor a legitimidade da desobediência civil como forma de reação às mesmas[752]. Deduz-se, por conseguinte, a imanência de um moralismo suprapositivo (e supostamente racional) que se supra-ordenaria no plano axiológico, político e jurídico sobre o Direito Constitucional positivo, posição que se encontra latente na crítica que o autor fez ao seu antecessor em Oxford, HERBERT HART[753].

Menos enfático, ALEXY entende que o sistema jurídico seria enformado por princípios morais, que se formalizariam em direitos fundamentais, só ganhando dimensão normativa aqueles que obtivessem um amplo consenso, o qual se incorporaria na Constituição[754].

399. ZAGREBELSKI caracteriza Constituição como uma norma fundamental *através da qual uma comunidade organiza juridicamente uma forma de vida*

à liberdade, enquanto um regime apenas radicado na liberdade do mercado seria gerador de profundas desigualdades entre os cidadãos. RONALD DWORKIN, ult. loc cit, p. 380 e seg.

751 JOHN HART ELY anotou que a sociedade democrática repudiaria a ideia do primado de um conjunto de princípios morais em processo de descoberta e destinados, possivelmente, a derrogar as decisões democráticas dos representantes eleitos, servindo o argumento moral para que o governo representativo por via de consentimento popular fosse ejetado por um governo judiciário (JOHN HART ELY "Democracy and Distrust", 1980, Havard Un. Press, p. 54.)

752 RONALD DWORKIN, ult. loc cit p. 153.

753 Para DWORKIN os princípios morais aplicar-se-iam no ordenamento mesmo que não positivados e não haveria lacunas permeáveis à discricionariedade do juiz que estaria inibido de criar "direitos novos" , mas apenas casos difíceis que o mesmo juiz solucionaria com uma única solução justa a partir dos grandes princípios do ordenamento impregnados de valores de ordem moral (RONALD DWORKIN, "Casos Dificiles", "Cuadernos de Critica", 14, Mexico, 1981, p. 5 e seg.).

754 MANUEL ATIENZA "Entrevista a Robert Alexy", "Doxa", "Cuadernos de Filosofia del Derecho" 24, 2001, p. e seg.

em comum, baseada num conjunto de princípios que garantem uma sociedade aberta, tolerante e plural, orientada para um objetivo de justiça[755].

Para ele as *funções da Constituição* seriam a de fator de unidade de uma comunidade estadual, de integração dos seus elementos e de coexistência entre estruturas pluralistas portadoras de interesse diversos, cuja subsistência não deveria ser aniquilada pelas duas primeiras funções.

Ronald Dworkin, pelo seu turno, parte da herança liberal dos "pais fundadores" da Lei Fundamental norte-americana para a definir como um *documento legal, superior aos demais, que estabelece, atribui e modela as estruturas de governo e que opera como garantia dos direitos fundamentais*[756].

Quanto à função primordial da Constituição, a mesma consistiria em controlar e limitar o poder político, não apenas através de freios e contrapesos, mas, essencialmente, através de uma proteção efetiva aos direitos e liberdades fundamentais que, por seu lado, assegurariam a autonomia moral das pessoas.

A noção e a função de Constituição não são particularmente claras em Alexy que dá como adquirida a noção de Lei Fundamental como um complexo de normas superiores que regem um Estado de direito democrático fundado no respeito pelos direitos fundamentais. Pode mesmo descortinar-se *uma tentação reducionista em circunscrever a Constituição a uma Carta de direitos fundamentais*, com subalternização da sua dimensão como estatuto de poder. Isto, porque para Alexy afigura-se como positivo que no Direito Constitucional triunfe uma concepção favorável a uma *"dogmática expansionista dos direitos fundamentais"*[757].

Em algumas das suas obras, Alexy fala da Constituição como um compromisso normativo fundamental obtido quer no plano substancial (onde radicam, a titulo principal, os direitos fundamentais), quer no plano processual (onde faz entroncar o exercício de funções do Estado, como a legislativa e jurisdicional), afirmando-se esse compromisso normativo como

[755] Zagrebelski ult. loc cit, p. 134 e seg. Cfr a curiosa entrevista in "Grupo Abele", Agosto, 2010, http://www.gruppoabele.org/flex/cm/pages/ServeBLOB.php/L/IT/IDPagina/819.

[756] No que respeita ao seu objeto, as normas constitucionais conteriam disposições "estruturais" que definiriam os poderes e fixariam disposições "restritivas" que limitariam esses poderes através de princípios declaratórios de direitos, os quais restringiriam os poderes públicos (Dworkin "Equality, Democracy and Constitution. We the people in Court"-Alberta Law Review, XXVII/2, 1990, p. 324 e seg.).

[757] Manuel Atienza "Entrevista a Robert Alexy"op. cit, p. 30.

o objeto primário de uma teoria discursiva da Justiça, numa dada sociedade[758]. ALEXY examina, igualmente, a Lei Fundamental como uma confluência entre duas conceções de Constituição: a de uma *"ordem fundamental"* e a de uma *" ordem-marco"*[759].

400. No que concerne à estrutura normativa da Constituição, os três autores coincidem na ideia de que esta seria enformada por grandes valores e princípios ancorados na ideia de Justiça. *Valores, princípios e regras* constituiriam o conteúdo da Lei Fundamental.

ZAGREBELSKI considera que os valores seriam bens jurídicos fundamentais cuja essência autoriza ou veda uma ação; os princípios consistiriam num enunciado de bens que devem realizar-se através de atividades consequencialmente orientadas; e as regras seriam o pré-estabelecimento

[758] ROBERT ALEXY "Justicia como Correccion", "Doxa", 26, Cuadernos de Filosofia del Derecho, 2003, p. 16.

[759] A Constituição como *"ordem fundamental"* englobaria todos os princípios jurídicos reitores do sistema, os quais irradiariam para todas instâncias do poder, de tal modo que o legislador, controlado pelos tribunais, apenas se limitaria a concretizar aquilo que já se encontraria potencialmente disposto na Constituição. Trata-se de uma conceção algo próxima ao pensamento de DWORKIN sobre a suposta omnicompetência e autossuficiência dos princípios constitucionais da igualdade, liberdade e democracia esculpidos à luz das pré-compreensões moralistas do mesmo autor bem como do entendimento extraído das correntes neoconstitucionalistas que fazem o apostolado da "Constituição Dirigente". Para ALEXY semelhante conceção, se aceite sem mais, comprometeria os princípios democrático e da separação dos poderes, na medida em que desvalorizaria o mandado democrático do legislador atribuindo ao judiciário o poder decisivo sobre a correção jurídica e moral da generalidade das leis à luz da principiologia constitucional.
Já a Constituição como "marco" implicaria que a Lei Constitucional estabelecesse o que se encontra ordenado ou vedado, reconhecendo-se ao legislador discricionariedade para dispor sobre um espaço onde não está obrigado a actuar ou proibido de atuar.
O compromisso de ALEXY radica no entendimento segundo o qual, *partindo do paradigma da Constituição como "marco"*, haveria reconhecer a existência de margens ou áreas onde se evidenciaria uma incerteza dos conhecimentos, empíricos ou mesmo normativos, sobre aquilo que é imposto ou proibido ao legislador. Haveria, assim, na Lei Fundamental, *uma ordem quantitativa* (a qual envolve um conjunto de mandatos constitucionais claros de autorização ou proibição) e uma *ordem qualitativa* onde a Lei Fundamental fixaria parâmetros que deveriam ser solucionados no debate político e com eventual escrutínio jurisdicional através da atividade interpretativa dos princípios constitucionais. O paradigma de Alexy é o de uma Constituição marco que abarque estas duas ordens, *sobressaindo a ordem fundamental qualitativa como um campo natural de argumentação racional na tutela da ordem de princípios normativos que estribaria o sistema de direitos fundamentais.*

de uma prescrição ou da fixação de consequências jurídicas sempre que se preencha uma situação de fato.

Ora, valores, princípios e regras estariam colocados numa sequência de interferências recíprocas. Por exemplo, a regra que proibiria a tortura pressuporia o princípio da intangibilidade e dignidade da pessoa humana e este reconduzir-se-ia ao valor da pessoa humana. Não haveria regra válida que não se reconduza a um princípio – e um princípio que se não reveja num valor (os princípios mediariam entre normas e valores). A congruência entre essas três realidades seria condição de validade do direito. Uma regra, mesmo constitucional, que seja estranha ou contrária a um princípio seria arbitrária e como tal teria a sua validade questionada. E os princípios, contrariamente ao que defenderiam correntes positivistas, não seriam normas imperfeitas que legitimariam o arbítrio do intérprete, mas sim normas abertas que reenviam para uma realidade axiológica situada fora deles próprios[760].

Dworkin e Alexy, foram os autores que, com base na *dicotomia classificatória das normas constitucionais entre regras e princípios*, maior enfoque conferiram ao papel dos segundos, na medida em que incorporariam valores da moralidade política e consagrariam a indisponibilidade dos direitos fundamentais pelo poder político.

Para Dworkin, as regras, centradas num comando definido em termos de "tudo ou nada" e cujas exceções devem estar ínsitas no respetivo enunciado, não poderiam consumir a essência da ordem jurídica, como defenderiam os positivistas, na medida em que a essência legitimadora da Constituição repousaria em grandes princípios, ou seja, padrões que encarnariam uma ordem moral substantiva, radicada nos ideais da justiça e equidade[761]. Distingue, contudo, os *"principles"* das *"policies"*, que seriam padrões que fixam objetivos a alcançar nos domínios económicos ou sociais e que, por regra, não constituiriam uma base das decisões judiciais. Seriam, enfim, os princípios que guiariam os juízes na aplicação do direito nos casos concretos mais difíceis. Enquanto as antinomias entre regras seriam resolvidas em

[760] Zagrebelski ult. loc cit, p. 108. Cfr. Do mesmo autor com algum desenvolvimento "La Legge e la sua Giustizia" Bologna, 2008, p. 205.

[761] Considera o autor que os pais fundadores da Constituição americana teriam querido gizar uma Constituição baseada em princípios e não em normas de detalhe, na medida em que se tencionassem tomar esta última opção, não teriam decidido queimar todos os trabalhos preparatórios onde constavam as sua sugestões normativas em concreto.

termos de validade, as antinomias entre princípios implicariam um juízo de prioridade, não se colocando um problema de invalidade do princípio não prevalecente.

No que respeita à morfologia normativa da Constituição é bem conhecido o posicionamento de ALEXY sobre a distinção entre disposição ou enunciado normativo (texto que contém uma norma) e norma (critério de decisão extraída do enunciado através da interpretação)[762], a qual, contudo, não constitui uma originalidade do autor[763].

Outra teorização relevante do jus-publicista alemão assenta na decomposição das normas constitucionais em princípios e em regras. Para ALEXY os princípios seriam normas dotadas de um grau alto de generalidade e que se configurariam como *"mandatos de otimização"* pois ordenariam que algo será *"realizado na medida do possível e dentro das possibilidades jurídicas e reais existentes"* As regras seriam *"mandatos de definição"* que conteriam determinações no âmbito das possibilidades fáticas e jurídicas pelo que, sendo válidas, terão uma pretensão de imperatividade[764]. Numa concessão ao positivismo, o autor admite que na sua aplicação é legítimo o método da subsunção.

A diferença entre as duas realidades normativas seria qualitativa, tornando-se mais evidente a propósito da forma como se solucionariam conflitos entre normas ou entre princípios[765].

Relativamente à problemática de uma pretensa hierarquia dos princípios sobre as regras, em cenário de colisão, que no plano da prioridade aplicativa foi já inferida por expoentes do moralismo principiológico (DWORKIN e ZAGREBELSKI), ALEXY sustenta um critério diferente, con-

[762] ROBERT ALEXY "Teoria de los Derechos Fundamentales", op. cit, p. 50.

[763] Essa tese foi previamente teorizada por ALF ROSS e WEINBERGER, mas da qual ALEXY extraiu consequências específicas e foi um importante divulgador.

[764] ROBERT ALEXY, ult loc cit, p. 87.

[765] Os conflitos entre regras solucionar-se-iam ou através da inserção de uma cláusula de exceção que elimine o conflito ou através da invalidade de uma delas. Conflitos entre princípios resolver-se-iam através da prevalência de um deles num caso concreto, sem que a mesma prevalência postule a invalidade do outro. Através de um método de ponderação, o qual envolveria uma avaliação do peso de cada princípio na resolução do caso concreto à luz do princípio da proporcionalidade, resultaria um juízo fundado numa argumentação de razão prática que permitiria a precedência total ou parcial de um sobre o outro. É a densificação do método da ponderação e das suas fórmulas de peso que constitui a chave da abóbada de toda a teoria de ALEXY sobre a interpretação normativa em matéria de direitos fundamentais. DWORKIN, pelo contrário, não parece proclive a convocar a ponderação nos termos descritos.

siderando que " *(...) de um ponto de vista da sujeição à Constituição, existe uma prioridade do nível da regra"*[766].

401. *No que diz respeito à garantia da Constituição e à hermenêutica,* os três autores exponenciam o papel criativo da Justiça Constitucional na concretização dos princípios da Constituição através de uma hermenêutica constitucional especifica, distinta do método dogmático em razão das características particulares dos princípios.

Zagrebelski e Alexy coincidem no uso da ponderação pelos tribunais constitucionais, para solucionar colisões entre princípios, na esfera dos direitos fundamentais.

Na perspetiva de Zagrebelski, por detrás de cada regra existe um princípio. A aplicação dos princípios e os juízos de ponderação inerentes evitariam automatismos rígidos previstos pelas regras constitucionais e pelas leis, cabendo aqui uma margem relevante de discricionariedade concedida ao juiz constitucional. Este domínio do "direito suave" criado ou temperado pelo juiz onde a regra é substituída por princípios e estes se moldam ao concreto, respeita a um domínio que o autor designa de *"desnormação, como consequência da jurisdicionalização da decisão"*[767]. Trata-se de uma concessão subtil à tópica, referindo o autor que a interpretação implica um entendimento da Constituição (e dos conteúdos das normas) a partir dos casos concretos. É através do uso intensivo dos princípios constitucionais que se determinaria as regras jurídicas viventes da Constituição, nas quais o legislador estaria ausente. Reforçar-se-ia o papel do juiz-intérprete como autor de um direito vivente jurisprudencial.

[766] Tal sucederia, porque um mandato de definição resultante de uma regra precede o domínio das determinações alternativas que são possíveis através dos princípios, os quais podem ser conciliáveis com regras distintas. Isto, sem prejuízo de reconhecer que esta precedência pode sofrer exceções, citando pelo menos um caso em abono da mesma sustentado numa sentença do Tribunal Constitucional Alemão. Aliás, em relação a Dworkin, Alexy sublinha aproximações a propósito do regime jurídico aplicativo das normas sobre direitos fundamentais, mas distancia-se da construção do primeiro quando este concebe os direitos como "trunfos" contra opções maioritárias (numa lógica de contra-poder) e da superlativização quase hierárquica do principio da igualdade em relação a outros princípios, como da liberdade (Robert Alexy, ult loc cit, p. 134 e seg. e Manuel Atienza ult. loc cit, p. 10).

[767] Zagrebelski "Realismo y Concreción en el Control de Constitucionalidad: el caso de Italia" in "El canon Neoconstitucional", org. Carbonell-Garcia Jaramillo, Madrid, 2010, p. 435.

Para Alexy, a aplicação das normas constitucionais de ordem substancial passaria por uma *"teoria dos direitos fundamentais"* fundada na justificação argumentativa da opção adotada, a qual se estribaria no método da ponderação, e visaria uma solução juridicamente correta. Na sua teoria da argumentação, o autor problematiza limites à discricionariedade do juiz, o primeiro dos quais assentaria na necessidade de uma pretensão de correção em torno de uma fundamentação moral da norma, a qual deveria ser moralmente certa. Nestes termos, ele distancia-se de Dworkin já que exclui a ideia de uma única decisão interpretativa necessariamente correta, preferindo uma tese "fraca" na qual aceita uma resposta correta para cada *caso difícil,* dado que a argumentação, centrada num imperativo de razão prática, conduziria ao consenso[768].

Quanto ao papel do judiciário de entre os poderes, retira-se do pensamento do autor uma ideia de equilíbrio entre as funções legislativa e jurisdicional, sendo reconhecido a ambas, margens de discricionariedade na efetivação das normas constitucionais. Em qualquer caso, o autor destaca o papel de um Tribunal Constitucional respeitador da liberdade de conformadora do legislador, mas apto para proferir a última palavra, logrando acrescentar em face de um legislador democrático não obrigado a justificar as suas decisões, uma argumentação jurídica eticamente fundada, proferida em nome do povo, e legitimada no consenso que as suas decisões sejam capazes de concitar[769]. Também aqui se distingue da tese da "imposição" de visões jurisprudenciais portadoras de soluções pretensamente corretas aos cidadãos, defendida por Dworkin.

A construção de Dworkin sobre a interpretação das normas constitucionais e o papel do judiciário consiste numa das componentes mais importantes, mas mais polémicas da sua obra, e que é difícil sintetizar em poucas linhas.

[768] Robert Alexy "Sistema Juridico, Principios Juridicos y Razón Pratica", Doxa, "Cuadernos de Filosofia del Derecho", 5, 1988, p. 150 e seg.

[769] A par da sua função negativa, o Tribunal Constitucional aliaria uma função positiva derivada da aptidão de convencimento dos cidadãos da bondade da argumentação que ampara as suas soluções interpretativas. Alexy utiliza a fórmula "representação argumentativa" como fundamento da legitimação democrática dessas decisões (Cfr. Robert Alexy. *Direitos fundamentais no Estado constitucional democrático. Para a relação entre direitos do homem, direitos fundamentais, democracia e jurisdição constitucional* "Revista Direito Administrativo, Rio de Janeiro, 217, 55-66, 1999, p. 58).

DWORKIN critica a tese positivista de KELSEN, segundo a qual, quando não existe norma para regular um fato (pois o direito não poderia dar resposta a todas as questões) seria legitimada a discricionariedade do magistrado judicial. Isto porque considera que essa posição abandonaria os direitos à "irracionalidade do juiz", cuja decisão deveria ser o menos original possível, devendo reger-se por princípios e não por opções de ordem política.

Para o autor, o direito poderia, em tese, dar resposta a todas as questões através de uma busca de racionalidade em torno de critérios objetivos de justificação por parte do intérprete judicial, devendo este, para o efeito, ancorar o seu raciocínio em torno de um exercício de interpretação construtiva que seria consubstanciado pela noção de direito como "realidade integral" estribada em princípios de moralidade política[770]. Neste caso, a argumentação jurídica assentaria numa argumentação moral. Isto implicaria, tendo por base a exigência de coerência e completude do ordenamento, a ideia da existência de uma única *"interpretação correta"* do direito num dado caso concreto, de tal sorte que a sua negação teria como consequência a emergência inaceitável do arbítrio e do decisionismo, realidades incompatíveis com o primado dos direitos fundamentais numa ordem democrática. Os juízes teriam, frente ao legislador, a par da sua não eleição e de alguma impermeabilidade à pressão política, uma função essencial, pois seriam guiados por princípios e não pela política[771], se bem que (e aqui o autor contradiz-se) a sua intervenção no escrutínio das leis envolva a judicialização da política, realidade que implicaria uma alteração das funções constitucionais clássicas reconhecidas ao poder jurisdicional. O autor defende o paradigma de um "juiz-hércules" com um papel incontornável e criativo na defesa dos direitos.[772]

DWORKIN considera que toda a decisão pública, incluindo a judicial, seria política, na medida em que o juiz teria legitimamente as suas pré-com-

[770] DWORKIN, ult. loc cit, p. 45 e seg.

[771] RONALD DWORKIN, "Justice for Hedgehogs" op. cit, p. 395 e seg. DWORKIN entende que nas decisões judiciais transformam uma questão de pura política numa questão jurídica, ou seja, numa questão de princípio decidida por uma sentença devidamente debatida e fundamentada, e em que, por conseguinte, a tutela judicial salvaguarda melhor a dignidade humana e garante os direitos das minorias.

[772] Sem embargo rejeitaria tanto o "ativismo" como o "passivismo" do judiciário. O juiz ativista só declararia nulos os atos do legislativo quando os desaprovasse, enquanto o passivista só procederia da mesma forma em último caso.

preensões e pré-conceitos, pelo que não existiria uma decisão jurisdicional "neutra" mas sim uma decisão imparcial[773]. Sem embargo, o autor sustenta, em afirmação muito contestada que a leitura "moral" da Constituição pelo juiz feita de acordo com essas pré-compreensões, dar-lhe-ia poder absoluto para impor ao público, através da sentença, as suas próprias convicções de ordem ética[774]. As normas da Constituição seriam, deste modo, interpretadas e paulatinamente alteradas pelo judiciário, como se tratassem de uma obra literária escrita a várias mãos e em tempos diversos. A aplicação de um princípio a um caso concreto adjudicaria uma nova relação de sentido a esse princípio normativo, constituindo mais um "capítulo" de uma atividade de construção da Constituição.

Subsecção III
Neoconstitucionalismo e dirigismo constitucional

1. Síntese

402. Trata-se de uma *ideologia jurídica* do moralismo constitucional que se firmou como fermento do ativismo judiciário na América Latina, e em especial no Brasil, com relevo para a efetivação dos direitos sociais a partir de princípios da Constituição. Na Europa o seu impacto é muito incipiente, embora conte com a simpatia de alguns expoentes doutrinais da Filosofia do Direito e até do Direito Constitucional[775]. Procurar-se-á destacar as linhas de força do neoconstitucionalismo em torno de uma nova Teoria da Constituição, envolvendo uma reconfiguração do princípio da separação de poderes, uma reelaboração do regime aplicativo das normas constitucionais

[773] Dworkin ult. loc cit, p. 105.

[774] Ronald Dworkin, "The Moral Reading of the Constitution", New York Rev. Books, 21, 1996, p. 46.

[775] Pese o facto de a maioria desses expoentes não se filiar explicitamente na referida corrente. Refira-se que, formada originariamente por expoentes do chamado "direito alternativo" e da "teoria crítica do direito", o neoconstitucionalismo na América Latina logrou alargar as suas margens a discípulos do moralismo constitucionalmente reflexivo, com relevo para figuras de referência do moralismo principiológico como Dworkin e Zagrebelski. Lançou igualmente pontes para o suprapositivismo eclético de Alexy (procurando reajustar o seu método da ponderação a conflitos entre regras e princípios no universo dos direitos sociais) e encontrou sustentação jus-filosófica no moralismo garantista de Luigi Ferrajoli.

em matéria de direitos fundamentais , bem como uma "nova hermenêutica" que traçaria novos critérios de interpretação constitucional.

Vejamos, pois, o seu posicionamento de base sobre a Constituição.

1º. Para o neoconstitucionalismo, a *Constituição, para além de organização jurídica do poder político seria, na sua essência, uma Carta de Direitos Fundamentais* e assumiria uma função dirigente. Isto, na medida em que, através de uma filosofia de ação resultante de uma estratégia política contida nos seus princípios, teria uma pretensão irradiadora da sua força normativa para todos os ramos do direito e domínios da vida coletiva[776], determinando as margens de atuação do legislador. O neoconstitucionalismo cria, deste modo, uma narrativa constitucional centrada em torno de um papel heróico, utópico e transformador da Constituição em torno da valorização dos direitos sociais e que envolve a associação entre um certo estruturalismo de base marxista e a teoria monista da "ordem fundamental"[777].

2º. Como *Constituição aberta ao influxo de valores de ordem moral, enunciados nos princípios da igualdade, justiça e da dignidade da pessoa humana, a Lei Fundamental seria ela própria condicionada por esses parâmetros axiológicos de estatuto supra-constitucional.* A sua garantia de aplicação envolveria uma leitura atualista do princípio da separação de poderes que suporia o reforço do protagonismo dos tribunais constitucionais em face do legislador. Os tribunais operariam não apenas como legislador negativo (eliminando normas inconstitucionais) mas como legislador positivo de caráter supletivo (concretizando normativamente a Constituição e aplicando essas normas de criação jurisprudencial sempre que o legislador se omita, total ou parcialmente, na efetivação das normas constitucionais).

3º. O *neoconstitucionalismo partindo da decomposição das normas constitucionais em princípios e regras confere proeminência aos primeiros* os quais posicionaria por detrás de cada regra como seu fundamento justificante, daqui derivando uma precedência axiológica em seu favor. Os princípios seriam parâmetros de interpretação das regras e, em caso de antinomia, segundo setores desta corrente, a sua relação de sentido moralmente correta pri-

[776] Cfr. Prieto Sanchis, in AAVV, "Teoria del neoconstitucionalismo: ensayos escogidos", Dir Miguel Carbonell, Mexico, 2008.

[777] Cfr. A crítica de Alexy à Constituição como "ordem fundamental" (supra, §315). Essa conceção monista envolve uma projeção determinante dos princípios constitucionais para todos os domínios jurídicos com pretensões de regulação de todos os tipos de matérias na base de certos padrões éticos não consensuais.

maria sobre o sentido das segundas[778]. Por outro lado, *as normas constitucionais que consagrem direitos fundamentais teriam, todas elas, eficácia direta*, assumindo uma identidade de valor com as normas consagradoras de direitos civis e políticas e direitos sociais. A noção de norma programática consagradora de certos direitos sociais prestacionais é desvalorizada, sustentando-se a natureza subjetiva de todos esses direitos e o entendimento de que, no caso de o legislador falhar na sua função de lhes atribuir eficácia imediata (ou se a mesma atribuição revelar insuficiências qualitativas), esta eficácia seria assegurada, no concreto, pelo judiciário

4º. Uma Constituição principiologicamente aberta e investida em funções dirigentes da realidade política, económica e social, reclamaria uma *sociedade aberta de intérpretes comprometidos com a realização dessas funções, com relevo para os tribunais ordinários* os quais não poderiam ser amarrados ao método jurídico de interpretação defendido pelo positivismo, o qual seria inapto para solucionar omissões, lacunas e conflitos de princípios. Abrir-se-ia, assim, espaço para uma "nova hermenêutica" que vacilaria entre a escolha livre do método mais adequado ao caso concreto, a tópica e a técnica ponderação, a qual obtém uma maior preferência[779].

2. Neoconstitucionalismo e neoconstitucionalistas

403. Produto de um influxo transformador do moralismo constitucional ajustado ao papel dirigente da Constituição na efetivação dos direitos sociais e na disciplina das relações privadas, o neoconstitucionalismo decompõe-se numa pluralidade de protagonistas que procuram tomar posição sobre as grandes questões contemporâneas da Teoria do Direito e da Constituição[780]. Centremos a presente análise em PAULO BONAVIDES; LUÍS

[778] Cfr. MARINONI que aborda aos princípios como " super-normas" (cit. por DIMITRI DIMULIS, SORAYA LUNARDI, "O Positivismo Jurídico Diante da Principiologia", in AAVV, Teoria do Direito Neoconstitucional – superação ou reconstrução do positivismo jurídico", Coord. DIMITRI DIMOULIS, ÉCIO OTO DUARTE, S. Paulo, 2008.

[779] EDUARDO RIBEIRO MOREIRA "Neoconstitucionalismo – A invasão da Constituição", S. Paulo, 2008, p. 100.

[780] Cfr. Sobre os "neoconstitucionalismos no Brasil, numa leitura algo benigna, GOMES CANOTILHO "Os Métodos do Achamento Político" in AAVV "Comentários à Constituição do Brasil", Org. G. CANOTILHO, GILMAR MENDES, INGO SARLET, LÊNIO STRECK, S. Paulo, 2014, p. 45 e seg.. Vide curiosamente em Portugal, JORGE SILVA SAMPAIO "Controlo Jurisdicional das Políticas Públicas e dos Direitos Sociais", Coimbra, 2014, p. 314 e seg. e, especialmente, p. 325. Duvida-se que o autor tenha entendido perfeitamente o alcance desta doutrina" na

ROBERTO BARROSO; GUASTINI e MIGUEL CARBONELL (este último, fundamentalmente, um divulgador).

No que respeita ao *limite do poder constituinte por valores e princípios supra-positivos*, a doutrina neoconstitucionalista é oscilante e nem sempre integralmente coerente. PAULO BONAVIDES, Professor Emérito da Faculdade de Direito da Universidade Federal do Ceará e Doutor Honoris Causa pela Universidade de Lisboa, é um dos expoentes de referência originária do neoconstitucionalismo no Brasil[781].

A questão dos limites jurídicos ao poder constituinte "originário" não é clara no pensamento do autor que, de uma banda, não esconde alguma simpatia pelas teses da soberania popular (SIEYÈS, LABOULAYE) e do realismo existencialista da decisão constituinte (DONOSO CORTÉS e SCHMITT) que sustentaram um poder constituinte ilimitado, considerando o autor em exame que o referido poder emerge revolucionariamente de uma ordem jurídica "esmagada"[782], não conhecendo vínculos jurídicos. Mas, por outra banda, BONAVIDES valoriza a ordem axiológica que rodeia as democracias constitucionais e aceita condicionamentos valorativos, históricos, sociais e económicos ao poder constituinte[783].

Na mesma margem de ambivalência enquadra-se LUIS ROBERTO BARROSO, Professor titular de Direito Constitucional na Universidade Federal do Rio de Janeiro e Ministro do STF. Por um lado, idealiza um poder constituinte popular e romântico transfigurado no *"povo nas ruas reivindicando*

medida em que afirma que se trata de uma forma de organização política que se tem evidenciado na Europa desde meados do século XX, o que não corresponde, de todo à realidade, tratando-se, contudo, de uma ideia martelada por alguns juristas e filósofos do Direito espanhóis e, sobretudo, latinoamericanos.

[781] Deve-se-lhe, a partir do final dos anos oitenta, a divulgação dos métodos específicos de interpretação constitucional, como os de recorte tópico sustentados por THEODOR VIEHWEG (tópico-problemático), FRIEDRISH MULLER ("científico-estruturante") e PETER HÄBERLE ("probabilístico"), bem do método da ponderação entre princípios consagradores de direitos fundamentais em conflito, recolhido a partir dos ensinamentos de DWORKIN e ALEXY. Foi, também através da pena de constitucionalista que o velho direito alternativo, de raiz marxista, fez a sua associação ao moralismo principiológico em torno da etiqueta neoconstitucionalista, a qual logrou um importante sucesso desde que, como "ideologia constitucional", passou a ser incorporada nas pré-compreensões decisórias de muitos juízes ordinários.

[782] PAULO BONAVIDES ult. loc cit, p. 129.

[783] Em qualquer caso, defende que as mutações silenciosas e informais da Constituição introduzidas pelo judiciário, à margem do processo de revisão ou emenda constitucional, configurariam uma espécie de "segundo poder constituinte originário" de natureza material.

um novo tempo, novas bases para o poder e um novo código de relação entre governo e sociedade". Não estando subordinado ao poder constituído, o poder constituinte, titulado pelo povo (que a ele poderia sempre recorrer), situar-se-ia acima da ordem jurídica em vigor[784]. Reconhece, contudo, noutro passo da sua obra, que apesar de não estar submetido ao direito positivo preexistente, o poder constituinte não constituiria um poder ilimitado ou incondicionado, já que o seu exercício só se legitimaria dentro de parâmetros pré-definidos, onde avultariam os principios da justiça e os princípios protetores dos direitos fundamentais[785].

Quanto ao conceito de Constituição e às respectivas funções é dificil descortinar uma caracterização inequívoca. Ainda assim, o dirigismo constitucional ancora-se em torno de constituições prolixas.

A maioria dos autores começa por esboçar uma definição dogmática de Constituição para, posteriormente, a propósito das suas normas e dos seus fins, dar um "salto em frente" relativamente ao seu papel como instrumento de tranformação social e direção política. Guastini[786], por exemplo, parte de uma noção singela e dogmática de Constituição material *como complexo normativo que regula a organização dos poderes públicos e as relações entre o Estado e os cidadãos*. Dito isto, o autor entende que as constituições utilitárias ou breves não são passíveis de aplicação jurisdicional. Só as constituições "largas" do tempo presente poderiam conter normas de ordem substancial passíveis de, na esfera dos direitos fundamentais e na imposição de tarefas aos poderes públicos, regular as relações de caráter horizontal entre cidadãos, bem como relações verticais entre estes e o Estado[787].

Numa linha não muito distante, Bonavides arranca de uma noção clássica de Constituição material como conjunto de normas pertinentes para a organização do poder e consagração dos direitos da pessoa humana, tanto individuais como sociais[788]. Entende, no entanto, que autores tão diversos

[784] Luis Roberto Barroso entrevista à Revista jurídica Consulex, AnoXIII, nº 294, 2009.

[785] Luis Roberto Barroso "Curso de Direito Constitucional Contemporâneo", S. Paulo, 2011, p. 109 e seg.

[786] Riccardo Guastini foi professor de Direito Constitucional, lecionando, presentemente, como Professor Catedrático, a disciplina de Filosofia do Direito na Universidade de Génova. Ponto de ligação entre o moralismo constitucional e o neoconstitucionalismo, o autor afigura, se, presentemente, como um dos principais expoentes desta última corrente na Europa.

[787] Riccardo Guastini "Teoria y Ideologia de la Interpretación Constitucional", Madrid, 2008, p. 38 e 44.

[788] Paulo Bonavides "Curso de Direito Constitucional", S. Paulo, 2007, p. 63.

como SCHMITT, HELLER e SMEND terão pressentido o ocaso de um modelo constitucional sintético e formalista inerente ao positivismo, apontando para vias constitucionais sociais e anti-individualistas e para a valorização de linhas axiológicas fundamentais na relação entre Estado e sociedade. O novo paradigma de Constituição assentaria numa ordem teleológica e axiológica e não numa simples base normativa formal, criando uma teoria material de Constituição distinta do jus-naturalismo e do positivismo[789].

Para BARROSO, a Constituição em sentido material compreenderia as normas constitucionais que organizam o poder, definem os direitos fundamentais e indicam quais os fins públicos a serem alcançados pelo Estado e pela sociedade. O autor entende que a função da Constituição seria propiciar consensos mínimos essenciais, para a dignidade da pessoa humana e para o funcionamento do regime democrático. Contudo, um processo evolutivo contínuo ter-lhe-á cometido outras funções, como a do alargamento dos direitos para lá do seu papel defensivo, contra o abuso dos poderes públicos, passando o Direito Constitucional a afirmar-se como meio de atuação da sociedade e de conformação do poder político aos seus desígnios[790]. Já MIGUEL CARBONELL[791], diversamente dos autores precedentes e lançando pontes quer para o moralismo constitucional quer para o dirigismo utópico do direito alternativo, encara a ideia de Constituição como Carta de direitos e, subsidiariamente, como organização do poder, dotada de um *"ingrediente utópico"* a partir do qual se traçam metas prospetivas para uma sociedade a modelar no futuro com base em valores de igualdade, liberdade, justiça social, emancipação humana e responsabilidade democrática.[792]

Quanto à *estrutura normativa da Constituição,* a sua decomposição em regras e princípios leva os autores referidos a hipervalorizar os primeiros como vias diretivas de interpretação de todo o direito e de transformação

[789] PAULO BONAVIDES ult. loc cit, p. 583 e seg.

[790] LUIS ROBERTO BARROSO ult. loc cit, p. 46 e seg.

[791] CARBONELL é catedrático da Faculdade de Direito da UNAM, México, e professor e investigador na área científica do Direito Constitucional, com especial relevo paras a área dos direitos fundamentais, afirmando-se com um dos principais divulgadores do pensamento neoconstitucionalista no universo de língua castelhana. Nas obras coletivas que tem organizado procurou associar autores assumidamente neoconstitucionalistas, como GARCIA JARAMILLO, com expoentes do moralismo principiológico como DWORKIN, ZAGREBELSKI e, ainda, o próprio ALEXY.

[792] MIGUEL CARBONELL ult loc cit. p. 163 e seg., revendo-se em fragmentos do discurso de pensamento de GOMES CANOTILHO e PETER SCHNEIDER.

político-social através do judiciário. É através dos princípios que se processa a *invasão* do direito, do Estado e da sociedade pela Constituição.

GUASTINI considera que as Constituições, sendo integradas por valores, princípios gerais e por normas programáticas, poderiam ser passíveis de múltiplas concretizações. A força vinculante da Constituição implicaria a convocação imediata dessas normas nos tribunais para reger relações não apenas públicas mas também privadas, se estiver em causa a garantia de direitos individuais ou sociais[793]. As constituições "modernas" ancorariam num projeto de "sociedade justa" e teriam como função a organização da sociedade civil e a modelação das relações sociais entre os cidadãos[794]. CARBONELL, na mesma linha, considera que todas as normas constitucionais seriam *"plenamente aplicáveis e obrigatórias para os seus destinatários"*[795]. Clarifica ainda este Autor que os direitos sociais contidos em normas usualmente qualificadas como programáticas não seriam simples programas de ação política ou catálogos de recomendação ao poder, mas sim, verdadeiros comandos jurídicos[796].

PAULO BONAVIDES considera que, num universo "pós-positivista", os princípios constitucionais não teriam uma função subsidiária face às regras: antes teriam um papel *"preponderante"* uma vez que foram *"convertidos em pedestal normativo sobre o qual assenta todo o edifício jurídico dos novos sistemas constitucionais"*[797]. Essa preponderância exprimir-se-ia pela sua função "normogenética"[798].

[793] RICCARDO GUASTINI "Teoria y Ideologia (...)" op. cit, p. 49 e 55.

[794] As normas sobre direitos fundamentais seriam, assim, aptas para irradiar para todos os ramos do direito e suscetíveis de aplicação judicial em qualquer controvérsia, mormente em sistema de controlo difuso (RICCARDO GUASTINI ult loc cit, p. 49 e "Estudios de Teoria Constitucional", Mexico, 2007, p. 153 e seg.).

[795] MIGUEL CARBONELL ult loc cit.p. 160 e seg.

[796] A sua irradiação para todo o ordenamento, com especial relevo para a esfera dos direitos fundamentais, transformá-los-ia em fundamentos das regras, tendo, todas as categorias de normas constitucionais uma pretensão de aplicabilidade imediata podendo todos os juízes em ordenamentos onde pontifique um controlo difuso, aplicar diretamente normas programáticas às relações jurídico-privadas.

[797] PAULO BONAVIDES ult. loc cit, p. 237 e seg.

[798] Cumpre atentar no seguinte passo do "Curso" (op. cit, p. 588 e seg.) relativamente aos pontos-chave das inovações trazidas pelo "novo" Direito Constitucional: *(...)"a irradiação e a propagação dos direitos fundamentais a toda esfera do Direito Privado; em rigor, a todas as províncias do Direito, sejam jusprivatistas, sejam juspublicísticas; b) a elevação de tais direitos à categoria de princípios, de tal sorte que se convertem no mais importante pólo de eficácia normativa da Constituição; c) a eficácia*

No plano da estrutura normativa da Constituição, BARROSO, concebe-a na linha de DWORKIN como uma ordem de valores e um sistema aberto de princípios e regras[799]. Os princípios constitucionais teriam uma abertura ao fundamento ético inerente aos valores por eles incorporados[800]. O autor, diversamente de outros neoconstitucionalistas, considera que, por força do princípio da unidade da Constituição não existiria uma hierarquia entre princípios e regras, cabendo ao intérprete a busca da harmonização entre comandos que tutelem valores ou interesses contrapostos[801]. Em BARROSO late o paradigma de uma Constituição dirigente em que a normação constitucional *"já não é o direito que está por detrás da realidade social, cristalizando-a"*, mas tem a pretensão de ir à frente da realidade, transformando-a no plano político e social e irradiando a partir dos seus princípios, vínculos jurídicos para todos os ramos de direito, neste se incluindo o Direito Privado, gerando-se a *"constitucionalização do Direito"*[802].

404. Finalmente *relativamente à garantia da constituição e da sua interpretação*, existem dois conceitos centrais convocados por este setor doutrinário: "sobre-interpretação" e "nova-hermenêutica".

GUASTINI utiliza a expressão "sobre-interpretação da Constituição" para explicar a recusa do método jurídico e para fazer projectar os princípios para todos os domínios do universo jurídico e social[803].

vinculante, cada vez mais enérgica e extensa, com respeito aos três Poderes, nomeadamente o Legislativo; d) a aplicabilidade direta e a eficácia imediata de todos os direitos fundamentais, com perda do caráter de normas programáticas; e) a dimensão axiológica, mediante a qual os direitos fundamentais aparecem como postulados sociais que exprimem uma determinada ordem de valores e ao mesmo tempo servem de inspiração, impulso e diretriz para a legislação, a administração e a jurisdição; f) o desenvolvimento da eficácia inter privados, ou seja, em relação a terceiros (Drittwirkung), com atuação no campo dos poderes sociais, fora, portanto, da órbita propriamente dita do Poder Público ou do Estado, dissolvendo assim, a exclusividade do confronto subjetivo imediato entre o direito individual e a máquina estatal".

[799] LUIS ROBERTO BARROSO "Curso (...)" op. cit, p. 87.

[800] LUIS ROBERTO BARROSO "Interpretação e Aplicação da Constituição", S. Paulo, 2009, p. 355.

[801] LUIS ROBERTO BARROSO ult loc cit, p. 301 e 372.

[802] LUIS ROBERTO BARROSO ult. loc cit, p. 46 e seg. e p. 87. Para o autor, a Constituição entendida como uma ordem objetiva de valores e sistema aberto de princípios e regras, transformar-se-ia em *"filtro de leitura de todo o direito infraconstitucional"*. Da efetividade das normas constitucionais, adviria o postulado da aplicação imediata de todos os princípios e normas, mesmo programáticas que consubstanciem direitos fundamentais.

[803] *"A sobre-interpretação da Constituição apresenta dois aspectos: (i) a recusa da interpretação literal e do conexo argumento a contrario senso, que geralmente trazem a lume lacunas (embora o argumento*

Existiria uma especificidade própria na interpretação constitucional derivada, nomeadamente: da politicidade do seu objeto; da circunstância de incorporarem valores, princípios e programas; da necessidade de se ajustarem à evolução da sociedade e, simultaneamente, de disporem da aptidão para perdurarem no tempo[804]. Ora dessa especificidade o autor retira a necessidade de uma interpretação dinâmica e evolutiva da Constituição que altere o significado do texto à luz do circunstancialismo concreto e dos sentimentos de moral e justiça do próprio intérprete. CARBONELL segue GUASTINI na noção de *"constitucionalização do ordenamento jurídico"*, a qual implicaria uma *"Constituição extremamente invasora e intrometida"* capaz de condicionar a legislação, a jurisprudência, o estilo doutrinal, os atores políticos e as relações sociais[805].

A criação de uma "nova hermenêutica" como pedra basilar do "novo" Direito Constitucional é especialmente desenvolvida por PAULO BONAVIDES, que cita e critica abundante doutrina alemã e norte-americana[806]. O império da teoria dos valores na hermenêutica dos direitos fundamentais, e a elasticidade do poder dos tribunais em garantir no concreto a sua efectivação, abalaria a construção clássica da separação de poderes. Tal sucederia já que emergiria o problema de se saber quem dirime, em última instância as colisões entre princípios da Constituição, fenómeno que poderia gerar oscilações de competência susceptíveis de enfraquecer o referido princípio. Ora, na tensão entre poderes soberanos, BONAVIDES considera

a contrario senso também possa ser usado para preenchê-las); e (ii) a construção de normas implícitas, idóneas para completar lacunas enquanto não sejam evitáveis. A sobre-interpretação permite extrair do texto constitucional normas idóneas para disciplinar qualquer aspecto da vida social e política. Quando a Constituição é sobre-interpretada não restam espaços vazios de – ou seja, "livres" do – Direito Constitucional: toda decisão legislativa é pré-disciplinada (talvez também minuciosamente disciplinada) por uma ou outra norma constitucional. Não existem leis que possam escapar do controle de legitimidade constitucional (RICARDO GUASTINI "A Constitucionalização do Ordenamento jurídico e a Experiência Italiana" in AAVV coord. DANIEL SARMENTO, CLÁUDIO PEREIRA SOUZA NETO "A Constitucionalização do Direito: fundamentos teóricos e aplicações específicas" Rio de Janeiro: 2007, p. 276).

[804] RICCARDO GUASTINI ult. loc cit, p. 53 e seg.

[805] GUASTINI "Estudios de Teoria Constitucional", op. cit, apud MIGUEL CARBONELL, ult loc cit, p. 159.

[806] PAULO BONAVIDES ult loc cit, p. 466. Para ele *"(...)não há um método correto de interpretação da Lei Maior. Verdadeiramente, interpretação das normas constitucionais obtém-se a partir de um conjunto de métodos, desenvolvidos pela doutrina e jurisprudência com o intuito de ampliar o horizonte de compreensão do intérprete e lhe facilitar a concretização do direito"*.

que existe uma tendência do Judiciário para "subir de autoridade e prestígio" enquanto o poder legislativo declinaria na sua força e competência.[807].

Luís Roberto Barroso considera que a nova interpretação constitucional, parte da trilogia formada pela normatividade dos princípios (dotados de cogência e aplicabilidade imediata), a ponderação dos valores (a utilizar para solucionar casos difíceis) e a teoria da argumentação (a utilizar em problemas não estabelecidos no ordenamento, fundamentando uma valoração subjetiva operada em razão do caso concreto). No fundo, ela radicaria num modelo de princípios, "*aplicáveis mediante ponderação, cabendo ao intérprete proceder à interação entre fato e norma e realizar escolhas fundamentadas dentro das possibilidades e limites oferecidos pelo sistema jurídico, visando a solução justa para o caso concreto*"[808].

A regra em si poderá não ser inconstitucional por ofensa aos valores de um princípio fundamental, mas já o resultado da sua concretização poderia ficar ferido de inconstitucionalidade, devendo, neste ponto, o intérprete desaplicar a regra e "prestigiar" o principio[809]. A ponderação serviria não apenas para solucionar colisões entre princípios, como também entre regras, entre princípios e regras, bem como para o" doseamento" dos efeitos das regras[810]. Princípios como a dignidade da pessoa humana, a proporcionalidade e a razoabilidade guiariam os referidos juízos de ponderação. O casuísmo crítico e o subjetivismo do intérprete não impressionaram Barroso, pelo menos numa primeira fase idealista do seu pensamento[811]. Este

807 Paulo Bonavides "Ciência Política", S. Paulo, 2008, p. 157. Essa tendência não poria em casa, na sua essência, o principio da separação, mas apenas os seus fundamentos originários como garantia das liberdades e direitos da burguesia contra um monarca absoluto. Com o termo do absolutismo e, também do individualismo, o principio da separação deveria pressupor distribuição de funções entre órgãos e comunicabilidade e cooperação entre poderes, sem linhas delimitadoras de separações intransponíveis.

808 Luis Roberto Barroso, ult loc cit, p. 386 e seg.

809 Luis Roberto Barroso, ult. loc cit, p. 339.

810 Luis Roberto Barroso, ult. loc cit, p. 387.

811 Para ele, a Constituição, investida de força normativa, ordenaria a realidade social e política, impondo deveres e garantindo direitos e a atuação da Justiça Constitucional teria jurisprudencializado este direito. A Ciência do Direito constitucional não teria uma pretensão de objetividade idêntica à das ciências exatas que observariam uma realidade externa. Na Ciência do Direito Constitucional o jurista criaria o objeto da *"sua ciência"*, pois a norma não seria um dado da realidade mas uma criação do agente do conhecimento. A legitimação das pré-compreensões do intérprete relativamente aos valores da sociedade é também sustentada por Barroso que recusa uma ideia de neutralidade. A criatividade jurisprudencial seria

enfoque sofreu um recente refluxo por parte do autor, confrontado com os excessos de um ativismo emocional, carente de critérios, e desrespeitoso da lei (§ 624).

Subsecção IV
O constitucionalismo "cosmopolita multinível"

405. Tal como foi antecipado supra § 392, as bases do "constitucionalismo multinível" foram lançados na Europa, seja a partir da obra de INGOLF PERNICE a propósito da ideia de Constituição multinível ou compósita, seja, fundamentalmente, por força da obra do juspublicista e filósofo do Direito PETER HÄBERLE[812]. Este último autor desenvolveu a teorética da Constituição aberta ao influxo de princípios constitucionais estruturantes em matéria de direitos fundamentais e de ordenação do Estado de direito democrático que seriam partilhados pelas Constituições e pela jurisprudência constitucional dos Estados europeus, passando a constituir uma variante de "ius commune". Em simultâneo, outros autores catalisaram esta corrente a partir do momento em que problematizaram e testaram a utilidade e a possibilidade de existir uma Constituição desacoplada de um Estado soberano[813].

compatível com a ciência do direito e derivaria da circunstância de o Direito já não caber, *"integralmente no relato da norma, sendo admissíveis construções que expandem o seu sentido e alcance, com fundamento nos valores compartilhados pela sociedade e respeitados os limites da legitimidade democrática da ação judicial"* (LUIS ROBERTO BARROSO "Curso (...)" op. cit, 49-51).

[812] INGOLF PERNICE (in I. PERNICE e F.C. MAYER, De la Constitution Composée de Europe, 2000, Revue Trimestrelle de Droit Européen, p. 623 e seg). O autor, no contexto da União europeia, acentua a ideia de Constituição em detrimento do Estado e privilegia o papel do cidadão em detrimento da autoridade pública. PERNICE recentra o paradigma da União Europeia não em torno de uma associação de Estados (como faz o Tribunal de Karlsruhe nas decisão sobre o Tratado de Maastricht) mas em torno de uma união de constituições que travam entre si relações de complemetariedade e integração e não tanto de hierarquia. Salientando, por outro lado, a influência de HÄBERLE, vide ANTONIO PEREZ LUÑO "El Desbordamiento de las Fuentes del Derecho", 2011, Madrid, p. 86 e seg e 90 e seg. Cfr. especialmente PETER HÄBERLE Derecho Constitucional Comum Europeo", REP, 1993, 79, p. 11 in "Pluralismo y Constitución" e "Estudios de Teoria Constitucional en la Sociedad Abierta", Madrid, 2000, p. 120 e seg.

[813] N. MCCORMICK "Beyond the Sovereign State", in "Modern Law Review", 1993, 56, p. 1 e seg.

Trata-se de um constitucionalismo com poucos constitucionalistas do mundo do Direito[814] abundando, predominantemente, filósofos do Direito, Professores de Direito Europeu e expoentes da Sociologia e da Ciência Política, o que levou a que se lhe referissem como o "constitucionalismo das Ciências Sociais".

Mas, tal como é colocado certeiramente por certos defensores do modelo, o constitucionalismo cosmopolita nasceu, na sua essência, com um propósito político: dotar a União Europeia de uma Constituição. Para eles, a "*Europa precisa de uma Constituição*"[815] e a ideia de pluralismo constitucional seria a melhor maneira de conceber a teorização do constitucionalismo europeu, que englobaria as ordens jurídicas da União e dos Estados.

Há muito que a jurisprudência do Tribunal de Justiça da União Europeia reivindica que os tratados institutivos da União teriam autonomia própria e que exibiriam mesmo, valor constitucional nas relações com o direito dos Estados[816]. Este entendimento foi objeto de reticências de diversos tribunais constitucionais, como o alemão, cujas decisões sobre o Tratado de Maastrich (1992) e sobre o Tratado de Lisboa[817] destacaram o caráter derivado da União, a sua natureza não estatal nem federal, o facto de os Estados serem "senhores dos tratados" e de as mesmas convenções não terem valor constitucional.

Em síntese, o constitucionalismo pluralista teve como desiderato fundamental a criação de uma Constituição Europeia, de forma a ultrapassar a discussão gerada por tribunais constitucionais resilientes sobre quem tem a última palavra nas antinomias entre o direito da União Europeia e as

[814] Em Portugal, RUI MEDEIROS constitui uma honrosa exceção.

[815] MIGUEL POIARES MADURO em geral, "A Constituição Plural: Constitucionalismo e União Europeia", Estoril,2006. Em especial "Europe and the Constitution: what if this is as good as it gets" in AAVV "European Constitutionalism Beyond the State", Ed M Ward, J Weser, M Wind, Cambridge, 2003, p. 76.

[816] Cfr. CARLOS BLANCO DE MORAIS "A Sindicabilidade do Direito da União Europeia pelo Tribunal Constitucional Português", in AAVV "Estudos Sérvulo correia", Coimbra, I, 2010, p. 221 e seg.

[817] http://www.academia.edu/225121/A_decis%C3%A3o_do_Tribunal_Constitucional_Federal_Alem%C3%A3o_sobre_a_constitucionalidade_do_Tratado_de_Lisboa. Autores defensores desta corrente (GONÇALO ALMEIDA RIBEIRO "O Constitucionalismo dos Principios" in AAVV, "O Tribunal Constitucional e a Crise. Ensaios críticos" – org. Almeida Ribeiro-Pereira Coutinho Coimbra, 2014, p. 100 e seg.) criticam o próprio Tribunal Constitucional alemão em razão falta de uma visão cosmopolita na relação entre a Constituição alemã e a ordem jurídica europeia.

Constituições dos Estados[818]. Ao conceder valor constitucional aos tratados, o pluralismo constitucional pretende colocar, na lógica gradualista de formação de um modelo federal europeu, um ponto final na supremacia constitucional dos Estados soberanos. Como solução para conflitos normativos, balanceia entre uma opção ponderativa difusa que recusa a existência de regras fixas de prevalência e uma opção de primado Europeu, como a que constava do artº 6º-I do malogrado tratado constitucional europeu, rejeitado em referendo pela França e Holanda.

Tendo sido esta a "causa das coisas", o facto é que o constitucionalismo pluralista multinível, embora continue a ter a Europa como epicentro, expandiu o seu objeto para um universo mais amplo, por força da globalização (§ 10)[819]. E na verdade, um grupo de politólogos, sociólogos e juristas procuram escavar o que entendem ser as bases de um "constitucionalismo global[820]" projetado a jusante do sobredito "constitucionalismo europeu".

No fundo, este modelo consiste num moralismo reflexivo com pretensões europeias ou globalistas que pressupõe a desvitalização irreversível das constituições nacionais em favor da sedimentação gradual de um constitucionalismo plural, europeu ou global, detentor de um primado difuso. Esta teoria amiga dos direitos fundamentais universais é, igualmente, amiga do neoliberalismo político e económico transnacional, fundamentando a ultrapassagem de resistências constitucionais soberanistas e de constituições sociais com pretensões dirigentes.

818 Miguel Poiares Maduro "Constitucional (...)" op. cit, p. 450 e seg. Embora coloque a teoria do constitucionalismo europeu como uma realidade mais abrangente, o autor acaba por admitir a importância do conflito entre as normas europeias e as constituições nacionais como magno problema que reclama a referida teorização sobre o pluralismo constitucional no universo europeu (p. 452).

819 Mattias Kumm "Global Constitutionalism: Human Rights, Democracy and the Rule of Law,"in *Global Constitutionalism* – Org Antje Wiener, Anthony Lang, James Tully and Miguel Poiares Maduro, 1 , 2012; e " Best of Times and the Worst of Times: Between Constitutional Triumphalism and Nostalgia, in *The Twilight of Constitutionalism?"* – org Petra Dobner , Martin Loughlin, Oxford, 2010); Marcelo Neves "Transconstitucionalismo", S. Paulo, op. cit, 2009.

820 Gunther Teubner "Fragmentos Constitucionais: Constitucionalismo Social na Globalização", S. Paulo, 2016; James Tully, J. Dunoff, A. F. Lang; Mattias Kumm, A. Wiener Editorial, "Global Constitucionalism", 5.1. Cambridge, 2016, p. 1 e seg.; Erika de Wet, "The International Constitutional Order", 2006, in "International and Comparative Law Quarterly", 51 e seg.

Assinalemos nove "ideias-chave" dos fundamentos teóricos desta corrente que envolve uma pluralidade de ramificações teoréticas e sub-posicionamentos doutrinais que não interessa desenvolver.

1º. Registar-se-ia uma desnacionalização[821] ou desestatização do Direito Constitucional, pois a Constituição teria deixado gradualmente de estar apenas ligada ao Estado[822]. Haveria já, como dado adquirido, uma Constituição europeia e, segundo alguns autores, fragmentos normativos constitucionais[823] dispersos em tratados e normas de "soft law" que estruturam organizações internacionais e entidades transnacionais (tais como a Organização Mundial do Comércio, FMI, OSCE, Conselho da Europa, Banco Central Europeu e até agências de notação[824]). Estaria, assim, em curso um trânsito jurídico-constitucional do "nacionalismo para o universalismo"[825].

2º. A soberania deixaria de ser um atributo exclusivo da Constituição estadual[826], transformando-se numa realidade líquida ou porosa[827], já que o processo de globalização e internacionalização do Direito teria gerado "novos e velhos soberanos"[828], a par do Estado, que erodem ou limitam o poder deste último. Ademais, os direitos fundamentais deveriam ser considerados superiores à própria autoridade soberana[829] vinculando o processo constituinte e o correspondente poder de decisão. A União Europeia

[821] Rui Medeiros "A Constituição Portuguesa num Contexto Global", Lisboa, 2015, p. 20 e seg. e 32 e seg.

[822] Mattias Kumm "The Cosmopolitan Turn in Constitucionalism: On the Relationship Between Constitutionalism in and Beyond the State", Cambridge, 2009, p. 263 e seg.

[823] Gunther Teubner "Fragmentos Constitucionais: (...)" op. cit 51 e seg. e 98 e seg.

[824] Cfr supra § . Vide Perez Luño ult. loc cit, p.86.

[825] Perez Luño ult. loc cit p. 90 e seg. e 97 e seg.

[826] Descritivamente, Alexander Somek ("The Cosmopolitan Constitution", Oxford, 2014, p. 3) citando Matin Kriele.

[827] Perez Luño ult. loc cit, p. 92 e seg.

[828] Num viés descritivo e algo crítico Gaetano Azzaritti ("Il Costituzionalismo Moderno Puó Sopavvivere?" Roma, Bari, 2013, p. 49). Para ele os atores do processo de globalização seriam os novos soberanos. Vide, ainda, "Lantisovrano e la Crise delle Costituzioni", in "Riv Dir. Cost", 1996, p. 171 e seg.

[829] Em favor do fator agregador e primacial dos direitos humanos na construção do constitucionalismo global vide Ralph Wilde, Casting Light in the "legal black hole": Some Political Issues at Stake 5 European Human Rights Law Review, 2006, p. 552 e seg. Cfr., ainda, Alexander Somek ult. loc cit, p. 17. Este autor, numa visão descritiva do constitucionalismo cosmopolita, fala em abdicação da autoridade soberana no domínio dos direitos fundamentais, convocando a obrigação de os Estados europeus em acatarem as sentenças do Tribunal Europeu dos Direitos do Homem.

seria o exemplo de uma estrutura supranacional que deteria soberania no exercício de poderes exclusivos e que também exerceria competências que defluiriam da partilha de soberanias estaduais colocadas em comum em benefício da mesma União.

3º. O povo, deixaria de ser o senhor da Constituição como fonte exclusiva de legitimidade de uma ordem jurídica e política[830]. Internamente, a ideia de que existem pessoas a quem a Constituição respeita e que devem participar deliberativamente no processo político (como outros cidadãos da União residentes nos Estados e os demais povos "migrantes") e, externamente, o entendimento segundo o qual existiriam normas constitucionais que podem nascer fora de um ato constituinte imputado a um povo (tais como a hipotética Constituição Europeia e atos estatutários de organizações internacionais) limitariam o protagonismo do povo como única fonte de legitimidade constitucional.

4º. A existência de princípios estruturantes de regulação de direitos fundamentais com caráter homólogo faria com que estes se assumissem como "direito comum" a várias ordens jurídicas, com uma vocação universal[831]. Consequentemente, as normas das Constituições estaduais deveriam assumir um carater aberto, de modo a permitirem que litígios internos na esfera da aplicação desses direitos pudessem ser dirimidos por jurisdições internacionais (tais como, o Tribunal de Justiça da União e Tribunal Europeu dos Direitos do Homem) que passariam a ter um papel fundamental no processo de decisão. No que respeita ao estatuto do poder político, a autoridade soberana do Estado "migraria" gradualmente para o poder de redes de decisão transnacionais[832].

5º. Nos conflitos entre jurisdições internas e internacionais, deixaria de se poder falar em critérios hierárquicos e opções codificadoras[833] já que a

[830] Mattias Kumm "Constituent Power, Cosmopolitan Constitutionalism, and Post-Positivist Law" *"International Journal of Constitutional Law"*, 14, 3, July 2016, p. 699 e seg. Alexander Somek (*ult loc cit, p. 200*) afirma, com alguma ironia, que a terceira fase do constitucionalismo (o cosmopolitismo) não aceita que a Constituição promane do povo e que a própria ideia de povo envolveria algum viés embaraçoso ou até xenófobo porque excluiria cidadãos residentes de outras origens.

[831] Quirino Camerlengo "Contributo ad una Teoria del Diritto Costituzionale Cosmopolitico", Milano, 2007, p. 12 e 97 e seg.; Perez Luño ult. loc cit, p. 86 e seg.

[832] Alexander Somek ult. loc cit, p. 20 e seg.

[833] Perez Luño ult. loc cit, p. 99. Alexander Somek (ult. loc cit, p. 193) entende que a interação entre ordens jurídicas num constitucionalismo plural pretende que os conflitos

prevalência do direito de uma das ordens jurídicas não seria uma solução última, havendo que confrontar as normas de direito interno com uma pluralidade de outras normas também aplicáveis oriundas de ordens transnacionais. Haveria permutas reciprocas de influxos de ordem jurisprudencial e os mesmos conflitos seriam solucionados por critérios suaves ou dúcteis, mediante operações de ponderação que atenderiam às circunstancias concretas do caso.

6º Haveria, na Europa, um sistema jurídico-constitucional geral que compreenderia várias ordens jurídicas dos Estados-membros encimadas por constituições nacionais, numa arquitetura de relações internormativas que alguns designam como pluralista moderada[834] e outros como uma variante de um monismo suave[835].

7º As Constituições dos Estados assumiriam uma natureza cosmopolita já que as suas normas seriam "amigas do Direito Internacional", compreendendo cláusulas de aplicação e prevalência do mesmo Direito (internacional e supranacional) nas ordens internas e os Tribunais Constitucionais teriam de tomar em consideração nas suas decisões, orientações e precedentes de tribunais internacionais[836], mormente no plano dos direitos fundamentais, segurança, domínio financeiro e domínio económico (incluindo a "lex mercatoria"). Consequentemente, as constituições estaduais na Europa deveriam ser interpretadas em conformidade com o Direito europeu.

8º. A constituição cosmopolita seria, igualmente, uma Constituição anti-dirigista[837] sob um ponto de vista económico e social e, por conseguinte,

normativos se solucionem fora de critérios hierárquicos, implicando acomodações e concessões reciprocas.

[834] Poiares Maduro "Constitutitucional Pluralism (...)" op. cit, p. 9 e p. 456 e seguintes. O autor afirma que é possível conceber um sistema jurídico geral de viés constitucional (p. ex a União Europeia) onde estariam integradas ordens constitucionais estaduais autónomas. O sistema e as ordens estariam interconectadas e acomodar-se-iam reciprocamente, de forma a que conflitos normativos não envolvessem um corte de laços recíprocos. Mas o autor afirma ser defensor de um pluralismo moderado aberto a um monismo imperfeito.

[835] Rui Medeiros ult. loc cit. O autor parte de uma construção pluralista para um monismo suave (que envolveria uma mais forte interpenetração de ordens jurídicas no quadro de uma ordem total integrada por sistemas autónomos) de forma a poder solucionar conflitos entre ordens constitucionais distintas, com eventual apelo a normas constitucionais nacionais abertas ao influxo do direito supranacional, como o próprio ensaia, convocando a Constituição portuguesa, no contexto do nº 4 do artº 8º.

[836] Na linha do moralismo reflexivo, julgar seria criar Direito (Perez Luño op. cit, p. 165).

[837] Rui Medeiros, ult. loc cit, p. 84.

aberta à cosmovisão económica e financeira liberal que impera no universo transnacional[838].

9º. Em síntese a Constituição cosmopolita multinível, na sua vertente estadual poderá ser definida como um *estatuto constitucional de um Estado aberto ao Direito transnacional, que integra no seu conteúdo diversos patamares normativos específicos mais ou menos condicionados por normas heterónomas, públicas e até privadas, oriundas de outros sistemas jurídicos, constitucionais ou internacionais, com os quais interage, e no qual uma Carta de Direitos fundamentais estribada em valores de viés europeu ou universal, assentes na dignidade da pessoa humana, prima sobre a organização do poder político.*

Seria uma Constituição com duas faces, como Janus[839]: uma face política e axiológica ancorada em princípios reitores de um sistema de direitos fundamentais, voltado para ordens jurídicas e culturais externas e investido numa proeminência material; e outra face, de ordem "organizatória", que regularia o poder e, na qual, o exercício da democracia (feito no respeito das autonomias territoriais, das minorias e de um pluralismo interno inclusivo de uma sociedade multicultural), acarinharia um processo de decisão consensual escrutinado por uma Justiça Constitucional cosmopolita, com uma forte propensão para a interpretação criadora e arbitragem de conflitos[840]. Detenhamo-nos na problemática do poder constituinte, estrutura normativa e garantia jurisdicional da constituição multinível.

406. O constitucionalismo cosmopolita *desvaloriza o ato constituinte*. Consistindo este numa manifestação suprema de soberania com um escopo fundacional de uma ordem jurídico-política estadual, a forte limitação colocada à soberania do Estado por um universo transnacional e a possibilidade de o fenómeno constituinte se desenvolver também fora das suas fronteiras em benefício de certos entes supranacionais ou internacionais, diluiriam a liberdade e incondicionalidade dessa manifestação soberana. Vejamos em que termos.

[838] Existem, contudo, sensibilidades ditas progressistas ratificando o cosmopolitismo e sustentando até um neoconstitucionalismo cosmopolita não ocidentalizado (Quirino Camerlengo ult. loc cit, p. 263 e seg e 315) ou uma cidadania global democrática e socialmente transformadora, adversa a a um legado cultural e jurídico imperialista (James Tully "Public Philosophy in a New Key, Volume II: Imperialism and Civic Freedom", 2009, p. 242).

[839] Assim Alexander Somek ult. loc cit, p. 244.

[840] Alexander Somek fala numa migração para a juristocracia (ult. loc cit, p. 74) citando Hirshl (Towards Juristocracy: the origins and consequences of new constitucionalismo", Cambridge, 2004.

1º. O modelo de constituição cosmopolita dilui a vontade popular constituinte, na medida em que a noção de soberania se teria desestatalizado e internacionalizado e o povo teria deixado se ser o seu único titular. O Estado soberano estaria hoje limitado por um Direito Internacional Público que não resultaria apenas do seu consentimento, mas essencialmente da dinâmica autónoma da própria comunidade internacional[841] que teria ganho uma legitimidade própria. A legitimidade de uma Constituição estadual não dependeria apenas da vontade popular mas da forma como a mesma Constituição se encontraria integrada na ordem jurídica internacional, ordem ela própria gerada, de forma espontânea, por um novo tipo de poder constituinte[842].

Num universo constitucionalista pós-estadual, pós-soberano e pós-positivista, o poder constituinte assumiria uma força limitada, passando o povo e a comunidade internacional a ser coautores do processo constituinte interno dos Estados e externo do Direito Internacional, como componentes centrais de uma conceção integrativa e plural de Direito Público global[843].

Em síntese, o chamado "novo constitucionalismo" não aceitaria que a Constituição pudesse resultar, necessariamente, de um ato soberano imputado à ação do povo[844]. Por outro lado, as decisões que afetam as pessoas não respeitariam apenas ao povo[845], pelo que as bases de legitimação constitucional deveriam necessariamente alargar-se para além deste. Os representantes eleitos de um processo constitucional assumiriam, a "representação virtual", não apenas dos eleitores mas também de outros atores, como entidades transnacionais, estrangeiros residentes da União e os omnipresentes migrantes[846].

2º. A Constituição cosmopolita poderia, assim, nascer sem parto, dentro e fora do Estado, e prescindiria da necessidade de um ato constituinte

[841] Erika de Wet ("The Emergence of International and Regional Value Systems as a Manifestation of the Emerging International Constitutional Order", 19, LJIL, 2006, 611 e seg) sustenta que o valor ético das normas internacionais formado pelas normas positivas globais, princípios gerais de Direito Internacional Público e "ius cogens" constituiriam um direito constitucional global que se imporia aos Estados.

[842] Mattias Kumm "Constituent Power (...)" op. cit, p. 703.

[843] Mattias Kumm ult. loc cit, p. 711.

[844] Descritivamente, Alexander Somek, ult. loc cit, p. 200 e seg.

[845] Mattias Kumm "Constituent Power (...)" op. cit, 705 e seg. e 707; Miguel Poiares Maduro ult. loc cit, p. 641.

[846] Alexander Somek (op. cit, p. 24) fala em "representação virtual", na Constituição cosmopolita.

típico ou de um momento fundacional[847]. Os paladinos da existência de um Direito constitucional europeu falam numa constituição europeia reconduzida ao Tratado de Lisboa e à jurisprudência do TJ que o interpreta

Alguns autores dão já como assente a existência de um Direito constitucional europeu, (independentemente de o Tratado Constitucional europeu ter sido rejeitado), considerando, numa apreciação existencialista, que há traços constitucionais no sistema jurídico da U.E., a qual teria deixado de assumir uma natureza puramente internacional[848].

Outros entendem que a Europa necessitaria de uma Constituição (§ 405)[849], decorrendo essa necessidade do imperativo de se garantir a limitação dos poderes dos órgãos da União, da exigência de se evitar que os interesses nacionais sejam afetados por outros interesses de ordem idêntica ou comum, e de se garantir a democratização interna e a inclusão estruturada das democracias nacionais num sistema democrático geral[850]. Mas como é óbvio, a necessidade de serem instituídos mecanismos para dirimir conflitos entre normas do Estado e da União e de se ordenar coerentemente a aplicação de subsistemas de direitos humanos fundamentais (dos Estados, da União, da Convenção Europeia dos Direitos do Homem e, no limite, dos Pactos das Nações Unidas) constituiriam outras razões da justificação desse constitucionalismo.

Haveria, por conseguinte, um pluralismo genético na formação de uma Constituição, dentro e fora dos Estados, em que o poder constituinte formal, na esfera estadual, coexistiria com constituições que nasceram como tratados mas cujo valor constitucional seria reconhecido *ex post*, pela doutrina e, sobretudo, pelos tribunais[851]. Seria o já referido "constitucionalismo espontâneo" que emergiria não só na esfera da União Europeia, mas também das normas estatutárias de outras organizações internacionais, falando-se a este propósito numa constituição global composta por fragmentos[852].

[847] Mattias Kumm ult. loc cit, p. 709.

[848] Rui Medeiros ult. loc cit, p. 54 e seg.

[849] Miguel Poiares Maduro ult. loc cit, p. 450.

[850] Miguel Poiares Maduro ult. loc cit, p. 461 e seg.

[851] Cfr. por exemplo a decisão do TJ da então Comunidade Europeia Partido ecologista "Os verdes" de 1986 e o Parecer 1/91 de 14 de dezembro de 1991. Segundo Mario Patrono (I Diritti Dell Ùomo Nel Paese D'Europa", Padova, 2000, p. 177), o TJ "raciocinaria "como se a Comunidade Europeia fosse um Estado federal, embora imperfeito, e ainda situado num estado embrionário em formação (...) e como se o Tratado fosse uma constituição (...)".

[852] Gunther Teubner "Fragmentos (...)" op. cit, p. 124 e seg e 169 e seg.

Paralelamente, esmaece também o relevo dos procedimentos fixados pelo poder constituinte para a revisão das Constituições[853]. Existe uma abertura clara a mutações ou transformações informais da Constituição estadual (vide supra § 284), ditadas gradualmente por via jurisprudencial (interna ou internacional)[854]. Essas mutações operariam através da concretização de princípios comuns entre as ordens constitucionais nacionais e ordens externas (como a europeia), podendo certas regras das primeiras constituições serem desvitalizadas pelos princípios, sobretudo se estes respeitarem a matérias qualificadas, como as dos direitos fundamentais, interpretadas dominantemente a nível europeu de certa maneira.

3º. A ideia da incondicionalidade da decisão constituinte passaria a sofrer derrogações, na base de uma leitura moralista do posicionamento constitucional dos direitos fundamentais. Estes (ou alguns destes) constituiriam, como vimos, um "ius commune", europeu ou universal e impor-se-iam à própria soberania[855]. O princípio transcendente da dignidade da pessoa humana no constitucionalismo cosmopolita, erigiria os direitos fundamentais universais, a Legalidade e o princípio democrático a um estatuto de proeminência em matéria constitucional e um limite intrínseco à vontade soberana[856], nela incluída a vontade soberana do poder constituinte estadual ou do poder de revisão[857].

407. No que concerne à *estrutura normativa própria do arquétipo da constituição multinível,* abunda o império da principiologia, bebida, quiçá, a par dos subsídios já expostos de HÄBERLE, na velha construção do "Direito suave" de ZAGREBELSKI (§ 397 e seg.). O postulado de que os princípios constitucionais prevaleceriam sobre as regras constitucionais, mormente em sede interpretativa, lateja, pese que sem grande precisão, nesta construção.

Para os teóricos do modelo, registar-se-ia nos Estados europeus uma "*inundação de fontes normativas*", umas oriundas de subsistemas autónomos que atuam no quadro estadual (municípios, regiões, autogovernos corporativos, experiências de autogestão e de autotutela) e outras de viés externo,

[853] AZZARITI ult. loc cit, p. 174 e seg.
[854] MATTIAS KUMM ult. loc cit, p. 701.
[855] HÄBERLE "Derecho Constitucional Comum (...)" op. cit p. 36; PEREZ LUÑO ult. loc cit, p. 97.
[856] Assim, descritivamente, ALEXANDER SOMEK, ult. loc cit, p. 17. Seria a soberania dos direitos fundamentais.
[857] MATTIAS KUMM ult. loc cit, p. 710- 711.

como um direito europeu investido de uma supremacia expansiva sobre o direito estadual, assim como o sistema europeu de proteção dos direitos do homem, no âmbito do TEDH[858].

A constituição multinível refletiria tensões axiológicas entre a unidade e a hierarquia, de um lado, e o pluralismo de outro. Um enfoque interno sobre a estrutura de fontes não seria mais possível num mundo interconectado e pautado pelo primado dos direitos fundamentais[859]. Ressurge neste último contexto, o paradigma do "ius cogens", um direito universal enformado por princípios estruturantes de um sistema de direitos fundamentais que assumiria um valor supraconstitucional[860]. Por outro lado, a ideia de uma harmonização interpretativa da Constituição com os tratados em geral seria imposta por grandes princípios de Direito Internacional que integrariam esse "ius commune", como o "pacta sunt servandae". E, mesmo no plano da aplicação da lei ordinária, haveria que reconhecer que o sistema jurídico europeu inseriria o direito dos Estados no contexto de uma "normatividade transversal", onde em muitos casos a aplicação coativa da lei cederia perante imperativos de compromisso e adesão voluntária a certas convenções de direito público ou privado e onde a mesma lei, por força da aplicação da medida de valor da equidade e do principio da subsidiariedade, poderia recuar em face de outras fontes de menor hierarquia, ou mesmo de *soft law*[861].

408. O chamado constitucionalismo cosmopolita valoriza *o papel dos tribunais como árbitros e sede de resolução de conflitos constitucionais entre ordens e sistemas jurídicos diversos*. Fora da do hemisfério europeu, o recurso à arbitragem transnacional constituiria um passo para a resolução de litígios entre sistemas constitucionais distintos, estadualizados ou não.

Sendo a *interpretação da Constituição* uma prerrogativa dos órgãos de Justiça Constitucional, verificar-se-ia que todos os litígios que requeiram uma interpretação das constituições dos Estados, dos tratados e das normas de direito europeu envolveriam tribunais nacionais com funções de controlo de constitucionalidade e o Tribunal de Justiça da União. Dada a abundância de princípios e normas com conteúdo indeterminado seria incontornável

[858] Perez Luño ult. loc cit, p. 92.
[859] Perez Luño ult. loc cit, p. 98 113 e seg.
[860] Rui Medeiros, ult. loc cit, p. 296 e seg.
[861] Perez Luño ult. loc cit, p.113 e seg.

um aumento da discricionariedade ou de alguma liberdade decisória dos tribunais, jurisdicionalizando-se o debate político e constitucional[862].

Em suma, o constitucionalismo multinível hipervalorizaria os princípios e atribuiria aos tribunais um papel poderoso tanto na sua descodificação, como na criação de direito, como ainda na resolução de conflitos, embora este último problema configure a maior seara de incerteza desta construção. Cumpre pontuar o que se passa a referir.

1º. Os Tribunais constitucionais dos Estados europeus, adiram ou não ao pluralismo constitucional, deveriam interpretar as respetivas constituições tendo em conta as exigências do direito europeu[863] ou em conformidade com este (tese que envolve a supremacia mais ou menos esmaecida do referido direito). Integrando, simultaneamente, na qualidade de tribunais europeus, o hipotético sistema constitucional da U.E., os órgãos de Justiça Constitucional nacionais deveriam ser permeáveis ao fluxo da jurisprudência dos tribunais internacionais, do Tribunal de Justiça da União e também a "leading cases" dos tribunais constitucionais de outros Estados pertencentes à mesma família ou rede constitucional.

2º. A metódica interpretativa operada pelos diversos tribunais com funções constitucionais para dirimir conflitos entre normas de duas ordens jurídicas não foi construída, pese o facto de abundar na doutrina, a via da ponderação de princípios e de valores.

Alguns autores abrem essa solução ponderativa em matéria de direitos fundamentais aos grandes princípios de direito comum, aditando complementarmente o uso de critérios de solução de conflitos como a subsidiariedade e a equidade[864]. Outros sublinham ser o "dever" de ponderação a via mais adequada, no novo contexto de um "balancing State", mas reconhecem não poderem, ainda, propor uma metodologia específica para essa operação ponderativa numa realidade transconstitucional[865]. Outros, finalmente, desenterram o método haberliano da "comparação" (supra § 396 e §683) como suposto quinto estadio interpretativo, subsequente aos estádios literal, sistemático, histórico e teleológico, considerando-o como verdadeira chave para entender o sentido atual e mutável de uma Constituição estadual inserida numa rede cultural e jurídica de constitucionalismo europeu[866].

[862] Cfr. Alexander Somek, ult. loc cit, p. 7.

[863] Miguel Poiares Maduro ult. loc cit, p. 459.

[864] Perez Luño ult. loc cit, p. 97 e seg. 173.

[865] Rui Medeiros ult. loc cit, p. 345.

[866] Perez Luño ult. loc cit p. 88 e seg.

3º. Criada, também, para solucionar conflitos entre o "direito constitucional europeu" e as constituições nacionais (atenta a resistência de alguns tribunais constitucionais), o cosmopolitismo constitucional não oferece, contudo, uma solução única ou dogmaticamente firme.

Alguns autores entendem que havendo normas constitucionais dos dois lados (o estadual e o europeu), esse conflito não estaria hierarquicamente regulado, podendo a última palavra ser reclamada, quer pelas autoridades jurisdicionais nacionais quer pelas europeias[867]. Um rumo normal de funcionamento seria um diálogo entre os dois tipos de instâncias, processualmente operada através do reenvio prejudicial e materialmente instruída através da apreensão recíproca das respetivas orientações jurisprudenciais dominantes. Admitindo dificuldades em impor o que seria o legítimo primado do direito europeu sobre as constituições nacionais e não existindo mecanismos de *"enforcement"*, considera-se que o peso de cada sentença defluiria do seu valor discursivo (fundamentação) e que no limite poderia haver primado da Constituição nacional nos casos em que a U.E. abusasse dos seus poderes. De todo o modo aceita-se ser admissível que o conflito seja deixado em aberto, sem solução[868].

Outros reconhecem que o "locus" da derradeira supremacia permanece por resolver, mas consideram que os tribunais, mormente os nacionais, devem operar um juízo de ponderação na observância de um nebuloso *"princípio cosmopolita"*[869] salientando que, apenas em situações extremas, podem esses tribunais julgar inconstitucional o direito europeu. Mesmo quando o Tribunal Constitucional tem a última palavra, como em Portugal por força do nº 4 do artº 8º da CRP, já que o direito europeu não prevalece sobre os "princípios fundamentais do Estado de direito democrático", este setor desvaloriza em boa parte este limite, apartando-o dos princípios que integram os limites materiais de revisão constitucional, mormente, o da independência nacional.

[867] Poiares Maduro, ult. loc cit, p. 84.
[868] Poiares Maduro ult. loc cit, p. 91, 93 e seg.
[869] Rui Medeiros ult. loc cit, p. 345, 377 e 387 e seg.

Secção III
A Constituição positivista

3.1. Síntese

409. Sob a referência positivista, onde avulta a ideia de império do direito normativo decidido, albergam-se uma miríade de conceções distintas e até discrepantes de Constituição, nem sempre se revelando simples precisar entre elas, atributos estáveis de natureza comum. Excluiremos desta análise o positivismo exegético oitocentista, o qual perdeu a sua atualidade, tanto no universo do Direito, em geral, como no Direito Constitucional, em particular.

No moderno universo positivista distinguem-se e, por vezes, contrapõem-se:

i) Os que fazem assentar o fundamento da Constituição numa regra superior de caráter jus-internacional e que definem a mesma Constituição como norma sobre a produção de outras normas do Estado (Kelsen) e os que caracterizam a mesma Constituição como uma decisão política fundamental criadora de uma ordem jurídica de domínio estatal(Schmitt);

ii) Os que a configuram como uma regra jurídica superior, imune a influxos morais (Kelsen) e os que admitem que as normas constitucionais podem, a título eventual, incorporar valores morais e outros padrões de ordem metajurídica (Hart);

iii) Os que procuram um conceito neutro de Constituição como *norma normarum* e estatuto de organização do poder, passível de vigorar em qualquer regime (Crisafulli e Paladin) e os que a concebem como um estatuto procedimentalizado de poder e de tutela de direitos fundamentais, indissociável da democracia (Habermas);

iv) Finalmente, os que a caracterizam com um conjunto de procedimentos que regem um sistema aberto à sociedade e que operam como instrumento de comunicação com outros sistemas externos ao direito (Habermas) e os que a vislumbram simultaneamente, como uma ponte entre o jurídico e o político e como um "instrumento de fecho" do sistema jurídico, no quadro de uma conceção auto-referencial do Direito (Luhmann).

Impõe-se, por conseguinte, nesta diversidade, destacar os atributos comuns a todas ou quase todas as sensibilidades positivistas, sobre o poder constituinte, o conceito e as funções da Constituição, a sua estrutura normativa e a metodologia de interpretação da Constituição, os quais se revelam indispensáveis à recondução das mesmas sensibilidades a um "corpus" doutrinal minimamente consistente. Vejamos então.

1º. *Sobre o poder constituinte,* as correntes consideradas partem do pressuposto que *a* Constituição é, originariamente, direito decidido ou posto por um poder constituinte de legitimidade popular que, sendo soberano, age sem observar limites jurídicos que lhe sejam superiores.

Ainda assim, importa confrontar esse pensamento com o entendimento particular e algo isolado de KELSEN (infra §410) segundo o qual a Constituição de um Estado estaria sujeita a uma norma fundamental hipotética (Constituição em sentido lógico) que teria brotado do direito consuetudinário internacional. Releva, ainda, o pensamento de HABERMAS (infra § 426) do qual se estrai que a democracia é um predicado ontológico da Constituição, retirando-se, implicitamente, do seu pensamento que toda a *lex superior* que não consagre um regime democrático não é, verdadeiramente, uma Constituição[870].

2º. *Quanto à conceptualização de Constituição,* a generalidade das sensibilidades jus-positivistas concebem-na como uma norma destinada a vincular e reger a produção das restantes normas, a estabelecer regras sobre a organização e limitação do poder político e a assegurar a garantia dos direitos fundamentais dos cidadãos.

Impera, neste ponto, um propósito descritivo da realidade constitucional, do qual está arredada qualquer conceção idealista de Lei Fundamental.

CARL SCHMITT apresenta a peculiaridade de distinguir a Constituição positiva, uma decisão política, da Lei constitucional, a qual reduz a um complexo de normas criada pela primeira. Não parece fazer sentido a distinção, pois esta parece criar uma área de sobreponibilidade entre Constituição e poder Constituinte. É o poder constituinte que constitui uma

[870] Trata-se de um posicionamento que, podendo valer para sociedades democráticas europeias, como a União Europeia, ou para o universo anglo-saxónico, não tem relevo dogmático no plano universal, na medida em que retira valor constitucional a uma boa parte dos ordenamentos estaduais da comunidade internacional, incluindo a China. Trata-se, no fundo, um retorno à noção de constituição semântica de LOEWENSTEIN, que interessa no plano politológico e ontológico mas tem pouca serventia no plano jurídico.

decisão política fundamental, pelo que Constituição se conforma com um conjunto de normas que são produto dessa decisão de acordo com a ideia de direito subjacente ao mesmo poder constituinte.

O positivismo separa a moral e o Direito Constitucional, reconduzindo-os a sistemas distintos. Em tese, seria concebível uma Constituição, mesmo em democracia, indiferente a critérios de ordem moral, sem que a sua validade e efetividade jurídica pudesse ser questionada.

Ainda assim, a larga maioria da doutrina positivista do tempo presente, na linha de HART, aceita que o decisor constituinte possa, *por vontade própria e inequívoca*, incorporar valores extrajurídicos, mormente de ordem moral, em normas constitucionais, passando nesse caso alguns padrões de ordem ética a valerem normativamente como parte da mesma Constituição. Essa incorporação, a ocorrer não significa, contudo, que os princípios normativos que enunciem esses valores disponham de qualquer superioridade jurídica sobre outros princípios ou regras constantes da Constituição[871].

3º. *No plano da estrutura normativa,* a larga maioria dos positivistas aceita, pese que tardiamente e com reservas, que as normas constitucionais assumam caráter aberto e que se decomponham em princípios normativos e em regras.

KELSEN terá sido o único autor de relevo que, aceitando a sua existência, desconsiderou o peso dos princípios normativos, dando à norma um sentido unitário, assimilável à ideia de regra[872].

No que, em particular, concerne à *eficácia aplicativa das normas constitucionais, os positivistas, de um modo geral, consideram que todas valem juridicamente, embora no respeito do regime de aplicabilidade que estiver estipulado na própria Constituição pelo que, no caso de falta de estipulação, importaria examinar em con-*

[871] KELSEN e SCHMITT, e mais atenuadamente o próprio LUHMANN, não deixam de contestar o mérito dessa incorporação de valores indeterminados de ordem moral na Constituição e no direito em geral, já que a opção incorporacionista relativizaria esse valores, inquinaria o raciocínio jurídico com medidas de valor utópicas ou estranhas ao direito e abriria as portas ao decisionismo judicial e ao ativismo da Justiça Constitucional.

[872] Pese a relutância de muitos positivismos à efetividade normativa direta dos princípios, a posição de Kelsen foi superada, atenta não apenas a experiência constitucional norte-americana desde o século XIX, como também a evidente constelação de princípios explícitos nas constituições positivas do tempo presente, assim como todas as soluções hermenêuticas acolhidas pela doutrina e pela jurisprudência constitucional relativamente à concretização dos mesmos princípios e à solução de fenómenos de colisão, seja com outros princípios, seja com regras constitucionais.

creto o enquadramento e estrutura de cada norma para aferir da sua exequibilidade imediata ou mediata.

As normas sobre direitos sociais, sendo aceites, não merecem especial atenção por parte de expoentes como KELSEN, SCHMITT (que não os considera direitos fundamentais "hoc sensu")e HART. LUHMANN dedicou-lhe alguma atenção nas suas críticas a um modelo de "Estado de Bem-Estar" que injetaria direito e dinheiro para solucionar tensões e problemas.

No que respeita a critérios *hermenêticos de interpretação constitucional e integração de lacunas da* Constituição as diversas correntes positivistas não oferecem, de um modo geral, no plano metódico, um contributo inovador ou relevante em face do pensamento dogmático construído pelo positivismo historicista de VON SAVIGNY, o qual ainda hoje é intrinsecamente válido, embora não suficiente, na esfera das metodologias interpretativas da Ciência do Direito Constitucional.

De um modo geral, e na base do ensinamento de FORSTHOFF (§ 657 §695), que ajustou o método dogmático à interpretação constitucional, os positivistas consideram a Constituição como uma Lei, uma norma que, pese a sua abertura, deve ser interpretada como as outras normas. Isto, sem prejuízo de uma boa parte dos mesmos reconhecer que nem sempre a subsunção se revela um método interpretativo adequado para elucidar o sentido dos princípios constitucionais (BOCKENFÖRDE) e que a Constituição não regula todas as questões da vida política e social, cumprindo ao juiz integrar com alguma discricionariedade, as lacunas do ordenamento.

Quanto à natureza e ao poder do intérprete, constitui um denominador comum do positivismo a rejeição categórica do ativismo judicial, sendo tido como contrário ao principio da separação de poderes que os tribunais se imiscuam em questões de política constitucional. A grande maioria dos autores aceita o papel dos tribunais constitucionais como custódios da Constituição, sendo aliás KELSEN o pai-fundador desse modelo de defesa das normas constitucionais, embora na lógica estrita do "legislador negativo".

A aceitação da Justiça Constitucional envolve algumas exceções como a de SCHMITT e a de HABERMAS (este apenas durante uma primeira fase do seu pensamento (infra, § 425 e seg.) os quais, temendo um governo judiciário carente de legitimidade democrática, sustentaram, respetivamente, que deveriam ser, o Chefe de Estado e o Parlamento, os custódios da Constituição. Cumpre referir que normativistas, como KELSEN e HART, no caso de se verificarem lacunas constitucionais, entendem que os juízes não podem denegar justiça e que possuem um campo necessário de criatividade discricionária que não será, contudo, uma discricionariedade equiparável à liberdade conformadora do legislador,

3.2. Nota sobre a Constituição positiva e os seus teóricos

A. *O normativismo: a Constituição como norma de referência da ordem jurídica do Estado*

410. O normativismo constitucional foi construído originariamente por Hans Kelsen e posteriormente reelaborado, à luz da realidade jurídica do tempo presente, por Herbert Hart.

O normativismo não se reduz a uma teorética constitucional já que entronca numa realidade mais vasta, que é o "mare magnum" de uma Teoria do Direito. E, na verdade, quer Kelsen quer Hart, para além de professores de Direito Público, foram grandes expoentes da Filosofia do Direito[873].

A temática do poder constituinte e dos seus limites é escassamente tratada pelo positivismo normativo.

Kelsen distingue a ideia de Constituição em sentido" lógico jurídico" e em sentido "lógico-positivo"[874].

A primeira, entrosada nas premissas da sua pré-compreensão filosófica da "Teoria Pura do Direito" consistiria numa *"norma fundamental hipotética não positiva que cria uma ordem jurídica estatal, fundamentando a sua unidade"*. Essa ideia de Constituição seria um facto fundamental predicado por uma norma geral do Direito Internacional Público de hierarquia superior à das normas da ordem jurídica interna dos Estados. Por conseguinte, a norma-pressuposto que operaria como fundamento de validade do direito interno estadual e, como tal, da sua Constituição, em sentido lógico-positivo repousaria na ordem jurídica internacional a qual fixaria os termos do próprio reconhecimento internacional do Estado.

[873] Hans Kelsen foi Professor de Direito Público da Faculdade de Direito da Universidade de Viena, pai fundador do positivismo normativo e inspirador da Justiça Constitucional concentrada na Europa e, simultaneamente, um dos grandes filósofos do Direito do Século XX, tendo concluído o seu magistério na Universidade norte-americana de Berkley, onde faleceu em 1973, com 91 anos. Hans Kelsen foi um importante filósofo do Direito que ocupou a cátedra de Teoria Geral do Direito em Oxford entre 1952 e 1968, lugar em que foi substituído por Ronald Dworkin com o qual manteve uma acesa mas construtiva polémica sobre a natureza das normas jurídicas, moral e Direito e a discricionariedade judicial.

[874] Hans Kelsen "Teoria General del Estado", Mexico, 1979, p. 165 e seg. e p. 327 e seg.

Já a Constituição em sentido "lógico-positivo" corresponderia ao conceito de "lei Fundamental" da ordem interna dos Estados, formalmente colocada numa posição de superioridade em face das demais normas de direito interno[875].

Kelsen, ao aceitar que a Constituição em sentido lógico-jurídico se encontra subordinada a uma norma (indeterminada) de Direito Internacional, admite limites heterónomos ao poder constituinte, nem que seja no domínio dos pressupostos de reconhecimento do Estado. Fora este limite, no plano interno, o autor não reconhece limites de ordem moral ou quaisquer outros ao poder constituinte, o qual seria *"qualitativamente um poder específico que não deriva da Constituição"*[876].

Trata-se de uma posição considerada contraditória com a lógica positivista e que foi duramente criticada por Merkl e por Schmitt (infra § 345).

Já a problemática da limitação moral do direito é desenvolvida em termos muito mais claros e contundentes.

Kelsen defende a separação clara entre moral e Direito contestando o postulado de que as normas jurídicas devam ser morais[877]. Em primeiro lugar porque tal implicaria a existência de uma única conceção válida de moral, o que não corresponderia à realidade, pois existiriam numa sociedade pluralista, várias conceções morais em coexistência simultânea, não podendo o direito ser tributário apenas de uma dessa conceções. Isto, sob pena de deixar de ser entendido como moral pelos restantes membros da sociedade[878]. Hans Kelsen preconiza, igualmente que a ordem moral é variável e que aquilo que é bom e justo num dado momento histórico pode não o seu noutro momento distinto[879]. Os valores morais, de ordem subje-

[875] Hans Kelsen ult. loc cit, p. 330.

[876] Hans Kelsen ult. loc cit.

[877] Hans Kelsen "Teoria Pura do Direito" cit, p. 48 e seg.

[878] Refere o autor que *"Devemos ter presente, porém, quando apreciamos "moralmente" uma ordem jurídica positiva, quando a valoramos como boa ou má, justa ou injusta, que o critério é um critério relativo, que não fica excluída uma diferente valoração com base num outro sistema de moral, que, quando uma ordem jurídica é considerada injusta se apreciada com base no critério fornecido por um sistema moral, ela pode ser havida como justa se julgada pela medida ou critério fornecido por um outro sistema moral* (Herbert Hart ult. loc cit.)

[879] Escreve Kelsen *"Igualmente é de acentuar, com particular relevo, que as conceções sobre o que é moralmente bom ou mau, sobre o que é e o que não é moralmente justificável – como, v. g., o Direito – estão submetidas a uma permanente mutação, e que uma ordem jurídica ou certas das suas normas que, ao tempo em que entraram em vigor, poderiam ter correspondido às exigências morais de então, hoje podem*

tiva, não condicionariam a validade do direito, e logo à partida, a da Constituição. Ainda assim o autor adverte que *"uma teoria dos valores relativista não significa como muitas vezes erroneamente se entende – que não haja qualquer valor e, especialmente, que não haja qualquer Justiça. Significa, sim, que não há valores absolutos mas apenas valores relativos, que não existe uma Justiça absoluta mas apenas uma Justiça relativa"*.

HERBERT HART não aceita a ideia de norma pressuposta de KELSEN como limite à norma de referência do ordenamento, que a doutrina tende a fazer coincidir com a Constituição. Não existiria, deste modo, qualquer parâmetro de ordem moral, ou outro, acima da *norma constitucional de referência.*

HART procedeu a um *aggiornamento* importante do pensamento de KELSEN em relação aos ordenamentos jurídicos europeus do pós-guerra, protagonizando uma corrente que o próprio qualificou como "positivismo moderado". O Autor, depois do *"post scriptum"* à sua obra *"O conceito de Direito"*[880] em que responde elegante mas incisivamente às críticas de DWORKIN, deu corpo a uma importante corrente na Filosofia do Direito e no Direito Constitucional designada por "positivismo inclusivo". A atualidade do pensamento de HART, na sua projeção para o Direito Constitucional, é inseparável do seu *"post scriptum"*[881] já que nesse opúsculo ele clarifica de forma substancial a relação entre moral e Direito.

O autor clarifica que Moral e Direito seriam realidades separadas, relativamente às quais não existiriam conexões conceptuais necessárias. As normas, justas ou injustas, resultariam de fontes sociais e seriam critérios jurídicos de importância fundamental para as pessoas, independentemente dos seus méritos morais, sendo falso dizer-se que os direitos só fazem sentido se houver fundamento moral[882] para a sua existência, e que uma regra valorada como injusta poderia ser equiparada a não direito[883]. Existiriam, na verdade, direitos e deveres jurídicos que não teriam qualquer justificação moral.

ser condenadas como profundamente imorais. A tese, rejeitada pela Teoria Pura do Direito mas muito espalhada na jurisprudência tradicional, de que o Direito, segundo a sua própria essência, deve ser moral, de que uma ordem social imoral não é Direito, pressupõe, porém, uma Moral absoluta, isto é, uma Moral válida em todos os tempos e em toda a parte." (HANS KELSEN ult. loc cit.)

[880] HERBERT HART "O Conceito de Direito", Lisboa, 2011.

[881] HERBERT HART "Pós-Escrito" in "Conceito de Direito", cit, p. 299 e seg.

[882] Mesmo um simples fundamento indiciário, como sustenta DWORKIN.

[883] HERBERT HART ult loc cit, p. 332 e seg.

Sem embargo, e este é um *ponto fundamental do positivismo inclusivo*, as normas *jurídicas podem voluntariamente incorporar critérios morais.* Os princípios ínsitos numa norma de referência podem *"criar limites e constrangimentos morais àquilo que vale como direito"*[884]. Nesta base, a interpretação e concretização desses princípios far-se-ia apelando aos valores de ordem moral ou de outra ordem extrajurídica, que os mesmos declarem.

411. Para KELSEN, a *Constituição dos Estados seria a Constituição em sentido "lógico-positivo"* representando a norma de grau superior de uma ordem jurídica estadual[885]. KELSEN identifica a componente substancial de Constituição no produto de uma tradição histórica que inseriria no objeto da *"lex fundamentalis"* normas sobre organização do poder e um catálogo de direitos fundamentais[886]. A par das funções de organização e garantia, o autor sublinha o *fim da norma constitucional* como fundamento da produção e validade das restantes normas de direito interno.

Segundo HART, a Constituição, dentro do paradigma dos textos fundamentais rígidos, constitui um limite jurídico formal e substancial ao poder político (com relevo para o legislativo), na medida em que normas relativas à "divisão dos poderes" e a "certos direitos individuais" não podem ser alterados pela legislação ordinária[887].

No plano faz suas *funções,* estas normas superiores, designadas por regras de reconhecimento[888], destinar-se-iam a regular e a limitar poderes constituídos soberanos, a conferir ao sistema jurídico uma marca de autoridade, e a operar como fundamento de validade e produção das restantes normas ocupando uma posição própria no vértice da ordem jurídica. No constitucionalismo moderno, a regra de reconhecimento identifica-se com a Constituição, na medida em que a mesma é uma regra "última" que faculta os critérios de ordem suprema para a identificação das restantes regras do sistema[889].

412. *Relativamente à configuração da estrutura normativa da Constituição* KELSEN entende que todo o sistema jurídico seria integrado por normas e, por, maioria de razão, pela Constituição. E as normas para KELSEN são

[884] HERBERT HART ult. loc cit, p. 333.
[885] HANS KELSEN "Teoria General (...)" op. cit, p. 306 e 325.
[886] HANS KELSEN ult. loc. cit p. 330.
[887] HERBERT HART "O Conceito (...)" op. cit, p. 81.
[888] HERBERT HART ult. loc cit, p. 104.
[889] HERBERT HART ult. loc cit, p. 116 e 123.

entendidas como regras[890]. As normas superiores da ordem interna contidas na Constituição seriam normas de "autorização" e poderiam, como "moldura jurídica" não apenas fixar o órgão e o processo pelo qual a norma inferior é produzida mas, igualmente, determinar o seu conteúdo.

KELSEN no que respeita ao aos princípios de conteúdo jurídico, embora aceite a sua existência, propõe que o poder constituinte não os incorpore na Lei Fundamental. Uma Constituição que integre princípios como equidade, justiça, igualdade ou liberdade, na qualidade de padrões vinculantes da conduta do poder legislativo criaria o risco de um subjetivismo inaceitável por parte do juiz constitucional quando aplicasse os "valores" correspondentes ao caso concreto, concedendo-se uma preferência das pré-compreensões filosóficas, ideológicas e etiológicas do juiz sobre as opções do legislador. Os constituintes deveriam, por conseguinte, de se abster de constitucionalizar essa fraseologia principiológica, já que a mesma poderia potenciar uma deslocação de poderes entre os órgãos que exercem as funções do Estado[891].

A serem constitucionalizados, esses princípios jurídicos seriam objeto de concretização e escolha discricionária pelo legislador, mas já não deveriam ser convocáveis pelos juízes constitucionais, sob pena de um abuso de poder pelos tribunais constitucionais, suscetível de abalar o equilíbrio institucional[892].

HART, que decompôs as normas jurídicas do ordenamento em primárias e secundárias, transpôs estas últimas, relevando para que integrassem a regra de reconhecimento, para o domínio constitucional. O autor admitiu que as mesmas evidenciassem uma textura aberta[893], na medida em que, regras gerais, padrões e princípios envolveriam um grau expressivo e variável de indeterminação e uma abertura a uma série de possibilidades. Essas normas incorporariam quer mandatos que definem com segurança certas condutas, quer outras que deixam em aberto para solução posterior, escolhas só passíveis de configuração em razão do caso concreto. O que

[890] Segundo KELSEN "*As normas jurídicas, por seu lado, não são juízos, isto é, enunciados sobre um objeto dado ao conhecimento. Elas são antes, de acordo com o seu sentido, mandamentos e, como tais, comandos, imperativos. Mas não são apenas comandos, pois também são permissões e atribuições de poder ou competência* (HANS KELSEN ult loc cit, p. 52).

[891] HANS KELSEN "Jurisdição Constitucional", S. Paulo, 2003, p. 167 e seg.

[892] HANS KELSEN "Teoria Geral das Normas", Porto Alegre, p. 155 e seg.

[893] HERBERT HART ult. loc cit, p. 137 e "Post Scriptum", p. 314.

faria diferenciar os *princípios em relação às regras* seria, em primeiro lugar, uma diferença de grau, pois os primeiros seriam mais *"extensos, gerais e não específicos"* (passiveis de poderem servirem de base a um conjunto de regras diferentes). Em segundo lugar, assinalar-se-ia uma diferença qualitativa, na medida em que os princípios se referem a uma certa *"finalidade , direito ou valor"*, passíveis de constituírem parâmetros de justificação de regras[894].

Reagindo à critica de Dworkin sobre a subsidiarização dos princípios em face das regras, o Autor admitindo que se referira aos primeiros sem grande desenvolvimento, destacou a importância da sua inclusão efetiva na norma de reconhecimento[895]. Considerou, por conseguinte, improcedente, o entendimento do autor norte-americano, segundo o qual os mesmos princípios, por serem elementos essenciais do Direito, não teriam de ser enunciados numa norma dessa natureza, mas extraídos do ordenamento por via interpretativa[896]. Para o Autor, o próprio Dworkin teria admitido, contraditoriamente, que o Primeiro Aditamento à Constituição Norte-Americana (que consagra a liberdade de expressão) operaria como princípio constitucional explícito.

413. *No que respeita à interpretação da Constituição,* Kelsen e Hart, para além de aduzirem escassos contributos metodológicos, são estranhamente sensíveis a um elevado grau de discricionariedade dos tribunais.

Kelsen mostra-se pouco proclive a discussões sobre a teoria de interpretação, argumentando, mesmo, contra tentativas metódicas de teorização da hermenêutica jurídico-normativa. A interpretação válida, de entre os sentidos mais coerentes, seria a realizada pelo órgão com legitimidade para decidir[897], sendo irrelevante qualquer outra interpretação de ordem diversa. Esse órgão poderá, inclusivamente, buscar para o caso concreto uma

[894] Herbert Hart "Post Scriptum" cit, p. 322.

[895] Sem prejuízo de outros princípios "latentes" extraídos do "construtivismo" interpretativo cuja existência se poderia considerar modesta, para Hart, os princípios fundamentais constariam da regra constitucional de reconhecimento. Seria necessário uma regra de reconhecimento que identificasse o direito constituído e as relações de subordinação entre regras. A ideia de princípios como "direito pré-interpretativo" implícito, como sustenta Dworkin, não teria qualquer pretensão de validade se não constasse de uma norma aceite pela sua autoridade onde se identifiquem as fontes de Direito.

[896] Herbert Hart "Post Scriptum" p. 326.

[897] Cfr. L. Fuller "The Law in Quest of Itself", Chicago, 1940, p. 89.

solução interpretativa situada fora da moldura jurídica oferecida pela norma de grau superior[898].

Em qualquer caso, a premissa da teoria da interpretação em KELSEN baseia-se na hierarquia normativa da ordem jurídica. A norma de hierarquia superior contém uma moldura jurídica onde cabem um conjunto de possibilidades de ordem semântica, cabendo ao intérprete determinar uma relação de sentido. A interpretação não oficial realizada pelo jurista comum não é necessariamente apta a encontrar uma solução correta, sendo a única interpretação válida a que for realizada pelo órgão aplicador do direito oficialmente reconhecido que, tratando-se da Constituição, será o Tribunal Constitucional. Daqui resulta o reconhecimento de uma larga discricionariedade conferida ao juiz, que alguns chegam a qualificar como própria de um decisionismo judiciário, na medida em que é o próprio juiz a definir os limites da referida moldura, não se preocupando KELSEN em construir qualquer método hermenêutico que lhe sirva de critério para essa operação. Trata-se de uma omissão que retira força à teorização existencial da própria moldura como pauta da atividade interpretativa do juiz[899].

No plano interpretativo HART, um pouco como KELSEN, não se preocupa excessivamente com métodos e cânones. Haveria enunciados normativos claros onde seria simples a aplicação do método subsuntivo e zonas de grande indeterminação ou de vazio jurídico, onde o silogismo poder-se-ia revelar insuficiente, sem prejuízo de a relação de sentido normativo dever decorrer do texto. Interpretação e aplicação do Direito acabariam por configurar a mesma realidade e não haveria método de interpretação passível

[898] HANS KELSEN "Teoria Geral do Direito e do Estado", S. Paulo, 2000, p. 394.

[899] Para o fundador de uma Escola Positivista a criatividade normativa do juiz-intérprete é surpreendente. Para ele (op. cit.) *"um tribunal, especialmente um tribunal de última instância, pode receber competência para criar, através da sua decisão, não só uma norma individual, apenas vinculante para o caso sub judice, mas também normas gerais. Isto é assim quando a decisão judicial cria o chamado precedente judicial, quer dizer: quando a decisão judicial do caso concreto é vinculante para a decisão de casos idênticos. Uma decisão judicial pode ter um tal caráter de precedente quando a norma individual por ela estabelecida não é predeterminada, quanto ao seu conteúdo, por uma norma geral criada por via legislativa ou consuetudinária, ou quando essa determinação não é unívoca e, por isso, permite diferentes possibilidades de interpretação. No primeiro caso, o tribunal cria, com a sua decisão dotada de força de precedente, Direito material novo; no segundo caso, a interpretação contida na decisão assume o caráter de uma norma geral". Em ambos os casos, o tribunal que cria o precedente funciona como legislador, tal qual o órgão a que a Constituição confere poder para legislar.*

de eliminar, com segurança, as incertezas que ocorram no momento de se proferir uma sentença.

O ponto de partida da decisão de um juiz seria sempre uma norma ao qual o mesmo se encontraria amarrado. Ora, para HART, haveria discricionariedade judicial na interpretação do direito, nas circunstâncias em que as regras fossem incompletas e não previssem qualquer solução (lacunas) ou quando, em face da indeterminação normativa, possam concorrer várias interpretações possíveis. Diversamente de DWORKIN, HART entende que não existe um ordenamento necessariamente completo, carecendo de sentido a regulação de casos não previstos através da aplicação de princípios implícitos de conteúdo moral[900].

Daí a sua tese, não muito distinta da de KELSEN e sensivelmente distante do positivismo formalista ou exegético, segundo a qual os juízes, submetidos à norma de referência, teriam faculdades discricionárias de criar direito nos casos deixados fora da regulação normativa. Discricionariedade, contudo, que seria diferente e bem mais estreita que a do legislador, sem mandato para introduzir alterações de larga escala e limitada por parâmetros substanciais a operações concretizadoras, nas quais se encontraria excluído o arbítrio[901] e a decisão deveria ser motivada (inclusivamente em valores de ordem moral), revelando neste ponto, distanciamento em relação ao chamado realismo judicialista norte americano[902]. Para HART, os realistas tendem a desconsiderar as regras no processo decisório e a exagerar a existência de "casos difíceis", os quais multiplicariam artificialmente, já que na verdade, em muitas situações, existiriam vias da solução no núcleo das normas de referência. Paralelamente, a discricionariedade judicial, nos casos expostos, colidiria, na linha de pensamento do autor, com o mito da única solução interpretativa correta que DWORKIN procura extrair dos princípios jurídicos estribados em valores de ordem moral.

[900] HERBERT HART ult. loc cit, p. 335 e seg.
[901] HERBERT HART ult. loc cit, p. 336.
[902] A corrente realista sustentou que a Constituição seria o que fosse decidido pelos juízes.

B. O positivismo eclético das Escolas de Pádua e S. Paulo: a Constituição como fonte de normas e Lei estruturante da forma de Estado e de governo

414. Aquilo que simplificada e talvez redutoramente, se designa pelas correntes positivistas da "Escola de Pádua"[903] e da "Escola de S. Paulo"[904] procura referenciar o elo doutrinal que; espontaneamente liga um conjunto de constitucionalistas e alguns expoentes da Filosofia de Direito de Itália e do Brasil, cuja aceção de Constituição reúne influxos do positivismo normativo e, mais remotamente, do positivismo existencial, sem prejuízo de uma abertura selectiva a autores normativistas do constitucionalismo reflexivo, com especial relevo para o domínio hermenêutico.

415. No que respeita ao *poder constituinte e os seus limites*, a sensibilidade em exame rejeita a redução da Constituição a um conjunto de valores latentes que regeriam os diversos ramos do direito (tecida pelo institucionalismo de MORTATI[905]), preferindo evidenciar a sua natureza normativa desacoplada de parâmetros éticos suprapositivos. Critica-se a tentativa de redução da normatividade constitucional a "valores", que autores, como PALADIN, designam de *locuções desprovidas de conceito*. Isto porque, a partir das diversas "metafísicas" agregadas a esses valores, defluiriam argumentos e decisões passíveis de conduzirem a "qualquer parte", sem que a jurisprudência possa mais ser coerente ou controlável no seu raciocínio, o que constituiria um fator de incerteza e de depreciação do principio democrático[906].

[903] A linha dos constitucionalistas de "Pádua" teve como expoente originário VEZIO CRISAFULLI, juiz do Tribunal Constitucional e constitucionalista italiano que ensinou em Trieste, Pádua e Roma onde terminou a sua carreira. No seu magistério reviram-se discípulos especialmente ilustres, como LIVIO PALADIN, membro do Governo, Presidente do Tribunal Constitucional e professor em Trieste e Pádua, bem como outras figuras cimeiras do Direito Constitucional que ensinaram ou ensinam nas universidades destas duas cidades, ou revelaram forte proximidade doutrinal com esses dois expoentes, como SERGIO BARTOLE, LORENZA CARLASSARE e LUCIO PEGORARO.

[904] A impropriamente chamada corrente positivista da "Escola de S. Paulo" envolve, nomeadamente, professores de Filosofia do Direito (TERCIO SAMPAIO FERRAZ JR.) e de Direito Constitucional (ELIVAL DA SILVA RAMOS) da Faculdade de Direito da Universidade de S. Paulo, bem como professores da Escola de Direito da Fundação Getulio Vargas de S. Paulo (DIMITRI DIMOULIS).

[905] LIVIO PALADIN Diritto Costituzionale "Padova", 1991, p. 23 e "Le Fonti del Diritto Italiano", Bologna, 1996, p. 143 e seg.

[906] LIVIO PALADIN "Le Fonti" op. cit, p. 144 e seg.

Esta corrente parte da premissa do positivismo normativo de que, num ordenamento estadual soberano, a Constituição é a cúpula do ordenamento e não pode, por consequência, sujeitar a sua validade jurídica a valores não jurídicos que lhe sejam pré-existentes. Pela pena de DIMITRI DIMOULIS ela sublinha que o positivismo deseja conhecer o direito tal como ele é, abstendo-se de tentativas de correção etiológicas e de discursos legitimadores[907]. Em coerência com este postulado, a presente sensibilidade doutrinal tem a preocupação de distinguir a moral e o direito. O direito positivo seria dotado de objetividade direta que decorreria da formalização dos seus comandos em textos dotados de "existência comprovável". Já a moral envolveria valores que o homem realizaria na sua vida e experiência e assumiria expressões diversas e variáveis em razão do tempo[908].

Esta corrente rejeita o idealismo "moralista" que chega a invocar a invalidade jurídica de normas positivas por desconformidade a valores morais que tomam como referência em torno de um vago paradigma de justiça[909].

416. Abordando a *noção de Constituição e respetivas funções,* a Lei Fundamental consistiria num conjunto de normas básicas, expressas por força de uma decisão política fundamental que operam como parâmetro de outras normas de uma ordem jurídica estatal, que estabelecem os procedimentos que regem a organização do Estado, que limitam o exercício do poder público e que garantem os direitos fundamentais do ser humano[910].

Desta definição defluem três funções ancilares da Constituição[911]:

i) A de "ordo ordinans" ou seja "norma das normas" do direito estatal, padrão de validade e disciplina dos restantes atos normativos e verdadeira "fonte" *de produção e sobre a produção normativa do Estado*

[907] DIMITRI DIMULIS, SORAYA LUNARDI "O Positivismo Jurídico diante da Principiologia", in AAVV "Teoria do Direito Neoconstitucional", op. cit, p. 194.

[908] ELIVAL DA SILVA RAMOS "Ativismo Judicial: parâmetros dogmáticos", S. Paulo, 2010, p. 63.

[909] ELIVAL DA SILVA RAMOS ult. loc cit. p. 62 e seg. Desenha-se neste ponto uma via de contato com o positivismo inclusivo de HERBERT HART.

[910] Definição recolhida a partir dos sentidos comum, político e jurídico de Contituição em TERCIO SAMPAIO FERRAZ JR. "Introdução ao Estudo do Direito", S. Paulo, 2011, p. 195 e seg. No mesmo sentido, cfr a definição de Constituição de VEZIO CRISAFULLI "Lezioni di Diritto Costituzionale", II, Padova, 1993, p. 69 e seg. e de LIVIO PALADIN "Diritto Costituzionale", op. cit, p. 25 e seg.

[911] VEZIO CRISAFULLI "Lezioni (...)" ult. loc cit; LIVIO PALADIN ult. loc cit; TERCIO SAMPAIO FERRAZ ult. loc cit.

ii) Norma estruturante do regime, sistema político e organização territorial;

iii) Elenco de direitos fundamentais, civis, políticos e sociais.

417. No plano da *normatividade constitucional* não existe um especial apelo à noção de "valor" constitucional. Sem embargo, é aceite que determinados "valores" possam ter relevância constitucional, na medida em que se inscrevam ou correspondam aos *princípios fundamentais* positivados na Constituição[912].

Sobre a relevância jurídica dos princípios, DIMOULIS, a título de exemplo, aceitando pacificamente que as normas constitucionais se desdobrem em *princípios e regras*, procurou até demonstrar que, com a exceção de KELSEN, grandes expoentes do "positivismo exclusivo contemporâneo"[913], como RAZ e TROPER, aceitam o caráter normativo dos princípios, como normas formuladas de maneira vaga, indeterminada e com um elevado grau de abstracção. Na sequência dessa demonstração, considerou como falacioso e artificial o discurso suprapositivista que imputa ao positivismo a equiparação da norma à lei, com menosprezo de todo conteúdo axiológico que possa existir no direito[914].

Os princípios são, desta forma, definidos como normas constitucionais positivas a par das regras ou normas em sentido estrito, as quais se decompõem, em razão do seu regime aplicativo, em *precetivas e programáticas*[915]. Entende esta sensibilidade positivista que as normas constitucionais precetivas de aplicação diferida e as normas programáticas, incorporam sempre uma dimensão de aplicabilidade direta ou imediata, quando o seu objeto e fim são violados ou contrariados pelo legislador, violação que acarreta a inconstitucionalidade do ato lesivo[916].

418. *No que concerne à interpretação normativa e à função dos órgãos de Justiça Constitucional* não existe uma especial univocidade.

[912] LIVIO PALADIN ult. loc cit. Cfr, também, ELIVAL RAMOS ult loc cit, p. 62 e seg.

[913] Cfr. CARLOS BLANCO DE MORAIS "Curso de Direito Constitucional", I op. cit, § 197.

[914] DIMITRI DIMULIS, SORAYA LUNARDI op. cit, p. 182 e seg. e 186 e seg.

[915] VEZIO CRISAFULLI "Lezioni (...)" op. cit, p. 70.

[916] PALADIN "Diritto Costituzionale" op. cit, p. 157. A norma programática, contudo, dependeria da imediação legislativa para que efetive o seu comando positivo mas exibiria, simultaneamente, uma dimensão negativa de caráter defensivo que protegeria juridicamente o seu programa politico contra atos infra-constitucionais que o contrariem.

Em comum pontifica a aceitação do método jurídico como a base da metodologia adequada para a interpretação constitucional e a rejeição de ativismo judiciário livre de limites metódicos.

Alguns autores mais estreitamente soldados ao método savigniano na esfera interpretativa, como Sampaio Ferraz, advogam que o mesmo abarca todo o Direito, não se reportando com pormenor às especificidades constitucionais[917].

Outros, partindo da hermenêutica de recorte dogmático, admitem especificidades constitucionais na interpretação de princípios expressos, mas avaliam com reservas o abuso da ponderação que envolva princípios implícitos e medidas de valor vagas como a "razoabilidade". Uma interpretação livremente abandonada à descodificação de valores ou princípios meramente implícitos por parte Justiça Constitucional, seria, segundo Livio Paladin, inaceitável, dado que tal geraria uma "hiperconstitucionalização material", em que o Tribunal Constitucional se arrogaria à faculdade de ignorar a Carta Fundamental. Nenhum Parlamento poderia *"tolerar (...) uma Constituição inventada pelos juízes aos quais faltariam, por definição, os poderes conexos à representação política do povo"*[918].

A admissibilidade de se projetar a interpretação para além do correspondente enunciado textual, e de se efetuar, no caso concreto, juízos de ponderação sobre os princípios que a enformam, não poderia ser confundida com uma Constituição material desacoplada do seu texto. A Chamada "*Constituição vivente*" não seria mais do que a Lei Fundamental *"reconstruida e aplicada"* através de uma metodologia científica. Já a "constituição vivente" entendida como pretensão axiológica de edificação jurisdicional de uma Constituição material não seria mais do que uma tentativa *"de fazer com que a Justiça Constitucional se tornasse na verdadeira fonte suprema, colocando-se entre parêntesis a Constituição escrita com inicial maiúscula"*[919]. É, pois, com distância que se examina e se aceita o recurso a critérios de razoabilidade (*ragionevolezza*) e ponderação (*bilanciamento*) na interpretação das normas constitucionais[920].

[917] Tercio Sampaio Ferraz Jr. ult. loc cit, p. 220 e seg.

[918] Paladin "Le Fonti (...)" op. cit, p. 145.

[919] Paladin ult. loc cit, p. 145.

[920] Paladin ult. loc cit, p. 150. Isto porque, da aplicação dessas medidas de valor, se retiram as mais diversas inferências jurídicas, por vezes contraditórias entre si. Sendo por vezes inul-

Outros autores, ainda, tendo como ponto de partida genérico os critérios hermenêuticos do positivismo historicista de SAVIGNY, distanciam-se da pobreza metódica do contributo de KELSEN no plano interpretativo (que representaria o "Calcanhar de Aquiles" dessa doutrina) e reconhecem a necessidade de cânones hermenêuticos e de técnicas específicas do Direito Constitucional, para melhor se poder lidar com a concretização de princípios e com a colisão entre princípios, mormente, através da ponderação[921]. ELIVAL RAMOS defende, a este propósito, um equilíbrio entre o respeito pela vontade objetiva do legislador e a discricionariedade do aplicador. E reconhece que o intérprete-aplicador sempre que interpreta princípios e conceitos indeterminados exerce um poder discricionário, influenciado por medidas de valor extrajurídicas, como a moral. Ora, nesse caso, a sua decisão não perderá o caráter jurídico que a legitima, conquanto siga critérios juridicamente controláveis. O problema despontaria sempre que o juiz-intérprete se afaste da moldura jurídica[922] que limita a sua atividade interpretativa e passe a atuar arbitrariamente. Tal ocorrerá quando exacerba o relevo dos valores inerentes aos princípios, em prejuízo das regras, e opera como um corretor moralista do direito decidido, convertendo-se em legislador e ultrapassando o limite do principio da separação de poderes. Surge então o ativismo judicial [923]que envolveria o exercício da função jurisdicional para além dos limites impostos pelo próprio ordenamento constitucional e em prejuízo da função legislativa, ficando a mesma atividade descaracterizada, na medida em que comprometa a forma democrática do Estado.

C. *O positivismo existencialista: a Constituição como decisão política fundamental*

419. A Constituição como decisão soberana fundamental está indissociavelmente ligada a CARL SCHMITT, embora recupere o espólio doutrinário de SIEYÈS (supra § 81 e seg.). CARL SCHMITT[924], que foi um dos mais brilhantes e polémicos constitucionalistas, cientistas políticos e filósofos do Direito

trapassável o uso destes instrumentos o facto é que se tornaria exigível que a jurisprudência constitucional revelasse uma indispensável coerência na fundamentação desse mesmo uso.

921 ELIVAL DA SILVA RAMOS ult. loc cit, p. 65 e seg. e p. 77 e seg.

922 Paradigma kelseniano (supra § 339).

923 ELIVAL DA SILVA RAMOS, ult loc cit, p. 307 e seg.

924 Cfr. AAVV "Carl Schmitt Revisitado", Org CARLOS BLANCO DE MORAIS, LUÍS PEREIRA COUTINHO, Lisboa, 2014 (e-book icjp- http://www.icjp.pt/sites/default/files/publicacoes/

Público do século XX, estudou Direito em Berlim, Munique e Estrasburgo, Universidade onde obteve a sua habilitação, tendo iniciado funções docentes na Universidade de Berlim em 1933[925]. No presente excurso não abordaremos o epicentro do seu breve ciclo autocrático (1934-1936) durante o qual o insigne constitucionalista deixou ofuscar a sua lucidez.

files/icjp_ebook_carlschmittrevisitado.pdf); e ALEXANDRE FRANCO DE SÁ "Poder, Direito e Ordem, Ensaios sobre Carl Schmitt", Rio de Janeiro, 2012.

[925] Cristão praticante e defensor de uma teologia política católica, sem prejuízo da sua distância em relação á Igreja como instituição e à sua hierarquia, Schmitt foi um cientista do direito profundamente crítico da República de Weimar, tendo escrito durante esse período as suas obras mais marcantes, como a "Teoria da Constituição", a "Teologia Política", a "Ditadura", o "Defensor da Constituição" e o "Conceito do Político".

Depois de colaborar no plano jurídico com o Chanceler Von Papen, não hesitou em levar à prática as suas conceções políticas conservadoras e nacionalistas, assessorando brevemente, durante a República de Weimar, o último e efémero Chanceler anterior a Hitler, Von Schleicher, tendo então manifestado uma opinião crítica do nacional-socialismo.

Muito severo com a ideia de desordem que o levara antes a defender o uso poderes de exceção, SCHMITT aproximou-se do regime nacional-socialista, sendo nomeado Conselheiro de Estado para a Prússia e tendo-se filiado no NSDAP sob o patrocínio de outro famoso filósofo, MARTIN HEIDEGGER. Na sequência da eliminação dos cabecilhas da milícia SA num auto-golpe de Estado (as SA constituíam a esquerda dos nacionais-socialistas, constituindo-se numa milícia extremista e violenta recrutada no lúmpen alemão), SCHMITT escreveu o tristemente célebre artigo *" O Führer protege o Direito"* (1934). Destinado a defender a purga efetuada contra as SA e a sustentar o reforço do Chanceler contra os radicais do regime, o referido texto foi lido como a sua capitulação diante do poder totalitário nascente. Tal como sucedeu com HEIDEGGER; a glória de SCHMITT durante o III Reich foi efémera. Presidente da liga dos juristas nacionais socialistas e tido, exageradamente, como "jurista da coroa" do regime, o seu catolicismo conservador e o seu distanciamento em relação à irracionalidade e à legitimação puramente carismática do exercício do poder pelo Führer conduziram, em 1936, à sua perseguição interna e afastamento. Terminada a Guerra Mundial, SCHMITT foi preso durante mais de um ano pelos aliados, escrevendo no cárcere *"Captivitae Salus"*, obra de reflexão filosófica e de expressão da sua teologia política cristã, tendo, depois da sua libertação, sido afastado da Universidade e objeto de ostracismo do mundo académico, retirando-se para a sua terra natal em Plettenberg-Pasel. Retomou, então, investigações no campo do Direito Internacional e Filosofia do Direito e reforçou os seus contactos com universidades espanholas e italianas, tendo escrito em 1950 o *"Nomos da Terra"* (Trabalho de Geopolítica e Direito Internacional) e, em 1960, a *"Teoria do Partisan"* para além de outros artigos relevantes. As últimas décadas de vida implicaram um retorno ao seu pensamento conservador do período situado entre 1920 e 1933, ajustado à nova institucionalidade democrática europeia, tendo sido glosado por juristas situados à esquerda e direita do espetro político.

SCHMITT, a quem o Direito Constitucional deve uma parte do léxico jurídico contemporâneo,[926] não exibe um pensamento linear. Frequentemente agiu como um problematizador e um provocador e, mesmo no seu período de áureo, anterior a 1933, é possível descortinar diversas hesitações e até contradições[927], sendo difícil amarrá-lo a uma doutrina estável[928].

Historiador e filósofo com uma cultura invulgar, SCHMITT disseca e qualifica o pensamento jurídico preponderante em distintos ciclos históricos: existirá um tempo dominante de pensamento jus-naturalista, outro de pensamento decisionista e outro de pensamento decisionista e positivista. Admite, igualmente, no plano politológico, diversas formas ou paradigmas de poder em razão da institucionalidade preponderante: *o Estado Legislador, o Estado Administrativo, o Estado Governamental e o Estado Judicial.*

Mesmo no plano do exercício do poder constituinte, como historiador e politólogo, concebe, a par de um poder constituinte decisionista, unilateral e soberano, um poder constituinte pactuado e, até, um poder constituinte não soberano (supra, § 233).

420. No contexto de um *Estado soberano,* SCHMITT distingue *Constituição* de *Lei Constitucional.*

A Constituição define-se como decisão política fundamental na medida em que exprime a essência da autoridade e da vontade política fundadora de uma ordem estadual, enquanto a lei constitucional constituiria um texto formal, uma norma jurídica de hierarquia superior criada por força da Constituição[929].

A *Constituição* seria válida por emanar do poder constituinte, manifestação suprema e ilimitada de autoridade soberana expressa através de uma

[926] Cfr. fórmulas como lei-medida, motorização legislativa, garantia institucional, decisão fundamental, decisionismo, e Estado-judicial, de entre outras.

[927] Polemista, o seu pensamento foi marcado por contradições assinaláveis em diversos pontos da sua obra: defensor de um conceito positivo e decisionista de Constituição é um feroz adversário do positivismo normativo e do "decisionismo judicial" na garantia da mesma Constituição; expoente de uma teologia política de matriz católica é radicalmente contrário a qualquer limite jurídico, religioso ou moral ao poder constituinte soberano; defendendo na base da mesma teologia católica um conjunto de valores axiais da humanidade é um acérrimo crítico da sua constitucionalização; paladino de um ordenamento regido pelo direito, separa decisão política e norma, desvaloriza esta última e chega a entender que uma decisão intrinsecamente soberana, como o estado de exceção, sendo jurídica, impõe-se e opera sem vínculo à norma para além desta. CARL SCHMITT "Teoria de la Constitución" op. cit, p. 45 e seg.

[928] CARL SCHMITT ult. loc cit, p. 46 em seg.

[929] CARL SCHMITT "Teoria de la Constitución" op. cit, p. 45 e seg.

vontade imputada ao povo e que nasceria por força dos factos, ou seja, brotaria de forma existencial[930]. Haveria legitimidade da Constituição sempre que a força e autoridade do poder constituinte fosse reconhecida[931]. A noção positiva de *Constituição* assentaria, portanto, na sua natureza como ato do poder constituinte através do qual um povo decide sobre a sua unidade política. A essência de uma Constituição assim concebida não estaria na norma mas na vontade do povo que, em democracia, seria o titular do referido poder.

Diversamente, a *Lei constitucional* consistiria no conjunto de normas que resultariam da vontade constituinte[932]. O autor admite que usualmente se associa a noção de Constituição ao conceito de lei constitucional, como texto normativo escrito e formal, desacoplado da decisão constituinte, entendendo contudo que, quando tal sucede, se estaria perante um conceito *"relativo"* de Constituição[933].

A ideia de Constituição material em SCHMITT, agregada às funções que uma Constituição pode desempenhar, pode ser decantada nos seus conceitos *"absoluto"* e *"ideal"* de Lei Fundamental[934].

421. Existe alguma dificuldade em conciliar o SCHMITT filósofo e politólogo com o SCHMITT constitucionalista e sociólogo a propósito *da problemática dos limites ao poder Constituinte.*

Realista, Carl Schmitt observa o modo como nascem e se impõem as Constituições e conclui que a sua formação e legitimação nasce do império dos fatos, de atos de vontade humana que se legitimam na sua aceitação expressa ou tácita pelo povo. O autor é equívoco em relação ao jus-naturalismo. Por um lado no contexto da sua feroz crítica ao positivismo normativo verbera a eliminação de todo o elemento humano ou pessoal na teo-

[930] CARL SCHMITT ult. loc cit, p. 46 em seg.

[931] CARL SCHMITT ult. loc cit, p. 104.

[932] CARL SCHMITT ult. loc cit, p. 94.

[933] CARL SCHMITT ult. loc cit, p. 37.

[934] Desde a Antiguidade Clássica, qualquer Constituição pode ser definida num sentido que qualifica como *"absoluto"* e que assume uma pretensão dogmática , porque aplicável a tempos e a regimes distintos, *na qualidade de ordem jurídica superior ou suprema de domínio que configura em concreto, a unidade e a ordenação política* (envolvendo o "status" da forma de governo) *e a ordenação social* (posicionamento sobre o "status" das pessoas), de uma colectividade estadual (CARL SCHMITT ult. loc cit. p. 29 e seg.).

ria de KELSEN[935] e objeta às "más" interpretação normativistas que teriam vitimizado o direito natural a partir do Século XIX[936]. Contudo, no respeitante ao fundamento e à validade da Constituição, o autor erradica o direito natural. Não intenta, sequer, como DONOSO CORTÉS, secularizar juridicamente o Divino, essência transcendente que subjaz a uma ordem superior em que o próprio SCHMITT acredita, mas opta, ao invés, por descrever a realidade efetiva das coisas, concluindo que a decisão fundamental emerge espontaneamente do "nada" para gerar uma ordem.

SCHMITT admite que a ideia de direito inerente a uma ordem jurídica, pré-existe à própria regra constitucional. Contudo, entende que toda a ordem constitucional se funda na decisão e não na norma. O realismo cru do voluntarismo schmittiano leva-o a repristinar HOBBES quando afirma *"auctoritas non veritas facit legem*[937]*"*. SCHMITT destrói a ideia de "norma pressuposta" de KELSEN como fundamento da ordem jurídica, já que a mesma nem sequer existiria no momento constituinte, sendo pouco mais do que uma ficção ou abstração incapaz de vincular esse poder de autoridade[938]. Embora a decisão gere a norma positiva, a verdadeira decisão soberana é excepcional e encontra-se libertada da norma.

A realidade das coisas acabaria por impor a sua factualidade. A Constituição pertencerá ao mundo de César e não ao de Deus. A vontade constituinte dar-se-ia de forma existencial e a sua força ou autoridade pertenceria ao universo do ser[939]. Para o constitucionalista alemão a essência da Constituição está numa decisão imputada ao povo e o poder constituinte que lhe subjaz não estaria vinculado a qualquer procedimento jurídico pré-estabelecido[940]. Ela valeria pela aceitação da vontade política existencial que a ampara[941]. Pelo exposto, o pensamento de SCHMITT é inseparável

[935] Assente numa construção que considera inaceitável na medida em que julga absurdo que as normas auto-justifiquem a sua existência e se auto-reproduzam.

[936] DALMACIO NEGRO PAVÓN in AAVV Orden y derecho en Carl Schmitt in "Estudios sobre Carl Schmitt" Coordenado DALMACIO NEGRO PAVÓN, 1996, Madrid, p. 369.

[937] CARL SCHMITT "Political Theology", Introd de GEORGE SCHWAB, Cambridge, 1988, p. 10 e 12.

[938] CARLOS BLANCO DE MORAIS "Curso de Direito Constitucional", I, 2012, Coimbra, p. 163.

[939] CARL SCHMITT Teoria de La Constitución op. cit, p. 34.

[940] CARL SCHMITT ult. loc cit. p. 99.

[941] Daí que, embora em termos ideais, SCHMITT posicione em abstrato o Direito num *status* de anterioridade em relação ao poder Constituinte, o mesmo autor não extrai dessa linha de raciocínio nenhum efeito consequente (e até coerente) para a validade da Constituição.

do positivismo que tanto critica, se bem que, esse positivismo assuma uma natureza existencial. A Constituição é decisão e as normas constitucionais, direito decidido por uma vontade e autoridade soberana que se impõe a partir dos fatos.

422. *No que concerne à estrutura normativa da Constituição,* embora a lei constitucional seja norma jurídica, SCHMITT não lhe concede excessiva atenção enquanto tal. O preceituado constitucional não seria mais do que um conjunto de "formas normativas" que instrumentalizam, na esfera do direito, a vontade soberana. No fundo, seria a vontade soberana do povo convertida em norma[942].

Quanto ao Estado Social contemporâneo do pós-guerra, este seria marcado pelo fim do monopólio da decisão estadual e pela socialização, democratização e globalização desta última, com relevo para o impacto de fatores económicos[943].

Não procedendo a distinções categorizadoras entre normas constitucionais, SCHMITT não deixa de se debruçar muito criticamente sobre aquelas que incorporam e enunciam "valores"[944]. CARL SCHMITT entende que os valores não encerram um ser, mas antes uma pretensão de validade, na medida em que se tratam de bens que permitiriam (agressivamente) formular um juízo desqualificador sobre condutas que lhe sejam contrárias e que, como tal, passam a ser objeto de um juízo de "desvalor". Como pretensão de virtude, o valor deve ser exercido e atualizado, sob pena de se converter numa mera aparência.

A transposição de valores para o mundo do Direito, nomeadamente para o âmago dos princípios constitucionais constituiria para o Autor um fator de incerteza e até de desqualificação e banalização dos bens alçados juridicamente ao patamar de normas constitucionais. A noção de *dignidade da*

Esta é uma decisão política fundamental, porque soberana e incondicionada e, como tal, não limitada previamente pelo Direito. Em consequência a Constituição schmittiana, como manifestação política, envolve a primazia do poder fáctico sobre o direito e a norma constitucional acaba por ser reduzida ao mero produto do ato constituinte.

942 Ainda assim o autor não nega a pirâmide hierárquica de KELSEN e admite que o constitucionalismo do estado de Direito Burguês é uma combinação entre decisionismo e positivismo normativo. Em qualquer caso, a problemática fundamental que rodearia a norma constitucional não seria a sua validade mas antes a sua efetividade.

943 Cfr. SCHMITT no prefácio à sua terceira edição , escrito em 1963, do "El Nomos de La Tierra", Madrid, 1979.

944 CARL SCHMITT "La Tirania de los Valores", REP, 115, 1961, p. 65 e seg.

pessoa humana teria sido, pela negativa, erigida a valor inquestionável, já que desvalorar esse conceito teria passado a ser "indigno". Com ele, outros bens e entes como *Deus, Religião e Liberdade* ter-se-ão integrado no "mercado dos valores" jurídico-constitucionais e perdido a sua dimensão ontológica. E pese a redundância, quando os valores entram, segundo SCHMITT, numa espécie de "Bolsa", desvalorizar-se-iam irremediavelmente. Por exemplo, nesse "mercado", onde em dado momento certos valores serão tidos, por via interpretativa, como inferiores a outros quando se encontrem numa situação de conflito, Deus ou a Religião poderiam vir ser qualificados como bens inferiores à igualdade[945].

424. Relativamente à *garantia jurisdicional da Constituição,* o histórico e magno debate entre SCHMITT e KELSEN sobre a identificação do guardião ou custódio da Constituição encontra-se, hoje, superado a favor do segundo autor. A ascensão do Terceiro Reich reduziu a escombros, com a aquiescência teórica originária do próprio SCHMITT, a procedência da tese deste último segundo a qual o Presidente da República, um poder político pretensamente neutro e fundado numa autoridade "moderadora", seria o defensor da Constituição. Em qualquer caso, a disseminação de tribunais constitucionais depois do segundo conflito mundial foi demonstrativo do triunfo do paradigma de KELSEN.

Contudo, não é possível deixar de tomar a linha de conta SCHMITT como grande problematizador, sobre a garantia da Constituição, não tanto pelo modelo que sugeriu, o qual se revelou improcedente, mas pelas críticas mais ou menos certeiras que vibrou contra a judicialização do controlo de constitucionalidade. Críticas que não deixam de ter, no tempo presente, indiscutível atualidade em face do fenómeno do ativismo judicial que, em certos Estados, pressagia o advento daquilo que SCHMITT qualificou como o "Estado Judicial"[946].

Para o autor, em épocas de estabilidade, o poder judicial independente surge como guardião e defensor do direito e da Constituição e autonomiza-se do próprio Estado. Todos os Estados incorporariam as três funções, mas a questão fundamental seria a de aferir qual delas é dominante.

[945] A perda da dimensão ontológica dos valores e a sua juridificação agregada a uma dimensão emotiva e idealista converteria a utopia axiológica em realidade científica, na medida em que se forçaria a sua integração no raciocínio jurídico.

[946] CARL SCHMITT "Legalité et Legitimité" in "Du Politique", Puiseux, 1990, p. 41 e 46 e seg.

Ora, num Estado em que predomine a função jurisdicional, as sentenças prevaleceriam sobre o direito decidido pelo legislador, ou seja, sobre as leis[947], criando um problema em termos de critérios de hierarquia entre atos, em termos de repartição de poderes e em termos de legitimidade jurídica e política das instituições intervenientes.

A descrição do pensamento decisionista em SCHMITT não se reduz ao universo político-legislativo já que supõe explicitamente a prolação de decisões do poder judicial[948], as quais (tal como o próprio DWORKIN criticou quando imputou, com exagero, ao pensamento de HART a defesa de um "decisionismo judicial") podem criar direito à margem das normas e, eventualmente, contra as próprias normas.

Curiosamente, na sua tentativa de negar ao poder judicial o controlo da constitucionalidade, SCHMITT reduziu o poder do juiz, na descodificação do sentido das normas, à adoção de um método subsuntivo, entendendo que se o mesmo juiz progredir para além deste papel, ele perderia a sua independência[949]. No plano da interpretação judicial SCHMITT não é, pois, muito diferente do velho positivismo exegético francês que reduzia o juiz à "boca da lei". Contudo, e este é um ponto muito importante, o Autor reconhece que o juízo que envolve a adequação de uma norma inferior a uma norma superior ínsita numa Constituição não pode deixar de ser distinto do juízo subsuntivo que envolve a aplicação de uma norma ao caso concreto[950]. Se bem que em caso de inconstitucionalidades manifestas[951] a subsunção seja possível na relação entre duas normas, já em muitos outros casos, a indeterminação do conteúdo normativo prejudicaria ou dificultaria raciocínios de ordem subsuntiva. Ora, quando se esteja perante princípios, conceitos indeterminados e normas imprecisas, estar-se-á diante de matéria de reserva de lei constitucional e não de sentença, já que se um tribunal estabelecer um sentido normativo como correto, a partir de uma fórmula que antes era duvidosa estará, no seu entender, a atuar como legislador constitucional. À luz da separação de poderes, tal seria inaceitável.

[947] CARL SCHMITT ult. loc cit, p. 41.

[948] Cfr. a expressão "decisionismo judicial" em SCHMITT na sua obra "La Defensa de La Constitución", Madrid, 1983, p. 90.

[949] CARL SCHMITT "La Defensa de La Constitución", op. cit, p. 77 e seg.

[950] CARL SCHMITT ult. loc cit, p. 84 e seg.

[951] Como a da Constituição que prevê a existência de faculdades de teologia e a da lei ordinária que as suprime.

Carl Schmitt critica o "decisionismo" judicial do Supremo Tribunal Federal americano quando este decide sobre dúvidas e incertezas, na base de princípios gerais *"abusivamente qualificados como normas"*, considerando que o elemento decisionista não é apenas uma parcela da decisão que se agrega à norma positiva para fazer "res iudicata" : envolve, essencialmente, o sentido e o objeto da sentença, pelo que o seu valor não assentaria numa argumentação convincente, mas na autoridade com que elimina a dúvida e as argumentações alternativas[952], impondo o direito. Daqui derivaria um Estado "judicialista", uma politização da Justiça e uma disfunção na separação de poderes[953].

Adverte o autor: *"Uma lei não é o mesmo que uma sentença judicial nem uma sentença judicial o mesmo do que uma lei, senão a decisão num caso com base numa lei"* pelo que é o facto de o juiz decidir, num Estado de direito, com base numa lei, que constitui o fundamento da sua posição "supra-partes", da sua independência, e da sua inamovibilidade[954]. Ora, não seria possível considerar na base de um juízo puramente formal e estatutário, que tudo aquilo que decide um juiz seja sinónimo de justiça, de imparcialidade e de independência[955], já que qualquer resposta sobre esta questão depende da observância dos limites constitucionais a que está vinculada a própria decisão judicial. Uma legitimação de qualquer decisão judicial através de um argumento formal de autoridade contribuiria, segundo Schmitt, para criar ficções enganosas, metafóricas e fantasistas.

[952] Carl Schmitt ult loc cit, p. 45 e seg e 90 e seg.

[953] Um Tribunal Constitucional operaria, igualmente, contra o princípio da democracia, na medida em que consistiria num órgão aristocrático e burocrático, desprovido da legitimidade popular que subjaz ao legislador, não havendo fundamento para uma sentença anular uma lei e, por maioria de razão, intrometer-se na interpretação das Constituição.

[954] Carl Schmitt ult. loc cit, p. 79.

[955] Carl Schmitt (ult loc. cit) adverte para os falsos silogismos baseados num encadeamento de equívocos, segundo os quais, "Justiça é aquilo que faz um juiz e , por conseguinte, tudo o que faz um juiz é justiça", ou que "o juiz é independente, pelo que tudo o ser independente é um juiz" pelo que bastaria submeter os pleitos constitucionais a juízes independentes para haver justiça constitucional. Seria, segundo ele, semelhante ao silogismo irónico de Shopenhauer: "O homem tem duas pernas, pelo que todo o animal com duas pernas é um homem, havendo que concluir que um ganso é um homem".

D. O positivismo sociológico: a Constituição procedimental do Estado de direito

425. Na ideia de Constituição como procedimento regulador de um regime político, de um sistema jurídico e de um sistema direitos fundamentais convergem dois professores alemães de Filosofia do Direito, de Sociologia jurídica e de Direito Público, que partem de marcos referenciais distintos e de posicionamentos ideológicos opostos.

Trata-se, de JURGEN HABERMAS, filósofo e sociólogo alemão da Universidade Johann Wolfgang von Goethe, de Frankfurt, que lecionou posteriormente em universidades alemãs e norte-americanas, e NIKLAS LUHMANN, licenciado em Direito e doutorado na Universidade de Freiburg, que ministrou, igualmente, a disciplina de sociologia nas Universidades de Frankfurt e Biefield.

Expoente da segunda geração da chamada "Escola de Frankfurt", uma corrente de inspiração marxista, HABERMAS procurou ultrapassar o pessimismo crítico da primeira geração através de uma linha racionalista, centrada no paradigma da *"razão comunicativa"*: a emancipação social ter-se-ia de processar numa sociedade democrática e pluralista.

No que concerne à sua relação com o direito, o autor perpassou por duas fases. Uma primeira, marcada por um forte anti-positivismo, filosofia que verberou criticamente como um "racionalismo minguado" e um "reducionismo" teórico que a colocaria fora do mundo da vida. Numa linha de pensamento onde não ocultou o seu viés marxista com alguma influência marcusiana[956], o autor deu do direito uma ideia instrumental, uma super-estrutura condicionada pelo universo infraestrutural da vida, operando no âmbito da racionalidade sistémica da sociedade, tendo em vista o preenchimento de determinados fins[957].

Numa segunda fase, de viés moderadamente positivista[958], mesmo que não explicitamente assumido na sua totalidade, HABERMAS, procurou alcandorar a sua teoria comunicativa ao patamar de Ciência[959] passando a

[956] J. HABERMAS "La Reconstrucción del Materialismo Histórico" Madrid, 1981, págs. 262-263.

[957] A teoria crítica da Escola de Frankfurt é recuperada para estar presente na luta política do mundo real do tempo presente, tendo em vista a construção de um futuro revolucionário que passaria por um exame crítico e teórico da ideologia.

[958] J. HABERMAS "Facticidad y Validez", Madrid, 2005.

[959] Com a qual intentou subsituir ou complementar a ciência jurídica subjacente ao pensamento dogmático do positivismo.

conceber o direito como um elo de integração entre dois universos, o da vida e o da sociedade. Este último universo positivado por decisões de ordem coativa do legislador, tomadas num procedimento de natureza democrática[960].

NIKLAS LUHMANN, expoente de uma linha de pensamento conservadora, como sociólogo e filósofo, distanciou-se do modelo aberto da teoria dos sistemas de PARSONS[961] para defender o paradigma clausurado da autopoiése na esfera do Direito[962]. Defendendo, na base da autopoiése, uma separação entre sistema social e sistema jurídico[963], LUHMANN considera, contudo, que a Constituição constituiria uma exceção à diferenciação entre Direito e Política, já que estabeleceria uma conexão entre os respetivos sistemas[964].

426. *Abordando a problemática dos limites à Constituição e ao poder constituinte,* os dois expoentes do positivismo sociológico não abordam a questão de uma perspetiva exclusivamente jurídica, tratando-a igualmente no plano dos valores.

Marcado pela experiência nacional-socialista e pelos nacionalismos radicais que marcaram a II Guerra Mundial, HABERMAS concebeu a Constituição como Lei Fundamental de uma ordem democrática, caracterizada pelo seu caráter cosmopolita e integrador.

Foi especialmente desenvolvida pela sua pena a noção, algo desconcertante, de "patriotismo constitucional" como forma de racionalizar e trans-

[960] Na obra central "Facticidade e Validade" o autor procura reconciliar a "esquerda crítica" com a democracia representativa e o constitucionalismo positivista. De acordo com a filosofia da ação comunicativa, a linguagem serviria como salvaguarda da democracia, já que esta implicaria compreensão de interesses mútuos e busca de consensos. Será esta segunda e ultima fase, sem prejuízo dos influxos recebidos da primeira e que constituem o fio de pensamento do autor em torno da ideia de razão comunicativa, que interessam a estas linhas.

[961] Que sustentava a interação direta entre sistemas distintos, através de uma comunicação direta feita através de "in puts" e "out pouts" (cfr CARLOS BLANCO DE MORAIS "Curso(...)", I, op. cit, § 207).

[962] A autopoiése consiste numa teoria organicista dos sistemas construída originariamente no universo da biologia pelos chilenos MATURANA E VARELA, e que, transposta para o Direito uma noção de sistema jurídico apartado de outros sistemas envolventes, como o político e o social, com capacidade para se auto-observar, auto-reproduzir e apreender através de instrumentos próprios (abertura cognitiva), informações oriundas de sistemas externos.

[963] Cfr. em geral NIKLAS LUHMANN "Sociologia do Direito" Rio de Janeiro, 1993.

[964] Cfr. o artigo de NIKLAS LUHMANN "La Costituzione Come Acquisizione Evolutiva".in AAVV "Il Futuro della Costituzione" coord ZAGREBELSKY, PORTINARO, LUTHER, Torino, 1996, p. 176 e seg.

ferir para uma ordem política e jurídica, limitadora do poder e garante dos direitos, a potencialidade irracional das pulsões patrióticas e até nacionalistas existentes ou adormecidas na comunidade humana de um Estado,[965]. A integração plural de todos os seres humanos de uma dada comunidade numa noção ampla de cidadania inere a esta noção de patriotismo constitucional cosmopolita, que o leva a deslizar de uma matriz estatocrática para um paradigma constitucional europeu[966].

Jurgen Habermas aceita a projeção da ética no direito, embora no quadro de uma conceção racionalista com claras pontes para o positivismo inclusivo ou historicista, e que se revela excludente quer do contributo jus-naturalista[967] quer do moralismo reflexivo.[968] Para o autor, a constitucionalização de uma ordem democrática implicaria a incorporação procedimental da ética na normatividade constitucional[969]. Ainda assim, moral e direito seriam realidades distintas assim como distintos seriam os valores e as normas. Estas últimas diferenciar-se-iam dos valores de ordem moral, já que a sua legitimidade não dependeria de serem tidas eticamente como "boas" ou "más". Enquanto os valores teriam um sentido teleológico, exprimindo preferências tidas como dignas e recomendáveis, as normas jurídicas teriam ao invés um sentido deôntico (dever ser) e determinariam coativamente o que deveria ser feito[970].

Já para Luhmann, a Constituição e o Estado configurariam um paradoxo em que o segundo, como poder soberano, e por conseguinte não sujeitável,

[965] O "patriotismo constitucional" pouco teria a ver com realidades étnicas, culturais ou nacionais, mas sim com a interiorização dos princípios democráticos e da separação de poderes, subjacentes a uma Carta Constitucional respeitadora dos direitos fundamentais inerentes ao estatuto dos cidadãos e cuja estabilidade repousaria, em boa parte, no respeito pelos procedimentos, convicções e práticas dos cidadãos (J. Habermas "Identidades Nacionales y Postnacionales", Madrid, 1989, p. 174 e seg. e "La Inclusión del Otro. Estudios sobre Teoría Política,Barcelona, 1996, p. 265).

[966] J. Habermas "Um Ensaio Sobre a Constituição da europa", Coimbra, 2012.

[967] Cuja axiologia metafisica rejeita, convocando a velha argumentação de viés marxista da escola de Frankfurt.

[968] Tecendo críticas ao pensamento de Dworkin.

[969] J. Habermas ult. loc cit, p. 587. Contudo, a ética para Habermas envolve uma superação da moral tradicional e implica uma ideia de princípios morais de conteúdo variável, revelado pela participação, debate e discussão desenvolvidos pelos cidadãos num espaço de esfera pública, em torno dos problemas centrais do mundo da vida, da qual resultariam consensos sobre valores.

[970] J. Habermas "Direito e Democracia, entre Facticidade e Validade", Vol. I, Rio de Janeiro, 1997, p. 316 e seg.

ficaria sujeito à soberania de outro poder, também ele não sujeitável que seria a decisão constituinte[971]. *Teríamos, assim, um poder soberano que se fundamentaria em si mesmo para se auto-limitar por via política e jurídica.* Como tal, uma Constituição procede ao seu próprio reconhecimento, pelo que a sua validade não depende de nenhum parâmetro normativo que à mesma seja exterior.

Esta auto-justificação representa a recusa do supra-positivismo jurídico e um endosso à tese da legitimação do ordenamento através do procedimento constitucionalmente estabelecido[972]. De qualquer forma, o autor concilia esta auto-referencialidade constititucional com a aceitação do postulado de que a Constituição não se reduz à decisão constituinte mas é também produto de um crescimento realizado "ex post". A Lei Fundamental é, para ele, produto de um desenvolvimento evolutivo, para o qual contribuem as revisões e a interpretação das suas normas. Tal como KELSEN, LUHMANN procura separar a moral do Direito e libertar a Constituição de vínculos de ordem ética[973], procurando libertar as normas jurídicas da influência de realidades que lhe são exteriores. O código *lícito-ilícito* próprio do direito seria a marca da sua autonomia identitária, de forma a impedir que o sistema jurídico se dissolva em outros sistemas externos[974].

LUHMANN não é favorável à introdução de valores extrajurídicos no "corpus constitucional" [975]. Os valores seriam o produto descritivo da socie-

[971] NIKLAS LUHMANN, "El Derecho de la Sociedad", Mexico, 2005, p. 546 e "Teoría Política en el Estado de Bienestar "op. cit, p. 36.

[972] Cfr, em geral, NIKLAS LUHMANN "Legitimação pelo Procedimento", Brasília, 1980.

[973] A moral, para o autor, como forma de valoração de condutas, resumir-se-ia a uma descrição dos comportamentos em bons e maus, com base em referencias extrajurídicas que experimentariam evoluções contínuas, não servindo para fundamentar a validade de um direito equacionado de forma circular, em que as decisões criam normas e as normas regem a tomada de decisões. A complexificação da sociedade moderna implicaria a desaparição de uma moral de conteúdo hierárquico válida para todas as relações e estruturas comunicativas, surgindo em seu lugar realidades sociais dotadas de códigos próprios. Haveria mesmo uma amoralização social, na medida em que o código ético formado pelo binómio *respeito/desprezo* teria caráter fragmentário e não seria passível de generalizações no plano jurídico de forma a dele resultar, linearmente, uma transposição para o binómio *lícito-ilicito.*

[974] Contudo, para o autor, no tempo presente haveria uma tentação irreprimível em forçar essa diluição, não apenas no sistema moral, mas também no sistema económico.

[975] Para LUHMANN, antes do dealbar do positivismo, que regeria a sociedade moderna, terá pontificado um universo dominado pelo jus-naturalismo, em que a validade do Direito era o valor transcendente da Divindade enquanto que, posteriormente, no jacobinismo revolu-

dade num dado momento histórico, em que axiomas como paz, liberdade e bem-estar entram como um "bem" na trivialidade discursiva dos programas dos partidos e, por vezes, da própria Constituição.

427. *Quanto à aceção de Constituição e respetivas funções*, HABERMAS concebe a primeira como um procedimento ou um complexo de normas reitoras de procedimentos de defesa de direitos e de regulação da democracia. Trata-se de um conceito "ideal" que recolhe contributos do liberalismo e do constitucionalismo "republicano" inerente à noção de "democracia militante".

Regulação da Democracia e garantia dos direitos fundamentais enformariam os fins necessários de uma Constituição. Não deixa de ser curioso que o paradigma de Constituição para HABERMAS é, paradoxalmente, mais o do texto utilitário do liberalismo do que o de uma Constituição dirigente[976]. Para o autor só as condições procedimentais da génese democrática das leis, constitucionalmente estabelecidas, asseguram a legitimidade do Estado de direito. Esta é, deste modo, garantida pelo devido procedimento constitucional[977]. Esta nova posição retira margem de crítica de ordem moral ao caráter injusto do direito e diminui claramente o alcance da desobediência civil como forma de contestação de leis injustas ou incons-

cionário, a validade do direito se terá depositado na vontade omnipotente do povo, também entendida como um principio de direito natural jus-racionalizado. Ora nas sociedades secularizadas do Estado constitucional de direito as referências transcendentes do fundamento divino ou puramente popular do Direito perdem autoridade, já que o direito posto ou decidido torna-se incompatível com uma fonte que lhe seja exterior, não bastando mesmo uma qualquer expressão da vontade popular para validar decisões.É o próprio direito positivo, através da Constituição que determina as suas próprias fontes de validade(N. LUHMANN ult loc cit.)

976 O autor defende a preservação de uma esfera de autonomia privada a par de uma esfera pública de salvaguarda do interesse geral sustentando a sua interdependência e comunicabilidade. A salvaguarda dos direitos fundamentais (direitos políticos e liberdades individuais) como base de proteção do agir comunicativo e do exercício da democracia politica como veículo de expressão dos direitos políticos, envolvem a sua regulação em normas superiores, investidas de caráter coercivo. Para HABERMAS, a democracia só é possível num Estado de direito e a Constituição seria a única forma de, mediante regras dotadas de supremacia, procedimentalizar essa mesma democracia.

977 A associação que faz entre legalidade e legitimidade fá-lo aproximar do positivismo sociológico de um MAX WEBER por ele tão criticado na sua primeira fase. (J. HABERMAS "Facticidad y Validez" *op. cit, p. 535 e seg.*).

titucionais pelos cidadãos, tal como era defendido pelo autor na primeira fase do seu pensamento.

Para LUHMANN, a constituição incorpora uma dimensão procedimental de regulação inter-sistémica.

As funções da Constituição, consistiriam num projeto de unidade política, ordenação do poder, ordenação da sociedade, bem como na assunção do papel de *instrumento superior de fecho do sistema jurídico.* A Constituição constituiria o sistema jurídico como totalidade fechada, mediante regras que assegurariam o seu primado, disposições reforçadas sobre a sua alteração e processos de garantia das suas normas. Como instrumento de fecho do sistema ela seria, simultaneamente, uma via de "abertura para o futuro[978].

428. A estrutura normativa da Constituição não merece grande desenvolvimento por parte de HABERMAS. O autor decompõe a Constituição em *princípios e regras,* mas o tratamento da normatividade constitucional é por ele construída mais no domínio politico do que no do social, escapando-lhe uma parte das discussões contemporâneas sobre a efetividade ou o regime de aplicabilidade de princípios e normas consagradoras de direitos económicos e sociais, realidade que não respeitaria ao núcleo do seu modelo procedimental de Constituição.

429. No que respeita à *garantia da Constituição e à sua interpretação* os dois autores convergem na crítica do ativismo e da ausência de métodos jurídicos no paradigma hermenêutico.

A defesa da Constituição para HABERMAS não radicou, durante um período significativo, no protagonismo do Tribunal Constitucional, cujo papel o autor encarou com ceticismo, recusando originariamente a possibilidade de um poder judicial se poder auto-atribuir a última palavra sobre a interpretação da legitimidade constitucional. Para o autor, a "rematerialização" da Constituição feita com o desenvolvimento do Estado Social, associada à

[978] O acoplamento entre política e direito, que a Constituição incorporaria, refletiria nos ordenamentos democráticos a ideia segundo a qual a mesma Constituição vale não apenas no sistema jurídico como "norma normarum", mas no sistema político como meio de incorporação jurídica de uma ideologia de base e a realidades políticas como o povo, a soberania, as eleições e os partidos. A Constituição, de uma só vez, conferiria uma solução jurídica para a auto-referencialidade do sistema político e uma solução política para a autorreferencialidade do sistema jurídico. A eficácia da política dependeria do arsenal do direito que a limitaria e lhe conferiria obrigatoriedade e o Direito adequa-se à influencias recebidas da política, modificando-se através dos impulsos oriundos desta.

indeterminação das normas constitucionais, conferiria aos juízes constitucionais critérios de fundo para a criação de direito politicamente inspirado, penetrando no domínio do legislador, em contraste com o principio da separação de poderes. O próprio controlo abstrato de constitucionalidade de normas seria claramente, para ele, tarefa do legislador e não de um Tribunal Constitucional[979]. Para HABERMAS a Constituição deveria ser garantida pelo Parlamento, na linha do republicanismo jacobino francês[980].

Ainda assim, numa aproximação ao pensamento de JOHN HART ELY, HABERMAS acabou por aceitar uma intervenção do Tribunal Constitucional concebida procedimentalmente como protetor do sistema de direitos fundamentais. Isto, na medida em que o mesmo agisse, mais numa perspetiva instrumental do que substancial, como agente de ativação ou desbloqueamento das instituições representativas, quando esclerosadas ou tornadas herméticas às demandas da cidadania, mas já não como ator da sua suplantação.

LUHMANN, pelo seu turno, destaca a importância ou sensibilidade política da interpretação constitucional quando sublinha a ideia de que quanto mais livre a mesma for, maior o risco de a soberania se deslocar do poder constituinte para o intérprete. A auto-referencialidade da Constituição exigiria, por conseguinte, que qualquer operação interpretativa respeitasse o texto. Ainda assim, admite que a formulação, por vezes aberta das normas constitucionais, e a sua associação a valores leva o intérprete judicial a romper o círculo lógico e a transformar o sentido do direito posto. Neste sentido critica o ativismo judiciário na interpretação do direito, considerando que o mesmo, para além de lesar o princípio da separação de poderes e dos procedimentos constitucionais que lhe dão efetividade, envolve um fenómeno de politização do direito operada por quem não tem o exercício da função política. Tal conduta quebraria a auto-referencialidade de um sistema jurídico caracterizado pela existência de um código distinto daquele que inere ao sistema político[981].

[979] J. HABERMAS "Facticidad y Validez", op. cit, p. 326.

[980] Inclusivamente, entendeu que num Estado sobrecarregado com tarefas "qualitativamente novas" e "maiores" (como as de ordem económica e social), existe um risco de, por força do protagonismo da administração e do judiciário, a lei parlamentar ir perdendo a sua eficácia imperativa e de o principio da separação de poderes vir a correr perigo (J. HABERMAS, ult. loc cit, Vol II, 1997, p. 173.)

[981] NIKLAS LUHMANN "Sociologia do Direito" op. cit, p. 73 e seg.

Capítulo III
Posição adotada

Secção I
Uma aceção positiva de Constituição

1. O objeto da Ciência do Direito Constitucional: a Constituição como Lei

430. A premissa maior de uma aceção contemporânea de Constituição rígida parte do postulado de que a Constituição é lei, na medida em que as suas normas vinculam os demais atos jurídico-normativos e o respeito por essa vinculatividade é salvaguardada pelos tribunais. É esse estatuto de norma subordinante que lhe confere uma posição única no ordenamento estatal como norma de referência das demais.

A Constituição escrita e rígida, como qualquer lei, não nasce sem gestação ou por geração espontânea como defende o constitucionalismo cosmopolita[982]. É, na sua essência, direito não meramente pressuposto ou intuído,

[982] Não procede a explicação do constitucionalismo multinível de que haveria, dentro e fora do Estado, constituições de formação espontânea (a menção a "constituição" em sentido impróprio, como faz o cosmopolitismo constitucional é, intencionalmente, referido neste texto com letra minúscula), geradas à margem do direito decidido, através da ação interpretativa dos tribunais superiores e do costume, como sucede com a Constituição britânica. Isto porque esta Constituição (um mosaico de costumes e regras escritas acumuladas, ao

mas direito posto ou decidido através de um ato constituinte fundado na vontade soberana do povo tendo por fim a organização jurídica da sua unidade política e ajustado, gradualmente, ao devir, através de leis de revisão constitucional e de uma interpretação evolutiva.

A Constituição estende, é certo, os seus ramos para situações que não se encontram explicitamente previstas no seu tronco positivo, através da interpretação constitucional autêntica realizada pelos tribunais constitucionais bem como, subsidiariamente, através de costumes interpretativos e integrativos. Por conseguinte, existe um patamar normativo constitucional intermédio, de natureza material, entre a Constituição instrumental e o direito ordinário, formado por normas jurisprudenciais que realizam operações de interpretação autêntica e evolutiva. Contudo, esse patamar normativo, para ser válido, terá necessariamente de se embasar e guardar uma conexão lógica e teleológica com a Constituição positiva. Se a Constituição positiva é o tronco, não seria verosímil que existissem ramos que se desenvolvessem separados do mesmo tronco ou que perfurassem este último, mediante um ato decisionista de prestidigitação jurisdicional. Caso tal ocorresse nasceria Direito constitucional inovador sem o fundamento de validade que decorre do procedimento de revisão e sem substrato legitimador, reconduzido à vontade popular.

A norma constitucional pode, ou não, como ensina HART, incorporar valores políticos ou morais nas suas normas, mas esses valores carecem de juridicidade e apenas relevam para efeito da perceção do conteúdo das normas que os incorporem estando sujeitos, sobretudo no domínio ético, a modificações ditadas pela evolução social e cultural numa sociedade pluralista. Por isso mesmo a Constituição não pode ser definida, política e juridicamente, como uma Carta de valores, como sustentam certos autores suprapositivistas (§ 399), mas antes, como um conjunto de normas jurídicas, cujos bens e interesses que tutelam podem, ou não, representar valores.

Caso uma Constituição reflita valores através das normas jurídicas que deles sejam uma refração, verifica-se que esses valores, em si mesmo considerados, são realidades extra-jurídicas ou metajurídicas, portadoras de um conteúdo mutável, em razão do espaço e do tempo, não sendo, "a se", parâmetros jurídicos de validade do Direito Constitucional ou ordinário.

longo do tempo e com estrutura flexível) constitui uma exceção à regra, sendo inadequado operar generalizações a partir de casos singulares e absolutamente intransponíveis para o universo codicista.

Relevam para a interpretação dessas normas, mas nada mais. A Constituição positiva respeita, incorpora limitadamente mas não se inclina diante de catecismos ou de cartilhas moralistas, realidades de viés fortemente subjetivo e cambiante, oriundas de sistemas sociais não jurídicos.

A Carta fundamental integra nas suas normas princípios jurídicos mas também não é definível como um aglomerado de princípios, dado que, a par destes, pontificam regras, sem as quais seria impossível organizar o poder político e garantir com eficácia certos direitos fundamentais. Uns e outros são direito positivo o qual deve ser alterado, aplicado e interpretado de acordo com critérios próprios da dogmática jurídica.

2. Teoria geral da Constituição e teorias constitucionais

431. Definimos *Teoria da Constituição* como uma área *do saber, de ordem analítica, crítica e incorporadora de uma vertente dogmática que, no âmbito da Ciência do direito público, intenta indagar e explicar a natureza e o conceito de Constituição, os fundamentos da sua legitimidade, o seu objeto, as funções que desempenha em face do modelo de Estado que intenta regular, a sua formação e modificação, a efetividade das suas normas na sua relação de tensão com a realidade política e social, a sua metódica interpretativa e a sua garantia.*

A Teoria da Constituição não se dissolve em teorias constitucionais.

A cosmovisão política e doutrinal que se possa adotar sobre o Estado e a sociedade não pode deixar de se projetar na formatação conceptual da Constituição em torno de um determinado padrão, do qual resulta ou um discurso ou uma narrativa própria sobre o seu conteúdo, funções e tutela. Não existem, nestes termos, "teorias da Constituição" intrinsecamente neutras já que todas envolvem a opção por uma dada conceção política e filosófica que aborda, no plano crítico, de forma diversa, o objeto, o método e os critérios reitores da Ciência do Direito Constitucional.

Não sendo possível gizar uma Teoria da Constituição "bacteriologicamente pura", é, contudo, possível e desejável que a mesma assente numa base dogmática, sob pena de se colocar à margem da Ciência do Direito. Essa base reclama que os teorizadores do fenómeno constitucional partam do *método jurídico* como instrumento de análise da formação, aplicação e interpretação da lei constitucional e separem, nessa análise, os efeitos reais do fenómeno constitucional, rigorosamente comprováveis, das pré-compreensões políticas, filosóficas e jurídicas com que, subjetivamente, analisem esses fenómenos.

Numa palavra, existe uma *dimensão objetiva da Teoria da Constituição*, a que chamamos de *Teoria Geral da Constituição*, que intenta descrever, classificar e valorar a realidade jurídico-constitucional tal como esta existe e que, nestes termos, deve ser padrão de referência ou ponto de partida de todas as teorias constitucionais, às quais cumpre analisar, valorar e criticar essa realidade com base em justificações distintas. Na medida que se pretenda, como fazem o jusnaturalismo, o neocontitucionalismo e o constitucionalismo cosmopolita, fundar um arremedo de Teoria da Constituição, não naquilo que uma Carta Fundamental é, mas naquilo que na respetiva linha filosófica e ideológica de pensamento a mesma deveria ser, sem que haja fundamento textual, lógico, histórico e teleológico para tal e substituindo-se a decisão constitucional por uma "história alternativa", então permitir-se-ia a captura da Teoria da Constituição por catecismos, ideologias ou utopias sem arrimo normativo, reduzindo-se a zero o seu valor científico.

432. Em síntese perfilhamos o entendimento de que a *componente dogmática da Teoria da Constituição* assenta na descrição objetiva da Lei Constitucional posta e deve ser diferenciada das *teorias ou doutrinas constitucionais* que, integrando o halo complementar ou instrumental da mesma Teoria, se limitam a fundamentar o fenómeno constitucional e a analisar criticamente a Ciência do Direito Constitucional com base em certos influxos políticos ou filosóficos. Da verificação e do debate, as mesmas intentam obter um consenso alargado quanto à sua aceitabilidade no plano dogmático[983].

Essa decomposição morfológica da Teoria da Constituição, numa *Teoria Geral* e em teorias constitucionais, resulta ser *essencial para que, quer no plano doutrinário, quer no jurisprudencial, existam padrões referenciais, nomenclaturas e um léxico com caráter comum que permitam às diversas correntes ou teorias constitucionais reportarem-se ao mesmo objeto, fazerem-se entender junto do poder e da sociedade e dialogarem entre si. O contrário significaria uma Babel constitucional carente de qualquer cientificidade no universo do Direito*[984].

[983] Por exemplo, a distinção entre disposição e norma, a jurisdicidade dos princípios constitucionais e as suas especialidades interpretativas e aplicativas em face da regra, constituíram contributos oriundos de teorizações constitucionais que apenas nos últimos 30-40 anos alcançaram valor dogmático, integrando a Teoria Geral da Constituição.

[984] A título de exemplo, quando se fala em poder constituinte, em poder de revisão, em norma constitucional, em tipologia das normas constitucionais e das Constituições positivas, em tipos de inconstitucionalidade, em processos de fiscalização da constitucionalidade, e, no plano interpretativo, nas técnicas da subsunção e em ponderação, necessário é que exista

3. Por uma aceção jurídico-positiva da Constituição

433. Esclarecido este ponto e no que respeita às teorias constitucionais especificas que, no plano doutrinal, gravitam em torno da Teoria Geral da Constituição, sufraga-se neste escrito, *um ângulo positivista eclético* de análise do fenómeno constitucional.

O positivismo é a corrente doutrinal que, pelo seu realismo jurídico, pela sua pretensão científica logicamente fundada e pelo seu menor comprometimento axiológico e ideológico, logra descrever a fenomenologia jurídico-constitucional tal como ela existe e se processa.

Secção II
Pontos focais de uma teoria positiva de Constituição

1. Estado e Constituição

434. Verificámos supra § 5 que na sociedade contemporânea, Estado de direito e Constituição se predicam reciprocamente. A Constituição não nasce por si mesma ou para si mesma, mas surge antes de um ato de vontade, como moldura jurídica da unidade e organização política e social de um ente estatal[985]. O Estado precede, em muitos casos, a Constituição moderna, mas noutros, como é o caso das nações que se independentizaram nos séculos XIX e XX, o nascimento do Estado foi concomitante com a aprovação da Constituição.

A uma teoria positivista da Constituição interessa descrever e comprovar o modo como, esgotado o momento constituinte, a Constituição, como Lei estruturante do poder e da sociedade, modela o Estado, definindo os seus fins e estabelecendo vias e procedimentos para os preencher.

A Lei Fundamental não possui vida própria em face da realidade que regula. Contudo, a mesma é sujeita a revisões periódicas e, igualmente, a interpretações com caráter evolutivo e, mesmo, mutações informais que

um denominador comum na relação de significado dessas fórmulas e institutos, independentemente dos diferentes ângulos de análise que dessas realidades possam ser extraídas pelas distintas correntes ou teorias constitucionais.

[985] Carl Schmitt ult. loc cit, p. 30; Jellinek "Algemeine Staatslehre", 1921, p. 505; Klaus Stern "Das Staatsrecht der Bundesrepublik Deutchland", 1984, p. 61 e seg.

existencialmente vão modelando e alterando a relação de sentido das normas sem alterações textuais[986].

No universo das correntes suprapositivistas, enquanto uns aceitam o fenómeno das transformações informais acabada de descrever, conquanto aquelas não bulam com os valores fundamentais da sua teologia constitucional, outros limitam-se a legitimar o fenómeno retorcendo e diluindo os critérios jurídicos de interpretação à medida de um decisionismo judicial que entendem ser profícuo. Já o positivismo e certas conceções normativistas do moralismo reflexivo (HESSE) descrevem o fenómeno e procuram traçar, na especialidade, limites jurídicos à sua admissibilidade, à luz dos princípios estruturantes do constitucionalismo, como o princípio do Estado de direito, da separação de poderes e da democracia.

Em suma, estabelecendo a Teoria do Estado e a Teoria da Constituição um importante sistema de vasos comunicantes entre si[987], parece evidente que quem adote, como o autor destas linhas, em relação ao Estado português, uma aceção de Estado-Nação de caráter soberano (pese que com limitações expressivas nessa soberania por força da sua integração na União Europeia) e estime que a Constituição da República incorpora nos seus artigos 3º, 7º e 8º e 288º esta mesma estatalidade, não poderá deixar de colocar reparos a narrativas supranacionais de escopo federalista (mesmo que deliberadamente não assumidas) que pretendam desconstruir esta realidade, sem que pré-exista uma novação constituinte. Com efeito, para justificar uma Constituição para a União Europeia, o Constitucionalismo Cosmopolita (§ 405 e seg.) intenta debilitar a estatalidade como "prius" da

[986] A Constituição brasileira de 1988 é um cabal exemplo desta afirmação. O perfil intervencionista do Estado no domínio social, garantido supletivamente pelo poder judicial, encontra-se na Constituição mas foi catalisado a patamares muito superiores aos que resultam do texto, pela leitura construtivista e ativista que o mesmo poder fez da Constituição, gerando transformações no papel do Estado que não terão sido integralmente pensadas pelo constituinte. Uma Constituição programática convertida numa Carta dirigente e omnicompreensiva dos poderes públicos e de toda a sociedade pelo judiciário e por uma boa parte da doutrina calibrou de forma inovadora os fins e as tarefas do Estado brasileiro.

[987] SMEND ("Constitución y Derecho Constitucional" op. cit, p. 121 e seg. e 129 e seg.) considera que uma teoria política, filosófica e cultural do Estado se projeta na teoria constitucional, pelo que, sendo os fins e funções do Estado momentos substanciais de um processo de integração política, a Constituição não deixará de, na qualidade de ordenação jurídica do Estado ou da dinâmica vital onde se desenvolve a vida deste, regular juridicamente a totalidade do processo integrador.

Constituição, o povo como titular da soberania constituinte e o momento fundacional que inere ato constituinte, desidratando-se a noção de poder constituinte. Sem grande êxito, até ao momento, pelo menos junto da Justiça constitucional.

435. Há quem, como foi oportunamente registado (§ 405-1º) entenda que a Constituição pode nascer espontaneamente à margem do Estado, mormente junto de organizações internacionais e supranacionais, em razão da circunstância de o Direito Internacional que as rege assumir *traços constitucionais*. Essa "construção desconstrutiva", que se desenvolveu com o desiderato de justificar a adoção de uma Constituição para à Europa ou para a ordem constitucional global, não deixa de ostentar algumas dificuldades argumentativas.

A hipótese formulada por autores como KUMM, TEUBNER e MADURO (§ 405) de que a Constituição não é uma "reserva" do Estado, carece, efetivamente, de demonstração, a qual ainda não foi feita. Semelhante corrente considera que aquilo que verdadeiramente releva numa Constituição é a existência de traços como a democracia, a legalidade ("rule of law") e o primado dos direitos fundamentais[988] e essas características podem ser descortinadas no Direito Internacional Público que rege certos entes internacionais.

Verifica-se, ainda assim, que este entendimento não ultrapassou, salvo melhor opinião, um conjunto de reparos.

1º. A tese exposta confronta-se com um argumento dogmático de ordem jurídica: na ordem vigente na sociedade internacional, a Constituição é um ato jurídico interno e os Tratados e demais normas internacionais, acordos jurídicos e atos jurídicos de natureza externa. Os primeiros foram reconduzidos à vontade real ou existencial do povo de uma coletividade estadual como uma manifestação de vontade originária, enquanto os tratados derivam de acordos de plurilaterais de vontade entre Estados ou entre estes e associações de Estados que são as organizações internacionais, assumindo-se como normas derivadas da vontade estadual. Por isso mesmo, não existem tratados que não brotem, direta ou indiretamente, da vontade plurilateral dos Estados, os quais também podem condicionar unilateralmente a sua vigência (mormente mediante denúncia ou recesso) dependendo a validade desses tratados da sua conformidade com as constituições esta-

[988] MATTIAS KUMM "Constituent power (...)" cit, p. 710 e seg.

duais. Todos os tratados (salvo casos específicos, como os da Holanda) estão submetidos às constituições nacionais e podem ser julgados inconstitucionais pelos tribunais constitucionais estaduais. Firma-se, por esse facto, um critério hierárquico que separa a Constituição dos tratados: se um Estado incumprir um tratado pelo facto de este colidir com as suas normas constitucionais: ou se entende que o vício de inconstitucionalidade, de ordem orgânico-formal não é grave e é juridicamente irrelevante (nº 1 do artº 179º da CRP); ou se estima que o Estado tem o direito de se desvincular do tratado se a inconstitucionalidade orgânica for grave e manifesta (artº 46º da Convenção de Viena de 1969); ou a Justiça Constitucional declara a nulidade do tratado na ordem interna e o Estado desvincula-se do mesmo, mas incorre em responsabilidade internacional por incumprimento, sendo obrigado a proceder a reparações.

Se assim é, com que fundamento se pode equiparar em hierarquia e atribuir o mesmo valor jurídico a uma Constituição de um Estado que resulta de uma decisão fundacional originária e se configura como norma pressuposto da formação, validade, eficácia e força dos tratados na ordem interna e um tratado que é uma norma derivada da vontade estadual, que subsiste graças a essa vontade e cuja produtividade jurídica em ordens estaduais é pré-determinada pelas constituições nacionais?

2º. Claro está que, quem defende esse constitucionalismo para além do Estado[989], sustenta que o Direito Internacional Público, incluindo o convencional teria, existencialmente, ganho uma força e uma legitimidade próprias que não o tornariam dependente do consentimento dos Estados. Trata-se de um entendimento que, pese o esforço, não encontra qualquer amparo no Direito dos Tratados e na correspondente prática jurídica. Os tratados celebrados entre Estados não nascem de geração espontânea nem iniciam ou cessam a sua vigência sem que tal decorra da vontade estadual[990]. Os Estados vinculam-se a convenções quando tal lhes for con-

[989] MATTIAS KUMM ult. loc cit p. 703 e seg.

[990] Um exemplo de uma tentativa dolosa e desastrada de impor Direito Internacional na ordem interna de um Estado sem observância de regras devidas ocorreu em 2018, com a tentativa do Comité de Direitos Humanos das Nações Unidas interferir nas eleições brasileiras, fixando uma medida cautelar em favor de um candidato preso e condenado (o Ex Presidente Lula). Essa tentativa, ainda assim, foi defendida pelo voto de vencido de um juiz do Tribunal Superior Eleitoral do Brasil, sendo, contudo, rechaçada pela maioria do Tribunal, cumprindo atentar no sentido lapidar do voto do juiz relator, em recusar a aplicação interna de Direito

veniente e denunciam-nos quando as mesmas prejudicam os seus interesses. Mesmo o Tratado da União Europeia a quem se pretende atribuir valor constitucional e que não preveria a desvinculação de um Estado-membro, confrontou-se com essa mesma desvinculação por parte do Reino Unido, através do Brexit.

É certo que os Estados só denunciam, no limite, as convenções de que são parte, mas a questão central não reside em saber se tal ocorre comummente mas sim se essa denúncia pode ter lugar e o facto é que a resposta é afirmativa.

3º. Poderá contra-argumentar-se que as relações internacionais implicam que organizações internacionais fortes imponham a Estados mais fracos a necessidade de vinculação a certos tratados[991] ou a não desvinculação relativamente aos mesmos. Trata-se de algo que efetivamente ocorre, mas que não é novo e que deflui dos equilíbrios conjunturais e das relações de força estabelecidas entre os sujeitos de Direito Internacional bem como do seu impacto na génese do mesmo Direito: este é forjado tendencialmente pelas coletividades mais fortes ou influentes e acatada, total ou parcialmente, pelas restantes. No fundo estamos diante "relações de dominação" que expoentes da doutrina cosmopolita que aqui se aprecia criticamente rejeitam com horror[992] (mas que são por estes subliminarmente admitidas

Internacional que, nos termos do Próprio Pacto dos Direitos Civis e Políticos e do seu I Protocolo adicional facultativo, bem como da Constituição do Brasil, nunca se aplicaria nesse País. Deflui da fundamentação do Relator, que: i) O Comité não é um órgão jurisdicional e a "interim mesure" não tem força de decisão judicial; ii) A medida está repleta de vícios pois não foi fundamentada, o Brasil não foi ouvido, nem foram esgotados os recursos internos como pressuposto do pedido; iii) Mas mesmo que tivesse força vinculante e não estivesse viciada, seria inaplicável porque o 1º Protocolo facultativo ao Pacto dos Direitos Civis e Políticos, aprovado no Brasil em 2009, não vigora neste País, pois não foi promulgado por decreto presidencial que ordene a execução.

Para os defensores de um Direito Internacional Constitucionalizado, o Pacto dos Direitos Civis e Políticos e respetivos protocolos seria uma espécie de Direito Constitucional com primado sobre a Constituição brasileira por respeitar à tutela de direitos humanos fundamentais e aplicar-se-ia de qualquer modo, mesmo se nos termos da Lei Fundamental do Brasil, o Estado não tivesse concluído a expressão do seu consentimento. Como é óbvio está-se perante uma teorética rudimentar que desafia qualquer lógica jurídica, mas é prenhe de intencionalidade política.

[991] Ou a contratos administrativos internacionais como os memorandos de entendimento de credores, como sucedeu com Portugal, Irlanda, espanha e Grécia durante a crise financeira iniciada em 2009.

[992] Mattias Kummm ult. loc cit.

se os sujeitos preponderantes nessas relações forem entidades supranacionais europeias). No fundo, as relações de equilíbrio ou imposição de força existem desde que mundo é mundo e têm-se mesmo solidificado desde 1999, numa conjuntura internacional multipolar onde tem imperado o unilateralismo de alianças, de grandes potências e de potências regionais.

4º. Desponta uma ideia veiculada pelo cosmopolitismo constitucional (a qual é já antiga e tem uma paternidade jusnaturalista), de que, pelo menos no conteúdo medular universalizante relativo aos direitos fundamentais, se teria formado, a partir de normas internacionais, convencionais ou consuetudinárias de direito imperativo ("ius cogens"), um direito Constitucional espontâneo de alcance universal, que se imporia por razões éticas e jurídicas à Constituição dos Estados[993].

Contudo já se demonstrou neste livro (supra § 258 e seg.) a razão pela qual a supremacia das normas de "ius cogens" vincula apenas, de acordo com o artº 53º da Convenção de Viena de 1969, as restantes normas dos tratados e, máxime, de outras fontes de Direito internacional, sem que possam primar sobre as constituições dos Estado que determinam, na ordem interna, a força e o regime de aplicabilidade das fontes de Direito Internacional sem curarem da sua hierarquia na ordem internacional ou na ordem interna. Por exemplo, as normas constitucionais que na CRP determinam a submissão dos tratados à CRP, prevendo o respetivo controlo de constitucionalidade (nº 2 do artº 277º, artºs 278º e 279º e, implicitamente, os artºs 280º e 281º) reportam-se a essas normas em razão da sua natureza convencional sem fazer aceção do posicionamento hierárquico das mesmas na ordem internacional (mormente se serão ou não *ius cogens*).

Por outro lado, será simples para qualquer jurista, sociólogo ou politólogo destacar normas de *ius cogens* em razão das suas pré-compreensões[994], mas o facto é que, até ao momento, não foi revelada inequivocamente nenhuma norma dessa natureza na ordem jurídica internacional, nem

[993] Rui Medeiros ult. loc cit, p. 295 aderindo ao posicionamento de Jorge Miranda (supra §) sobre o tema.

[994] Pessoalmente restringimos, por ora, os *ius cogens,* a imperativos humanitários de ordem pública internacional, como é o caso das *convenções internacionais em matéria de proibição e repressão do Genocídio* (mormente a convenção de 1948) e as convenções genebrinas sobre o tratamento de prisioneiros de guerra que o Conselho de segurança impôs a Estados, beligerantes e insurretos, independentemente do facto de terem ratificado ou reconhecido o valor dessas convenções.

nenhum tratado foi julgado inválido com fundamento na violação de uma norma de Direito imperativo. Aqueles que apressadamente o alargam aos direitos declarados na DUDH, desvalorizam-no, não apenas porque a declaração não têm valor jurídico mas político (exceto no caso de Estados, como Portugal, que a recepcionaram na Constituição), mas também porque a respetiva violação é uma realidade ocasional mas recorrente, seja em regimes democráticos seja em regimes autoritários. O excesso de oferta retira valor ao bem respetivo.

Embora se possa falar, em tese, num "ius commune" europeu em matéria de direitos fundamentais, o facto é que esse Direito não é necessariamente cogente na medida em que não existe uma aceitação alargada dessa natureza a todo o universo estadual extra europeu, não se podendo dizer que essas normas foram aceites pela comunidade dos Estados *"no seu todo"*, como determina o artº 53º da Convenção de Viena de 1969.

5º. Adverte um setor do cosmopolitismo constitucional [995]que a legitimidade de uma Constituição estadual depende da sua integração na ordem internacional. Até certo ponto terá razão porque fala não em validade mas em legitimidade (política) e o facto é que a sociedade internacional pode, através de um complexo de relações de força, retirar autoridade e aceitação a um dado regime e à respetiva ordem constitucional. Assim sucedeu com um conjunto de Estados-pária, desde a Rodésia, à Somalilândia, República Cipriota Turca e Transdniéstria. Contudo, haverá que registar que essa falta de aceitação externa em pouco influiu na invalidade jurídica interna dos referidos textos constitucionais, com exceção do primeiro caso. Mesmo no seio da União Europeia, na qual os Estados-membros e as instituições da U.E. podem ter um maior peso na deslegitimação de uma Constituição, por exemplo, a de um Estado iliberal, verifica-se que, até ao presente esse efeito não foi atingido na Hungria e Polónia pese as advertências (com ameaças sancionatórias) para que procedam a alterações constitucionais que estariam a afetar a independência dos tribunais.

6º. A busca de traços constitucionais "fora do Estado" implica, salvo melhor opinião, que se tenha de partir das componentes estruturantes não territoriais que integram a Constituição estadual, já que o constitucionalismo estatal é o único paradigma originário passível de ser convocado para que se entenda o que é uma Constituição. Desde o século XVIII até ao tempo

[995] MATTIAS KUMM ult. op. cit, p. 703.

presente ainda não foi pacificamente reconhecida por nenhum sujeito de Direito Internacional, natureza constitucional a entes não estaduais. Como tal, não é possível inventar traços constitucionais para um ente não estadual que não tenham algo de relevante e comum com a Constituição estadual.

Uma Constituição de um Estado consiste numa Lei que promana de uma decisão soberana inicial e fundacional de uma ordem jurídica e política de domínio imputada à vontade popular, caracterizada, materialmente, por conter o estatuto do poder político de uma coletividade e uma carta de direitos fundamentais dos seus cidadãos e ainda, por exprimir uma supremacia sobre as demais normas aplicáveis na respetiva ordem jurídica.

Assim sendo, não se entende onde é possível encontrar traços constitucionais com essa natureza no direito reitor de organizações supranacionais como a União Europeia, em organizações internacionais como o Conselho da Europa ou em outros entes internacionais como o FMI e a OMC, plasmado nos seus tratados institutivos.

O único ponto em comum consiste no facto de os tratados configurarem estatutos organizativos de uma entidade pública. Todavia, aos tratados falta um povo que legitime a fundação da respetiva ordem de domínio, uma decisão fundacional soberana, incondicional e originária[996] e, ainda, uma cláusula de supremacia que imponha a prevalência das suas normas sobre as constituições dos Estados. Ora uma Constituição sem povo, sem um ato de vontade soberana de carater incondicionado que a institua como *lex superior* e sem uma norma de conflitos que garanta a sua hierarquia não é uma verdadeira Constituição, mas um avatar moldado à medida de certas cosmovisões utópicas.

É claro que cada jurista, sociólogo ou politólogo pode hipervalorizar traços de constitucionalidade à medida das suas utopias para poder encaixar a União Europeia, o Conselho da Europa (na sua componente de garantia da CEDH) e outras organizações internacionais no figurino constitucional. Uns encontram esses traços no "rule of law", nas declarações direitos humanos fundamentais e na democracia[997]. Mas esta construção tem como efeito atribuir valor constitucional a documentos normativos de organizações em que esse valor não foi reivindicado pelas respetivas instituições

[996] Decorrendo antes de um ato derivado da vontade dos Estados, os quais são senhores dos tratados e que podem criar, modificar ou extinguir a mesma organização.

[997] Mattias Kumm ult. loc cit, p. 710 e seg.

nem pelos Estados-parte (caso da CEDH), negando-o, simultaneamente, à maioria das leis fundamentais dos Estados da sociedade internacional que são autocracias (como a China ou Cuba) ou que assumindo a natureza de democracias iliberais, autoritárias ou deficitárias, não garantem os direitos fundamentais de acordo com os standards da União Europeia e do Conselho da Europa. Semelhante negação, assente em pressupostos ideológicos e não dogmáticos, pode ser aceite num espaço eurocêntico ou euro-americano, no quadro das relações operadas nesse universo[998], mas é inservível no domínio das relações jurídicas internacionais gerais.

Uma deriva fundamentalista feita na base do entendimento segundo o qual "onde há uma declaração de direitos humanos há uma Constituição" não convence, pois não só existem paradigmas democráticos de Constituição sem declarações de direitos (Constituição norte-americana na versão originária e a Constituição imperial alemã de 1871), como sempre existiram tratados que contém declarações de direitos (Pactos dos Direitos Civis e Políticos da ONU, CEDH, Pacto de S. José da Costa Rica) desacoplados de qualquer pretensão de constitucionalidade. Por outro lado, tratados constitutivos de confederações , como a norte-americana, não declaravam direitos fundamentais.

7º. Outros aludem à necessidade de se estruturar e limitar os poderes de uma coletividade internacional (a União Europeia)[999] e de se estabelecer regras de conflito com os estados-Membros. Contudo, a breve vida de confederações, como a da Alemanha do Norte e a dos Estados Unidos da América demonstram que os tratados asseguraram melhor ou pior esse desiderato sem assumirem valor constitucional. E quanto os povos dos mesmos entes confederados sentiram vontade de criar um novo Estado, com renúncia à sua soberania, desencadearam um ato constituinte, que poderá ter tido por base uma proclamação associada a um pacto federal ou uma convenção, gerando uma Constituição soberana que operou como ato fundacional. Nada disso sucedeu na União Europeia. Sendo a Confederação a figura mais próxima da União Europeia, verifica-se que tendo duas importantes confederações decidido transmutar-se em federações, essa transmutação não ocorreu espontaneamente, pois não prescindiu de um ato constituinte. Ora, pese a tentativa feita de criar um ato constituinte análogo com

[998] E mesmo assim com grandes derrogações e dificuldades de acatamento, atenta a situação que ocorre nos EUA, Hungria, Polónia e, eventualmente, na Itália.

[999] MIGUEL POIARES MADURO.

a aprovação do Tratado Constitucional europeu, a União Europeia não logrou atingir um desiderato similar. Assim sendo, serão tratados com valor jurídico internacional que regularão o Estatuto do poder e a Carta interna de direitos na União, e não tratados elevados a uma hierarquia constitucional por vontade de uma doutrina ou de uma jurisprudência, que carecem de legitimidade constituinte. O contrário seria fazer entrar sorrateiramente pela janela algo que foi rejeitado pela porta mediante uma decisão soberana de povos de diversos Estados europeus, em decisão referendária[1000].

Em suma, o subjetivismo e o casuímo ínsitos na busca frenética pelo constitucionalismo perdido (numa variante de "caça ao tesouro") suscita reservas nos próprios juristas que defendem a natureza constitucional da União Europeia, mas rejeitam o que designam *"milagre da multiplicação das constituições"*[1001], proposta pelas correntes mais avançadas do pluralismo constitucional globalista.

8º. Pode ainda afirmar-se que o poder constituinte dispensaria o povo e a soberania constituinte, como sucederia com certas formas de federalismo centrífugo ou derivado, em que as populações vinculadas a estados de uma Federação exerceram um poder constituinte não soberano e as suas constituições não prevalecem em relação à Constituição da Federação. Embora o argumento não frature o predicado da estatalidade da Constituição (os estados federados são, afinal, "estados de Estados"), o facto é que os mesmos estados federados não são soberanos (dispondo apenas de autonomia constitucional). Sucede que o constitucionalismo multinível reivindica a soberania constituinte e constitucional (partilhada ou não) da União Europeia e, inclusive, a supremacia do seu direito (absoluta ou indecisa) sobre as normas constitucionais dos Estados-membros. Assim sendo, não pode o cosmopolitismo constitucional eurocêntrico justificar a natureza constitucional da União baseado no paradigma jurídico de um estado federado desprovido de soberania e dotado de mera autonomia constitucional.

9º. Em síntese, ficou por demonstrar, como caberia ao cosmopolitismo constitucional fazê-lo, que existiria uma forma segura de identificar os pressupostos constitutivos de uma Constituição fora da pessoa jurídica do Estado. Insistir nessa possibilidade em torno de um modelo de Constituição sem poder constituinte, sem momento fundacional, sem povo legitima-

[1000] E o facto é que se se repetisse em 2018 pela mesma via, idêntica tentativa de constitucionalização dos tratados, a resposta seria ainda mais contundente.

[1001] Rui Medeiros ult. loc cit.

dor e sem normas que garantam a sua supremacia será equivalente a designar por "roda" um paralelepípedo e repetir até à exaustão essa afirmação até que a mesma seja interiorizada como "verdade".

A dificuldade de se obter uma fundamentação jurídico-dogmática na construção de um modelo de Constituição para lá do Estado não pode ser suprida por uma opção discursiva baseada em imperativos políticos (como o que inere à defesa de que a Europa necessita de uma Constituição e, a partir daí, o cosmopolitismo quer e a obra nasce) ou em atributos pretensamente constitucionais que não são extraídos do paradigma constitucional do Estado, e que geram a uma banalização hiperinflacionária de tratados candidatos a constituições. O rigor dos conceitos e a certeza do Direito não podem acolher construções leves, incertas e pouco consistentes, por mais que as mesmas, nos seus diversos matizes, sirvam objetivos políticos e económicos relevantes, mas disputados, como o do federalismo europeu, o transnacionalismo económico-financeiro e a governance global.

2. Sentido dogmático e sentido ideal de Constituição

436. A diferenciação entre um sentido estrutural ou dogmático de Constituição, comum a todos os Estados e um sentido ideal de Constituição, o qual coincide com o paradigma constitucional do Estado de direito democrático, deve estar necessariamente presente na componente nuclear da Teoria da Constituição. Esta distinção é, aliás, feita, quer no esteio do jusnaturalismo (cfr. SPADARO, supra § 373), quer do positivismo existencialista (§ 14, SCHMITT).

Resulta ser indispensável numa ordem internacional global e cooperativa, constelada de regimes políticos distintos, definir uma noção neutral de Constituição que sirva qualquer regime. E daí que, *Constituição material, em sentido dogmático* (ou "absoluto"), *consista na lei suprema de um Estado que estruture a ordem jurídica, aprove o estatuto do poder político e disponha sobre as relações entre a sociedade e esse poder.*

Dir-se-á que este conceito de Constituição poderá servir um regime totalitário onde o arbítrio da decisão prima sobre a própria Constituição, onde o poder é concentrado e onde os direitos dos cidadãos não são respeitados e, por vezes, garantidos no seu nível mínimo. Contudo, será possível sustentar que a China, o Irão, o Vietnam, a Coreia do Norte e Cuba não possuem uma Constituição? E que a Constituição portuguesa de 1933 nunca existiu?

A noção de que uma Constituição é sinónimo de democracia e garantia efetiva de direitos civis e políticos[1002], para além de reducionista, seria inservível nas relações jurídicas internacionais[1003].

Dito isto, importa, contudo, reconhecer que a par do sentido dogmático de Estado existem outros sentidos diversos de Constituição, os quais se modelam a diversos paradigmas de Estado. Ora, neste plano, o modelo de Constituição que nos interessa caracterizar no presente Curso é o de Constituição identificada genericamente com o paradigma ou o *"ideal"* do movimento constitucionalista e que corresponde à Lei básica do Estado de direito democrático. Trata-se de um sentido impostergável em sede de Teoria da Constituição, porque corresponde à família constitucional onde se insere a Constituição portuguesa de 1976.

Nesta perspetiva a Constituição em sentido "ideal", inerente a um Estado de direito democrático, *é a norma criada mediante uma decisão fundamental imputada ao povo que define as tarefas do Estado, estrutura o sistema jurídico e opera como estatuto de organização do poder político e da sua limitação, a qual é assegurada pela separação de poderes, pela garantia dos direitos fundamentais das pessoas e pela representação democrática dos cidadãos no exercício poder.*

3. Poder constituinte e Constituição

3.1. O poder constituinte como decisão e a Constituição como direito decidido

437. O momento constituinte envolve uma manifestação política de poder enformada por uma determinada ideia de direito que, num Estado soberano, conforma a mais elevada manifestação de soberania, porque não

[1002] Mattias Kumm ult. loc cit, p. 710.

[1003] Se um Estado democrático celebrar com a China um Tratado, este violar uma norma fundamental de competência da Constituição chinesa e a China invocar, à luz do artº 46º da Convenção de Viena sobre os tratados, a nulidade do Tratado, por ofensa à sua Constituição, faria algum sentido que a outra parte, em litígio sobre esta questão submetida a uma jurisdição internacional, invocasse que o argumento era inválido porque a China, por ser um Estado autocrático não possuiria uma Constituição? As reações jurídicas internacionais não se compadecem no plano jurídico, com idealismos doutrinais ou ideológicos. Semelhante tipo de argumento só poderia valer no quadro excecional de relações de força, como instrumento de coação política, se, por exemplo, um conjunto muito vasto de Estados se propuserem forçar um Estado autoritário isolado a um processo de democratização.

observa limites jurídicos pré-existentes, porque brota de forma existencial da força dos factos, porque é legitimada pela vontade popular e porque cria as traves-mestras da unidade política do Estado.

Importa, contudo, *separar com clareza as noções de poder constituinte e de Constituição* e, neste ponto, não coincidimos com SCHMITT quando distingue Constituição positiva de Lei constitucional[1004]. O poder constituinte constitui uma realidade eminentemente política, uma decisão política fundamental que antecede a produção de uma Constituição e, que, por conseguinte, não se confunde com ela[1005]. Trata-se de uma decisão fundacional de uma dada ordem jurídica estadual e imprime a sua "auctoritas" no conteúdo da Constituição que por ele é ditada, na base de um código genético ou identitário que envolve um modelo de Estado, de regime, de sistema político, de organização territorial e de sociedade, com especial relevo para o catálogo de direitos fundamentais.

Já Constituição, como realidade normativa, é direito decidido e consiste numa Lei básica ou fundamental de conteúdo político e jurídico, na medida em que vincula todos os poderes por ela constituídos. Daí que embora se possa sempre falar em Constituição como decisão legislativa, em bom rigor, ela é o produto de uma vontade política superior, o poder constituinte, embora com o passar do tempo, seja muito mais do que isso.

Com efeito, a *Constituição é, no seu todo, mais do que o poder constituinte.* As Constituições crescem, temporalmente, graças a sucessivas revisões e à interpretação atualista das suas normas feita pela prática política e pela jurisprudência dos tribunais. *Incorporam, mas não* se reduzem ao direito *posto no momento constituinte, pois evoluem, sem prejuízo da estabilidade do seu núcleo identitário, num processo histórico em desenvolvimento contínuo já que o seu papel*

[1004] Na verdade, o mesmo autor define a Constituição positiva como decisão fundamental de conteúdo intrinsecamente político e entende que a mesma se não confunde com as normas constitucionais, as quais degrada a uma Constituição em sentido *"relativo* (CARL SCHMITT "Teoria de La Constitución", op. cit, p. 37 e seg.).

[1005] Previamente ao nascimento de uma Constituição positiva, como direito posto, está o movimento constituinte nascido de uma rutura política com uma ordem anterior, o processo adotado para a produção de uma Constituição e, finalmente, a decisão política constituinte, plasmada numa vontade constitutiva que, em democracia, pode nascer de um plebiscito realizado com um mínimo de liberdade, de um referendo ou de uma deliberação de assembleias representativas do povo. O poder constituinte antecede, nestes termos, a Constituição e, como tal, a decisão política fundamental assenta mais no poder constituinte do que no resultado ou no produto do exercício desse poder que é a Constituição.

integrador da diversidade, envolve um ajustamento a transformações políticas e sociais, como pressuposto da sua durabilidade.

Daí que a "Constituição Constituinte" não se justaponha, de uma forma perfeita, à "Constituição vivente" entendida no léxico de PALADIN (§ 418), a qual, a par das normas decididas no momento constituinte, agrega normas de revisão e novos sentidos normativos fornecidos pela interpretação e práticas constitucionais que passaram a guiar condutas do poder. Contudo, a constituição vivente é uma Constituição positiva. Tal como defende HESSE (§ 390), ela não é separável da Constituição textual (como chegou a defender a tese dualista de LASSALE), formando ambas um só todo, sem prejuízo de se ter presente que nem todos os sentidos interpretativos conferidos pela Justiça Constitucional à Constituição integram a mesma Lei Fundamental.

Não se reduzindo a Constituição à decisão constituinte, ela não é, contudo, separável das linhas identitárias básicas legadas por esse poder, sob pena de descaracterização material e de uma transição para outra ordem constitucional. Regime político, características cardeais do sistema de governo, sistema estruturante dos direitos, liberdades e garantias, organização política do território e, até certo ponto, o paradigma das missões prestacionais do estado integram, esse núcleo identitário onde o poder constituinte "vive no futuro".

Não parece ser fácil aceitar a emergência algo fantasmático como uma Constituição privada de um ato constituinte § 406, tal como é sustentado pelo cosmopolitisno constitucional. A dogmática jurídico-constitucional sempre feriu com a inexistência jurídica uma lei que não seja imputada a um órgão legislativo, seja por ausência de órgão seja por grave deformidade na manifestação da vontade por parte dos seus titulares[1006]. O mesmo é dito de leis de revisão constitucional carentes dos seus elementos orgânico-formais de identificação, neles se compreendendo a necessidade de uma deliberação formal por maioria qualificada. O desvalor e sanção da inexistência jurídica, tido como o mais grave do ordenamento, seria verificável por qualquer autoridade, sendo a referida "lei" tratada como uma "não lei" ou uma aparência de lei. Ora se tal sucede com um ato legislativo ordinário, por maioria de razão deve suceder com uma Constituição que é a "lei das leis"

[1006] MARCELO REBELO DE SOUSA "O Valor jurídico do Ato Inconstitucional", Lisboa, 1988, p. 155.

a "Lex Superior" que se conforma como norma de referência de toda a normação e do estatuto do poder e carta de direitos de um dado ordenamento.

Tratados internacionais, alçados, sem procedimento devido, ao valor hierárquico de uma Constituição, sem que essa mudança de natureza possa ser imputada a órgãos competentes, a uma vontade popular direta ou a um pacto outorgado entre órgãos competentes ancorados num mandato popular, e que obtenham essa supremacia jurídica por força de um ato decisionista de um órgão judiciário internacional, desprovido de legitimidade e de competência para o efeito só podem ser qualificados como uma *constituição aparente.*

Assim deve ser considerado qualquer ensaio feito a partir das instituições europeias, mormente pelo Tribunal de Justiça, no sentido de converter o Tratado de Lisboa (ou qualquer convenção sucedânea) numa Constituição. E assim o considera o Tribunal Constitucional alemão na decisão lapidar tomada sobre a natureza do tratado de Lisboa. E depois desse aresto, fora do contexto de uma autolimitação constitucional, qualquer tribunal constitucional europeu que entenda diferentemente reduzir-se-á ao *status* diminuído de um tribunal paroquial, análogo ao de um estado federado periférico, transacionando a soberania nacional à margem do poder constituinte e da vontade democrática do respetivo titular.

Pode, no nosso entendimento, um Tribunal Constitucional, a partir de uma Constituição positiva, expandir o alcance das suas normas para outras situações jurídicas de fronteira com as quais guarde conexão ou instrumentalidade necessária, alargando o âmbito normativo da Lei Fundamental no quadro de operações de integração, interpretação evolutiva e até mutação feita no quadro do respeito pelo texto e pelo sistema de normas ou fontes. Não pode, contudo o mesmo Tribunal subverter unilateralmente o sistema normativo, rebaixando por razões de ordem política a hierarquia de certas categorias de normas e elevando o escalão de outras, à margem do disposto na própria Lei Fundamental. Tal equivaleria ao espetáculo de um prestidigitador de feira tentado a transformar o ferro em ouro. A Constituição pressupõe um ato intencional soberano e dispensa exercícios de magia negra que subvertam as suas normas secundárias que regem o ordenamento.

3.2. A Constituição como norma decidida e não como contrato social

438. Em qualquer caso, a *Constituição é norma e resulta de atos de decisão política com conteúdo normativo.* Semelhante constatação pode ser confrontada

com o posicionamento daqueles que negam o caráter decisional ao ato constituinte preferindo defini-lo como um *"compromisso sobre o bem comum"* (ROGÉRIO SOARES, supra § 367), *"um contrato social"* sobre um modelo de Estado e sociedade plasmando um compromisso com valores pré-constitucionais (PAULO OTERO § 373 e §376) ou com valores da modernidade (CANOTILHO § 388 e seg.).

Quando a Assembleia Constituinte eleita em 1975 aprovou a Constituição portuguesa de 1976 proferiu um ato político e jurídico. Quando em 1958 a Constituição da quinta República Francesa foi plebiscitada converteu-se num ato político e jurídico gerador de direito. Todos esses atos finais são expressão de uma vontade constitutiva legitimada por um poder de autoridade e, como tal, definem-se como uma forma de exercício do poder constituinte.

Essa decisão pode, e SCHMITT aborda explicitamente esta questão[1007], revestir quer a natureza de um *ato unilateral,* quer *a* de um ato *complexo ou plurilateral.*

Mas, mesmo quando a Constituição é aprovada no quadro de uma manifestação plurilateral de vontades, que é figura mais próxima da ideia de contrato ou pacto, pode falar-se em decisão constituinte na medida em que todos esses atos de vontade de conteúdo igual fundem-se num ato final e este culmina o processo decisional que é imputado à vontade do povo ou da Nação. Não existe um contrato ou um acordo plurilateral que reclame o concurso de todas as partes, mas uma decisão final tomada por maioria (expressa numa ou mais deliberações parlamentares ou numa votação popular direta).

439. Dir-se-á que a formação da vontade constituinte, mesmo em cenários de regimes autoritários envolve, em regra, acordos entre forças políticas e sociais diferentes ou até fações de um movimento político que lidera a rotura com uma ordem constitucional anterior. Só que, de entre as diversas sensibilidades político-ideológicas ou partidárias que concorram na formação da vontade constituinte[1008], existe uma vontade maioritária que prevalece sobre as restantes e impõe a ideia de direito dominante que vai

[1007] CARL SCHMITT ult. loc cit, p. 66 e seg.

[1008] Independentemente dos consensos que podem ser tecidos em torno de institutos por todos aceites.

ser incorporada pela decisão constituinte[1009]. Neste sentido não terá grande fundamento falar-se na Constituição como um contrato social ou politico na medida em que, no processo genético das normas, "os mais" impõem a sua vontade unilateral sobre "os menos"[1010]. Por conseguinte, a vontade constituinte que prevalece, por via maioritária e independentemente dos consensos pontuais entre forças políticas pode, mas não se encontra vinculada a incorporar valores ou princípios explícitos, ideias de justiça, símbolos, legados históricos ou direitos fundamentais específicos.

3.3. A incondicionalidade jurídica da decisão constituinte

440. A observação histórica diz-nos que a grande maioria das Constituições brotaram de ruturas mais ou menos violentas ou seja, como SCHMITT reconhecia, da "força dos factos" constituindo uma realidade existencial. É neste sentido que autores como HESSE reconhecem que a Constituição tem que se auto-garantir já que não é garantida por nenhum ordenamento superior (supra § 388) sendo que o positivismo inclusivo reconhece a Constituição como norma de referência das restantes normas (supra § 410). É certo que existem limites políticos, religiosos, culturais, tradicionais, e internacionais que os arquitetos do processo constituinte observam, subjetiva ou coletivamente. Trata-se, contudo de limites estruturais de natureza metajurídica que condicionam politicamente a elaboração da Constituição e a sua subsistência futura (uma constituição que contrarie certos valores comunitários pode perder a sua legitimidade), mas não são padrões jurídicos dessa nova ordem.

Já aqui se deu nota (§ 405 e seg.) do facto de existirem construções suprapositivistas, como a do *constitucionalismo cosmopolita,* que entendem que, por exemplo: i) na ordem jurídica europeia existe um "ius commune"

[1009] Na Constituição norte-americana de 1787 as correntes federalistas prevaleceram sobre as anti-federalistas na forma de governo e, até certo ponto na organização territorial do poder; na Constituição francesa de 1793 os radicais jacobinos triunfaram sobre os girondinos na criação de um modelo de Assembleia governante; na Constituição portuguesa de 1976 as correntes socialistas defensoras de um estado intervencionista e planificador imperaram sobre as correntes cristãs e liberais em matéria do modelo económico e social do Estado.

[1010] É evidente que os compromissos políticos da génese constitucional envolvem, em regra, a incorporação de símbolos, tradições valores, utopias e patrimónios ideológicos, uns pré-existentes à Constituição e outros surgidos posteriormente. Trata-se de uma realidade intrínseca à função integradora da Constituição a qual procura ajustar-se à realidade histórica, política e social do Estado a que respeita.

europeu ou global em matéria de direitos fundamentais e, no limite, no domínio económico e financeiro, o qual se imporia ao próprio poder constituinte[1011]; ii) que consideram que a soberania estatal, incluindo a constituinte teria sofrido uma forte limitação jurídica e transferência para outras entidades "soberanas" a nível internacional; iii) que a circulação jurisprudencial de precedentes externos entre tribunais cosmopolitas iria moldando a Constituição nacional no plano interpretativo e concretizador a diversos paradigmas transnacionais construídos na base do Direito Internacional e da própria "soft law" transnacional, enfraquecendo o peso da "Constituição constituinte"; iv) e que uma Constituição, mormente europeia pode nascer espontaneamente sem decisão fundacional constituinte, através de um processo de revelação espontâneo crismado jurisdicionalmente.

Já apreciámos criticamente este posicionamento. Na verdade, o poder constituinte soberano[1012] não sofre constrições jurídicas. No limite, se uma Constituição for editada ao arrepio do "ethos" democrático que reja uma organização supranacional, como a U.E., o Estado em causa poderá ser forçado a desvincular-se da União, caso pretenda manter a sua soberania constituinte (isto, sem prejuízo do peso político que o risco de tal suceder pairar sobre os constituintes).

Por outro lado, como foi já aqui referido e é reconhecido pela própria doutrina cosmopolita[1013], os Estados, a nível internacional, sofrem de forma muito distinta limitações à sua soberania constituinte ou constituída e as respetivas constituições têm diferentes graus de abertura e recetividade ao direito transnacional. Nas ordens efetivamente soberanas dos grandes "players" mundiais (Estados Unidos, China e Rússia) essa abertura é mínima, fazendo, por exemplo, o STF norte-americano questão de conhecer, mas não de citar jurisprudência estrangeira. Apenas no universo europeu onde pontificam Estados de soberania limitada, bem como em ordens sem

[1011] No domínio económico-financeiro RUI MEDEIROS, (ult. loc cit, p. 76 e seg.), reconhece que a dinâmica do capitalismo global dificilmente pode ficar prisioneiro das constituições.

[1012] Autores como KUMMM contestam a ideia de que o poder constituinte não seria verdadeiramente soberano e a atestá-lo haveria a apontar o caso da Constituição alemã de 1949 incentivada pelas potências ocupantes. Tratámos já dessa questão supra § 233 e seg.. Na linha de Schmitt o poder constituinte pode ser soberano ou não soberano só interessando dissecar o primeiro. Ora o caso alemão (ou o do Japão) entroncam nas exceções em que o poder constituinte não é soberano e incondicional.

[1013] RUI MEDEIROS ult. loc cit, p. 290.

excessivo peso internacional (Brasil) ou crescentemente periféricas (África do Sul), existe uma maior abertura aos influxos doutrinais e jurisprudenciais externos, pese o facto de tribunais constitucionais, como o alemão, resistirem na medida do possível, a citar doutrina e jurisprudência internacional ou oriunda de outros Estados. Não é assim possível, sob pena de reducionismo, construir uma teoria geral da soberania constituinte que seja puramente eurocêntrica, tanto mais que a U.E. deixou de ser um protagonista dominante nas relações internacionais e de existem resistências soberanistas internas razoavelmente salientes.

Quanto à tese do suposto nascimento espontâneo da Constituição europeia, sem ato constituinte, sem povo, sem legitimidade democrática e sem momento fundacional, mediante o reconhecimento "ex post" de pretensos sinais constitucionais ínsitos nos astros, nas borras de café e em tratados internacionais, a mesma equivale a enterrar, sem funeral, o constitucionalismo vigente e a teoria do poder constituinte dados como mortos presumidos, fazendo seguidamente o seu luto[1014] e dando depois à luz, sem parto nem batizado, um constitucionalismo espontâneo e cosmopolita. Talvez, por tudo isto, a notícia da morte do poder constituinte "hoc sensu" tenha sido um pouco exagerada[1015].

441. Em conclusão, existe, tecnicamente, a impossibilidade de, salvo autolimitação, haver normas constitucionais integrativas da Constituição originária que sejam inválidas por violação de valores e normas extra-constitucionais, já que um poder constituinte soberano não se submete a qualquer ordem jurídica precedente.

4. Funções da Constituição

442. Na esfera "ideal" do modelo constitucional democrático, a Constituição desempenha um conjunto medular de funções, importando destacar como mais relevantes, na linha de diversos autores já aqui estudados (§389 3e § 416): *a função integradora, a função legitimadora, função a organizativa a função ordenadora; a função garantística e a função concetiva de tarefas estaduais.*

[1014] Caetano Azzariti ult. loc cit, p. 21.

[1015] Como prova, teremos a Constituição húngara de 2012, contestada pelos parceiros europeus, mas desafiadora e subsistente.

4.1. A função integradora da unidade política do Estado e dos seus vínculos internacionais

443. A realização da *unidade política* é inseparável da morfologia constitutiva e dos fins do Estado e, como tal, não pode deixar de se perfilar como um dos objetivos prosseguidos permanentemente pela Constituição.

Cabe à Constituição, como "punctum unionis" ente o sistema político e o jurídico (cfr. LUHMANN, supra § 425 e seg.) e corporizada numa Lei dotada de supremacia sobre as demais normas criar, no plano jurídico, condições para que seja assegurada, a título permanente, essa exigência de unidade, da qual depende a subsistência, a viabilidade, a paz pública e a projeção externa de força do mesmo Estado.

A enunciação de princípios e de símbolos onde o povo se reveja, a estruturação de um sistema de governo dotado de uma legitimidade minimamente aceite, a catalogação de direitos de escopo coesivo e a enunciação de fins ou tarefas estaduais que amarrem o poder a um projeto coletivo, constituem componentes da Lei Fundamental que prosseguem a unidade política que o Estado reclama. Se a unidade politica estadual tem o seu momento "forte" e, nalguns casos, primacial, no ato constituinte, o facto é que a prossecução dessa unidade acaba por envolver uma atividade constante, desenvolvida pela irradiação das normas da Lei Fundamental, pela sua interpretação evolutiva e pela sua revisão, de forma a ajustá-la a mudanças políticas e sociais.

Diversos autores trabalharam sobre distintas modalidades de integração. Destacaremos, pela nossa parte, os tipos de integração que mais vincadamente concorrem para a unidade política do Estado Português, a saber:

i) *Integração simbológica* (compreende referências proclamatórias e mitos coletivos, bem como figuras e institutos de referência que corporizem a unidade nacional, tais como como o regime político[1016]; o Chefe do Estado como garante da independência e da unidade do Estado[1017]; a soberania e a integridade territorial[1018]; o património cultural[1019] e a língua oficial[1020]; as Forças Armadas na dimensão ideal

[1016] Cfr. Portugal como uma República soberana (artº 1º) e como Estado de direito democrático (artº 2º).

[1017] Cfr artº 120º a CRP.

[1018] Cfr. Artigos 3º, 6º e alínea a) do artº 288º da CRP.

[1019] Cfr. Alínea e) do artº 9º e nº 3 do artº 73º.

[1020] Cfr artº 11º da CRP.

de garantes da defesa militar da República[1021]; e, ainda, os símbolos nacionais.

ii) *Integração humana* (tarefa de agregação gerada pela força jurídica dos direitos fundamentais dos cidadãos, relevando especialmente pelo seu caráter coesivo, os princípios da liberdade[1022], igualdade[1023], sufrágio universal e competitivo na designação dos governantes[1024], liberdade religiosa[1025]; participação das pessoas nas decisões que lhes respeitem[1026], a cláusula do Estado social[1027] e o "direito-dever" de defesa da Pátria[1028]);

iii) *Integração funcional* (respeita aos fatores de coesão que decorrem do exercício das atividades do Estado indispensáveis à sua conservação como coletividade viável, tais como a Justiça, a segurança e o mínimo de bem-estar coletivo).

Outro tipo de integração que a Constituição pode assegurar é aquela que resulta de compromissos assumidos com a sociedade internacional e nesta, se for esse o caso, com organizações supranacionais de que o Estado seja membro (como a União Europeia). Cumpre à Constituição, como norma de referência, garantir que as obrigações internacionais do Estado sejam asseguradas, estabelecendo regras sobre a validade, aplicabilidade e força do Direito Internacional e supranacional na ordem interna e assegurar, em caso de conflito, o primado de uma das normas que se encontrem em antinomia. Por seu turno a Constituição deve permitir que a Justiça Constitucional exerça um dever de exame da jurisprudência dos tribunais internacionais pertencentes às organizações de que o Estado seja parte (sem que daí decorra qualquer obrigação de a citar), harmonizar, na medida do possível, o direito Constitucional com o direito internacional e de tomar em devida nota a existência de precedentes jurisprudências relevantes dessas jurisdições externas que incidam sobre casos iguais (sem prejuízo de as mesmas poderem não ser seguidas se forem contrárias ao sentido objetivo da mesma Constituição).

[1021] Artº 275º.
[1022] Cfr. artº 1º e artº 27º.
[1023] Cfr. artº 13º.
[1024] Cfr. Artº 10º.
[1025] Cfr. Artº 41º.
[1026] Artº 2º e alínea c) do artº 9º.
[1027] Artº 2º e alínea d) do artº 9º.
[1028] Cfr. nº 1 do artº 276º.

4.2. A função legitimadora do Regime político

444. Dificilmente um poder de autoridade ou um regime político pode subsistir sem que seja tido, interna ou externamente, como legítimo,[1029]. *A legitimidade política consiste na aceitação, expressa ou tácita, pelo povo dos fundamentos da autoridade do poder político-estadual.*

Trata-se de uma *legitimidade de título*, de natureza *legal-racional*, seguindo o léxico de MAX WEBER: *o regime é vertebrado por princípios ancilares de ordem política e densificado num conjunto de "regras do jogo" de ordem procedimental.* Na medida em que os titulares do poder observem esses princípios e acatem esses procedimentos, eles serão tidos como autoridades constitucionalmente legítimas[1030].

Daqui decorre que atuará ilegitimamente quem for eleito com desvio ao processo constitucional estabelecido ou exorbitar os poderes que lhe são atribuídos, incumprindo com as "regras do jogo". *Esta forma de legitimidade* justifica o poder dos órgãos soberanos, sem prejuízo de o modo de exercício desses poderes, sendo formalmente constitucional mas concretizado em desvio ao "espírito" da Constituição ou da ética pública, *poder pôr em causa a sua legitimidade de exercício* que assume uma dimensão essencialmente política[1031].

[1029] Cfr. CONSUELO MARTINEZ SICLUNA "Legalidad y Legitimidad", Madrid, 1991; CARL SCHMITT "Legalidad y Legitimidad", Madrid, 1971; MAX WEBER "Economia y Sociedad", II, Mexico, 1977.

[1030] Assim, princípios como o "republicano" (artº 1º), da "soberania (artºs 1º e 3º), do "Estado de direito democrático" (artº 2º e 3º), da "separação de poderes" (artº 2º) da garantia dos direitos fundamentais (alínea b) do artº 9º) e do sufrágio universal igual, direto, secreto e periódico (artº 10º) destacam-se como pilares fundacionais do regime político instituído em 1976, em Portugal, e que consiste numa República democrática e representativa. Por outro lado, regras procedimentais sobre a eleição do Presidente e da Assembleia da República (artº 121º e seg., e 149º e seg.) bem disposições sobre as competências desses órgãos (respetivamente, artº 133º e seg. e 161º e seg.) são fontes de legitimidade dos órgãos e titulares que sejam designados e atuem na sua observância.

[1031] Se, porventura, o Presidente da República utilizasse abundantemente poderes constitucionais que o consenso político derivado da prática constitucional transformaram em poderes extraordinários, como o da demissão do Governo e, até certo ponto, a dissolução parlamentar fora de contextos de crise política, poderia ser questionada pelos agentes políticos e demais instituições a sua legitimidade de exercício. Do mesmo modo, se os órgãos do poder político, pela sua conduta conflitual ou disfuncional não lograrem garantir a essência dos fins e das tarefas fundamentais do Estado, poderão perder a sua legitimidade política junto dos governados, mediante uma degradação da aceitação da sua autoridade e prestigio no exercício de funções. Quadros mais agravados de deslegitimação politica do poder podem contaminar a própria Constituição como fonte do título dessa mesma legitimidade. Criam-se, nesse con-

4.3. A função de organização e limitação do poder político

445. *A Constituição é, antes de tudo o mais, o estatuto jurídico do político.* Neste sentido opera como norma estruturante da organização e funcionamento do Estado, realidade que é inerente à própria noção de Constituição em sentido institucional ou absoluto que perdura desde a Antiguidade Clássica.

Num Estado de direito, a Constituição estabelece o modelo de governação de um Estado, constituindo a base normativa que, em conjugação com a prática constitucional, permite identificar o *sistema político de governo vigente.* Daí que autores como Sartori tenham enfatizado que Estado onde a Constituição não defina o sistema de governo , não tem Constituição[1032].

Um Estado de direito exige que o poder se encontre juridicamente organizado numa norma de referência à qual se reconheça superioridade política e jurídica. O direito repudia a insegurança, incoerência e arbítrio na produção e aplicação de comandos normativos. Se os centros de poder não se encontrassem definidos, se não existissem regras que estabelecessem o modo de acesso aos mesmos e se os comandos jurídicos não assentassem em competências e procedimentos pré-definidos, imperaria um sistema sustentado na pura força e no arbítrio, criando pressupostos para uma sociedade criticamente insegura, conflitual, desordenada e violenta.

Mesmo a maioria dos estados autoritários e até totalitários carecem de um estatuto jurídico de poder, sob pena de desordem e anomia no exercício das funções públicas. A Constituição destina-se a garantir que os órgãos de poder atuem segundo regras por todos respeitadas pelo seu carácter superior e pautadas por um mínimo de previsibilidade e que se submetam ao direito que eles próprios produzem, aplicam e controlam.

Na medida em que o poder estadual se submete ao direito, *a Lei Fundamental tem uma função incontornável no desiderato de limitação do poder político.* Um Estado de direito é, assim, necessariamente, um Estado Constitucional, estribado no principio da separação de poderes. Toda a estrutura de controlos inter e intra-orgânicos encontra-se plasmada em regras constitucio-

texto, condições para rupturas políticas e constitucionais, as quais podem envolver transições constitucionais e fenómenos revolucionários.

[1032] E o facto é que, mesmo na esfera do modelo de Estado de direito democrático, houve constituições relevantes, como a norte americana de 1787 e a imperial alemã de 1871, que nasceram desacopladas de declarações de direitos fundamentais, resumindo-se ao estatuto jurídico do político.

nais procedimentais e opera dentro do já citado postulado de Montesquieu de que "só o poder limita o poder"[1033].

4.4. A função estruturante do sistema jurídico-normativo

446. Uma Constituição rígida constitui a norma de referência do ordenamento jurídico. Tal como foi destacado por diversos autores como Hart (supra, § 412) a Constituição, sem prejuízo de conter "normas primárias" que se aplicam diretamente na regulação de condutas[1034], contém igualmente "normas secundárias", ou seja, normas sobre a produção e sobre o valor jurídico de outras normas.

Ora, é nesta dimensão de norma sobre a normação que a Constituição opera funcionalmente como parâmetro normativo estruturante da génese e do reconhecimento das restantes normas e atos jurídico-públicos que integram o sistema jurídico, com especial relevo para o sistema normativo (cfr Crisafulli, e Paladin, supra § 416 e seg.)[1035].

O modelo de Estado plurilegislativo, em especial, colocou o problema de antinomias entre leis com hierarquias ou procedimentos diversos e entre legislação oriunda do Estado e de entes autónomos. Foi, assim, indispensável, garantir critérios de solução dessas antinomias numa "Lex Superior" e de conferir a tribunais, a garantia da observância dos mesmos critérios, sob pena da criação de um sistema normativo caótico e imanejável.

Nesse escopo estruturante cabem as *normas constitucionais secundárias* que identificam relações de separação ou de prevalência entre as normas jurídicas aplicáveis no ordenamento e estabelecem critérios de resolução de conflitos entre as mesmas. A unidade e a coerência do Direito vedam que

[1033] O Principio da separação de poderes limitou numa primeira fase o poder executivo (Séculos XVIII, XIX e início do Século XX), depois o poder dos parlamentos (século XX) e, presentemente, deverá limitar o próprio poder crescente dos tribunais constitucionais.

[1034] Cfr. O direito à integridade física no artº 24º, princípio da igualdade no artº 13º e dissolução presidencial do Parlamento, na alínea e) do artº 133º da CRP.

[1035] Por exemplo, na Constituição portuguesa de 1976 o artº 112º e o nº 3 do artº 3º são normas-chave desta função ordenadora do sistema jurídico desempenhado pela Lei Fundamental. O artº 112º define as formas de lei e a força geral de lei, dispõe sobre o valor de atos legislativos, com relevo para os de natureza reforçada, regula relações entre leis estaduais e regionais, disciplina a forma de transposição das diretivas da união europeia e enquadra o regime geral dos regulamentos administrativos. Já o nº 3 do artº 3º reforma essa função estruturante da Constituição sobre as decisões públicas do ordenamento cominando a invalidade para todo o ato jurídico-público que viole a Lei Fundamental.

um dado facto possa ficar sem solução objetiva, à mercê de uma dupla valoração por parte de normas desconformes entre si. Por isso foram inseridas em Constituições como a norte-americana, a alemã ou a espanhola, de entre outras, cláusulas de supremacia, por vezes de sentido biunívoco e outras vezes dependentes de um acerto interpretativo da Justiça Constitucional, como sucede em Itália que extraiu dos princípios constitucionais, diversos critérios de conflito (entre normas estaduais e regionais e entre o direito ordinário e o direito europeu).

A Constituição portuguesa, por exemplo, enuncia o valor normativo de diversas categorias normativas de direito interno (artº 112º), estabelece critérios de complementaridade, integração e preferência entre normas constitucionais de fonte interna e externa (nº 2 do artº 16º), e fixa critérios de aplicabilidade e prevalência nas relações de tensão entre normas de direito interno e normas de Direito Internacional Público, convencional e derivado (artº 8º). Ora, sobre esta questão importa precisar o que se passa a mencionar.

1º. Uma Constituição que não opere como norma superior de conflitos falha a sua função estruturante do ordenamento ou dos ordenamentos que intenta regular.

É, afinal, em boa parte, o que sucederia com o Tratado de Lisboa se lhe fosse reconhecido valor constitucional[1036].

2º. É certo que no contexto de uma pluralidade de ordenamentos homomórficos[1037], como os que concernem à relação estabelecida entre a ordem jurídica da União e os ordenamentos dos Estados-membros, o Tratado de Lisboa, no seu artº 288º, estabelece uma norma sobre a normação, fixando o regime de cada ato normativo da U.E. e o seu regime de aplicação, complementaridade e prevalência relativamente ao *direito ordinário interno* dos estados-membros. E, tal como sucede com os nºs 3 e 4 da CRP, muitas ordens jurídicas estaduais europeias procedem a reenvios recetícios, explícitos ou implícitos, para este preceito. Trata-se, contudo, de um sistema que permanece praticamente inalterado desde o Tratado de Roma em 1957 e que, pese a especificidade do direito derivado (Regulamentos, diretivas e decisões) guarda diversas aproximações ao tipo de relações que na esfera

[1036] E que, afinal, que também sucedia com os tratados precedentes que instituíam a União e as Comunidades Europeias.

[1037] Ou seja, ordenamentos independentes ou autónomos que se interpenetram, unilateral ou reciprocamente através da aplicação dos atos jurídicos de um na esfera jurídica de outro ou de outros.

do Direito Internacional Público pontificam entre Estados e organizações internacionais.

Veja-se o exemplo das Nações Unidas, em matéria da supremacia ou obrigatoriedade do conteúdo das resoluções do Conselho de segurança (artº 25º) para os estados-membros, com relevo para as tomadas ao abrigo do Cap. VII e ainda da necessidade de os tratados celebrados pelos Estados se compatibilizarem com a Carta da Organização (artº 103º) e veja-se, ainda, uma disposição análoga a esta última, no Pacto do Atlântico Norte (artº 8º). No fundo, trata-se de critérios de prevalência próprios do Direito Internacional, respeitadores da soberania dos Estados, a qual se auto-limita e que nada têm em si de especificidade constitucional, pois não impõem essa prevalência sobre as constituições nacionais.

Diferentemente, uma clausula de supremacia sobre o direito constitucional e ordinário (como a "supremacy Clause norte-americana ou a cláusula alemã do "Bundesrecht bricht Landsrecht") já predicam uma manifestação constitucional de hierarquia que as converte em normas de reconhecimento. Ora, sucede que ao Tratado de Lisboa falta, precisamente, uma norma sobre a normação que estabeleça um critério, unívoco ou biunívoco, de prevalência do direito institucional e derivado europeu sobre as constituições dos Estados, com ou sem especialidades. Um critério que permitisse que o tratado operasse como norma de reconhecimento das ordens estaduais que integram a União. Em caso de conflito no plano jurisdicional, fica, pois, sem resposta, a identificação de quem terá a última palavra em caso de antinomia: se o direito da União se as constituições dos estados membros.

Não havendo uma cláusula de supremacia como a que, por regra, pontifica nas constituições federais (cláusula essa que figurava no artº 6-I do efémero Tratado Constitucional europeu) e havendo discrepâncias entre o TJ da União e diversos tribunais constitucionais que reivindicam para si essa última palavra, verifica-se que o Tratado de Lisboa não preenche os requisitos para ser identificada como norma de reconhecimento passível de validar e ordenar as constituições estaduais. No universo contemporâneo das Constituições rígidas, um estatuto de poder que se mostra inapto para enunciar e garantir juridicamente a sua supremacia como "Lex superior" não é , seguramente, uma Constituição.

3º. O constitucionalismo multinível não parece fornecer uma solução dogmática ou tópica, suficientemente estável e segura, para suprir esta questão e, essa falha, compromete a sua pretensão de esboçar, com eficácia e projeção externa, uma construção jurídico-constitucional convincente num universo sistémico pluralista, que envolva a constitucionalização da ordem europeia. Como vimos, a par de autores que se limitam a ratificar o primado da União, sem embasamento jurídico convincente, ratificando "sonambulamente" uma jurisprudência do TJ[1038] (que depois se confronta com um *overruling* pontual, mas real, das suas decisões por certos tribunais constitucionais como o alemão,[1039]) surgem outros que esgrimem atrevidas e pictóricas respostas cosmopolitas portadoras de ameaças vãs[1040].

4º. Mais interessante é a posição de outros que, com honestidade intelectual, admitem que o problema da *prevalência última* ficou por solucionar.

Neste setor, há quem confie no diálogo entre o TJ e os tribunais constitucionais dos Estados, fazendo fé na busca de soluções compromissórias[1041], bem como na "europeização" dos mesmos tribunais, através do conhecimento da jurisprudência europeia frequentemente por eles citada e do respeito pela ideia difusa do primado e da lealdade comunitária.

Contudo esse setor resigna-se a que certos casos fiquem em aberto quando não haja consenso[1042]. Ora, semelhante abandono da questão da resolução de conflitos últimos à via de um diálogo inter-judiciário que pode caminhar em qualquer direção e, ainda, o reconhecimento de que haverá conflitos insolúveis, equivale à admissão que a ordem europeia não garante uma efetiva hierarquia sobre as constituições dos Estados e que o TJ não assegura que os conflitos normativos que julga tenham um desfecho e esse desfecho corra em favor da ordem europeia. Semelhante conclusão equivale a admitir que os tratados continuam tratados e não configuram constituição alguma.

[1038] Fausto de Quadros "Direito da União Europeia" 2004, p. 405 e seg.; e "Introduction" in AAVV "The Future of Europe" org. F. Quadros-D. Sidjanski, 2018, p. XI e seg.

[1039] O qual já fez pesar a sombra da inconstitucionalidade sobre as normas de transposição de uma decisão-quadro e de uma diretiva. Cfr. Carlos Blanco de Morais ult. loc cit, p. 253.

[1040] Mattias Kumm "Rebel Without a Cause: Karlsruhe's Misguided Attempt to Draw the CJEU into a Game of "Chicken" and What the CJEU Might do About It", in "German Law Journal", 15, nº 2, 2014, p. 203 e seg.

[1041] Miguel Poiares Maduro, ult. loc cit, p. 84. Cfr também Adriana Cianco "A True European Constitution to Recover from the Economic and Social Crisis Through Political Integration Deepening" in AAVV "The future (...)", p. 36.

[1042] Miguel Poiares Maduro, ult. loc cit, p. 91 e seg.

Outros posicionamentos admitem que a questão da última palavra em conflitos ditos inter-constitucionais não encontra solucionada[1043] e, independentemente da solução arquitetada para o problema na ordem jurídica portuguesa da qual não se curará nesta sede, acabam por considerar que existe um dever de ponderação entre princípios constitucionais, mormente comuns, na solução de cada caso em que ocorra um conflito dessa natureza. Adepto de um constitucionalismo "suave" ou "débil" num contexto pluralista, advoga este ponto de vista, mormente no que concerne aos tribunais constitucionais, o uso do método da ponderação que sopese propostas de solução distintas para resolução um conflito normativo entre ordens diferentes, à luz de um "compromisso cosmopolita". Rejeitando a fórmula de peso alexiana, esta sensibilidade reconhece, contudo, não poder oferecer nenhuma alternativa em termos metodológicos para a operação ponderativa que propõe[1044].

A via da ponderação, como veremos, não é um critério aplicável a todo o tipo de conflitos normativos (§ 538 e § 732 e seg.). Aplica-se a certas colisões entre princípios mas não a antinomias entre princípios e regras com idêntica hierarquia.E quando é convocada à luz do principio da proporcionalidade (§ 479), a ponderação não resulta ser um critério certo e seguro (§ 732), na medida que o método de Alexy da "fórmula de peso", destinada a conferir na base de critérios matemáticos uma maior certeza (§ 730) não logrou generalizar-se nos tribunais, para a fundamentação da razão de ser da prevalência de um dos princípios colidentes. Isto mesmo concede a doutrina cosmopolita em exame que rejeita o uso dessa fórmula mas que não contrapropõe qualquer via metódica alternativa.

Em consequência, a resolução dos conflitos através da ponderação assentará numa operação discursiva sem parâmetros definidos, submetida ao subjetivismo do juiz, às suas pré-compreensões filosóficas e políticas e à aleatoriedade da composição dos tribunais, fomentando o decisionismo jurisdicional. O mesmo caso pode ser decidido por certos tribunais constitucionais através do primado europeu e por outros com o primado da constituição.

5º. É possível exprimir as maiores dúvidas sobre uma hipotética ordem constitucional que não se imponha como "lex superior" sobre as consti-

[1043] Rui Medeiros ult. loc cit, p. 345.
[1044] Rui Medeiros ult. loc cit, p. 346.

tuições nacionais. Uma ordem que abandone a solução de conflitos a uma ponderação sem metodologia, que judicializa questões políticas que devem ser decididas politicamente e que fomenta um decisionismo judicial e um casuísmo que fere os requisitos de equidade e segurança jurídica que devem moldar um ordenamento constitucional, o qual não pode estar sujeito à imprevisibilidade própria de uma "Roda da Fortuna". Como candidatos a norma de referência num suposto constitucionalismo pluralista, os tratados europeus não lograram provar, ainda, a sua função estruturante de um ordenamento jurídico com caráter superior ou principal.

4.5. A função de garantia do sistema de direitos fundamentais

447. Desde as suas primícias, a Constituição desempenha uma importante função de garantia dos direitos fundamentais das pessoas, operando como limite ao poder político. A sua catalogação constitucional constituiu uma conquista do movimento constitucionalista, no sentido de impor ao poder monárquico o respeito por um conjunto qualificado de direitos civis e políticos indispensáveis para o desenvolvimento de uma sociedade livre que refletia, então, os valores da burguesia liberal ascendente[1045].

No universo do suprapositivismo existe uma tendência para circunscrever o Estado de direito a um "Estado de direitos fundamentais" e a Constituição a uma "Carta de Direitos fundamentais" no quadro de uma teoria discursiva da Justiça . Trata-se de um reducionismo, dado que a Constituição foi e é muito mais do que um repositório de direitos.

Para que se possa falar em direitos fundamentais necessário se torna que sejam reconhecidos pela Constituição, que exista um Estado constitucionalmente organizado e que existam cidadãos investidos na titularidade desses direitos. Não existem substancialmente direitos fundamentais sem uma sociedade minimamente livre: e esta não pode por seu lado existir sem um sistema de autoridades fundado na vontade popular, submetido ao direito e estribado no princípio da separação com interdependência de poderes. De pouca valia terão os direitos se o Estado não lograr integrar as suas diversidades, regular conflitos futuros e criar mecanismos que assegurem a

[1045] Direitos pré-constitucionais para uns, direitos subjetivos públicos para outros, os direitos fundamentais passaram com o movimento constitucionalista a integrar, junto com a separação de poderes, a noção de Constituição material, na medida em que a Declaração de 1789 negava a existência de uma Constituição a um Estado que não garantisse os mesmos direitos.

unidade nacional e territorial, a segurança interna e a defesa contra os seus inimigos. Finalmente, pouco solidária e coesiva seria uma sociedade onde pontifique uma visão individualista dos direitos, onde os cidadãos se eximam do cumprimento de deveres e onde as pessoas não se predisponham, em certos momentos, a sacrificar as suas posições ativas em favor de desígnios maiores ancorados na defesa ou na projeção do todo coletivo e do bem comum.

Na verdade, conceções maximalistas de ordem jusnaturalista, neoconstitucionalista e do cosmopolitismo constitucional que pretendem criar um "ius commune" supraconstitucional em matéria de direitos fundamentais subvertem no seu discurso filosófico moralista o sistema normativo e as funções multimodais da constituição.

Num tempo em que certos entendimentos extraem, em avalanche, novos direitos fundamentais do princípio "passepartout" da dignidade da pessoa humana[1046], tal como os ilusionistas tiram furões de uma cartola, assiste-se ao frenesi da "demagogia dos direitos fundamentais" no espaço público e jurídico, a qual intenta abalar a hierarquia da Constituição e as suas funções ordenadoras do poder e da sociedade. O campo ideológico neoliberal, estimula esta tendência por razões ligadas à universalização da "lex mercatoria" a qual favorece-se uma abdicação da autoridade soberana dos Estados sobre os direitos, os quais seriam melhor garantidos por juízes internacionais, num contexto pluralista difuso e por vezes cómodo próprio daquilo que alguns entendem ser uma "lei da selva"[1047], em versão suave. Neste universo jurídico invertebrado, tecnocrático e líquido onde superabundariam decisões judiciais nacionais e decisões democráticas corrigidas a nível internacional e supranacional, adensar-se-ia uma atmosfera de subsidiarização dos direitos sociais e o contínuo empoderamento poderes fácticos internacionais que usariam instrumentalmente a transnacionalidade dos direitos humanos para reforçar o seu poder e prosseguir os seus interesses[1048].

1046 Tais como os direitos atribuíveis às mais diversas minorias, o direito à imigração e entrada em qualquer Estado e a liberdade de "criação artística" na sua dimensão da livre grafitagem do espaço público e privado.

1047 Assim, Alexander Somek ult loc cit, p. 197.

1048 Numa crítica de viés progressista, Gaetano Azzaritti ult. Loc cit, p. 61.

Sendo os direitos fundamentais integrados pelo cosmopolitismo constitucional, num constitucionalismo transnacional de tutela dos direitos do homem, com alcance europeu e até universal, revestidos por um manto diáfano de Direito Internacional imperativo que se imporia ao próprio poder constituinte e à soberania, observa-se que esta corrente segrega a ideia existencial de uma hierarquia flexível entre normas da constituição estadual (com superioridade para as que respeitam a direitos). Fica, assim, a tutela do sistema de direitos fundamentais garantido por um sistema multinível, no qual interviriam tribunais internos recetivos a precedentes internacionais e por tribunais internacionais, cujas decisões deveriam ser acatadas pelos Estados. O constitucionalismo europeu ou global pelo menos espreitaria neste mesmo domínio.

Mas, a bem da verdade, a maioria dos Estados europeu já vive há décadas com uma estrutura multisistémica de proteção de direitos civis e políticos (direitos fundamentais internos, a CEDH e, mais recentemente, e a Carta Europeia dos Direitos do homem), ou seja, antes mesmo de ser lançado e fermentado o discurso do constitucionalismo cosmopolita multinível. E esse sistema não mudou a hierarquia das normas constitucionais em matéria de direitos, que é idêntica à das normas sobre organização do poder. Isto, independentemente de a mesma componente da Constituição material relativa a direitos poder ser objeto de garantias especiais, no plano da proeminência interpretativa dada a documentos internacionais como a DUDH sobre essas normas (caso do nº 2 do artº 16º da CRP) e na esfera dos limites materiais à revisão constitucionais do sistema de direitos (alínea d) do artº 288º da CRP). Garantias que, na Europa, variam de constituição para constituição e não têm impedido a supressão ou maior restrição de certos direitos por via de revisão constitucional.

Os Estados europeus autolimitam efetivamente, ontem como hoje, a sua soberania quando aceitam o primado do Direito Internacional público sobre o direito ordinário interno e a jurisdição de tribunais internacionais em matéria de direitos humanos. Só que a distinção entre direitos fundamentais e direitos humanos não surge por caso: os primeiros são fundamentais por serem garantidos numa Constituição dotada de supremacia normativa sobre as restantes normas, nelas incluídas as normas internacionais que só se aplicam nas respetivas ordens internas por habilitação constitucional; e os segundos são enunciados nessas normas jurídicas internacionais de valor subconstitucional. Ora, a proteção "multinível" dos direitos não se reduz, a uma dialogia fosca entre tribunais internos e externos, feita sem critérios positivos, mormente hierárquicos e de competência[1049].

No que concerne à Carta Europeia, a sua aplicação não se projeta necessariamente sobre as normas de direito interno que afetem direitos fundamentais, mas sim sobre normas da própria U.E. que possam lesar os direitos enunciados na mesma Carta que figura apendicularmente ao Tratado de Lisboa. Com efeito o nº 1 do artº 51º da Carta reza que: "*As disposições da presente Carta têm por destinatários as instituições, órgãos e organismos da União, na observância do princípio da subsidiariedade, bem como os Estados-Membros, apenas quando apliquem o direito da União*".

Em caso de conflito que envolva uma norma europeia que viole um direito simultaneamente previsto na constituição e na Carta, existirá a nível do instituto do reenvio recetício, como sempre houve para outros conflitos, uma intervenção de tribunais europeus e internos, ficando a última palavra para os tribunais constitucionais como guardiões das Constituições dos Estados que por sua vontade criaram a União e os seus órgãos. Isto sem prejuízo de os tribunais constitucionais, tal como faz o Tribunal Constitucional alemão, poderem aceitar o diferimento da tutela desse direito ao TJ da União, se o respetivo sistema de proteção for mais eficiente do que o nacional, podendo, contudo, avocar a decisão final se tal não ocorrer (casos Solange I e II).

Por outro lado, os Estados comprometem-se a acatar decisões jurisdicionais do TEDH que de acordo com o artº 46º da CEDH têm força vinculante. Contudo se um Estado incumprir, não se encontra prevista no preceito qualquer sanção, a qual a ocorrer, será fixada, atento o disposto nºs 4 e 5 do mesmo artº 46º a partir de uma eventual deliberação do Comité de Ministros. Em qualquer caso, em caso de divergência interpretativa nada impede que os tribunais constitucionais tenham a última palavra se

[1049] Mesmo autores fortemente europeístas que aceitam pacificamente a dimensão multinível da Constituição alemã em matéria de direitos fundamentais (Lothar Michael, Martin Morlok "Direitos Findamentais, S. Paulo, 2016, p. 134-135) embora concedam na linha dos casos "Solange I e II"que o direito da União tem uma preferência na tutela de direitos fundamentais se o nível de proteção for igual ou superior ao do ordenamento gerrmânico, admite explicitamente que a primazia do mesmo direito estará em causa se a proteção europeia não funcionar de um modo geral. Em caso de conflito de competências ou de abuso de competências pela União, o TC pode declarar inaplicável o direito da união, ao abrigo de uma "reserva final jurídico-constitucional da imposição dos direitos fundamentais face ao poder da União".

um direito estiver garantido, simultaneamente, nas respetivas constituições e na CEDH.

Observe-se que a Rússia, pese o facto de ter aderido à CEDH e respetivos protocolos e de ter aceitado, frequentemente, pagar compensações financeiras no caso de julgamentos do TEDH desfavoráveis ao Estado, não tem genericamente acatado o sentido de decisões das quais decorra a alteração da sua legislação interna[1050]. Após a anexação da Crimeia a Rússia foi privada do seu direito de voto nos órgãos do Conselho da Europa pela Assembleia Parlamentar mo mesmo Conselho. Em resposta, no ano de 2018, a Federação Russa cessou a sua contribuição financeira gerando uma crise de sustentabilidade e o despedimento de pessoal. A Federação russa coloca, agora, a hipótese de abandonar o Conselho se os seus direitos não forem restaurados, desferindo críticas contra a politização do tema dos direitos humanos. Ora o caráter político e puramente móvel destes contra o Conselho e o recesso da organização não parecem compatíveis com uma materialidade constitucional deste sistema de proteção de direitos que assume um recorte claramente jus-internacional, independentemente do seu efetivo relevo prático.

Outros autores consideram ser uma manifestação de supremacia constitucional do direito da União, o facto de as Constituições dos Estados irem sendo alteradas para se acomodarem aos tratados europeus[1051]. Trata-se de um argumento que não convence. Essa modificação é voluntária e não resulta de uma imposição que não seja a de cumprir com os compromissos constitucionais que o Estado livremente aceitou quando se vinculou a essas convenções. A essas ou a outras. Na verdade, a Constituição portuguesa foi alterada extraordinariamente em 2001 para se ajustar à convenção que criou o Tribunal Penal Internacional que regula, teoricamente, um importante sistema de proteção de direitos humanos e, no tocante a esta convenção ninguém invocou a sua pretensa "constitucionalidade" ou "supraconstitucionalidade."

Em síntese o caráter multinível da proteção de direitos humanos fundamentais nos Estados europeus resulta da conjugação dos tratados com as constituições dos Estados, as quais operam como norma de reconhecimen-

[1050] Petra Guasti, "The EU and Russia in the Pan-European Human Rights Regime". In AAVV "EU-Russia Relations in Crisis. Understanding Diverging Perceptions", org. Edited by Tom Casier and Joan De Bardeleben-London: 2018, p. 178 e seg.

[1051] Fausto de Quadros "Direito da União Europeia" ult. loc cit.

to da validade e eficácia internas dos primeiros, não tendo tido como efeito, atenta a jurisprudência constitucional existente, qualquer alteração da hierarquia interna das normas constitucionais que tutelam direitos fundamentais em face das demais normas constitucionais.

4.6. A função concetiva das tarefas fundamentais do Estado

448. Todas as Constituições de uma forma mais sintética ou mais prolixa enumeram fins ou tarefas fundamentais exigidas ao Estado. Constituições mais sintéticas (Lei Fundamental de Bona) ou puramente utilitárias (Constituição norte Americana de 1787) resumem fins básicos que a generalidade das coletividades estaduais prosseguem[1052]. Enquanto outras, mais prolixas, como é o caso da espanhola, da portuguesa e da brasileira[1053], erigem metas arrojadas de um modelo intervencionista e planificadora de realização de bem-estar, no quadro do Estado social[1054], positivam as próprias políticas públicas e chegam a conferir juridicidade à própria utopia[1055].

[1052] Na Lei Fundamental de Bona (preâmbulo, artº 1º, artº 20º, 146º) deduzem-se como objetivos do Estado plasmados na Constituição a paz, a justiça, a unidade europeia, o respeito pela dignidade da pessoa humana e pelos direitos fundamentais do homem, a democracia, os objetivos do Estado social e a unidade do povo alemão. Na Constituição norte-americana os fins constitucionais da Federação constam do preâmbulo, consistindo: na criação de uma *"União mais perfeita, estabelecer a Justiça, assegurar a tranquilidade interna, prover a defesa comum, promover o bem-estar geral, e garantir (...) os benefícios da Liberdade"*.

[1053] No preâmbulo da Constituição Brasileira os direitos sociais precedem os direitos de liberdade:" *Nós, representantes do povo brasileiro, reunidos em Assembleia Nacional Constituinte para instituir um Estado Democrático, destinado a assegurar o exercício dos direitos sociais e individuais, a liberdade, a segurança, o bem-estar, o desenvolvimento, a igualdade e a justiça como valores supremos de uma sociedade fraterna, pluralista e sem preconceitos, fundada na harmonia social e comprometida, na ordem interna e internacional, com a solução pacífica das controvérsias"*.

[1054] O Título VII (ordem social) da constituição brasileira constitui um verdadeiro programa de Governo onde nem faltam regras como a do § 6 do Artº 212º que dispõe o seguinte: *"As cotas estaduais e municipais da arrecadação da contribuição social do salário-educação serão distribuídas proporcionalmente ao número de alunos matriculados na educação básica nas respetivas redes públicas de ensino"*. A Constituição portuguesa, a par de consagrar a gratuitidade do ensino básico público e estabelecer a gratuitidade progressiva em todos os graus de ensino(alíneas a) e e) do nº 2 do artº 74º) determina a eliminação dos latifúndios (artº 74º) e o apoio do estado à autogestão 8 nº 3 do artº 85º).

[1055] Cfr. a meta originária da Constituição portuguesa de 1976 no sentido da transição para o socialismo e a construção de uma sociedade e sem classes, realidades ainda parcialmente subsistentes no preâmbulo.

É neste domínio da Teoria da Constituição que se bifurcam doutrinas constitucionais contrastantes. No universo anglo-saxónico e da Europa do norte, a função da Constituição condensa-se pragmaticamente num instrumento de governo e numa Carta de direitos, dotados de uma forte potencialidade integradora da diversidade pluralista e de estímulo à interiorização coletiva do texto fundamental[1056]. São constituições que procedimentalizam as regras do jogo políticas e concedem uma maior liberdade ao legislador para a implantação de politicas públicas decididas democraticamente.

Já no universo da Europa do Sul e da América Latina, em sociedades tensas e mais conflituais, a Constituição tem um menor potencial integrador e é utilizada por maiorias políticas constituintes (ou maiorias diversas formadas em processos de revisão) para garantir fortalezas conquistadas num dado momento histórico de acordo com um modelo ideológico de sociedade, assim como para condicionar o poder político no modo em que este concebe as políticas públicas.

A Constituição foi concebida para limitar o poder e, até certa medida, para fixar as tarefas do Estado. Tarefas que, na esfera de um modelo de Estado Social regido por uma Constituição programática, envolvem uma obrigação da maioria política do momento, independentemente das suas opções ideológicas, em satisfazer na medida do financeiramente possível, as prestações sociais e educacionais tornadas exigíveis pelas normas constitucionais. Foi igualmente concebida para garantir os direitos das pessoas, nomeadamente das minorias contra o arbítrio da maioria. Neste sentido, não existem leis, nem sequer as Orçamentais, imunes a um escrutínio constitucional.

Contudo, num Estado de direito democrático, a Constituição foi igualmente concebida para permitir às maiorias eleitas executarem, com liberdade, o seu programa político. Não seria possível falar em democracia se o povo ratificasse maioritariamente nas urnas uma dada opção política e esta não lograsse executar o seu programa, por força do bloqueio de minorias ou do escrutínio de mérito das suas políticas públicas por tribunais constitucionais, sob o manto de um controlo jurídico da sua validade.

Daí ser contraditório com os fundamentos estruturantes de um Estado de direito democrático que se pretenda conceber a Constituição como um

[1056] Que por vezes assume um sentido simbológico, sacralizante e patriótico, como nos Estados Unidos e na Alemanha.

programa jurídico-politico de governo permanente, estático e dirigente, indiferente diante das vicissitudes históricas, políticas e económicas que perpassam pelo Estado e pela sociedade. Que magnifique uma Constituição, omnipresente e omnicompreensiva que vincule com princípios e diretrizes irradiantes todas as políticas públicas e se intrometa, igualmente, em domínios centrais da autonomia privada. Que conceba uma Constituição que permita a um poder não eleito, o jurisdicional a, sob o pretexto de maximização da eficácia das normas constitucionais, realizar uma atividade de sobre-interpretação constitucional, utilizando o padrão plástico dos princípios e programas constitucionais para atuar como corretor das políticas públicas e controleiro da esfera da autonomia privada. Que, no fundo, catalise uma "Constituição governante" que reduza a um "status" de irrelevância a maioria politica de governo, na medida em que a circunscreva à gestão de um programa pré-estabelecido na Constituição e custodiado pelo poder "moderador" ou legislativo de suplência de juízes não eleitos pelo povo[1057]. Ora uma Constituição intrusiva que se disponha a imiscuir-se no mérito das políticas correntes, a reinterpretar o direito privado, a não deixar espaços vazios e a vincular cada canto da realidade social através de princípios elásticos cuja concretização seja deixada ao alvedrio das pré-compreensões de intérpretes-guardiões é uma *Constituição Leviatânica*. Uma constituição que se pode tornar, não inclusiva, mas implosiva, na medida em que, cega à realidade, reclame, através dos seus guardiões, a imposição das suas metas no esteio da maxima *"fiat iustitia costitutionale pereat mundi"*.

Já a constituição multinível resulta ser o inverso, já que a sua sujeição a um Direito internacional supostamente constitucionalizado, o seu agnosticismo soberanista, a sua tendência para a principiologia e para o decisionismo jurisdicional transnacional, prognosticam uma fraca Carta constitucional com fracos direitos.

449. Numa Constituição democrática, as tarefas do Estado social não deveriam envolver, como envolvem na Constituição de 1976 a constitucionalização das próprias políticas públicas. As referidas tarefas devem constar de mandatos normativos com uma densidade reguladora de nível baixo ou médio que, orientando o legislador para metas estruturantes, facultem ao mesmo poder democraticamente eleito, a liberdade adequada para as conceber e implantar.

[1057] Cfr. Carlos Blanco e Morais "O Controlo de Inconstitucionalidade por Omissão" op. cit, p. 189.

5. A estrutura normativa da Constituição: regras e princípios com um regime aplicativo e interpretativo diverso

450. A generalidade das constituições rígidas da actualidade, e a Constituição Portuguesa de 1976 em particular, são compostas por princípios e regras constitucionais, dispondo uns e outras de poder vinculante sobre o direito infra constitucional. O nº 1 do artº 277º da CRP reconhece aos princípios essa parametricidade, fulminando com a inconstitucionalidade as normas que contrariarem as *"disposições constitucionais"* (ou seja, as regras) e os *"princípios"* consignados na Constituição. Um exame perfunctório à jurisprudência constitucional dos diversos ordenamentos democráticos transmite a ideia de que são numerosos os atos jurídico-públicos julgados inválidos por ofensa a princípios constitucionais. Daí que juridicidade dos princípios constitua, para a dogmática da Teoria da Constituição, um "não problema". Em Portugal não o é há mais de trinta anos[1058].

Problemático poderá ser, contudo, o modo como se interpretam os princípios, e como estes podem ser erigidos pela Justiça Constitucional a parâmetros de constitucionalidade. Os princípios podem envolver, como veremos, o recurso a técnicas próprias de interpretação e concretização, dado que, pela sua indeterminação e pela sua natureza de normas-fim, tais princípios não possuem a mesma natureza deôntica das regras. *Podemos afirmar, neste sentido, que quanto menos determinado for o seu objeto, menor deverá ser a sua relevância como norma de controlo de constitucionalidade e menor a intensidade desse controlo.*

Uma Constituição não é reduzível a uma principiologia, ao invés do que sustentam os autores do moralismo constitucional e do cosmopolitismo multinível. Na relação entre princípios e regras constitucionais, se é um fato que uma boa parte destas se podem reconduzir a um princípio, não é menos verdade que esse princípio carece de uma credencial de precedência sobre a regra, podendo, quando muito, auxiliar a sua interpretação. E o fato é que as Constituições estão consteladas de regras que derrogam expressamente princípios.

[1058] Sem prejuízo de existirem obras recentes (cfr. AAVV "O Tribunal Constitucional e a Crise", Org. Pereira Coutinho, Almeida Ribeiro, Coimbra, 2014) que se afigura como uma catilinária contra o protagonismos de certos princípios (como a igualdade, a protecção da confiança e certas dimensões da proporcionalidade) como parâmetros das decisões emblemáticas que o Tribunal Constitucional proferiu entre 2011 e 2014 relativamente a políticas financeiras e sociais adotadas pelos governos para lidar com a crise da dívida soberana.

Finalmente, as normas constitucionais possuem regimes de aplicação diferenciados, os quais se deduzem da sua estrutura ou do que estiver disposto a este respeito na Constituição. Há normas autoaplicativas, normas dependentes da emissão de leis complementares para ser aplicadas na sua dimensão principal e normas dependentes não apenas dessa legislação, mas de condições financeiras. O artigo 283º da CRP alude a esse diferencialismo a propósito das normas que carecem de atos legislativos para se tornarem exequíveis.

Este tipo de estrutura constitucional torna inaceitáveis as posições doutrinais que, ao arrepio da Constituição, atribuem um regime auto-aplicativo a todas as normas constitucionais, mesmo àquelas que remetem para lei a sua concretização e atribuem aos tribunais, desprovidos de competência explícita para o efeito, o poder de se substituírem ao legislador que lhes não tenha dado exequibilidade, desfigurando o princípio da separação de poderes.

6. O paradigma hermenêutico: o método jurídico de interpretação ajustado à especificidade das normas constitucionais

451. A Constituição, como norma jurídica, reclama um método jurídico para ser interpretada.

Sendo, como as demais normas jurídicas sujeita a interpretação, esta tem como ponto de partida o texto normativo e, como itinerário, o método da ciência jurídica, pois não há ciência sem método[1059] e não faz sentido lógico que a norma cimeira da ordem jurídica possa ser interpretada fora da metodologia científica fixada para a revelação do sentido das restantes leis. Tal implicaria uma desvalorização da Lei Fundamental incompatível com a sua supremacia jurídica.

A Ciência jurídica tem como objeto o direito posto ou decidido, como um conjunto coerente de normas em estreita conexão com um sistema de decisores e decisões, competindo-lhe fixar critérios hermenêuticos para a sua sistematização e interpretação, tendo em vista a solução de conflitos que se verifiquem na sociedade[1060].

Por tudo isto, quando certas construções suprapositivistas mais extremas sustentam que a Ciência do Direito Constitucional não teria uma pre-

[1059] Carlos Blanco de Morais "O Controlo de Inconstitucionalidade (...)" op. cit, p. 183 e seg.
[1060] Cfr. Tercio Sampaio Ferraz "Introdução (...)" op. cit. p. 57.

tensão de objetividade idêntica à das ciências exatas e, que nela, o jurista criaria o objeto da *"sua ciência"*, já que a norma não seria um facto real mas uma criação daquele (BARROSO, supra § 405, nota de rodapé), elas negam cientificidade ao Direito Constitucional.

Embora a Ciência jurídica não seja uma ciência exata pois, a par da sua dimensão explicativa, incorpora uma dimensão compreensiva na qual a filosofia assume um importante papel, ela supõe necessariamente como as demais ciências: i) Um conjunto de fatos empíricos sobre os quais recai a sua atividade analítica; ii) Um objecto; iii) um método assente em critérios procedimentais sobre o modo de produção de soluções extraídas do conhecimento científico; iv) A identificação dos pressupostos de uma relação causal; iv) Um teste argumentativo minimamente rigoroso que comprove a solidez da solução final encontrada.

A Ciência do Direito Constitucional alicerça-se em fórmulas argumentativas de caráter persuasivo que, tendo em vista a resolução de certos conflitos, orientam os decisores.

Quando, por exemplo, um decisor judicial, num litígio concreto, é confrontado com uma solução problemática, tal como o derivado de uma lei que elimine o direito de recurso para os tribunais estaduais, de decisões dos tribunais arbitrais necessários, ele terá de buscar uma solução numa premissa objetiva, a qual não é, nem a ideia de justiça, nem a moral nem a razoabilidade[1061], mas muito simplesmente uma norma jurídica. Estando em causa a hipotética compressão a um direito fundamental, o direito de acesso aos tribunais e a uma tutela jurisdicional efectiva prevista no artº 20º da CRP, o pensamento científico terá de confrontar as normas constitucionais sobre o acesso aos tribunais, sobre as garantias contenciosas das pessoas e sobre os limites à restrição de direitos, liberdades e garantias, com a norma supressiva do recurso. A aferição dessa compatibilização não é arbitrária, mas segue argumentações de caráter alternativo que envolvem um percurso de base minimamente lógica e sistemática.

A tese de que o método do Direito Constitucional é uma espécie de "kit" de *bricolage*, em que o intérprete renuncia à objetividade e define livremente o objeto da sua própria ciência, mesmo fora da norma, envolve uma renuncia a um método científico. O objeto dessa ciência deixaria de ser a norma jurídica.

[1061] Padrões vagos e não cogentes de onde podem defluir critérios de decisão absolutamente contraditórios entre si e , como tal, lesivos da segurança jurídica que é pressuposto do direito.

O método interpretativo da dogmática jurídica, oriundo do positivismo historicista savigniano, não foi ainda ultrapassado e vale para todos os ramos de direito, incluindo o Direito Constitucional[1062]. A relação entre os quatro estádios do método jurídico nem sempre é clara nem a sua utilização permite revelar o sentido de todas as normas da Constituição mas, o facto é que os tribunais constitucionais continuam a utilizá-lo como referência da sua atividade hermenêutica[1063]. Isto, sem prejuízo de calibrarem, de forma distinta, o relevo de cada um desses elementos, em função de uma dada situação problemática e das suas necessidades argumentativas e de não descurarem a integração de cânones específicos da hermenêutica constitucional que devem ser tomados em conta na interpretação de uma "Lex Superior" de forte carga política e axiológica como a Constituição.

Haverá, contudo, que reconhecer que a metodologia exposta é insuficiente para dar resposta completa às exigências de descodificação das normas constitucionais. O juízo de constitucionalidade envolve, em ordenamentos como o português, não a aplicação de uma norma a um caso concreto mas uma relação norma-norma, em que a interpretação da "lex superior" atento o ambiente normativo", ou seja, a realidade que rodeia a regra infraconstitucional e que influi no significado das normas em tensão, nem sempre se logra através de uma operação subsuntiva. Em diversos casos, a subsunção não permite extrair uma relação satisfatória de sentido de um princípio ou solucionar cenários de colisão entre princípios. Outras vias metódicas ou discursivas, entre as quais a ponderação são convocadas para solucionar essas situações.

1062 Seria admissível interpretar a Constituição ignorando ou contrariando o enunciado normativo? Serão inteligíveis soluções interpretativas ilógicas ou radicadas numa interpretação normativa "autista" clivada de qualquer conexão ou congruência com a sistemática constitucional e as restantes normas da Lei Fundamental? Será respeitar o poder constituinte interpretar uma norma em sentido manifestamente contrário em relação àquilo que foi a vontade inequívoca de um decisor constitucional soberano e democrático ou ignorando as circunstâncias da sua formação? Seria aceitável conferir a uma norma constitucional um fim que objetivamente ela não prossegue e que é até contrário à sua teleologia objetiva?

1063 Konrad Hesse ult. loc cit, p. 104.

Parte VI
A Constituição como norma de referência do ordenamento jurídico

Capítulo I
A ordenação sistemática da Constituição

452. O modelo de Constituição do Estado Liberal ou Burguês de direito assentava numa matriz utilitária (supra §44) assente na declaração de direitos civis e políticos e na organização política e territorial do Estado.

Já as constituições implantadas na Europa democrática depois da Constituição de Weimar, passaram, na generalidade, a consagrar direitos sociais e princípios de organização económica, através de normas de textura aberta, carentes de concretização legislativa. Ora, o paradigma de Constituição do Estado social de direito (§98) envolve *uma sistematização de conteúdos normativos em que a matéria dos princípios gerais e disposições normativas preliminares, bem como dos direitos liberdades e garantias precedem as disposições relativas aos direitos sociais e à organização social e económica, quando existam.*

Trata-se de uma opção simbólica que intenta privilegiar, na ordenação das matérias, um pilar da Constituição material inseparável do código genético do Estado pluralista de direito, o qual será sempre um "Estado de direitos civis e políticos" implantado sobre o núcleo da autodeterminação individual que inere ao princípio da dignidade humana[1064]. A opção siste-

[1064] Uma análise à generalidade das Constituições europeias, como a portuguesa, espanhola, italiana, austríaca, irlandesa, holandesa, belga e sueca confirma esta mesma matriz. O mesmo sucede com a maioria das constituições da América Latina, com relevo para o Brasil, o Chile e a Colômbia. Ela não é contrariada por Constituições que, como a alemã, não declaram direitos sociais, mas que, em qualquer caso, os direitos e liberdades precedem a cláusula do Estado social. Ou como a Constituição Norte-Americana, em que a essência dos direitos

mática é, em regra, associada a um estatuto jurídico diferenciado dos direitos, liberdades e garantias em relação aos direitos sociais, encontrando-se os primeiros submetidos a um regime reforçado de proteção e aplicabilidade direta (cfr infra § 473 e seg. e 602 e seg.).

Diversamente, *as constituições de matriz marxista fazem,* por via de regra, *preceder a organização económica e social do Estado sobre os direitos, liberdades e garantias, na lógica doutrinária do pensamento marxista-leninista segundo o qual, a realidade económica e social, como infra-estrutura, precede e condiciona o direito, a organização do poder e os direitos civis e políticos*[1065].

A precedência sistemática dos direitos, liberdades e garantias sobre os direitos sociais é, por conseguinte, um "ex libris" do modelo do Estado constitucional democrático.

fundamentais consta de aditamentos ao texto instrumental que não consagra direitos sociais nem uma ordem económica e social explícita.

[1065] É o caso da Constituição chinesa de 2004 no que toca à organização económica e social inscrita nos princípios gerais, da Constituição cubana de 1976, da Constituição norte-coreana de 2009 e de todas as constituições da antiga União Soviética. É, igualmente, o caso de diversas constituições africanas de inspiração marxista.

Capítulo II
A estrutura político-normativa das constituições rígidas

453. A Constituição como Lei fundamental de um Estado é composta por um corpo normativo, designado de *preceituado*, o qual, em regra, é precedido por um *preâmbulo*.

Secção I
O preâmbulo

1. Conceito e natureza

454. Um número muito considerável de constituições é antecedido por um texto, no qual o decisor constitucional alude ao circunstancialismo histórico, político e jurídico que rodeou a aprovação da Lei Fundamental. *Esse texto proclamatório e solene que precede o preceituado constitucional e enuncia alguns dos valores e princípios (políticos e ideológicos) que presidiram ao ato constituinte designa-se por preâmbulo e a sua natureza nunca deixou de levantar controvérsia.*

Alguns preâmbulos revestem um caráter politicamente "sacro" na medida em que algumas das suas frases são interiorizadas por segmentos importantes do povo, ao ponto de fazerem parte da própria identidade nacional. É, por exemplo, o caso da Constituição norte Americana[1066]. Outros

[1066] Cfr. Preâmbulo da constituição de 1787: "*We the People of the United States, in Order to form a more perfect Union, establish Justice, insure domestic Tranquility, provide for the common defence,*

preâmbulos são enxutos, têm preocupação de integrar vastos setores políticos da sociedade no ato constituinte e invocam o nome de Deus[1067], sendo especialmente relevante o caso dos textos que antecedem a Constituição alemã de 1949 e a brasileira de 1988[1068].

Outros documentos preambulares assumem um expressivo detalhe prescritivo ao ponto de serem incorporados com força jurídica como normas constitucionais, sendo este o caso do preâmbulo da constituição francesa de 1958, que operou uma receção jurídica do preâmbulo da constituição de 1946, o qual contém uma declaração de direitos fundamentais[1069]. Outros, finalmente, são poéticos, palavrosos, ruturistas e ideológicos, acentuam divisões e prometem profeticamente vias e modelos doutrinais de sociedade e Estado. É o caso do texto que antecede a Constituição portuguesa de 1976[1070].

promote the general Welfare, and secure the Blessings of Liberty to ourselves and our Posterity, do ordain and establish this Constitution for the United States of America".

[1067] A invocação do nome Deus está presente em diversos textos constitucionais da atualidade, como é o caso das constituições alemã, irlandesa, grega, polaca, australiana e chilena, bem como nas constituições de diversos estados norte-americanos.

[1068] Cfr. a Constituição brasileira de 1988: *"Nós, representantes do povo brasileiro, reunidos em Assembleia nacional constituinte para instituir um Estado democrático, destinado a assegurar o exercício dos direitos sociais e individuais, a liberdade, a segurança, o bem-estar, o desenvolvimento, a igualdade e a justiça como valores supremos de uma sociedade fraterna, pluralista e sem preconceitos, fundada na harmonia social e comprometida, na ordem interna e internacional, com a solução pacífica das controvérsias, promulgamos, sob a proteção de Deus, a seguinte Constituição da República Federativa do Brasil."*

[1069] Vide o seguinte passo do preâmbulo da Constituição de 1946 *"La loi garantit à la femme, dans tous les domaines, des droits égaux à ceux de l'homme.*
Tout homme persécuté en raison de son action en faveur de la liberté a droit d›asile sur les territoires de la République.
Chacun a le devoir de travailler et le droit d'obtenir un emploi. Nul ne peut être lésé, dans son travail ou son emploi, en raison de ses origines, de ses opinions ou de ses croyances.
Tout homme peut défendre ses droits et ses intérêts par l'action syndicale et adhérer au syndicat de son choix.
Le droit de grève s'exerce dans le cadre des lois qui le réglementent."

[1070] "A 25 de Abril de 1974, o Movimento das Forças Armadas, coroando a longa resistência do povo português e interpretando os seus sentimentos profundos, derrubou o regime fascista.
Libertar Portugal da ditadura, da opressão e do colonialismo representou uma transformação revolucionária e o início de uma viragem histórica da sociedade portuguesa.
A Revolução restituiu aos Portugueses os direitos e liberdades fundamentais. No exercício destes direitos e liberdades, os legítimos representantes do povo reúnem-se para elaborar uma Constituição que corresponde às aspirações do país".

Existem constituições que, todavia, prescindem de preâmbulo, como é o caso das leis fundamentais da Áustria, Bélgica, Dinamarca, Holanda e Finlândia.

455. Os preâmbulos fazem parte integrante das Constituições e só podem ser alterados ou suprimidos no respeito pelos mesmos limites de revisão estabelecidos para as normas constitucionais[1071]. O seu valor assume natureza variável, pois depende do que o preceituado constitucional estabelecer a esse respeito ou, no silêncio deste, daquilo que resultar da relação dos seus princípios com a realidade política.

Nalguns casos podem assumir valor normativo. Assim, como já se observou, o preâmbulo da Constituição francesa de 1946, tirando um pequeno texto proclamatório, vale como um complexo de normas constitucionais em matéria de direitos civis e políticos e de direitos sociais, por força de declaração de reconhecimento constante da Constituição de 1958, a qual operou um ato de receção jurídica desse documento (embora, não através de um preceito, mas sim do próprio texto preambular desta mesma Constituição, levantando dúvidas jurídicas sobre o poder vinculante do próprio texto de referência[1072]).

Noutras, é-lhe reconhecida relevância política[1073], precisando a ideia-força da vontade constituinte.

A Assembleia Constituinte afirma a decisão do povo português de defender a independência nacional, de garantir os direitos fundamentais dos cidadãos, de estabelecer os princípios basilares da democracia, de assegurar o primado do Estado de Direito democrático e de abrir caminho para uma sociedade socialista, no respeito da vontade do povo português, tendo em vista a construção de um país mais livre, mais justo e mais fraterno".
A Assembleia Constituinte, reunida na sessão plenária de 2 de Abril de 1976, aprova e decreta a seguinte Constituição da República Portuguesa".

[1071] Cfr a alteração do preâmbulo da Lei Fundamental de Bona no contexto da reunificação alemã.

[1072] Trata-se de um caso em que o curto preâmbulo da Constituição de 1958 pode assumir uma natureza jurídico-normativa pressuposta, na parte em que integra na sua ordem jurídico-normativa o preâmbulo de um texto constitucional precedente que contêm uma declaração de direitos fundamentais. Caso fosse negado esse carácter normativo aos dois textos (com a justificação de que os preâmbulos apenas teriam valor documental ou político) a Constituição da V República não incorporaria juridicamente direitos fundamentais e não seria, como tal, uma verdadeira Constituição à luz da Declaração dos Direitos do Homem e do Cidadão que é, igualmente, recebida como documento jurídico e político pelo mesmo preâmbulo, gerando-se uma incoerência central de ordem axiológica.

[1073] Javier Tajadura Tejada "Valor y Función Política de los Preambulos", Granada, 1997, p. 7 e seg.

Ressalvadas situações deste tipo, que são raríssimas, considera-se que o preâmbulo constitucional não possui força normativa e, como tal, não vincula como parâmetro constitucional.

É um texto de valor histórico, político e literário, soldado ao momento constituinte e pode enunciar princípios e valores sem correspondência com a exata realidade constitucional do tempo presente. Trata-se, tal como é sublinhado pela jurisprudência constitucional brasileira, de um documento político que reflete as opções ideológicas do constituinte, não assumindo relevância ou eficácia jurídica. Ora, caso os mesmos princípios corporizados no preâmbulo e os princípios plasmados na normação constitucional entrarem em colisão, valerão, no plano jurídico, estes últimos[1074].

2. Da irrelevância jurídica do preâmbulo da Constituição de 1976

456. Na ordem constitucional portuguesa o valor do preâmbulo constituiu, originariamente, uma "vexata questio" que dividiu a doutrina entre os que defenderam, respetivamente:

i) A sua *irrelevância jurídica* (tratar-se-ia de um texto proclamatório sem aptidão para se erigir a parâmetro de constitucionalidade ou instrumento de interpretação de outras normas);
ii) A sua *relevância jurídica plena* (o preâmbulo vincularia autonomamente o direito infraconstitucional, com um estatuto normativo idêntico ao do preceituado da Constituição);
iii) A sua *relevância jurídica indireta* (o preâmbulo não teria natureza jurídica cogente mas os seus princípios operariam como instrumento interpretativo dos princípios assentes no preceituado constitucional).

[1074] Cfr. O seguinte passo de uma decisão do STF do Brasil que examinava a constitucionalidade do preâmbulo do estado do Acre: "O preâmbulo (...) não se situa no âmbito do Direito, mas no domínio da política, refletindo posição ideológica do constituinte. É claro que uma Constituição que consagra princípios democráticos, liberais, não poderia conter preâmbulo que proclamasse princípios diversos. Não contém o preâmbulo, portanto, relevância jurídica. O preâmbulo não constitui norma central da Constituição, de reprodução obrigatória na Constituição do Estado-membro. O que acontece é que o preâmbulo contém, de regra, proclamação ou exortação no sentido dos princípios inscritos na Carta: princípio do Estado Democrático de Direito, princípio republicano, princípio dos direitos e garantias, etc. Esses princípios, sim, inscritos na Constituição, constituem normas centrais de reprodução obrigatória, ou que não pode a Constituição do Estado-membro dispor de forma contrária, dado que, reproduzidos, ou não, na Constituição estadual, incidirão na ordem local." (ADI 2.076, voto do Rel. Min. *Carlos Velloso*, julgamento em 15-8-2002, Plenário, DJ de 8-8-2003).

456. *Entendemos que o preâmbulo na Constituição portuguesa de 1976 carece de qualquer relevância jurídica, pelo que não pode servir de norma de referência autónoma para a apreciação da constitucionalidade de outros atos normativos nem sequer como instrumento auxiliar de interpretação de outras normas constitucionais.* O seu valor é puramente "arqueológico" e, eventualmente, simbológico, permitindo ao jurista e ao historiador entender as opções ideológicas da fações políticas dominantes que em 1976 prevaleceram no ato constituinte.

Estas considerações estribam-se em três argumentos elementares.

1º. O preâmbulo da constituição de 1976 não é redigido mediante uma formulação normativa, mas sim como um texto literário ou proclamatório da autoria de um poeta[1075]. Ora, não pode, logicamente, um texto panfletário, com toda a sua carga utópica e formulação ideológica arrebatada, assumir a natureza de critério jurídico de decisão destinado a reger a organização de um Estado e os direitos das pessoas[1076].

2º. Os princípios ínsitos no preâmbulo não têm autonomia em face dos que foram consagrados no preceituado constitucional. Isto porque: ou deixaram de ter correspondência nas normas e caducaram no plano da atualidade da sua simbologia, por terem sido removidos do mesmo preceituado (caso do rumo para uma "sociedade socialista"); ou são reproduzidos nas normas constitucionais com uma maior especificação ou densidade reguladora, carecendo em razão da sua redundância, de qualquer utilidade no plano interpretativo (caso dos princípios do Estado de direito democrático, direitos fundamentais, democracia e construção de um País *"livre, justo e fraterno"*)[1077].

3º. A desadequação entre a carga ideológica preambular e as sucessivas revisões do preceituado da Constituição que intentaram atribuir a esta, um maior papel integrador do pluralismo político- social, constituiria um fator de contradição e de esquizofrenia constitucional, no caso de se conferir ao

[1075] Mais propriamente o Deputado-poeta Manuel Alegre.

[1076] Expressões como *fascismo, colonialismo, opressão, ditadura, transformação revolucionária, sociedade socialista* são jargões de uma narrativa política e não critérios de decisão normativa.

[1077] Mesmo os expoentes que na altura se encontravam mais próximos de uma leitura dirigente da Constituição, como Gomes Canotilho (GOMES CANOTILHO "Direito Constitucional", Coimbra, 1977, p. 318) contestaram a relevância do seu valor jurídico autónomo, pois entenderam que as normas da Constituição consumiriam todos as proclamações preambulares, inclusivamente com maior "riqueza ideológica" do que as "asséspticas" fórmulas do referido preâmbulo.

preâmbulo valor normativo indireto. Tal sucederia, porque, nas duas visões de Constituição que se enfrentaram na Constituinte, aquela que prevaleceu originariamente em 1976 (e que logrou erigir um paradigma constitucional dirigista no seu programatismo ideológico[1078]) foi parcialmente desmantelada nas revisões constitucionais de 1982 e 1989, em favor de um modelo constitucional próprio da matriz democrática do Estado social de direito. Ora, conferir relevo jurídico-interpretativo ao preâmbulo significaria um afrontamento entre a póstuma matriz socialista e dirigista e a atual matriz democrática e pluralista do preceituado normativo, o que provocaria uma lacuna axiológica de colisão e negaria à Constituição a sua função de instrumento de unidade política e de integração da diversidade pluralista[1079]. Um dos cânones de interpretação Constitucional supõe que a leitura da Lei Fundamental, feita a partir dos seus preceitos normativos, deva conduzir sistematicamente à unidade, devendo ser removidos os escolhos geradores de contradições na sua relação de sentido.

457. As considerações expostas levam-nos a não coincidir com a tese da relevância indireta, que foi sustentada por setores da doutrina portuguesa, num exercício compromissório entre a tese da irrelevância e da relevância plena[1080]. Exercício que, difusamente, ainda perpassa por alguns desses autores[1081]. Na verdade, se os princípios ínsitos no preâmbulo têm correspondência nos que se encontram plasmados no preceituado (como o princípio do Estado de direito democrático) e se forem contrariados pela lei, essa contradição seria geradora de inconstitucionalidade, por força da invocação dos princípios inscritos nas normas constitucionais e não pela invocação das suas refrações genéricas que se encontram no preâmbulo[1082], as quais carecem de utilidade jurídica.

Se, pelo contrário, os princípios em causa têm apenas assento no preâmbulo e não nas normas constitucionais (como o princípio socialista), então

[1078] Direcionado a uma sociedade socialista e sem classes, coletivista no modelo de organização económica e umbilicalmente ainda ligado ao processo revolucionário, através de um Conselho da Revolução como órgão de tutela institucional.

[1079] Função que repudia a magnificação de enclaves ideológicos e conquistas episódicas de fação.

[1080] Jorge Miranda "O Preâmbulo da Constituição", in "Estudos sobre a Constituição", Vol I, Lisboa, 1977, p. 17 e seg.; Marcelo Rebelo de Sousa "Direito Constitucional" op. cit, p. 100.

[1081] Jorge Miranda "Manual (...)" II op. cit, p. 294.

[1082] Admitindo essa não relevância autónoma, Jorge Miranda, ult. loc cit, p. 293.

eles não podem ser invocados isoladamente, por falta de substrato normativo[1083]. O princípio em causa (que tinha no artº 1º do texto originário uma refração, a qual consistia na criação de uma sociedade sem classes) acaba por se contraditar com as normas constitucionais expressas nos artigos 1º e 2º da CRP, que contrapõem à sociedade socialista, uma sociedade livre e pluralista fundada na dignidade da pessoa humana e na vontade popular. Por tudo isto, o preâmbulo é juridicamente irrelevante e opera como um elemento de divisão e não de integração.

Secção II
Introdução às normas constitucionais

Subsecção I
Preceito e norma constitucional

458. A Constituição é composta por normas jurídicas, ou seja, por critérios de decisão que, vinculando os poderes públicos e certas relações jurídicas privadas, se encontram aptos a produzir efeitos jurídicos, garantidos no plano jurisdicional e político.

As normas constitucionais constam, assim, de *disposições ou preceitos* que se definem como enunciados textuais estruturados em orações, dos quais defluem um ou vários comandos jurídicos gerais.

Tal como escrevemos oportunamente[1084], normas e preceitos não têm uma existência independente já que não existe norma de direito positivo sem um preceito ou disposição textual que a contenha e tão pouco se pode reconhecer eficácia e razão de ser a um preceito que se encontre desprovido de conteúdo normativo. Sendo realidades interdependentes, guardam entre si uma necessária autonomia pois um preceito constitucional pode:

i) *Conter uma pluralidade de normas cumuladas* (cfr. nº 1 do artigo 37º da CRP relativamente das diversas dimensões da liberdade de expressão e informação);

[1083] Admitindo, uma vez mais essa não relevância como texto "a se", JORGE MIRANDA, ult. loc cit.

[1084] CARLOS BLANCO DE MORAIS "Justiça Constitucional", II op. cit, p. 163 e seg.

ii) *Conter sentidos diferentes, os quais podem ser reconduzidos interpretativamente a normas alternativas entre si* que disputam o sentido que se deve extrair do preceito (cfr.o nº 2 do artº 18º da CRP que pode ser interpretado como circunscrevendo as restrições admissíveis a direitos liberdades e garantias aos casos admitidos expressamente pela Constituição ou, alternativamente, como uma norma que admite restrições implícitas, derivadas da colisão entre distintos direitos de liberdade);

iii) *Conjugar-se com outros preceitos, de forma a que se extraia dessa conjugação, uma norma ou critério jurídico de decisão* (cfr. a fórmula *"direito da União"* europeia prevista no nº 4 do artº 8º da CRP respeita às normas dos tratados e não a outras fontes de direito europeu (como a jurisprudência), dado que tal natureza convencional resulta da expressão *"convencionar o exercício em comum"* de poderes, contida no nº 6 do artº 7º da CRP, a qual se conjuga com a disposição anteriormente citada).

Um preceito constitucional contém normas jurídicas objetiváveis, mas as dimensões e relações de sentido de algumas dessas normas só poderão ser obtidas por via interpretativa no momento em que se coloque o problema da sua concretização, ou seja, da sua aplicabilidade a uma dada situação problemática.

Subsecção II
Tipologia das normas constitucionais

1. Critério funcional

459. As normas constitucionais podem desempenhar *funções de ordem diversa* na estrutura compósita de uma Constituição.

Numa primeira aproximação, extraída de uma classificação gizada por Herbert Hart já aqui examinada poderemos identificar na Constituição Portuguesa de 1976 dois tipos de normas em razão da sua *função estruturante:*

i) *As normas constitucionais secundárias,* que têm por objeto a produção, a qualificação e a validade de outras normas jurídicas do ordenamento (sendo esse o caso das disposições normativas artº 112º da CRP que regulam formas e categorias normativas, bem como das regras dos artigos 167º e 168º que regem o processo legislativo parlamentar);

ii) *As normas constitucionais primárias,* que se aplicam diretamente às relações institucionais (cfr. caso de certas normas exequíveis por si próprias que dispõem sobre o regime do veto presidencial nos termos do artº 136º), assim como das normas auto-aplicativas relativas a direitos liberdades e garantias (as do nº 1 do artº 30º da CRP relativamente à proscrição de penas de caráter perpétuo).

460. Já quanto às *funções que desempenham em razão das matérias que disciplinam,* as normas constitucionais podem classificar-se em *normas substanciais* e normas *organizativas.*

As normas substanciais ditam os critérios que regem a identidade material do Estado[1085], a definição do regime político e a conformação do conteúdo dos direitos fundamentais dos cidadãos.

Quanto às normas *organizativas,* estas têm por fim regular o estatuto do poder político, o que envolve a arquitetura do sistema de governo, a identificação dos órgãos de soberania e demais órgãos constitucionais, a definição das suas atribuições e competências, os seus procedimentos de decisão, a especificação dos seus controlos recíprocos, o processo de designação e o estatuto dos seus titulares. As Partes III a IV da Constituição são, em regra, compostas por disposições normativas desta natureza.

Existem quatro subespécies de normas organizativas que cumpre destacar:

i) *As normas de competência* que estabelecem os poderes funcionais dos diversos órgãos constitucionais e os respetivos limites (cfr. o artº 133º, o artº 161º e o artº 197º que regulam, respetivamente, competências cometidas ao Presidente da República, à Assembleia da República e ao Governo);

ii) *As normas estatutárias dos titulares de órgãos,* as quais definem regras sobre o exercício de certos cargos, tais como direitos, deveres, regalias e imunidades, e fixam limites ao seu desempenho, tais como o condicionamento da prática de certas condutas, impedimentos, incompatibilidades e inelegibilidades (cfr. artigos 154º a 160º relativos ao

[1085] É o caso: dos "Princípios fundamentais" da Constituição de 1976 compreendidos nos artºs 1º a 11º; dos princípios que devem regular superiormente a separação com interdependência dos poderes do Estado (artigo 111º da CRP); dos princípios que enunciam os atributos políticos de qualificação das instituições soberanas (artºs 120º, 147º, 182º e nº 1 do artº 202º); e dos princípios que estruturam a Administração Pública (nº 2 do artº 266º da CRP) e estabelecem os fundamentos da autonomia das regiões insulares (artº 225º).

estatuto dos deputados à Assembleia da República e os artºs 215º a 217º sobre o estatuto dos juízes);

iii) *As normas de forma ou de processo,* que gizam a tramitação do itinerário relativo à designação de titulares do poder político, bem como ao processo de tomada de decisões pelos órgãos constitucionais e, ainda, ao modo de revelação dos correspondentes atos jurídicos (cfr. no primeiro caso, as disposições relativas à eleição do Presidente da República, no artº 121º e seguintes; no segundo, o processo legislativo parlamentar previsto no artº 167º e seguintes e o regime do veto politico presidencial regulado no artº 136º; e no terceiro caso, o artº 166º sobre a forma dos atos da Assembleia da República) ;

iv) *As normas de qualificação,* que determinam as formas e os atributos jurídicos de certos atos jurídico-públicos ditados pelos órgãos constitucionais e o respetivo regime jurídico (caso típico do artº 112º que estrutura os atos normativos; do artº 282º sobre os efeitos da declaração de inconstitucionalidade em controlo abstrato sucessivo; e do artº 137º sobre o valor negativo da falta de promulgação ou assinatura de certos atos pelo Presidente da República).

2. Critério da determinabilidade

2.1. Introdução às regras e princípios

461. A Constituição é composta por normas e estas desdobram-se em princípios e regras constitucionais, dispondo ambas as realidades normativas de vinculatividade sobre todo o ordenamento jurídico[1086]. O Artº 277º nº 1 da CRP reconhece aos princípios esse estatuto paramétrico, ao fulminar com a inconstitucionalidade as normas que contrariarem as disposições constitucionais e os *"princípios"* consignados na Constituição.

Um exame perfunctório à jurisprudência constitucional dos diversos ordenamentos democráticos transmite a ideia de que são numerosos os atos jurídico-públicos julgados inválidos por ofensa a princípios constitucionais.

[1086] E, portanto, apresentam um poder vinculante mesmo sobre o direito infra-constitucional.

2.2. Conceitos

462. Os *princípios são enunciados jurídicos de valores de ordem política ou moral, dotados de um elevado grau de indeterminação, dirigidos à prossecução de um fim e concebidos como mandatos de otimização que ordenam algo que deve ser realizado na medida das possibilidades jurídicas e fáticas existentes.* São, como defende HUMBERTO ÁVILA, normas parciais já que abrangem, apenas *"parte dos aspetos relevantes para uma tomada de decisão"*[1087].

Já as regras consistem em *mandados de definição que determinam condutas imperativas.* (Cfr. ALEXY, supra § 400).

Uma análise às Constituições contemporâneas permite retirar que *as regras predominam quantitativamente sobre os princípios, com especial relevo para as normas que regem o estatuto do poder político.*

Tome-se, como exemplo, a regra que concede ao Presidente da República 8 dias para promover a fiscalização preventiva da constitucionalidade de um diploma (nºs 1 e 6 do artº 278º da CRP) e a que consagra uma maioria de dois terços para a aprovação das leis de revisão constitucional (nº 1 do artº 286º).

Mesmo no campo dos direitos fundamentais, como reconhece o próprio ALEXY, *nem todos os direitos e garantias se reduzem a princípios*[1088].

Veja-se a regra do nº 7 do artº 33º que determina que a extradição só pode ser decretada por autoridade judicial ou ainda a norma que proíbe a prisão perpétua (nº 1 do artº 30º).

2.3. Relações entre regras e princípios

463. Os princípios não dispõem de hierarquia ou de precedência sobre as regras. Salvo disposição em contrário na própria Constituição, as normas produzidas pelo poder constituinte ou pelo poder de revisão,[1089] pese o fato de tocarem matérias de distinta importância, não são portadoras de hierarquias diferentes, guardando todas o mesmo valor formal.

[1087] HUMBERTO ÁVILA "Teoria dos Princípios", S. Paulo, 2008, p. 74 e seg. e p. 90 e seg.

[1088] Cit. por MANOEL GONÇALVES FERREIRA FILHO "Direitos Humanos Fundamentais", S. Paulo, 2000, p. 152.

[1089] Isto sem prejuízo da intangibilidade dos princípios que integram os limites materiais da revisão constitucional, bem como da proeminência interpretativa daquelas que integram a DUDH. Vide o que já escrevemos em (§ 34 e seg.).

Observámos que alguns expoentes do moralismo reflexivo e do neo-constitucionalismo[1090] entendem que as regras se reconduziriam a princípios e estes a valores de ordem moral, constituindo a congruência dessas três realidades fundamento de validade do direito. Uma norma contrária a um princípio seria inválida, porque arbitrária.

Sucede, porém, que os valores são bens abstratos de conteúdo mutável que podem ser interpretados das formas mais diversas e que por si próprios não possuem conteúdo jurídico (cfr. BOCKENFÖRDE, infra §650 e § 715). E, quanto aos princípios, que podem ser definidos como enunciados jurídicos dos referidos valores, eles encerram um conteúdo indeterminado onde pode caber uma multiplicidade de sub-princípios e de regras de conteúdo distinto, se não mesmo de sentido contrário: por exemplo, à luz dos princípios da dignidade da pessoa humana e do desenvolvimento da personalidade, tanto pode caber a proibição do aborto por livre decisão da mulher como a sua admissibilidade.

Neste sentido, e na relação com as regras constitucionais, se é verdade que, uma boa parte destas se podem reconduzir a um princípio, explícito ou implícito (deduzido de outras normas por sucessivas abstrações), não é menos verdade que esse princípio não tem qualquer credencial de precedência sobre a regra, podendo, quando muito, elucidar o seu significado. E, efetivamente, as Constituições contêm regras que derrogam expressamente princípios centrais previstos na própria Constituição (como é o caso das leis de valor constitucional mencionadas no artº 292º da CRP que excecionam, implicitamente, o princípio da legalidade penal, enunciado no artº 29º).

O mesmo entendimento, em favor da prevalência da regra sobre o princípio, é encontrado em ALEXY que, procurando responder à questão da supremacia entre regras e princípios constitucionais, esclarece que *"sob um ponto de vista de sujeição à Constituição, existe uma prioridade do nível da regra"* porque, *"a nível de princípios que podem entrar em colisão, deixam os mesmos muitas coisas sem decidir, pois um feixe de princípios tolera determinações muito diferentes nas relações concretas de preferência, sendo conciliável com regras totalmente diferentes"*[1091].

[1090] Cfr.no primeiro caso, ZAGREBELSKI, supra § 317 e, no segundo, BONAVIDES, PRIETO SANCHIS e MARINONI cit no nosso " O Controle (...)"op. cit, p. 174 e seg.
[1091] ROBERT ALEXY, ult. loc cit, p. 134.

Tal como ensina Humberto Ávila os princípios, como normas parciais, não têm *"a pretensão de gerar uma solução específica, mas de contribuir ao lado de outras razões para uma tomada de decisão"*[1092]. Os princípios, privilegiando normativamente o fim sobre o elemento descritivo, fixam (com menor determinabilidade do que as regras) a conduta necessária à sua concretização. Daí que as primeiras não equivalham às segundas como parâmetros de regulação de condutas, pois a sua indeterminabilidade não permite um cálculo certo de comportamentos lícitos, nem tão pouco a cominação de sanções para o seu incumprimento (as quais, de resto, constituem exigências existenciais do próprio direito). Os princípios seriam, assim, normas com uma pretensão de complementaridade na tomada de uma decisão, pois deles emergem diretrizes de valoração a serem prosseguidas na consecução de um fim, sem que estabeleçam *a-priori* qual a conduta adequada para o atingir[1093].

Antinomias entre duas normas constitucionais solucionam-se, em primeiro lugar, *na base de critérios lógicos.* Cronologia e especialidade regulam a colisão quer entre regras quer entre regras e princípios. *Uma regra prevalece sobre um princípio porque, como critério de decisão de conteúdo mais definido, é "lex specialis", prevalecendo a norma especial sobre a norma de caráter mais geral.*

Já colisões entre princípios constitucionais podem, no caso de não serem solucionados por critérios lógicos, ser resolvidas através de vias ou métodos de ponderação entre os mesmos, à luz de uma situação problemática especifica, carente de decisão. Numa dada situação em que dois princípios constitucionais colidam (cfr. o princípio da segurança que garante a realização de uma cimeira internacional de alto risco, de um lado, e a restrição à liberdade de circulação e manifestação, de outro), um deles *terá de prevalecer, no todo ou em parte e o outro cederá, sem que a cedência envolva a sua invalidade ou revogação.*

[1092] Humberto Ávila (ult. loc. cit p 74 e seg. e 90 e seg.). Tal como refere o mesmo autor numa passagem já citada no texto mas que não será demais repetir, não é correto o entendimento segundo o qual a colisão entre um princípio e regra constitucional deve ser solucionada pela prevalência do primeiro, já que as regras têm uma pretensão de decidibilidade que os princípios não possuem.

[1093] Humberto Ávila, ult. loc. cit p 69.

2.4. Abertura das normas constitucionais

464. Os princípios e muitas das regras constitucionais não possuem, na sua maioria o conteúdo e a textura das demais normas do ordenamento. A Constituição é o estatuto do político e as suas normas estão eivadas de politicidade no respetivo conteúdo. Por esse facto, a sua interpretação histórica e teleológica é inseparável do circunstancialismo da sua génese, da vontade política do decisor constituinte e do finalismo político do seu conteúdo.

Concretizando, na parte relativa ao estatuto do poder político, a par de regras muito definidas (por exemplo, o Poder do Presidente da República em convocar extraordinariamente a Assembleia da República nos termos da alínea b) do artº 133º da CRP) existem regras *ligadas a standards ou conceitos jurídicos indeterminados*, que o tempo e a prática têm clarificado (veja-se o poder de demissão do Primeiro-Ministro pelo Presidente, quando estiver em causa o *"regular funcionamento das instituições democráticas"*, nos termos do nº 2 do artº 195º da CRP). E existem ainda outras que, aparentando precisão, são condicionadas por práticas ou costumes políticos (caso do poder presidencial de dissolução parlamentar, previsto na alínea e) do artº 133º da CRP, como uma faculdade livre, mas que a prática converteu em instituto de crise, a convocar em último recurso).

No que respeita às *normas secundárias sobre a normação* haverá regras precisas sobre as formas de lei (nº 1 do artº 112º da CRP) que coexistem com outras que incorporam fórmulas doutrinais indeterminadas, como "leis com valor reforçado" e leis "pressuposto normativo necessário de outras leis", (nº 3 desse mesmo artigo).

Finalmente, *no universo dos direitos fundamentais,* regras bem definidas, como as que proíbem a tortura, coexistem com outras de conteúdo moral e sentido indeterminado como as que interditam tratos "degradantes" (nº 2 do artº 25º da CRP)[1094].

[1094] Por exemplo, princípios de objeto indefinido como o princípio da universalidade (artº 12º) contrastam com outros que a doutrina e a jurisprudência lograram densificar, como o princípio da proporcionalidade (nº 2 do artº 18º); ou com outros princípios expostos a uma grande margem discricionária do poder judicial para os convocar e ajustar ao caso concreto, como o princípio da igualdade (artº 13º da CRP); e, ainda, com princípios implícitos que são deduzidos de outros princípios (princípio da proteção da confiança, extraído do princípio do Estado de direito democrático (artº 2º da CRP).

Existe, por tudo isto, uma margem de discricionariedade na interpretação das normas constitucionais, que aumenta proporcionalmente à sua generalidade e indeterminação, realidade que permite à Constituição durar no tempo e ajustar-se a situações específicas não exatamente previstas no texto.

As Constituições modernas são, assim, leis com um elevado grau de abertura normativa[1095].

Essa abertura manifesta-se em três dimensões básicas, que se passa a mencionar.

1º. Abertura axiológica. O poder constituinte é soberano e incondicionado quanto à possibilidade de introdução na Constituição de valores éticos ou de outros paradigmas de caráter metajurídico. Pode ignorar, por exemplo, padrões de ordem moral que pontificam na sociedade, pode atualizá-los ou contrariá-los e pode ainda, ao invés, incorporá-los em normas. Ora, na medida em que, no seguimento da linha de raciocínio de Hart (supra § 410) se proceda a essa incorporação, os princípios e certas regras que contenham, por exemplo, padrões morais, passam a ver o seu significado jurídico iluminado por aqueles, com permeabilidade a argumentações de tipo político e filosófico. Esta circunstância envolve um domínio de incerteza na aplicação do direito, na medida em que diferentes correntes filosóficas esgrimem perspetivas diversas quanto às possibilidades normativas que defluem desses axiomas.

Assim, quando o artº 1º da CRP apela ao princípio da dignidade da pessoa humana, quando o nº 2 do artº 25º exclui tratos ou penas degradantes e quando o nº 1 do artº 267º vincula a Administração ao "princípio da justiça", convocam valores filosóficos de ordem moral,política, cultural e até religiosa. No domínio dos direitos fundamentais, muitos princípios estão impregnados de uma axiologia legada por correntes filosóficas moralistas, como é o caso do direito à vida, à integridade física, à identidade pessoal e ao desenvolvimento da personalidade.

Outras regras e princípios incorporam valores do sistema político, o qual se encontra fortemente ligado ao sistema jurídico, precisamente por força da Constituição como norma-charneira entre ambos. Enunciados como democracia representativa e participativa e Estado de direito democrático

[1095] Cfr. Noutra perspetiva, sobre diferentes dimensões da abertura normativa da Constituição, Paulo Otero "Direito Constitucional (...)", I, op. cit p. 177 e seg.

(artº 2º), soberania (artº 3º), sufrágio universal (nº 1 do artº 10º) são recolhidos da ciência política e da filosofia política, envolvendo operações de interpretação que recorrem a diferentes contribuições doutrinárias.

Uma Constituição excessivamente aberta a valores oriundos de sistemas não jurídicos converte-se num estatuto mais incerto porque mais dependente das pré-compreensões dos intérpretes. A constitucionalização e a jurisdicionalização de bens fundamentais de ordem religiosa ou ética banaliza-os, como recorda SCHMITT (supra, §422), pois permite que, colocados "em bolsa" possam ceder no concreto, em sede de ponderação, em face de outros valores menores[1096].

Uma Constituição principiológica deixa de ser decisão, para se transformar num campo de disputa filosófica, religiosa ou ideológica onde é possível extrair um critério normativo e o seu inverso, tudo dependendo da força jurídico-filosófica das argumentações e das maiorias dos juízes, os quais se transformam em oráculos. Trata-se do húmus de uma normação espinhosa com caráter volátil, onde tudo pode ser potencialmente inconstitucional, gerando-se uma insegurança jurídica crítica para o Estado (cujas políticas públicas vivem sob uma espada de Dâmocles); para os cidadãos (incapazes de calcular o desfecho dos processos onde são parte); e para a democracia (face à possibilidade de os órgãos diretamente eleitos se sujeitarem ao veto jurisdicional absoluto de um órgão não eleito).

Sendo incontornável a constitucionalização de valores de ordem política ou moral, o facto é que a mesma ganhará em ser reduzida a um mínimo essencial[1097], reduzindo-se a margem de discricionariedade interpretativa que permite que a abertura da norma constitucional se transforme na porta de entrada para a desfiguração da vontade constituinte soberana.

2º. Abertura externa

Respeita ao impacto que o Direito Internacional e a jurisprudência dos tribunais constitucionais de outros Estados, bem como de tribunais internacionais, projetam no sentido das normas constitucionais.

[1096] É o caso do direito à vida intra-uterina durante as primeiras dez semanas que, na ordem jurídica portuguesa, cedeu em face de um pretenso e construído valor do desenvolvimento da personalidade da mulher expresso na liberdade em dispor do próprio corpo. Permite, igualmente, que outros valores, como a dignidade da pessoa humana sejam disputados entre correntes antagónicas, como as que combatem e defendem a eutanásia.

[1097] Os preâmbulos deveriam ser a sede preferencial de declaração desses princípios "neutros".

Em primeiro lugar, cláusulas de receção constitucional e "cláusulas abertas" em matéria de direitos fundamentais constituem vias de comunicação constitucional com sistemas externos. As constituições criam, por vezes, estranhas formas de abertura externa a fontes improváveis. É o caso do nº 1 do artº 16º da CRP que admite direitos fundamentais extravagantes, materialmente constitucionais, que constem de atos normativos externos à Constituição formal, como a lei e as convenções internacionais. Exibe-se, desta forma, uma incontornável abertura ao alargamento da matéria constitucional através de normas não formalmente constitucionais.

No tocante aos Estados da União Europeia, a par da influência invisível mas efetiva da jurisprudência do TJU, existem Constituições, como a da Holanda, que admitem a prevalência de normas internacionais sobre a própria Lei Fundamental. E verifica-se, paralelamente, que a jurisprudência constitucional de outros Estados, como a alemã, italiana e francesa, de entre outras, ao admitirem a prevalência dos princípios e regras estruturantes das suas constituições sobre o direito europeu, aceitam que outras disposições, de ordem não essencial das mesmas constituições possam ser desaplicadas por direito da União.

A própria Constituição portuguesa reenvia o regime de aplicação e de hipotética prevalência, não apenas de direito europeu mas de normas de organizações internacionais de que Portugal faça parte, para os respetivos tratados constitutivos.

Por outro lado a circularidade que se verifica entre as jurisprudências de tribunais internacionais e constitucionais, o impacto de convenções internacionais e a novidade cosmopolita de certas tendências na doutrina constitui um fator permanente de *aggiornamento* de normas constitucionais mais indeterminadas, com relevo para o domínio dos direitos fundamentais. A soberania constitucional deixou de ser uma realidade hermética admitindo as suas normas, explícita ou implicitamente, uma porosidade ao direito externo.

3º Abertura morfológica

Muitas das normas constitucionais estão elaboradas com enunciados polissémicos: contêm *standards* ou conceitos indeterminados ou envolvem institutos suscetíveis de serem moldados pela realidade política e concretizados de forma evolutiva pelo intérprete.

Sempre que a Constituição convoca conceitos jurídicos indeterminados, tais como "âmbito regional" (alínea a) do nº 1 do artº 227º da CRP) ou "justa causa" no despedimento (artº 53º) confere como que uma delegação implícita à Justiça Constitucional para concretizar normativamente o conceito. E mesmo quando utiliza enunciados principiológicos mais densos, como o "princípio da presunção de inocência " (nº 2 do artº 32º) acaba por conceder ao mesmo intérprete autorizado um poder muito amplo para criar "normativamente", no processo de concretização do mesmo princípio, permitindo-lhe conceder uma leitura mais garantista às suas decorrências. Por exemplo, o *"direito ao silêncio"* que o Tribunal constitucional Português extrai da presunção de inocência não constitui um efeito necessário deste princípio, mas uma leitura possível que a Justiça Constitucional tornou imperativa. Ora, a interpretação consolidada pela Justiça Constitucional, a partir de normas de textura aberta, também faz parte da Constituição, constituindo uma "camada normativa externa" de expressão variável e sujeita a revisão jurisdicional.

É essa abertura normativa que permite, pela via hermenêutica e pela prática política, uma integração da diversidade pluralista e da evolução política, favorecendo uma atualização deslizante da Constituição sem necessidade de atos expressos de revisão. É igualmente essa abertura que permite à Lei Fundamental resistir à erosão do tempo. O reverso da medalha envolve certo tipo de mutações constitucionais "impuras" operadas por via da interpretação que, sem respeitar o texto, o programa e até a identidade constitucional, revêm a Constituição, por via de decisões jurisprudenciais, à margem do processo estabelecido, questionando a separação de poderes.

2.5. Sinopse sobre os princípios normativos fundamentais da Constituição portuguesa de 1976

465. A importância da presente rúbrica, numa obra sobre Teoria da Constituição, justificaria que fosse vertida numa Parte ou num Capítulo autónomo, com um desenvolvimento muito maior do que aquele que lhe é conferido no presente tomo.

Acabou, contudo, por se impor uma opção pragmática. A intenção de condensar a presente matéria, numa breve síntese, justifica-se no propósito central de lhe conferir uma função propedêutica, na medida em que esta rubrica se dirige aos discentes dos primeiros anos do Curso de Direito. O caráter intenso do programa da disciplina não deixa grande espaço para uma abordagem detalhada dos princípios constitucionais. Fundamental será, de acordo com os sumários desenvolvidos que temos publicado sobre a matéria, que os mesmos discentes apreendam os traços básicos dos referidos princípios normativos e as suas principais decorrências práticas na ordem jurídica.

Os princípios fundamentais ou estruturantes da Lei Fundamental de 1976 são aqueles que condensam os pilares identitários da ordem constitucional, definindo a natureza do Estado, da Constituição, do Regime e do sistema de direitos fundamentais.

Estes princípios vertebram a Constituição material e encontram-se garantidos pela cláusula de limites materiais ínsita no artº 288º, de que são parte intangível, pelo que a supressão do seu conteúdo essencial, ainda que mediante revisão constitucional, envolveria uma fraude à mesma Constituição ou uma transição constitucional.

No fundo, eles integram, a essência dos *princípios fundamentais do Estado de direito democrático* a que o nº 4 do artigo 8º da CRP faz alusão e que primam sobre qualquer norma jurídica de natureza externa.

Não revestindo as normas que consagram esses princípios uma "hierarquia formal" sobre as restantes, importa, contudo, tomar em consideração que os mesmos, assumindo uma posição principal, por força da proeminência dos bens jurídicos que enunciam, constituem o fundamento nomogenético de um conjunto de outros princípios constitucionais, que particularizam algumas das suas dimensões. Haverá, assim, ente as duas categorias de princípios, uma relação de generalidade-especialidade.

Subdividiremos os princípios fundamentais em duas categorias: *os princípios reitores do Estado de Direito e os princípios de ordem política.*

2.5.1. *Princípios reitores do Estado de direito*

A. *Princípio da independência nacional*

466. O princípio da independência nacional constitui a norma de maior relevância política da Constituição, dado que constitui o fundamento dos restantes princípios e reflete a essência histórica de Portugal como Estado-Nação de oito séculos. No fundo, ele declara a realidade existencial da Nação portuguesa como componente espiritual, política e humana de uma coletividade territorial organizada[1098]. Portugal como Estado de direito é in-

[1098] No que respeita ao princípio da soberania e à sua incidência constitucional, como relevo para as relações com a União Europeia, cfr. Carlos Blanco de Morais "A Sindicabilidade

dissociável da sua natureza soberana, a qual pressupõe uma ordem constitucional autojustificada, como manifestação normativa suprema da mesma soberania.

A República portuguesa é, de acordo com o artigo 2º da CRP um *"Estado de direito democrático, baseado na soberania popular, no pluralismo de expressão e organização política democráticas e na garantia de efetivação dos direitos, liberdades e garantias e na separação e interdependência de poderes"* (...). Ora estas características adjetivantes do Estado são consequência de uma realidade substantiva que consiste no próprio Estado soberano, enunciado no artigo 1º da CRP. O Estado Português, como coletividade independente, afirma-se, no fundo, como uma realidade constante e permanente, diversamente de outras realidades como as constituições, os regimes políticos e os sistemas de direitos fundamentais, pautadas pela sua natureza cambiante. Antes da Constituição e da própria democracia está a existência de Portugal como comunidade de destino no universal.

O princípio em epígrafe encontra-se expressamente enunciado na alínea a) do artigo 9º da CRP, como o primeiro dos fins ou das tarefas fundamentais do Estado, e na alínea a) do artigo 288º da CRP, como primeiro limite material à revisão constitucional. Tem, o mesmo, principio importantes refrações noutros princípios constitucionais[1099], com relevo para o *princípio da soberania,* previsto no artigo 1º e no nº 1 do artº 3º.

A soberania é a qualidade identitária do poder político de um Estado independente e envolve uma *dimensão interna* (faculdade de os poderes do Estado imporem as duas decisões, por via coerciva, a todos os governados, nos limites constitucionais) *e externa* (aptidão dos órgãos de poder estadual

do direito da União europeia pelo Tribunal Constitucional Português", Estudos Sérvulo Correia", Coimbra, 2010, p. 221 e seg.; AAVV "A Europa e os Desafios do Século XXI", Coimbra, 2008; JM Cardoso da Costa "O Tribunal Constitucional Português e o Tribunal de Justiça das Comunidades Europeias", AAVV "Ab Uno Ad Omnes", Coimbra, 1988; Miguel Galvão Teles "Constituições dos Estados e Eficácia Interna do Direito da União e das Comunidades Europeias", AAVV "Estudos Marcello Caetano", Coimbra, II; Paulo de Pitta e Cunha "A Integração Europeia no Dobrar do Século", Coimbra, 2003; Jorge Miranda, Rui Medeiros "Constituição portuguesa Anotada", I, Coimbra, 2010; João Ferreira do Amaral "Em Defesa da Independência Nacional", Lisboa, 2014.

[1099] Cfr. de entre outros, a defesa da língua portuguesa (alínea f) do artº 9º da CRP) e a noção de defesa nacional no nº 2 do artº 273º da CRP, que visa, de entre outros objetivos, a garantia da independência nacional.

de poderem assumir a representação do mesmo Estado e dos seus interesses no plano internacional).

O nº 1 do artigo 3º da Constituição define a mesma soberania como "una" e "indivisível". Tal como referem certos autores, estes dois atributos não são incompatíveis com a pluralidade de órgãos que a exercem nem com a autonomia municipal e regional[1100]. Essas qualificações significam que a soberania não pode ser decomposta em diversos centros soberanos de poder (as regiões autónomas não são entes soberanos[1101]) nem transferida para um Estado estrangeiro ou organização internacional (as componentes da soberania delegadas na União Europeia, podem ser recuperadas por desvinculação do Estado Português em relação aos tratados institutivos ou por alteração do conteúdo desses tratados)[1102].

467. A independência de um Estado não é uma realidade estática. Sofre alterações ditadas quer por transformações genéticas ocorridas na organização interna desse Estado e na sua sustentabilidade financeira quer, sobretudo, pela evolução da Sociedade internacional e das suas relações de força.

A tendência internacional para a criação de blocos regionais edificou, na Europa, estruturas supranacionais de integração política, económica e financeira, como a União Europeia. A decisão do Estado português em ser membro dessa organização supranacional implicou uma auto-limitação de faculdades e componentes da sua soberania. No plano jurídico e político, todos os Estados da União Europeia, sendo estados independentes, têm a sua soberania limitada.

A norma do nº 6º do artigo 7º da CRP prevê que, em condições de reciprocidade, o Estado Português possa delegar na União Europeia alguns dos seus poderes soberanos. Trata-se de uma delegação que tem, contudo, como limites, o núcleo dos poderes delegados (é, por exemplo, indelegável, a existência de tribunais nacionais, de um serviço diplomático especifico e

[1100] Gomes Canotilho-Vital Moreira "Constituição (...)", I, op. cit, p. 215.

[1101] Cfr. o Ac. nº 192/88 que reconhece que a soberania do Estado é um limite à autonomia das regiões insulares.

[1102] Qualquer conduta do poder político que envolvesse a integração do Estado Português numa Federação, mediante a subversão dos limites materiais de revisão e sem o exercício de um novo poder constituinte que habilitasse inequivocamente essa transformação seria ilegítima e justificaria, não apenas um ato de desobediência civil, mas também, no limite, uma rutura revolucionária.

autónomo e de Forças Armadas próprias, realidades que podem coexistir, mas não podem ser substituídas por instituições europeias nesses domínios).

Paralelamente, os nºs 3 e 4º do artº 8º da CRP habilitam que normas de direito europeu se apliquem na ordem interna portuguesa e prevaleçam sobre o direito ordinário português. Contudo, os Tratados europeus (para os quais os dois preceitos constitucionais procedem a um reenvio, para efeito da determinação da respetiva força jurídica), não prevêem a superioridade desse direito europeu sobre as Constituições dos Estados. E, de qualquer forma, se no futuro passassem a prever essa superioridade, nunca poderiam prevalecer sobre os princípios estruturantes da Constituição portuguesa[1103], e logo à partida, sobre o princípio da independência nacional.

Finalmente, situações excecionais, como a conjuntura de pré-insolvência que colocou em 2011 o Estado português sob o regime de um programa de resgate financeiro, que livremente outorgou com credores internacionais, podem implicar severas auto-limitações temporárias, de natureza fática, ao exercício dos poderes soberanos do Estado, no que respeita à livre definição das políticas públicas.

B. Princípio da dignidade da pessoa humana

a) Noção

468. O artigo 1º da Constituição erige o *princípio da dignidade da pessoa humana* como um dos fundamentos ou bases da República Soberana, formalmente, a par da "vontade popular" e do objetivo da construção de uma sociedade "livre, justa e solidária".

O princípio em causa assume uma textura vaga e multidigitada, sendo vulnerável a uma multiplicidade perturbante de relações de significado e, até, a uma perigosa banalização que lhe retira peso[1104].

[1103] Trata-se dos "princípios fundamentais do Estado de direito democrático" que, nos termos do nº 4º do artº 8º, se reconduzem aos princípios identitários da República portuguesa.

[1104] Cfr. José de Melo Alexandrino ("Perfil Constitucional da Dignidade da Pessoa Humana: um esboço traçado a partir da variedade de conceções", in "O Discurso dos Direitos, Coimbra, 2011, p. 16) a propósito da pouca claridade do conceito, considera que o mesmo dá, por vezes, a impressão de obscurecer "na razão direta do esforço despendido para o clarificar". Cr também Tiago Fidalgo de Freitas (O Principio da Proibição do retrocesso Social", in AAVV "Estudos Marcello Caetano", Coimbra, 2006, p. 820), que entende que com a expansão dos catálogos de incidência do princípio este perderia o seu sentido, carecendo de densificação quanto ao seu sentido e alcance.

A noção de dignidade da pessoa humana é oriunda de uma conceção filosófica personalista com origens claras na doutrina social da igreja[1105] e no jus-naturalismo[1106] tendo sido, posteriormente, secularizada por outras correntes doutrinais, como a do positivismo inclusivo e sociológico e, sobretudo, a do moralismo reflexivo (alemão e italiano). Do simples "status" de valor de ordem moral, a dignidade humana foi alçada a um patamar normativo, a partir do momento em que foi objeto de constitucionalização como princípio jurídico e posteriormente convocada pela Justiça Constitucional: quer como critério de interpretação, quer como padrão normativo direto de decisões de inconstitucionalidade.

Não nos deixaremos aprisionar no tentador labirinto museológico a que o conceito apela na sua infinidade de conceções, para cujo estudo se remete através da menção a um conjunto de obras de referência[1107].

Como princípio constitucional interessa-nos uma noção positiva que tenha sido objeto de um consenso mínimo na comunidade jurídica.

Partindo dos contributos espeleológicos de diversos autores referidos em nota precedente, definimos o princípio da dignidade da pessoa humana como *o enunciado jurídico de um valor antropológico, espiritual e universal, repre-*

[1105] Cfr. para lá do incontornável contributo da doutrina tomista, as encíclicas "Rerum Novarum", "Pacem in Terris", "Gaudium et Spes", "Solicitudo Rei Socialis" "Centesimus annus" e a Declaração "Dignitatis Humanae" sobre liberdade religiosa.

[1106] Como obra referencial na doutrina portuguesa, PAULO OTERO "Instituições Políticas e Constitucionais", i, Coimbra, 2007.

[1107] Em geral, JM CARDOSO DA COSTA "O Princípio da Dignidade da Pessoa Humana na Jurisprudência Constitucional Portuguesa", in AAVV "Estudos Manoel Gonçalves Ferreira Filho", S. Paulo, 1999, p. 190; JOSÉ DE MELO ALEXANDRINO op. cit, p. 42; JC VIEIRA DE ANDRADE "Os Direitos Fundamentais na Constituição Portuguesa", Coimbra, 2004, p. 82 e seg.; JORGE MIRANDA "A Declaração Universal dos Direitos do Homem e a Constituição", in "Estudos sobre a Constituição", I Vol, 1977, p. 57 e seg.; GOMES CANOTILHO-VITAL MOREIRA, ult. loc cit, p. 198; PAULO OTERO op. cit, p. 560; AAVV "A Dignidade da pessoa Humana na Justiça Constitucional", Org. Jorge Reis Novais-Tiago de Freitas, Coimbra, 2018; JORGE REIS NOVAIS "A Dignidade da Pessoa Humana", I, Coimbra-2015; MARIA LÚCIA AMARAL "A Forma da República" op. cit, p. 162 e seg.; J GONZALEZ PEREZ "La Dignidad de La Persona", Madrid, 1986, p. 24; C. SANTIAGO NINO "Etica y Derechos Humanos", Buenos Aires, 1984, p. 159 e segt.; FERNANDEZ SEGADO "La Dignidad de la Persona en El Ordenamiento Constitucional Español" in Rev Vasca de Administración Pública, 43, 1995, p. 49 e seg.; INGO VON MUNCH "La Dignidad del Hombre en El Derecho Constitucional Alemán", in "Foro, revista de Ciências Jurídicas y Sociales Nueva Epoca", 9, 2009, p. 107 e seg.; ERNST BENDA "Dignidad Humana y derechos de Personalidad", in BENDA-MAIHOFFER-VOGEL-HESSE-HEYDE, "Manual de Dercho Constitucional", Madrid, 2001, p. 118 e seg.

sentado na exigência de respeito pela condição de ser humano e que opera, simultaneamente, como pressuposto existencial e fim do Estado de direito e como justificação axiológica do sistema de direitos fundamentais.

b) A pessoa humana como valor

469. A noção de *pessoa humana* é um valor porque constitui um "bem" portador de uma valia superior, tal como esta é revelada no contexto civilizacional judaico-cristão. Trata-se de uma qualificação que leva, por exemplo, a Justiça Constitucional alemã, à luz do artigo 1º da Lei Fundamental de Bona, a considerá-lo como *"valor jurídico supremo do ordenamento constitucional"*[1108] e a Constituição de 1976, por influência desta, a erigi-lo a estrutura basilar da República portuguesa.

Trata-se de um valor :

- *antropológico,* porque tem como objeto o homem, como ser biológico individual, único e irrepetível;
- *espiritual,* porque o homem, como ser vivo, possui um atributo fundamental que é a perfeita consciência de si próprio, a qual se manifesta: na atenção que confere a si mesmo e aos outros; no entendimento que lhe permite buscar no campo religioso, o transcendente; e, ainda, na faculdade superior de discernimento que lhe permite dominar os elementos da natureza e auto-determinar-se livremente, para o bem e para o mal;
- *universal* porque, tendo a sua fonte na civilização judaico-cristã, emerge a ideia-força de que a pessoa humana, como valor digno de tutela jurídica, tem seguido uma longa marcha no sentido da sua aceitação por outras civilizações, como axioma válido para toda a humanidade. A Declaração Universal dos Direitos do Homem terá construído um passo decisivo nessa direção.

c) Significado do conceito de "dignidade" da condição de ser humano

470. A noção de "dignidade" pode ser genericamente apreendida como *exigência geral de respeito e de proteção relativamente a algo que é importante,* e que no presente caso consiste no bem ou valor representado pela condição de ser humano, na sua dimensão antropológica, espiritual e universal.

[1108] Cfr. BVerf, Vol 45, p. 227, cit por Ingo Von Munch, op. cit, p. 111.

Essa exigência de respeito e proteção assume uma natureza jurídico-normativa, a partir do momento em que a dignidade humana, como valor moral, passa a ser enunciada num princípio constitucional.

O respeito pela dignidade da pessoa humana envolve duas dimensões medulares :

i) A da consideração e valorização da autodeterminação individual do homem, como sujeito e não como objeto das relações jurídicas, políticas, sociais, culturais e económicas;
ii) A preclusão de condutas públicas ou privadas que, por ação ou omissão, sujeitem o ser humano a situações degradantes ou que permitam a depreciação do seu mínimo de existência ou sobrevivência.

d) Dignidade da pessoa humana como pressuposto e fim do Estado de direito

471. O valor da dignidade humana, nos termos do artº 1º da Constituição, não é fundamento de qualquer tipo de Estado[1109]: no entanto, é, seguramente, *pressuposto existencial de um Estado de direito.* Isto não só porque o povo, como um dos elementos do Estado, é fonte de soberania, como também porque um Estado de direito é servido por um poder político vinculado a respeitar o direito, em geral, e os direitos fundamentais das pessoas, em especial.

Mas *o mesmo valor é, simultaneamente, fim do Estado.* Este não existe para si mesmo: existe para servir o seu elemento humano, conformado por gerações passadas, presentes e futuras. A pessoa humana é prévia ao Estado, é elemento constitutivo do Estado – e coloca o Estado ao seu serviço.

Neste sentido, para a Constituição portuguesa, antes da organização do poder está o homem e, por isso mesmo, a sistemática da Constituição confere precedência ao sistema de direitos fundamentais sobre o sistema político. A dignidade da pessoa humana conforma, deste modo, um importante limite ao poder político, a quem é vedada a adoção de filosofias transpersonalistas que favoreçam uma "cultura de morte", secundarizem ou funcionalizem o ser humano, aniquilem a sua vontade e integridade física e psíquica ou contribuam para a sua sujeição a situações objetivas de degradação ou

[1109] Estados servidos por regimes totalitários que incorporam ideologias transpersonalistas tornadas filosofia pública, não são pressupostos pelo valor da dignidade humana ou, pelo menos, assumem em relação à mesma dignidade uma visão parcial e redutora.

carência extrema. Daí que, nesta última dimensão, o Estado assuma uma dimensão social de promoção do bem-estar e da qualidade de vida do povo (alínea d) do artº 9º da CRP).

e) Dignidade da pessoa humana e o sistema de direitos fundamentais

472. A dignidade da pessoa humana é um *direito sobre direitos*. No fundo, é a razão de ser, o fim e também o limite dos direitos fundamentais[1110]. Estes são constitucionalizados, na medida em que o bem jurídico por eles protegido releva qualificadamente para a dignidade da pessoa humana, merecendo uma especial proteção através da rigidez constitucional e do controlo de constitucionalidade. Ainda assim, existem direitos cujo conteúdo tem uma maior proximidade do que outros no que tange a uma imposição moral, política e jurídica de respeito e proteção. *Trata-se dos direitos civis e políticos,* com especial relevo para os direitos de personalidade, já que, sem eles inexiste Estado de direito democrático. Daí que a Constituição portuguesa os integre na categoria dos direitos, liberdades e garantias e que, não apenas os invista com um "título mais forte", ínsito nas garantias do artº 18º contra certo tipo de restrições arbitrárias, como também os inclua na cláusula de limites materiais à revisão constitucional (alínea d) do artº 288º)[1111].

Raramente o princípio da dignidade da pessoa humana é invocado como parâmetro direto de decisões de inconstitucionalidade, embora abunde como critério interpretativo, já que se projeta, com maior ou menor peso axiológico, na generalidade dos direitos fundamentais.

Existe, contudo, uma importante exceção *no domínio de prestações sociais devidas em benefício dos estratos mais carenciados da população.* O Tribunal Constitucional entende que a dignidade da pessoa humana implica uma dimensão positiva, ou seja uma obrigação do Estado em assegurar meios existenciais de sobrevivência e assistência condigna a pessoas com especiais

[1110] Miguel Angel Alegre Martinez "La Dignidad de la Persona", León, 1996, p. 81.

[1111] Mesmo dentro dos direitos, liberdades e garantias existem alguns qualificados como "absolutos" cujos valores que tutelam têm uma conexão direta com o conteúdo nuclear da dignidade da pessoa humana, carecendo de uma especial proteção: é o caso do direito à vida, à intimidade da vida privada e familiar, à palavra, à identidade pessoal e genética, à cidadania; a constituir família e contrair casamento, à integridade física, da proibição da tortura ou penas degradantes, da liberdade de consciência e de religião, de garantias contra criminalizações retroativas, e direito de defesa na qualidade de arguido.

dificuldades e carências económicas e que não possam, por si próprias, ter condições de subsistência. Tratando-se de prestações sociais, de que o chamado *Rendimento Social de Inserção* é um exemplo, essas prestações ou outras alternativas com eficácia equivalente, constituiriam um direito social de natureza análoga aos direitos, liberdades e garantias (cfr. artº 17º da CRP), dado o facto de relevar diretamente para o direito à vida e para o elemento nuclear da integridade física e moral.

No Ac. nº 62/2002 o Tribunal Constitucional declarou, à luz do princípio da dignidade da pessoa humana, a inconstitucionalidade de uma norma que permitia, mediante penhora, a privação do "rendimento mínimo garantido" por entender que *"parece fora de dúvida, quer pelo montante da prestação (...), quer pelas suas finalidades, condições de atribuição e forma de cálculo, que ela visa justamente assegurar à recorrente o mínimo indispensável à sua sobrevivência condigna e do seu agregado familiar".*

Noutra decisão que constitui um Acórdão de referência (Ac. nº 509/ /2002), o TC entendeu que o princípio da dignidade da pessoa humana obrigaria o Estado a criar condições, nomeadamente, através de subsídios ou outras prestações, para assegurar o "mínimo de existência condigna" de pessoas especialmente carenciadas[1112]. O Tribunal censurou que a uma categoria de pessoas (jovens dos 18 aos 25 anos) tenha sido retirado de um programa de subsídios *(o Rendimento Social de Inserção*[1113]) não só por razões de igualdade mas porque a decisão punha em causa "a garantia do direito a uma *sobrevivência minimamente condigna* ou a um *mínimo de sobrevivência*". Tal ocorreria *"no caso de particulares situações sociais de necessidade"*, sem prejuízo de o legislador gozar *"da margem de autonomia necessária para escolher*

[1112] O Ac. nº 509/2002, inspirou-se num Acórdão do TC Alemão e citou a respeito Wolfgang Däubler (*La protection des droits sociaux fondamentaux dans l'ordre juridique de l'Allemagne*, in *La protection des droits sociaux fondamentaux dans les Etats membres de l'Union européenne*, Bruylant, Bruxelas, 2000, pág. 68) que escreveu o seguinte: *A jurisprudência do Tribunal Constitucional, no entanto, deduziu do artº 1º da Lei Fundamental, que garante a dignidade do homem,* um direito subjectivo *aos meios necessários à existência do indivíduo. Num acórdão de 18 de Junho de 1975, o Tribunal decidiu que a assistência social faz parte das obrigações de um Estado Social* «que decorrem do próprio conceito»; *e que deve ser garantida uma existência* «digna». *Dada a diversidade dos meios possíveis para atingir esse fim, é o legislador que decide quanto aos instrumentos e ao montante do auxílio, se não se tratar do* «mínimo indispensável». *Esse mínimo é pois obrigatório e poderia, eventualmente ser invocado perante a jurisdição administrativa.*

[1113] Que tinha substituído o Rendimento Mínimo Garantido.

os instrumentos adequados para garantir o direito a um mínimo de existência condigna, podendo modelá-los em função das circunstâncias e dos seus critérios políticos (...)".

Mais recentemente no Ac. nº 187/2013, o Tribunal invocou o princípio da dignidade da pessoa humana para declarar a inconstitucionalidade de uma *contribuição sobre prestações de doenças e desemprego.*

C. *Princípio da proteção constitucional reforçada dos direitos, liberdades e garantias*

473. Como expressão mais próxima e intensa da irradiação do princípio da dignidade da pessoa humana emergem *os direitos, liberdades e garantias,* posições jurídicas ativas das pessoas que envolvem a expressão mais qualificada da autodeterminação individual do ser humano e de proteção da sua esfera pessoal e jurídica contra condutas oriundas dos poderes públicos ou de terceiros que as possam depreciar e violar[1114].

Tratam-se de direitos civis[1115] e políticos[1116] enunciados no Titulo I da Parte I da Constituição, de entre os quais se conta um conjunto importante de direitos subjetivos[1117].

474. A Constituição confere aos direitos liberdades e garantias, por contraste com os direitos sociais, uma posição jurídica "mais forte" através de uma proteção adicional. Esta justifica-se por duas ordens de razões: i) a indispensabilidade dos bens jurídicos tutelados para a subsistência do Estado de direito democrático; ii) e o exercício desses direitos depender mais da criação de condições jurídicas, do que de condições administrativas, financeiras e materiais, sujeitas a uma variabilidade de recursos. Uma boa parte

[1114] Cfr, por todos, José Carlos Vieira De Andrade "Os Direitos Fundamentais" op. cit, p. 172 e seg e 338 e seg.; José de Melo Alexandrino "A Estruturação do Sistema de Direitos, Liberdades e Garantias", II, Coimbra, 2006; e Jorge Miranda "Manual (...)", IV Coimbra, 2012, p. 101 e seg 406 e seg.

[1115] Onde, a par das liberdade clássicas de expressão, imprensa, culto e associação, emergem alguns *direitos de personalidade* (direitos irrenunciáveis de que toda a pessoa é titular e que lhe permite controlar atributos constitutivos da sua identidade).

[1116] Nos quais se destaca a capacidade eleitoral ativa e passiva para a designação dos titulares do poder político, a liberdade de constituição partidos políticos e a liberdade de manifestação.

[1117] Posições jurídicas ativas individuais suscetíveis de invocação direta a partir da Constituição tendo em vista a obtenção de uma situação de vantagem, no sentido de o respetivo titular poder agir, reagir ou exigir certas condutas dos poderes públicos (infra § 539).

do contencioso constitucional, com relevo para a fiscalização concreta da constitucionalidade, deriva de questões relacionadas com violações a esta categoria de direitos.

O artº 18º da CRP destaca-se como o epicentro dessa proteção reforçada. Do seu nº 1, extrai-se, nomeadamente, que os mesmos direitos: i) têm aplicabilidade direta a partir das normas constitucionais (embora nem todos sejam imediatamente; ii) e vinculam entidades públicas e privadas (que se encontrem posicionadas em certas relações especiais ou privilegiadas de poder).

Dos seus nºs 2 e 3 retira-se um princípio relevante que é o do "carácter restritivo das restrições a direitos de liberdade". A restrição de um direito define-se como uma afetação desfavorável de uma posição jurídica ativa de uma pessoa, a qual só será juridicamente admissível dentro de certas condições e limites. Assim, decorre dos nºs 2 e 3 do artº 18º que os mesmos só podem ser restringidos por lei, nos casos previstos na Constituição (salvo colisão entre direitos). E que as leis restritivas devem observar o princípio da proporcionalidade (infra § 475 e seg.), assumirem um conteúdo geral e abstrato, não produzirem eficácia retroativa e não diminuírem a extensão e alcance do conteúdo essencial do direito (ou seja, do núcleo do bem jurídico protegido).

Paralelamente, destacam-se outras normas que concorrem para o regime reforçado deste tipo de direitos:

1) os direitos, liberdades e garantias integram a reserva relativa de lei da Assembleia da República (alínea b) do nº 1 do artº 165º da CRP)[1118];
2) só podem ser suspensos em estado de sítio ou de emergência (artº 19º)[1119];
3) a lei consagra meios prioritários e céleres para a sua defesa (nº 4 do artº 20º)[1120];

[1118] Só podem ser regulados por lei paramentar ou por decreto-lei autorizado.

[1119] Em caso de serem declarados estados de necessidade pública (estados de guerra, revoluções ou calamidade pública), os direitos podem ser temporariamente suspensos, no todo ou em parte (e com exceção dos direitos do nº 6 do artigo 19º), mediante decreto do Presidente da República, autorizado pelo Parlamento, depois de ouvido o Governo.

[1120] Como é o caso da intimação para a proteção de direitos, liberdades e garantias e outras providências cautelares qualificadas, previstas no Código de Processo nos Tribunais Administrativos.

4) a sua violação envolve a responsabilidade civil extracontratual dos poderes públicos e seus agentes, cuja conduta tenha gerado essa lesão (artº 22º)[1121];
5) encontram-se, finalmente, inseridos na cláusula de limites materiais de revisão constitucional (alínea d) do artº 288º[1122]).

Sobre o relevo da proteção qualificada que a Constituição confere a estes direitos e as críticas desferidas contra esta opção do constituinte, cfr infra § 566 e seg. e § 568 e seg.

D. Princípio da proporcionalidade

a) Noção

475. O princípio da proporcionalidade, nascido no universo do Direito Administrativo[1123], foi reconduzido por uma parte da doutrina e por certos arestos da jurisprudência constitucional a uma decorrência do princípio do Estado de direito[1124].

[1121] A violação de direitos de liberdade (e de outros direitos) pode obrigar os poderes públicos a indemnizar o lesado, sobretudo em caso de prejuízos especiais e anormais. Cfr Lei nº 67/2007, de 31-12.

[1122] Não é possível suprimir o "core" dos direitos, liberdades e garantias (mormente os direitos absolutos do nº 6 do artigo 19º e os direitos políticos fundamentais) bem como os princípios estruturantes do respetivo sistema, através de lei e revisão constitucional.

[1123] Gomes Canotilho "Direito Constitucional (...)" op. cit, p. 452.

[1124] Cfr em geral, Jorge Miranda "Manual de direito Constitucional", IV, Coimbra, p. 302 e seg.; JC Vieira de Andrade "Os Direitos fundamentais(..." op. cit, p. 290 e seg; Gomes Canotilho-Vital Moreira "Constituição (...)", I, op. cit, p. 392; Colaço Antunes "Interesse Público, Proporcionalidade e Mérito, relevância e autonomia processual do Princípio da Proporcionalidade" in AAVV "Estudos Magalhães Collaço", II, 2002, p. 539 e seg; Carlos Lopes do Rego "Os princípios Constitucionais de Proibição da Indefesa, da Proporcionalidade dos Ónus das Cominações e o Regime de Citação em Processo Civil", in AAVV "Estudos Cardoso da Costa", Coimbra, 2003, p. 835 e seg.; Vitalino Canas "O Principio da Proibição do Excesso na Conformação de Atos Legislativos", Coimbra, 2017 e "Proporcionalidade", DJAP, VI, 1984, p. 591 e seg.; Mariana de Melo Egídio "Análise das Normas atributivas de Direitos Fundamentais. A Ponderação e a Teoria Ampla da Previsão", in AAVV "Estudos Sérvulo Correia", I, 2010, p. 626 e seg.; AAVV "Proportionality in Law: An Analytical Perspective", org. David Duarte Jorge S. Sampaio, Springer, 2018; Carlos Bernal Pulido "El Princípio de la Proporcionalidad y Los derechos Fundamentares", Madrid, 2005; M Gonzalez Bailfuss "Ultimas Tendencias en La Interpretación del Princípio de la Proporcionalidad", Ver Jur de Cataluña, 4, 2002, p. 163 e seg; em geral Alexy "Teoria de la Argumentación jurídica", Madrid, 1989 e "On Balancing and Subsumption. A structural comparison", *Ratio Juris*, 16, 2003, p. 433 e seg; Bodo Pieroth-Bernard Schlink "Direitos Fundamentais. Direito Estadual II, Lisboa, 2008,

Isto, porque ao princípio é dado um significado geral de proibição de decisões do poder público que se revelem arbitrárias e excessivas e de que resultem desvantagens ou sacrifícios desnecessários e injustificados para os respetivos destinatários. Segundo a doutrina, as exigências de liberdade, autonomia, igualdade e justiça, que o princípio visa acautelar integram a "essência" ou o conteúdo identitário do Estado material de direito[1125].

O princípio da proporcionalidade encontra-se previsto em numerosas disposições constitucionais, tais como o nº 2 do artº 18º, o nº 3 4 e 8 do artº 19º, o nº 2 do artigo 266º e o nº 2 do artigo 272º, se bem que haja quem pretenda retirá-lo, como cláusula geral, do artº 2º quando enuncia o princípio do Estado de direito.

Independentemente de o princípio da proporcionalidade poder ser ou não ser deduzido do axioma do Estado de direito, consideramos ser duvidoso que daqui possa resultar uma medida de valor solta ou incontrolada de escrutínio de constitucionalidade de qualquer política legislativa, mesmo fora dos domínios onde a Constituição preveja, expressamente, a sua incidência ou sem que se encontre associado a outros princípios de inequívoco alcance geral (como a igualdade e a proteção da confiança).

b) Os "critérios" da adequação, da necessidade e da proporcionalidade em sentido estrito

476. O critério da proporcionalidade decompõe-se em três critérios instrumentais (ou sub-princípios)[1126] que se encontram conjugados numa sequência relacional integrada. Isto significa que, quando se submete uma norma ao "teste" de proporcionalidade, importa:

p. 79 e seg.; Adele Anzon "Modi e Tecniche di Controllo de Ragionevolezza", in AAVV"La Giustizia Costituzionale a Una Svolta", Torino, 1991, p. 31 e seg.; Massimo Luciani "Lo Spazio della Ragionevolezza nel Giudizio Costituzionale" in AAVV "Il Principio della Ragionevolezza nella Giurisprudenza della Corte Costituzuzionale", Milano, 1994, p. 245 e seg.; Dimitri Dimoulis-Leonardo Martins "Teoria Geral dos Direitos Fundamentais", S. Paulo, 2014, p. 176 e seg.; Gilmar Mendes "Direitos Individuais e Suas Limitações. Breves reflexões", AAVV Hermenêutica Constitucional e Direitos Fundamentais", Brasilia, 2000, p. 246 e seg.; Ingo Sarlet "A Eficácia dos Direitos Fundamentais", Porto alegre, 2009, p. 395 e seg.

[1125] Cfr Jose de Melo Alexandrino "Direitos Fundamentais: Introdução geral", Estoril, 2011, p. 135. O autor, contudo, considera que o princípio não tem um fundamento direto no princípio da dignidade da pessoa humana.

[1126] Para alguns discípulos de Alexy não se trataria de sub-principios mas de "regras" o que é dubidoso atento o seu próprio conteúdo indeterminado de critérios-fim (cfr Mattias Klatt-Moritz Meister "The Constitutional Structure of Proporcionality", Oxford, 2014, p. 8.

i) Desde logo, verificar se a mesma respeita o critério da adequação;
ii) subsequentemente, apurar se respeita o critério da necessidade;
iii) finalmente, aferir se observa o critério da proporcionalidade em sentido estrito.

Bastará que a mesma norma *colida ostensivamente* com um só destes critério s (podendo ser conforme aos restantes) para poder ser julgada inconstitucional, por desconformidade com o parâmetro constitucional da proporcionalidade. Tendo como fonte a doutrina e a jurisprudência alemãs, os sub-princípios em causa foram revelados e densificados em critérios gerais pelo Tribunal Constitucional português através de orientações jurisprudências densificadas que se converteram em autênticos parâmetros de controlo do direito ordinário.

No plano do Direito Constitucional, os testes de proporcionalidade são, sobretudo, realizados a propósito de leis restritivas de direitos, liberdades e garantias, por imposição do nº 2 do artº 18º da CRP. Os mesmos testes fundamentam uma expressiva parte das decisões do Tribunal Constitucional português, que o usa com grande desenvoltura, quiçá por vezes excessiva que respeita ao terceiro critério, o qual assume uma maior porosidade com o domínio da política (infra § 732).

477. O *princípio da adequação* ou da idoneidade significa que *"as medidas restritivas da liberdade individual devem ser aptas a realizar o fim prosseguido com a restrição"*[1127].

Para além de juridicamente legítimos, os meios inerentes às medidas restritivas não podem ser *"indiferentes, inócuos ou até negativos"* para atingir o *"fim visado com a restrição*[1128]*"*. Na verdade, uma medida que afete desfavoravelmente o conteúdo de um direito, tendo em vista o preenchimento de um objetivo público de caráter qualificado, mas que se revele pouco eficaz ou apta para o atingir, não logra justificar materialmente a referida restrição.

Um exemplo de escola é o de uma lei que regulando o acesso à medicina em funções públicas obrigue os candidatos a terem conhecimentos comprovados da língua inglesa. O interesse público impõe que os médicos

[1127] Jorge Reis Novais "Os Princípios Constitucionais Estruturantes da República Portuguesa", Coimbra, 2004, p. 167. Cfr com desenvolvimento, Vitalino Canas "O Principio da proibição do Excesso (...)" op. cit, p. 577 e seg. Para o autor a primeira função do critério da adequação é vedar atos legislativos que interfiram em bens, interesses ou valores sem contribuírem para a respetiva satisfação à luz dos fins que presidem aos mesmos atos (p. 604).
[1128] Jorge Reis Novais ult. loc cit, p. 168.

sejam aptos a garantir cuidados de saúde que protejam a vida e a integridade física dos cidadãos. Para atingirem esse objetivo, a imposição de uma licenciatura em medicina e até determinadas classificações e especializações nessa área podem ser tidos como condicionamentos ou restrições adequadas do direito de acesso à profissão em funções públicas (artigo 47º CRP). Já não o será, necessariamente, o imperativo domínio da língua inglesa, pois o mesmo não é um meio idóneo para o preenchimento dos referidos objetivos, dado que existem bons médicos que não dominam perfeitamente o inglês.

No plano jurisprudencial, o Ac. nº 76/85 considerou, relativamente à incidência deste princípio, que a norma restritiva da *"reserva da propriedade das farmácias para os farmacêuticos, com a consequente exclusão do acesso dos cidadãos que não detêm tal título profissional, constitui um meio adequado para prosseguir os objetivos de proteção da saúde pública intentados pelo legislador."*. Acrescentou seguidamente: "*Poder-se-á sustentar que outros meios mais idóneos existiriam para a concretização do objetivo em causa; simplesmente, admitida a compatibilização entre meio e fim a atingir, a sua maior ou menor conveniência não pode ser sindicada pelo Tribunal, por se inscrever no campo da discricionariedade do legislador.*"

478. *Já o critério da necessidade* determina que, no ato de restrição de um direito, tendo em vista o preenchimento de um fim constitucionalmente legítimo, se deve impor o *"meio mais suave ou menos restritivo que precise de ser utilizado para atingir o fim em vista"*[1129].

Mais precisamente, havendo várias opções normativas para atingir um determinado fim, que envolvam uma restrição a direitos, liberdades e garantias, será indispensável que o legislador se decida por aquela que seja menos onerosa ou sacrificial, contanto que o referido fim seja alcançado com uma eficácia equivalente à das restantes opções normativas com efeitos restritivos.

Importaria, assim, fazer uma comparação entre os prejuízos ou situações desfavoráveis ao direito, gerados pelo meio restritivo com aqueloutros que seriam gerados por um meio alternativo[1130]. No fundo, importa verifi-

[1129] JORGE REIS NOVAIS, ult. loc cit, p. 172. Vide, também, VITALINO CANAS (ult. loc cit, p. 605 e seg). Deveria adotar-se, segundo ele, a via menos compressiva ou interferente num direito, de entre as alternativas capazes de atingir um fim escolhido pelo legislador, com a intensidade por ele pretendida (p. 606).

[1130] Cfr. JOSÉ DE MELO ALEXANDRINO ult loc cit. p. 136. Haveria, segundo o autor, que equacionar uma pluralidade de variáveis envolvendo a relação meio/fim. Violar-se-á o princípio quando o meio seja, comparativamente, o mais agressivo e o menos eficaz (ou revelador de

car se a restrição excede o necessário em relação aos objetivos a atingir (Ac. nº 187/2001).

Um exemplo lapidar da incidência do princípio, na Jurisprudência constitucional, encontra-se plasmado no Ac. nº 632/2008. O Tribunal julgou inconstitucional um alargamento da duração do período experimental nos contratos de trabalho por tempo indeterminado por se tratar de uma medida onerosa para a segurança no emprego e não indispensável para salvaguardar os direitos de iniciativa privada radicado no interesse empresarial em se aumentar a eficácia do período experimental para testar as habilitações do trabalhador[1131].

uma eficácia idêntica) e portador de efeitos colaterais negativos iguais ou superiores a outros meios.

[1131] No caso do Ac. nº 632/2008, no qual o TC percorre os primeiros passos de um teste de proporcionalidade, verificou-se que um determinado diploma legislativo dispunha sobre a duração do período experimental nos contratos de trabalho por tempo indeterminado e procedia a um significativo alargamento da duração desse período (de 90 para 180 dias) quanto aos trabalhadores indiferenciados, revelando ser uma norma restritiva de direitos, liberdades e garantias, pois quanto mais dilatado seja o período experimental, maior a precariedade da relação jurídico-laboral e mais frágil a garantia na segurança do emprego, na medida em que a relação laboral pode cessar durante esse período por qualquer motivo alegado pelo empregador. Segundo o Tribunal, o requerente contestou a *necessidade* desse alargamento temporal por se considerar que *"o seu quantum não é exigível, nem indispensável, para a salvaguarda de outros direitos ou interesses constitucionalmente protegidos, nomeadamente para a salvaguarda do direito de iniciativa económica privada, consagrado no artigo 61º da Constituição".* O Tribunal, que admitiu que a medida não violava o critério da adequação, precisou, contudo, a propósito do critério da necessidade: *"Do que se trata, aqui, é de averiguar se existiam, no caso, meios alternativos para a realização do mesmo fim; se entre esses meios havia, ou não, diferenças quanto ao grau da sua onerosidade para os destinatários das medidas restritivas; e se, finalmente, se tinha ou não escolhido, de entre eles, o meio mais benigno ou menos oneroso".*
*E prossegue: "Assim sendo, a questão que se coloca é a de saber se é necessário, ou exigível, para o fim que a medida legislativa visa realizar (...) um tempo côngruo de duração da «prova» ou da «experiência» – um tal aumento [da duração da experiência]. Será para tanto necessário, ou exigível, que, nos contratos de duração indeterminada, os trabalhadores indiferenciados passem a ter um período experimental não só coincidente com o dobro do tempo atualmente vigente, mas ainda coincidente com o tempo de «prova» a que estão sujeitos os trabalhadores especializados(...)" "Isto acresce que tendem precisamente a ser os trabalhadores sem especiais qualificações, ou sem especial autonomia técnica, os mais carentes da prote-*ção do Direito, por serem também eles – pela sua 'fungibilidade' – os potencialmente mais expostos a situações injustific*adas de precariedade de emprego (...)".Ora, in casu, nenhum elemento existe, nos antecedentes legislativos, que permita, por um lado, identificar uma insuficiência manifesta dos prazos atualmente em vigor e, por outro, uma justificação para o alargamento de 90 para 180 dias do prazo de período experimental aplicável nos contratos de trabalho dos trabalhadores indiferenciados. Assim, não sendo patente a insuficiência dos prazos em vigor, e não se encontrando nos antece-*

479. Finalmente, o critério da proporcionalidade em sentido estrito significa que *"os meios legais restritivos e os fins obtidos devem situar-se numa justa medida, impedindo-se a adoção de medidas legais (...) excessivas em relação aos fins obtidos"*[1132].

Trata-se de um princípio sujeito a um teste de ponderação, através do qual se afere, no plano argumentativo, se os bens que se visa acautelar com a restrição a um direito têm, no concreto, maior "peso" do que a dimensão do sacrifício imposto ao bem jurídico que constitui o objeto desse direito (cfr como mais detenção, infra § 720 e seg.). No fundo, apura-se o equilíbrio, numa operação de balanceamento, entre a relevância do fim da restrição e a gravidade do impacto sacrificial dessa restrição[1133].

No Ac. nº 617/2006, a propósito da interrupção voluntária da gravidez o Tribunal concluiu pela não inconstitucionalidade do referendo sobre a matéria, considerando, num juízo de ponderação (mal justificado) que o direito do desenvolvimento da personalidade da mulher *"(liberdade de [a mulher] desenvolver um projeto de vida (...) como expressão do desenvolvimento da [sua] personalidade")* teria maior peso do que a vida humana intra-uterina durante as primeiras dez semanas de gravidez.

480. O princípio da proporcionalidade combina-se com outros princípios estruturantes de incidência geral. Assim, o *princípio da proteção da confiança*, integra a proporcionalidade como seu quarto teste ou componente (infra § 490).

Já no que concerne ao princípio da igualdade, o Tribunal Constitucional partiu da sua conceção "fraca" ou "ténue" de associação deste principio a uma difusa e discreta proporcionalidade ancorada na proibição de arbítrio (Ac. nº 39/88) para uma associação "forte" entre os dois princípios (Ac. 353/2012), passando as desigualdades arbitrárias a serem escrutinadas à luz

dentes atrás citados qualquer justificação para a alteração que o Decreto visa alcançar, tudo indica que a medida (...)se não compatibiliza com o teste da necessidade ou da exigibilidade, a que estão subordinadas todas as normas infraconstitucionais que restrinjam direitos fundamentais.".
"Com efeito, o eventual incremento marginal de eficácia que decorreria do alargamento do período experimental não tem, por si só, virtualidade para justificar que esse alargamento se faça de 90 para 180 dias para os trabalhadores não especializados, equiparando-os para esse efeito aos trabalhadores especializados. Por este motivo, há que concluir que o legislador não protegeu como devia, face ao disposto nos artigos 53º e 18º, nº 2, da Constituição, os trabalhadores indiferenciados de situações injustificadas de precariedade de emprego."

1132 Gomes Canotilho-Vital Moreira "Constituição (...)", I, op. cit, p. 393. Vide Vitalino Canas (ult. loc . cit) p. 675 e seg e 785 e seg).

1133 Cfr. José de Melo Alexandrino ult. loc cit, p. 137.

dos testes de proporcionalidade. Nasce, assim, a medida de valor da "igualdade proporcional", que suscitou uma forte polémica dentro e fora do Tribunal Constitucional. (infra § 780 e seg.).

E. *Princípios da segurança jurídica e da proteção da confiança*

a) A dimensão objetiva da segurança jurídica

481. A segurança jurídica afirmou-se como um dos valores cimeiros do Constitucionalismo liberal, a par da Liberdade e da Propriedade (supra, § 68) e constituiu, então, um dos pilares do Estado de Direito nascente, por antinomia com um Estado absoluto, marcado pela imprevisibilidade, pela discriminação pretextuosa e pela ausência de regras gerais e estáveis no tráfego jurídico.

Tratando-se de um princípio imanente ao conceito de Direito, a segurança jurídica *"enuncia o imperativo de garantia da certeza da ordem jurídica, nas suas dimensões da estabilidade, coerência, e igualdade, permitindo aos cidadãos organizarem a sua vida individual e social no respeito pela previsibilidade e calculabilidade normativa de expectativas de comportamento e das consequências derivadas das respetivas ações"*[1134].

O Tribunal Constitucional dá uma definição simplificada do conceito, considerando que a *"segurança jurídica pressupõe um mínimo de previsibilidade em relação aos atos do poder, de modo que cada pessoa possa ver garantida a continuidade das relações em que intervém e dos efeitos jurídicos dos atos que pratica. Nestes termos, e em regra, as pessoas têm o direito de poder confiar que as decisões sobre os seus direitos ou relações jurídicas tenham os efeitos previstos nas normas que os regulam." (Ac. nº 594/2003).*

É difícil conceber o Direito fora do alcance do valor da segurança jurídica e não é possível caracterizar uma coletividade como Estado de direito

[1134] Cfr., em geral, Carlos Blanco de Morais "Segurança Jurídica e Justiça Constitucional", RFDUL, 2000, p. 621. Cfr., igualmente, J. Gomes Canotilho "Direito Constitucional (...)" op. cit. p. 257 e seg.; Sérvulo Correia "Legalidade e Autonomia Contratual das Partes", Coimbra, 1987, p. 53 e seg.; Paulo Otero "Lições de Introdução ao Estudo do Direito", Lisboa, 1998, p. 186 e seg.; Gustav Radbruch "Filosofia do Direito", Coimbra, 1979, p. 163 e seg.; Gianmarco Gometz "La Certezza Guiuridica Come Prevedibilitá", Torino, 2005; Perez Luño "La Seguridad Juridica", Barcelona, 1991; Humberto Ávila "Segurança Jurídica: entre permanência, mudança e realização no Direito Tributário", S. Paulo, 2011, p. 74 e seg. e 106 e seg.; Elival da Silva Ramos "A Proteção aos Direitos Adquiridos no Direito Constitucional Brasileiro", S. Paulo, 2003, p. 156 e seg.

se, na mesma, o poder político: não se submeter às leis que produz e não lhes der publicidade; produzir leis obscuras e incertas que gerem uma pluralidade crítica de significados; proceder permanentemente à sua alteração, usando sistematicamente revogações tácitas; assumir condutas erráticas e imprevisíveis que bulam com os direitos dos cidadãos; conceber procedimentos subtis e enganosos; alimentar expectativas legítimas junto dos cidadãos para que depois sejam conscientemente defraudadas; e criar leis restritivas de direitos de liberdade com eficácia retroativa.

Por tudo isso, a segurança jurídica constitui um imperativo constitucional implícito que qualquer ordem jurídica deve alcançar como fim, mas que no plano dos factos acaba por não ser, nunca, plenamente atingido. Tal como já foi por nós escrito, o sistema jurídico reprime situações intoleráveis de insegurança, decide com base no parâmetro da segurança jurídica, mas tolera e coexiste com situações de incerteza suportáveis[1135]. Por outro lado, segurança Jurídica e Justiça, imbricam-se na realização do direito, embora não constituam conceitos equivalentes[1136]. A segurança jurídica é um pressuposto existencial do direito e condição de realização da Justiça, que é o primeiro fim do mesmo direito. Ainda assim, pode o Estado cumprir escrupulosamente com as exigências de segurança jurídica, mas produzir audaciosas decisões injustas ou desproporcionadas. A segurança jurídica é condição necessária (mas não suficiente) de realização da Justiça.

482. A Constituição alude explícita e implicitamente ao princípio da segurança jurídica em várias das suas normas.

A título expresso, o nº 4 do artº 282º da CRP permite ao Tribunal Constitucional, quando declara a inconstitucionalidade de uma norma em fiscalização abstrata sucessiva, não eliminar retroativamente os efeitos que a mesma norma produziu, por razões de segurança jurídica. A eliminação de situações legítimas que os cidadãos construíram e consolidaram à sombra da norma inconstitucional, em cuja validade confiaram, poderá ser mais valiosa para o direito do que o estrito imperativo de garantir que todos os efeitos de uma norma contrária à Constituição sejam eliminados (cfr. por exemplo, o Ac. nº 61/2004).

Implicitamente, as proibições da retroatividade de leis penais incriminadoras (nº 1 do artº 29º da CRP), da criação de impostos retroativos ou de

[1135] Carlos Blanco de Morais "Justiça Constitucional II" op. cit, p. 340.

[1136] Carlos Blanco de Morais "Segurança Jurídica" op. cit; Paulo Otero "Lições de Introdução ao Estudo do Direito", I, 1º Tomo, Lisboa, 1998, p. 211 e seg.

aumentos de impostos com eficácia retroativa (nº 3 do artº 103º) e de restrições a direitos liberdades e garantias (nº 3 do artº 18º) têm por objetivo proscrever sacrifícios imprevisíveis para as pessoas, que violariam manifestamente a exigência mínima de calculabilidade das condutas e o valor da segurança jurídica.

483. O princípio da segurança jurídica não restringe, contudo, a sua aplicação às situações onde a Constituição o consagra. O Tribunal Constitucional português (Ac. 287/90), seguindo a jurisprudência constitucional alemã, deduziu claramente o princípio da segurança jurídica do conteúdo do princípio do Estado de direito democrático, enunciado no artigo 2º da CRP, reconhecendo-o como um critério geral que vale para todos os domínios de atuação dos poderes públicos.

b) O princípio da proteção da confiança

484. O *princípio da proteção da confiança consiste numa dimensão subjetiva e defensiva*[1137] *do princípio da segurança jurídica* aplicada no universo das restrições a direitos fundamentais quando atos legislativos comprimam com eficácia retroativa ou retrospetiva, os referidos direitos[1138]. Tem por objeto a

[1137] Tiago Fidalgo de Freitas "O Principio da Proibição do retrocesso Social", op. cit, p. 817.

[1138] Cfr, em geral, Vitalino Canas "O Princípio da Proibição do Excesso (...)" op. cit, p. 1123 e seg., Jorge Reis Novais "Os Princípios Estruturantes" op. cit, p. 261; Jorge Miranda "Manual (...)", IV, op. cit, p. 310 e seg.; Gomes Canotilho "Direito Constitucional(...)" op. cit, p. 257 e seg.; Lúcia Amaral "O Tempo e a Confiança", in AAVV"V Encontro de professores Portugueses de Direito Público", ICJP, E-book, org. Carla Amado Gomes, 2012; Paulo Mota Pinto "A Proteção da Confiança na Jurisprudência da Crise" in AAVV, "O Tribunal Constitucional e a Crise", Org Gonçalo Almeida Ribeiro, L. Pereira Coutinho, Coimbra, 2014, p. 133 e seg.; José de Melo Alexandrino "Jurisprudência da Crise. Das Questões prévias às Perplexidades", in AAVV "A Jurisprudência da Crise", op. cit, p. 65 e seg.; Luis Pereira Coutinho "Formular e Prescrever: a Constituição do Tribunal Constitucional" in AAVV a "Jurisprudência da Crise", op. cit, p. 250 e seg.; João Carlos Loureiro "Proteger é preciso, viver também: a jurisprudência constitucional portuguesa e o Direito da segurança Social", AAVV "XXV Anos de Jurisprudência Constitucional Portuguesa", Coimbra, 2009, p. 255 e seg.; Tiago Fidalgo de Freitas, ult. loc cit p. 817; Sylvia Calmes "Du Principe de La Proteccion de La Confiance Legitime En Droit Allemand", Communautaire et Français", Paris, 2001; Catarina Santos Botelho "Os Direitos Sociais em Tempos de Crise", Coimbra, 2015, p. 449 e seg.; Hartmut Maurer, Kontinuitätsgewhär und Vertrauensschutz, in: Isensee/Kirchoff (Org), Handbuch des Staatsrechts der Bundesrepublik Deutschlands, 3º edição, 2006, IV Vol.§ 79-41(Tradução para português por instituição pública); Humberto Ávila "Segurança Jurídica" op. cit, p. 360 e seg.; e Almiro do Couto e Silva "O Princípio

proteção das expectativas legítimas das pessoas na estabilidade dos regimes jurídicos nos quais confiaram os seus planos de vida contra ações imprevisíveis dos poderes públicos que afetem de modo negativo e excessivo essas expectativas.

485. Mas, se o nº 3 do artº 18º da CRP censura, em nome da segurança jurídica, leis retroativas que restrinjam direitos, liberdades e garantias, não será o princípio da proteção da confiança, algo redundante?

A resposta é parcialmente negativa. O citado preceito constitucional encontra-se direcionado para a proibição da retroatividade *plena ou autêntica,* na qual uma lei regula e comprime *ex tunc*[1139], direitos que já tinham sido plenamente exercidos e que produziram todos os seus efeitos ao abrigo de lei antiga.

Por exemplo veja-se o caso de uma lei nova que prive da cidadania portuguesa, cidadãos nacionais com dupla nacionalidade, aplicando-se o seu regime não só para o futuro, mas também para todos os cidadãos que tenham obtido esse duplo vínculo nos últimos vinte anos.

Contudo existem situações em que a retroatividade assume caráter *impróprio,* designando-se por *retrospetividade.* A lei restritiva vale para o futuro (ex nunc) mas afeta de modo muito desfavorável, e de uma forma imprevisível, situações e relações existentes cujos pressupostos se constituíram no passado e que perduram no tempo presente.

Atente-se no famoso caso Fernando Gomes (Ac. 473/92) em que uma lei passou a tornar incompatíveis os mandatos de deputado ao Parlamento europeu e de Presidente ou vereador de Câmaras municipais, sem estipular uma clausula de salvaguarda das situações existentes. Vigorando para o futuro, a lei aplicava-se, contudo, aos mandatos de deputado e de membro de executivo camarário constituídos no passado ao abrigo de lei que admitia o cúmulo de cargos, obrigando os seus titulares a optarem por um deles. Não existindo uma retroatividade autêntica existe, contudo uma retrospetividade, na medida em que a lei nova desconstrói situações jurídicas criadas no passado por lei antiga e em cuja subsistência as pessoas confiavam. O Tribunal entendeu que essa retrospetividade com efeitos restritivos de

da Segurança Jurídica (proteção à Confiança) no Direito Público Brasileiro e o Direito da Administração Pública de anular os Seus Próprios Atos: o prazo decadencial do artº 54 da Lei do Processo Administrativo da União", Revista de Direito Administrativo", 237, Rio de Janeiro, p. 276 e seg.

1139 Ou seja, com eficácia para o passado.

direitos políticos violaria o princípio da proteção da confiança. Isto porque as legítimas expectativas dos eleitos e dos eleitores eram as de que, ao abrigo da lei velha, os referidos eleitos poderiam cumprir os seus mandatos até ao seu termo.

Por outro lado, os direitos económicos, sociais e culturais não foram protegidos por uma cláusula equivalente à do nº 3 do artº 19º, que os salvaguarde contra medidas restritivas portadoras de retroatividade autêntica. Para estes, valerá, por conseguinte, o princípio da proteção da confiança contra afetações, *retroativas ou retrospetivas*, que imponham sacrifícios graves, arbitrários e excessivos.

486. Se é um facto que o legislador tem liberdade plena para dispor para o futuro, essa liberdade, contudo, contrai-se sempre que altera de forma súbita (e excessivamente onerosa) regimes legais em cuja continuidade os cidadãos confiaram pelo facto de os poderes públicos terem dado garantias objetivas de continuidade. A confiança está, nestes termos, ligada não apenas à segurança jurídica, mas igualmente à tutela da boa fé, numa dimensão ajustada ao direito público.

O princípio da proteção da confiança foi construído pela jurisprudência constitucional alemã no direito público e essa construção influenciou o Tribunal Constitucional português que procedeu ao seu reconhecimento e densificação, tendo o Ac. 287/90, já citado, constituído a sua decisão referencial.

Procurando identificar os critérios que o Tribunal Constitucional passou a utilizar mais recentemente para escrutinar a violação, do princípio da proteção da confiança em leis restritivas de direitos de liberdade com eficácia retrospetiva ou leis restritivas de direitos socais com eficácia, tanto retroativa própria como retrospetiva, cumpre convocar o Ac. 188/2009. Este aresto impõe a submissão da lei restritiva a quatro critérios ou testes, cuja aplicação é sucessiva e necessariamente integral[1140], e que seriam os seguintes:

i) O Estado deve ter desenvolvido comportamentos capazes de gerar nos cidadãos expectativas da sua continuidade;
ii) As expectativas dos cidadãos quanto à continuidade desses comportamentos devem ser legítimas e justificadas em boas razões;
iii) Os cidadãos devem ter feito planos de vida tendo em conta a prognose de continuidade do comportamento do Estado;

[1140] Ou seja, implica que nenhum dos testes possa ser dispensado no processo de escrutínio da norma impugnada.

iv) É necessário que a medida seja justificada à luz do critério da proporcionalidade e que não ocorram, nomeadamente, razões de interesse público que justifiquem, em sede de ponderação, a não continuidade do comportamento que gerou a situação de expectativa.

Estes testes envolvem critérios de densificação do princípio, sem prejuízo de assumirem eles próprios conteúdo indeterminado, sendo incorporados em fórmulas como "legítimas expectativas", justificação das expectativas em "boas razões", ou "efeitos intoleráveis e excessivamente onerosos"[1141].

487. No que respeita ao primeiro critério, as *expectativas dos cidadãos* na continuidade de um regime jurídico devem ser *legítimas,* na medida em que o Estado tenha tolerado, estimulado e alimentado essa mesma continuidade[1142], criando razões objetivas para os cidadãos confiarem nesta última. Alterações bruscas, inesperadas, imprevisíveis e súbitas a esse regime abalam o investimento legítimo de confiança dos cidadãos no direito.

Alguma doutrina tem criticado o Tribunal Constitucional pelo facto de não centrar a fundamentação da existência ou inexistência de expectativas legítimas em factos e elementos evidentes de prova mas em presunções que retiraria dos regimes legais e da sua própria jurisprudência, as quais teriam operado com alguma ambiguidade[1143]. Atenta a indeterminação da fórmula normativa das *legítimas expectativas* considera-se que é pelo menos exigível que em juízos de inconstitucionalidade o Tribunal evidencie o caráter materialmente fundado dessas expectativas[1144].

488. No que respeita ao segundo critério, o das *"boas razões",* este assume uma natureza excessivamente vaga e duvida-se que deva ser incluído como teste. Deve entender-se, de qualquer modo, que os cidadãos confiaram nos regimes legais para tutelar os seus direitos e interesses legítimos, não os tendo utilizado para a obtenção de fins ilícitos, contrários à moral pública ou como expediente subtil para obter vantagens infundadas. Para que o teste releve em desfavor das expectativas garantidas pelo princípio, cumpre

[1141] No sentido de considerar que os referidos testes pouco terão adiantado em relação à jurisprudência anterior ao Ac. nº 188/2009, cfr Paulo Mota Pinto ult. loc cit, p. 167 e seg.

[1142] Reis Novais "Os Princípios Estruturantes (...)" op. cit, p. 267.

[1143] Paulo Mota Pinto ult. loc cit, p. 168 e seg.

[1144] Diversamente do que sustenta a doutrina acabada de referir essa evidência terá sido clara na fundamentação do Ac. nº 262/2013 (cortes de pensões), tirado por unanimidade sendo, contudo, não tão assertiva no Ac. nº 474/2013 (despedimento por razões objetivas), pese o facto da legítima expectativa existir em razão da conduta negocial e das garantias dadas pelo legislador em 2008.

ao Tribunal demonstrar o desvalor dos fins que os interessados pretenderiam alcançar com a subsistência do regime legal que foi revogado.

489. A ideia de planos de vida *centrados na lei anterior* envolve a comprovação do investimento da confiança dos cidadãos na continuidade do direito, mediante condutas de planeamento da sua vida futura, o exercício de direitos já constituídos ao abrigo do mesmo direito, a celebração de contratos e a adoção de comportamentos com efeitos duradouros. Importa, quanto a este ponto, aferir se seria objetivamente exigível que esses cidadãos tivessem feito outros planos alternativos, com base na antevisão da possibilidade de o Estado vir a alterar as regras pré-estabelecidas

490. O quarto teste, o de proporcionalidade, afigura-se decisivo.

Considera o Tribunal Constitucional (Ac nº 237/98) que uma norma jurídica restritiva de direitos só violará o princípio da proteção da confiança *se, atendendo ao seu caráter excessivamente oneroso, "postergar de forma* ***intolerável, arbitrária, opressiva ou demasiado acentuada*** *aquelas exigências de confiança, certeza e segurança que são dimensões essenciais do princípio do Estado de direito".*

Ora, as fórmulas "intolerável", "arbitrária" ou "demasiado acentuada" convocam o princípio da proporcionalidade como medida constitucional de valor que determina a "proibição do excesso": é este último princípio que, associado à tutela da confiança, escrutinará se as normas de conteúdo oneroso que ferem retrospetivamente legítimas expectativas de continuidade do disfrute de um direito já constituído e definido são: i) Adequadas; ii) Necessárias; iii) Justificadas à luz de um interesse público prevalecente.

No que respeita ao *critério da necessidade*, aplicado no âmbito do princípio da proteção da confiança, a doutrina e a Justiça Constitucional alemã valorizam a existência de medidas de transição que suavizem os sacrifícios impostos com efeitos retrospetivos.

Hartmut Maurer refere que "a (...) *confiança da pessoa afetada deve ser tida em consideração através da decretação de regulamentações de transição que eliminem ou suavizem a dureza da mudança do antigo para o novo direito*"[1145]. A existir uma redução quantitativa do gozo do direito, essa redução deve ser *"realizada de forma suave"*[1146], através de uma *"redução progressiva"*[1147]. Não basta, contudo fixar uma cláusula de transição. Importa verificar se ela se mostra *"suficiente e enquadrada de modo a que as pessoas cujos direitos são restringidos,*

[1145] Hartmut Maurer, Kontinuitätsgewhär und Vertrauensschutz, op. cit, § 79-61 (p. 427).
[1146] Hartmut Maurer ult loc cit §79, 68.
[1147] Hartmut Maurer ult loc cit §79, 74.

podendo não ter legitimidade para exigir a continuidade da lei antiga, poderão, contudo, reclamar uma transição adequada e necessária".

Já o critério da proporcionalidade estrita envolve alguma controvérsia, a qual ficou patente nas recentes decisões do Tribunal Constitucional português, relativos a despedimentos na função pública (Ac. nº 474/2013) e cortes de pensões a pagamento (Ac. nº 862/2013).

491. Cumpre reconhecer que princípio da confiança sendo um princípio central de defesa dos direitos fundamentais contra restrições arbitrárias, súbitas e portadoras de sacrifícios infundados, é vulnerável à sua infiltração por juízos de mérito po*líticos* e essa infiltração ocorre através do uso do *quarto teste,* quando o mesmo convoca o critério da proporcionalidade em sentido estrito, em domínios de políticas públicas de conteúdo económico e social (cfr infra § 732).Considera-se que este quarto critério *só deve relevar como parâmetro de um juízo de inconstitucionalidade quando o desequilíbrio entre princípios em tensão seja evidente.* Todavia, sempre que não haja certezas fundadas sobre o maior peso do interesse público que justifique a restrição sobre as legitimas expectativas sacrificadas, a intensidade do controlo deve ser atenuada e impõe-se a prevalência da vontade democrática do legislador.

492. Em síntese, por aplicação destes critérios, a Justiça Constitucional (cfr. Ac. 287/90) considera violado o princípio da proteção da confiança, quando e se:

i) A afetação de expectativas, em sentido desfavorável, for inadmissível, constituindo uma mutação da ordem jurídica com que, razoavelmente, os destinatários das normas dela constantes não possa contar;
ii) A alteração da ordem jurídica não for ditada pela necessidade de salvaguardar, à luz do princípio da proporcionalidade, direitos ou interesses constitucionalmente protegidos que devam considerar-se prevalecentes .

493. Setores da doutrina criticam, não o uso da ponderação, mas o modo como o Tribunal Constitucional têm convocado essa técnica de concretização em jurisprudência recente (2010-2014). Aceitando, e bem, que *o legislador tem um ónus de justificação do interesse público* cuja prevalência[1148] justifica o sacrifício de expectativas dos cidadãos, essa doutrina considera que o Tribunal, umas vezes se contenta facilmente com as justificações parcas do mesmo legislador sobre a prevalência do interesse público (Ac.

[1148] Paulo Mota Pinto ult. loc cit, p. 177.

nº 396/2011), enquanto que noutras o Tribunal estreita o controlo e exige ao legislador critérios de evidência (Ac. 794/2013). Importa quanto a este ponto, independentemente da hipotética justeza das críticas sobre a volubilidade ou imprevisibilidade do Tribunal quanto a exigências de justificação que requer do legislador[1149] a necessidade de considerar duas balizas a ter em conta no processo de decisão pelo tribunal:

i) Quanto mais onerosa for a dimensão de sacrifício ou a restrição a um direito fundamental, mais exigível é uma fundamentação adequada da necessidade dessa restrição pelo legislador, pelo que o Tribunal pode legitimamente censurar défices justificativos e invocações "carimbantes" da existência de interesse público;

ii) Quanto mais indeterminado for um princípio, como é, até certo ponto, o critério da tutela da confiança, maior é a obrigação de o Tribunal fundamentar com critérios jurídicos e fáticos de evidência, uma decisão de inconstitucionalidade que proceda à sua aplicação.

494. Em regra, o Tribunal Constitucional tem sido mais severo na censura de restrições retrospetivas que envolvam a violação de direitos de liberdade (direitos políticos[1150] ou direitos, liberdades e garantias dos trabalhadores[1151]) do que restrições que envolvam matéria tributária, financeira ou social, com impacto económico. Neste último caso, a contingência do mercado e a situação de urgência financeira são razões que justificam a emergência de situações imponderáveis que militam contra exigências de estabilidade dos regimes legais e de interesses legítimos na sua subsistência. Já os direitos sociais têm um menor regime de proteção do que os direitos de liberdade e, estando sujeitos à reserva do financeiramente possível, poderão ser objeto de compressões retrospetivas mais intensas, desde que justificadas na necessidade de sustentar o respetivo sistema gestionário[1152].

[1149] No Ac. nº 262/2013 o legislador entrou em contradição na sua fundamentação, o que constitui um argumento fatal. E no Ac. nº 474/2013 pura e simplesmente absteve-se de fundamentar o interesse público na aplicação do regime de requalificação aos funcionários com nomeação definitiva em contratos anteriores a 2008.

[1150] Ac. nº 473/92.

[1151] Ac. nº 474/2013 .

[1152] Uma análise aos principais Acórdãos do TC em matéria de restrições ao direito da segurança social, das quais resultaram reduções no valor de pensões em pagamento e de direitos em formação permite-nos confirmar que o mesmo Tribunal sempre exibiu uma orientação favorável ao legislador. Contudo, no Ac. 862/2013 o Tribunal, com base no princípio da proteção de confiança, por unanimidade, declarou a inconstitucionalidade de uma lei sobre

F. *Princípio da igualdade*

a) Um princípio axial do Estado de direito

495. Trata-se, igualmente, de um dos princípios referenciais do movimento constitucionalista (§ 72 e § 83-2º), já que, para além de se afirmar como uma componente medular do valor da dignidade humana na sua prolongada luta contra discriminações arbitrárias, integra o próprio conceito contemporâneo de Justiça material.

Como "*principal eixo estruturante do sistema de direitos fundamentais*"[1153], já que se encontra transversalmente presente no conteúdo dos demais direitos de liberdade e direitos sociais, cumpre reconhecer que a complexidade deste princípio e as suas decorrências jurídicas e políticas, ultrapassam largamente o modo como se encontra enunciado no artigo 13º da CRP, pelo que não será esta, a sede própria para lhe concedermos uma análise detida ou abrangente.

b) Definição e atributos constitutivos

496. O princípio da igualdade pode ser primariamente definido, *como um princípio que impõe aos poderes públicos um tratamento igual de todos os seres humanos perante a lei e uma proibição de discriminações materialmente infundadas, sem prejuízo de obrigar a diferenciações entre pessoas, sempre que existam especificidades atendíveis e carentes de tutela ou proteção*[1154].

convergência de pensões (direitos sociais) que introduzia cortes nas pensões em pagamento da Caixa Geral de aposentações. Trata-se de um Acórdão referencial sobre este domínio.

[1153] José de Melo Alexandrino, "Introdução (...)" op. cit, p. 75.

[1154] Cfr, em geral, Martim Albuquerque "Da Igualdade" Coimbra, 1993; Jorge Miranda "Manual (...)" op. cit, IV, p. 263 e seg.; Fernando Alves Correia "O Plano Urbanístico e o Princípio da Igualdade", Coimbra, 2001; Maria Luísa Duarte "Ações Positivas de Promoção do Acesso das Mulheres aos Cargos Políticos-direito comparado e prática política", in "Democracia com Mais Cidadania", Lisboa, 1998; Reis Novais ult. loc cit, p. 101 e seg.; João Martins Claro "O Princípio da Igualdade", in AAVV "Nos dez anos da Constituição", Lisboa, 1987, p. 29 e seg.; Francisco Rubio Llorente "Articulo, 14, "Contenido del Princípio de Igualdad" in AAVV" Derechos Fundamentales y Princípios Constitucionales", Org Rubio Llorente, Barcelona, 1995, p. 108 e seg; AAVV "Le Dimensioni della Disuguaglianza", Org Massimo Paci, Bologna, 1993; Robert Dahl "Political Equality and Political Rights". "Il Politico", 1980, p. 557 e seg.; Paolo Barile "Eguaglianza e Tutella della diversitá Costituzionale", in "Quaderni Costituzionali", 1994, p. 53 e seg.; AAVV, "Droit des Libertés Fondamentales", Org Favoureau e outros Paris, 2002, 295; John Hart Ely "The Constitutionality of Reverse Discrimination", 41, "Chicago Law Review", 1974 (723); John E. Novak-Ronald Rotunda "Constitutional Law", St Paul, Minn, 2000, p. 632 e seg.; Ma-

Desta definição é possível identificar e distinguir *no princípio, uma vertente negativa, uma vertente positiva, uma vertente subjetiva e uma vertente objetiva.*

497. Na sua *dimensão negativa* o princípio da igualdade tem a sua centralidade no nº 1 do artigo 13º que declara que todos os cidadãos têm a mesma "dignidade social"[1155] e proclama a sua igualdade formal perante a lei.

A igualdade negativa proíbe aos poderes públicos, discriminações arbitrárias, seja de ordem positiva (outorga de privilégios) seja de ordem negativa (tratamentos desiguais de sentido desfavorável). Estabelece, no nº 2 do artº 13º, uma lista, exemplificativa, de pressupostos de discriminação dignos de censura. Aí é referido que *"Ninguém pode ser privilegiado, beneficiado, prejudicado, privado de qualquer direito ou isento de qualquer dever em razão de ascendência, sexo, raça, língua, território de origem, religião, convicções políticas ou ideológicas, instrução, situação económica, condição social ou orientação sexual"*.

498. *A igualdade em sentido positivo* envolve a obrigação de "tratar igualmente o que é igual e desigualmente o que é diferente".

Na verdade, como afirmam certos autores, a igualdade admite situações de tratamento desigual, desde que materialmente fundadas. E acrescentam que as diferenças de tratamento podem justificar-se quando radicam em critérios de justiça, de modo que impliquem uma distinção clara de situações, atinjam objetivos legítimos e sejam proporcionadas na prossecução desses objetivos[1156]. Existem situações de desigualdade real que podem justificar desigualdades jurídicas em sede de benefícios, através de discriminações positivas às categorias de pessoas que se encontram numa situação mais desfavorável. Daqui resulta a necessidade de *"compensações que atenuem desigualdades de partida"*[1157]. Trata-se de um desiderato que a Constituição insere na esfera das tarefas do Estado, quando na alínea d) do artº 9º o incumbe de promover a "igualdade real" entre os portugueses, a qual é, faseadamente passível de ser levada a cabo, não apenas com políticas públicas prestacionais com caráter geral, mas também através de medidas de discriminação positiva devidamente fundadas.

noel Gonçalves Ferreira Filho "Direitos Humanos Fundamentais", S. Paulo, 2000, p. 26 e p. 109; Joaquim Barbosa Gomes "Ação Afirmativa e Princípio Constitucional da Igualdade", Rio de Janeiro, S. Paulo, 2001; AAVV "Diversos Enfoques do Princípio da Igualdade", Org Elpídio Donizeti-Rosana Garbin-Thiago de Oliveira, Belo Horizonte, 2014.

[1155] Trata-se de uma projeção do princípio da dignidade da pessoa humana na esfera da igualdade.

[1156] Gomes Canotilho-Vital Moreira ult. loc cit, p. 340.

[1157] José de Melo Alexandrino ult. loc cit. p. 84.

O Tribunal Constitucional admite diversas formas de compensação em situações clássicas, como as mulheres trabalhadoras, os alunos carenciados ou os menores abandonados. E chega a admitir, a propósito da repartição de encargos entre trabalhadores do setor público e setor privado num quadro de grave crise financeira, que os primeiros sejam mais onerados do que os segundos, não só por receberem por verbas públicas mas também porque em média os seus vencimentos são mais elevados (Ac. nº 253/2012)[1158]. Essa já mencionada diferenciação, contudo, submete-se ao critério reconstruído do princípio da proporcionalidade (*igualdade proporcional*) e o Tribunal declarou a inconstitucionalidade das normas dos Orçamentos de Estado de 2012, 2013 e 2014 no contexto da chamada "jurisprudência da crise" por considerar que a desigualdade tinha excedido os limites da proporcionalidade e não tinha justificação atendível.

O Ac. nº 253/2012 enfatiza que a "*igualdade jurídica é sempre uma igualdade proporcional, pelo que a desigualdade justificada pela diferença de situações não está imune a um juízo de proporcionalidade. A dimensão da desigualdade do tratamento tem que ser proporcionada às razões que justificam esse tratamento desigual, não podendo revelar-se excessiva.*"

No Ac. nº 187/2013, após o Governo ter pretendido no OE para 2013 reduzir a desproporção na repartição de sacrifícios entre as duas categorias de trabalhadores, o Tribunal voltou a julgar a inconstitucionalidade da lei Orçamental, fundado na "igualdade proporcional", entendendo, mediante um somatório de todas as onerações sobre os funcionários públicos, que a desproporção teria, ainda, aumentado ainda mais em relação a 2012. Finalmente, no Ac. nº 413/2014 o Tribunal Constitucional declarou a inconstitucionalidade de normas do O.E para 2014, que procediam a um aumento do âmbito subjetivo dos cortes salariais na função pública, uma vez mais invocando a violação do princípio compósito da igualdade proporcional, procedendo a um conjunto de operações de quantificação de impactos dos referidos cortes para ilustrar e fundamentar a sua solução.

Trata-se de um critério que não é pacífico no Tribunal e na doutrina.

[1158] Cfr Ac. nº 253/2012: "*(...) o recurso a uma medida como a redução dos rendimentos de quem aufere por verbas públicas como meio de rapidamente diminuir o défice público, em excecionais circunstâncias económico-financeiras, apesar de se traduzir num tratamento desigual, relativamente a quem aufere rendimentos provenientes do setor privado da economia, tinha justificações que a subtraíam à censura do princípio da igualdade na repartição dos encargos públicos, uma vez que essa redução ainda se continha dentro dos «limites do sacrifício*".

Já as chamadas *ações afirmativas* (como as quotas para mulheres, para minorias raciais e inválidos) envolvem compensações duvidosas passíveis de gerarem outro tipo de desigualdades, algumas delas inaceitáveis. Por exemplo a criação de quotas raciais para entrada em universidades, para além de serem um estigma humilhante para quem entra numa situação de favor, discrimina, sem fundamento racional, pessoas que independentemente da questão racial entrariam por possuírem um mérito superior.

499. A *dimensão subjetiva* do princípio liga-se à circunstância de este último declarar um *direito subjetivo*, de caráter defensivo, suscetível de invocação direta e de desfrute imediato a partir da Constituição, com especial relevo para situações que envolvam uma relação entre os poderes públicos e os cidadãos[1159].

Assim, se órfãos nascidos fora do casamento forem discriminados, no sentido de serem privados de abono de família por um ato legislativo, os seus representantes legais podem invocar diretamente em tribunal a sua inconstitucionalidade, a partir do artigo 13º, não carecendo de uma lei de mediação.

Existem situações em que a Constituição autoriza limites ao critério da igualdade e remete para lei a sua concretização. Veja-se o artº 15º da CRP, cujo nº 1 determina uma igualdade entre cidadãos portugueses e estrangeiros residentes, verificando-se, contudo que o nº 2 fixa um conjunto de exceções e autoriza a lei a criar outras, ao reservar certas funções, exclusivamente, a portugueses.

500. Quanto à *dimensão objetiva,* a mesma revela-se no dever do Estado em garantir a igualdade nas suas decisões e na sua natureza de padrão interpretativo do direito[1160].

c) Transversalidade e projeções diversiformes

501. A transversalidade irradiante do princípio da igualdade toca nas mais diversas áreas do direito e é apreensível na abundante jurisprudência do Tribunal Constitucional.

Veja-se a título de exemplo: o controvertido Ac. 274/2005, em matéria de crimes sexuais; o Ac. nº 121/2010 relativo ao casamento entre pessoas do

[1159] Já no campo das relações privadas, ressalvadas as situações onde o princípio é incorporado na lei (com relevo para as relações de trabalho), a sua incidência é mais circunscrita ou mitigada.

[1160] José de Melo Alexandrino ult. loc cit. p. 83.

mesmo sexo; o Ac. nº 237/2002 relativo a preferências de ordem regional; o já citado Ac. nº 509/2002 relativo a uma discriminação em razão da idade quanto à atribuição do rendimento social de inserção; o Ac. nº 459/89 relativo à vigilância especial sobre pessoas da etnia cigana; e recentemente o Ac. nº 403/2014, relativo ao OE de 2014 que desenvolveu o interessante conceito de violação da *dimensão interna* do princípio da igualdade, relativamente ao recálculo, em sentido desfavorável, das pensões de sobrevivência[1161].

G. *Princípio de acesso aos tribunais e a uma tutela jurisdicional efetiva*

502. O princípio em epígrafe é um *direito sobre direitos* dado que, para além de poder ser invocado autonomamente como um direito de liberdade com algumas dimensões de direito subjetivo[1162], assume, igualmente, a natureza

[1161] O Ac. nº 413/2014 ilustra o seu juízo de censura com um exemplo simulado e controverso, mas assaz interessante e incisivo. Cita-se o seguinte passo: "*A título exemplificativo, uma pensão de sobrevivência em pagamento pela Caixa Geral de Aposentações (CGA) a um cônjuge sobrevivo de contribuinte do regime de proteção social convergente, cuja pensão de sobrevivência foi fixada de acordo com as regras do Estatuto das Pensões de Sobrevivência, que não concorra com outros herdeiros e que perceba valor global mensal a título de pensão de € 2.600 será recalculada, de acordo com o estabelecido no nº 1 e na alínea a) do nº 2 do artigo 117º, com base na aplicação da taxa de formação da pensão de 40% (e não de 50%).*

No entanto, se o valor global mensal a título de pensão for formado pela soma de uma pensão de aposentação de € 2.000 com uma pensão de sobrevivência de € 600, a aplicação da nova taxa de formação da pensão determina o recálculo da pensão de sobrevivência para € 480, equivalendo a uma redução na pensão de sobrevivência de € 120 e à consequente diminuição do valor total para € 2480. E na situação inversa, em que valor global mensal a título de pensão seja constituído pela soma de uma pensão de aposentação de € 600 com uma pensão de sobrevivência de € 2.000, a nova taxa de formação da pensão implica o recálculo da pensão de sobrevivência para € 1.600, correspondendo a uma redução na pensão de sobrevivência de € 400 e à diminuição do valor total para € 2.200.

No primeiro caso, a pensão de sobrevivência é reduzida em 20% e o valor global mensal a título de pensão é reduzido em 4,6%; no segundo caso, a pensão de sobrevivência também é reduzida em 20% mas o valor global mensal a título de pensão é reduzido em 15,4%;

Assim, pensionistas abrangidos pelo regime do artigo 117º, com o mesmo valor global mensal a título de pensão e a mesma taxa de formação da pensão de sobrevivência, poderão ver a sua pensão de sobrevivência reduzida em montantes diferentes em função do peso que esta pensão tem no valor acumulado de prestações, com reflexo no cômputo global que o titular acaba por auferir. (...)"

Neste sentido, a medida introduz diferenças de regime injustificáveis, face aos fins que a normação legal pretende prosseguir, e é constitucionalmente censurável do ponto de vista do princípio da igualdade."

[1162] Pese o facto de incorporar uma dimensão prestacional do Estado, que é a atividade da Justiça.

de garantia transversal aos demais direitos fundamentais. É através do acesso aos tribunais mediante processos expeditos e equitativos, que os cidadãos asseguram a tutela dos seus direitos frente ao estado e frente a terceiros[1163].

503. Trata-se de um pilar estruturante do Estado de direito democrático já que concorre para a realização da Justiça, como fim do Estado e assume uma natureza complexa, dado que se desdobra num conjunto de sub-princípios e *standards,* dos quais emergem uma pluralidade de direitos, liberdades e garantias. São, fundamentalmente sete, os direitos e garantias, que, a título principal defluem do princípio ora analisado:

1º. *Direito de acesso aos tribunais* (nº 1 do artº 20º da CRP), para a proteção de direitos e de interesses legalmente protegidos.

Os cidadãos dispõem da faculdade de exigir que os seus litígios sejam dirimidos por órgãos independentes e imparciais que exerçam a função jurisdicional.

Cumpre referir que o preceito não se refere apenas aos tribunais estaduais. Os tribunais arbitrais integram o conceito amplo de tribunais relativamente aos quais a Constituição prevê o direito de acesso[1164]. Isto, sem prejuízo de a arbitragem necessária, que é imposta por lei aos particulares, com afastamento obrigatório do seu acesso à primeira instância dos tri-

[1163] Cfr. em geral Guilherme da Fonseca "A Defesa dos Direitos (princípio da tutela jurisdicional dos direitos fundamentais)", Lisboa, 1985; Fernando Alves Correia "Os Direitos fundamentais e a sua Proteção Jurisdicional efetiva", BFDUC, 2003, p. 63 e seg.; Rui Medeiros "Constituição da República Anotada", I (Org Jorge Miranda-Rui Medeiros) Coimbra, 2010, p. 184 e seg.; Lopes do Rego "Acesso ao Direito (...)"ult. loc. cit; Maria Fernanda Maçãs "A Suspensão Judicial de Eficácia dos Atos Administrativos e a Garantia da Tutela Jurisdicional efetiva", Coimbra, 1996; Ricardo Leite Pinto "Direito de Informação e segredo de Justiça no Direito Português", ROA, Julho, 1991, 509 e seg.; Garcia de Enterria "La Lucha Contra Las Imunidades del Poder", Madrid, 1979; Jesus Gonzalez Perez "El Derecho a la Tutela Jurisdicional", Madrid, 2001; Piero Calamandrei "Proceso e Democrazia", Padova, 1954, p. 44 e seg.; Wolfgang Heyde "LA Jurisdición" in AAVV "Manual de Derecho Constitucional", Org Benda-Maihoffer-Vogel-Hesse-Heyde, op. cit, p. 787 e seg.; Jonh Nowak-Ronald Rotunda "Constitutional Law" op. cit, p. 398 e seg.; Gilmar Mendes-Inocêncio Mártires Coelho-Paulo Gonet Branco "Curso de Direito Constitucional", op. cit, p. 480 e seg.

[1164] Cfr. o Ac. nº 230/86 proferido após a consagração dos tribunais arbitrais na revisão constitucional de 1982: "*Se os tribunais arbitrais são uma das categorias de tribunais que a Constituição expressamente prevê, não existe nenhuma razão para que a norma do artigo 168º, nº 1, alínea q), [presentemente o artº 161º, nº 1 alínea p] seja lida de modo a abranger todas as categorias de tribunais exceto uma delas. Não são de diferente natureza nem de menor relevância constitucional as opções legislativas em matéria de organização e competência dos tribunais arbitrais.*"

bunais estaduais, constituir um condicionamento do acesso a estes últimos que requer, nos termos da jurisprudência do Tribunal Constitucional um conjunto de garantias em termos de tutela jurisdicional efetiva: é, por exemplo, o caso da necessária inclusão na reserva de lei parlamentar, da matéria da regulação do regime e do processo arbitral que tenha por objeto direitos de liberdade[1165] (Ac nº 32/87); da necessidade de acautelar expressamente a interposição recurso da decisão preferida pela instância arbitral necessária, para os tribunais estaduais (Ac. 230/2013); e do imperativo de que o mesmo o tipo de recurso não envolva limitações excessivas quanto às decisões recorríveis e quanto à excecionalidade dos requisitos de admissão do recurso (Ac. nº 781/2013).

Embora seja incontornável, pela natureza das coisas, que quem possui maiores recursos financeiros dispõe da faculdade de melhor ser servido pelo sistema de justiça (o qual não é gratuito),o facto é que a insuficiência de meios económicos não pode ser obstáculo ao acesso à justiça dos cidadãos mais carenciados. Daí que o valor das custas e outras prestações pecuniárias com os serviços de justiça não possa ser excessivo à luz de um critério de proporcionalidade que dificulte o acesso à tutela jurisdicional (Acs. nºs 318/85 e 465/96), sem prejuízo de poder ser dissuasor em relação a um uso abusivo do direito.

2º. *Direito ao patrocínio judiciário* (nº 2 do artº 20º). Trata-se de uma forma de apoio no acesso à justiça aos cidadãos (e aos estrangeiros residentes) economicamente carenciados e que assim o atestem. O patrocínio é prestado, nomeadamente, através de consulta jurídica fornecidas por gabinetes próprios dos serviços de Justiça, redes de advogados ou pela Ordem dos Advogados e envolve, igualmente, apoio judiciário, no respeitante à isenção ou redução de taxas, nomeação de patrono ou de defensor oficioso, bem como apoio à sua remuneração.

3º. O *Direito ao advogado* (nº 2 do artº 30º da CRP). A Constituição não impõe aos cidadãos a presença do advogado quando estes compareçam perante qualquer autoridade, já que, salvo em matéria penal[1166], os cidadãos podem dele prescindir. Este direito significará que, perante as autoridades

[1165] Nessa reserva não está necessariamente incluída a norma de submissão à via arbitral necessária, mas sim regras materiais e processuais sobre o regime de arbitragem.

[1166] O nº 3 do artº 32º da CRP impõe, em processos de natureza criminal, a presença de advogado, se necessário, através de nomeação oficiosa.

e para a defesa dos seus direitos, os cidadãos têm a faculdade de se fazerem acompanhar por advogado.

4º. *Garantia do segredo de justiça* (nº 3 do artº 30º) cujo regime e localização processual é remetido para a lei.

5º. *Direito a decisão em prazo razoável* (nº 4 do artº 30º). É uma consequência do princípio segundo o qual, uma justiça tardia significa denegação de justiça. A definição de prazo razoável não se encontra, contudo estabelecida, tendo Portugal sido condenado sistematicamente pelo Tribunal Europeu dos Direitos do Homem, por decisões violadoras do critério da razoabilidade dos prazos[1167], em razão da duração excessiva dos processos[1168].

6º. *Dircito a um processo equitativo* (nº 4 do artº 30º). É a transposição para o ordenamento português do *"due process of Law"* que constitui um importante princípio estruturante da Constituição norte americana, pese o caráter controverso da sua dimensão material. No fundo trata-se da garantia de um processo consonante com um conjunto de garantias fundamentais, como as seguintes: direito de defesa; equidade; razoabilidade de prazos processuais de ação e recurso; direito à notificação de ato administrativo que afete direitos e interesses legalmente protegidos; direito à igualdade de armas; proibição de discriminações arbitrárias relativamente às partes; reserva de juiz; direito à motivação das sentenças; direito à produção de prova; direito ao conhecimento do processo; garantia do contraditório; e observância do princípio da proporcionalidade nos condicionamentos processuais[1169].

7º. *Direito a procedimentos judiciais céleres e prioritários para garantir a tutela efetiva de direitos, liberdades e garantias* (nº 5 do artº 20º). Trata-se de uma obrigação de legislar que tem, entre outras, concretizações constitucionais e legais, o "habeas corpus" e o processo relativo à prisão preventiva e, no CPTA, o decretamento provisório de providência cautelar para a tutela de direitos, liberdades e garantias (nº 1 do artº 131º) e a intimação para a proteção desses direitos (artº 109º).

[1167] O nº 1 do artº 6º da CEDH prescreve que: *"Qualquer pessoa tem direito a que a sua causa seja examinada, equitativa e publicamente, num prazo razoável por um tribunal independente e imparcial, estabelecido pela lei (...)".*

[1168] Duração que deve ser aferida em função das circunstâncias concretas da matéria do caso e do comportamento das partes envolvidas.

[1169] Cfr. Gomes Canotilho-Vital Moreira ult. loc cit, p. 415 e seg.

H. Princípios da constitucionalidade e da legalidade

504. O *princípio da constitucionalidade* encontra-se enunciado no artº 3º da CRP e envolve duas dimensões expressas no seu preceituado:

i) A da subordinação do Estado à Constituição (nº 2);
ii) A da subordinação dos atos jurídico-públicos á mesma Constituição, como condição da sua validade (nº 3).

O princípio da constitucionalidade constitui a chave da abóbada do Estado Constitucional de direito e da ordem jurídico-normativa que lhe subjaz. Isto porque impõe, nomeadamente: que o Estado não se situe *"acima ou à margem"* da Constituição[1170], mas que, ao invés, se lhe encontre subordinado e limitado; que a soberania, como qualidade do poder supremo do mesmo Estado se exerça nas formas previstas na Constituição; e que a Lei Fundamental de 1976 emirja como norma de referência dos demais atos normativos e atos jurídicos singulares.

505. O princípio da constitucionalidade, na sua vertente normativa, enuncia a supremacia hierárquica de uma Lei Constitucional rígida sobre todos os demais atos jurídico-públicos, determinando um desvalor (a invalidade) para aqueles que a contrariarem.

Como consequência deste princípio destaca-se, na alínea l) do artº 288º da CRP, na qualidade de limite material da revisão constitucional, o princípio da *"fiscalização da constitucionalidade por ação ou omissão das normas jurídicas"*, o qual supõe a existência de órgãos responsáveis para julgar a invalidade das normas inconstitucionais. Do artº 221º e seguintes, bem como do artº 277º e seguintes da CRP, os tribunais, tendo o Tribunal Constitucional como estrutura de cúpula, são as instâncias competentes para a fiscalização da constitucionalidade[1171].

506. O nº 2 do artº 3º refere, igualmente, que o Estado se funda na *"legalidade democrática"*.

Esta enunciação do *princípio da legalidade,* um velho atributo fundacional do Estado de direito, traduz a subordinação dos órgãos do poder público à lei, como expressão de uma atividade primária e democraticamente legitimada dos poderes constituídos. Trata-se de um princípio com refrações no

[1170] GOMES CANOTILHO-VITAL MOREIRA ult. loc cit, p. 216.

[1171] O princípio da constitucionalidade só logra ser parcialmente neutralizado pelo princípio da segurança jurídica, equidade ou interesse público de excecional relevo (nº 4 do artº 282º da CRP) como causas de justificação da salvaguarda de atos passados que se consolidaram à luz da norma inconstitucional e que seria injusto ou iníquo desconstituir(Ac. 308/93).

artº 203º e no nº 2 do artº 266º da CRP, que sujeitam à lei, respetivamente, a atividade da função jurisdicional e a dos órgãos e agentes administrativos. É a sua sujeição ao princípio da legalidade que converte as funções jurisdicional e administrativa em funções estaduais secundárias ou subordinadas.

A Constituição alude, igualmente a outras formas de legalidade, com caráter lateral, como é o caso do *bloco de legalidade qualificada,* integrado pelas leis reforçadas, o qual nos termos da Constituição, se devem fazer respeitar por outros atos legislativos (cfr nº 3 do artº 112º conjugado com a alínea b) do nº 1 do artº 281º da CRP).

507. Um Estado democrático que não esteja subordinado à Constituição e à lei não será um Estado de direito, mas um despotismo maioritário, marcado pelo arbítrio, pela incerteza e pela falta de garantias contra ofensas aos direitos e à separação de poderes.

2.5.2. *Princípios de ordem política*

A. *Princípio da separação com interdependência de poderes*

a) Noção

508. O princípio da separação com interdependência de poderes é um dos mais importantes enunciados políticos do Estado material de direito, a par do princípio democrático, encontrando-se enunciado no artº 111º da CRP e garantido na alínea j) do seu artº 288º, no tocante aos órgãos de soberania, como limite material de revisão constitucional[1172]. Incorporado na Declaração dos Direitos do Homem e do Cidadão de 1789 *como pressuposto da noção de Constituição material do liberalismo e como paradigma de um poder político limitado e não concentrado*, o princípio da separação de poderes

[1172] Em geral e exclusivamente no tocante à sua configuração na ordem constitucional portuguesa: ROGÉRIO SOARES "Direito Público e Sociedade Técnica", Coimbra, 1969, p. 145 e seg.; NUNO PIÇARRA "A Separação de Poderes como Doutrina e como Princípio Constitucional", Coimbra, 1989; JORGE MIRANDA "Manual (...)", III, p. 386 e seg.; PAULO OTERO "Direito Constitucional Português", II, 2010, p. 11 e seg.; ARMANDO MARQUES GUEDES "Separação de Poderes", Verbo, XV, p. 353; MARCELO REBELO DE SOUSA "Manual de Direito Constitucional", Braga, 1979, p. 273 e seg.; REIS NOVAIS "Separação de Poderes e Limites de competência Legislativa da Assembleia da República", Lisboa, 1997; GOMES CANOTILHO-VITAL MOREIRA "Constituição (...)", II, op. cit, p. 44 e seg.

foi sendo tratado ao longo deste Tomo[1173] bem como no § 45 e seg do Tomo I deste "Curso de Direito Constitucional". Por conseguinte, nesta sede, ir-se-á apenas sintetizar alguns dos seus corolários à luz da Lei Fundamental de 1976, tendo em consideração que este princípio, sendo portador de um significado universal de essência dogmática, supõe uma arquitetura variável, que muito depende das características prototípicas de cada Constituição.

509. De acordo com o sentido que deflui do artº111º, o princípio da separação de poderes pode definir-se como um critério axiológico e jurídico de organização do poder político que determina que *cada órgão soberano se deva conter nos limites das competências que lhe são atribuídas, de modo a observar uma repartição funcional de atribuições públicas que respeite, tanto o núcleo essencial da função estadual cometida aos restantes órgãos, como a exigência de uma não concentração nuclear de competências relativas a mais de duas funções no mesmo órgão, como ainda, a existência de controlos interorgânicos que assegurem a respetiva responsabilização.*

510. De acordo com a jurisprudência do Tribunal Constitucional, este principio, para além do seu escopo limitador, desempenha funções de medida, de racionalização, de controlo e de proteção quanto ao exercício dos poderes soberanos (Ac. nº 214/2011).

b) Corolários

511. Do princípio da separação de poderes é possível extrair um conjunto expressivo de consequências jurídicas e políticas das quais se destacam as quatro, que se passa a mencionar.

1º. Critério orgânico de respeito mútuo no exercício de competências

Este critério predica uma exigência de contenção de cada órgão de soberania no âmbito material das competências que lhe são atribuídas, o que supõe, simultaneamente, um dever de respeito pelo estatuto jurídico, funcional e competencial de outros órgãos. Trata-se de uma imposição do nº 1 do artº 111º que se deve conjugar com o nº 2 do artº 110º, que dispõe que a competência dos órgãos de soberania é a definida na Constituição.

A título de exemplo, o Tribunal Constitucional, no Ac. nº 214/2011 relembra que as relações entre a Assembleia da República e o Governo não são relações de *"subordinação hierárquica ou de superintendência"* não podendo, por seguinte a Assembleia constranger o Governo a exercer as sua competências regulamentares mediante instruções ou injunções parlamentares.

[1173] Cfr. § 62, § 63 e seg., § 71, § 80-3ª no plano da sua génese, evolução e incidência.

No domínio funcional os órgãos de soberania não podem, ao exercerem as suas competências, cometer atos de usurpação de poderes, perpetrando incursões e intromissões em atividades do Estado de que não são titulares. Assim, a Assembleia da República, que não é titular da função administrativa com eficácia externa, não pode através da lei esvaziar o conteúdo essencial da competência administrativa do Governo.

Assim, no mesmo Ac. nº 214/2011, o Tribunal Constitucional adverte que a Assembleia da República quando legisla não pode *"usurpar as funções próprias do Governo, designadamente as de direção da administração direta do Estado"*.

Tão pouco podem órgãos de soberania regular competências de outros órgãos da mesma natureza, à margem de credencial constitucional habilitante.

O Tribunal censurou, igualmente, nos Acºs nºs 402/2008 e 403/2009, normas legais do Estatuto Político Administrativo dos Açores. Nestas, o Parlamento procurou limitar as competências constitucionais do Presidente da República, nomeadamente quanto à declaração dos estados de exceção nas regiões e à designação dos representantes da República, mediante a imposição de uma audição regional prévia, quando resulta, dessas competências que as mesmas são exercidas pelo Presidente diretamente a partir da Constituição, sem imediação legislativa.

2º. Critério de repartição nuclear de funções

A cada órgão de soberania deve ser atribuído o núcleo essencial, ou seja, a dimensão identitária indisponível de uma função do Estado[1174]. Essa atribuição deve respeitar a teleologia própria do Estado de direito que liga o exercício de cada função a um órgão típico. Assim, o núcleo da função legislativa deve ser atribuído ao Parlamento, o núcleo da função Administrativa ao Governo e, não apenas o núcleo, mas o exclusivo da função jurisdicional, aos tribunais.

Esta distribuição não inibe, contudo, que:

i) O núcleo da *função política em sentido estrito* possa ser partilhado pelo Presidente da República (que só exerce a função política na qualidade de responsável pelo regular funcionamento das instituições democráticas), pela Assembleia da República (como órgão de fiscali-

[1174] Cfr. Gomes Canotilho "Direito Constitucional (...)" op. cit. p. 553 e seg.; Carlos Blanco de Morais "Curso(...)", I, p. 54

zação política perante quem o Governo é responsável politicamente) e pelo Governo (como órgão de condução política do País);

ii) Componentes não nucleares de uma função do Estado possam ser partilhados por outros órgãos de soberania (como é o caso do exercício da função legislativa que é atribuída, não só ao Parlamento, mas também ao Governo[1175]).

3º Preclusão de concentração de funções numa só instituição

Tendo como desiderato originário excluir uma cumulação das diversas funções do Estado num só órgão (que era o Monarca absoluto), este critério proscreve a atribuição a um mesmo órgão, seja, do *conteúdo nuclear* de mais de uma função do Estado, seja, a nosso ver, de um cúmulo de competências que envolvam mais do que duas funções estaduais.

Se o Governo possuísse, como na Constituição de 1933, o primado real e jurídico das funções administrativa e legislativa, estaria em causa a separação de poderes. E o mesmo princípio estaria, também, comprometido se o Tribunal Constitucional se arrogasse a poderes materialmente legislativos ou administrativos, exercidos sob a capa da função jurisdicional, seja através de sentenças de revisão constitucional, seja por força de sentenças substitutivas, seja mediante o uso desmedido e banalizado de juízos de ponderação e de "razoabilidade" prolatados ao abrigo do princípio da proporcionalidade.

4º. Responsabilidade política mediante submissão a controlos inter-orgânicos

O nº 1 do artº 111º refere-se à *"interdependência de poderes"*, à qual Tribunal Constitucional se reporta como a "dimensão negativa" do princípio da separação de poderes. Ela envolve uma exigência de colaboração e controlo entre os órgãos de soberania no exercício das suas competências.

Os órgãos não agem isoladamente, mas realizam, no quadro dos poderes funcionais que lhe são atribuídos, divisões de tarefas, travando igualmente relações fiduciárias, as quais envolvem uma leal colaboração institucional. Por outro lado existem mecanismos de fiscalização que se destinam a precludir abusos políticos e violações jurídicas e a assegurar formas de responsabilidade por essas mesmas disfunções.

[1175] O Parlamento domina a componente nuclear da função legislativa pois é titular do seu primado, legislando reservadamente sobre matérias mais relevantes e condicionando e controlando o exercício da função legislativa do Governo (cfr. sobre o primado parlamentar o § 522 e seg. do Tomo I do Curso de Direito Constitucional).

Uma imensa rede de controlos interorgânicos corporiza a interdependência de poderes como forma de comunicação dinâmica entre os órgãos de soberania, formalizada, essencialmente, através das funções política e jurisdicional[1176]

Como se observará neste escrito, no tempo presente, as maiores dúvidas que pairam sobre a observância deste princípio são oriundas da função jurisdicional, nomeadamente quando tribunais constitucionais não resistem à tentação de escrutinarem o mérito das políticas públicas do legislador, ao abrigo de juízos de validade.

O debate sobre a atualidade do princípio da separação de poderes vacila, portanto, entre:

i) A sua recomposição dogmática à luz do reconhecimento de eventuais faculdades substitutivas do legislador pelos tribunais constitucionais (em caso de omissão inconstitucional ou em caso de adoção de leis desproporcionadas na restrição a direitos fundamentais)[1177];
ii) E a travagem política de concentrações excessivas de poderes nesses órgãos, mediante remédios processuais a fixar na lei e na própria Constituição.

B. Princípio democrático

a) Noção

512. O princípio democrático, na sua vertente estruturante, encontra-se estritamente ligado ao valor da democracia política, *que postula que a designação dos governantes, como titulares do poder político, deriva do consentimento expresso pela vontade dos governados, em regra com o estatuto de cidadãos, mediante um sufrágio eleitoral livre, competitivo, periódico, igual, pluralista e com equivalência de opções*[1178].

[1176] Cfr § 30 e seg e § 46-4ºdo "Curso de Direito Constitucional", Tomo I.

[1177] Atribuídas ao abrigo da efetividade direta das normas da Constituição.

[1178] Gomes Canotilho "Direito Constitucional(...)" op. cit, p. 287; Jorge Miranda "Ciência Política, Formas de Governo", Lisboa, 1992, p. 157; Paulo Otero "Direito Constitucional (...)", II, op. cit, p. 77 e seg.; Maria Lúcia Amaral "A Forma da República" op. cit p. 191 e seg.; Marcelo Rebelo de Sousa "Os Partidos Políticos no direito Constitucional Português", Braga, 1983; Ricardo Leite Pinto "Democracia Pluralista Consensual", ROA, 1989, p. 263 e seg.; Afonso Oliveira Martins "Legalidade Democrática e Legitimidade do Poder Político", AAVV "Perspetivas Constitucionais", II, Org Jorge Miranda, p. 1997, p. 577 e seg.; Alexis de Toqueville "De la Democracie en Amerique", Paris, Ed 1951; Seymour

Este princípio encontra-se refletido em numerosas disposições da Lei Fundamental, sem prejuízo de merecerem destaque dois preceitos que condensam a sua incidência no Regime político instituído. Trata-se do artigo 2º da CRP quando declara que a República Portuguesa é um *"Estado democrático de direito baseado na soberania popular, no pluralismo de expressão e organização política democráticas"* enquanto conjugado com o nº 1 do artº 10º que prescreve que o *"povo exerce o poder político através do sufrágio universal, igual, direto, secreto e periódico"* bem como *"do referendo"* e ainda com o nº 2 do mesmo artigo, o qual reconhece que os *"partidos políticos concorrem para a organização e para a expressão da vontade popular"*.

Por conseguinte, o sufrágio universal, com as características expostas, e que constitui o procedimento que instrumentaliza o ato eleitoral onde a vontade popular se exprime, constitui limite material de revisão da constituição (alínea h) do artº 288º).

b) Corolários do princípio democrático

513. Da definição dada ao princípio em epígrafe, a partir das duas disposições referidas no parágrafo precedente, é possível extrair cinco corolários essenciais.

1º. *O princípio democrático*, sem prejuízo de outros sentidos complementares ou adornos laterais[1179], *exprime-se, nos termos do artigo 10º da CRP, através da democracia representativa e, subsidiariamente, da democracia referendária.*

A *democracia representativa* é um método de decisão coletiva que legitima procedimentalmente os órgãos do poder, na medida em que os seus titu-

LIPSET "Some Social Requisites of Democracy: Economic Development and Political Legitimacy", 1 *"The American Political Science Review*, Vol. 53, No. 1 (Mar., 1959), p. 69-105; R. DHAL "Democracia", Lisboa, 1999; R. DAHL "La Poliarquia" in ROBERT DHAL "Preface to Democratic Theorie" in "Diez Textos Básicos de Ciencia Politica", Barcelona, 1992; p. 77 e seg; HANS KELSEN "A Democracia", S. Paulo, 1993; CARL SCHMITT "Legalité et Legitimité" in "Du politique", Paris, 1990, p. 39 e seg.; MARTIN KRIELE "Introdução à Teoria do Estado" op. cit, p. 354 e seg e 413 e seg.; BOCKENFÖRDE "Stato Costituzione, Democrazia", op. cit, p. 377 e seg.; GIOVANNI SARTORI "Teoria de la Democracia", I e II, Madrid, 1987; ANNA PAPPA "La Rappresentanza Politica", 1998, Napoli; GUISEPPE UGO RESCIGNO "Democrazia e Principio Maioritario", "Quaderni Costituzionali", 2, Bologna, 1994, p. 188; ALBERTO OLIET PALÁ ""Liberalismo y Democracia in Crisis", Madrid, 1994; MANOEL GONÇALVES FERREIRA FILHO "A Democracia Possível", S. Paulo, 1972; PAULO BONAVIDES "Curso de Direito Constitucional" op. cit. p. 508 e seg.

1179 Tais como as noções de "democracia participativa" e "democracia económica, social e cultural", extraídas do artº 2º da CRP.

lares recebem, direta ou indiretamente, um mandato eleitoral do povo para agirem politicamente em sua representação e com autonomia em relação a quem os elegeu[1180]. No fundo a democracia representativa permite ao povo decidir quem serão os decisores, durante um período de tempo determinado[1181]. Ela encontra-se regulada por numerosas normas constitucionais, das quais se destaca os artºs 113º, 114º, 116º, 117º, 118º, 120º, 122º a 126º, 147º a 155º, 187º, 131º, 235º e alíneas h) e i) do artº 288º.

A *democracia referendária* assume natureza semi-direta[1182], pois opera mediante uma iniciativa e uma posterior convocação, resultantes de decisões oriundas de órgãos representativos, seguida de um ato de votação popular que condensa a expressão direta da vontade cidadã. O seu caráter subsidiário em relação à democracia representativa deriva da natureza extraordinária da sua consecução e dos limites que a Constituição coloca ao respetivo objeto material e efeitos vinculativos (cfr artº 115º da CRP). Isto, sem prejuízo do grande impacto político das suas decisões, mesmo quando não atingem o número suficiente de votos expressos para se tornarem vinculativas[1183].

2º. O *princípio democrático, nas duas vertentes expostas, é o fundamento do regime político.*

O regime político envolve um modelo de exercício do poder cuja legitimidade é materialmente justificada num princípio ideológico ou doutrinal. No presente caso é o valor da democracia, que opera como fonte legitimadora do regime democrático.

Esse valor, que é o objeto do princípio democrático entendido no seu sentido amplo, significa, na sua essência, que os "mais devem governar os menos"[1184]. Aqueles que obtiverem maior preferência do eleitorado[1185], traduzida em mandatos, têm, em princípio, legitimidade para governar ou para deliberar. É o facto de as vontades agregadas serem iguais entre si, que confere ao princípio um valor jurídico qualificado à luz da justiça material.

[1180] Luís Cabral Moncada ("Filosofia do Direito e do Estado", I, op. cit, p. 199) refere que a representação é uma forma de tornar presente um povo que não pode diretamente governar.

[1181] G. Sartori "Teoria de La Democracia", I, op. cit.p. 179.

[1182] Cfr. Carlos Blanco de Morais "O Sistema Político", Coimbra, 2017, p. 71 e seg. 90 e seg. e 93 e seg. e "Curso de Direito Constitucional", op. cit, p. 99 e seg.

[1183] Carlos Blanco de Morais "Curso (...)" op. cit, p. 105.

[1184] G. Ugo Rescigno "Democrazia e Princípio Maioritario" op. cit, p. 191; Robert Dhal "Preface to Democratic Theorie" op. cit, p. 81 e seg.

[1185] Carl Schmitt "Teoria de La Constitución" op. cit, p. 231.

Isto porque a prevalência da opção, ou candidatura, que obteve uma maior soma de magnitudes homogéneas faz, à luz da racionalidade e do sentido do justo[1186], muito mais sentido do que a opção contrária em que aqueles que sejam objeto de uma menor procura e obtenham menor confiança do povo, pudessem impor-se aos demais, no processo público de decisão.

É evidente que o princípio democrático, sem o reconhecimento da repetibilidade de eleições e dos direitos das oposições, como componente medular do pluralismo político, não mais seria do que um despotismo maioritário. A Constituição é clara ao reconhecer estatuto e direitos às minorias políticas (nºs 2 e 3 do artº 114º) e ao incluir a periodicidade do sufrágio e o direito de oposição democrática como limites materiais de revisão constitucional (respetivamente alíneas h) e i) do artº 288º da CRP).

3º. *As candidaturas às instituições representativas parlamentares, estadual e regional, são exclusivamente apresentadas pelos partidos políticos,* sem prejuízo de as respetivas listas poderem integrar cidadãos não filiados nesses partidos (nº 1 do artº 151º da CRP). Já para a Presidência da República e para os órgãos autárquicos podem concorrer cidadãos, fora de candidaturas partidárias

Existe, deste modo, para o exercício de funções de representação em órgãos colegiais na esfera de atividades político-legislativas, um monopólio partidário, assumindo os partidos, como associações privadas, uma função central na organização e expressão pública da vontade popular (nº 2 do artº 10º da CRP). Essa função envolve a observância de um conjunto de requisitos e exigências constitucionais, bem como um escrutínio jurisdicional da sua organização e gestão democrática interna, bem como das suas contas e financiamento, significando a referida limitação da sua autonomia, uma contrapartida pela exclusividade de que gozam na representação parlamentar (artº 51º da CRP). A publicização do regime destas associações privadas resulta do estatuto constitucional privilegiado que a Lei Fundamental de 1976 lhes outorga e que implica, inclusivamente, que o pluralismo de expressão e organização política, incluindo os partidos, constitua limite material de revisão constitucional (alínea i) do artº 288º da CRP).

Esta *oligopolização* partidária, tendo como vantagem a garantia da disciplina parlamentar e a consequente governabilidade, possui o inconveniente de criar distâncias perturbadoras dos eleitos em relação aos eleitores e alienar uma parte dos cidadãos em relação à participação política, na medida

[1186] RICARDO C. RODRIGUEZ "La Regla y el Princípio Maioritario", Madrid, 1993, p. 148 e seg.

em os mesmos não se revejam nos partidos do sistema, nas suas práticas não meritocráticas de seleção das lideranças e das candidaturas parlamentares, no aparelhismo da escolha das chefias intermédias, e na "cortina de ferro" que os diretórios partidários criam contra personalidades independentes, novas formações e novas iniciativas oriundas da sociedade civil.

4º *A forma de escrutínio proporcional foi consagrada como o método-base do sistema eleitoral para o Parlamento nacional, parlamentos regionais e poder local,* porque, no entendimento do constituinte é a que traduz, com maior fidelidade, na conversão de votos em mandatos, a expressão representativa da vontade democraticamente expressa dos cidadãos em atos eleitorais para esses órgãos[1187]. Por isso mesmo, o sistema de representação proporcional foi erigido a limite material de revisão constitucional (alínea h) do artº 288º da CRP).

Sem embargo, o nº 1 do artº 149º da CRP remete para lei reforçada a possibilidade de, a par de deputados à Assembleia da República eleitos proporcionalmente em círculos eleitorais plurinominais, poderem ser eleitos, igualmente, deputados em círculos uninominais a instituir.

5º. *O critério maioritário de decisão é, nos órgãos colegiais, a expressão metódica do princípio democrático para a tomada de deliberações.* Com efeito, existe uma necessária relação de congruência entre o valor da democracia, como "governo da maioria", o sistema representativo e um método de tomada de decisões que reflita, direta ou indiretamente, a prevalência das opções que representem, o maior número de adesões.

O critério maioritário assenta na maioria simples ou relativa, como a menor das maiorias, já que logra agregar a axiologia inerente ao princípio democrático, à opção pragmática da governabilidade e ao imperativo de preclusão do risco de paralisação do processo de decisão, que ocorreria no caso de se exigir uma maioria mais elevada[1188].

O nº 3 do artº 116º da CRP consagra este critério como o método angular de decisão dos órgãos colegiais, sem prejuízo de a Constituição, regimentos e atos legislativos, conforme os casos, poderem prever maiorias diferentes[1189].

[1187] Isto, sem prejuízo de um sistema maioritário (a uma ou a duas voltas) ser igualmente expressão da democracia, pese o facto de a sua arquitetura constrangedora do voto, destinada a favorecer maiorias estáveis e a governabilidade, implicar uma redução da representação das forças de oposição com menos expressão eleitoral.

[1188] Carlos Blanco de Morais "As Leis Reforçadas" op. cit, p. 961.

[1189] Tratando-se de atos legislativos, as maiorias de aprovação constituem reserva de Constituição por força do princípio da tipicidade da lei (cfr. artº 168º e nº 5 do artº 112º da CRP).

C. *Princípio do Estado unitário: remissão*

514. O artº6º da CRP define a forma territorial da República Portuguesa qualificando-a de Estado unitário. *Tal significa que na ordem jurídica interna existe unicidade do poder constituinte e, por conseguinte, uma só Constituição, regendo-se as coletividades territoriais autónomas por formas de descentralização previstas na mesma Constituição e na lei*[1190].

O "princípio da unidade do Estado", que no nosso entender abrange, no plano lógico e semântico, a sua estrutura unitária, constitui um limite material de revisão da Lei Fundamental (alínea a) do artº 288º). Ainda assim, o mesmo preceito reconhece um regime de autonomia político-administrativo às regiões insulares da Madeira e dos Açores (regionalização periférica) e a autonomia administrativa das autarquias locais (nºs 1 e 2 do artº 6º da CRP).

A natureza do Estado e a regionalização político-administrativa são tratadas com maior detenção no Tomo I deste "Curso de Direito Constitucional"[1191].

D. *Princípio do Estado social*

515. O princípio do Estado social pode ser retirado do artº 2º da CRP que determina que a República Portuguesa, como Estado de direito democrático, visa *"a realização da democracia económica, social e cultural"*. Trata-se de um dos fins políticos da República que é concretizado na alínea d) do artº 9º que estabelece como tarefa do Estado, a promoção do *"Bem-estar e a qualidade de vida do povo e a igualdade real entre todos os portugueses, bem como a efetivação dos direitos, económicos, sociais, culturais e ambientais, mediante transformações e modernização das estruturas económicas e sociais"*. Em consequência, todas as obrigações prestacionais do Estado em matéria de direitos sociais, enunciadas no Titulo III da Parte I, constituem uma irradiação concretizadora deste princípio.

[1190] Em geral, na ordem jurídica portuguesa, CARLOS BLANCO DE MORAIS "A Autonomia Legislativa Regional", Lisboa, 1993 e "O défice Estratégico da Ordenação Constitucional das Regiões Autónomas", ROA, 2006, p. 1153 e seg.; MARCELO REBELO DE SOUSA "A Proibição de Partidos Regionais", "Direito e Justiça", 1996, p. 73 e seg.; RUI MEDEIROS-JORGE PEREIRA DA SILVA "Estatuto Politico-Administrativo dos Açores, Anotado", Lisboa, 1997; MARIA LÚCIA AMARAL "A Forma da República" op. cit, p. 359 e seg.; JORGE MIRANDA "Manual (...)", II, op. cit, p. 301 e seg.; GOMES CANOTILHO "Direito Constitucional (...)" op. cit. p. 359 e seg.

[1191] Cfr CARLOS BLANCO DE MORAIS "Curso (...)" I, § 652 e seg.

Em suma, o Estado, para além das funções de soberania e de tutela dos direitos de liberdade, é investido num estatuto *político interventor de promoção da igualdade material entre os cidadãos, de assistência aos mais desfavorecidos e de criação providencial de sistemas gestionários públicos de prestações sociais e culturais*[1192].

516. O princípio do Estado social, pese o facto de se afirmar como reflexo do princípio da dignidade da pessoa humana não é, contudo, pressuposto constitutivo do Estado de direito, mas sim um complemento relevante deste último. Por isso mesmo, tão pouco se encontra protegido com o mesmo nível garantístico do sistema de direitos de liberdade, não integrando, por exemplo, os limites explícitos de revisão constitucional no artº 288º da CRP.

Existe, contudo, uma dimensão nuclear do Estado social que pode ser considerada um limite implícito de revisão, já que, se todos os direitos sociais fossem removidos da Constituição esta perderia um dos seus elementos identitários, deixando de ser a mesma. Existe uma *cláusula social implícita*, integrada por obrigações com *um conteúdo nuclear no domínio dos direitos de segurança social, saúde* e *educação* que assumem uma natureza impostergável e não são passíveis de ablação absoluta mediante uma reforma da Lei Fundamental (infra § 614).

2.6. Nota complementar sobre a natureza e operatividade das regras e dos princípios constitucionais

2.6.1. *As regras constitucionais*

A. *Natureza e função*

517. Repegando no conceito de regra constitucional utilizado (cfr. supra, § 462) e decompondo os seus elementos, podemos destacar nesse tipo de norma:

i) A sua natureza jurídica de *mandato de definição;*
ii) O conteúdo tendencialmente determinado e vinculativo do seu comando jurídico, no que tange aos termos da adoção de uma conduta normativamente descrita.

518. As regras são *mandatos de definição*, ou seja comandos que descrevem com um nível adequado de densidade reguladora e imediatividade, uma

1192 Relativamente a alguma bibliografia sobre o Estado Social vide nt 223, 235 e 240.

conduta a ser obrigatoriamente adotada ou de um poder a ser exercido, mediante a formulação de permissões, proibições ou obrigações.

Elas envolvem a descrição das condições e termos de um comportamento devido ou a fixação de um poder, que devem ser, respetivamente, cumpridos ou exercidos a título definitivo, tal como se encontram nelas enunciados, com ressalva para exceções contidas nas próprias regras ou em regras conexas. Contêm, por conseguinte, um domínio de previsão (componente descritiva) e um domínio de prescrição ou estatuição (que envolve um comando que torna obrigatória a adoção ou a proibição de uma conduta ou que habilita o exercício de uma competência).

Independentemente do seu maior ou menor grau de generalidade ou abstração, as regras em sentido estrito são suficientemente determinadas na definição ou concretização de uma conduta ou de uma faculdade de ação para delas se poder extrair uma solução de decidibilidade[1193].

519. *Nem todas as regras se revêm em princípios.* Quando o artº 122º da CRP determina que são elegíveis cidadãos maiores de 35 anos, ou o artº 124º prescreve que as candidaturas para presidente da República são propostas por um mínimo de 7.500 eleitores, ou ainda quando o nº 2 do artº 197º estabelece que a aprovação pelo governo de acordos internacionais reveste a forma de decreto, essas disposições não refletem a incidência direta (ou mesmo indireta) de princípios.

Ainda assim, uma larga maioria de regras da Lei Fundamental reconduzem-se ao enunciado de princípios constitucionais que são normas dotadas de uma elevado grau de indeterminação, abrangência e conteúdo axiológico.

520. A partir do elevado grau de densidade reguladora da regra emergem critérios definidos de decisão sem os quais não existiria segurança jurídica, nem a resolução dos problemas e necessidades da coletividade. Uma Constituição puramente principiológica não regularia estatuto político e social algum, geraria incerteza, falharia no seu escopo limitador e garantístico e transferiria a decisão jurídico-pública sobre as áreas que regula para os poderes constituídos, com relevo para o legislador e os tribunais.

[1193] O seu caráter descritivo torna o conteúdo do respetivo comando bastamente inteligível para poder ser direta e imediatamente cumprido (regras auto-aplicativas ou exequíveis por si próprias) ou para ser diretamente cumprido quando se reunirem as condições fáticas ou jurídicas estabelecidas na mesma regra (regras precetivas não exequíveis por si próprias).

As regras, independentemente do seu caráter justo, têm, tal como afirmam alguns autores[1194] *"a função de pré-decidir o meio de exercício do poder"*, num contexto de previsibilidade, afastando situações de incerteza. Elas põem termo a conflitos de ordem ideológica, teológica, social e moral que rodeiam certas situações problemáticas, eliminando quadros de insegurança, desigualdade e arbitrariedade que muitas vezes resultam de enfrentamentos fluidos entre valores e princípios, através da seleção de uma dada opção[1195].

B. Colisões entre regras constitucionais

521. Não existindo na ordem constitucional portuguesa relações de hierarquia formal entre normas e, por conseguinte, entre regras, tal não significa que não existam critérios implícitos e explícitos que determinem relações de precedência entre as mesmas regras.

522. Assim, no âmbito das *relações lógicas* entre regras constitucionais, no contexto do *critério da cronologia,* as regras mais recentes, aprovadas mediante um processo de revisão constitucional revogam as mais antigas, salvo se violarem princípios que protejam as segundas, na qualidade de limites materiais de revisão constitucional.

Por outro lado, à luz do *princípio da especialidade* (artº 7º do CC), as regras especiais prevalecem aplicativamente sobre as de caráter mais geral, o mesmo sucedendo com as regras excecionais em face das que assumirem uma maior generalidade (cfr. nº 3 do artº 282º em face do disposto no nº 1, relativamente à ressalva do caso julgado em relação aos efeitos retroativos das declarações de inconstitucionalidade).

523. A desaplicação de regras constitucionais já ocorreu, no limite, da prevalência de outra regra implícita, extraída de um princípio constitucional mediante uma operação concretizadora. Trata-se de uma situação excecional e juridicamente controvertida que desafia as relações lógicas entre normas.

[1194] HUMBERTO ÁVILA "Teoria dos Princípios" op. cit, p. 113.

[1195] A seleção de uma dada opção exclui outras razões ou opções alternativas, sendo semelhante exclusão juridicamente válida porque decidida por quem tem legitimidade para escolher: o povo, como titular do poder constituinte, ou as autoridades parlamentares investidas no poder de revisão constitucional.

C. *Eficácia das regras: remissão*

524. As regras constitucionais de conduta ou de poder dispõem de eficácia direta, a qual pode ter expressão em termos de vinculação imediata, salvo se as mesmas reclamarem a emissão de direito infraconstitucional para se tornarem exequíveis (cfr infra, § 448 e seg.).

2.6.2. *Princípios normativos*

A. *Natureza e atributos*

525. Do conceito de princípio constitucional a que se fez referência supra (supra, § 462), ressaltam as seguintes componentes:

i) Enunciado jurídico de um valor político ou moral ou de um interesse público qualificado;
ii) Elevado nível de indeterminação conteudística;
iii) Promoção de um fim de caráter ideal a ser atingido mediante um mandato de otimização dirigido aos poderes públicos.

526. Como *enunciado jurídico,* o princípio constitucional consiste numa proposição sintética pela qual a Constituição atribui a um valor ou a um interesse público qualificado o carácter de padrão jurídico merecedor de respeito e adesão.

A identificação e a graduação dos valores dependem da formulação de juízos de estimação da sua relevância, fundados em critérios de ordem diversa, que são os critérios de concretização e balanceamento axiomático. Através destes critérios de valoração é possível determinar, num quadro de hierarquia abstrata, se um determinado bem fundamental, como a vida humana, assume natureza absoluta ou se, num quadro comparativo concreto entre dois valores, acaba por ceder (*relativizando-se*). Veja-se neste último caso a questão de se saber se o matrimónio tradicional, como relação estável entre pessoas do sexo diferente é mais relevante, ou seja, "vale mais", do que a autodeterminação individual na escolha plena de parceiros nas relações conjugais e coabitativas. Quando se atribui a uma dada realidade um valor em sentido positivo, está-se, como lembra SCHMITT, necessariamente a atribuir um desvalor a uma realidade oposta ou contrária, a qual fica associada a uma ideia de "mal" ou de referência negativa.

O maniqueísmo social, moral, religioso e político das sociedades humanas sempre envolveu a adoção de valores e desvalores coletivos, padrões de referência centrados no bem e no mal. Mesmo com o advento do liberalismo e do Estado social, onde o relativismo axiológico passou a ganhar espaço nas sociedades modernas e nos poderes públicos, os valores continuam a marcar a vida social e política, embora num quadro de transformação permanente. Pese a sua expressiva estabilidade, bens fundamentais que durante muito tempo foram tidos como valores passaram nas sociedades liberais a ser confrontados com uma expressiva contestação, relativização, desgraduação ou tentativa de substituição, por vezes por valores negativos com os quais se contrapunham.

527. O mundo dos valores penetra no direito, fundamentalmente, através de princípios jurídicos.

Tal como é referido doutrinariamente[1196], enquanto os valores pertencem estritamente a um universo axiológico, os princípios ao corporizarem dimensões desses valores adicionam uma componente deôntica ligada ao "dever ser". O bem axiomático, desde que corporizado em princípio constitucional passa, igualmente, a ascender a um "status" jurídico, transformando-se em "bem jurídico"[1197].

O *princípio constitucional* incorpora, por regra, dimensões diversas de um valor, *confere-lhe sumariamente um determinado sentido ou leitura e atribui-lhe*

[1196] Robert Alexy ult. loc cit, p. 147.

[1197] A independência constitui um bem ou valor. Contudo, quando o nº 1 do artigo 3º da CRP proclama que um atributo de poder inerente à mesma independência, que é a soberania, é "una e indivisível", consagra a partir de uma componente desse valor, um princípio, que é o princípio da unidade e indivisibilidade da soberania. O enunciado desse princípio expresso numa afirmação categórica sobre a qualidade da República Portuguesa, e os respetivos poderes de autoridade, têm consequências jurídicas e exprime um padrão imperativo de conduta. Dele se extrai o entendimento segundo o qual são inválidos os atos jurídico-públicos (neles compreendidos os atos de revisão constitucional) que coloquem em causa a independência nacional, que consagrem estatutos do poder, a título nacional ou local, suscetíveis de potenciar conflitos e disjunções entre poderes soberanos concorrentes e quadros de anomia em que os poderes de autoridade validamente expressos possam ser desacatados sem sanção.
A dignidade do ser humano constitui um valor teológico e moral de raiz cristã, mas por si só não constitui uma realidade jurídica nem vincula o poder político. Contudo, a sua consagração no artº 1º da CRP, o qual determina que a República Portuguesa é *"baseada na dignidade da pessoa humana"* envolve a respetiva conversão em princípio com muitas refrações jurídicas, explícitas noutros preceitos (direito à vida, à integridade pessoal, à identidade pessoal, ao bom nome, à imagem e à liberdade) ou mesmo implícitas, como é o caso do "mínimo existencial", cláusula que o Tribunal Constitucional extraiu do referido princípio e associou a uma obrigação do Estado social e que utilizou como parâmetro de juízos de inconstitucionalidade de normas (Cfr. Acórdão nº 509/2002 (relativo ao rendimento social de inserção) e Ac. nº 187/2013 (o qual respeita à contribuição sobre os subsídios de doença e desemprego).

caráter jurídico, ao impor a observância imperativa de alguns desses mesmos sentidos, explícitos ou implícitos.

528. Certo é que os princípios podem assumir diferentes níveis de densidade. Por exemplo, o princípio da dignidade da pessoa humana nos termos expostos no artº 1º, o princípio da universalidade previsto no nº 1 do artº 12º ("todos os cidadãos gozam dos direitos e estão sujeitos aos deveres consignados na Constituição") e os princípios da "Justiça" e da "boa fé" que, nos termos do nº 2 do artº 266º da CRP, devem vincular a Administração Pública, são enunciados indeterminados e juridicamente pouco densos.

Já outros princípios envolvem enunciados mais precisos e densos no plano prescritivo, ao ponto de se assemelharem a verdadeiras regras, como é o caso do princípio da legalidade penal nas sua dimensão de proibição da retroatividade da lei incriminadora (nº 1 do artº 29º), o qual reza que *"Ninguém pode ser sentenciado criminalmente senão em virtude de lei anterior que declare punível a ação ou a omissão (...)"*.

Temos, ainda, a nível intermédio, princípios que, depois de enunciarem em abstrato um dado valor, são acompanhados ou assistidos por regras de conteúdo aberto que cobrem certas dimensões garantísticas: é o caso do nº 2 do artº 13º relativo à esfera de proteção do princípio da igualdade, que proíbe discriminações positivas ou negativas infundadas, em razão do sexo, raça, língua ou outros fatores que são, exemplificativamente, enumerados.

Noutros casos, finalmente, pese o facto de o princípio ser enunciado através do simples uso de uma fórmula referencial, desprovida de precisão sobre o seu conteúdo, ele assenta numa relação de sentido muito precisa e especialmente densa, em razão de uma doutrina e de uma jurisprudência consolidadas ("direito constitucional vivente"), as quais fornecem métodos e paradigmas de aplicação do referido princípio às diversas situações problemáticas. É o exemplo do *princípio da proporcionalidade* (nº 2 do artº 18º, nº 4 do artº 19º e nº 2 do artº 266º da CRP) e do *princípio da privacidade* (ínsito no nº 1 do artº 26º da CRP).

529. Tal como se antecipou, os princípios não se resumem a valores, podendo corporizar outros bens, radicados em *interesses públicos qualificados*. Assim, sem prejuízo da sua raiz católica, o princípio da subsidiariedade no quadro das relações internas entre pessoas coletivas territoriais (nº 1 do artº 6º) envolve juízos de proximidade e eficiência que não assumem uma dimensão axiológica, mas uma vertente política e técnica (cfr, Tomo I deste Curso).

530. Outra característica dos princípios reside no *elevado nível de indeterminação* do seu enunciado normativo.

Essa indeterminação tem uma essência relacional, já que supõe uma operação comparativa com o conteúdo das regras constitucionais. Um princípio é, não apenas, necessariamente geral (indeterminação de destinatários) e abstrato (indeterminação de situações aplicáveis) como, também, o grau dessa indeterminação é muito mais expressivo do que aquele que ordinariamente marca as regras[1198]. Tal como evidencia HART, os princípios, face às regras, são mais extensos e menos específicos e assentam na obrigação de realização ou de prossecução de um fim, sustentado num valor ou interesse qualificado[1199]. Se é um facto que as regras estão vinculadas a fins e prosseguem determinados interesses, os princípios são, em sentido próprio, *normas-fim* e enunciados de valores, pelo que as regras constitucionais se reconduzem, frequentemente, aos bens jurídicos ou interesses previamente revelados pelos princípios[1200].

[1198] Sendo certo que estas, sendo usualmente gerais e abstratas, podem igualmente revestir a natureza de comandos individuais e concretos (tal como sucede com as derrogações constitucionais e as disposições transitórias da Constituição ou de leis de revisão constitucional).

[1199] HERBERT HART "Postscriptum" op. cit, p. 322.

[1200] Assim, o valor da Justiça supõe a sua garantia e realização através do princípio constitucional da tutela jurisdicional efetiva enunciado no artº 20º da CRP. Contudo, no domínio do contencioso administrativo o disposto no nº 4 e no nº 5 do artº 268º dispõe-se garantir a tutela jurisdicional administrativa dos administrados através de diversas regras de conteúdo aberto, tais como a ação de reconhecimento de direitos, a impugnação de quaisquer atos que lesem direitos ou interesses independentemente da sua forma, a adoção de providências cautelares e a impugnação de normas administrativas. A regra que determina a adoção de providências cautelares não enuncia um valor ou interesse público qualificado, nem é uma norma-fim, não podendo, como tal ser classificada como um princípio. Ela constitui uma concretização normativa do princípio da tutela jurisdicional efetiva concorrendo para o fim que ao mesmo preside (criação de meios processuais junto dos tribunais que defendam com efetividade os direitos e interesses dos cidadãos) bem como para o valor ou bem jurídico que aquele princípio encerra e que consiste na prossecução do ideal de Justiça. Como é óbvio a regra relativa ao reconhecimento constitucional das providências cautelares é uma regra dotada de grande generalidade e abertura que carece de concretização por outras regras sub-constitucionais, de valor legal. Todavia ela possui dimensões auto-aplicativas, no sentido de tornar inválidas leis ordinárias que proscrevam providências cautelares em certos processos administrativos ou que diminuam a tal ponto a efetividade dessas providências que comprometam a sua utilidade constitucional.

O maior nível de indeterminação de um princípio constitucional deriva do facto de, tal como reconhece ALEXY[1201], este constituir *uma razão básica* para uma prescrição concreta de dever ser, *mas não a razão definida e definitiva* para o sobredito juízo de dever ser, o qual deve estar contido num critério de decisão determinado ou definido, ou seja, numa regra. Os princípios não são, nesta linha, razões definitivas ou directrizes: são razões ordenadoras "prima facie" ou justificações dessas diretrizes[1202].

Os princípios enunciam, mais ou menos vagamente, um estado ideal de coisas que deve ser atingido, sem que defina os meios que deverão ser utilizados para preencher os fins neles enunciados[1203], meios que devem ser concretizados mediante regras constitucionais e infra-constitucionais. Essa indeterminação permite-lhes irradiar e projetar-se para uma pluralidade de situações e de ser interpretados à luz de visões jurídica e politicamente distintas que vão variando "ao longo do tempo e das circunstâncias[1204]".

De qualquer forma, quanto mais vago for o princípio e menos específico o fim que visa prosseguir[1205]*, menos controlável será a sua realização; maior a discricionariedade que potencialmente confere aos tribunais para o concretizar através de parâmetros da sua lavra; maior o nível de subjetividade na sua interpretação; menor o grau de segurança jurídica na realização do direito; e menor, também, sobretudo quando a concretização jurisprudencial for escassa, será a aptidão do mesmo princípio para operar como norma de controlo intenso de validade das leis ordinárias*[1206].

531. Finalmente os princípios são definidos por autores como ALEXY, como *mandatos de otimização,* ou seja *"ordenam que algo deve ser realizado na*

1201 ROBERT ALEXY ult. loc cit, p. 103.

1202 Daí que no enunciado do princípio possam caber diversas regras constitucionais de sentido contrário. Diversamente do que afirma a generalidade da doutrina do processo penal e o próprio Tribunal Constitucional, no princípio da presunção de inocência, tanto pode caber uma regra que consagre o direito ao silêncio do arguido, quer a regra contrária, segundo a qual, o silêncio pode ser valorado como admissão tácita dos factos de que o arguido é acusado. Os princípios consagram, assim, orientações não definitivas que podem ser desbancadas por razões opostas, contidas noutros princípios ou em regras, tal como se verá.

1203 HUMBERTO ÁVILA ult. loc cit, p. 101.

1204 JORGE MIRANDA "Manual (...)", II, op. cit. p. 252.

1205 Vide as formulações inerentes aos princípios da dignidade da pessoa humana, da justiça e da boa fé, na Constituição Portuguesa, e da "moralidade" na Constituição brasileira.

1206 Isto, na medida em que os princípios em causa podem ser densificados interpretativa e integrativamente através das mais diversas opções normativas, impedindo os cidadãos e operadores de calcular razoavelmente o desfecho dos processos jurisdicionais

maior medida do possível, tendo em conta as possibilidades jurídicas e fáticas"[1207]. Os princípios, diversamente das regras que se aplicam a uma situação razoavelmente definida, assumem um caráter "não conclusivo", porque:

i) Não obrigam a uma decisão, mas fundamentam ou justificam regras constitucionais que assumem esse caráter *ou afirmam, antes, uma razão que posterga ou invalida uma decisão*;

ii) Podem ser afastados por regras constitucionais ou por princípios da Constituição que num dado cenário de colisão tenham maior peso.

B. Funções

532. Na ordem constitucional os princípios desempenham diversas funções, das quais cumpre destacar quatro:

i) *Função identitária:* todo o travejamento de uma dada ordem constitucional assenta em princípios que identificam a matriz do regime político, o sistema de governo, o modelo económico, a ideia de sociedade e o sistema de direitos fundamentais e tarefas prioritárias do Estado. Alguns deles assumem *natureza fundamental*, ao refletirem a ideia de direito fundacional ditada pelo poder constituinte;

ii) *Função "normogenética"*[1208]: ao enunciarem valores e interesses públicos qualificados orientados para um fim geral, os princípios assumem-se como substrato material de fundamentação ou justificação de regras constitucionais e infra-constitucionais, as quais envolvem diversos graus de concretização e que podem apontar para soluções diversas (e até contrárias);

iii) *Função integradora:* a abertura das normas de princípios permitem-lhes operar como elementos de aglutinação da diversidade que inere à coletividade estadual, acomodando compromissos e conflitos[1209]; traçando o travejamento agregador do ordenamento através de exigências de coerência e unidade; estabelecendo critérios de solução de problemas e não previstos[1210]; e conferindo um sentido de unidade a outros princípios mais específicos e a regras de direito[1211];

[1207] Robert Alexy ult. loc cit, p. 99.
[1208] Gomes Canotilho, ult. loc cit.
[1209] Gomes Canotilho, ult. loc cit, p. 1163.
[1210] Jorge Miranda, ult. loc cit, p. 254.
[1211] Humberto Ávila, ult. loc cit, p. 97 e seg.

iv) *Função interpretativa*: os princípios fornecem critérios clarificadores para a interpretação de outras normas constitucionais e subconstitucionais; garantem no caso concreto, por via argumentativa, a prevalência de certos direitos ou interesses qualificados sobre outros de menor peso; permitem pelo seu caráter dúctil, uma interpretação evolutiva e atualista que os ajuste às transformações do devir político, económico e social; e afastam na qualidade de padrão hermenêutico, interpretações de outras normas que sejam incompatíveis com um estado ideal de coisas a atingir[1212].

C. *Princípios e sub-princípios*

533. Os princípios estabelecem entre si relações lógicas e teleológicas de cabimento, na medida em que princípios de conteúdo mais geral são concretizados por princípios ou sub-princípios mais densos ou de conteúdo mais específico, sem que entre eles, todavia, exista uma relação hierárquica. A descodificação do alcance de um princípio mais denso pode ser operada através de uma operação pautada por sucessivas abstrações de modo a identificar o bem jurídico ínsito noutros princípios mais gerais ou menos densos com eles conexos, os quais podem ser pressuposto de componentes do primeiro[1213].

534. Simultaneamente, a relação de sentido dos valores de um princípio menos denso também pode ser clarificada através de uma concretização do conteúdo dos sub-princípios que do mesmo defluem.

E. *Introdução às colisões entre princípios constitucionais*

535. Os princípios constitucionais são juridicamente válidos, na medida em que sejam declarados ou revelados pelo poder constituinte. A sua invalidade jurídica apenas pode ser equacionada se forem inseridos no ordenamento através de uma lei de revisão constitucional e entrarem em colisão

[1212] Humberto Ávila, ult. loc cit.

[1213] É o caso do princípio da proteção da confiança, cuja axiologia especifica se decanta a partir do conteúdo do princípio da segurança jurídica reconduzindo-se este último ao princípio do Estado de Direito. E é também o caso da cadeia princípiológica conformada pelo princípio da liberdade de expressão e criação dos jornalistas, o qual se reconduz ao princípio mais amplo da liberdade de impensa, este último ao princípio da liberdade de expressão e esta, finalmente, ao princípio da liberdade de consciência.

com outros princípios que se configurem como limites materiais de revisão da Lei Fundamental[1214].

536. Não será difícil que, numa situação concreta, dois princípios sejam simultaneamente aplicáveis e entrem em antinomia ou colisão.

Veja-se o caso da validade de uma providência cautelar que vede a divulgação de notícias num jornal, as quais violem manifestamente aspetos da vida íntima de uma figura pública: de um lado posiciona-se o direito à reserva de intimidade da vida pessoal de um cidadão e de outro a liberdade de comunicação social e o direito de informar. Registada a colisão, ela não se soluciona com a invalidação de um dos princípios (pois ambos têm o mesmo status como parâmetros constitucionais e de validade) nem com a revogação de um pelo outro (já que se posicionam no mesmo escalão hierárquico-formal).

A solução passa pela preferência de um dos princípios na resolução do caso concreto que potencia o conflito, de forma a que um deles prevaleça aplicativamente sobre o outro, o qual será desbancado. Essa preferência, contudo, vale casuisticamente em razão das circunstâncias jurídicas e fácticas do caso problemático onde se verifica a colisão. Isto significa que, se num caso assiste fundadamente a um dado princípio uma "razão mais forte" que justifique a sua preferência aplicativa sobre outro, já noutro caso, com características distintas, pode suceder uma situação precisamente inversa quanto à relação de prevalência entre os mesmos dois princípios[1215].

[1214] Um princípio de organização económica que enunciasse que o regime de propriedade em Portugal devesse assumir, titularidade privada, violaria o princípio da coexistência dos setores privado, público e cooperativo, ínsito na alínea f) do artº 288º. Igualmente, um princípio da Administração Pública que determinasse que o território de origem seria critério de preferência para exercício de funções na administração local, violaria o princípio da igualdade, o qual configura um critério estruturante do sistema de direitos liberdades e garantias e, como tal, limite material e revisão (alínea d) do artº 288º da CRP).

[1215] Retornando a um exemplo anterior, se os dados relevantes da vida privada de um dirigente partidário que, por exemplo, liderou uma campanha pela criminalização do consumo de drogas leves, revelarem cabalmente que na intimidade, o próprio era consumidor desses estupefacientes, pode considerar-se que o direito a informar (na medida em que revela uma informação de relevante interesse público que permite ajuizar a conduta ético-política dos que detêm o monopólio jurídico da representação parlamentar) tem fundamento para prevalecer sobre a reserva de intimidade com a qual se pretendia ocultar um ilícito e uma duplicidade política e ética.

Se, ao invés, os dados em causa tiverem por objeto aspetos da vida sexual íntima do referido dirigente sem qualquer conexão com o seu discurso político ou relevo em termos de interes-

Existe, desta forma, alguma mobilidade e relatividade no regime da prevalência entre princípios.

537. A colisão de princípios pode ser solucionada com recurso a diversos métodos interpretativos e concretizadores, sendo *a ponderação* o método mais divulgado (infra § 723 e seg.).

2.6.3. *Relações entre regras e princípios*

A. *Critérios distintivos*

538. Para DWORKIN (supra, § 400) as regras podem ser válidas ou inválidas. Sendo válidas, obrigam necessariamente, sendo, deste modo, aplicáveis segundo um critério de "tudo ou nada". Já os princípios incorporariam uma razão indicativa de uma direção ou um fim, mas não conteriam uma decisão definida, podendo ser superados por força da convocação de um princípio "mais forte", aplicável ao caso concreto.

539. Este entendimento, tal como sustentou certeiramente HART[1216] não procede linearmente, sobretudo nos sistemas romanistas.

Em primeiro lugar, no plano constitucional, a colisão entre regras constitucionais não se soluciona no campo da validade, já que as normas têm a mesma hierarquia e não se coloca entre elas o problema teórico das normas "constitucionais inconstitucionais". Com efeito, há regras constitucionais, necessariamente válidas, que cedem perante outras no plano aplicativo. Basta pensar na relação entre regras gerais e regras especiais ou entre regras gerais e regras excecionais[1217].

Importa, ainda, pensar em regras de malha aberta que são confrontadas com exceções normativas radicadas em conceitos indeterminados dos quais emergem, por via interpretativa, outras regras que bloqueiam as primeiras[1218].

se público, a reserva de intimidade poderá prevalecer sobre o direito a informar, na medida em que este se revelou abusivo e intrusivo em relação a um núcleo não disponível de reserva da vida privada.

1216 HART "Pot Scriptum" ult. loc cit.

1217 Veja-se, por exemplo, as exceções à regra do nº 1 do artº 15º (equiparação de direitos e deveres entre nacionais e estrangeiros residentes em Potugal) ínsitas no nº 2 e em outros preceitos do mesmo artigo.

1218 O nº 2 do artº 37º da CRP contém uma regra na qual se determina que a liberdade de expressão e o direito de informação não podem ser impedidos ou limitados por qualquer tipo

540. *Em segundo lugar*, nos termos da Constituição, mas na esfera das normas infra-constitucionais, são múltiplas as situações em que duas regras válidas entram em colisão e uma delas cede frente à outra. Isto dada a existência de uma norma prevalecente investida numa posição de supremacia, a qual se aplica preferentemente em relação a outra que permanece no ordenamento, mas com a sua eficácia bloqueada[1219].

541. *Em terceiro lugar* existem, como já se adiantou, regras abertas, que Hart designa como "não conclusivas", cujo regime aplicativo não opera na lógica do "tudo ou nada", já que o seu regime aplicativo está dependente da precisão de conceitos indeterminados e fórmulas de conteúdo vago que as mesma contêm. Estas regras "standard", portadoras de uma zona de clareza e outra de penumbra, são reconduzíveis a princípios e pese não justificarem, necessariamente, o uso da ponderação em caso de colisão com outras normas, acabam por se aproximar daqueles quanto à indeterminação parcial dos respetivos enunciados e aos fins que visam prosseguir, os quais carecem de concretização mediante a densificação de critérios normativos pela Jurisprudência[1220].

ou forma de censura. Esta formulação categórica é, contudo, excecionada por situações não explicitadas na Lei fundamental, que impedem ou limitam a liberdade de expressão, mas que não cabem no conceito (indeterminado) de censura, delas resultando por via interpretativa critérios de decisão normativos de carácter permissivo: é o caso do direito das direções dos jornais em não publicarem artigos dos jornalistas ou colaboradores que sejam injuriosos para com terceiros, que contenham deturpações grosseiras da realidade, que violem a linha editorial ou, até, que não caibam no espaço disponível por razões ligadas à publicidade.

[1219] Veja-se o caso da preferência aplicativa das normas dos tratados em face das normas legais, nos termos do nº 2 do artº 8º da CRP; da preferência dos regulamentos da União Europeia em face da legislação ordinária portuguesa por força do reenvio recepticío determinado pelos artºs 3 e 4 do artº 8º para os tratados institutivos da União; e da preferência aplicativa da legislação regional sobre a legislação estadual supletiva, em matérias do âmbito regional (nº 2 do artº 228º da CRP conjugada com o nº 4 do artº 112º da CRP).

[1220] O nº 3 do artº 112º da CRP determina que têm valor reforçado as leis que por força da Constituição são pressuposto normativo necessário de outras leis. O conceito de pressuposto normativo necessário é um conceito indeterminado e doutrinal, que pode envolver diversos sentidos (norma sobre a produção, ato condição e simples parâmetro material). Da definição que se dê a esse conceito podem resultar consequências distintas quanto à atribuição, ou não, de valor reforçado a certas leis como é o caso dos "regimes gerais", que a doutrina maioritária e a jurisprudência erigem a limites vinculantes de regimes especiais (assumindo valor reforçado), mas que não são nem normas sobre a produção nem atos condição de outras leis por força da Constituição, o que levanta uma situação problemática.

Noutros casos, mesmo regras que envolvem uma formulação incondicional de aplicação são objeto de superação, em razão de realidades não previstas pelo legislador constitucional e que bloqueiam a sua eficácia num dado caso concreto[1221].

Diversamente do que afirmam Dworkin e Alexy, nem sempre as regras são aplicadas quando se verifique, no plano dos factos, a hipótese nelas prevista. Isto, porque há regras aplicadas por via analógica, em que as condições factuais dessa sua aplicabilidade não se verificam, mas que são aplicáveis porque os casos por elas regulados têm uma identidade de razão em relação às situações previstas na hipótese normativa que predica a sua convocação[1222].

542. *Em quarto lugar,* existem princípios de tal modo concretizados e estabilizados na sua relação de significado na doutrina e jurisprudência, que, admitindo um conjunto de variáveis quanto à sua aplicação a casos singulares, irradiam critérios ideais dotados de um apreciável grau de definição, com relevo para o seu sentido limitativo ou proibitivo, assemelhando-se às regras quanto à definição de certo tipo de condutas proscritas (infra, § 801).

B. Linhas de força de uma distinção tendencial

543. A par das fragilidades da doutrina de Dworkin quanto aos critérios dominantes de distinção entre regras e princípios, a existência de normas

O mesmo se diga da regra que atribui competência ao Presidente da República para demitir o Governo quando estiver em causa "o regular funcionamento das instituições democráticas" (nº 2 do artº 195º), conceito indeterminado que envolve interpretações muito diversas sobre o seu significado. É uma regra, mas o seu conteúdo revela um défice de definição ou de caráter conclusivo.

1221 Mesmo não se concordando com a decisão, o Tribunal Constitucional Português (Ac. nº 365/2000) superou o conteúdo estrito da regra do artº 15º da CRP que determina *que "Os estrangeiros e os apátridas que se encontram ou residam em Portugal gozam dos mesmos direitos e estão sujeitos aos mesmos deveres do cidadão português".* Daqui resultaria, para efeito da obtenção de patrocínio judiciário por insuficiência económica, que um cidadão estrangeiro e residente no estrangeiro, que já fora português, mas perdeu essa nacionalidade aquando da independência da província ultramarina onde residia em 1975, não deveria ter o direito fundamental dos cidadãos portugueses ao patrocínio judiciário (nº 2 do artº 20º da CRP). Contudo, o Tribunal Constitucional entendeu haver entre ele e o Estado Português uma conexão anterior e relevante na esfera da nacionalidade que, no respeitante a um litígio com a administração pública em matéria previdenciária derivada do seu antigo estatuto de funcionário público português, justificaria a aplicação do direito ao patrocínio judiciário e o afastamento da regra da residência em Portugal como pressuposto do reconhecimento e fruição desse direito.

1222 Humberto Ávila "Teoria dos Princípios (...)" op. cit, p. 50.

mistas ou híbridas, como as que se exprimem em regras "não conclusivas" e em sub-princípios, dificulta, frequentemente, a diferenciação entre os dois tipos de normas constitucionais. Existe uma tendência doutrinal contemporânea em avançar critérios tentativos, uns de natureza mais "forte" e outros de natureza mais "fraca". Trata-se do reconhecimento de que, sob um ponto de vista dogmático, é difícil eleger critérios decisivos e inatacáveis, sem prejuízo de se reconhecer que entre os dois tipos de normas existe uma definição quantitativa (ou de grau de abstração) e outra qualitativa[1223].

544. É pois no contexto desta perspetiva que é possível esboçar quatro critérios tentativos.

1º Mediatividade ou imediatividade na enunciação e prossecução de um fim

As regras constitucionais descrevem, a título imediato, condutas a serem adotadas na prossecução de um fim mediato, fixando para o efeito permissões, proibições e *obrigações suficientemente definidas para serem imediatamente aplicadas ou aplicadas*, no todo ou em parte, sob condição de ulterior emissão de direito ordinário que lhes dê plena exequibilidade. Trata-se de um critério "forte".

No primeiro caso, quando a norma nº 3 do artº 130º da CRP determina que a condenação do Presidente por crimes praticados no exercício das suas funções implica a destituição do cargo e a impossibilidade de reeleição, estabelecem-se obrigações de ordem sancionatória e proibições imediatamente aplicáveis ao destinatário da norma, quando se verificarem os factos descritos. O que a regra descreve imediatamente é uma conduta a ser observada. O fim da norma existe, mas tem escasso relevo na elucidação do seu sentido, tendo em vista a sua aplicabilidade. Encontra-se implícito e mediatizado, podendo ser deduzido do princípio da responsabilidade pelas ações e omissões dos titulares de cargos políticos no exercício das suas funções (nº 1 do artº 117º da CRP) e do princípio da ética republicana, inerente ao princípio Republicano.

No segundo caso, observe-se que o nº 4 do artº 34º da CRP proíbe *"toda a ingerência das autoridades* públicas na c*orrespondência, nas telecomunicações e nos de mais meios de comunicação, salvo os casos previstos na lei e matéria de processo criminal"*. Trata-se de uma regra proibitiva que tem aplicação direta e ime-

[1223] Assim Alfonso Garcia Figueroa "Existen Diferencias Entre Reglas y Principios en el Estado Constitucional?, Alunas notas sobre la teoria de los princípios de Alexy", in Derechos Sociales y Ponderación" op. cit, p. 339.

diata para todas as formas de ingerência pública na correspondência comunicações e telecomunicações, salvo o caso da matéria de processo penal. Mas mesmo em processo penal a proibição vale, com eficácia imediata, se a lei não criar exceções que autorizem essa ingerência. Contudo, na esfera deste ramo do direito o preceito constitucional habilita a lei a criar exceções que justificam a intromissão pública, o que significa que uma parcela seu regime prescritivo fica dependente de regulação legal.

Já os princípios são normas imediatamente finalísticas[1224] orientados à prossecução primária de um "status" ideal de coisas. Cumpre à *norma-princípio* fixar padrões gerais de valoração positiva para as referidas condutas e padrões de valoração negativas para comportamentos que intentem prejudicar a realização desses fins.

A alínea d) do artº 9º da CRP determina ao Estado a tarefa de promover *"o bem estar e a qualidade de vida do povo"* enunciando uma das vertentes programáticas do princípio do Estado social. Ora este enunciado elege como fim imediato a construção de um modelo de Estado de bem-estar (e, para o atingir, limita-se a enunciar vias indeterminadas – "transformação e modernização das estruturas económicas e sociais"). Essas vias consentem uma pluralidade de políticas públicas distintas e opostas, as quais podem implicar, quer opções intervencionistas e até coletivistas (injeções de verbas públicas e criação de estruturas públicas para a realização de prestações sociais) quer opções mais liberais (criação de estruturas públicas subsidiárias à privatização de componentes dominantes da segurança social, educação e serviços de saúde, com garantia do mínimo de existência condigna e de uma parceria entre o Estado e as IPSS). Na verdade, a Constituição não impõe níveis máximos de intervenção estadual na realização do objetivo do bem-estar. Já políticas que procurem eliminar o Estado Social (privatização integral da saúde, educação e segurança social e abolição da essência das obrigações do Estado neste domínio) contrariam as incumbências constitucionais do Estado na promoção do bem-estar.

2º. Grau de determinabilidade da norma como mandato de definição ou de otimização

Como mandatos de definição, as regras têm elevado grau de determinabilidade no seu enunciado. Os princípios são enunciados gerais porque não estão referidos às possibilidades concretas da realidade, dependendo

[1224] Humberto Ávila ult. loc cit, p. 72.

a sua plena consecução das possibilidades fornecidas por esse mundo real ou normativo[1225]. Envolvem uma natureza gradativa no preenchimento dos seus objetivos, realidade que raramente se encontra ínsita nas regras.

Quando o nº 1 do artº 65º da CRP determina que *"Todos têm direito, para si e para a sua família, a uma habitação de dimensão* adequada, em condições de *higiene e conforto e que preserve a intimidade pessoal e a privacidade familiar"* não autoriza os cidadãos a exigir, de imediato, do Estado, a atribuição de uma habitação nas condições descritas. Confere ao Estado a tarefa de, na medida da reserva do possível, gradualmente, criar condições para a realização desse fim do Estado de bem-estar. Trata-se, deste modo, de um princípio programático e não de uma regra.

Daí que, no que respeita à sua aplicabilidade, o menor nível de generalidade e abstração de uma regra supõe um maior grau de determinação na resolução de um caso concreto de acordo com um comando minimamente definido, enquanto o maior nível de generalidade e abstração do princípio, resulta numa menor densidade e determinabilidade do seu conteúdo, do qual não irradiam comandos definidos de ação, mas antes metas referenciais que carecem de mediação concretizadora através de normas mais densas[1226].

Estamos diante de um critério moderadamente "forte", significando a expressão "moderadamente" alguma relativização do seu impacto, já que existem numa Constituição, como já observámos, regras derrotáveis por exceções configuráveis em outras regras "não conclusivas", caracterizadas por uma expressiva generalidade. Existem, por seu turno, *princípios servidos por critérios jurisprudenciais de concretização com um apreciável grau de definição na sua vertente negativa ou proibitiva de condutas* (como o caso da proporcionalidade, a igualdade e a própria proteção de confiança).

3º Relevância axiológica

Enquanto as regras podem resumir-se a normas de conteúdo funcional[1227], os princípios são enunciados de bens jurídicos, traduzidos dominantemente em valores ou interesses públicos qualificados.

Regras como as que estabelecem o prazo para o Tribunal Constitucional se pronunciar em 25 dias em face de um pedido de fiscalização preventiva (nº 8 do artº 279º da CRP) ou que determinam a substituição do Presidente

[1225] Robert Alexy ult. loc cit, p. 103.

[1226] Gomes Canotilho "Direito Constitucional (...)" op. cit, p. 1160.

[1227] Assim Larenz, cit, por Gomes Canotilho, ult. loc cit, p. 1160.

da República pelo Presidente da Assembleia da República em caso de impedimento temporário (nº 1 do artº 32º da CRP) são disposições puramente funcionais que não servem diretamente valores políticos ou morais. Já princípios como o da inviolabilidade da vida humana (nº 1 do artº 24º), garantia de "habeas corpus" contra o abuso do poder e princípio do acesso ao direito e tutela jurisdicional efetiva (artº 20º) servem diretamente valores como a pessoa humana, a liberdade e a Justiça material.

Assim, embora as regras possam servir mediatamente valores e interesses públicos qualificados elas acabam por ser primariamente orientadas para a determinação de condutas que poderão ou não, ser justificadas à luz desses valores enunciados nos princípios. Já os princípios, como normas imediatamente finalísticas, apontam para finalidades abstratas ligadas, nomeadamente, às ideias de direito, moral e de justiça[1228].

Trata-se, ainda assim, de *um critério de média relevância distintiva*, já que existem regras que decorrem diretamente de valores jus-fundamentais ou que são inseparáveis de princípios justificantes, na medida em que surgem como suas concretizações[1229]. Por outro lado existem princípios enunciados de forma tão precisa que exprimem uma regra de aplicação definida e imediata, como é o caso do princípio da legalidade penal na sua dimensão da proibição de lei incriminadora com eficácia retroativa (nº 1 do artº 29º da CRP).

4º. *Resolução de conflitos normativos*

Enquanto, normalmente, os conflitos entre regras constitucionais se solucionam através de critérios lógicos, os conflitos entre princípios resolvem-se, frequentemente, através do recurso à ponderação, a qual envolve a avaliação de dimensões de peso variáveis entre os princípios em tensão, cuja aplicabilidade se realiza em vários graus, tudo dependendo da força dos outros princípios que entrem em conflito. Em qualquer caso, salvo o caso de afrontamento a limites materiais de revisão, havendo uma colisão entre uma regra e um princípio constitucionais, prevalece, como se viu, a regra, com base na aplicação do princípio lógico da especialidade.

[1228] Cfr Jorge Miranda "Manual (...)", II, op. cit, p. 252; Gomes Canotilho ult. loc cit, p. 1160.

[1229] Teremos, por exemplo, a regra contida no nº 2 do artº 24º da CRP que estabelece que "Em caso algum haverá pena de morte" (regra garantística do princípio da inviolabilidade da vida humana, enunciado no nº 1 do mesmo artigo) ou a regra que determina que todos têm direito a *"fazer-se acompanhar por advogado perante qualquer autoridade"* (nº 2 do artº 20º da CRP) a qual serve o princípio do acesso ao direito e à tutela jurisdicional efetiva, enunciados no nº 1 do mesmo artigo.

Trata-se de outro critério de relevância média.

Isto porque existem exceções ao critério enunciado, na medida em que colisões entre regras abertas ou não conclusivas podem envolver certa margem de ponderação, a qual inere ao processo interpretativo da sua relação de sentido. Porque, também, em antinomias expressas em relações de especialidade e excecionalidade, existem situações em que colisões entre princípios se podem solucionar através de critérios lógicos, centrados em operações subsuntivas. E, finalmente porque, em situações verdadeiramente excecionais e controversas, o método da ponderação já foi usado para fazer prevalecer um princípio em relação a uma regra[1230].

3. Critério do regime de aplicabilidade normativa

3.1. Introdução às diferenças estruturais entre normas constitucionais quanto à sua aplicabilidade e efetivação

545. A aplicabilidade de uma norma constitucional consiste na sua aptidão para produzir, com um maior ou menor grau de efetividade, os efeitos jurídicos necessários para disciplinar as situações que respeitam ao respetivo objeto.

As normas constitucionais não exprimem, de igual modo, a sua força ou operatividade jurídica nem, por conseguinte, se aplicam da mesma maneira aos fatos e situações que intentam regular. *A análise que foi feita na rubrica anterior sobre a distinção entre regras e princípios constitucionais demonstrou que os dois tipos de normas podem aplicar-se de modo diverso e exprimir uma força vinculante, também distinta:* as regras impõem condutas minimamente definidas e determináveis que devem ser seguidas enquanto os princípios carecem desse conteúdo determinado, fixando fins que devem ser alcançados, em razão das circunstâncias.

546. Esta distinção deixa, contudo, muitas questões por resolver já que existem regras de estrutura muito distinta entre si: (i) enquanto algumas estipulam comportamentos particularmente definidos, (ii) outras fazem depender a sua aplicabilidade da relação de sentido que deve ser retirada de conceitos indeterminados que transportam consigo e iii) outras, ainda, sujeitam a sua aplicabilidade, total ou parcial, à mediação legislativa ordi-

[1230] Cfr. Alexy (ult loc cit, p. 134), sobre o acórdão do TC alemão sobre o caso das "Farmácias" e a decisão do STF brasileiro em favor da constitucionalidade da "união homoafetiva".

nária e, até, à existência de estruturas administrativas e recursos financeiros. O mesmo sucede com os princípios, já que, se alguns destes são direta e imediatamente aplicáveis pelos operadores jurídicos, outros carecem de mediação legal para que a sua dimensão positiva possa exprimir consequências jurídicas.

Quanto mais indeterminada a norma, menor a aptidão da mesma para propiciar um controlo intenso de constitucionalidade.

547. Cumpre referir que o diferente grau de aplicabilidade das normas constitucionais resulta de uma opção do decisor constitucional, pois é este que escolhe as normas suscetíveis de produzir, de imediato a plenitude dos efeitos essenciais que lhe correspondam, bem como aquelas cuja exequibilidade pode ficar, no todo ou em parte, dependente da mediação do legislador ordinário e de condições administrativas ou financeiros[1231]. *Daí que seja um equívoco considerar, como o fazem certos expoentes doutrinais, que todas as normas constitucionais se aplicam da mesma forma e, mais precisamente, que todas podem produzir eficácia imediata positiva.* Tal significaria ignorar não apenas a letra da Constituição, quando reclama a interposição do legislador ordinário (e não consagra meios de o substituir fora do poder legislativo), mas também a vontade soberana do constituinte quando o mesmo não pretende dispensar a intervenção do referido legislador.

3.2. Tipologia

A. *Classificação adotada*

548. Existindo várias classificações de normas constitucionais, em razão do seu regime de aplicabilidade ou exequibilidade, tomamos como ponto de partida a construção divulgada em Portugal por Jorge Miranda, a qual reúne uma expressiva convergência doutrinal e jurisprudencial, sem prejuízo de a explicitarmos à luz da construção originária de Crisafulli (que constituiu a sua fonte) e de a cruzarmos, explicativamente, com as propostas de Manoel Gonçalves Ferreira Filho e de José Afonso da Silva.

Haveria, assim, a considerar *três tipos de normas constitucionais: as normas precetivas exequíveis por si próprias; as normas precetivas não exequíveis por si próprias; e as normas programáticas.*

[1231] É o mesmo poder que regula, igualmente, o diâmetro de intervenção do intérprete jurisdicional, reduzindo-o em normas de conteúdo mais determinado ou ampliando-o em normas mais indefinidas ou associadas a conceitos indeterminados ou fórmulas abertas.

As normas precetivas exequíveis por si próprias podem ser definidas como as regras e princípios constitucionais aptos para se aplicarem plena, direta e imediatamente, nas suas dimensões positiva e negativa.

Quando o nº 5 do artº 29º estabelece o princípio "non bis in idem" na ordem penal, determinando que *"Niguém pode ser julgado mais do que uma vez pela prática do mesmo crime"*, cumpre observar que qualquer norma legal que submeta alguém a juízo pela prática da mesma infração criminal é inconstitucional e pode ser invalidado com reporte direto ao preceito constitucional, sem necessidade de mediação legislativa. A sua eficácia é imediata e incondicionada.

As normas precetivas não exequíveis por si próprias constituem regras e princípios da Constituição diretamente aplicáveis, mas cuja efetividade ou exequibilidade na sua dimensão positiva se encontra condicionada, total ou parcialmente, à existência de requisitos jurídicos, expressos em leis ordinárias, que as complementem ou concretizem.

O nº 6 do artº 41º da CRP garante o *"direito à objeção de consciência, nos termos da lei"*. Isto significa que se trata de um direito que não pode ser exercido no plano positivo, sem prévia regulação legal, tão pouco podendo assumir expressões que a lei não consinta. A exequibilidade da norma está condicionada por ulterior precisão e concretização legal.

Já as *normas programáticas* abrangem regras abertas e princípios da Lei Fundamental que apontam, no plano positivo, para fins transformadores de ordem económica e social. Desideratos ou metas que não são diretamente aplicáveis na sua dimensão positiva ou de "facere", ficando a respetiva exequibilidade e efetivação dependente da existência de condições não apenas jurídicas (de ordem legislativa e administrativa), mas também financeiras e materiais.

Envolvem mandatos, mais ou menos densificados ou concretos para legislar[1232] mas, igualmente, obrigações de concretização financeira e administrativa da lei.

Quando a alínea c) do nº 1 do artº 70º da CRP reconhece aos jovens *"proteção especial para efetivação dos seus direitos económicos sociais e culturais"* nomeadamente *"no acesso à habitação"* estabelece uma orientação primariamente dirigida ao legislador e à administração para, na medida do possível

[1232] Tiago Fidalgo de Freitas "O Principio(...)" op. cit, p. 823.

e dentro dos recursos disponíveis, criarem condições para garantir a concretização desses direitos (através de meios que podem ir desde a distribuição gratuita de casas, passando pela venda de habitações a custos reduzidos e que podem envolver, ainda, rendas reduzidas ou juros bonificados na aquisição de habitação própria). A norma constitucional não é diretamente aplicável na sua dimensão prospetiva ou positiva, já que não pode ser invocada em juízo por um litigante numa ação de tutela que tenha como fim a entrega pelos poderes públicos de uma habitação ou a concessão por este de apoios financeiros de ordem vária que facilitem o acesso à habitação pelos jovens. A efetivação da norma depende, não só, de leis que regulem a matéria, mas também de recursos financeiros e materiais que permitam a concretização das disposições legais e de um sistema gestionário administrativo, nacional ou local.

Ainda assim, na sua dimensão negativa, as normas programáticas mencionadas podem ter algum grau aplicabilidade imediata contra leis ou outras normas que, por exemplo, suprimam o direito dos jovens ao apoio público no acesso á habitação.

B. As normas precetivas exequíveis por si próprias

a) O regime de aplicabilidade

549. Como vimos, normas em epígrafe caracterizam-se pela sua aplicabilidade jurídica direta e imediata quanto aos seus efeitos essenciais, tanto na sua vertente positiva, assente naquilo que prevêem, condicionam e impõem, como na sua componente negativa, tomada em razão daquilo que explicita ou implicitamente proíbem.

b) Categorias

550. Existem duas categorias teóricas de normas precetivas exequíveis por si próprias: *as normas de eficácia plena e as normas de eficácia contida.*

i) Normas de eficácia plena

551. As normas de *eficácia plena,* também designadas de *self executing ou self enforcing*[1233], não remetem para a lei a definição das condições ou especialidades quanto à sua aplicabilidade ou eficácia e vertem diretamente

[1233] José Afonso da Silva "Aplicabilidade das Normas Constitucionais", S. Paulo, 1999, p. 73.

sobre a integralidade das matérias a que respeitam, exprimindo uma opção primária de regulação minimamente definida.

Quando a norma do nº 4 do artº 30º da CRP determina que *"Nenhuma pena envolve como efeito necessário a perda de quaisquer direitos civis, profissionais e políticos"*, estabelece um quadro proibitivo de uma associação automática entre a mesma pena e a perda desses direitos. Um juiz, ante o referido preceito constitucional e uma lei que determine que a condenação pela prática do crime de corrupção passiva implica a perda dos direitos políticos, pelo período de três anos, aplicará o nº 4 do artº 30º e desaplicará a lei.

A relação entre as normas precetivas exequíveis por si próprias em sentido pleno e o direito ordinário não é simples nem unívoca.

Em primeiro lugar, as normas constitucionais dessa natureza, *atributivas de competência dos órgãos de soberania,* à luz do nº 2 do artº 110º da CRP, não só dispensam o direito ordinário complementar como até predicam a sua inconstitucionalidade, se esse direito não se limitar a reproduzi-las e a concretizá-las no plano da mera execuçãoe optar, ao invés, por complementá-las em termos restritivos ou a condicionar a sua aplicação, para além do que é por elas consentido.

Em segundo lugar, na *esfera dos direitos fundamentais,* existe uma coexistência, mais incerta, entre as normas "self-executing" e o direito ordinário.

A circunstância de uma norma precetiva exequível por si própria poder ser imediatamente aplicável a situações singulares não significa que a mesma norma vede a existência válida de atos legislativos e normas administrativas de mediação. Significa, tão só, que a sua aplicação não se encontra dependente da existência desses atos e, que os pode dispensar.

Precisamente no domínio dos direitos, liberdades e garantias onde pontificam princípios e normas de textura aberta, abundam normas legais ordinárias, interpostas entre a Constituição e situações concretas da vida, mesmo quando os preceitos constitucionais não remetem para a lei comum. Essa interposição legal sucede sempre que as normas da Lei Fundamental não permitem soluções definidas para um conjunto de situações especiais e atípicas que reclamam decisões jurídicas e, especialmente, quando princípios normativos que declaram direitos fundamentais colidem entre si.

Assim, no caso de oposição conteudística entre normas constitucionais princípio lógicas ou abertas que consagrem direitos fundamentais, pode o legislador ser forçado a realizar uma operação de ponderação entre o peso dos direitos em causa quando aplicados a uma determinada situação.

A imediação legislativa no domínio de direitos, liberdades e garantias contidos em normas "self executing" encontra-se presente no mais absoluto dos direitos absolutos do ordenamento português que é o direito à vida. O princípio enunciado no nº 1 do artº 24º da CRP que determina que "A vida humana é inviolável" pode ser diretamente aplicada por um tribunal para interditar a uma prática abortiva numa clínica. Contudo, a problemática da definição de vida humana, do diferente peso entre vida humana plena e vida humana intra-uterina e a colisão entre a dimensão do tipo de vida humana de menor peso e outros direitos fundamentais, como o direito à vida da mãe, o direito à liberdade e ao desenvolvimento da personalidade da mulher levaram à aprovação de leis que realizam juízos de ponderação e fizeram ceder a absolutidade do direito à vida do embrião. O Tribunal Constitucional pronunciou-se duas vezes sobre a matéria e ratificou a ponderação feita pelo legislador. Ora essa jurisprudência constitucional passou a limitar as opções do juiz quanto à aplicação direta do nº 1 do artº 24º da CRP no sentido de impedir práticas abortivas livremente determinadas pela mulher durante as primeiras dez semanas de gravidez. O tribunal comum pode, é certo, vedar essa interrupção aplicando diretamente a Constituição, mas a decisão será provavelmente revogada pelo TC.

ii) As normas de eficácia contida

552. As normas de *eficácia contida*[1234] são normas que encontrando-se aptas a produzir direta e imediatamente os respetivos efeitos, preveem expressamente a emissão de legislação suscetível de restringir, condicionar, suster ou modelar esses mesmos efeitos.

Estas normas *fazem apelo a uma lei futura,* não como condição da sua efetividade plena, mas como requisito da contenção da sua eficácia. São exequíveis por si próprias na medida em que, se não for emitida legislação, exprimem efeitos imediatos, podendo ser diretamente invocadas em juízo. Têm eficácia contida, na medida em que a lei ordinária, cuja emissão eventual é autorizada pelo seu enunciado, pode bloquear ou modelar a plenitude dos seus efeitos. O direito ordinário pode interpor-se entre a norma constitucional e a realidade regulada.

Verifica-se que a norma do nº 4 do artº 26º da CRP que determina que *a "privação da cidadania e as restrições à capacidade civil só podem efetuar-se nos casos*

[1234] José Afonso da Silva, ult. loc cit, p. 104.

e nos termos previstos na lei, não podendo ter como fundamento motivos políticos". No caso de a mesma norma não ser complementada por lei ordinária, ela exprime a plenitude da sua eficácia imediata, proibindo toda e qualquer forma de privação de cidadania. Contudo, na medida em que a lei ordinária preveja pressupostos de privação de cidadania que não sejam politicamente fundados, a norma constitucional é sustida nessa sua eficácia plena, centrada na proscrição da privação de cidadania, na medida em que a mesma norma admite exceções legais que fundamentem essa privação.

Veja-se, igualmente, a norma do nº 4 do artº 35º da CRP, que proíbe o acesso a dados pessoais de terceiros, *"salvo em casos excecionais previstos na lei."*

Em suma, trata-se de normas "self executing" cuja eficácia integral pode ser condicionada pela emissão de legislação posterior[1235].

[1235] Virgílio Afonso da Silva ("O Conteúdo essencial dos direitos Fundamentais e a Aplicabilidade das Normas Constitucionais", Revista do Direito do Estado, 4º, 2006, p. 46 e seg.) formulou alguns reparos críticos à classificação tricotómica de José Afonso da Silva, a qual considerou algo superada, considerando que todas as normas que contenham direitos seriam restringíveis no seu objeto e poderiam ter eficácia limitada (sejam elas de eficácia plena, eficácia contida ou eficácia limitada (programáticas) por força da sua colisão com outras normas (tese da restrição ou limitação externa).
A questão interessa, sobretudo, quando projetada para o domínio do ordenamento português.
Considera-se que a razão assiste a Virgílio Afonso da Silva quando assinala que restrições a direitos fundamentais podem operar limitações de aplicabilidade em normas precetivas exequíveis por si próprias, sejam de eficácia plena sejam de eficácia contida. Contudo, essa asserção vale essencialmente para o domínio dos direitos fundamentais de uma Constituição e esta é uma Lei que disciplina matérias que se projetam muito para além do universo dos mesmos direitos. Em sede de organização do poder político ou da organização económica do Estado existem normas de eficácia plena que não são suscetíveis de limitação por lei, sob pena da inconstitucionalidade desta última. Em relação a estes domínios a categoria das enformada pelas normas de eficácia contida permanece válida e atual.
Mas mesmo na esfera dos direitos a distinção feita por José Afonso da Silva conserva uma utilidade propedêutica.
Em sede de direitos constantes de normas exequíveis por si próprias, as restrições implícitas, mormente por via legal, ocorrem na esfera de princípios ou de standards e não de regras com pretensões claras de decidibilidade. Daí que continue a existir autonomia na classificação exposta, na esfera das regras constitucionais.
É um facto que no universo das colisões entre direitos que envolvam princípios, as restrições legais implícitas tanto podem afetar normas de eficácia plena, como normas de eficácia contida em qualquer uma das suas vertentes. Contudo, no que toca às normas de eficácia contida (cfr, o exemplo do nº 4 do artº 26º da CRP) a remissão para lei permite que esta bloqueie, modele ou restrinja o alcance de uma norma constitucional quanto a uma dada e especifica

c) Localização das normas precetivas exequíveis por si próprias

553. As normas exequíveis por si próprias pontificam na Constituição Portuguesa na esfera dos princípios fundamentais, da organização do poder político, dos órgãos de soberania (com especial relevo para o Presidente da República) e no universo dos direitos, liberdades e garantias. Mais especificamente, colhem-se com maior intensidade, na esfera das proibições normativas[1236], em isenções e imunidades[1237], no processo de designação de titulares de órgãos[1238], na aprovação de atos políticos[1239], na garantia de direitos[1240] e no domínio do regime de alteração da Constituição[1241].

C. Normas precetivas não exequíveis por si próprias ou normas de eficácia diferida

a) Natureza jurídica e regime aplicativo

554. As normas precetivas não exequíveis por si próprias[1242], ou *normas de eficácia diferida* no léxico de Crisafulli[1243], constituem um híbrido ou uma figura eclética que ganhou a sua autonomia morfológica própria em face dos demais tipos de normas constitucionais. Na verdade, pese a

matéria. Isto significa, não só, que o papel da lei se projeta para além da restrição, embora a inclua, mas que também comporta um campo constitucionalmente delimitado para produzir os seus efeitos, diversamente do que sucederia com uma limitação implícita oriunda de uma colisão de princípios, a qual resulta ser muito mais indeterminada quanto às balizas da sua admissibilidade. Regressando ao nº 4 do artº 26º da CRP, a norma determina que a restrição à capacidade civil só pode *"efetuar-se nos casos e nos termos previstos na lei, não podendo ter como fundamento motivos políticos"*. É a própria Constituição que delimita os termos em que a restrição opera, mormente com a fixação de um critério proibitivo, *realidade que confere autonomia e utilidade às normas de eficácia contida, no próprio domínio dos princípios e regras que disciplinam direitos fundamentais.*

1236 Cfr nº 5 do artº 112º da CRP relativo ao princípio da tipicidade da lei.

1237 Cfr nº 4 do artº 130º da CRP relativo aos crimes praticados pelo Presidente da República, estranhos ao exercício das suas funções.

1238 Alínea f) do artº 133º da CRP relativo à designação do Primeiro-Ministro pelo presidente da República.

1239 Cfr. regime do direito de veto presidencial sobre atos legislativos (nºs 2 e 3 do artº 136º da CRP).

1240 Cfr a proibição da expulsão de portugueses do território nacional (nº 1 do artº 33º da CRP).

1241 Cfr. os artºs 284º e seguintes em matéria de revisão constitucional.

1242 Jorge Miranda "Manual (...)", II, op. cit, 304.

1243 V. Crisafulli "La Costituzione e le Sue Disposizioni di Principi", Milano, 1952, p. 55.

circunstância de a sua denominação na doutrina portuguesa aludir referencialmente à sua colocação na esfera das normas precetivas, como uma sub-categoria aparente das mesmas, as suas características morfológicas aproximam-nas mais da operatividade das normas programáticas, na qualidade de normas não exequíveis por si próprias que dependem do legislador para se aplicarem plenamente. Daí que, tendo nascido na esfera das normas preceptivas, elas hoje constituam um "tertius genus". Em bom rigor a sua designação deveria ser, apenas, a de *"normas de eficácia diferida"* de modo a traduzir essa autonomia.

Com as normas precetivas exequíveis por si próprias, elas têm como denominador comum a sua eficácia direta, traduzida na faculdade de poderem ser invocadas em juízo a partir da Constituição e de não dependerem necessariamente de condições administrativas, financeiras ou materiais para serem aplicadas, *mas, fundamentalmente, de condições jurídicas.* A lei, que as concretiza, não determina a essência do seu conteúdo, limitando-se a assumir uma função de complementação e configuração.

Já com as normas programáticas, têm em comum a sua *aplicação diferida*[1244] *ou limitada,* a qual é tornada dependente de ulterior intervenção legislativa, assumindo-se como *normas não exequíveis por si próprias ou incompletas*[1245] *no tocante à totalidade ou a uma parte da sua dimensão positiva.* Mas, tal como as programáticas (e as normas precetivas e exequíveis por si próprias), elas operam como parâmetro interpretativo e *podem exprimir efeitos imediatos na sua vertente negativa ou defensiva,* sendo suscetíveis de ser invocadas imediatamente quando são contrariadas pela lei. No fundo, a sua aplicabilidade plena não dispensa a intervenção do legislador ordinário para as complementar [1246]ou concretizar[1247], no todo ou em parte.

As normas em estudo, tal como sucede com as demais, têm aplicabilidade imediata na sua dimensão negativa contra normas ou atos que as intentem desrespeitar ou contrariar nos respetivos fins.

[1244] Recuperando uma já aludida fórmula de Crisafulli, cfr. Livio Paladin "Le Fonti del Diritto Italiano", op. cit., p. 135.

[1245] Manoel Gonçalves Ferreira Filho "Manual de Interpretação Constitucional", S. Paulo, 1997, p. 9 e seg.

[1246] Nos termos do nº 2 do artº 62º da CRP é admissível a expropriação ou requisição da propriedade privada, mas esta só pode ter efetuada com base na lei ordinária.

[1247] A Constituição valora no nº 3 do artº 20º o segredo de justiça mas remete para a lei a definição e garantia adequada do seu regime de proteção.

Vejamos o seguinte exemplo. O nº 7 do artº 38º determina que as emissoras de radiodifusão e radiotelevisão só podem funcionar mediante licença, a conferir por concurso público, nos termos da lei. No tocante à sua dimensão positiva, não pode a Administração, apenas com base nesta norma, abrir um concurso público e estipular discricionariamente os respetivos critérios e procedimentos. Isto porque a norma impõe que seja o legislador a fixar os termos do referido concurso.

Contudo, no caso de uma lei ordinária autorizar que as estações emissoras possam funcionar mediante licença especial, com dispensa de concurso, em caso de emissões circunscritas ao território nacional, verificamos que a mesma enfermaria de inconstitucionalidade, porque contrariaria os fins da norma constitucional prevista no nº 7 do artº 38º da CRP. Em suma, esta última norma, sendo precetiva não exequível por si própria na sua dimensão positiva, defende-se com eficácia direta e imediata na sua dimensão negativa contra atos legislativos que a intentem contrariar.

b) Localização

555. Este tipo de normas, tal como as precetivas exequíveis por si próprias, localizam-se na Constituição de 1976 na esfera dos princípios fundamentais, na organização do poder político e, particularmente, no universo dos direitos, liberdades e garantias.

D. *Normas programáticas*

a) As normas programáticas no contexto do Estado social e o seu percurso evolutivo

556. Trata-se de normas não exequíveis por si próprias que carecem de condições legislativas, administrativas, financeiras e materiais para que as suas metas possam ser concretizadas (cfr supra § 46 e seg.).

Vezio Crisafulli teve um papel central na teorização da juridicidade destas normas, com relevo para as que consagram direitos sociais e culturais, tendo passado a sustentar o seu caráter obrigatório, jurisdicionalmente garantido, relativamente a algumas das respetivas dimensões.

Assim, e a propósito da aplicação direta de uma norma programática pelos juízes italianos (o princípio da justa retribuição dos trabalhadores prevista no artº 36 da CRI), Crisafulli[1248] procurou demonstrar que as

[1248] Em geral Vezio Crisafulli "La Costituzione e le Sue Dispozizioni di Princípio", cit.

normas programáticas seriam vinculativas, nomeadamente quando: i) se firmassem como parâmetro para um juízo de invalidade de normas que colidissem com os seus objetivos ou que obstaculizassem ou procrastinassem sem fundamento a respetiva realização (dimensão defensiva ou negativa); ii) operassem como critério de interpretação da legislação ordinária que lhes dê exequibilidade ou como instrumento de integração de lacunas.

Na Alemanha, HESSE sustentou que toda a Constituição seria normativa não havendo disposições dela constantes que fossem desprovidas de normatividade, sem prejuízo de se registar entre as mesmas normas, uma diversidade sensível no plano da sua efetividade[1249]. A pretensão de eficácia das normas constitucionais, segundo o autor, não se confundiria com as condições da respetiva realização, muitas vezes ditadas pelo seu enunciado textual, pela realidade histórica e pela factualidade conjuntural. Quanto mais definida e intensa fosse a vontade normativa da Constituição, menores as restrições à sua força jurídica(e vice-versa)[1250].

É, no fundo, a Constituição que deve explicitar as condições que imprimem maior (ou menor) eficácia às suas normas. Daí que, no tocante aos direitos sociais, (presentes nas Constituições de alguns estados federados alemães), as respetivas normas requeiram, fundamentalmente, ações públicas e não cheguem a justificar pretensões dos cidadãos passíveis de ser diretamente invocáveis nos tribunais. As normas programáticas que definam tarefas e obrigações do Estado a concretizar em lei, formulariam *"programas de objetivos"* que os poderes públicos estariam obrigados a realizar, mas essa realização operaria com ampla margem de discricionariedade quanto ao tempo e aos meios de efetivação. Em suma, relevariam juridicamente, na sua essência, seja como parâmetros interpretativos (caso do mandato ou cláusula do Estado Social) seja como garantias contra a sua violação direta[1251].

557. As normas programáticas passaram a ser concebidas como normas de eficácia ou aplicabilidade limitada ou incompleta, a qual envolveu a incorporação da doutrina de CRISAFULLI e de HESSE pelos Tribunais Constitucionais. A par da sua função interpretativa, a sua vinculatividade exprimiu-se *na sua dimensão defensiva ou negativa.*

1249 KONRAD HESSE "A Força Normativa da Constituição" in "Temas Fundamentais (...)" op. cit, p. 132 e seg.

1250 KONRAD HESSE ult. loc cit, p. 137.

1251 KONRAD HESSE "Significado dos Direitos Fundamentais" in "Temas Fundamentais" op. cit, p. 49 e seg.

Já no *plano positivo,* o seu poder vinculante é diminuído, emergindo no contexto do controlo de inconstitucionalidade por omissão. Nos termos do artº 283º da CRP, se o legislador não der exequibilidade a normas não exequíveis por si próprias (precetivas ou programáticas), o Tribunal Constitucional, e só ele, declara essa inconstitucionalidade sem se poder substituir ao legislador ou obrigá-lo a agir. Quando muito, se dessa inação resultarem prejuízos especiais e anormais para cidadãos admite-se que a sentença fundamente uma ação de responsabilidade civil extracontratual contra o Estado.

b) Introdução à discricionariedade do legislador na concretização das normas programáticas

558. As normas programáticas, como vimos, carecem em absoluto de legislação ordinária que defina juridicamente o seu conteúdo positivo, em regra estribado em princípios, diretrizes gerais e fórmulas indeterminadas, que consentem uma pluralidade de opções concretizadoras. Isto porque as normas programáticas apontam para objetivos a atingir, mas não determinam vias ou meios para o seu preenchimento ou graus de satisfação na sua realização.

Não basta, por exemplo, ao legislador aprovar uma lei de bases de segurança social e legislação que a desenvolva para dar exequibilidade ao nº 2 do artº 63º da CRP que determina que o Estado deve organizar, coordenar e subsidiar um sistema de segurança social unificado e descentralizado. Indispensável é que crie uma entidade administrativa dotada de um orçamento próprio e financiado publicamente, por beneficiários e por empregadores, que garanta as prestações necessárias e adequadas aos beneficiários da segurança social. Pode esse sistema, contudo, assumir modalidades de ordem diversa quanto ao seu regime contributivo, à sua gestão e ao tipo, qualidade e quantidade de prestações que proporciona, os quais dependerão das opções políticas do legislador e da suficiência de recursos financeiros. Daí que as normas programáticas estejam sujeitas ao princípio da reserva do possível (infra § 563, § 599e §610 e seg.).

559. As normas de conteúdo programático, tal como alguns evidenciam[1252], não são critérios de decisão que liguem a descrição hipotética de

[1252] José Carlos Vasconcelos dos Reis "As Normas Constitucionais Programáticas e o Controlo do Estado", S. Paulo, 2003, p. 216 e seg.

um facto, a um conjunto de consequências jurídicas que ocorrem caso o mesmo se verifique, mas antes normas sem *facti-species* ou com uma *facti-species* difusa. O seu silêncio quanto ao momento de execução, o seu laconismo quanto ao objeto, meios e motivação e a indeterminação dos fins que pretendem atingir e interesses que devem satisfazer conferem uma expressiva margem de liberdade conformadora ao legislador que valora, discricionariamente, o tempo, os meios, as possibilidades, as opções políticas relativas aos meios e aos termos, e os níveis de satisfação[1253].

c) Nota sobre sub-categorias teóricas de normas programáticas

560. Existem sub-espécies diferentes de normas programáticas em razão da densidade e da intensidade do comando ou mandato dirigido ao legislador[1254].

Alguma doutrina decompõe as normas programáticas em *simples e qualificadas*[1255].

As *normas programáticas simples* fixam apenas fins de ordem geral sem que se estabeleçam vias, modos ou meios para a sua concretização. Enquanto algumas roçam o estatuto de mero enunciado proclamatório carente de efeitos jurídicos que se projetem para lá da sua função interpretativa, já outras tendem a apontar para um fim prospetivo dotado de um mínimo de vinculatividade.

No domínio *proclamatório* encontramos: a última parte do artº 2º da CRP que se prende com a realização da democracia económica, social e cultural; a alínea d) do artº 9º da CRP quanto à tarefa do Estado em promover o bem-estar e a qualidade de vida do povo; e a alínea f) do artº 80º no tocante à incumbência estatal de proteção do setor cooperativo e social de propriedade. *Na esfera prospetiva* teremos: o objetivo de promoção da igualdade entre homens e mulheres (alínea h) do artº 9º da CRP); a tarefa de assegurar um correto ordenamento do território (alínea e) do artº 9º); e o apoio do Estado a uma política de acesso a habitação própria 8 nº 3 do artº 65º).

As *normas programáticas qualificadas* mencionam genericamente obrigações a concretizar, medidas a tomar, limites a observar, tarefas a cumprir e

[1253] José Carlos Vasconcelos dos Reis ult. loc cit, p. 218 e seg.

[1254] Sobre uma graduação desses comandos dentro do referido critério, cfr Tiago Fidalgo De Freitas ult. loc cit, p. 823.

[1255] José Carlos Vasconcelos dos Reis p. 39 e seg. com base num escrito de Karl-Peter Sommermann.

níveis de satisfação a atingir, sem que procedam à sua especificação. Neste sentido incorporam *diretrizes sobre políticas públicas* e balizam, no plano interpretativo e finalístico, a conduta do legislador.

Como exemplos evidentes haverá a considerar as normas dos artigos 63º (segurança social), 64º (saúde) e 74º e seguintes (ensino) da CRP. No artº 64º da CRP, estabelece-se, na alínea a) do nº, a criação de um serviço nacional de saúde qualificado como universal e geral, cujo regime contributivo toma em conta as condições económicas e sociais dos cidadãos, pese o facto de tender para a gratuitidade. Estas medidas de valor têm constituído parâmetros para a apreciação da constitucionalidade de leis reguladoras do serviço nacional de saúde, os valores das suas taxas moderadoras, o seu sistema de financiamento e o dever de assistência à população carente de meios para pagar os serviços de saúde em situação de urgência.

d) Domínios materiais abrangidos

561. O universo das normas programáticas assenta no hemisfério dos princípios fundamentais da Constituição (com relevo para o artº 9º que enuncia tarefas económicas, sociais e culturais do Estado), o Título III da Parte I (Direitos e deveres económicos, sociais e culturais) e um número significativo de disposições dos três primeiros títulos da Parte II (Organização Económica). Existem, igualmente, outras normas avulsas desta natureza em matéria de poder regional[1256] e Administração Pública[1257].

Trata-se de um conjunto profuso de normas que situa a Constituição Portuguesa no domínio das Constituições sociais prolixas.

[1256] Cfr. o nº 1 do artº 229º da CRP relativo à cooperação entre órgãos regionais e de soberania no domínio económico e social e correção de desigualdades derivados da insularidade.
[1257] Cfr. o nº 1 do artº 267º da CRP sobre os objetivos estruturantes da Administração Pública.

Capítulo III
Nota sobre o regime de exequibilidade das normas constitucionais sobre direitos fundamentais

Secção I
Conceptualização básica dos direitos fundamentais

1. Razão de ordem

552. A presente rubrica não tem por objetivo qualquer incursão mais detida sobre a teoria geral dos direitos fundamentais.

A elaboração desta nota, antecedida de uma breve introdução conceptual na esfera dos direitos, destina-se a clarificar uma tomada de posição sobre uma questão central, diretamente relacionada com a rubrica anterior e que concerne à natureza, estrutura e regime aplicativo das normas constitucionais e que reveste manifesta atualidade. Com efeito, dos debates doutrinais que presentemente se travam em Portugal e no Brasil, coloca-se uma importante questão, de impacto político e financeiro incontornável, à qual deve ser dada uma resposta cabal: *em que medida é defensável a aplicação direta e imediata, a partir da Constituição, dos direitos sociais prestacionais a situações concretas?*

Assistiu-se entre 2011 e 2014 na Europa do sul a um confronto entre dois movimentos de ordem contraditória: no preciso momento em que ganhou corpo uma corrente minoritária que pretende equiparar em peso ou relevo jurídico, o regime de efetivação dos direitos sociais em relação aos direitos de liberdade, emergiu simultaneamente, a crise das dívidas soberanas que levou o legislador a operar um "downsizing" dos direitos sociais, sujeitando-os a restrições que envolveram um retrocesso inédito em prestações antes asseguradas pelo Estado.

553. Um setor da doutrina, em Portugal, Espanha e Itália mas sobretudo no Brasil, tende a defender que os direitos liberdades e garantias (direitos civis e políticos) e os direitos sociais teriam o mesmo nível de relevância constitucional, já que todos seriam direitos fundamentais. Em consequência, e abordando agora a realidade portuguesa, essa corrente sustenta que o regime estruturante dos direitos, liberdades e garantias previsto no artº 18º da CRP seria extensível, com adaptações, aos direitos sociais. Outros defendem que o conceito de norma programática teria sido superado por uma nova conceção assente no postulado de que todas as normas da Constituição requereriam a sua efetivação, necessidade que seria incompatível com a redução dos direitos sociais a simples promessas ou obrigações de resultado fixadas ao legislador, sem tempo definido para o cumprimento e sem sanção em caso de incumprimento ou cumprimento parcial.

Paralelamente, a crise da dívida soberana levou os Estados europeus a reduzirem o seu papel na gestão do Estado de Bem Estar, sendo sintomático que, no ano de 2013, na Holanda, no discurso da Coroa, o poder político, pela voz do Monarca, tenha feito saber que o Estado Assistencialista estaria em vias de terminar ou de se reduzir ao mínimo, reforçando a tónica da responsabilidade individual em matéria de proteção social. Mesmo em Estados onde os direitos sociais foram severamente restringidos pelo legislador, como é o caso de Portugal, o insuspeito Tribunal Constitucional, que julgou a invalidade de muitas medidas legislativas nos anos de 2011 a 2014, não deixou de aceitar, em tese, o critério de emergência financeira para justificar a tributação transitória de pensões[1258], chegando a entender que os pensionistas não teriam direito perpétuo à totalidade da pensão que nos termos legais lhes fosse devida, mas apenas a uma componente nuclear[1259]. Admite, por conseguinte, a sua redução definitiva com efeitos retrospetivos no caso de tal ser exigível, no contexto de uma reforma global, por força do

[1258] Observe-se o julgamento de não inconstitucionalidade da Contribuição Extraordinária de Solidariedade (CES) que recaiu transitoriamente sobre pensões em pagamento, nos Acºs. nºs 286/2013 e nº 413/2014.

[1259] Ac. nº 286/2013 com base em precedentes jurisprudenciais anteriores sobre a matéria.

interesse público inerente à sustentabilidade do sistema público de segurança social. Nesta linha, declarou inconstitucionais cortes avulsos em pensões em pagamento tidos como não transitórios, por violação do critério da tutela confiança, dado não se inserirem nesse quadro abrangente de reforma que atenda as posições diferenciadas de muitos beneficiários[1260].

Esta tensão doutrinária e jurisprudencial, associada à aplicação imediata ou mediata de direitos sociais, soldada à sua pretensa qualificação como direitos subjetivos, impõe uma tomada de posição sobre esta controvérsia que estará presente nos debates científicos e na jurisprudência de Portugal e do Brasil nos próximos anos. E que no fundo constitui o objeto central da concretização prática de todas as teorias constitucionais acabadas de estudar sobre o regime de aplicação e efetivação dos diversos tipos de normas constitucionais.

2. Conceitos básicos

2.1. Conceito de direito fundamental

554. Os direitos fundamentais definem-se como *posições jurídicas ativas reconhecidas constitucionalmente às pessoas individuais e* às pessoas *coletivas privadas.* Examinemos as componentes desta caracterização.

A. *As pessoas como titulares dos direitos fundamentais*

555. A *titularidade dos direitos* consiste na atribuição a uma pessoa de uma *faculdade jurídica* que a mesma pode exercer, imediata ou mediatamente, e que pode fazer valer no plano jurídico, frente aos poderes públicos e frente a terceiros. As pessoas individuais e coletivas privadas são os titulares dos direitos considerados[1261].

A titularidade de direitos fundamentais por pessoas coletivas privadas, reconhecida no nº 2 do artº 12º da CRP, assume natureza derivada e condicionada[1262]. Já as pessoas coletivas públicas não são titulares de direitos

[1260] Cfr Ac. nº 474/2013 e Ac. nº 475/2014

[1261] De todo o modo, a atribuição das referidas posições jurídicas ativas radica, primacialmente, na pessoa humana, individualmente considerada, cuja dignidade material é erigida, pelo artº 1º da CRP a fundamento da própria ordem constitucional, a qual se destina a servi-la.

[1262] Derivada, porque esses direitos apenas são reconhecidos às pessoas coletivas sociedades, associações e fundações) na medida em que estas são criadas por pessoas individuais, na

fundamentais, na medida em que estes foram historicamente reconhecidos à pessoa humana para serem feitos valer frente aos poderes públicos, pelo que não fará sentido que pessoas coletivas públicas oponham direitos em relação a si mesmas. Quando entes autónomos públicos exibem "direitos" de autonomia e outras prerrogativas constitucionais frente ao Estado, dever-se-á falar, tecnicamente, não em direitos, mas em *garantias institucionais*[1263]. A garantia institucional consiste num mecanismo jurídico com assento na Constituição que assegura protecção, quer a entes autónomos (como regiões, autarquias, universidades e certos entes associativos e fundacionais), quer a interesses públicos qualificados (serviço público de televisão) ou figuras permanentes da realidade política e social (cfr. a separação das confissões religiosas em relação ao Estado)[1264].

B. As posições jurídicas ativas

556. As posições ativas consistem em faculdades jurídicas objetivas que permitem aos titulares do direito:

i) Agirem individual ou coletivamente[1265];
ii) Reagirem contra atos e condutas públicas ou de terceiros que atentem ou prejudiquem a sua esfera jurídica protegida[1266];

esfera da sua autonomia privada, para servir os respetivos interesses ou interesses de ordem social. Condicionada porque se por um lado nem todos os direitos fundamentais são suscetíveis de titularidade por uma pessoa coletiva (veja-se o caso dos direitos fundamentais à vida, à integridade física, ou ao reconhecimento da paternidade) por outro, direitos existem, como o da intimidade da vida privada e familiar que só com adaptações e relativizações podem ser ajustados a pessoas coletivas (mormente na esfera de sigilo bancário, confidencialidade de certos dados de gestão e inviolabilidade de correspondência).

[1263] É o que sucede quando a CRP aborda na alínea d) do nº 1 do artº 281º da CRP a figura dos *"direitos de uma região consagrados no seu estatuto"*.

[1264] De todo o modo, quando certas garantias institucionais exibem pontos de conexão com direitos fundamentais (caso do serviço público de televisão na sua relação com os princípios pluralista e da liberdade de imprensa, ou da instituição matrimonial em relação à liberdade de contrair casamento) podem ser aplicáveis algumas dimensões do regime constitucional dos direitos às mesmas garantias, mas com adaptações ajustadas à natureza das mesmas.

[1265] Vide, no primeiro caso, a liberdade de contrair casamento e a liberdade de circulação e, no segundo, o direito à greve.

[1266] Por exemplo, o direito à responsabilidade de entes públicos por danos causados a particulares ou direito à impugnação de atos administrativos lesivos de direitos ou interesses legalmente protegidos das pessoas.

iii) Exigirem atuações positivas do Estado na garantia dos seus interesses ou situações juridicamente protegidas cujo gozo lhes seja reconhecido[1267].

C. *A fundamentalidade dos direitos*

557. A natureza "fundamental" dos direitos decorre do seu reconhecimento constitucional.

É certo que, sob um ponto de vista material, a atribuição do carácter jusfundamental a um direito pode justificar-se, em abstrato, no seu relevo qualificado para a garantia ou promoção da dignidade da pessoa humana. Sucede, porém, que essa jusfundamentalidade varia expressivamente de Constituição para Constituição[1268], já que, por exemplo, muitos direitos designados de fundamentais nos ordenamentos português ou brasileiro, não o são nas ordens constitucionais norte-americana, alemã ou espanhola. Daí que, o fenómeno de universalização jurídica de muitos direitos do homem (civis, políticos e sociais) em documentos políticos e convenções internacionais não se repercuta na necessária constitucionalização desses direitos em todas as ordens jurídicas.

A natureza jusfundamental de um direito decorre, primariamente, da sua inclusão na Constituição, pois quando a integram, os direitos passam a beneficiar de uma garantia especial fornecida pela rigidez das normas constitucionais. Por exemplo, o direito à reserva de intimidade da vida privada e o direito de propriedade privada são direitos civis. Contudo, o seu simples enunciado num Código civil não os protegeria contra a respetiva supressão por parte do legislador ordinário. Ao constarem do texto constitucional, a supressão desses direitos, bem como a sua submissão a formas desproporcionadas de restrição por lei ordinária, já não serão juridicamente admissíveis.

3. Direitos liberdades e garantias e direitos sociais

558. A génese histórica dos direitos civis e políticos e dos direitos sociais já foi minimamente documentada nesta obra (supra § 65 e seg.), pelo que

[1267] Trata-se, por exemplo, do direito a que os poderes públicos examinem de boa-fé as suas petições e o direito à segurança no emprego contra despedimentos arbitrários.

[1268] Javier Jeminez Campo "Derechos fundamentales-Concepto y Garantias", Madrid, 1999, p. 24 e seg.; Ingo Sarlet "A Eficácia dos Direitos Fundamentais" Porto Alegre, 2015, p. 75 e seg.

importa abordar, em termos de regime jurídico-positivo, essa dicotomia na Constituição de 1976. A Constituição portuguesa é especialmente clara na distinção material, sistemática e jurídica entre direitos, liberdades e garantias e direitos económicos, sociais e culturais, pese o facto de lhes aplicar, com adaptações, um conjunto de princípios de ordem comum (artºs 12º a 15º, 20º, 22º e 23º).

Os direitos liberdades e garantias, regulados do título I da Parte I, são direitos civis e políticos que envolvem bens jurídicos respeitantes à dimensão de autodeterminação individual ligada à dignidade da pessoa humana. São direitos "fortes" na medida em que, tendo constituído historicamente direitos de primeira e segunda geração, pressupõem, na sua efetiva normatividade, a existência de um Estado de direito e de uma sociedade livre e pluralista. Daqui decorre a sua consagração em normas precetivas que os convertem, na sua grande maioria, em direitos subjetivos.

O seu exercício efetivo depende, fundamentalmente, da criação de condições jurídicas pelo legislador, criação que constitui uma obrigação constitucional encontrando-se o seu regime garantístico previsto nos artigos 18º, alínea b) do artº 165º e alíneas c) e d) do artº 288º da CRP.

Os direitos económicos, sociais e culturais, adiante designados por direitos sociais e constantes do título III da Parte II da Lei Fundamental, são direitos de terceira geração e constituem pretensões jurídicas e políticas dos cidadãos em face dos poderes públicos, no sentido de estes lhes proporcionarem o acesso a bens e equipamentos de natureza económica, social e cultural, desiderato que é assegurado através de prestações de ordem financeira e material.

Trata-se de direitos relevantes mas "fracos" em relação aos primeiros. Isto porque:

i) A sua constitucionalização não é pressuposto necessário de um Estado de direito democrático, mas sim de um Estado social;
ii) A sua realização, ou os termos desta, encontram-se sujeitas à "reserva do possível" dependendo da existência não apenas de condições jurídicas, mas também de recursos financeiros;
iii) O seu regime constitucional de proteção é menor do que aquele que envolve os direitos, liberdades e garantias, dado que, por exemplo, o regime do artº 18º da CRP não lhes é aplicável.

559. Existem, finalmente, ao abrigo do artº 17º da CRP, *direitos fundamentais de natureza análoga aos direitos, liberdades e garantias,* que constam de

normas não incluídas no Titulo segundo[1269]. A estes direitos, *cujo desfrute depende essencialmente de condições jurídicas* e cujo bem jurídico protegido tem uma essencialidade análoga aos direitos, liberdades e garantias, aplica-se o regime jurídico material destes últimos, no todo ou em parte.

Secção II
A querela relativa à diferenciação de regime jurídico entre direitos, liberdades e garantias e direitos sociais

Subsecção I
A tese da "unidade dogmática" entre direitos, liberdades e garantias e direitos sociais na doutrina portuguesa

1. O reforço das garantias dos direitos sociais no centro de uma disputa jurídica, política e financeira

560. Embora a construção que sustenta a unidade dogmática entre direitos, liberdades e garantias e direitos sociais tenha despontado em Portugal em momento prévio à crise financeira internacional de 2008, e do pedido de resgate do Governo socialista Português aos credores internacionais em 2011, foi sobretudo no período posterior a esta data que este entendimento tornou mais veementes as suas posições.

A razão imediata da revalorização do discurso da equiparação jurídica entre as duas categorias de direitos fundamentais derivou das medidas restringentes de direitos, liberdades e garantias dos trabalhadores e de direitos sociais, constantes do memorando assinado com os credores e que o

[1269] Encontram-se os mesmos dispersos: seja no catálogo dos princípios fundamentais (caso da dimensão da dignidade da pessoa humana reportada ao mínimo existencial, no artº 1º e do acesso ao direito e à tutela jurisdicional efetiva, no artº 20º da CRP); seja na organização administrativa do Estado (caso dos direitos e garantias dos administrados, previstas no artº 268º); seja ainda no universo sistemático dos direitos sociais (como é o caso dos direitos de propriedade e iniciativa privadas, ínsitas nos artº 60 e 61º, o direito à retribuição no trabalho, constante da alínea a) do nº 1 do artº 59º e, ainda, o princípio de que todo o tempo de trabalho contribui para o cálculo das pensões, de acordo com o nº 4 do artº 63º da CRP).

Executivo de centro-direita, que assumiu funções em 2011 teve o ónus de implantar, através de meios juridicamente controversos.

Desde o ano de 2012, um aluvião de decisões de inconstitucionalidade abateu-se sobre reformas do Governo que restringiram direitos, liberdades e garantias dos trabalhadores e direitos sociais, afetando uma percentagem elevada do valor do corte na despesa que este programara

Para o efeito, o Tribunal Constitucional fez escasso uso de sentenças manipulativas[1270]; não conferiu soluções especialmente inovadoras a princípios constitucionais[1271]; nem equiparou o regime de garantia dos direitos de liberdade ao dos direitos sociais, fazendo questão de os diferenciar com clareza. As leis restritivas sucumbiram num "triângulo de bermudas" enformado pelos princípios da confiança, da igualdade e da proporcionalidade, a par da justa causa no despedimento.

As decisões do Tribunal geraram um pico de tensão institucional, inédito na III República. Este foi marcado pela dureza do discurso do Governo em 2013-2104 sobre o "bom senso", a independência política e até a preparação técnica dos juízes do Tribunal Constitucional, o qual foi responsabilizado, num primeiro momento, pela eventual ocorrência de um segundo resgate e num segundo, pelo risco de incumprimento das obrigações internacionais do Estado e por uma situação crítica na governabilidade da República[1272]. Finalmente, as forças de oposição não hesitaram em judicializar, por via impugnatória, todas as decisões da maioria com as quais não concordaram, com o intuito de as bloquear.

Ora, na crista da judicialização das políticas públicas reemergiram as *teses da unidade dogmática entre direitos*, com o intuito de levar o Tribunal a assegurar a garantia de direitos sociais, (caso do direito à segurança social fortemente restringido pela lei da convergência de pensões), através da aplicação extensiva (ou tácita) do artº 18º da CRP.

[1270] Exceto, em favor da maioria de governo, em 2012 (Ac nº 353/2012) para defender a aplicação do OE 2012 e em 2014 (Ac nº 413/2014) para garantir os mínimos da execução orçamental no momento em que cessava a execução do programa de resgate financeiro internacional.

[1271] Salvo o princípio compósito da igualdade proporcional, que já anteriormente tinha ensaiado com menor impacto e do *uso autónomo* do princípio "neutro" da razoabilidade.

[1272] A subsistência do próprio órgão foi questionada pela Ministra da Justiça em 1012, e pelo chefe do grupo parlamentar do PSD em período ulterior, no sentido da transformação do órgão numa secção do Supremo Tribunal de Justiça.

2. A colocação do problema da unidade dogmática entre direitos fundamentais e o seu contexto

561. Em contracorrente em relação à doutrina maioritária que diferencia o regime dos direitos e liberdade e os direitos sociais[1273], fluiu um entendimento diverso que equipara em valor os bens protegidos pelos dois tipos de direitos e estende, na quase totalidade, aos segundos, o regime constitucional de proteção que a CRP confere aos primeiros, relativizando a aparente exclusividade desse regime[1274]. Nas páginas seguintes procuraremos abordar, no nosso ângulo de visão, os tópicos desta corrente doutrinal bem como elaborar uma síntese sobre a argumentação que os sustenta[1275].

2.1. A dignidade da pessoa humana como fundamento de idêntica relevância material entre direitos de liberdade e direitos sociais

562. A construção em exame estima que as diferenças entre direitos de liberdade e direitos sociais, podendo decorrer de uma estrutura diversa das respetivas normas, não se poderiam fundar numa distinta relevância substancial, tendo havido quanto a este ponto, uma falha de racionalidade do poder constituinte[1276] que teria optado por uma diferenciação sistemática, formal e orgânica, com caráter artificial.

[1273] Vieira de Andrade "Os Direitos Fundamentais (...)" op. cit; Jorge Miranda "Direito Constitucional", IV Vol; Gomes Canotilho "Direito Constitucional (...)" ; e José de Melo Alexandrino "A Estruturação do Sistema de Direitos, Liberdades e Garantias na Constituição Portuguesa", Coimbra, 2006, p. 198 e seg.

[1274] Assim, num entendimento percursor, André Salgado de Matos "O Direito ao Ensino, Contributo para uma dogmática unitária dos direitos fundamentais", Relatório de Mestrado na FDUL, 1998, p. 7. Como obra de referência onde este posicionamento é exaustivamente defendido, Reis Novais "Direitos Sociais", Coimbra, 2010 (no desenvolvimento de posições anteriores como "As Restrições a Direitos Fundamentais não Expressamente Autorizadas pela Constituição", Coimbra, 2003, p. 125 e seg e "Direito, Liberdade e Garantia: uma noção imprestável na justiça administrativa?", Cadernos de Justiça administrativa", 73, 2009, p. 229 e seg.). Também na mesma linha, Vasco Pereira da Silva "A Cultura a Que Tenho Direito", Direitos fundamentais e cultura, Coimbra, 2007; e Isabel Moreira "A solução dos Direitos, Liberdades e Garantias e dos direitos Económicos, Sociais e Culturais na Constituição Portuguesa", Coimbra, 2007; e Jorge Silva Sampaio "O Controlo Jurisdicional das Políticas Públicas de Direitos Sociais", Coimbra, 2014, p. 192 e seg.

[1275] Seguir-se-á, maioritariamente, os argumentos ínsitos na obra de Reis Novais "Direitos Sociais", op. cit.

[1276] Reis Novais "Direitos Sociais", p. 349.

Uns e outros direitos deveriam a sua natureza fundamental ao facto de os respetivos bens jurídicos protegidos terem relevo constitucional e constituírem expressão jurídica do princípio da dignidade da pessoa humana, fundamento basilar da República Portuguesa (artº 1º da CRP), não havendo razões evidentes para conferir aos direitos de liberdade, uma supremacia sobre os direitos sociais.

Por outro lado, uma análise feita na especialidade à relevância material dos bens jurídicos protegidos nos dois tipos de direitos, inviabilizaria a generalização de uma tese que sustentasse a primazia de todos os direitos de liberdade, sobre todos os direitos sociais. A doutrina socorre-se de alguns exemplos: seria sustentável argumentar, por exemplo, à luz do princípio da dignidade da pessoa humana, que o direito ao tempo de antena, o direito à greve, a garantia da proibição do lock out[1277] revestiriam uma maior importância do que os direitos prestacionais à saúde, à segurança social ou à habitação?

2.2. A exigibilidade de prestações financeiras do Estado nos dois tipos de direitos e a relativização da reserva do possível como critério diferencial

563. Os defensores da unidade dogmática entre direitos rejeitam o entendimento doutrinário tradicional segundo o qual, os direitos, liberdades e garantias seriam direitos puramente negativos (ou seja, direitos defensivos que exigiriam a abstenção dos poderes públicos e de terceiros relativamente à fruição do direito pelo seu titular), enquanto os direitos sociais seriam direitos positivos (direitos a prestações financeiras e materiais, na medida em que exigiriam condições jurídicas e sobretudo financeiras para a concretização dessas mesmas prestações). Dessa diferente natureza, a doutrina maioritária retiraria o entendimento de que, enquanto os primeiros seriam diretamente invocáveis a partir da CRP, sem dependerem de condições financeiras[1278], já os direitos sociais dependeriam, não só de condições jurídicas, mas também de financiamento e, assim, a sua efetivação estaria condicionada à reserva do possível.

[1277] Podendo-se acrescentar outros, como o direito de petição ao Provedor de Justiça, o direito de resposta na imprensa ou o direito à criação de comissões de trabalhadores nas empresas.
[1278] Quando muito de condições jurídicas, quando dependam de concretização legal.

Considera, ao invés, a sensibilidade doutrinal em exame que todos os direitos fundamentais envolvem custos financeiros, não havendo, para o erário público, "direitos grátis". O condicionamento financeiro que inere à reserva do possível não constituiria um atributo singular dos direitos sociais, já que também se aplicaria a muitos direitos, liberdades e garantias. E exemplificam com as despesas com as forças policiais e o sistema de justiça (que garantiriam os direitos à vida, integridade física, liberdade, propriedade e direitos de personalidade). O mesmo sucederia, no plano dos direitos políticos, com as despesas com os atos eleitorais. Assim, não apenas os direitos de liberdade exigiriam prestações financeiras, mas também não haveria uma inesgotabilidade de dinheiros públicos para assegurar as prestações destinadas a viabilizá-los. Por exemplo, reformas vultuosas com o judiciário tiveram de ser, frequentemente, adiadas. Nestes termos, a reserva do possível aplicar-se-ia, em medidas diferentes, tanto aos direitos de liberdade como aos direitos sociais[1279].

2.3. Regimes de aplicabilidade direta regeriam em dimensões diversas direitos de liberdade e direitos sociais

564. Embora o disposto no nº 1 do artº 18º da CRP, que consagra o regime de aplicabilidade direta aos direitos de liberdade surja como um aparente atributo exclusivo destes direitos, a estrutura das normas constitucionais aplicáveis propiciaria uma realidade jurídica diversa.

Em primeiro lugar, todas as normas constitucionais teriam pretensão de aplicação direta, salvo quando as mesmas fizessem depender a sua aplicabilidade de leis ordinárias. Ora, se é um facto que quase todos os direitos sociais carecem de mediação legislativa para se poderem efetivar, existem diversos direitos, liberdades e garantias ínsitos em normas não exequíveis por si próprias que não têm aplicabilidade direta, pois reclamam leis ordinárias para se tornarem efetivos. Por outro lado, direitos sociais existem, como o do "mínimo de existência condigna" que, de acordo com a jurisprudência constitucional, são diretamente aplicáveis a partir do princípio da dignidade da pessoa humana. Relevaria, assim, quando à pretensão de aplicabilidade do direito, mais a estrutura da norma do que o tipo de direito.

Em segundo lugar, todos os direitos, na sua vertente negativa ou defensiva seriam diretamente aplicáveis, já que poderiam ser invocados em juízo

[1279] Nesta linha, num discurso moderado, Reis Novais ult. loc cit, p. 95 e seg.

junto dos tribunais, para invalidar normas ou atos singulares que os procurem suprimir ou violar[1280].

2.4. O "*status*" de direito subjetivo não seria um atributo exclusivo dos direitos de liberdade

565. Os defensores da unidade de regime entre direitos fundamentais consideram que estes teriam uma relevante dimensão subjetiva, na medida em que os cidadãos, seus titulares, teriam direito à pretensão de uma certa conduta dos poderes públicos em lhes assegurar determinados benefícios ou prestações individualizáveis.

A subjetividade dos direitos sociais seria configurável assimetricamente em duas dimensões: a dimensão defensiva ou negativa, a qual seria tendencialmente plena; e a dimensão positiva que dependeria do legislador ordinário e da reserva das disponibilidades financeiras do Estado. Ora, na medida em que a lei configure com detalhe o conteúdo de um direito social este passa a ser imediatamente exigível, assumindo-se como um direito subjetivo[1281]. Os direitos sociais viveriam *"nos direitos a prestações concretizados na lei"* [1282]que seriam a dimensão operativa da sua subjetividade. Finalmente, dir-se-ia que os direitos sociais seriam subjetivos porque, se não o fossem, não seriam verdadeiros direitos fundamentais.

2.5. Escassa relevância da sistematização constitucional como critério diferenciador entre direitos de liberdade e direitos sociais

566. Aduz o entendimento em escrutínio que a intenção do poder constituinte em conferir tratamento privilegiado aos direitos de liberdade embateria na lógica das coisas, logo à partida porque a diferenciação dos mesmos

[1280] Vários são os casos em que o Tribunal Constitucional declarou a inconstitucionalidade de leis que lesavam os fins das normas de garantia dos direitos sociais ou os princípios que concorrem para a sua defesa e proteção.

[1281] Assim, os direitos a prestações regidos por lei que permitem o gozo imediato do direito não seriam catalogáveis direitos subjetivos autónomos (direitos originários) separáveis de direitos sociais originários e insuscetíveis de aplicação direta e, por isso mesmo de natureza não subjetiva (direitos e derivados a prestações). E não seriam porque existiria uma relação de conexão necessária entre as normas constitucionais que enunciam o direito social e as leis que as concretizam numa posição de dependência em relação às primeiras. O legislador cumpre, assim, a Constituição e concretiza o direito social no respeito pela reserva do possível.

[1282] Reis Novais, ult. loc cit, p. 178.

em relação aos direitos sociais ficaria sustentada numa realidade tão precária e artificial como a sistematização dos referidos direitos na Constituição.

Tendo refletido uma matriz ocidental de sistematização de direitos fundamentais num contexto político conturbado que rodeou, durante a Revolução, a feitura da Lei Fundamental, o constituinte teria conscencializado que a sua opção singela de arrumar para um lado e para outro de uma divisória, dois tipos de direitos, era insatisfatória, na medida em que se encontravam catalogados, como direitos sociais, direitos cuja natureza seria mais próxima dos direitos de liberdade (caso da propriedade privada). Para evitar erros derivados de sistematizações excessivamente rígidas, o artº 17º CRP admitiu que o regime dos direitos, liberdades e garantias se aplicasse a direitos de natureza análoga dispersos por outros títulos da Constituição (como o caso do II Título da Parte I relativa aos direitos sociais).

A circunstância de a jurisprudência constitucional e a doutrina terem reconhecido essa natureza análoga a diretos inseridos no Título II e de a revisão constitucional de 1982 ter feito um transbordo de alguns direitos sociais para o universo dos direitos, liberdades e garantias dos trabalhadores seria revelador da fragilidade dogmática da sistematização[1283]. Todos estes dados relativizariam o relevo jurídico da divisão sistemática como elemento distintivo da essencialidade dos referidos direitos, a qual não estaria presente em declarações mais modernas como a Carta de Direitos Fundamentais da União Europeia.

2.6. Negação do relevo prático de um sistema de proteção privilegiada aos direitos, liberdades e garantias

A. Sujeição das duas categorias de direitos aos mesmos princípios constitucionais estruturantes

567. Para a sensibilidade doutrinal em estudo, a qualificação da *fundamentalidade* dos direitos sociais pela Constituição teria como consequência a existência de uma proteção jurídica reforçada para todos os direitos, derivada da hierarquia das normas constitucionais.

Essa garantia reforçada seria confirmada pela sujeição dos poderes públicos, em matéria de observância dos direitos sociais, aos grandes prin-

[1283] Isto, tanto mais que os critérios doutrinais de identificação dos direitos de natureza análoga nunca teriam sido consensuais.

cípios estruturantes do Estado de direito, neles incluídos os princípios reitores do sistema global de direitos fundamentais: seria o caso do princípio da constitucionalidade, do acesso ao direito e aos tribunais, da universalidade, da igualdade, e da proporcionalidade. A aplicação destes princípios quer aos direitos de liberdade, quer aos direitos sociais, confirmaria que a proteção constitucional reforçada aos segundos não será mais fraca do que a que concede aos primeiros.

B. Ausência de consequências práticas na atribuição de um regime reforçado de proteção aos direitos liberdades e garantias nos artigos 18º, 19º e 288º da CRP

568. Independentemente de o pensamento constitucional em apreciação considerar ter sido intenção da decisão constituinte proteger privilegiadamente os direitos, liberdades e garantias, mormente através do artº 18º da CRP, o facto é que esses esforços teriam claudicado por razões de "impossibilidade lógica"[1284].

Assim, no plano das restrições, o *princípio da proporcionalidade* previsto no nº 2 do artº 18º da CRP (supra, § 475 e seg.) aplicar-se-ia também aos direitos sociais, dado constituir um enunciado axiomático estruturante do Estado de direito. O *princípio da proteção da confiança* (supra, § 484 e seg.), também deduzido do princípio do Estado de direito democrático (artº 2º da CRP) obstaria à validade de leis retroativas que restringissem direitos sociais, facto que propiciaria uma garantia equivalente à proibição de restrições retroativas a direitos de liberdade. O *princípio da igualdade* (supra § 495 e seg.) vedaria leis individuais com efeito restritivo sobre direitos sociais, configurando-se como um mecanismo de proteção análogo à proibição de leis restritivas de direitos de liberdade que não sejam gerais e abstratas (nº 3 do artº 18º da CRP). E, finalmente, não seria admissível que uma lei restritiva aniquilasse o conteúdo essencial de um direito social, já que tal envolveria uma violação do conteúdo da correspondente norma constitucional.

No fundo, o regime de garantia no plano das restrições seria sensivelmente idêntico, pelo que seria possível estender a aplicação dos nºs 2 e 3 do artº 18º da CRP aos direitos sociais.

[1284] Reis Novais ult. loc cit, p. 359.

569. A ideia de que apenas os direitos, liberdades e garantias poderiam ser suspensos mediante declaração dos estados de sítio e de emergência não colheria, já que dela resultaria o entendimento, inconstitucional de que os direitos sociais poderiam ser legitimamente suspensos pelo legislador, fora dos referidos estados de exceção.

570. Finalmente, o facto de o artº 288º da CRP apenas garantir como limites materiais de revisão os direitos, liberdades e garantias teria escasso alcance já que, por força do triunfo da tese da dupla revisão constitucional inaugurada na revisão constitucional de 1989 e secundada pelas revisões de 1997 e 2004, se perspetivou já a possibilidade de, por via de revisão, se suprimirem direitos de liberdade ou de se reduzir o seu âmbito de proteção. O artº 288º operaria, assim, no futuro, apenas como salvaguarda contra alterações radicais que afetem princípios reitores do Estado de direito.

C. Imperativos de idêntica justiciabilidade

571. No plano da Justiça Constitucional considera-se que a proteção seria, sensivelmente, idêntica. Os tribunais poderiam julgar a inconstitucionalidade por ação de normas que violem direitos de liberdade e direitos sociais no desrespeito dos princípios constitucionais estruturantes que os garantam.

Quando à garantia da dimensão positiva, o regime de defesa dos direitos sociais não seria muito distinto do regime de garantia dos direitos de liberdade contidos em normas não exequíveis por si próprias, sendo uns e outros sujeitos à proteção diminuída do controlo de constitucionalidade por omissão. A diferença não radicaria no tipo do direito, mas na estrutura da norma que o declare[1285].

[1285] Em sede do contencioso administrativo, esta posição doutrinal censura o facto da do Código de Processo nos Tribunais Administrativos (CPTA) reservar para os direitos de liberdade mecanismos especiais e céleres de tutela, que são a *"Intimação para a proteção de direitos, liberdades e garantias"* e o *"decretamento provisório de providência cautelar"*. Trata-se, segundo os críticos de uma superioridade dada aos direitos de liberdade que contrariaria a ideia de direitos fundamentais que pontifica no Estado de direito. Que razões, interrogam-se alguns autores podem ter levado, por exemplo, o legislador a privilegiar o *"direito de propriedade sobre o direito à habitação"* ou o *"direito a fumar, baseado no desenvolvimento de personalidade, sobre o direito à saúde?* (Reis Novais, ult. loc cit, p. 353). O que relevaria, sublinham, são as circunstâncias concretas que envolvem o caso e não a supremacia automática de um tipo de direitos. De qualquer forma, decisões certos tribunais administrativos já teriam ultrapassado os contrafortes da lei e tutelado direitos sociais em condições de serem imediatamente

2.7. Critérios constitucionais que fariam subsistir uma diferença de regimes

A. Um critério orgânico da reserva parlamentar de lei não materialmente fundado como atributo do regime específico dos direitos, liberdades e garantias.

572. A doutrina em apreciação reconhece que a inserção dos direitos, liberdades e garantias na reserva relativa de competência da Assembleia da República, e a não inclusão dos direitos sociais na mesma reserva, suscita dificuldades à construção da unidade dogmática: enquanto os primeiros só poderiam ser regidos ou restringidos por lei parlamentar ou decreto-lei autorizado, os segundos poderiam ser regulados ou afetados negativamente, não apenas por lei, mas por decreto-lei. Ainda assim, ela refere que a prática da jurisprudência constitucional, dada a expressiva quantidade de diplomas governamentais não autorizados que dispõem colateralmente sobre direitos, liberdades e garantias, entenderia que a reserva parlamentar apenas inclui a componente essencial do direito.

A doutrina enfatiza que o único critério significativo de distinção do regime de direitos de liberdade e dos direitos sociais *seria um critério orgânico e não um critério substancial,* realidade que se defrontaria com o problema de haver, num Estado democrático de direito, uma divisão de competências carente de uma base material justificante.

B. O critério da aplicabilidade direta dos direitos, liberdade e garantias e a sua relativização

573. Reconhece, igualmente, a tese da unidade dogmática que o nº 1 do artº 18º confere aos direitos de liberdade uma pretensão de aplicabilidade direta (e nalguns casos imediata) que os direitos sociais não possuiriam. Tratar-se-ia, contudo, não de um efeito de uma garantia reforçada mas de um atributo próprio da natureza dos direitos de liberdade. Ainda assim, esse elemento distintivo, preso à invocabilidade do direito a partir da norma constitucional, deveria ser relativizado, porque: i) Todos os direitos fundamentais teriam aplicabilidade direta na sua dimensão negativa ou defensiva; ii) Um número sensível de direitos, liberdades e garantias carece de

invocáveis, na medida em que a lei já lhes tenha assegurado condições de aplicabilidade direta ou imediata.

norma legal para poderem ser imediatamente invocáveis em juízo, tal como sucede com os direitos sociais, pelo que mais do que a previsão do nº 1 do artº 18º, releva a estrutura da norma, ou seja a sua aptidão auto-aplicativa ou da sua dependência de lei para se tornar exequível.

2.8. Supostos fatores de desvalorização dos direitos sociais

574. Haveria na ordem jurídica portuguesa um quadro deficitário de proteção de direitos sociais, o qual derivaria de várias causas, das quais se salienta três.

De acordo com a sensibilidade em apreciação, haveria na doutrina maioritária e na jurisprudência constitucional portuguesa uma influência superlativa e descontextualizada da doutrina e jurisprudência alemãs em matéria de direitos fundamentais. Descontextualizada porque a Constituição federal alemã de 1949 não incorpora direitos sociais, limitando-se a declarar uma *cláusula do Estado social*[1286]. Não seria correta uma leitura desviante da CRP à luz de uma ordem constitucional diversa que assentaria em pilares distintos sobre a natureza dos direitos fundamentais.

575. O facto anteriormente exposto e o apelo a uma doutrina clássica e supostamente ultrapassada da teoria dos direitos fundamentais seriam fatores que poderiam explicar uma timidez excessiva do sistema de Justiça Constitucional na tutela dos direitos sociais.

Para além da circunstância de não se ter constitucionalizado o recurso de amparo, a Justiça Constitucional portuguesa seria marcada por um expressivo ou excessivo "self restraint" do qual derivaria um défice de proteção de direitos sociais. O Tribunal, sustentado numa jurisprudência antiga e rígida, raramente julgaria, pelo menos até ao período 2011-2014, a inconstitucionalidade de direitos sociais ofendidos diretamente pelo legislador, com exceção de um conjunto limitado de situações de escassa ocorrência.

[1286] Sem prejuízo de haver constituições dos estados federados que integram direitos sociais, parece evidente que a ordem constitucional alemã valoriza inequivocamente os direitos de liberdade sobre os direitos sociais, que são omitidos, no que concerne à sua individualização positivada, da Lei Fundamental. Ora esta realidade não seria aplicável como base referencial ao contexto da Constituição portuguesa de 1976 que positivou copiosamente no seu texto normativo, direitos económicos, sociais e culturais, dando-lhes uma relevância jurídico-positiva que a Constituição alemã lhes não outorga. Não seria, assim, correta uma leitura desviante do texto constitucional português à luz de uma ordem constitucional diversa que assentaria em pilares distintos sobre a natureza e regime dos direitos fundamentais.

576. O legislador ordinário e certa jurisprudência dos tribunais comuns seguiriam, maioritariamente, o entendimento da doutrina clássica e contribuiriam para um défice de proteção dos direitos sociais, esquecendo-os, por exemplo, no instituto da intimação para a proteção de direitos liberdades e garantias no CPTA.

3. Posição adotada: um regime constitucional reforçado de proteção dos direitos civis e políticos

3.1. Ordem jurídica portuguesa: a natureza primacial dos direitos, liberdades e garantias

577. A construção da unidade dogmática entre direitos, liberdades e garantias e direitos sociais na Constituição portuguesa não logrou prosperar na jurisprudência do Tribunal Constitucional, nem assentar arraiais na componente maioritária da doutrina de referência. A redução drástica de prestações de ordem social operada em Portugal e outros Estados da Europa do Sul durante a crise financeira internacional que despoletou em Portugal o programa resgate de 2011-2014 abalou decisivamente, quer mitos constitucionais sobre direitos consolidados e posições adquiridas, quer o entendimento de que a exceção financeira suspenderia a Constituição social.

578. De qualquer forma, a jurisprudência constitucional demonstrou, entre 2011 e 2014, com escassas exceções, e com alguma controvérsia, ser possível a defesa do conteúdo essencial dos direitos sociais e de direitos, liberdades e garantias dos trabalhadores, em escalões situados acima do "mínimo existencial", sem recorrer à construção da "unidade dogmática", sem prejuízo de, em termos concretos, ter logrado efeitos garantísticos não muito distantes, caminhando por outro sendeiro argumentativo. Verifica-se, contudo, que a argumentação dos defensores da tese da indivisibilidade dos direitos fundamentais, até pela sua provocadora e interessante fundamentação, não pode ser afastada apenas por força da pena pretoriana da Justiça Constitucional nem pela mera invocação das normas constitucionais, que militam textualmente contra essa tese. A construção em causa carece de uma crítica, em sede da Teoria da Constituição, já que coloca em causa o regime de exequibilidade das normas constitucionais, tal como este tem sido concebido.

3.2. Fundamentos do regime privilegiado dos direitos de liberdade

A. *A supremacia material dos direitos de liberdade sobre os direitos sociais como um imperativo de axiologia constitucional*

579. Para a tese que sustenta a indivisibilidade, quer os direitos de liberdade quer os direitos sociais seriam fundamentais por contribuírem para o primado da dignidade da pessoa humana como fundamento estruturante da Constituição da República Portuguesa.

580. Importa clarificar que a qualificação dos direitos sociais a prestações como direitos "fundamentais" decorre da circunstância de lhes ter sido conferida dignidade constitucional expressa e de serem protegidos, se bem que em medidas diferentes, pela Justiça Constitucional. São fundamentais, porque estando garantidos na Constituição, o legislador ordinário, não só não os pode suprimir, como encontra limites objetivos quanto à sua restrição, o que não sucede com outros direitos (mesmo subjetivos) não constitucionalizados.

Contudo, a constitucionalização dos direitos sociais prestacionais não significa uma equiparação em valor e em grau de proteção relativamente a outros direitos catalogados como fundamentais. Cabe à Constituição a opção de os equiordenar ou de, ao invés, assegurar regimes de proteção privilegiados a certas categorias de direitos por confronto com outras. Esta é uma realidade jurídico-positiva e é a própria doutrina da indivisibilidade de direitos fundamentais que admite (embora critique) a opção do poder constituinte em privilegiar a defesa qualificada dos direitos, liberdades e garantias[1287]. Ora, o que se pretende nesta sede é testar a solidez da decisão inequívoca do constituinte em optar pela criação de um regime diferencial.

581. *As razões históricas* de um regime distinto são relevantes mas não decisivas. O processo constituinte de 1975-1976 foi um processo revolucionário que poderia ter gerado a criação de uma Constituição autoritária marxista, caso tivesse prevalecido a Iª Plataforma de entendimento MFA//Partidos (supra § 213 e seg.). Os partidos do chamado "arco democrático (CDS, PSD e PS), frente às incertezas e entorses autocráticas do processo

[1287] A saber: inconstitucionalidade por omissão; defesa cauta do mínimo existencial; reação contra leis que eliminem sem substituição sistemas prestacionais sociais a cuja criação o legislador estaria vinculado; e salvaguarda da esfera de proteção de direitos sociais nos poucos casos em que lhes é reconhecida natureza análoga a direitos, liberdades e garantias. Reis Novais ult. loc cit, p. 348 e seg e 358 e seg.

constituinte, acordaram cautelarmente um modelo de matriz ocidental de sistematização e garantia de direitos fundamentais: os direitos de liberdade precederiam os direitos sociais; seriam valorizados no seu regime aplicativo na lógica da Constituição alemã; e a cláusula aberta do regime do nº 1 do artº 16º da CRP garantiria que nesses direitos (ameaçados pelas derivas marxistas da revolução) seriam interpretados e integrados à luz da Declaração Universal dos Direitos do Homem, que foi constitucionalizada.

Havia que optar pela liberdade e pela democracia e consagrar um mecanismo de reforço dessa opção na Lei Fundamental. Tal foi a vontade inequívoca do constituinte que deve ser respeitada na medida em que integra a identidade da Constituição, na qualidade de limite material explícito (supra §329 e seg.).

582. Será, ainda assim, que uma hipotética alteração de circunstâncias (como por exemplo, alguma desvalorização gradual dos direitos de liberdade em face dos direitos sociais, num Estado consolidado de normalidade democrática) pode justificar uma interpretação evolutiva que sustente a equiparação entre as duas categorias de direitos ? A resposta é negativa.

O primado dos direitos de liberdade sobre os direitos sociais é uma questão existencial do Estado de direito democrático, por três razões ancilares. Em primeiro lugar, sem direitos de liberdade constitucionalmente reconhecidos e garantidos não há Estado de direito, nem democracia politica. Já o inverso não sucede, pois os direitos sociais não são pressupostos necessário de um Estado de direito democrático[1288].

Daí que as Constituições que estribam Estados de direito democráticos (como as dos Estados Unidos da América, Reino Unido e Alemanha) não constitucionalizem direitos sociais, sem que tal circunstância abale a natureza do Estado: os direitos sociais existem, são reserva do legislador, mas não reserva da Constituição.

[1288] Antes de se conceber obrigações prestacionais do Estado para com os cidadãos encontra-se a necessidade de definição do modelo de Estado e sociedade. Antes de se definir o que o Estado pode ou não garantir em termos de obrigações de prestação haverá que definir, no plano constitucional, o regime político. Ora, se a opção for a de um regime democrático limitado pelo direito (Estado de direito democrático) parecerá evidente que, sem uma declaração constitucional de direitos civis e políticos, não existirá nem um Estado vinculado pelos direitos individuais, nem uma sociedade livre e pluralista nem uma democracia política em que, num quadro de competitividade, igualdade e equivalência de opções, os mais governem os menos, na base de um mandato popular.

O inverso já não sucede.

Estados que conferiram primazia aos direitos sociais sobre os direitos de liberdade (antiga URSS, Cuba, Coreia do Norte, Vietnam e China) não são Estados democráticos e, só muito forçadamente, podem ser considerados Estados de direito, definindo-se antes, como regimes totalitários.

Por outro lado, a constitucionalização de direitos sociais não é pressuposto da sua otimização prestacional e efetividade. Estados como o Reino Unido e Alemanha (presentemente e no tempo da *Sozialpolik* de Bismark no Sec XIX), que não constitucionalizaram direitos sociais, ostentam regimes prestacionais muito mais avançados do que ordenamentos constelados de direitos sociais nas suas constituições (Itália, Portugal, Brasil, Colômbia ou África do Sul).

583. Haverá Estado de direito democrático se não constarem da Constituição os direitos sociais mais essenciais, como o direito à saúde ou à segurança social. Contudo, já não se poderá falar em Estado de direito democrático se não constar da Constituição os direitos à liberdade de expressão, liberdade religiosa, liberdade de associação e direito de sufrágio livre e competitivo. Daí que os direitos de liberdade tenham, efetivamente, mais peso e sejam direitos "mais fortes"porque pressupõem a autodeterminação individual, que constitui o âmago da dignidade humana: é condição da existência de um Estado de direito democrático e de uma sociedade livre.

584. Poderá contra-argumentar-se que seria absurdo ou impensável que o poder político, à luz da mesma dignidade da pessoa humana, possa questionar a essencialidade dos direitos à saúde ou à educação[1289]. Trata-se de um argumento de recorte emocional que não pode valer, sem mais, em qualquer tempo ou em qualquer sociedade. Estados existem, na Europa do Norte, nos próprios Estados Unidos e no Chile até 2014, em que políticas públicas criaram os pressupostos para a substituição radical dos serviços públicos de saúde por um seguro de saúde (público ou privado); da segurança social publica, por sistemas privados de capitalização; e o sistema educacional público por um regime de "voucher", recuando os subsistemas públicos para uma zona branca, com caráter residual, para os mais carenciados.

Sem que se considere necessário ou até viável o mero transplante desses modelos para o ordenamento português, haverá, pelo menos, que conceder que a introdução de sistemas privados de prestação social na área da saú-

[1289] Em geral um argumento recursivo em Reis Novais "Direitos Sociais" cit.

de, segurança social e educação não são realidades "absurdas" ou "impensáveis", tanto mais que operam razoavelmente.

585. Poderá, ainda, contra-argumentar-se que os direitos sociais são condições para o pleno exercício dos direitos civis e políticos. Só nas sociedades onde existam cidadãos sem carências graves seria possível um exercício responsável de direitos de liberdade.

Trata-se de um argumento sociologicamente impressivo – mas de baixa intensidade justificativa. É uma verdade que sociedades sem carências sociais graves são mais propensas a uma plena fruição de direitos civis e políticos. Contudo, a prévia realização de direitos sociais não constitui um pressuposto para a efetivação de direitos de liberdade e a história demonstra que, na Europa, os segundos precederam os primeiros[1290]. Pode reconhecer-se, empiricamente, nas sociedades ocidentais, que a efetivação de direitos sociais potencia, de algum modo, a fruição consciente de direitos de liberdade, mas essa afirmação só faz ressaltar a instrumentalidade dos primeiros em relação aos segundos.

Finalmente, poderia invocar-se que existem direitos sociais, como o direito à segurança social ou à habitação, que seriam inquestionavelmente mais relevantes do que o direito à greve ou o direito ao tempo de antena das associações profissionais. Julga-se, no entanto, que a questão não se encontra adequadamente formulada. Os direitos não podem ser classificados e pesados"à la carte", mas sim em razão das categorias estruturais em que globalmente se inserem, as quais assentam quer numa axiologia comum detentora de um peso especifico, quer no regime diferencial de defesa que a Constituição estatui para essas mesmas categorias. Isto sob pena de se entrar num casuísmo empírico carente de parâmetros razoáveis.

586. As considerações formuladas não retiram aos direitos sociais a natureza de direitos fundamentais, na medida em que se encontram constitucionalizados e são judiciáveis pelos tribunais.

[1290] Existem, igualmente, exceções que dificultam a génese de uma regra, com base na premissa referida: sociedades há, como a da União Indiana, onde os direitos sociais têm uma baixíssima efetivação mas são, há muitas décadas, robustas democracias; noutras sociedades tidas como industrializadas, como os Estados Unidos (ou os estados europeus, nas eleições para o Parlamento Europeu) a existência de razoáveis níveis de bem-estar social não estimulam o exercício de direitos políticos pelas massas, atento o elevado grau de abstenção eleitoral; e noutras ainda, de caráter autocrático, como Cuba, Coreia do Norte ou a China, a existência de direitos sociais não potenciaram, e já decorreram muitas décadas, o gozo pleno de direitos civis e políticos.

Só que, sendo tanto os direitos sociais como os direitos de liberdade, direitos fundamentais, haverá uns mais fundamentais do que outros.

B. *A diferença qualitativa e quantitativa das obrigações prestacionais do Estado na esfera dos direitos liberdades e garantias e dos direitos sociais*

587. Tem sido recentemente divulgada em vários quadrantes, a tese de CASS SUNSTEIN[1291] que sustenta que todos os direitos envolvem prestações financeiras. Daqui decorreria um argumento supostamente "forte" que afastaria o entendimento, segundo o qual, os direitos sociais envolveriam expressivos custos, como direitos positivos, diferentemente do que sucederia com os direitos de liberdade, que seriam predominantemente negativos.

É certo que os direitos civis e políticos envolvem custos, implicam atuações positivas do Estado na sua defesa (mormente através dos sistemas de segurança, justiça e outros serviços administrativos) e que, embora sejam predominantemente negativos, transportam dimensões de ordem positiva.

O direito de petição ao Provedor de Justiça envolve os custos administrativos com o funcionamento desse órgão administrativo independente, assim como o direito de sufrágio implica a montagem de um sistema eleitoral.

588. Sucede, porém, que existem diferenças quantitativas e qualitativas na efetivação dos direitos de liberdade e dos direitos sociais.

589. No plano de uma diferenciação *quantitativa* de custos, se examinarmos percentualmente os valores previsionais das despesas em certos setores de atividade no Orçamento de Estado de Portugal (2012) verificaremos, por exemplo que[1292]:

- a Administração Publica (incluindo a Justiça)consome 1,2%; a Defesa Nacional também 1,2%; e a defesa e ordem pública 1,8% do produto Interno Bruto (PIB);
- já a Educação representa 4,1%; a Saúde 6,4%; e a Segurança Social 7,5% do mesmo PIB.

Regista-se, por conseguinte, que os direitos sociais prestacionais envolvem custos incomparavelmente maiores do que os que se incorporam, diluidamente, em sede de garantia de direitos de liberdade, nos encargos com a administração, segurança e justiça.

[1291] Cfr como referência STEPHEN HOLMES-CASS SUNSTEIN "The Cost of Rights-Why Liberty Depends on Taxes", New York, 1999.

[1292] Cfr. PORDATAhttp://www.pordata.pt/Portugal/Despesas+do+Estado+orcamento+final+por+algumas+funcoes+em+percentagem+do+PIB-725.

590. No plano *qualitativo* observa-se que os sistemas de segurança e justiça, já para não aludir à administração pública, servem fins ou tarefas do Estado que vão muito para além da defesa de direitos de liberdade, pelo que não é possível discriminar dentro das respetivas despesas, custos específicos com a garantia desses direitos[1293]. No fundo, os custos com os fins da segurança, justiça e sufrágios eleitorais são custos institucionais ou de soberania que são indispensáveis para o exercício das atividades primárias do Estado de direito democrático.

Não é, assim, possível comparar qualitativamente custos existenciais e de funcionamento do Estado com as suas instituições, sem os quais mesmo o Estado não é viável, com custos relativos a tarefas de bem-estar que o Estado presta ou não, em razão dos objetivos constitucionais que lhe forem fixados e de acordo com as disponibilidades financeiras.

A reserva financeira do possível pode envolver a contração de despesas institucionais com a redução de tribunais ou o adiamento de reformas, com a redução ou congelamento efetivos policiais e com uma menor alocação de recursos à administração eleitoral. Contudo, contrariamente à redução de despesas com os direitos sociais em estado de necessidade financeira, não podem essas despesas institucionais (onde a par de muitos outros objetivos se garantem direitos de liberdade) *ser reduzidas a mínimos ou mínimos existenciais*. Isto porque um Estado que por razões financeiras reduza o funcionamento dos tribunais e das forças policiais a mínimos é um Estado falhado ou um Estado não soberano, tão pouco podendo um Estado democrático subsistir com o cancelamento ou adiamento de eleições por falta de recursos.

591. Os custos institucionais com o Estado de direito e com os direitos, liberdades e garantias que o pressupõem são custos existenciais de um Estado democrático viável e soberano, sendo, assim, qualitativamente distintos dos custos com direitos sociais que variam em razão do modelo de Estado.

[1293] Por exemplo, os custos com o funcionamento da justiça, mormente com os tribunais, envolvem tanto a defesa de interesses públicos não conexos a direitos (Estado, Regiões e Municípios) como todo o tipo de direitos e interesses legalmente protegidos, fundamentais e não fundamentais (que são maioritários) e, dentro dos direitos fundamentais, asseguram proteção tanto aos direitos de liberdade como aos próprios direitos sociais. Os custos com a segurança pública e a defesa nacional, embora tenham como escopo proteger os cidadãos e os seus direitos, projetam-se para além destes já que visam proteger a segurança nacional e a integridade territorial da República. E os custos com eleições são indispensáveis para a garantia do sistema democrático.

592. Finalmente, é certo que os direitos de liberdade não têm todos natureza puramente negativa ou defensiva e que os direitos sociais comportam uma dimensão defensiva contra atos que depreciem os seus fins. Contudo, e como se verá, é a vertente positiva ou prestacional que marca o regime dos direitos sociais[1294], enquanto nos direitos de liberdade, a vertente negativa, atinente à proibição de condutas que vedem a sua efectivação, consiste no seu traço caracteriológico dominante. Não constituindo atributos que permitam uma distinção perfeita, as componentes predominantemente negativas dos direitos de liberdade e positivas dos direitos sociais encaixam logicamente na problemática da diferenciação quantitativa e qualitativa dos respetivos custos de efetivação. Não existe, aqui, um argumento forte em favor da indivisibilidade entre ambos.

C. *A refração da supremacia substancial dos direitos liberdades e garantias na sistematização constitucional dos direitos fundamentais*

593. As críticas à falta de fundamento dogmático da opção do constituinte em ter arrumado, sistematicamente, em dois títulos distintos, os direitos, liberdades e garantias e os direitos sociais (supra § 566 e seg) assentam em três premissas: i) a de que essa divisão sistemática decorreria de um período político conturbado, não repetível no tempo presente; ii) a de que essa sistematização atentaria contra a lógica da indivisibilidade substancial entre os dois tipos de direitos; iii) a de que o arº 17º da CRP constituiria o reconhecimento do caráter artificial dessa sistematização.

594. A opção dos partidos do arco democrático em concederem uma proteção reforçada aos direitos de liberdade sobre os direitos sociais não perdeu atualidade pois tem repercussão na família constitucional onde se inscreve: a Constituição alemã não incorporou direitos sociais e o recurso de amparo, nesse país, só assegura a defesa de direitos de liberdade; em Espanha existem dúvidas sobre a natureza fundamental dos direitos sociais constitucionalizados que tão pouco são defendidos pelo recurso de amparo; e, em Itália, a Constituição separa, em títulos diversos, direitos ético-sociais, direitos económicos, direitos civis e direitos políticos. Finalmente, em França, o texto constitucional de 1958 não incorpora direitos sociais, limitando-se a rececionar o preâmbulo da Constituição de 1946 que os enuncia.

[1294] Sem uma atuação positiva dos poderes públicos os direitos ficam no papel.

595. Quanto ao segundo argumento ele tem como premissa algo que a sensibilidade que o invoca, dá por demonstrado mas que não logrou demonstrar: a equiordenação em valor entre os bens jurídicos inerentes aos direitos de liberdade e aos direitos sociais. Ora, se apenas os direitos de liberdade (supra § 580 e seg.), constituem pressuposto existencial necessário do Estado de direito democrático, resulta ser evidente a sua superioridade axiológica sobre os direitos sociais. Por conseguinte, a sistemática constitucional adotada limita-se a refletir essa proeminência essencialista dos direitos de liberdade.

596. Finalmente a dispersão de direitos análogos aos direitos, liberdades e garantias por diversas rubricas da Constituição, que não o Título II da Parte I expressa no artº 17º, longe de envolver o reconhecimento de uma falha da opção sistemática, antes se afirma como uma cláusula que, relativizando qualquer rigidez formalista que poderia resultar dessa sistematicidade, qualifica inequivocamente a superioridade material e garantística dos direitos de liberdade. O preceito, que envolve uma medida de valor indeterminada, permite ao sistema "respirar" e ajustar-se evolutivamente a novas realidades dos direitos fundamentais sem que seja necessário rever a Constituição.

Com efeito, existem direitos cujo bem jurídico e estrutura normativa revela uma identidade de razão com os direitos, liberdades e garantias, pese o facto de se encontrarem posicionados no Título III da Parte I (direitos económicos, sociais e culturais): é o que sucede com o direito de propriedade privada; com a garantia da proibição da retroatividade fiscal (Título IV da Parte III) ou com os direitos e garantias dos administrados (título IX da Parte III). Esses direitos regem-se, não pelo regime dos direitos sociais mas, no todo ou em parte, pelo regime de proteção reforçada dos direitos, liberdades e garantias. É o reconhecimento pela Justiça Constitucional da sua natureza análoga aos direitos de liberdade que permite um "upgrading" do regime de defesa de certos direitos de conteúdo social: veja-se o caso do direito social ao mínimo de existência condigna retirado do princípio da dignidade da pessoa humana (artº 1º da CRP).

597. Este critério tem tido uso efetivo pela Justiça Constitucional e é um poderoso argumento atestatório da supremacia dos direitos de liberdade. Isto, na medida em que é o reconhecimento desse "status" a um direito híbrido que lhe permite defender-se relativamente a restrições indevidas, não com a eficácia dos direitos sociais, mas com a proteção reforçada dos direitos de liberdade.

598. Em síntese, a sistemática usada pelo Constituinte revela uma concordância lógica com a sua opção substancial de valorização dos direitos de liberdade em face dos direitos sociais.

D. *Reservas sobre a dimensão subjetiva dos direitos sociais a prestações constantes da Constituição*

599. A noção de direito subjetivo tem reminiscência no Direito Romano e assenta em pressupostos dogmáticos consolidados na doutrina e na jurisprudência civilista e constitucional.

O direito subjetivo é definido por diversos autores (como Konrad Hesse e Sampaio Ferraz) *como uma posição jurídica ativa consagrada em norma jurídica, portadora de um elevado grau de determinabilidade ou decidibilidade que permite ao seu titular desfrutá-la em termos imediatos ou exigir judicialmente que seja assegurado esse mesmo desfrute.* A referida determinabilidade normativa do direito subjetivo envolve, em regra, a identificação objetiva do titular do direito, o seu objeto[1295], o seu conteúdo[1296] e a sua efetiva justiciabilidade junto dos tribunais.

Sucede que os direitos sociais a prestações (como o direito à saúde, segurança social, educação ou habitação) estão contidos em normas de viés programático cujo conteúdo morfológico, no que concerne à sua dimensão positiva, não alcança o grau de determinabilidade das normas que consagram os direitos subjetivos.

Não basta o enunciado do nº 1 do artº 63º da CRP (*"todos têm direito à segurança social"*) para que dele se extraia o entendimento de que qualquer cidadão necessitado pode exigir, da Administração, sem mais, um rendimento básico. Isto porque o nº 2, conjugado com o nº 3 do mesmo artigo atribui ao Estado a tarefa de *"organizar, coordenar e subsidiar um sistema de segurança social unificado e descentralizado"* para a proteção dos cidadãos na doença, velhice, invalidez, viuvez, orfandade, desemprego e diminuição de condições de subsistência. São os poderes legislativo e executivo, através da lei, de inscrição de uma dotação orçamental determinada e de um sistema gestionário que irão definir a titularidade do direito, o seu objeto, o seu sistema de proteção e o seu regime prestacional, só podendo a posição ativa correspondente ser desfrutável depois de verificada essa definição.

[1295] Ou seja, o bem jurídico protegido.

[1296] Que integra a faculdade de agir e obrigações específicas dos poderes públicos ou de terceiros de forma a proporcionar o gozo do direito.

Como adverte GOMES CANOTILHO[1297] *"os efeitos perversos derivados da aproximação absolutista ao significado jurídico dos direitos sociais (...)"* que consistiria e confiar numa simples atribuição de significado aos enunciados linguísticos das normas para *"deduzir a efetividade dos mesmos direitos"*, levaria a resultados que não seriam *"razoáveis"* ou *"racionais"*. Assim *" dizer que o «direito a ter casa» e o «direito a ter e estar na universidade» são dimensões do mínimo social postulado pela dignidade da pessoa humana (...) só pode ter como consequência a capitulação da validade das normas constitucionais perante a facticidade económico-social"*.

É a indeterminação das normas consagradoras de direitos sociais a prestações que veda o desfrute imediato do direito a partir dos respetivos enunciados. São normas que consagram vínculos ao Estado para que este aja na criação de condições para a fruição de direitos a prestações, mas que lhe deixa uma liberdade de conformação vasta para estabelecer as condições da fruição, à luz das suas legítimas opções políticas e da reserva do possível.

600. Alguns autores consideram que os direitos sociais fundamentais a prestações seriam direitos subjetivos incompletos, já que apenas careceriam de lei e condições administrativas, impostas pela constituição, para permitirem o seu gozo imediato. Outros estimam, algo proximamente, que o direito subjetivo prestacional resultaria da conexão lógica entre a norma constitucional programática que impõe uma obrigação e a lei que concretiza essa obrigação.

Este entendimento merece reparos. Os direitos prestacionais segundo a mesma tese realizam-se por lei e, se é um facto que quando existe lei e sistema gestionário existe direito subjetivo, então haverá que reconhecer que o mesmo direito se forma fundamentalmente a partir da lei, e apenas com base nessa lei pode ser justiçável, pois se esta existir e não for cumprida, cabe aos tribunais impor a prática do ato devido[1298].

É, no fundo o legislador, embora vinculado à Constituição, que cria o direito subjetivo social. Dir-se-á que o faz em necessária conexão com a norma constitucional que lhe impõe uma conduta positiva. Verifica-se contudo que a norma constitucional, se não for concretizada legislativamente,

[1297] GOMES CANOTILHO "A Metodologia Fuzzy e Camaleões Normativos na Problemática Actual dos Direitos económicos, Sociais e Culturais", in "Estudos sobre Direitos Fundamentais", Coimbra, 2004, p. 105.

[1298] Cfr, mais detidamente, sobre a estrutura dos direitos sociais BARBARA PEZZINI "La Decisioni sui Diritti Sociali", Milano, 2001.

não é eficaz no sentido de permitir o gozo do direito a partir dela, não existindo igualmente meios para tornar o referido direito passível de ser fruído de imediato (a inconstitucionalidade por omissão não envolve qualquer sanção nem obriga o legislador inadimplente a agir)[1299].

Por outro lado, é perfeitamente possível nos Estados onde os direitos sociais não se encontrem constitucionalizados (vide Reino Unido ou na Alemanha, a nível federal) que os mesmos sejam criados por via legislativa. Ora, essas mesmas leis, quando executadas por sistemas gestionários, consagram verdadeiros sociais subjetivos a prestações, o que comprova que o direito subjetivo social brota da lei ordinária, prescindido de necessária imposição constitucional. Não é, deste modo a constitucionalização de direitos sociais a prestações, mas sim a lei, que cria, constitutivamente, um direito subjetivo.

601. Afirmar que um direito social, se não for subjetivo, não será fundamental constitui um hábil jogo de palavras que parece claudicar na sua premissa, que é a de que existe uma relação incindível entre direito subjetivo e direito fundamental.

Esse postulado carece de demonstração. O caracter jus-fundamental de um direito não é sinónimo de subjetividade. Há direitos subjectivos que não são fundamentais e o inverso também sucede. A *fundamentalidade* deriva da previsão constitucional do direito, enquanto a subjetividade depende do nível de determinabilidade e do regime de proteção efetiva desse direito[1300].

[1299] A própria responsabilidade civil extracontratual do Estado derivada de omissões declaradas pelo Tribunal Constitucional apenas poderia ser arguida se se verificassem prejuízos especiais e anormais, o que dificilmente poderia ocorrer em estado de insuficiência financeira e no caso de ausência de implantação de todo um sistema prestacional.

[1300] Existem numerosos direitos subjetivos, (com relevo para a esfera cível) que não são fundamentais, assim como existem, naturalmente, direitos fundamentais que, pela estrutura incompleta das suas normas, o conteúdo indeterminado destas, dependência de condições jurídicas complementares para a sua efetivação e justiciabilidade diminuída, não são direitos subjetivos. Nesta última situação se incluem, não apenas direitos sociais a prestações mas também direitos de liberdade que se encontrem integralmente dependentes de lei quanto à sua efetivação.

E. A relevância do regime constitucional privilegiado de defesa dos direitos, liberdades e garantias

a) Especialidades reforçadas em sede de restrição de direitos de liberdade

602. Estima a tese da indivisibilidade dos direitos fundamentais que a aplicação aos direitos de liberdade e aos direitos sociais, dos princípios estruturantes do sistema de direitos fundamentais na Constituição portuguesa, reduziria sensivelmente a relevância real do regime privilegiado de proteção concedido pelo artº 18º da CRP apenas aos direitos de liberdade. (supra § 567 e seg.).

É uma realidade indesmentível que a larga maioria dos princípios referidos se aplicam às duas categorias de direitos e logram atenuar, nalguns casos, diferenças mais agudas no respetivo regime de proteção, as quais ficariam mais evidentes se essa aplicabilidade não ocorresse. A questão central é, todavia outra: na medida em que todos os princípios estruturantes se apliquem às duas categorias de direitos, será que dessa aplicação decorre um nível de proteção tão intenso na esfera dos direitos sociais como aquele que tem lugar na esfera das garantias oferecidas pelo artº 18º da CRP aos direitos de liberdade ?

603. A primeira questão a elucidar é a de saber se todos os mencionados princípios são aplicáveis autonomamente. E a resposta é afirmativa, com uma exceção controvertida que é a do princípio da proporcionalidade. Na verdade, pese existir uma intenção em reconduzir este princípio ao axioma do Estado de direito democrático constante do artº 2º da CRP (como sucede com o princípio da tutela da confiança), o facto é que, contrariamente a este último, que não é individualizado na Lei Fundamental, o princípio da proporcionalidade surge referido em vários preceitos constitucionais (nº 2 do artº 18º da CRP, nº 4 do artº 19º e nº 2 do artº 266º).

O legislador constitucional precisou os domínios onde pretendeu que o mesmo operasse autonomamente, já que se trata de um princípio que envolve medidas de valor (como a "aptidão", a eficácia e a "justa medida") mais permeáveis a juízos políticos ou filosóficos que podem resvalar para questionamentos do próprio mérito das soluções ditadas pela liberdade de conformação do legislador democrático. Se pode fazer sentido que a proporcionalidade opere individualmente como limite à restrição ou suspensão de direitos de liberdade ou em face da discricionariedade da administração, já é questionável que o mesmo suceda com políticas públicas que envolvam direitos sociais a prestações onde a reserva do financeiramente possível confere uma liberdade natural de valoração ao legislador, que não deve ser questionada pela valoração discricionária do juiz, mediante critérios mais políticos ou técnicos do que jurídicos, dotados de grande plasticidade. Estas razões levaram o Tribunal Constitucional a, muito raramente, convocar autonomamente o princípio da proporcionalidade para a censura de restrições a direitos sociais.

Para além da vexata questio da "proibição da insuficiência", dois arestos isolados tirados em controlo concreto são elencados por setores da doutrina[1301] para fundamentar um suposto início de viragem jurisprudencial no sentido da convocação autónoma do critério da proporcionalidade. Essa suposta viragem não é, no entanto, palpável. O Ac. nº 88/2004 que envolvia um direito social em matéria de pensões (a questão dirigia-se à exigência de prova de existência de uma relação conjugal) e implicava uma discriminação entre pessoas casadas e pessoas unidas de facto o que predicava, em primeiro lugar, a ofensa a um direito civil de liberdade à luz do princípio da igualdade. A questão de proporcionalidade surgiu de algum modo associada ao primeiro princípio, recaindo sobre o caráter excessivo da exigência da prova, sendo duvidoso que pudesse ter sido convocado fora desse quadro associativo. Já o Acórdão nº 67/2007 que recaiu sobre o cartão de utente no Serviço Nacional de Saúde (questão da exigibilidade aos particulares do pagamento de prestações pecuniárias quando não se identifiquem como utentes) é um dos raros exemplos da convocação autónoma do princípio da proporcionalidade para censurar uma restrição tida como excessiva no exercício de um direito social. Tratou-se, contudo, de uma decisão que foi posteriormente revertida na sua orientação por um acórdão mais recente, de escopo uniformizador, tirado em Plenário (Ac. nº 221/2009).

No Ac. nº 413/1014 o Tribunal, numa declaração de inconstitucionalidade sobre tributação de subsídios de desemprego e doença, fundou, surpreendentemente, a mesma decisão na violação de um critério de "razoabilidade", que não é mais do que um "camaleão normativo" na linguagem de

[1301] Reis Novais, ult loc cit, p. 390 e seg.

CANOTILHO. Trata-se de uma fórmula espongiforme que nunca tinha sido erigida a padrão autónomo de controlo (por ausência manifesta de conteúdo definido) e que o Tribunal extraiu do principio da proporcionalidade como uma espécie de "cavaleiro negro" ou, se se quiser, *quarto sub-princípio*, tendo esta opção sido objeto de duras criticas na doutrina.

Estas considerações não obstam a que o princípio da proporcionalidade possa e até deva ser chamado à colação em sede de restrição de direitos sociais, quando o mesmo se associa a outro princípio diretamente aplicável à referida restrição (princípio da igualdade) ou quando se destaque como componente integrativa de outro princípio estruturante passível de aplicação (princípio da proteção da confiança)[1302].

Em síntese, em sede de restrição de direitos sociais, o princípio da proporcionalidade não deve operar autonomamente mas apenas em associação com outros princípios estruturantes, já que não existe credencial constitucional explícita para essa aplicação: e não é líquido que o referido princípio se extraia da ideia de Estado de direito democrático para ser aplicado irrestritamente a todo o tipo de litígios da esfera constitucional.

604. Quanto ao grau de proteção conferido pelos princípios estruturantes que se aplicam inequivocamente aos dois tipos de direitos, verificamos que o princípio da proteção de confiança (artº 2º da CRP), aplica-se inequivocamente a medidas normativas de restrição aos direitos sociais. Contudo, ele não equivale, quanto ao grau de proteção que confere, à proibição de retroatividade de restrições a direitos, liberdades e garantias no nº 3 do artº 18º da CRP. Esta proibição vale, de uma forma plena, para a retroatividade autêntica, sem prejuízo de, em caso de restrições com efeitos retrospetivos, as restrições a direitos de liberdade também se deverem submeter ao crivo do princípio da proteção da confiança.

[1302] Um exemplo desta última situação está presente no Acórdão nº 862/2013 que declarou a inconstitucionalidade do novo regime de convergência de pensões com fundamento no princípio da proteção de confiança. No quadro da jurisprudência do Tribunal Constitucional o referido princípio inclui, a título final, um teste de proporcionalidade entre legítimas expectativas sacrificadas dos cidadãos e o peso do interesse público como fundamento do sacrifício. Foi com base nesse teste, no qual a fundamentação do sacrifício inerente à defesa do interesse público pela maioria governativa foi tida como improcedente à luz de um critério de proporcionalidade estrita, à qual foi também associada, colateralmente a inobservância do princípio da necessidade que respeitava à intensidade do sacrifício que o juízo de inconstitucionalidade foi formulado.

Já no caso dos direitos sociais, o princípio da tutela da confiança limita restrições retroativas ou com efeitos retrospetivos, mas a sua incidência, numa situação de retroatividade, não possui uma força garantística equivalente à que resulta de uma estrita regra de proibição do efeito retroativo de leis que restrinjam direitos de liberdade. O princípio em causa é suscetível de modulações várias e envolve um teste final de proporcionalidade, o qual consente soluções móveis quanto à admissibilidade dessa retroação restritiva (supra § 490 e infra § 805).

605. Admite-se que o princípio da igualdade (artº 13º da CRP) veda restrições individuais e concretas a direitos sociais prestacionais (as quais equivalem, em grau de proteção, à exigência de leis gerais e abstratas na restrição de direitos de liberdade) mas, já não proíbe, necessariamente, restrições gerais e concretas aos direitos sociais[1303].

606. Finalmente é certo que o princípio do acesso ao direito e à tutela jurisdicional efetiva (artº 20º da CRP) se dirige tanto à proteção de direitos de liberdade como aos direitos sociais. Contudo, sabemos que essa tutela só é plena quando os direitos sociais são concretizados pelo legislador: a tutela jurisdicional da vertente positiva ou negativa de um direito de liberdade contido em norma exequível por si própria tem efeitos plenos e imediatos, não sucedendo, contudo, o mesmo, com normas de direitos sociais prestacionais não densificados em lei. Por outro lado, o nº 5 do artº 20º da CRP prevê a edição de procedimentos judiciais prioritários e expeditos para a tutela de direitos, liberdades e garantias, não acolhendo idêntico instrumentário de proteção para os direitos sociais. Sintomaticamente o Código de Processo nos Tribunais Administrativos circunscreve processos de urgência de tutela de direitos fundamentais (intimação para a proteção de direitos, liberdades e garantias e providências cautelares provisórias) apenas para a salvaguarda dos direitos de liberdade. O grau de efetividade da tutela jurisdicional assume, assim, carácter privilegiado em sede de direitos de liberdade.

[1303] Será possível, por exemplo, restringir o montante de pensões pagas aos contribuintes da segurança social durante um período de tempo previamente delimitado, restrição que reduz a abstração na norma restritiva, na medida em que a norma não tem aplicação permanente ou indefinida mas antes é circunscrita a uma duração concreta e pré-definida. Ora, tirando direitos análogos aos direitos liberdades e garantias (os quais podem ser excetuados da aplicação integral do regime do artº 18º da CRP) não parece ser possível a restrição do direito à integridade física ou à privacidade com a duração de um dia, um mês ou um ano.

607. Em comentário final, dir-se-á que se a tese da indivisibilidade sustentar, como parece indiciar o seu posicionamento, que as normas dos nºs 2 e 3 do artº 18º são redundantes, pouco relevantes e alienígenas do direito comparado, na medida em que a aplicação dos princípios estruturantes cumpriria idêntica função de proteção relativamente a direitos de liberdade e a direitos sociais, então deveria ser consequente e propugnar pela revogação do referido preceito, por manifesta inutilidade. Verifica-se, contudo, que ninguém, nem sequer os principais defensores da tese da unidade dogmática defenderam essa revogação que afetaria o "core" do regime dos direitos de liberdade e que integram o domínio dos limites materiais intangíveis da Lei Fundamental, porque inseparável do primado do princípio do Estado de direito democrático.

b) Diferenças nos regimes de suspensão de direitos de liberdade de direitos sociais

608. Considera a construção da unidade dogmática entre direitos fundamentais que seria inverosímil e inconstitucional a suspensão de direitos sociais, fora de um contexto de estado de sítio ou de emergência.

Sendo inusitada a configuração da suspensão legal de direitos sociais por mera via legal, o facto é que o artigo 19º da CRP apenas prevê a suspensão de direitos, liberdades e garantias mediante a declaração do estado de sítio ou do estado de emergência, não incluindo os direitos sociais no respetivo objeto. Em tese, seria possível incluí-los no objeto dos referidos estados de exceção, na lógica "a maiore ad minus"(quem pode o mais pode o menos), mas este fundamento dificilmente poderia ser convocado pelos que defendem uma parificação axiológica e jurídica entre direitos. Poderíamos chegar, então, ao absurdo de se considerar que os direitos sociais não seriam passíveis de suspensão, concedendo-lhes um privilégio, em face dos direitos de liberdade[1304].

Deve considerar-se, ao invés, que não sendo incluídos no objeto da declaração dos estados de exceção e tendo em conta que situações de catástrofe ou grave crise financeira podem justificar a sua suspensão, total ou parcial, resulta ser admissível a suspensão de direitos sociais mediante ato legislativo.

1304 Seria inverosímil que os direitos de liberdade, que são pressuposto do Estado de Direito Democrático e garantidos qualificadamente na Constituição pudessem ser suspensos e os direitos sociais, desprovidos desses predicados, já não.

Não se estará diante de uma suspensão naturalmente irrestrita, mas antes de uma decisão condicionada: deverá tratar-se de uma medida temporária de curta ou média duração, perfeitamente delimitada no tempo, justificada em razões imperativas de necessidade pública e passível de salvaguardar, à luz do princípio da dignidade da pessoa humana e da reserva do possível, o mínimo de existência condigna. Uma lei de natureza suspensiva que não respeite estes requisitos poderia ser julgada inconstitucional na medida em que *violaria os fins das normas constitucionais a prestações, desconstruindo por tempo indeterminado sistemas prestacionais já instituídos.* A argumentação em favor da inconstitucionalidade poderia, com necessárias adaptações, ser próxima à utilizada no Acórdão nº Ac. nº 39/84, já aqui mencionado que censurou a revogação, sem substituição, do sistema nacional de saúde.

De qualquer forma, a prática legislativa mais recente já exibe a existência de medidas legais que projetam efeitos suspensivos em direitos sociais, no quadro de políticas de rigor que acompanharam o programa de ajustamento financeiro a que Portugal foi submetido em 2011. Veja-se o que sucedeu com salários de trabalhadores da função pública, situação que não isenta de dúvidas de constitucionalidade sobre a opção tomada, já que se trata de direitos sociais de natureza análoga aos direitos, liberdades e garantias.

A redução transitória de componentes salariais (que a lei orçamental qualificou de "suspensão de subsídio de férias e natal") e a tributação de pensões através de uma contribuição extraordinária de solidariedade, com a duração excecional de um ano, correspondente à vigência orçamental, com possibilidade de prorrogação pode envolver uma suspensão parcelar da fruição de direitos sociais, o primeiro deles, análogo aos direitos, liber dades e garantias. Algumas dessas medidas foram julgadas inconstitucionais, não por assumirem esse efeito suspensivo, mas por violarem os princípios da igualdade e da proporcionalidade. É certo que a afetação em causa dos referidos direitos pode ser qualificada como uma restrição e não uma suspensão. Contudo, a sê-lo, consistiria numa atípica restrição temporária desses direitos (em regra, imperava na doutrina a ideia que a restrição assumiria caráter permanente), com efeitos muito próximos de uma suspensão parcial.

Em suma, a afetação descrita, com eficácia parcial, comprovou que a suspensão legal ou, em termos equivalentes, a restrição temporária de direitos sociais, opera por força de lei sem os procedimentos rígidos do artº 19º e dos seus limites temporais.

c) O relevo horizontal e vertical da reserva parlamentar de lei na esfera dos direitos, liberdades e garantias

609. A tese da indivisibilidade reconhece que a inclusão dos direitos, liberdades e garantias na reserva relativa de lei parlamentar conforma um elemento diferencial entre os dois tipos de direitos (supra § 572).

Existe, contudo, um fundamento substancial para essa inclusão, a qual não é arbitrária. Parece ser um adquirido doutrinal o entendimento de que as matérias mais relevantes, em razão da sua essencialidade política se integram na reserva legislativa parlamentar[1305]. Ora, precisamente, os direitos, liberdades e garantias encontram-se inscritos na reserva relativa de competência da Assembleia da República, enquanto os direitos socais se situam, em razão da matéria, dentro e fora da mesma reserva. *Isto significa que muitos direitos sociais podem ser regulados quer por lei, quer por decreto-lei simples do Governo, quer por decretos legislativos regionais, quer ainda, em certos casos, por regulamentos independentes.*

Poder-se-ia, ainda assim, relativizar este argumento de essencialidade política, sustentando-se que as bases do sistema de ensino, as bases do sistema de segurança social, as bases do serviço nacional de saúde integram a reserva de lei parlamentar[1306].

Ainda assim, subsiste um requisito diferencial relevante. É que os direitos de liberdade supõem *uma reserva parlamentar de densificação total*, ou seja, devem ser integralmente regulados no seu conteúdo essencial, modo de exercício e regime de proteção por leis da Assembleia da República ou decretos-leis autorizados, não sendo consentida a coexistência entre leis de bases parlamentares e decretos-lei de desenvolvimento. Tão pouco são admitidos decretos legislativos regionais autorizados. Já no caso das reservas parlamentares de bases dos direitos sociais à educação, saúde e segurança social, o Parlamento pode resumir a sua atuação a leis parâmetro de conteúdo incompleto, sendo a disciplina mais relevante e portadora de eficácia

[1305] Em geral, Sérvulo Correia "Legalidade (...)" op. cit. p. 361; e Carlos Blanco de Morais "As Leis Reforçadas" op. cit, p. 674.

[1306] No primeiro caso citado, integra mesmo a própria reserva absoluta de competência legislativa da Assembleia.

intersubjetiva, que é a de detalhe, cometida à disponibilidade do Governo e das assembleias legislativas regionais.

O elemento orgânico continua, deste modo, a firmar-se como um ponto central de divisão entre as duas categorias de direitos, com uma conexão direta com a relevância substancial das matérias tratadas.

d) O regime de aplicação direta dos direitos liberdades e garantias nas suas dimensões positiva e negativa

610. A construção favorável à indivisibilidade de direitos reconhece que o regime de aplicação direta dos direitos de liberdade é outro elemento distintivo em relação aos direitos sociais, se bem que considere que o regime de aplicabilidade de uns e outros radica, essencialmente, na estrutura da norma (supra § 573).

Com efeito, a natureza das coisas leva a que só possam ter aplicação imediata, no plano positivo, normas constitucionais cuja exequibilidade não dependa de uma lei ordinária de concretização. Essa dependência tanto pode operar em relação a direitos de liberdade como em relação a direitos sociais.

É também certo que, na esfera negativa ou defensiva, direitos de liberdade e direitos sociais podem ser invocados diretamente. Contudo, existe uma diferença de regime aplicativo que vale a pena destacar.

No plano da sua realização positiva, todos os direitos sociais prestacionais que não tenham natureza análoga aos direitos de liberdade não têm aplicação direta já que as normas que os declaram não são exequíveis por si próprias tendo, portanto, as respetivas normas, um grau menor de determinabilidade. Já uma parte significativa dos direitos, liberdades e garantias constam de normas exequíveis por si próprias, portadoras de aplicação direta e imediata, nelas se incluindo princípios jurídicos cuja indeterminação não preclude a possibilidade de serem convocados diretamente em juízo.

No que concerne à sua dimensão negativa, o princípio da reserva do financeiramente possível relativiza, em certa medida, a aplicabilidade direta defensiva dos direitos sociais prestacionais, também em razão de uma menor determinação das normas garantísticas da sua vertente negativa. Essa relativização é feita pela própria jurisprudência constitucional que desvalorizou as cláusulas de gratuitidade e gratuitidade tendencial dos serviços públicos de saúde, não julgando inconstitucional o aumento das taxas moderadoras, em claro esvaziamento da semântica do texto da Lei Fundamental[1307].

[1307] Sobre a problemática da maior e menor determinabilidade das normas que, respetivamente, enunciam direitos de liberdade e direitos sociais, vide Catarina Santos Botelho "Os Direitos Sociais (...)" op. cit, p. 295 e seg.
Como exemplos da menor espessura defensiva dos direitos sociais a prestações, vide a versão originária do 64º da CRP determinava a gratuitidade pura e simples do SNS. A criação de taxas moderadoras aos utentes para o financiamento dos Serviços de Saúde foi impugnada junto do TC por envolver violação do DS na sua vertente negativa.
O TC. No Ac. nº 330/89 afirmou-se que *"o conceito de gratuitidade não podia ser entendido de forma absoluta, no seu sentido puramente etimológico, o qual excluía, de facto, radicalmente, a possibilidade de ser exigido aos utentes do Serviço Nacional de Saúde um qualquer pagamento. É possível entendê-lo de uma forma menos rígida, «como visando, essencial e fundamentalmente, garantir aos mesmos utentes que não terão eles de suportar individualmente os custos daquelas prestações, Ainda segundo o Acórdão do Tribunal Constitucional a gratuitidade do Serviço Nacional de Saúde comporta, afinal, um certo halo de indeterminação, no qual cabe, designadamente, a exigência de taxas «moderadoras» no acesso a tal serviço, dispondo o legislador de legitimidade para a exigibilidade dessas taxas. O que se proíbe ao legislador é a fixação de taxas que, seja pelo seu montante demasiadamente elevado e excessivo, seja porque na sua fixação não se atendeu a carências económicas, constituam impedimento ou restrição do acesso ao SNS.* Nestes termos, o TC esvaziou o conceito ao abrigo da reserva do possível no sistema de saúde, o que demonstra que o próprio elemento defensivo dos direitos sociais foi reduzido na sua blindagem e relativizado pela reserva do possível questionando a subjetividade do direito mesmo na sua dimensão negativa: A utente que em nome da gratuitidade contesta o pagamento de uma taxa moderadora vê a pretensão indeferida na medida em que a gratuitidade é reconduzida à proibição de taxas elevadas.
Esta jurisprudência levou uma revisão constitucional em 1989 a afeiçoar o texto constitucional à jurisprudência substituindo a noção de gratuitidade por *"tendencialmente gratuito, tendo em conta as condições económicas* e sociais dos cidadãos". Posteriormente verificou-se um aumento legal das taxas moderadoras e um grupo de deputados impugnou essa Lei entendendo que o tendencialmente gratuito implicava uma evolução da lei na direção da gratuitidade e não a um afastamento em relação a esse fim ou imperativo. Ora o TC, no Ac. 330/89 entendeu que o regime legal e regulamentar determinava que as taxas moderadoras seriam revistas e atualizadas anualmente, em função do índice da inflação, não podendo nunca exceder um terço dos valores constantes da tabela de preços do Serviço Nacional de Saúde. Haveria um conjunto de isenções para as pessoas de menores recursos, pelo que entendeu o Tribunal que o aumento/Atualização das taxas com salvaguardas para os mais carenciados não violaria a Constituição. Uma vez mais a eficácia defensiva de um direito social à saúde ficou exposta por exigências de racionalidade da utilização dos serviços de saúde do sistema e reserva do possível.
Solução idêntica (Ac. nº 148/94) ocorreu com a admissibilidade de atualização das propinas no ensino superior, a qual contornou a gratuitidade progressiva de todos os graus de ensino (alínea e) do nº 1 do artº 74º da CRP). O Tribunal admitiu essa atualização de acordo com a taxa de inflação ou índice anual do aumento de preços ao consumidor, apenas censurando aumentos que ultrapassem esse valor anual.

Em suma, a componente defensiva dos direitos sociais, sujeita à reserva do possível, é bem mais débil do que a que inere aos direitos de liberdade, mitigando o efeito garantístico da sua aplicabilidade direta negativa.

611. O esmaecimento do princípio do retrocesso social[1308] confirma a debilitação da componente defensiva dos direitos sociais. O Tribunal Constitucional deixou há muito de convocar esse princípio o qual reconduz à salvaguarda do mínimo existencial e, quando julga a inconstitucionalidade de normas que ofendem esse mínimo, funda o seu juízo de censura no princípio da dignidade da pessoa humana e não na proibição do retrocesso[1309].

Uma boa parte da doutrina defensora da indivisibilidade de direitos não convoca o princípio da proibição de retrocesso, e o autor de referência que o introduziu na ordem jurídica portuguesa, Gomes Canotilho, relativizou o seu prévio discurso sobre a matéria atentas as realidades inerentes à reserva do financeiramente possível[1310].

612. Em síntese, o regime da aplicabilidade direta dos direitos de liberdade ainda constitui um elemento diferenciador consistente em relação aos direitos sociais, seja no plano defensivo, seja no plano positivo.

e) O alcance da cláusula explícita de proteção dos direitos, liberdades e garantias como limite material de revisão constitucional

613. Para a tese da unidade dogmática a clausula pétrea que envolve apenas os direitos de liberdade na alínea d) do artº 288º, e não os direitos sociais, deve ser mitigada porque o triunfo da tese da dupla revisão em 1989 permitiria a supressão de direitos de liberdade.

Consideramos já neste escrito (supra, § 331) que os limites materiais não inibem uma restrição ou diminuição do âmbito de proteção a direitos de liberdade mediante revisão constitucional[1311]. Tão pouco vedam, em dupla revisão, a supressão pontual de alguns de direitos de liberdade. Contudo, essa supressão, encontra-se sujeita a fortes condicionamentos: direitos absolutos como os referidos no nº 6 do artº 19º; direitos de liberdade que concorrem indispensavelmente para o exercício da democracia; as regras que

[1308] Fundamental o artigo de Tiago Fidalgo de Freitas "O Principio da Proibição do retrocesso Social", op. cit., p. 783 e seg.

[1309] Tiago Fidalgo de Freitas ult loc cit, p. 821.

[1310] Gomes Canotilho "O Método Fuzzy (...)" op. cit, p.111.

[1311] Cfr. alterações no nº 4 do artº 33º sobre extradição pela LC nº 1/2004 e o nº 3 do artº 34º sobre inviolabilidade do domicílio, também por força da mesma lei constitucional).

conformam o regime garantístico dos direitos, liberdades e garantias com relevo para o atigo 18º; e os princípios estruturantes dos direitos fundamentais não podem ser suprimidos, dado que a sua supressão envolveria uma alteração grave da identidade constitucional.

614. Já os direitos sociais não se encontram sujeitos à proteção dos limites materiais podendo ser suprimidos mediante revisão constitucional.

Já referimos, contudo, que da identidade da Constituição faz parte uma *cláusula de Estado social* e esta supõe uma obrigação do Estado em assegurar, à luz do princípio da dignidade da pessoa humana, o mínimo existencial em sede de saúde, educação e segurança social, para quem efetivamente careça das prestações que lhe correspondem. Trata-se de direitos jus-fundamentais primários que estiveram na génese do Estado social (§ 99 e seg.)[1312].

Subsecção II

Apontamento sobre a tese da indivisibilidade dos direitos fundamentais no Brasil

1. Sinopse sobre a unidade dogmática entre direitos fundamentais no ordenamento brasileiro

1.1. Algumas diferenças estruturais no regime jurídico-normativo dos direitos sociais nos ordenamentos brasileiro e português

615. Existem diferenças no plano da sistematização, classificação e estrutura interna das normas constitucionais que consagram direitos nas Constituições portuguesa e brasileira. Na Constituição portuguesa de 1976, os direitos liberdades e garantias estão enunciados em normas preceptivas (exequíveis e não exequíveis por si próprias); os direitos sociais em nor-

[1312] Assim, uma revisão constitucional poderia, em tese, abolir os princípios da gratuitidade progressiva ou tendencial na saúde e educação, introduzir *vouchers* no ensino e seguros de saúde privados e privatizar parcialmente o sistema de segurança social. Não poderia, contudo, salvo melhor opinião, eliminar um sistema de saúde público para os necessitados, extirpar um sistema público de segurança social para os carenciados e cancelar apoios financeiros no ensino aos que não tenham condições financeiras de acesso aos estabelecimentos escolares. Aí depreciaria irremediavelmente o conteúdo essencial desses direitos, pois vulneraria diretamente o bem jurídico protegido, deixando as posições ativas correspondentes de ter qualquer conteúdo útil.

mas programáticas (que por definição não são exequíveis por si próprias); e, excecionalmente, alguns direitos sociais ou direitos híbridos, sistematicamente incluídos no campo dos direitos sociais, revestem natureza análoga aos direitos liberdades e garantias nos termos do artº 17ºda CRP, cumprindo à Justiça Constitucional proceder à sua identificação para efeito da aplicação aos mesmos de componentes centrais do regime dos direitos de liberdade[1313].

Semelhante dicotomia (ou tricotomia), assaz linear, não foi adotada na Constituição brasileira de 1988, pois uma análise aos Capítulos I e II do Título II da Lei Fundamental do Brasil transmite-nos a ideia de que os princípios normativos e as normas que regulam direitos sociais não revestem todas a mesma estrutura.

616. Com efeito, pontificam na Constituição brasileira, *direitos sociais que revestem carácter total ou parcialmente preceptivo e exequível por si próprio*[1314]. Já outras normas que consagram direitos sociais *são preceptivas mas não exequíveis por si próprias,* pois identificam o titular do direito, o sujeito vinculado à sua realização e critérios genéricos que definem aspetos do *quantum* e do *quid* a prestação ou do modo de realização do direito, cuja densificação é, contudo, remetida para lei[1315]. Finalmente, outras *são programáticas* pois delineiam, tarefas-fim para o Estado que devem ser concretizadas pelas políticas públicas, na base de critérios fixados na lei[1316].

[1313] Segue-se o nosso excurso "O Controlo da Inconstitucionalidade por Omissão (...)" op. cit.

[1314] Veja-se o caso da "irredutibilidade do salário" (artº 7º VI); da duração do trabalho normal não superior a oito horas diárias e a quarenta e quatro semanais (artº 7ºXIII); dos mínimos inerentes à regra que declara o direito ao gozo de férias anuais remuneradas com, pelo menos, um terço a mais do que o salário normal (artº 7º XVII); ou da proibição de diferenças de salário, de exercício de funções e de critérios de admissão por motivo de sexo, idade, cor ou estado civil (7º XXX).

[1315] Trata-se do direito à assistência social nos termos do artº 203º; o décimo terceiro salário com base na remuneração integral ou no valor da aposentadoria (artº 7º VIII); a relação de emprego protegida contra despedida arbitrária ou sem justa causa nos termos de lei complementar (artº 7º I); e o aviso prévio proporcional ao tempo de serviço, sendo no mínimo trinta dias, nos termos da lei (artº 7º XXI).

[1316] É o caso dos fins do Estado centrados na construção de uma sociedade *"justa e solidária"* e no objetivo de *"erradicação da pobreza"* (artº 3º); do enunciado dos direitos sociais à educação, saúde, trabalho, moradia, lazer e assistência aos desamparados (artº 6º); e da proteção do mercado de trabalho da mulher mediante incentivos específicos, nos termos da lei (artº 7º XX).

617. Em conclusão, as normas relativas a direitos sociais, na Constituição brasileira, *podem ser tanto, disposições preceptivas, exequíveis e não exequíveis por si próprias, como enunciados programáticos.* Como tal, o regime de aplicação dos direitos sociais aos destinatários é diferente e varia em razão da estrutura da norma. A sistematização tem, neste ponto, um relevo menor do que em Portugal quanto à destrinça do regime jurídico dos diversos tipos de direitos.

1.2. Introdução às linhas teóricas relativas à "indivisibilidade" entre direitos fundamentais

618. A defesa da "indivisibilidade" ou unidade dogmática entre direitos de liberdade, direitos sociais defensivos e direitos sociais a prestações foi desenvolvida pelo neoconstitucionalismo, aceite parcialmente pelo constitucionalismo moralmente reflexivo, e acolhido, com variações pela jurisprudência do STF e dos tribunais comuns.

619. Cumpre destacar seis ideias-força desta construção, *no seu embasamento originário.*

1ª Todos os direitos fundamentais, inclusive os direitos sociais de índole prestacional, teriam a mesma relevância jurídica, pois todos se encontrariam constitucionalizados, todos se fundariam na dignidade da pessoa humana e todos se encontrariam sujeitos ao mesmo regime jurídico, ínsito no nº 1 do artº 5º da CF, que lhes conferiria, sem exceção, aplicabilidade imediata (Eros Grau, Ingo Sarlet e Luís Roberto Barroso[1317]).

[1317] Cfr. Eros Grau "A Constituição Brasileira e as Normas programáticas "Revista de Direito Constitucional e de Ciência Política", 4, 1985, p. 42 e seg. (tratou-se de uma posição expressa anteriormente ao início de vigência da Constituição de 1988, mas mantida depois da sua entrada em vigor in Eros Grau "A Ordem Econômica na Constituição de 1988: interpretação e crítica". 3ª ed. São Paulo, 1997); Ingo Sarlet "Algumas Considerações em Torno do Conteúdo, Eficácia e Efetividade do Direito à Saúde na Constituição de 1988", "Interesse Público", Belo Horizonte, nº 12, 2001, (na qual defende a judicialização das prestações de saúde em tutela antecipatória em caso de omissão e em situações de emergência que comprometam a saúde do requerente, bem como a recusa de uma dimensão programática do mesmo direito, atenta a sua natureza de direito subjetivo e a irrenunciável dimensão utópica do direito em causa como direito fundamental, na linha de Perez Luño) e "A Eficácia dos Direitos Fundamentais", Porto Alegre, 2001, p. 259 (os princípios e regras sobre direitos sociais, como mandados de otimização deveriam esgotar todas as potencialidades interpretativas para garantir a sua máxima efetividade *"o que implicaria a aplicação direta das normas constitucionais no limite máximo do possível sem condicioná-las ao legislador infraconstitucio-*

2ª. A redução dos direitos de liberdade a direitos negativos e os direitos de liberdade a direitos a prestações constituiria uma dicotomia errada. Uns e outros exigiriam prestações financeiras do poder público (FLAVIA PIOVESAN[1318]) e estariam sujeitos à reserva do possível (BARROSO[1319]), pelo que seria desadequado qualificar os direitos de liberdade, sem mais, como direitos negativos (CHRISTIAN COURTIS[1320]);

3º. Os direitos sociais seriam, todos eles, incluindo o direito à saúde, direitos subjetivos plenos (LUIS ROBERTO BARROSO e CELSO DE MELO[1321]). Como tal, seriam dignos de tutela jurisdicional, ou seja, os tribunais poderiam tutelar o seu não cumprimento pelo legislador, seja no plano defensivo seja no omissivo, considerando alguns autores que os tribunais e o STF) poderiam operar como órgãos de suplência de um legislador omissivo. Quanto às normas que consagram direitos sociais a prestações, o seu caráter programático não seria desculpa para a sua não aplicação, sob pena de se tornar promessa constitucional inconsequente (CELSO DE MELO[1322]). Neste sentido, ou gerariam um direito subjetivo à edição de lei concretizadora (ANA CRISTINA MEIRELES[1323]) ou, então, deixaria de se poder sequer falar em normas programáticas, pois todas as normas de direitos fundamen-

nal"); e LUÍS ROBERTO BARROSO *"Direito Constitucional e a Efetividade de suas Normas – limites e possibilidades da Constituição Brasileira,* Rio de Janeiro, 2003, p. 111 (segundo o autor, normas programáticas teriam valor idêntico às demais normas da Constituição, pese, que em termos de invocação subjetiva, a efetivação positiva do direito social não fosse plena).

1318 FLAVIA PIOVESAN "Proteção Internacional dos Direitos Económicos, Sociais e Culturais"- in "Consultor Jurídico"-2002- http://www.conjur.com.br/2002-ago-26/direitos_economicos_sociais_culturais_desafios?pagina=4.

1319 LUIS ROBERTO BARROSO "Da Falta de Efetividade à Judicialização Excessiva: Direito à Saúde, Fornecimento Gratuito de Medicamentos e Parâmetros para a Atuação Judicial" in "Direitos Sociais" AAVV, cit.

1320 Cfr. CHRISTIAN COURTIS "Critérios de Justiciabilidade dos direitos Económicos, Sociais e Culturais: uma breve exposição" in AAAVV "Direitos Sociais", p. 490 e seg (o autor não é brasileiro mas intervém em obras coletivas no Brasil, elaborando estudos de direito comparado, seguindo uma linha doutrinal neoconstitucionalista).

1321 LUIS ROBERTO BARROSO "Interpretação e Aplicação da Constituição", S. Paulo, 1998, p. 228 (o autor considera que as normas constitucionais definidoras de direitos são as que geram direitos subjetivos, integrando o elenco quer as normas concernentes quer aos direitos políticos e individuais quer aos direitos sociais. Reafirma a tese in "Da Falta de Efetividade(...)" cit, p. 877. Cfr CELSO DE MELO in AgRg no RE 271.286/RS, 2ª T, j 12-9-2000).

1322 CELSO DE MELO, ult. loc cit.

1323 ANA CRISTINA MEIRELES "A eficácia dos Direitos Sociais", 2008, Bahia, p. 469 e seg.

tais teriam aplicabilidade imediata (EROS GRAU[1324]). Se o legislador não as concretizar, concretizá-las-ia o juiz, sob pena de denegar justiça e tolher a efetividade da Constituição.

4º. A "reserva do possível", como limite ao financiamento dos direitos sociais e atributo inseparável do seu regime, não poderia operar como justificação para a não aplicabilidade dos direitos sociais (CELSO DE MELO[1325]). Enquanto alguns entendem que a mesma reserva seria um atributo de escassa relevância, outros aceitam apenas uma reserva fática, a qual poderia valer para todos os direitos.

5º. Haveria um princípio de proibição de retrocesso social deduzido do princípio do Estado Social e Democrático de Direito (LUÍS ROBERTO BARROSO e INGO SARLET[1326]) ou extraído, por remissão, do nº 2 do artº 5º da Constituição (de certa forma, ANDRÉ DE CARVALHO RAMOS e FLAVIA PIOVESAN[1327]) preceito que constitucionalizaria normas de convenções inter-

[1324] EROS GRAU "A Ordem Económica (...)" ult. loc cit.

[1325] Cfr. CELSO DE MELLO na ADPF/45 (MC/DC): *"Cumpre advertir, desse modo, que a cláusula da "reserva do possível" – ressalvada a ocorrência de justo motivo objetivamente aferível – não pode ser invocada, pelo Estado, com a finalidade de exonerar-se do cumprimento de suas obrigações constitucionais, notadamente quando, dessa conduta governamental negativa, puder resultar nulificação ou, até mesmo, aniquilação de direitos constitucionais impregnados de um sentido de essencial fundamentalidade".* Citando-se noutro aresto, precisou: *"Cabe assinalar, presente esse contexto – consoante já proclamou esta Suprema Corte – que o caráter programático das regras inscritas no texto da Carta Política não pode converter-se em promessa constitucional inconsequente, sob pena de o Poder Público, fraudando justas expectativas nele depositadas pela coletividade, substituir, de maneira ilegítima, o cumprimento de seu impostergável dever, por um gesto irresponsável de infidelidade governamental ao que determina a própria Lei Fundamental do Estado"* (RTJ 175/1212-1213, Rel. Min. CELSO DE MELLO). Trata-se de algo vertido em outra jurisprudência aqui já citada.

[1326] LUÍS ROBERTO BARROSO "O Direito Constitucional e a Efetividade de Suas Normas" cit, Ed. 2001. p. 158 (embora admita que o princípio deflui dos fins da Constituição e não se encontre explicitado). INGO SARLET "A Eficácia dos Direitos Fundamentais", Porto Alegre, 2009, p. 444 e seg. (aduz mais um conjunto de princípios justificantes da proibição de retrocesso, como a dignidade da pessoa humana e segurança jurídica). O autor, contudo, orienta a proibição para situações desproporcionadas que aniquilem o núcleo do direito e afetem o mínimo existencial. A Edição da obra de 2016, reforça este entendimento na base da segurança jurídica e com alguma aproximação à jurisprudência portuguesa sobre a matéria, a qual, na verdade, relativiza a proibição do retrocesso à defesa do mínimo existencial (cfr, op. cit, Ed 2016, p. 473 e seg.).

[1327] ANDRÉ DE CARVALHO RAMOS "Teoria Geral dos Direitos Humanos na ordem Internacional", Rio de Janeiro, 2005, p. 243 e seg.; FLAVIA PIOVESAN "Temas de direitos Humanos", S. Paulo, 2009. (para a autora *"por força do art 5º, § 2º, todos os tratados de direitos humanos, independentemente do quorum de sua aprovação, são materialmente constitucionais, compondo o bloco de*

nacionais em matéria de direitos fundamentais[1328]. Em qualquer caso, o mínimo existencial na saúde seria incontornável, pese que difuso (ANA PAULA BARCELLOS[1329]) e, mesmo em situação de escassez fática de recursos, esse mínimo existencial seria intocável na medida que não seria passível de ser submetido a juízos de ponderação com efeitos restritivos (RICARDO LOBO TORRES[1330]).

6º. Apesar de os direitos sociais não figurarem no texto constitucional em sede de cláusulas pétreas, o constituinte não se teria exprimido com precisão e a menção aos direitos de liberdade deveria ser interpretada extensivamente. Deste modo, a tese da exclusão dos direitos sociais da cláusula seria puramente ideológica e o conteúdo essencial dos direitos sociais estaria protegido por aquela (RODRIGO BRANDÃO[1331]), havendo mesmo quem os considere irredutíveis em sede de emenda (FLAVIA PIOVESAN[1332]).

1.3. Teoria e prática judicial da construção unitária dos direitos fundamentais: a construção à margem da Constituição de um controlo difuso de constitucionalidade por omissão

620. A ideia de indivisibilidade de regime entre direitos fundamentais deu um passo decisivo, não apenas por força da Constituição mas do modo como esta foi interpretada pela doutrina maioritária e plenamente adotada

constitucionalidade." p. 19. Mais adiante aduz que "*Da obrigação da progressividade na implementação dos direitos econômicos, sociais e culturais decorre a chamada cláusula de proibição do retrocesso social, na medida em que é vedado aos Estados retroceder no campo da implementação desses direitos. A progressividade dos direitos econômicos, sociais e culturais proíbe o retrocesso ou a redução de políticas públicas voltadas à garantia de tais direitos p. 89).*"

[1328] No caso, o artigo 26º do Pacto de S. José da Costa Rica articulado com o artº 29º e o Pacto de S. Salvador sobre direitos fundamentais enunciaria, no entender de diversos juristas, um princípio da proibição de retrocesso social, centrado no comprometimento da implementação progressiva dos direitos sociais.

[1329] ANA PAULA BARCELLOS "O Direito a Prestações à Saúde: complexidades, mínimo existencial bem o valor das abordagens coletiva e abstrata", in AAVV, "Direitos Sociais", op. cit, p. 809 e seg.

[1330] RICARDO LOBO TORRES "O Mínimo Existencial como Conteúdo Essencial dos Direitos Fundamentais", in AAVV "Direitos Sociais", Coord. CLAUDIO SOUZA NETO e DANIEL SARMENTO, Rio de Janeiro, 2008, p. 319 e seg. e 323.

[1331] RODRIGO BRANDÃO "São os Direitos Sociais Cláusulas Pétreas? em que Medida?" in AAVV "Direitos Sociais", op. cit, p. 482.

[1332] FLÁVIA PIOVESAN in "Não à desconstitucionalização dos direitos sociais. Revista Consultor Jurídico, 2 de jun. 2000"; PAULO BONAVIDES "Curso de Direito Constitucional", op. cit.

pela advocacia, pelos defensores públicos e pelos tribunais, com especial vigor a partir do final a década de 90. Sintomaticamente, Daniel Sarmento e Luis Roberto Barroso saudaram a conquista de efetividade normativa e plena justiciabilidade da Constituição de 1988, graças à ação do judiciário[1333].

Embora não previsto constitucionalmente, foi criado no Brasil um *verdadeiro controlo difuso de inconstitucionalidade por omissão,* seja de omissões absolutas e de omissões parciais, como de omissões aparentes no domínio dos direitos sociais prestacionais. No STF o ponto de partida foi reconduzido por alguns ao RE 271.286, Agr STF, tendo o Supremo Tribunal, pela pena do Ministro Celso de Melo, reconhecido que a natureza programática do direito à saúde não poderia ser uma promessa inconsequente, determinando o fornecimento de tratamento da SIDA aos portadores da doença[1334].

Os tribunais judiciais, em primeiro lugar, e depois o próprio STF passaram a aceitar, com o respaldo de eminentes processualistas como Ada Pellegrini Grinover[1335], a convolação de meios processuais como ação comum e da ação civil pública (para a tutela de interesses difusos) como vias aptas à proteção de direitos sociais violados por omissão. Os tribunais passaram, mediante tutelas antecipatórias, a determinar a distribuição gratuita de medicamentos, mesmo fora da lista do *Sistema Único de Saúde* (SUS), a realização de cirurgias dispendiosas no exterior, internamentos hospitalares, exercício de direito de moradia e acesso a unidades escolares, mesmo sem vaga.

621. Do domínio da saúde, omissões reais ou aparentes aferidas em controlo concreto envolveram três tipos de situações:

i) *A de uma omissão legislativa total ou absoluta*, solucionada por um tribunal que substitui o legislador na edição de uma regra em falta, a qual é construída "ad casum" pelo juiz a partir de uma norma constitu-

[1333] Daniel Sarmento "A Proteção Judicial dos Direitos sociais: Alguns Parâmetros Ético-Jurídicos" in AAVV "Direitos Sociais", op. cit, p. 586; Luis Roberto Barroso "Da Falta de Efetividade à judicialização excessiva: Direito à Saúde, Fornecimento Gratuito de Medicamentos e Parâmetros para a A Atuação Judicial" in AAVV "Direitos sociais", op. cit, p. 875.

[1334] Tratou-se, no plano lógico, de uma decisão controvertida: aceitava-se, simultaneamente a natureza programática da norma mas era-lhe reconhecida eficácia direta positiva, o que seria uma contradição nos termos.

[1335] Ada Pellegrini Grinover "O Controlo Jurisdicional de Políticas Públicas", in AAVV "O Controlo Jurisdicional de Políticas Públicas" Org Ada Pellegrini Grinover e Kazuo Watanabe, Rio de Janeiro, 2011, p. 143 e seg.

cional programática, realizando-se uma tutela antecipada do direito, mediante uma vinculação da administração à realização da prestação social devida;

ii) *A que envolve uma omissão puramente administrativa*, já que, embora exista lei e regulamentação aptas a conferir exequibilidade à norma programática que declara o direito social, se verifica uma abstenção da administração em aprovar o ato administrativo que determina a prestação correspondente, decidindo o tribunal a realização da prestação em falta;

iii) A que envolve uma *omissão meramente aparente*, na medida em que, existindo lei e regulamentação que tornam exequível a norma programática através da criação de um direito subjetivo, o tribunal considera que os referidos critérios legais e regulamentares são insuficientes para um disfrute otimizado do direito social constitucionalizado, optando por conceder uma tutela antecipada sustentada numa regra diferente e alternativa por ele construída em complementação da Constituição.

O judiciário assumiu, assim, autênticas funções administrativas na gestão do medicamento, de operações e de internamentos.

No ano de 2008, os custos com a saúde cresciam já a um ritmo superior ao da inflação, tendo nesse ano o Brasil um dos gastos mais elevados dos países em desenvolvimento com esse subsetor (782 dólares per capita). Pese o facto de o sistema de saúde distribuir medicamentos excecionais e de alto custo na lista do SUS (cujo dispêndio consumiria 80 milhões de reais mensais dos cofres estaduais), o cumprimento de decisões judiciais que obrigam a distribuir medicamentos não constantes da lista do SUS consumiu 300 milhões de reais por ano.

De acordo com dados estatísticos do Ministério da Saíde, de 2010, os gastos federais com medicamentos para atendimento dos usuários do SUS foram na ordem de 6,9 biliões de reais e os gastos com ações judiciais no mesmo período foram de 1/7 desse orçamento num quadro exponencialmente crescente apenas em 9 Estados.

Já em 2012, 355 milhões de reais foram gastos em medicamentos distribuído por ordem da justiça, muitos deles não constantes da lista do SUS. 71% terão sido gastos, apenas, em 10 medicamentos relacionadas com doenças raras.

Como não podia deixar de ser a gestão da política social da saúde pelo judiciário, a partir da Constituição, criou um quadro difícil à luz da separação de poderes que levou alguns autores a considerar estar-se diante do paradigma de um "Estado judiciário", pelo menos na área da gestão prestacional do Estado social. Em face deste dirigismo constitucional invasivo, todas as reações e revisionismos doutrinais e políticos foram impotentes para conter ou corrigir uma dinâmica judicial avassaladora que passou a progredir fora de controlo.

1.4. "Virada doutrinal" na esfera da corrente defensora da indivisibilidade entre direitos fundamentais

622. A prática judicial desarmónica gerada pela aplicação imediata de direitos sociais prestacionais e os custos exponenciais que a mesma projetou, no plano orçamental, na quebra da unidade da administração e em termos de equilíbrio entre poderes e entre direitos gerou um recuo em alguns dos principais expoentes da tese da unidade dogmática[1336].

623. Para Ingo Sarlet haveria que assumir quanto à questão em análise uma posição "intermédia" entre dois extremos. Todas as normas constitucionais teriam um mínimo de eficácia e as de eficácia limitada poderiam aplicar-se imediatamente na sua vertente defensiva ou negativa[1337]. Contudo, o autor aceita que a existência de normas programáticas de direitos a prestações e o facto de muitas delas não poderem ser imediatamente aplicáveis na sua vertente positiva[1338].

Admitindo haver uma barreira à "eficácia absoluta" de certos direitos sociais prestacionais, Sarlet entende que o artº 5º nº 1 da Constituição federal não enunciaria uma "regra", mas sim um "princípio", devendo ser interpretado como um critério de otimização condicionado a juízo de ponderação. Esse critério poderia, em tese, envolver juízos de ponderação entre a prevalência da realização de prestações sociais e a prevalência do interesse público, atenta a reserva do possível. A aplicação imediata não poderia, deste modo, ser entendida como um comando de "tudo ou nada".

[1336] Recuo que levou alguns deles a colocar-se numa posição que qualificam de equidistante entre uma sensibilidade extrema da indivisibilidade (na qual os mesmos originariamente se situavam) e os seus primitivos críticos, oriundos de sensibilidades institucionalistas e sobretudo, positivistas.

[1337] Ingo Sarlet "A Eficácia dos Direitos Fundamentais", Ed. 2009, op. cit, p. 205.

[1338] Ingo Sarlet ult. loc cit, p. 268.

Haveria, assim, uma presunção de aplicabilidade imediata, clara na dimensão negativa do direito, e uma presunção condicional para as normas que careçam de leis e politicas públicas para serem efetivas, não podendo os tribunais substituir-se ao legislador na conceção de programas económicos e sociais[1339]. Em suma, as normas de direitos fundamentais são imediatamente aplicáveis, mas a interposição do legislador trava essa pretensão de aplicabilidade, devendo a *reserva do possível* ser levada a sério nos direitos prestacionais[1340].

624. Luís Roberto Barroso, na sua posição revista, centra a sua análise na política de saúde, e considera que a ideia de aplicabilidade imediata dos direitos fundamentais deve ser equacionada à luz das características próprias do direito em causa. O autor passou a acompanhar o entendimento de José Afonso da Silva, de que o direito à saúde se realiza através de políticas sociais, cuja definição compete ao poder legislativo, como representante do povo, as quais se encontram sujeitas à reserva do financeiramente possível[1341]. A eficácia direta desses direitos sociais passaria a estar sujeita a condições, mormente à interposição do legislador, dado que as normas que os consagram seriam *normas-princípio* sujeitas a ponderações, não devendo o juiz sobrepor a sua valoração à do legislativo.

No que especialmente respeita ao direito fundamental às prestações da saúde cumpre atentar nos seguintes passos *recentes* da doutrina neoconstitucionalista.

Luís Roberto Barroso escreve que "*Juízes e tribunais não podem presumir mais de si próprios (...) impondo suas escolhas, suas preferências, sua vontade*" pois "*só atuam legitimamente, quando sejam capazes de fundamentar racionalmente as suas decisões com base na Constituição*", pelo que poucas "*críticas são mais desqualificantes para uma decisão judicial do que a acusação de que é política e não jurídica*". Por conseguinte o juiz "*deve ser deferente para com as decisões razoáveis tomadas pelo legislador, respeitando a presunção da validade das leis*" não podendo os magistrados "*ser populistas*". Haveria que censurar "*uma profusão de decisões extravagantes ou emocionais em matéria de medicamentos e terapias que põem em risco a própria continuidade das políticas públicas de saúde, desorganizando-se a atividade administrativa e comprometendo-se a alocação dos escassos recursos públicos*".

1339 Ingo Sarlet ult. loc cit, Ed 2016, p. 278.

1340 Ingo Sarlet ult. loc cit, p. 296. O Autor entende que a reserva do possível não integra o direito, posicionando-se, antes, como um limite jurídico e fático ao mesmo direito.

1341 Luis Roberto Barroso "Da Falta de Efetividade (...)" op. cit, p. 891 e seg. e 894.

Na verdade, o judiciário *"pode mas nem sempre deve interferir"* pelo que a sua *"autolimitação espontânea antes eleva do que diminui"*[1342].

Mais especificamente, o autor esclarece noutro escrito que, por força do ativismo judicial no domínio do direito da saúde e, em particular, pela judicialização da distribuição gratuita de medicamentos mediante doações extravagantes e irrazoáveis, sem critério e sem responsabilização, são geradas disfunções em que *"o sistema pode morrer da cura"* gerando escassez de recursos e violações do princípio da igualdade[1343]. Em consequência, sugere limites claros à ação judicial[1344], de entre eles destacando a necessidade de os medicamentos distribuídos não ultrapassarem a lista do SUS, de a distribuição de medicamentos resultar de ações coletivas ou de efeitos de controlo abstrato da constitucionalidade, a exclusão de tutelas antecipatórias que envolvam tratamentos alternativos ou substâncias não disponíveis no Brasil e o imperativo de o juiz não questionar juízos de ordem técnica ou opções legislativas de concretização do direito.

625. Mesmo Ana Paula Barcelos, reconhecendo o peso da denegação judicial de medicamento, considera não haver soluções que a todos satisfaçam. Sublinhando a sujeição dos orçamentos ao básico, mas não ao acessório e criticando subliminarmente a "emotividade judicial", a par do reconhecimento do acesso de todos à justiça, aceita que o judiciário deva garantir o mínimo, mas estima que não pode prosseguir para além dele. Valora, também, as opções da lei e problematiza a existência de um "messianismo" do judiciário na política de saúde[1345].

626. Daniel Sarmento, sem prejuízo de celebrar o fato de o poder judiciário ter passado a levar a sério os direitos sociais, *"tratando-os como autênticos direitos fundamentais"*, reconhece que a sua atuação gerou problemas delicados, como a escassez de recursos. Esta escassez confrontaria o Estado com *"escolhas trágicas"* entre prioridades, com custos desses direitos que se revelam mais salientes que nos direitos de liberdade – e com decisões judi-

[1342] Luis Roberto Barroso "Judicialização, Ativismo Judicial e Legitimidade Democrática" in AAVV "Controlo de Constitucionalidade-Direitos Fundamentais"- "Estudos Gilmar Mendes", Rio de Janeiro, 2010, p. 248 e 250 e seg.

[1343] Luis Roberto Barroso "Da Falta de Efetividade (...)" op. cit, p. 875 e seg.

[1344] Luis Roberto Barroso, ult. loc cit, p. 902 e seg.

[1345] Ana Paula Barcellos "O Direito a prestações de Saúde: compexidades, mínimo existencial e ovalor das abordagens coletiva e abstrata" in AVVV "Direitos Sociais", op. cit, p. 805 e seg e, em particular, 825.

ciais que, à luz do princípio da igualdade, alocariam recursos a uns e os retirariam a outros[1346]. Para o autor, é tempo de "racionalidade" e a reserva do possível fáctica, o princípio da igualdade, a necessidade de evitar decisões judiciais desencontradas que lancem o caos na administração, o reconhecimento da dimensão objetiva dos direitos sociais, a exclusão da emotividade jurisdicional, bem como a autocontenção judicial em função das políticas do legislador deveriam marcar o paradigma de garantias dos direitos sociais, em especial do direito à saúde[1347].

2. Fragilidades da tese da indivisibilidade de direitos

627. A doutrina favorável à indivisibilidade dos direitos fundamentais, depois do seu êxito no plano jurisdicional e volvidas as ulteriores dificuldades geradas no plano orçamental e no plano da igualdade que o mesmo êxito gerou, debate agora consigo própria. A descoberto ficaram algumas fragilidades dogmáticas da sua construção, cujo "momento revisionista" deve tomar em devida nota. Sobre esta questão, e sem entrar abertamente no debate, haverá que atentar nos seguintes pontos de reflexão.

1º. Plano dogmático

Como sempre afirmou Manoel Gonçalves Ferreira Filho, a interpretação dada ao artº 5º, nº 1, da Constituição não pode evoluir contra a natureza das coisas: uma norma inapta em termos de eficácia imediata não pode ser inopinadamente transformada em norma eficaz[1348].

No fundo, a regra geral do preceito é da aplicabilidade imediata exceto para as normas que careçam, pela sua natureza ou indicação constitucional, de leis e políticas públicas. Alguns ilustres autores recorrem a vias argumentativas que conduzem ao mesmo resultado, como a construção de Ingo Sarlet (supra, § 623) que entende que o artº 5º, nº 1, da Constituição, é um princípio. Salvo melhor opinião, uma disposição que determina que os direitos e liberdades têm aplicação imediata aparenta ser mais mandato de definição, com expressivo grau de determinabilidade, ou seja, uma regra.

[1346] Daniel Sarmento "A Proteção Judicial (...)" op. cit, p. 554 e seg.

[1347] Daniel Sarmento, ult loc cit, p. 583 e seg.

[1348] Manoel Gonçalves Ferreira Filho "A Aplicação Imediata das Normas Definidoras de Direitos e Garantias Fundamentais"- Revista da Procuradoria do Estado de S. Paulo, 29, 1988, p. 35 e seg.; E Roger Stiefelmann Leal, "A protecção da Saúde na Constituição de 1988: a problemática do regime legal aplicável às políticas da Saúde Pública no Brasil, "Saúde e Indústria Farmacêutica em Debate", S. Paulo, 2008, p. 189 e seg.

Regra que será aplicável a todos os direitos do próprio artigo 5º (e dos do artº 6º que com eles tenham identidade de razão), mas que não é extensível à dimensão positiva dos direitos de liberdade ou sociais que careçam de lei para serem efetivados.

2º. Reserva do possível

A reserva do possível tornou-se incontornável. Em tempos de escassez de recursos, como CANOTILHO admite, os direitos sociais podem ser drasticamente reduzidos, pese o facto de essa redução não poder significar o grau zero, pois haverá um mínimo para os desprotegidos[1349]. Não havendo recursos, não haverá prestações não dispondo o judiciário do "toque de Midas" para encontrar um pote de ouro no arco-íris das promessas constitucionais.

3ª Direito subjetivo

Falta determinabilidade às normas constitucionais em matéria de direitos sociais a prestações para que estes possam ser definidos, sem mais, como direitos subjetivos. Sobre o direito à saúde previsto no artº 196º e seguintes, para que este se transforme num direito subjetivo necessário será que seja concretizado por lei. Sem essa lei não poderá ser justiçável a partir da Constituição, pois não se vê como pode caber ao judiciário, nem em sede de mandato de injunção[1350], substituir o legislador na realização de opções fundamentais de políticas públicas em falta.

4º. Separação de poderes e legitimidade democrática

Fora do mandado de injunção, cujos efeitos não são regulados na lei Fundamental brasileira, a Constituição Federal não parece conferir ao judiciário a faculdade de emitir sentenças substitutivas do legislador ou da administração, importando destacar que o princípio da separação de poderes, que é uma clausula pétrea decorrente da Lei Fundamental, constitui um limite para todos os poderes, incluindo o judiciário. Por outro lado, opções de escolha política em que o judiciário atue como parte ofuscam a imparcialidade no julgamento que é um atributo constitutivo desse poder, carecendo as decisões de mérito político de uma legitimação democrática no voto popular.

[1349] GOMES CANOTILHO "O Método (...)" op. cit, p. 105 e seg.

[1350] Instituto, que envolvendo alguma criatividade, não parece permitir ao Tribunal, à luz da separação de poderes, a realização de opções políticas que comportem alterações orçamentais relevantes.

5ª. Unidade de ação administrativa

O casuísmo, a insuficiência de conhecimentos técnicos e a ausência de planeamento nas decisões do judiciário, relativas a prestações sociais têm gerado alguma quebra da unidade de ação administrativa, bem como uma certa desorganização das políticas sociais que à Administração cumpre executar. É difícil aceitar que a judicialização da administração da saúde, que opera supletivamente na base de um mandato jurídico duvidoso, possa operar sem limites (como os da responsabilização parlamentar, do controlo de constitucionalidade, da submissão à legalidade e da unidade de ação) que vinculam a Administração Pública, a quem cabe, nos termos constitucionais, a execução das políticas de saúde).

6ª Princípio da igualdade

Salvo ações coletivas, os que têm recursos para aceder à Justiça podem beneficiar da distribuição de medicamentos. Ora, havendo escassez dos mesmos recursos, pode haver drogas medicamentosas que possam ser retiradas à distribuição aos mais necessitados através da administração e serem atribuídos pelos tribunais aos que menos precisam. O princípio da igualdade encontra-se, neste ponto, exposto.

7º. Preclusão de eventuais contradições argumentativas

Autores como; Barroso e Sarmento continuam a defender que os direitos sociais prestacionais são direitos subjetivos plenos mas previnem contra a eficácia limitada e condicionada desses direitos, mormente do direito à saúde e à relevância central do papel da lei na sua efetivação positiva. Ora, parece dilemático ter como que um pé apoiado na aplicabilidade imediata dos direitos sociais como princípio e outro no seu contrário, ou seja, no reconhecimento da inaplicabilidade concreta do direito sem lei. Por outro lado, as conclusões que os autores extraem das suas posições mais recentes em relação ao direito à saúde são, por identidade de razão, transponíveis para os demais direitos sociais.

Capítulo III
O regime de aplicabilidade das normas constitucionais como questão central de organização dos poderes e de conceção de Constituição

1. Teoria da Constituição e a geometria variável do regime de aplicabilidade das normas constitucionais

628. A conceção teórica sobre o modo como as normas sobre direitos fundamentais, com relevo para os direitos sociais, exprimem a sua aplicabilidade e efetividade jurídica, tem um impacto direto no paradigma de Constituição, na graduação das tarefas do Estado, no peso e sentido do princípio democrático no processo de decisão e no modelo de separação de poderes vigente.

Por isso mesmo, a temática do regime de efetivação jurídico-normativa dos direitos fundamentais passou também a constituir, no tempo presente, uma das questões centrais da Teoria da Constituição.

2. Teoria da Constituição e o discurso do dirigismo constitucional

629. Procurando ilustrar o que foi referido através da análise de conceções extremas de modelo funcional de Constituição, parece evidente que uma aceção de Constituição fundada no dirigismo constitucional, envolve uma teorética do Estado e da Constituição portadora de uma teleologia muito própria.

Por conseguinte, a Constituição de modelo dirigista, ao envolver um escopo não apenas regulador, mas transformador, supõe uma apetência reguladora traduzida numa vasta prolixidade normativa, dirigida para a fixação de obrigações públicas económicas e sociais. Ora, na medida em que das referidas "promessas constitucionais" conste a efetivação de direitos sociais prestacionais envolvidos em imperativos de maximização progressiva e com pretensões a "direitos subjetivos", parece evidente que promoção do bem-estar passa a assumir uma magnificação política e uma cogência jurídica que intenta prevalecer em face dos demais fins do Estado.

Pelo seu turno, o princípio democrático-representativo, que é um dos pilares centrais do Estado de Direito material, passa a sofrer uma relativização em face da pretensão da eficácia direta de direitos fundamentais prestacionais, na medida em que a livre escolha do eleitorado em relação às políticas públicas oferecidas pelos candidatos ao Executivo e Parlamento fica necessariamente diminuída. Isto, porque qualquer programa político, que seja sufragado pelo voto popular arrisca-se a não poder ser implantado, na medida em que colida com políticas públicas detalhadas na chamada Constituição social ou com o sentido interpretativo dado pela Justiça Constitucional a certas garantias, cristalizado em jurisprudência crescentemente positivada.

Mesmo na esfera de direitos de liberdade, em domínios fraturantes ou de consciência, em regra cobertos pelo princípio da igualdade, o híper-garantismo constitucional dos direitos de minorias veda ou reduz opções democráticas de escolha no plano legislativo e referendário.

A relativização do princípio democrático no processo de decisão pública impõe um recuo lógico do poder legislativo em face do poder judicial incumbido da interpretação autorizada da Lei Fundamental e do controlo de constitucionalidade. Na verdade, o dirigismo constitucional é finalisticamente concebido para guiar e amarrar o poder legislativo. A revalorização dos princípios constitucionais (mesmo os dotados de objeto indefinido como "sociedade justa", "desenvolvimento da personalidade", "dignidade da pessoa humana" ou "justiça") e o reforço da tese da sobre-interpretação constitucional (supra, § 405) consentem aos tribunais o escrutínio das políticas públicas aprovadas pelo legislador à luz de parâmetros indeterminados onde as suas pré-compreensões prevalecem sobre as do Parlamento. As escolhas (provisórias) do legislador ficam, deste modo, à mercê das escolhas finais de uma Justiça Constitucional erigida a *poder moderador colegial*, e detentora de um veto judicial de efeitos absolutos próprio de uma câmara alta, já que terá a última palavra numa relação de tensão com o poder legislativo.

3. Teorias da interpretação e aplicabilidade das normas constitucionais: remissão

630. Demonstrado o impacto do modelo concetual de efetivação dos direitos fundamentais na Teoria da Constituição, importa examinar, autonomamente, *uma questão instrumental da maior importância para a escolha do mesmo modelo e correspondente concretização,* a qual consiste na metódica da interpretação constitucional.

Na verdade, podendo o poder constituinte *não investir* uma dada Constituição numa ontologia dirigista torna-se ainda assim possível, à Justiça Constitucional, fazer deslizar a Lei Fundamental para um modelo dirigista, mediante a adoção de um determinado paradigma dito "hermenêutico". Com efeito, o Tribunal Constitucional, a quem cabe a última palavra na interpretação da Constituição, pode adotar uma construção interpretativa que lhe permita atribuir às normas interpretadas um alcance maior e mais amplo do que aquele que decorreria do texto e da vontade do constituinte e auto-investir-se de faculdades lhe permitam ultrapassar a simples função de controlo de constitucionalidade.

Por conseguinte, a questão da escolha dos métodos de interpretação constitucional, constituindo uma temática central da Ciência do Direito, ultrapassa essa dimensão para se revelar, igualmente, uma questão central de poder (infra, § 733 e seg.).

A *luta* pela metódica da interpretação constitucional nas Américas (Estados Unidos e Brasil) encontra-se soldada em diferentes paradigmas de Constituição e de modelos de separação e interdependência de poderes. É, pois, da matéria de interpretação que se curará na parte final desta Teoria da Constituição.

Parte VII
A interpretação da constituição como técnica e como poder

Capítulo I
Hermenêutica e interpretação constitucional

Secção I
Conceitos

1. Interpretação de normas constitucionais

1.1. Noção

631. A interpretação constitucional define-se como um *processo jurídico que visa o entendimento e a determinação do sentido correto de uma disposição normativa da Constituição*[1351].

Tal como sucede com as demais leis, a Constituição resulta de decisões normativas do poder constituinte e do poder de revisão constitucional cujo conteúdo, para poder obrigar juridicamente, carece de prévia compreensão e fixação do respetivo significado, o qual, em muitos casos, este não pode ser captado apenas a partir do texto.

1.2. Estádios elementares de um processo interpretativo

632. A interpretação, podendo ser realizada por qualquer pessoa, assume relevância jurídica quando é realizada por operadores do direito com poder

[1351] Cfr. Tercio Sampaio Ferraz Junior ult. loc cit, p. 221.

de autoridade para revelarem o sentido dos preceitos decididos pelo legislador constitucional. Ora, essa operação interpretativa é estruturada num processo de complexidade variável, em razão do grau de clareza do enunciado textual e da identificação da realidade por ele regulada.

No ordenamento português, a interpretação constitucional desenvolvida pela Justiça Constitucional destaca-se no contexto de uma relação entre uma norma constitucional e uma norma de direito ordinário que lhe deve ser conforme.

Sendo aprovada uma lei, podem colocar-se dúvidas sobre a sua conformidade com a Constituição, seja no momento em que é deliberada ou submetida a promulgação, seja num momento posterior em que é aplicada. Essas dúvidas devem ser elucidadas no contexto de duas fases conectadas entre si e que se inserem num processo interpretativo em sentido estrito (infra, § 635), a saber:

i) *Uma fase cognitiva* que supõe a extração de um sentido provisório dos textos em confronto (o sentido da norma constitucional e o da norma ordinária) mediante o uso do método jurídico (que compreende o escrutínio dos elementos *textual, lógico-sistemático, histórico e teleológico,* seguido de uma operação de correção integrada), designando-se esse processo de *programa normativo;*

ii) *Uma fase dita de "concretização"*, que envolve várias etapas: em *primeiro lugar,* a conjugação do programa normativo com a *realidade envolvente do direito ordinário* sujeito a fiscalização, à luz de uma situação problemática; em *segundo lugar, a título eventual,* um teste à solidez da solução interpretativa obtida, mediante o confronto com soluções alternativas; *em terceiro lugar,* um ato de "concretização "stricto sensu" dessa solução normativa, ajustado à situação problemática que motivou o processo interpretativo, o qual predica o uso de técnicas de onde se destaca a *subsunção* na interpretação de regras e, em certos casos, a *ponderação* nos conflitos entre princípios.

633. Nem todas as operações interpretativas requerem o esgotamento de todas as etapas destas duas fases. *Quanto mais determinado for o léxico prescritivo e mais definido for conteúdo da norma constitucional e do direito ordinário com que a mesma se confronta, mais ágil e simples será o processo interpretativo*: a relação de sentido da norma obtida mediante as etapas textual e lógico-sistemática passa, muito frequentemente, de imediato para a esfera da concretização, mediante uma operação subsuntiva.

Cabe ao intérprete, atenta a complexidade da situação problemática e do grau de indeterminação das normas em tensão, esgotar ou não todas as etapas do processo interpretativo. Caso se trate de um juiz, *qualquer juiz*, ele será passível de responsabilização por erros grosseiros decorrentes do uso de técnicas insuficientes ou deficientes, das quais resultem prejuízos graves e anormais para os cidadãos .

634. Sendo a *interpretação oficial* um processo jurídico de índole racional, usado pelas autoridades públicas para a fixação do sentido das normas, verifica-se que *a Justiça Constitucional possui nesse processo a última palavra sobre a atribuição autorizada de significado aos preceitos constitucionais,* a qual envolve uma pretensão de correção jurídica no momento e no contexto em que é proferida.

1.3. Interpretação em sentido amplo, interpretação inferente e interpretação em sentido estrito

635. A *interpretação constitucional em sentido amplo* envolve *todo o tipo de operações, empíricas ou técnico-jurídicas, que postulem a atribuição de sentido a uma disposição constitucional, por parte dos operadores jurídicos.*

Pode a mesma desdobrar-se em diversas modalidades, das quais se destaca a *interpretação inferente* e a *interpretação em sentido estrito.*

Pode falar-se em *interpretação inferente, quando a norma resulta espontaneamente de um processo simples e empírico de apreensão do sentido de uma disposição normativa.* Processo no qual a relação entre a semântica clara e precisa de um texto, com o contexto da sua aplicação, permitem que o comando jurídico seja apreendido intelectivamente de forma objetiva, e até inequívoca, pelo operador.

Já a *interpretação em sentido estrito* envolve a *aplicação de um processo complexo de base metódica, tendente à extração do sentido de um preceito normativo, sempre que não existam certezas sobre o que esse preceito significa.* A circunstância da Constituição ser enformada por disposições consteladas de enunciados imprecisos e indeterminados, converte a interpretação em sentido estrito numa atividade permanente e merecedora do maior relevo. *Quem detiver o poder de atribuir, com força vinculante e definitiva, um significado a disposições polissémicas deterá, de algum modo, o senhorio da Constituição e exercerá uma relação de domínio sobre o poder político.*

636. A norma vale como comando jurídico extraído por via interpretativa (inferente ou estrita) da disposição ou enunciado textual que a contém.

O brocardo segundo o qual as normas imediatamente inteligíveis e de significado evidente não carecem de interpretação (*"in claris non fit interpretatio"*) foi colocado em questão com o ato falhado do Imperador Justiniano em proibir a interpretação do seu Código[1352]. Contudo, este axioma não pretenderia significar, em bom rigor, a desnecessidade de uma operação interpretativa, mas a aparente suficiência de uma interpretação de base literal e lógica que vertesse sobre uma disposição normativa clara e linearmente percetível.

Observemos dois exemplos: o artº 148º da CRP determina que a Assembleia da República tem o máximo de duzentos e trinta deputados, nos termos da lei eleitoral (o que levantaria a inconstitucionalidade desta, se a mesma fixasse o numero máximo em duzentos e trinta e um deputados); por seu turno, a norma que consta do nº 1 do Artº 172º veda ao Presidente a dissolução do Parlamento nos últimos seis meses do seu mandato (daqui resultando a inconstitucionalidade e a inexistência de ato de dissolução praticado no último mês do mandato presidencial). O significado das disposições recolhe-se, nestes casos, a partir de uma interpretação inferente.

É um facto que não se invoca ordinariamente a "necessidade" de uma "interpretação" em sentido estrito a propósito de uma boa parte dos preceitos constitucionais, quando os mesmos, em razão da sua clareza, transmitem uma mensagem normativa que (pelo menos, à primeira vista) é cognoscível e identificável e que é invocada e aplicada sem que se levantem dúvidas ou problemas significativos. Com efeito, no tocante a uma parte de regras constitucionais, com relevo para a organização do poder político, a clareza e precisão do respetivo texto permitem ao jurista e ao próprio cidadão, uma consciencialização objetiva do conteúdo de uma mensagem portadora de um comando determinado, situação que corresponde, no léxico de Hart, às normas *"core meaning"*[1353]. Essas normas operam *"sem levantar problemas conscientes"* pois predicam a consciencialização objetiva de uma *"mensagem que transporta um comando"*[1354].

637. Ainda assim, a aparente clareza de uma disposição poderá ser enganadora[1355]. Por exemplo, o nº 1 do artº 23º da CRP confere aos cidadãos o di-

[1352] Tercio Sampaio Ferraz Junior ult. loc cit, p. 230.

[1353] Hart cit por Frederick Shauer "Playng By the Rules", Oxford , 2002, p.

[1354] Frederick Shauer "Playing by the Rules", op. cit, p. 207.

[1355] Cfr. Sobre esta questão, Karl Larenz "Metodologia da Ciência do Direito", Lisboa, 1997, p. 485 e seg.

reito de apresentarem queixa ao Provedor de Justiça por ações ou omissões dos poderes públicos. Uma análise literal, pontual e empírica do preceito, no contexto de uma interpretação inferente, excluiria a possibilidade de estrangeiros residentes em Portugal poderem apresentar queixas ao Provedor, na medida que não são cidadãos nacionais. Contudo, uma interpretação sistemática da mesma disposição impõe a sua conjugação com o nº 1 do artº 15º da Constituição, que atribui aos estrangeiros e apátridas residentes, os mesmos direitos dos cidadãos portugueses, sem prejuízo das exceções previstas nos restantes números. Ora a equiparação criada por esta norma vem conferir aos estrangeiros residentes em Portugal um direito de queixa ao Provedor de Justiça, que uma leitura isolada do artº 23º não autorizaria.

Existe, por outro lado, um historial de normas razoavelmente claras e portadoras de um significado preciso e imediatamente apreensível que, contudo, na sua aplicação a casos concretos suscitam dúvidas interpretativas. Isto ocorre, sobretudo, pela circunstância de a previsão da norma não regular explicitamente certos factos novos surgidos pela necessária evolução das estruturas sociais (em sentido amplo: económicas, tecnológicas e sociológicas). Um exemplo clássico e algo batido é o da liberdade de expressão ("free speach")[1356] da primeira emenda da Constituição americana, a qual, no presente contexto histórico-tecnológico, não pode ver reduzido o objeto da sua previsão à expressão oral, como poderia resultar do texto, mas antes vê-lo ampliado a novas realidades comunicacionais entretanto surgidas, como é o caso de imagens, posters, panfletos e comunicação na internet. Essa extensão resulta da necessidade de realização de uma interpretação em sentido estrito sobre uma disposição normativa clara que, aparentemente, dispensaria essa operação[1357].

1.4. Interpretação da lei e interpretação da Constituição

638. Sendo a Constituição uma lei[1358], mais precisamente, a Lei Fundamental que rege um Estado, as suas normas têm uma pretensão de força e de efetividade aplicativa que é garantida pelos tribunais, com relevo especial

[1356] Lawrence Tribe "The Invisible (...)" op. cit, p. 25.

[1357] Na verdade apenas no plano da sociologia jurídica se pode estabelecer, indicativamente, uma relação meramente tendencial entre um maior grau de claridade da norma e uma simplificação do processo interpretativo tendente à obtenção de uma solução desejavelmente correta.

[1358] Cfr. in fine, nº 1 do artº 166º da CRP.

para o Tribunal Constitucional, a quem compete a decisão final sobre a validade de atos normativos. Daí que seja aceite na doutrina portuguesa[1359], o entendimento segundo o qual os critérios metódicos utilizados pela ciência do Direito para interpretar a lei ordinária devem por identidade de razão, com ajustamentos, ser também convocados para a interpretação da Constituição.

1.5. Os intérpretes da Constituição

639. A muito banalizada conceção de Peter Häberle, segundo a qual, a abertura das normas constitucionais ao influxo de uma sociedade pluralista (nacional e europeia), postularia, no contexto de um processo público, a existência de uma "sociedade aberta de intérpretes" não é mais do que o mero "batismo" de uma evidência (supra § 396).

Com efeito, quando um cidadão comum consulta num sítio web do Governo um diploma legislativo para conhecer os seus direitos em matéria de arrendamento urbano, em face de uma comunicação do proprietário para um aumento de renda, ele procede a uma interpretação inferente e empírica que, em caso de clareza textual, lhe permite responder à referida comunicação. Na medida em que o conteúdo do diploma suscite dúvidas poderá contratar um advogado especialista, o qual procede, pelo seu turno, a uma operação interpretativa facilitada por um maior domínio do léxico jurídico, dos institutos em presença e de precedentes interpretativos dos tribunais. Por seu turno, se o arrendatário e o proprietário não chegarem a acordo sobre as consequências jurídicas que extraem da interpretação de um preceito da lei do arrendamento, a questão pode ser decidida nos tribunais cíveis, onde os advogados das partes formularão as suas interpretações, devendo o juiz fixar um sentido interpretativo da disposição em litígio e aplicar uma solução normativa determinada ao caso concreto. E, se uma das partes questionar a interpretação dada à norma, suscitando a sua inconstitucionalidade o caso pode, por via de recurso subir ao Tribunal Constitucional (onde o "amicus curiae" e o autor da norma podem fazer chegar as suas próprias interpretações).

[1359] Jorge Miranda ("Manual (...)" II, op. cit, p. 311) afirma: *"Há sempre que interpretar a Constituição como há sempre que interpretar a lei"*. Gomes Canotilho (Direito Constitucional e Teoria da Constituição (...)" op. cit, p. 1198, enfatiza no plano metódico que a interpretação da Constituição não se distingue da interpretação de uma lei, não estando, assim, dispensados os métodos tradicionais.

Ora é o Tribunal Constitucional que terá a última palavra sobre a controvérsia (podendo tomar conhecimento de precedentes nacionais e estrangeiros que envolvam interpretações de ordem idêntica ou dialogar com o TJ da união Europeia em sede de reenvio prejudicial se houver uma norma europeia aplicável), confirmando ou revogando a decisão do tribunal recorrido, decisão que fará caso julgado formal. Finalmente, a interpretação que fundou a decisão do Tribunal Constitucional pode ser criticada em votos de vencido no mesmo tribunal, na comunicação social ou em revistas da especialidade por juristas que dela discordem e esbocem interpretações alternativas que poderão, um dia, caso sejam acolhidas, alterar a jurisprudência. A par deste facto o legislador poder ele próprio interpretar a lei vigente se a pretender alterar engrossa essa rede interpretativa.

640. A *primeira ideia-força* a extrair do pluralismo interpretativo próprio do Estado de direito democrático do tempo presente é a de que todos os cidadãos e operadores jurídicos interpretam, em sentido amplo, as normas jurídicas e que toda a interpretação por eles desenvolvida pode ser escrutinada, contestada e derrotada por outras interpretações. Esta comunicação pública de soluções interpretativas que se retiram de certas disposições normativas permite uma relação dialética que vai alterando posicionamentos (reforçando ou derrotando prévios argumentos), não deixando a doutrina, sobretudo quando envolve especialistas autorizados, de influenciar o processo interpretativo dos tribunais

A *segunda ideia-força*, a mais determinante, é a de que nesta nebulosa difusa de intérpretes, a interpretação que vale efetivamente é a que motiva a decisão do tribunal que faz caso julgado num dado feito a ele submetido. Uma Constituição pode ser objeto das interpretações mais variadas, mas a interpretação cogente é a que é adotada pelo Tribunal Constitucional. Para ordenamentos como o alemão, brasileiro e espanhol, a interpretação determinante das sentenças da Justiça Constitucional proferidas com força obrigatória geral possui até força vinculante, obrigando a administração e os restantes tribunais. Em ordenamentos, como o português ou italiano, a questão pode ser de novo reproposta, mas os tribunais constitucionais não alteram frequentemente a sua jurisprudência.

641. Em suma, a ideia de "sociedade aberta de intérpretes" descreve uma realidade sociológica (que pré-existe à referida teoria), e que consiste na possibilidade de todos poderem interpretar publicamente a Constituição e de fazerem chegar adequadamente as suas posições ao juiz constitu-

cional. Não permite, contudo, extrair nenhuma teoria consistente de interpretação[1360] sustentar que um preceito pode ser objeto de qualquer tipo de interpretação, cuja validade dependerá apenas da melhor retórica argumentativa. Nem tão pouco se pode qualificar como uma teoria de interpretação coerente e sustentável aquela que pretende afastar a prevalência do Tribunal Constitucional como fonte de interpretação autorizada.

2. A Hermenêutica constitucional

2.1. Conceito

642. A hermenêutica tem como propósito explicar como se interpretam as normas. *Hermenêutica e interpretação, na esfera do Direito Constitucional,* são realidades afins mas distinguem-se qualitativamente no contexto de uma relação concêntrica.

A *hermenêutica constitucional* é uma componente central da Ciência do Direito que tem como objeto o estudo *da correta compreensão das normas constitucionais, propondo-se conceber um pensamento dogmático sobre critérios reitores da interpretação dessas normas, tendo em vista a sua aplicação por autoridades públicas.*

Já a *interpretação constitucional, tomada no seu sentido estrito, consiste num processo técnico que tem por fim a revelação de um sentido* válido *para as disposições* normativas da Constituição, mediante *a aplicação dos critérios propostos pela hermenêutica.*

643. Deste modo, a hermenêutica conforma um domínio científico e uma realidade do saber mais ampla do que a interpretação, já que concebe diferentes vias e técnicas interpretativas. Não se resume apenas à compreensão e descrição teórica do fenómeno interpretativo, pois estabelece, também, orientações sobre o modo como as disposições normativas devem ser interpretadas[1361].

[1360] Como se verá mais adiante esta construção, quando erigida a pressuposto de um pretenso método interpretativo centrado num pensamento tópico de probabilidades ou alternativas e de provisoriedade permanente da solução interpretativa, pode ser adotado por tribunais ativistas, mas arruína a normatividade Constituição e aduba os que defendem o relativismo interpretativo e o domínio casuístico da norma pelo facto.

[1361] TERCIO SAMPAIO FERRAZ JR ult loc cit, p. 251.

2.2. Os métodos do processo hermenêutico

644. O *método hermenêutico* consiste num conjunto de critérios de ordem técnica, inseridos num processo de interpretação, e tidos como aptos a proporcionar um resultado interpretativo rigoroso que resolva conflitos concretos, emergentes da relação entre a Constituição e o direito ordinário[1362]. O método permite, nomeadamente: identificar os elementos da interpretação; determinar o modo como estes se conjugam entre si; medir o peso diferencial que poderão ter na revelação da solução interpretativa; elencar cânones ou pontos de vista racionais que permitam controlar, no plano argumentativo, a solidez da solução final obtida; e fundamentar o ajustamento dessa solução à resolução de uma situação problemática.

645. Tal como sucede em qualquer ciência, podem coexistir, alternativamente, mais de um método científico de interpretação constitucional. E, na verdade, no tempo presente, defrontam-se métodos hermenêuticos distintos que têm por base normas constitucionais. A superabundância de princípios e conceitos indeterminados nas constituições e a irrupção de correntes doutrinárias anti-positivistas após a Segunda Guerra Mundial (seja no Direito Constitucional, seja na Filosofia do Direito), conduziram a uma contestação do método científico-dogmático como modelo adequado de interpretação.

A par do método jurídico de matriz historicista, irromperam outros métodos ou vias alternativas de interpretação, alguns destinados a atualizar, completar e corrigir o referido método jurídico e outros investidos no propósito de o substituírem, ensaiando para o efeito a fundação de "novas hermenêuticas". Todo o debate metódico não deixou de assumir consequências jurídicas e políticas, na medida em que passou a influenciar as orientações interpretativas dos Tribunais Constitucionais. A competição entre modelos hermenêuticos, mais do que uma tensão dialética entre discursos com pretensão científica, passou, em certos casos, a assumir os contornos de uma subtil luta pelo poder (e entre poderes) para o senhorio político da Constituição (infra, § 733 e seg.).

[1362] Cfr a aproximação de Tércio Sampaio Ferraz Jr ult loc cit, p. 252.

Secção II

Teoria da Constituição e metodologia interpretativa

Subsecção I

Posição adotada: o método jurídico como base de referência hermenêutica adaptado às especificidades normativas da Constituição

1. Linhas de força de um modelo hermenêutico objetivista

646. Todas as considerações expostas nas rubricas precedentes, bem como no Capítulo II da Parte II do Tomo I do presente Curso, relativas à nossa conceção de ordenamento jurídico, de Estado, de Constituição e de interpretação, pressupõem um modelo hermenêutico de pendor objetivista, definido na base de quatro proposições:

i) *Sendo a Constituição uma lei,* a sua interpretação deve ter por base o método jurídico que a ciência jurídica ainda acolhe no Direito Privado e Público, para interpretar as normas legais;

ii) *A Teoria da Constituição destaca-se como pressuposto da seleção dos métodos interpretativos e concretizadores,* o que reclama que o método jurídico seja complementado, em razão da natureza e da estrutura das normas a interpretar, com técnicas oriundas dos métodos concretizador e de ponderação;

iii) *A hierarquia da Constituição,* os programas políticos e ideológicos das leis ordinárias que com ela se confrontam e a maior abundância de princípios e conceitos indeterminados (com particular relevo no universo dos direitos fundamentais) exigem *que* técnicas *e* cânones *específicos da hermenêutica constitucional sejam incorporados nos elementos do programa interpretativo* e na concretização das disposições da Lei Fundamental;

iv) *Em democracia, a fonte do poder de produção constitucional recai no legislador democrático,* pelo que o papel da Justiça Constitucional não é o de se lhe substituir no plano da valoração política, mas antes revelar objetivamente o sentido dos seus critérios de decisão, no contexto do controlo de validade do direito e da evolução da realidade política e social, ao qual o direito se aplica.

2. Reflexões sobre o modelo hermenêutico adotado

2.1. O método jurídico como condição de uma interpretação constitucional conforme à Ciência do Direito

647. O ponto de partida da escolha do método de interpretação recai sobre o objeto da atividade interpretativa que, no caso, é uma Lei.

Estribando-se a interpretação das leis em critérios hermenêuticos próprios da Ciência do Direito, como os que foram incorporados no Código Civil e aos quais a doutrina de referência reconhece materialidade constitucional[1363], não poderia a própria Constituição deixar de se submeter ao mesmo método interpretativo.

Os defensores de uma hermenêutica tópico-problemática ou de alternativas possíveis (§ 396), que em razão da natureza aberta das normas da Constituição propugnam por uma interpretação "particular" e diversa da lei, centrada numa pluralidade assistemática de metódicas alternativas, colocadas à escolha do intérprete[1364] confrontam-se com o que os mesmos designam de "panorama desolador"[1365] e o sério risco da dissolução da normatividade da Lei Fundamental (dissolução que, aliás, fomentam). A juridicidade que a Constituição logrou historicamente conquistar quando passou de "lei política", fiscalizada por órgãos políticos, para lei em sentido jurídico-normativo, fiscalizada por tribunais, sofreria um retrocesso a partir do momento em que se reconhecesse a existência de uma "hermenêutica constitucional" diferente e até oposta á hermenêutica jurídica.

Uma pluralidade diversiforme e desordenada de vias, técnicas e "métodos", colocados à escolha do intérprete potencia um casuísmo interpretativo que destrói a certeza jurídica e a força geral das normas e equivale à própria ausência de ciência e de método. Ausência de ciência porque vias de aproximação pragmática ou discursiva carecem de instrumentos rigorosos de verificação da validade das soluções que produzem, os quais são indispensáveis em qualquer tipo pensamento científico. Ausência de méto-

[1363] Jorge Miranda, ult loc cit, p. 328.

[1364] Por todos, Canosa Usera "Interpretação Constitucional y Formula Política", Madrid, 1988, p. 58.

[1365] Canosa Usera (ult loc cit, p. 135) citando Esser, pese defender a tese de pluralidade de métodos interpretativos e especificidade da interpretação constitucional atenta a politicidade e abertura axiológica das normas, admite que *"a amálgama de dados e instrumentos constitui a interpretação numa realidade quase caótica"* que lembraria um *"produto farmacêutico"*.

do, já que este envolve um modo de proceder sistemático e funcional que garante o preenchimento de um fim pré-fixado[1366], realidade que inexiste na tópica, em aproximações probabilísticas, "científico-espirituais" ou em ponderações livres.

648. Em síntese, o percurso literal, lógico-sistemático, histórico e, eventualmente, teleológico e axiológico, é indispensável em qualquer programa de interpretação em sentido estrito, que envolva regras ou princípios constitucionais.

2.2. A Teoria da Constituição como pressuposto de uma seleção de métodos e técnicas de interpretação das normas constitucionais

3.1. Teoria da Constituição e teoria da interpretação

649. Qualquer ensaio de hermenêutica constitucional, com pretensão científica, dever repousar na Teoria da Constituição e ter como ponto de partida, o próprio texto constitucional, extraindo-se, a partir das respetivas normas, uma pluralidade de diretrizes interpretativas[1367]. E, a haver princípios estruturantes que guiem a interpretação e fixem limites aos intérpretes, estes assentam na separação de poderes e na democracia política[1368], bem como no regime constitucional positivo de garantia dos direitos fundamentais[1369].

Neste sentido, considera-se que cada Lei Fundamental envolve uma Teoria da Constituição, que a ela se possa adequar. Isto significa que qualquer programa interpretativo terá de partir do texto da Constituição, do

[1366] G. Gabrielli Cit Lucio Pegoraro, Angelo Rinella "Diritto Pubblico Comparato", Padova, 2007, p. 23.

[1367] Bockenförde ult loc cit, p. 102.

[1368] John Hart Ely (ult loc cit, p. 5 e seg. e p. 67 e seg.) esugere que os valores constituintes estruturantes serão a soberania, a separação de poderes e o principio democrático que rege uma sociedade aberta.

[1369] Bockenförde (Stato Costituzione Democrazia in "Teorie de interpretazione e Diritti Fondamentali", cit) considera que, na Constituição alemã, no quadro da interpretação dos direitos fundamentais, imperam o principio democrático, o primado da liberdade, a aplicação direta dos direitos fundamentais como direitos civis e políticos, o seu regime especial de garantia contenciosa através da queixa constitucional, a cláusula do Estado social, e o carácter restritivo das restrições.

modo como esta molda a separação dos poderes, da estrutura das suas normas e dos critérios reitores do respetivo sistema de direitos fundamentais.

A conexão entre Teoria da Constituição e interpretação, envolve um conjunto de tópicos que devem ser representados pelo intérprete, a saber:

i) Supremacia da Constituição na revelação do significado das normas infraconstitucionais;

ii) Imperativo de a solução interpretativa dever partir do texto ou ter neste um mínimo de correspondência;

iii) Admissibilidade de um influxo axiológico no processo de descodificação de princípios constitucionais que incorporem valores morais ou políticos socialmente aceites;

v) Prevalência aplicativa das regras sobre os princípios constitucionais e das regras especiais ou excecionais sobre as regras gerais;

vi) Proibição do "non liquet" e obrigatoriedade da motivação racional e controlável das soluções interpretativas, que serão tanto mais exigentes quanto menor for o amparo da solução tida no texto da Lei fundamental.

650. Se a Constituição resulta de uma decisão soberana e ordenadora de uma ordem política estatal[1370], as suas normas são critérios de decisão que, independentemente do seu grau variável de indeterminação, servem um programa vinculante de política constitucional. Como tal, esta noção positiva de Constituição é incompatível com o paradigma de uma "Carta de valores" que sirva de porta de entrada a uma pluralidade de aceções de ordenamento contraditórias entre si[1371], deixadas à mercê do intérprete, sem que uma delas se logre impor às restantes. Tal significaria a negação da função estruturante da Constituição, como direito decidido.

651. A incorporação do método jurídico como "core" da interpretação da Constituição *não afasta a introdução de especificidades relevantes no mesmo processo de interpretação.* Quatro fatores justificam essas especificidades[1372].

Em primeiro lugar, sendo a Constituição composta não apenas por regras, mas também por princípios jurídicos e "standards" (ou conceitos jurídicos indeterminados), verifica-se que os elementos que integram o núcleo do método jurídico (ou seja, os estádios interpretativos literal, lógico-siste-

[1370] Carlos Blanco de Morais "Justiça Constitucional" I, op. cit, p. 16 e seg.

[1371] Bockenförde "Stato Costituzione (...)" op. cit, p. 102 e seg.

[1372] Cfr Neste sentido Böckenforde cit. p. 100.

mático e histórico) podem não ser suficientes para precisar o sentido destas duas últimas categorias normativas. Por outro lado, a subsunção pode não ser, em muitos casos, a via adequada para a concretização desses tipos de normas.

Em segundo lugar, e trilhando neste passo o ensinamento já visitado de Hart, se uma norma constitucional incorporar valores de ordem moral (tais como, "dignidade humana"[1373], "integridade moral"[1374], sociedade "justa"[1375], proibição de penas "cruéis" ou "degradantes"[1376]), ou valores de ordem política ("igualdade"[1377], liberdade[1378], direito de "participação na vida pública"[1379]), a sua interpretação, sem prejuízo da intervenção dos elementos do método jurídico-dogmático, envolve fatores axiológicos de natureza extrajurídica que enformam esses mesmos bens. O elemento teleológico deve ser completado por um elemento axiológico, sendo que a sua aplicação a um caso determinado nem sempre opera através da subsunção.

Em terceiro lugar, o processo que envolve a aplicação de um princípio ou regra que contenha um conceito indeterminado a um caso problemático implica um maior grau de discricionariedade do intérprete do aquele que subjaz à interpretação e aplicação de uma regra de conteúdo definido, onde predomina um raciocínio lógico. Tal não significa que o método jurídico esteja arredado da interpretação de princípios e standards[1380], mas apenas que este método pode ser insuficiente para a atribuição de um significado definido a essa disposição quando aplicável a uma dada situação problemática.

O intérprete, se bem que não possa impor soluções interpretativas que não tenham no texto da Constituição o mínimo de correspondência, que contrariem o raciocínio lógico e que digam o oposto daquilo que foi a vontade psicológica demonstrável do constituinte, é obrigado a ir para além do texto, em face de normas-fim de conteúdo vago. Pode ter, mesmo, de elaborar soluções jurídicas que são passíveis de não decorrer de um raciocínio

[1373] Cfr. nº 2 do artº 26º da CRP.
[1374] Cfr. nº 1 do artº 25º da CRP.
[1375] Cfr. artº 1º da CRP.
[1376] Cfr. nº 2 do artº 25º da CRP.
[1377] Cfr. artº 13º.
[1378] Cfr. "sociedade livre" no artº 1º da CRP.
[1379] Cfr. artº 48º da CRP.
[1380] Já que estes resultam de um enunciado textual, devem integrar-se num universo sistemático e são determinados por intenções do legislador historicamente comprovadas, por precedentes e por fontes de direito comparado

puramente lógico. E pode revelar critérios de decisão objetivos a partir das disposições interpretadas que não foram pensadas pelo legislador constitucional.

No fundo, a interpretação envolve um nível razoável e variável de criatividade. A abertura semântica de normas de textura aberta destina-se a permitir a adaptação da Constituição ao devir histórico. Tal legitima uma interpretação evolutiva e atualista que dê resposta a novas situações reconduzidas a casos problemáticos da vida política e social que necessitam de ser lidos e julgados à luz de uma Constituição que tenha minimamente em conta a realidade do tempo em que é interpretada e aplicada.

Em quarto lugar, existem situações de colisão princípios constitucionais que reclamam uma norma de decisão, acabando a mesma por decorrer, as mais das vezes, de uma técnica de ponderação que a metodologia jurídica de recorte dogmático não fornece.

652. Em conclusão, sendo o método jurídico a via mais adequada para a interpretação de regras constitucionais de conteúdo definido e a subsunção a técnica mais segura para a sua concretização, haverá, contudo, que garantir a adição de outros elementos e técnicas para a interpretação e aplicação de normas com enunciados mais vagos e indeterminados.

3.2. Pontos de compromisso entre o método jurídico e o método concretizador

653. De entre as construções hermenêuticas da Constituição, apenas duas logram oferecer procedimentos minimamente estruturados e controlados para permitir soluções interpretativas com pretensão de validade científica: trata-se do método jurídico sustentado por autores como Forsthoff, Bockenförde ou Schlink e do método concretizador.

O *método concretizador* constitui uma expressão utilitária que condensa os importantes contributos teóricos de Konrad Hesse (*método hermenêutico--concretizador*) e de Friedrish Muller (*método jurídico estruturante*). O segundo é, na nossa opinião, uma derivação do primeiro, embora pautado por uma maior sistematicidade processual (mormente, através de um melhor arrumo e concatenação das etapas da interpretação) e uma maior pretensão dogmática como método jurídico (a ideia seria reconfigurar o contributo Savigny de forma gizar uma interpretação específica da Constituição com pretensão de validade científica).

Importa referir que as duas sensibilidades expostas da teoria da concretização elegem o método jurídico *savigniano,* como base de referência, na medida em que a interpretação, concebida como concretização de regras e de princípios, passa necessariamente pela convocação dos elementos dogmáticos da interpretação, os quais são integrados num *programa normativo*, onde avulta o primado do texto. Ainda assim, HESSE assinala que existem normas *"onde não se quis nada de forma inequívoca"* sendo os referidos elementos de interpretação, se tomados de "per se", incapazes de oferecer uma diretriz adequada.[1381] Esta incapacidade deve-se a quatro fatores: o texto pouco pode adiantar sobre o sentido da norma; a interpretação sistemática pode gerar diferentes tipos de conexões entre normas; a interpretação histórica apenas pode oferecer uma explicação parcial sobre o modo de formação da decisão normativa; e a interpretação teleológica pode operar potencialmente como uma carta em branco[1382].

Para o autor, interpretação é uma forma de concretização de um enunciado que surge como pouco claro, mas ganha essa clareza através da *incorporação da realidade à qual se aplica,* respeitando esta realidade a uma situação ou problema concreto, historicamente situado. *Interpretação e concretização* constituiriam, assim, um único processo. No plano metódico, haveria, na interpretação, uma relação de conexão entre o *programa normativo* (o conteúdo da norma recolhido do seu texto, e precisado através dos elementos tradicionais do método jurídico[1383]) e o âmbito normativo (universo político-social atinente à realidade afetada pela norma, historicamente situada). Caberia ao intérprete, através das suas pré-compreensões, captar o conteúdo da norma e esboçar um primeiro projeto coerente em torno de uma relação de sentido normativo que irá ajustar ao "problema concreto", mediante uma atuação topicamente orientada[1384]. Nesse *ajustamento do programa provisório ao âmbito normativo,* o intérprete socorrer-se-ia de "tópicos "ou pontos de vista interpretativos , como o da unidade da Constituição, correção funcional, concordância prática, avaliação de pontos de vista e força normativa, mobilizando dentre estes apenas os que relevem para a situação concreta[1385]. A solução interpretativa final consistiria numa norma de decisão construída pelo intérprete à luz do problema a resolver.

[1381] KONRAD HESSE, ult loc cit, p. 105.

[1382] KONRAD HESSE, ult loc cit, p. 106.

[1383] KONRAD HESSE, ult. loc cit, p. 112.

[1384] KONRAD HESSE, ult loc cit, p. 109.

[1385] KONRAD HESSE, ult loc cit, p. 111.

Também FRIEDRICH MULLER, através do seu *"método jurídico estruturante"*[1386], procurou construir um discurso da interpretação constitucional semelhante ao de HESSE, incorporando como elementos constitutivos, as noções de *programa normativo* e de *campo normativo* (este último, coincidente com a noção de âmbito normativo), de *concretização*, do uso de *técnicas distintas para a interpretação de regras e de princípios*, e da *especificidade dos cânones ou princípios hermenêuticos* da interpretação Constitucional. MULLER, contudo pretende conferir um peso dogmático aos critérios ordenadores e sistemáticos que estribam o método (que considera ser o autêntico método jurídico ajustado à interpretação de normas constitucionais).

Começa por estimar que interpretar é produzir a norma, a qual, antes dessa interpretação, não seria uma norma constitucional, mas sim um texto. Considera, igualmente, na linha de HESSE, que o *programa normativo* guarda fidelidade necessária ao texto (que seria o ponto de partida desse programa)[1387] e envolveria os quatro elementos savignianos da interpretação, os quais pretende designar por graus ou estádios[1388], considerando que os mesmos se inscreveriam num processo estruturado e em progressão. E, finalmente, que esse programa, carecendo de ser concretizado, deveria ser conjugado com o *campo normativo*, que seria composto: pelo *campo factual* (realidade extra-jurídica dos factos políticos, económicos, sociais e culturais inerentes a um caso concreto[1389]) e pelas *circunstâncias de espécie* (realidade particular ou especifica, jurídica e extrajurídica que filtra e seleciona os dados do campo factual, no contexto de uma situação problemática, submetida a julgamento).

A norma jurídica não seria um comando abstrato, isolado do segmento da realidade que visa reger, mas a projeção de um comando jurídico numa realidade determinada que se encontraria em evolução[1390].

A relação entre programa e campo normativo envolveria uma relação biunívoca em que ambos se influenciariam reciprocamente de forma a

[1386] FRIEDRICH MÜLLER "Discours de la Méthode Juridique", Paris, 1993.

[1387] FRIEDRICH MÜLLER ult. loc cit, p. 224 e 239.

[1388] FRIEDRICH MÜLLER ult. loc cit, p. 235.

[1389] Que não deveriam entrar, sem seleção, no ulterior processo de concretização, mas serem antes elementos compreensivos da realidade a regular, devendo ser orientados a partir dos textos normativos em fórmulas passíveis de generalização (FRIEDRICH MÜLLER ult. loc cit p. 195).

[1390] FRIEDRICH MÜLLER ult. loc cit, p. 197.

obter o enunciado de uma *norma jurídica geral e abstrata*: desta, posteriormente, defluiria numa *norma de decisão* ajustada ao caso jurídico concreto a decidir. A interpretação seria, deste modo, um processo de concretização estruturado em etapas[1391].

654. Da construção de HESSE e de MULLER não parece convincente:

i) Nem a *assimilação linear entre interpretação e concretização* (a norma tem uma relação de sentido, mesmo sem ter de se confrontar com um problema concreto; já o preceito constitucional, antes de ser concretizado naquilo que se designa de "norma de decisão", é revelado no seu significado de norma geral e abstrata através do uso dos elementos clássicos da interpretação)[1392];

ii) N*em o entendimento de que a interpretação é produção normativa* (já que, a norma é o comando ínsito numa decisão primária do legislador constitucional e não o produto de uma decisão do juiz intérprete; a este cabe revelar e precisar, em situação litigiosa, ao abrigo de uma atividade subordinada e passiva, o sentido da norma constitucional decidida, o qual deve ser ajustado, no plano aplicativo a uma situação problemática);

iii) *Nem a híper-valoração das pré-compreensões do intérprete,* as quais, à partida, se desconhecem e não foram ratificadas pelo eleitorado: tais pré-compreensões não podem desviar o sentido objetivo da norma decidida pelo legislador e, mesmo que existam no mundo do ser, não podem ser transpostas para o universo do dever ser;

iv) Nem *o relevo atribuído, ainda que não excessivamente, à via tópico-problemática* (HESSE)[1393], para conectar o programa normativo ao âmbito normativo (já que tal permite à realidade factual capturar o programa inerente ao conteúdo abstrato da norma, modulando-se esta ao caso concreto a decidir, daqui emergindo o risco de uma casuística que desvaloriza a decisão política fundamental e retira à Constituição a sua força jurídica e generalidade);

[1391] Numa posição próxima a esta "metódica estruturante" na interpretação de direitos fundamentais, Cfr JOSÉ DE MELO ALEXANDRINO "A Hermenêutica dos Direitos Humanos" in "O Discurso dos Direitos", op. cit, p. 214 e seg.

[1392] Em favor da simbiose interpretação/concretização, vide JOSÉ DE MELO ALEXANDRINO ult. loc cit, p. 215.

[1393] A Construção de MÜLLER envolve o uso da noção de campo de espécie ou circunstâncias de espécie como processo de filtragem o da factualidade relevante, a qual influencia o sentido do texto mas é por este determinada.

v) Nem a inclusão algo desordenada dos cânones ou princípios específicos da interpretação constitucional nas operações concretizadoras (Hesse), já que os imperativos de correção funcional ou "concordância prática" podem emergir no programa normativo e não, necessariamente ou apenas, nas ulteriores operações de concretização da solução que deflui do programa[1394].

655. Ainda assim, merecem relevo ou aceitação os seguintes contributos do método concretizador:

i) O entendimento de que a fidelidade ao texto é o ponto de partida da interpretação;

ii) A *existência de uma necessária conjugação entre programa normativo e* âmbito normativo (a relação de sentido final da norma não é imune à realidade histórica, fática e jurídica à qual se aplica)[1395];

iii) A atividade interpretativa da Justiça Constitucional envolve *uma função concretizadora* destinada a extrair, de uma norma geral, aquilo que equivale a uma "norma de decisão" destinada a solucionar uma situação problemática especifica;

iv) A *valorização de cânones específicos da interpretação constitucional,* como pontos de suporte da justificação de uma determinada solução interpretativa;

v) A conscencialização de que extrair o significado de regras, princípios e standards constitucionais pode, a par do uso de métodos comuns, implicar o recurso a diferentes técnicas de concretização.

4. Integração de cânones e pontos de vista interpretativos específicos do Direito Constitucional nos elementos típicos da interpretação e nos mecanismos de controlo da solução interpretativa proposta

656. Deve-se em boa parte a Hesse o desenvolvimento de standards ou "princípios" específicos de interpretação constitucional destinados a orientar o processo de revelação do sentido de uma norma, aplicável a uma situação "concreta"[1396]. Observa-se, contudo, que a doutrina concretizadora se limita a descrever esses princípios ou cânones de forma assistemática, quando, na

[1394] Müller densifica de forma mais precisa o papel dos cânones e reconhece a sua aplicação em distintas etapas da interpretação.

[1395] Cfr José de Melo Alexandrino ult. loc cit, p. 216 e seg.

[1396] Konrad Hesse "Temas Fundamentais (...)" op. cit. p. 113 e seg.

verdade, cada um deles guarda, a título principal, uma relação direta com um ou mais elementos interpretativos, devendo ser examinados no contexto da convocação desses elementos.

Veja-se, como meros exemplos, o caso dos critérios da *supremacia e unidade constitucional, da correção funcional e da integração.* Trata-se de cânones que não devem surgir como pontas soltas, mas que devem ser inseridos, seja nos quatro elementos que integram o programa jurídico de interpretação, seja como referências corretivas na formação da solução interpretativa (infra § 674, §693e § 694 e seg.). Por exemplo, o critério da unidade constitucional releva, claramente, na esfera do elemento sistemático e o da correção funcional, nos elementos sistemático e teleológico.

Subsecção II
Critérios metodológicos de interpretação constitucional

1. A interpretação de regras constitucionais

1.1. O processo interpretativo

657. A interpretação das normas constitucionais deve passar por um processo que envolva a convocação coordenada dos elementos integrativos da hermenêutica de recorte dogmático, que é aplicada para a interpretação da lei[1397]. Isto sem prejuízo de poderem (e até deverem) ser utilizados, suplementarmente ou integrados nesses elementos, diversos cânones da interpretação constitucional[1398], sendo ainda equacionável a sua aplicação a uma

[1397] FORSTHOFF "Stato di Diritto in Transformazione", Milano, 1973, p. 19 e seg.; KARL LARENZ "Metodologia da Ciência do Direito" 1989, Lisboa p. 438; MANOEL GONÇALVES FERREIRA FILHO "Curso de Direito Constitucional", S. Paulo, 2008, p. 382 e 385; JORGE MIRANDA ult loc cit, p. 320.

[1398] FORSTHOFF, reagindo às críticas de KRIELE no clássico "Gesprechung von Martin Kriele Theorie des Rechtsgewinnung" in "Der Staat" 8, 1969, p. 525; KLAUS STERN "Derecho del Estado de la Republica Federal de Alemania", Madrid, 1987, p. 284 e 285; LIVIO PALADIN "Le Fonti (...)" op. cit, p. 145; GUIDO LUCATELLO "Sul Nesso de Sistematizazuine, Interpretazione nel Indagine Guiuridico", "Diritto e Societá", 4, 1989, p. 607 e seg.; IGNACIO DE OTTO "La Posicion del Tribunal Constitucional a partir de la la Doctrina de la Interpretación Constitucional in AAVV "El tribunal Constitucional"III, Madrid, 1981, p. 1946 e seg.; VILLAR PALASI "La Interpretación y los Apotegmas Lógico, Juridicos", Madrid, 1975, p. 147 e seg.; JORGE

situação problemática especifica, mediante uma operação concretizadora, a qual pode predicar o recurso a técnicas subsuntivas ou não subsuntivas (dependendo do grau de indeterminação do enunciado normativo.

658. Uma operação interpretativa estrita de uma *regra jurídica,* ou seja de uma norma constitucional de conteúdo determinado implica, tal como observámos supra §623, um processo iniciado por uma *fase cognitiva* que implica a extração do significado, *quer da norma constitucional parâmetro, quer da norma ordinária que é objeto de controlo de constitucionalidade.*

Essa fase cognitiva envolve quatro estádios (literal, lógico-sistemático, histórico e teleológico-axiológico) que se articulam num *programa normativo,* do qual se extrai um significado provisório, após uma operação que designamos de *"correção".*

559. Finalmente, com autonomia, emerge a *fase da concretização,* em que a solução interpretativa adotada se aplica e ajusta ao caso especifico em litígio, em regra mediante uma operação subsuntiva da qual resulta um juízo sobre a conformidade constitucional do ato de direito ordinário, objeto de fiscalização. Se a regra em causa incorporar um standard, poder-se-á, eventualmente, recorrer a técnicas de ponderação.

1.2. Fase cognitiva e programa normativo: os elementos interpretativos e os respetivos cânones

1.2.1. *O elemento textual*

660. Na sua essência, a interpretação textual tem como objetivo captar aquilo que é transmitido pela linguagem de uma regra constitucional.

Quando o legislador constitucional aprova uma norma exerce uma atividade de comunicação jurídica, investida num poder de autoridade, cabendo ao intérprete a revelação do sentido dessa mensagem linguística que traduz uma obrigação vinculante para o "agir humano"[1399]. A interpretação não é criação inovadora de uma norma, mas uma atividade vinculada ao produto de uma decisão normativa, adotada com "anterioridade" pelo legislador. Este transforma uma vontade psicológica em vontade declarada

MIRANDA, ult loc cit; de algum modo, com reservas, BOCKENFÖRDE "Stato Costituzione Democrazia" – "Stato e Costituzione" Milano, 2006, p. 100 e 102.

[1399] Cfr. TERCIO SAMPAIO FERRAZ JR, ult loc cit. p. 222.

num enunciado textual que limita a criatividade do intérprete[1400], a quem cabe, a partir do referido enunciado, recolher o seu significado deôntico, ou seja, determinar o sentido de um comando jurídico obrigatório[1401].

Em sede de controlo da constitucionalidade, o juiz intérprete começa por interpretar o direito ordinário, no contexto de uma situação problemática específica, a qual pode envolver a sua conformidade com a Constituição. Seguidamente, dirige a sua atividade cognoscitiva para as normas constitucionais aplicáveis e respetivo significado.

É sobre o texto que "*incide o primeiro olhar do intérprete*"[1402], operando a letra da norma como ponto de partida de uma interpretação[1403] que se realiza mediante a extração de um significado gramatical que permite uma compreensão inicial sobre o sentido de uma disposição[1404]. Contudo, não é esse significado preliminar que comunica o conteúdo final da decisão normativa. Isto, porque a sua clareza pode ser apenas aparente, vindo a ser obliterada por um conjunto de outros elementos interpretativos de maior preponderância, que podem complementar ou corrigir o sentido resultante da interpretação gramatical, sedimentando uma solução interpretativa final distinta, em relação ao significado textual (captado apenas a-prioristicamente).

Ainda assim, de acordo com KONRAD HESSE, na medida em que a interpretação parte da primazia do texto[1405], o leque de possibilidades da compreensão deste último limita o campo de significados normativos passíveis de serem extraídos por uma via de raciocínio tópico-problemático[1406]. Por conseguinte, no plano linguístico, quanto mais definido for o critério

[1400] KONRAD HESSE ult. loc cit, p. 116 e seg.

[1401] Cfr sobre esta temática, DAVID DUARTE "Linguistic Objetivity in Norm Sentences: alternatives in literal meaning", in "Ratio Juris", 24, 2, June 2011, p. 112.

[1402] INOCÊNCIO MARTIRES COELHO ("Hermenêutica Constitucional" in AAVV "Tratado de Direito Constitucional" org IVES GANDRA, GILMAR MENDES, CARLOS DO NASCIMENTO, S. Paulo 2012, p. 237.

[1403] TERCIO SAMPAIO FERRAZ JR, ult loc cit. p. 253.

[1404] GUASTINI "Teoria y Ideologia de la Interpretación Constitucional", op. cit, p. 67.

[1405] De acordo com uma crítica de BOCKENFÖRDE, HESSE defende a vinculação do interprete ao texto mas afirma que o texto é, simultaneamente, objeto da interpretação, pois o conteúdo da norma só se obtém pela interpretação textual. Ora o texto não poderia ser ao mesmo tempo objeto e parâmetro para o intérprete sem se cair num circulo vicioso de raciocínio (BOCKENFÖRDE ult loc cit p. 93).

[1406] O qual envolve uma via interpretativa moldada mais pelos factos e pela realidade jurídica inerente ao problema concreto a resolver, do que pelo sentido objetivo do preceito constitucional.

de decisão do legislador, mais estreita será a possibilidade de o intérprete moldar a norma, a partir do "âmbito normativo" que rodeia o caso concreto.

A interpretação de regras constitucionais, com uma componente impostergável de decidibilidade expressa na linguagem jurídica, não pode sofrer desvios quanto ao sentido objetivo da decisão, mediante o primado dos factos que rodeiam problemas isolados, como sucederia no direito privado[1407]. Isto, tanto mais que a interpretação constitucional envolve, as mais das vezes, um confronto entre normas de diferente hierarquia – e não uma relação pura de cabimento de um facto numa norma. Existe, deste modo, um primado do texto sobre o problema, conceção que separa os métodos jurídico e concretizador de simples aproximações tópico-problemáticas.

661. O texto é um complexo de palavras escritas que incorporam e comunicam uma manifestação de vontade por parte de uma autoridade[1408]. A linguagem, que flui das palavras, utiliza símbolos transmissores de um pensamento que nem sempre é claro ou correto, não só porque pode conter termos indefinidos[1409] ou ambíguos[1410], como pode conter incorreções de técnica legislativa.

662. A linguagem jurídica é uma de entre diversas categorias de linguagem[1411], a qual não coincide, frequentemente, com linguagem comum, devendo o intérprete, na dúvida, sempre que o significado técnico-jurídico não coincida com o significado comum, dar prioridade à significação técnica[1412]. Situação contrária – dar prevalência ao significado comum da linguagem – poderia propiciar uma solução interpretativa equivocada, logo no seu ponto de partida[1413]. Por outra banda, o mesmo intérprete, ao pro-

1407 Konrad Hesse, op. cit, p. 117.

1408 Francesco Ferrara Francesco Ferrara "Interpretação das Leis" (Cap IV e V do Tratado de Direito Civil Italiano), Coimbra, 1963, p. 127.

1409 Tercio Sampaio Ferraz Jr, ult loc cit, p. 224. O autor dá um exemplo: matar "alguém" conformaria uma variável aplicada a qualquer pessoa. Contudo existe um grau de indeterminação da expressão "alguém" que não permite dar uma resposta incontroversa à seguinte interrogação: o feto é uma pessoa?

1410 Na medida em que é possível convocá-lo como base de referência qualitativa para usos e propósitos distintos (Tercio Sampaio Ferraz Jr, ult loc cit.).

1411 Maria Luisa Ballaguer Callejón "Interpretación de La Constitución y Ordenamiento Juridico", Madrid, 1997, p. 94 e seg.

1412 Francesco Ferrara ult loc cit, p. 140.

1413 A Legística tem favorecido, nos Estados da OCDE, textos mais claros e precisos que tendem a esmaecer diferenças relevantes entre a linguagem jurídica e comum, reduzindo, por esta via, a discricionariedade do intérprete.

curar revelar o sentido linguístico e gramatical de um texto normativo, deve utilizar uma linguagem igual ou semelhante à dos destinatários da norma e aos operadores jurídicos, de modo a que o seu discurso possa ser entendido, já que *"quem fala uma linguagem que ninguém fala, não fala"*[1414].

663. A componente textual da interpretação em sentido estrito envolve, invariavelmente, incertezas semânticas, na medida em que se estas não existissem normalmente na comunicação normativa, não seria necessário um programa interpretativo, pois os textos seriam captados singelamente mediante uma interpretação inferente (supra, § 635 e seg.). Será a incerteza semântica que constituirá a *"questão core"* da interpretação, derivando do modo como as palavras se encontram disposta numa frase[1415].

Veja-se, a título de exemplo, o polémico Ac. nº 151/93 do TC que procurou elucidar, no disposto no nº 2 do artº 279º da CRP, se a expressão "Deputados" com "D" maiúsculo, pretenderia apenas referir-se aos "Deputados" da Assembleia da República ou, também, cumulativamente, aos "deputados" (referidos então na CRP com "d" minúsculo) das assembleias legislativas das R.A. da Madeira e dos Açores. A questão problemática que carecia de interpretação normativa envolvia a necessidade de se saber se a superação do veto por inconstitucionalidade em controlo preventivo, operaria apenas mediante confirmação da Assembleia da República ou, igualmente, nas assembleias legislativas regionais. O Tribunal considerou, numa interpretação gramaticalmente controvertida, que o uso de deputados em letra maiúscula seria a correta para designar as duas categorias de deputados. O facto de englobar os parlamentares da Assembleia da República, a par de outros, requereria sempre o uso da letra maiúscula.

Nestes termos, o sentido literal depende *"da configuração linguística da decisão e do seu grau de dificuldade"*[1416]. As palavras são interpretadas no quadro de uma relação reciproca de conexão e não através de parcelas isoladas. Quando mais obscuridades forem legadas pelo legislador constitucional através de um discurso vago, compromissório ou até defeituoso ou, ainda,

[1414] Martires Coelho ult loc cit, p. 25.

[1415] David Duarte ult loc cit, p. 122 ss O autor considera existirem, potencialmente, três áreas envolvidas no domínio da certeza/incerteza: a área de certeza positiva (que não levanta dúvida sobre domínios cobertos); a área de certeza negativa (que não levanta duvidas sobre domínios não cobertos) e a área de incerteza (na qual não se sabe se a norma se aplica ou não a um dado domínio).

[1416] David Duarte ult loc cit, p. 113.

mediante o uso incontinente de critérios indeterminados, menos relevante será o elemento literal: este carecerá inexoravelmente de operações de complementação e correção através dos elementos lógico, histórico e, eventualmente, axiológico.

664. O tempo pode pesar no método da interpretação textual[1417]. Com efeito, esta pode ser feita *ex tunc*, mediante o uso dos critérios linguísticos do legislador constituinte (como defende o "originalismo") ou "ex nunc", convocando as regras linguísticas que pontificam no momento em que se realiza a interpretação, opção que domina os programas interpretativos da Justiça Constitucional. Sem embargo, pode ser relevante, tendo em vista uma interpretação correta, tomar em consideração a expressão linguística póstuma e conjugá-la com o elemento histórico, de modo a clarificar o sentido da vontade do legislador constitucional.

665. Tal como foi anteriormente afirmado, o nº 1 do artº 9º do Código Civil aplica-se a toda a interpretação jurídica e, como tal, à interpretação textual da Constituição. Quando aí se afirma que a interpretação não se deve *"cingir à letra da lei"*, tal não envolve uma desvalorização do elemento literal no processo interpretativo, mas sim a necessidade de o intérprete conjugar o *"significado das palavras com o pensamento legislativo"* ou seja *"com a intenção objetiva da lei"*.[1418]

Seguindo de perto o que já escrevemos noutra sede[1419], o Código não deixa de estabelecer em favor da letra, a presunção de que o legislador soube expor o seu pensamento em termos mais adequados, não podendo prevalecer um sentido que não tenha na letra da norma um mínimo de correspondência verbal, ainda que imperfeitamente expresso (nº 2 do artº 9º do CC). *A interpretação, mesmo que se alongue para lá do texto deve, nos termos expostos, ser compatível com ele*[1420].

O texto é, deste modo, o ponto de partida da interpretação e da concretização. Por outro lado, o texto exerce uma relevante *função delimitadora*: traça as fronteiras do campo onde a interpretação-concretização pode ser realizada, delimitação essa que tem como fontes os princípios democrático, do Estado de direito e da separação de poderes. Daí que soluções interpretativas que colidam manifestamente com a letra de um preceito são invá-

[1417] GUASTINI ult. loc cit, p. 67.

[1418] OLIVEIRA ASCENSÃO "O Direito, Introdução e Teoria Geral", 1998, p. 378 e seg.

[1419] CARLOS BLANCO DE MORAIS "As Leis Reforçadas " op. cit, p. 600.

[1420] FRIEDRICH MÜLLER op cit, p. 243.

lidas, mesmo que se socorram de fórmulas pretensamente legitimadoras para o poderem contrariar, como a "igualdade" ou a "justiça material".

1.2.2. *Os elementos lógico e sistemático*

666. Embora guardem a sua autonomia própria, os elementos lógico e sistemático combinam-se e complementam-se num estádio interpretativo que sucede ao estádio primário da interpretação literal. Antecedem, em regra, a interpretação histórica, sem prejuízo de tal poder não ocorrer, em razão das particularidades do caso a solucionar e do processo escolhido pelo intérprete.

A integração da disposição normativa a interpretar no conjunto formado pelas demais normas constitucionais, bem como pelo sistema jurídico, como um todo coerente (elemento sistemático), deve interagir de perto com uma via destinada a eliminar contradições, garantir a coerência da solução interpretativa provisória em construção e a convocar critérios ou cânones argumentativos de recorte dogmático que aproximem certos institutos e excluam semelhanças puramente aparentes entre outros (elemento lógico)[1421].

A. A interpretação sistemática

667. A interpretação sistemática pressupõe a unidade do sistema jurídico e o primado da Constituição[1422] e postula que o preceito que é objeto da interpretação, sendo uma peça desse sistema, não pode ser revelado isoladamente[1423], antes em necessária conexão com outros preceitos. Deve, pois, ser lido à luz das relações que trava com os demais preceitos[1424], de modo a garantir a coerência do todo. O ordenamento, como sistema jurídico geral, não é um aglomerado caótico de disposições , mas um conjunto *"estruturado em que as partes desempenham funções próprias"*[1425]. Assim, o sentido das normas vai ganhando precisão, propriedade e valor à medida em que se conjugam com outras, com as quais guardam uma relação.

[1421] A sistematicidade supõe coerência e a aplicação da lógica na resolução de antinomias. O raciocínio lógico desenvolve-se na moldura de um sistema jurídico-constitucional. A integração de uma lacuna constitucional através da analogia, que é uma lógica incompleta ou parcelar, faz-se traçando um paralelo com outra norma presente no mesmo sistema.

[1422] Tercio Sampaio Ferraz ult. loc cit, p. 251.

[1423] José de Oliveira Ascensão ult loc cit, p. 331.

[1424] Cfr. Guastini ult. loc cit, p. 72.

[1425] Ferrara ult. loc cit, p. 141 e seg.

668. O nº 1 do artº 9º do CC alude a este elemento ao dispor que a interpretação deve ter *"sobretudo em conta a unidade do sistema jurídico"*. A sistematicidade é "extrínseca" quando respeita ao posicionamento da norma interpretada num lugar específico da Constituição (argumento topográfico ou "sedes matéria"). E é "intrínseca" quando se manifesta no plano da diretiva da univocidade, a qual determina a presunção de que o legislador não disse coisa diversa daquilo que pretendia dizer)[1426].

Nesta linha, no Ac. 243/2001, o TC realizou uma interpretação sistemática da CRP conjugando o artº 13º com o artº 15º para censurar uma norma que reservava a cidadãos nacionais deficientados na defesa da Pátria o gozo do direito de ingresso na função pública, não incluindo os estrangeiros residentes que se tivessem incapacitado na defesa do Estado português (proferindo, para o efeito, uma sentença aditiva).

Frequentemente a interpretação sistemática incide sobre o direito ordinário objeto da fiscalização. O TC convocou-a, numa operação interpretativa mais complexa, incidente desta feita sobre o direito ordinário, relativamente à definição de competências dos tribunais singulares a partir de uma conjugação de normas distintas (Ac. nº 174/2014), para declarar a inconstitucionalidade, de uma norma do Código de Processo Penal que previa que o processo sumário aí previsto e envolvendo julgamento em tribunal singular seria aplicável a crimes cuja pena máxima abstratamente aplicável fosse superior a cinco anos de prisão, por violação do artigo 32º (garantias do processo penal).

B. Interpretação lógica

669. O elemento lógico, incindível do pensamento dogmático, deve ser entendido no contexto de uma técnica racional e controlável, a qual teste a coerência do processo de interpretação e da solução que deste decorre. Tal não significa, contudo, que a interpretação de uma regra se desenrole hermeticamente na estrita observância de um método geométrico, dado que a mesma depende fundamentalmente de uma solidez argumentativa, tendo por fim solucionar problemas da vida real. A disposição normativa pode ganhar, com o decorrer do tempo, novos significados e ser aplicada

[1426] Cfr François Ost e Michel Van de Kerchove "Entre La Lettre et Lésprit; les directives de la Interpretation en droit", Bruxelles, Bruxelles, 1989, p. 57 e seg.

a situações de facto e a realidades distintas do seu objeto originário, mediante uma interpretação de cunho evolutivo[1427].

O pensamento lógico resulta ser essencial para que se transite, ulteriormente, da interpretação para a aplicação, pois parte da abstração para a concretização da disposição normativa[1428].

670. As técnicas inerentes à interpretação lógica intentam atribuir uma relação de sentido à regra interpretada, de modo a dissipar ambiguidades e dúvidas. Podem decompor-se em duas vias de aproximação: uma de ordem positiva e outra de ordem negativa.

No plano positivo, o intérprete poderá:

i) Operar ou aplicar classificações de ordem dogmática relevantes para o processo interpretativo em concreto (agrupando o que é semelhante e afastando o que é diferente);

ii) Solucionar antinomias (em estrita correlação com o elemento sistemático) mediante o uso de princípios lógicos como a cronologia (declarando revogações tácitas), da especialidade e excecionalidade (procedendo a aplicações preferenciais entre normas);

iii) T*estar uma primeira tentativa de solução interpretativa, com base na subsunção,* em que a premissa maior derive da apreensão do sentido literal de um enunciado constitucional, depois de corrigido ou complementado pelo elemento sistemático; e a premissa menor, por seu turno, respeite à veiculação para o caso concreto das ideias da premissa maior, envolvendo a norma que é objeto de um processo de fiscalização constitucional.

No plano negativo, o intérprete pode identificar inconsistências no diploma a interpretar (como o caso de contradições, irracionalidades ou termos com duplo significado) e, sobretudo, desvalorar argumentações contrárias que sejam ilógicas ou que contenham incoerências nas cadeias de argumentação. A interpretação de uma regra não tem de seguir, necessariamente, um raciocínio lógico – todavia, dificilmente uma solução válida se poderá impor contra a lógica, que é uma das técnicas de maior rigor e controlabilidade que servem qualquer ciência.

1427 Ferrara, ult loc cit, p. 141.

1428 Guilio Levi "L'interpretazione della Legge", "Pincipii Generali dell, ordinamento Giuridico", Milano, 2006, p. 63.

C. *Cânones hermenêuticos com relevo para os elementos lógico e sistemático de interpretação*

671. Existem um conjunto de cânones hermenêuticos com uma conexão direta com o método lógico e que podem operar como elementos auxiliares do intérprete na construção de uma argumentação feita em torno de uma dada solução (e com a exclusão de outras soluções alternativas). Trata-se de orientações ou diretrizes que podem ser retomadas, no termo do processo interpretativo, em sede de controlo e justificação do sentido final da norma.

Os referidos cânones, que permitem fundamentar o resultado da interpretação[1429], podem assumir uma *natureza lógica, quase-lógica e uma relevância constitucional.*

672. *Dos cânones lógicos* emerge, a título de exemplo, a proibição aristotélica de negação de cadeias argumentativas ("Não se pode dizer de algo que é e que não é, no mesmo sentido e ao mesmo tempo."): a exposição de contradições, ou seja, incompatibilidades lógicas entre duas ou mais proposições que concorram para sustentar uma solução interpretativa submete esta última a um desvalor inapelável[1430].

A existência de contradições entre (i) normas de um diploma sindicado ou (ii) entre o seu sentido objetivo e a sua fundamentação pelo autor da norma num processo contencioso - releva nos processos interpretativos para descartar a racionalidade de certas significações.

Um caso evidente foi o do Ac. nº 862/2013 em matéria da convergência de pensões. O legislador pretendeu realizar um corte de 10% no valor das pensões em pagamento da Caixa Geral de Aposentações, como forma de repor a igualdade em relação ao sistema de pensões do regime geral. Contudo, criou uma cláusula de reversibilidade que admitia a reposição dos valores suprimidos no caso de se verificar uma melhoria de desempenho da economia, o que gerou uma contradição insanável, já que essa reversibilidade destruía o desiderato da igualdade, como fundamento dos referidos cortes, pelo que estes últimos surgem como uma mera medida conjuntural e não como uma política estrutural. Afirma o TC: *"Simplesmente, a reversão para a antiga taxa de substituição está em contradição com o alegado caráter estrutural da medida: no caso de eventual melhoria da situação económica, o Estado des-*

[1429] Eros Grau, ult loc cit, p. 61.

[1430] Chaïm Perelman e Lucie Olbrechts-Tyteca "Tratado da Argumentação, A nova retórica", S. Paulo, 1999, p. 221.

considera inteiramente a relevância dos interesses que afirmou com a medida de redução de pensões. Neste sentido, a redução de pensões é uma medida conjuntural para resolução de problemas imediatos de equilíbrio e consolidação orçamental e não uma medida que vise a sustentabilidade financeira da Caixa."

Também a ideia de *"venire contra factum proprio"* pode constituir critério de base lógica, que opera no contexto da tutela da confiança: em face de uma conduta reiterada de um órgão, gera-se, face a esse comportamento, uma situação de confiança traduzida na expectativa de que a conduta futura do mesmo órgão, perante o mesmo quadro circunstancial, será aquela que foi adotada com anterioridade. No caso de, volvido um certo lapso temporal, essa conduta ser alterada por um comportamento contrário ao inicial – estaremos diante de uma quebra da garantia da confiança e, logo, dos valores de estabilidade e confiabilidade ínsitos ao Estado de Direito Democrático. Pois bem, a violação da confiança, por via do venire contra factum próprio, identifica-se com a adoção por órgãos do poder político do Estado de atuações, objetiva e materialmente, contraditórias e até possivelmente ilógicas.

673. *Dos cânones quase lógicos*, destacaremos de entre outros, os seguintes:

i) A *Analogia legis*: trata-se de uma diretiva de integração e de argumentação, a convocar em qualquer estádio interpretativo, tomando por referência normas de conteúdo não excecional e que presume uma aproximação paralelística entre regimes jurídicos, mediante uma valorização de semelhanças (sendo certo que semelhança não é identidade, a qual será apenas exigida pela lógica)[1431];
ii) *Redução tautológica:* interpretações assentes em raciocínios circulares e redundantes, que não apresentam saídas para a sua lógica interna, exibem um menor grau de solidez;
iii) *Praticabilidade:* interpretações que não avaliem todos os efeitos que dela defluem e conduzam a situações absurdas (*Reductio ad absurdum)*, ridículas, inúteis ou impossíveis, podem ser vulneráveis a uma exploração contraditória dessa fragilidade, mediante o questionamento da validade da respetiva premissa;
iv) *Maioria de razão:* a nível da delimitação de competências, entende-se que quem pode o mais, poderá também o menos, ou que, o que é proibido ao menos, deve ser proibido ao mais *(Minori ad maius);*

[1431] Castanheira Neves ("Metodologia Jurídica", Coimbra, 1993, p. 248 e seg.) citando Bobbio considera a analogia uma "razão suficiente de incidência lógica".

674. Os cânones de essência constitucional próximos do elemento lógico-sistemático, mormente os destacados genericamente por HESSE (supra § 391) e outros autores, serão:

i) *A unidade da Constituição*: trata-se da *"chave da sua identidade"*[1432] e predica a necessidade de se não interpretar uma norma isoladamente, mas integrada num sistema unitário e coerente, podendo derivar deste cânone a diretriz (smendiana) do *efeito integrador* (devem ser acolhidos os pontos de vista que favoreçam objetivos de unidade política)[1433];

ii) *Da supremacia da Constituição,* da qual deriva a sua hierarquia, impedindo que a Constituição seja interpretada em conformidade com o direito ordinário (ou com o caso concreto), devendo ser a lei, como norma de escalão inferior, a ser interpretada de harmonia com a Constituição[1434];

iii) *Correção funcional:* Derivando da unidade e da supremacia constitucional, implica que os intérpretes não podem ratificar resultados que subvertam a separação de poderes e desrespeitem a liberdade de conformação do legislador, não podendo os tribunais-intérpretes, que devem lealdade à Constituição, ultrapassar os limites da sua função e das suas competências.

1.2.3. *O Elemento histórico*

A. *Um estádio de interpretação de composição heteróclita*

675. Tal como alguém escreveu, o elemento histórico implica uma compreensão "ex tunc" da norma, ou seja, uma demanda projetada para o passado, sobre as circunstâncias subjetivas e objetivas que rodearam a decisão legislativa. As correntes originalistas (supra, §664 e infra, § 739), de cunho "intencionalista", sempre magnificaram este estádio de interpretação como via central de averiguação da vontade psicológica do legislador. No entanto, o facto é que o predomínio das conceções objetivistas, mesmo no universo positivista, não só conduziu à atenuação do impacto do elemento histórico

[1432] JORGE MIRANDA, ult loc cit, p. 322.
[1433] GOMES CANOTILHO "Direito Constitucional" op. cit, p. 1223.
[1434] JORGE MIRANDA ult. loc cit, p. 325.

(sem prejuízo da sua importância relativa[1435]), como também reequilibrou, igualmente, o peso da sua vertente subjetivista, a qual passou a constituir uma, de entre outras, componentes integrativas do referido elemento.

676. Já escrevemos que *"o elemento histórico constitui uma realidade compósita, tendo em conta que pode ser integrado por componentes diversas, tais como os precedentes interpretativos, os trabalhos preparatórios e as circunstâncias político-sociais objetivas que rodeiam o aparecimento da lei"* [1436]. A estas componentes acrescentar-se-ia o *Direito Comparado,* ao qual HÄBERLE[1437] pretendeu conferir um relevo autónomo como pretenso "método" ou novo estádio metódico, no contexto do seu puzzle tópico-probabilístico, sem que, contudo, o seu impacto real o justifique[1438]. Observemos sinteticamente estas componentes.

B. Precedentes interpretativos

677. O significado dado a uma norma constitucional por decisões anteriores do Tribunal Constitucional afirma-se como uma referência histórica do processo interpretativo, já que o mesmo Tribunal, por razões de estabilidade, continuidade e coerência, tende a tomar esse significado como padrão para ulteriores decisões que envolvam a interpretação da mesma norma. Trata-se de um dado da realidade que se impôs no processo hermenêutico, ao ponto de, configurada a situação problemática e volvida a interpretação literal, o intérprete ter a tentação, por razões de economia de esforço, cautela e conservadorismo, de consultar os precedentes jurisprudenciais.

Veja-se, por exemplo, a propósito do sentido do *princípio da proteção da confiança* (supra § 484 e seg.) que o TC português, invariavelmente, convoca a jurisprudência anterior para exprimir não apenas o seu significado (cfr o Ac. nº 474/2013 em relação à decisão geral de referência, o Ac.

[1435] Trata-se de um elemento convocado no plano argumentativo pela Justiça Constitucional e que, em situações duvidosas, não pode ser menosprezado segundo a doutrina de referência (JORGE MIRANDA ult loc cit, p. 322.

[1436] CARLOS BLANCO DE MORAIS ("As Leis Reforçadas" op. cit, p. 613, seguindo de perto o pensamento de FRANÇIS OST e VAN DE KERCHOVE "Entre la Lettre (...I)" op. cit p. 63 e seg. e OLIVEIRA ASCENSÃO, "O Direito (...)" op. cit, p. 394.

[1437] PETER HÄBERLE "El Estado Constitucional", Mexico, 2001, p. 164.

[1438] O uso irrefreado da comparação, muitas vezes fora de contexto, pode degradar a normatividade da Constituição, que passa a ser entendida à luz de parâmetros exteriores sem norma de referência que o habilite. Por outro lado, nos Estados Unidos e na Alemanha, o método comparativo é nulo ou muito reduzido junto da Justiça Constitucional, fora do campo do controlo de validade dos tratados.

nº 287/90) mas a densificação dos "testes" que permitem aferir a eventual violação do principio (o Ac. nº 474/2013 relativamente ao Ac. nº 188/2009).

Observe-se, igualmente, o Ac. 474/2013 que, na aclaração da fórmula indeterminada de "justa causa" de despedimento dos trabalhadores em funções públicas por razões objetivas, e dos respetivos critérios reitores, convocou as suas decisões anteriores que operaram como precedente referencial (Ac. nº 64/91 e Acórdãos nºs 581/95, 117/2001 e 550/2001).

Embora nos ordenamentos codicistas ou romanistas, como o português, a força do precedente interpretativo não seja equiparável à do *"stare decisis"* no ordenamento norte-americano[1439], o facto é que os motivos determinantes que presidiram a decisões jurisdicionais anteriores sobre uma dada matéria têm um forte impacto sobre o intérprete jurisdicional, quando este se debruça sobre as mesmas normas de referência em situações idênticas. Existe, pois, uma estabilização dos grandes critérios jurisprudenciais convocados pelo Tribunal Constitucional para o julgamento da constitucionalidade de normas, a partir da descodificação e concretização de regras e princípios estruturantes da Lei Fundamental. As alterações de orientação – sendo raras, embora não incomuns – quando ocorrem, raramente assumem uma mudança clara de percurso, brotando antes gradualmente sob a forma de pequenos aditamentos ou correções em relação a decisões anteriores[1440]; ou emergindo em alguns casos concretos, de maneira algo furtiva, sem assunção que houve uma mudança efetiva.

Em suma, salvo uma alteração fundamental de circunstâncias, se um Tribunal Constitucional interpretou uma disposição constitucional de uma certa forma, tende, com algumas atualizações doutrinais e contextuais, a convocar no futuro o mesmo sentido interpretativo.

678. Como efeito desta *jurisprudencialização* do Direito Constitucional torna-se possível extrair algumas decorrências, a saber:

i) A doutrina (que deve apreciar criticamente a referida jurisprudência e manter, independentemente desta, a sua liberdade de criação)

[1439] Carlos Blanco de Morais "Justiça Constitucional, I" op. cit. p.

[1440] Regressando, uma vez mais ao Ac. 474/2013 a propósito da aclaração da fórmula de "justa causa" de despedimento dos trabalhadores em funções públicas por razões objetivas, o TC, no plano da evolução das suas orientações sobre a matéria, deu nota que seguiria o sentido do Ac. 64/91, que constituiu uma evolução em face de outro entendimento, mais rígido, do Tribunal expresso no Ac. nº 107/88, o qual não parecia aberto à noção de cessação do vínculo laboral fundada em razões objetivas.

não pode ser indiferente à interpretação jurisprudencial, sob pena de se tornar inservível ou de se transformar numa realidade alienígena;

ii) O legislador, sem prejuízo da coerência das suas opções políticas, deve ter em devida conta as prévias orientações da Justiça Constitucional em matéria de interpretação das normas constitucionais (e do próprio direito ordinário). Atenção redobrada que deve ter em casos controvertidos em que a orientação do tribunal se manteve constante, sob pena de condenar ao insucesso jurídico-político os seus diplomas;

iii) Os principais operadores do direito em sede contenciosa, a par das considerações doutrinais, procuram invariavelmente sustentar as suas peças processuais em precedentes interpretativos da Justiça Constitucional, sem prejuízo de explorarem brechas e situações novas que possam fazer infletir orientações jurisprudenciais que lhes não sejam favoráveis;

iv) A ocupação de setores do ordenamento pela jurisprudência constitucional gera transformações sensíveis em ramos do direito, especialmente permeáveis à interpretação e integração dos códigos por critérios jurisprudenciais (em Portugal tal é incontornável no Direito Processual Penal) gerando-se, mesmo, um fenómeno de *codificação da jurisprudência*;

vi) Na esfera da prática constitucional, os precedentes jurisprudenciais (e respetivos enunciados e fórmulas) convertem-se em normas de *soft law*, que operam como "fontes-facto" e se assumem materialmente como um prolongamento da própria Constituição na qualidade de sub-critérios complementares da Lei Fundamental.

Qual a força jurídica dos critérios e fórmulas jurisprudenciais que densificam a Constituição? Assumindo-se como "soft law", estas normas de fonte jurisprudencial podem não ser observadas pelos poderes constituídos: contudo, revestem força persuasiva, dado que os tribunais os poderão convocar com probabilidade, afastando a decisão do poder que a praticou.

679. As normas, na medida em que distorçam o texto ou o programa político da decisão constituinte, que não se encontrem adequadamente justificadas, que não obtenham consenso ou que, incorporando juízos de mérito, coartem, no seu detalhe excessivo, a liberdade do legislador democrático, acabam por constituir um *avatar* constitucional: uma Constituição real colo-

cada a par da Constituição positiva, a qual disputa ao legislador democrático a possibilidade de decidir políticas públicas. Por outro lado, um excesso de apego do Tribunal à sua prévia interpretação pode engessá-la ou petrificá--la, criando-se um positivismo jurisprudencial preguiçoso e conservador, centrado no elemento histórico do processo interpretativo, que se arrisca a não tomar em devida conta outros elementos da interpretação, bem como alterações circunstanciais que rodeiam o problema a decidir.

Presentemente, *o precedente interpretativo de normas constitucionais ganhou uma importância incontornável, disputando com* êxito à *componente "intencionalista", o domínio do elemento histórico da interpretação.*

C. *Occasio Legis*

680. A "occasio legis" é uma componente da interpretação histórica de vertente contextual, que recebe um particular destaque no artº 9º do CC, quando este preceito dispõe que a atividade interpretativa deve ter em conta *"as circunstâncias em que a lei foi elaborada"*.

Nestes termos, as circunstâncias jurídicas, políticas, sociais, culturais e económicas que rodearam a génese de uma norma constitucional, e que poderão ter influído no seu "processo de fabrico", devem ser recriadas ou reconstituídas pelo intérprete, já que tal permite clarificar a vontade do legislador e contribuir para a identificação dos fins da referida norma (interpretação teleológica, infra § 689)[1441]. Embora diversas sensibilidades do objetivismo desvalorizem o padrão histórico-circunstancial, preferindo ater-se ao sentido que deflui da norma, no momento em que esta é interpretada e aplicada[1442], o facto é que a Justiça Constitucional confere, não poucas vezes relevo à *"occasio legis"* em sede de interpretação evolutiva e em sede de aplicação do princípio da proteção da confiança.

O emblemático caso das viúvas e dos viúvos espelha esta situação. Legislação antiga atribuía uma maior pensão por morte às viúvas de cônjuges

[1441] Cfr. SÉRVULO CORREIA "Interpretação Administrativa das Leis" in AAVV "A Feitura das Leis", II, Lisboa, 1986, p. 339.

[1442] DAVID DUARTE (ult. loc cit, p. 118) desvaloriza o impacto do contexto no momento da elaboração da regra, referindo que os dados contextuais fornecem informação, mas têm pouco relevo para efeito de interpretação. Na verdade, o contexto seria aferido empiricamente, podendo envolver valores mutáveis, tensões e emoções, as quais, contudo não se refletem na letra da norma (para o autor, se a norma é de pagamento de uma taxa pelo uso da ponte, o contexto da decisão normativa não é relevante para o intérprete).

mortos em acidentes de trabalho do que aos viúvos em idêntica situação. Tratou-se de uma discriminação positiva das primeiras, em razão da sua maior vulnerabilidade já que, ao tempo de edição da legislação muitas mulheres não trabalhavam e viviam na dependência do cônjuge masculino. Esta situação de dependência alterou-se depois de Abril de 1974, com um importante afluxo das mulheres ao mercado de trabalho, deixando entre o final dos anos 80 e o início dos anos 90, de se justificar essa discriminação positiva, à luz do princípio da igualdade. O TC, através do Ac. 191/88, decidiu julgar a inconstitucionalidade da lei depois de constatar uma alteração económica e social na situação de dependência das mulheres que, com o tempo, deixou de justificar um tratamento mais favorável

D. A dimensão genética

681. A *interpretação genética*, como componente da interpretação histórica[1443], visa averiguar a "mens legislatoris", ou seja, a vontade e intenções dos decisores constitucionais quando aprovaram uma determinada norma.

Os textos normativos constitucionais resultam de anteprojetos partidários, inclusão de pareceres, discussões em comissão, discursos que permitem, num grau variável, descortinar as intenções do legislador, seja em relação ao que pretendeu consagrar, seja em relação ao que pretendeu excluir. Mesmo comunicações públicas na imprensa em que responsáveis pelo processo constituinte ou de revisão constitucional defendam a sua obra normativa, em face de argumentos críticos alheios, podem relevar para esta tarefa.

Assim, em caso de dúvidas interpretativas não solucionadas pelos elementos textual e lógico-sistemático importaria clarificar, *escavando nos trabalhos preparatórios do processo constituinte ou de revisão constitucional, quem decidiu, porque decidiu e em que termos decidiu*[1444]. Não sendo o legislador o senhor absoluto da norma, a sua intenção, se clara e precisa, não pode deixar de limitar o poder do intérprete cuja vontade não pode ser colocada acima da do decisor da Constituição ou das suas leis de revisão, desfigurando os objetivos que presidiram à decisão, capturando a *"mens legis"* e fazendo a norma dizer o contrário do que foi a expressão da vontade democrática do autor da lei.

[1443] Em sentido diverso, na perspetiva de distinguir interpretação genética e interpretação histórica, vide FRIEDRICH MÜLLER op cit, p. 265.
[1444] TERCIO SAMPAIO FERRAZ (ult loc cit, p. 233 e seg referindo-se ao contributo "subjetivista" para a hermenêutica).

Na verdade, a interpretação, pese todo o seu conteúdo criativo gerado pela realidade regulada pela norma e suas mutações, não é inovação jurídica, mas captação, criativa e evolutiva, do sentido do direito posto. O contrário significaria colocar a Constituição à mercê do intérprete, desvalorizar a legitimidade democrática do programa político do legislador constitucional e, no limite, converter o poder constituinte numa fonte de meras palavras, cuja imperatividade ficaria dependente de intérpretes convertidos em pitonisas. E o facto é que os tribunais constitucionais não deixam de recorrer, sempre que o entendem por necessário, ao elemento histórico-intencional.

682. Dito isto, importa, ainda assim, relativizar a importância desta componente do elemento histórico à sua real dimensão.

A vontade do legislador fala e exprime o seu comando através de uma vontade normativa declarada num texto, condensando-se essa vontade num critério de decisão compreendido no tempo, o qual, à medida que decorre, acentua a distância entre a disposição normativa e o seu autor. Se a sociedade e as suas exigências organizativas se alteram, o significado da norma pode experimentar também algumas alterações, não inovadoras, mas adaptativas a novas situações que o legislador não previu. O contrário conduziria a conversão da interpretação *histórico-intencionalista* em "espiritismo constitucional" destinado a travar o decurso do tempo e da própria História.

Por outro lado, a vontade do legislador nem sempre é simples de identificar e localizar[1445]. Muitas vezes não houve, materialmente, um único "legislador", porque no Parlamento, e fora dele, a norma foi objeto de negociações e transações entre forças políticas portadoras de programas divergentes, não existindo um pensamento único. Esta realidade tem tido em Portugal uma especial peculiaridade, na medida em que os acordos de revisão constitucional tendem, desde 1989, a realizar-se opacamente fora do parlamento (e mediante acordo entre os grandes diretórios partidários[1446]).

Os trabalhos preparatórios são muitas vezes compostos por documentos incompletos e contraditórios, podendo, quando muito relevar de modo a que se possa avaliar se o pensamento jurídico do proponente da norma[1447], quando exista, terá ficado refletido (e em que medida) na deliberação

[1445] Maria Luisa Ballaguer Callejón ult loc cit, p. 81 e seg. e 84.

[1446] Paulo Otero "O Acordo de Revisão Constitucional: significado político e jurídico", Lisboa, 1997.

[1447] Ferrara ult. loc cit, p. 145.

final e descortinar quais as intenções explícitas daqueles que lhe introduziram modificações. Trata-se de um trabalho essencialmente empírico, que não deve ser lateralizado, mas que carece, na maior parte dos casos, de real cientificidade.

Por vezes o TC surpreende quando hiper-valoriza através dos trabalhos preparatórios a "mens legislatoris" e a faz prevalecer, admitidamente, sobre a "mens legis" e a "ratio legis". Uma vez mais, o Ac. nº 151/93 relativa à admissibilidade de superação do veto por inconstitucionalidade pelas assembleias legislativas regionais serve de exemplo para demonstrar a opção ocasional do TC por uma interpretação histórico-genético. O Tribunal convocou os trabalhos preparatórios da revisão constitucional de 1982, para aferir que, nas declarações de voto, os deputados dos principais partidos admitiam que o poder de confirmação parlamentar de diplomas julgados inconstitucionais em controlo preventivo fosse extensível aos parlamentos das regiões. Isto apesar de o mesmo aresto admitir, no plano lógico e teleológico, que esta solução permite que o interesse especifico regional possa prevalecer em relação aos princípios da unidade e solidariedade nacionais (Ac. 151/93), prevalência que é por ele desestimada noutra jurisprudência em relação a situações diversas Ac. nº 246/90). Tratou-se de uma decisão "originalista" de recorte intencionalista.

E. A Comparação

683. A comparação consiste numa via argumentativa em que o intérprete, mediante a invocação de casos convergentes e divergentes, procura sustentar certa solução interpretativa, em normas, na jurisprudência ou em soluções doutrinais construídas noutros ordenamentos integrados na mesma família constitucional. Embora certos autores defensores da mesma via tenham procurado erigi-la a método autónomo[1448], o facto é que se trata de um instrumento analítico de raiz histórica (estudam-se regimes jurídicos e orientações jurisprudenciais e doutrinais pré-existentes) e que opera, apenas, como recurso complementar ou "ponto de vista"[1449] que reforça um argumento presente numa solução interpretativa em construção[1450].

[1448] Peter Häberle "El Estado Constitucional (...)" ult. loc cit.

[1449] Chaïm Perelman (ult. loc cit, p. 221 e seg.) reduz a comparação a um recurso argumentativo.

[1450] Sobre a relevância desta via, Jorge Miranda ult. loc. cit, p. 322.

No Ac. 768/2002 que julgou a inconstitucionalidade do Rendimento Social de Inserção, citou-se a Decisão nº 83-165, de 20 de Janeiro de 1984 do Conselho Constitucional francês que inaugurou a jurisprudência do denominado *effet cliquet* no domínio dos direitos de liberdade, quando determinou que não era possível eliminar uma lei sobre estas matérias sem aprovar outra com efeito garantístico equivalente. Este entendimento foi ajustado pelo TC português à garantia de um direito social que foi reconhecido como de natureza análoga aos direitos de liberdade.

684. O uso da comparação não é regular, havendo órgãos de justiça constitucional auto-rerferenciais que a lateralizam como o STF norte-americano e o Tribunal Constitucional alemão. Contudo, em Portugal e no Brasil não é totalmente incomum frente a normas de natureza idêntica ou análoga, convocar decisões emblemáticas de tribunais constitucionais estrangeiros ou de tribunais internacionais. Paralelamente, o cosmopolitismo doutrinal em matéria de direitos fundamentais criou uma rede "transcontitucionalista" que permite uma circulação doutrinal de modelos e institutos que não deixam de influenciar o intérprete, no plano do conhecimento, atualização de paradigmas, conceitos e argumentação.

Claro está que o uso da comparação, para não se tornar um puro argumento lateral de autoridade, envolve a observância de certos critérios. As decisões que servem de referência devem envolver: i) ordenamentos da mesma família jurídico-constitucional; ii) normas constitucionais dotadas de identidade relevante e aplicáveis em contextos políticos e sócio-culturais aproximados; iii) situações problemáticas geradoras de dúvidas de constitucionalidade de ordem análoga; iv) orientações que mantenham, nos ordenamentos de referência, a sua atualidade e que sejam praticáveis na ordem jurídica que as acolhe ou receciona.

O Tribunal Constitucional deve conhecer precedentes jurisprudenciais estrangeiros relativamente a feitos que o justifiquem, mas não é obrigado a citá-los e, caso o faça em razão do seu peso ou valor inquestionável, não deve banalizar essa citação, impondo-se que use da parcimónia sob pena de cair num provincianismo grotesco.

685. Utilizada fora do âmbito de um papel auxiliar que permite compreender a evolução dos institutos do Estado Constitucional moderno, a comparação, se transformada paradigma de interpretação autónoma e em estreita relação com outras vias de natureza tópica, pode comprometer o primado da Constituição, a unidade do ordenamento, a efetividade das nor-

mas constitucionais e o respeito pelo sentido objetivo da Lei Fundamental. Nesses casos proporcionaria, através da intermediação do intérprete, a captura ou a colonização da Constituição por fontes normativas externas e a liquefação da natureza soberana da ordem constitucional.

O Ac. nº 121/2010, que se debruçou sobre o casamento entre pessoas do mesmo sexo, é um exemplo típico não apenas do recurso à comparação, mas até do uso hiperinflacionado e descontextualizado de direito comparado. O TC a par de uma análise da legislação adotada em outros Estados, chamou à colação não só a jurisprudência do TEDH e do TJU, como da jurisprudência do STF norte-americano e TC alemão, chegando a citar a jurisprudência de vários supremos tribunais de estados norte-americanos.

F. *Cânones*

686. Embora não exclusivos do elemento interpretativo histórico existem diversos cânones que, usualmente, sustentam o discurso justificativo de determinadas significações normativas.

Um deles é o *"argumento de autoridade"* que recorre a posições doutrinais previamente publicitadas e se vale do prestígio de quem se cita para desvalorizar uma tese, ou para amparar uma dada solução interpretativa. Este cânone, por se basear numa mera estrutura (volátil) da realidade, detém só por si, fraco valor no plano da fundamentação[1451]. Ainda assim, os Tribunais Constitucionais recorrem abundantemente à doutrina para sustentar, no plano argumentativo, dentro e fora do contexto do elemento histórico, a validade do sentido que atribuem a certas normas.

Também a *ilustração*[1452], através da convocação de exemplos de situações jurídicas e fácticas efetivamente ocorridas no passado, para confirmar ou infirmar uma dada asserção, constitui um outro "ponto de vista" argumentativo, de natureza empírica que reforça a adesão a um argumento, através de casos reais de natureza singular.

Finalmente, os tribunais constitucionais fundamentam certas soluções interpretativas em *regimes pré-constitucionais*[1453] consolidados no direito jurisprudencial vivente, aos quais as mesmas soluções são conformes. Pese o facto de o direito comum não ser parâmetro de interpretação da Constituição e

[1451] Chaïm Perelman ult. loc cit, p. 321 e seg.
[1452] Chaïm Perelman ult. loc cit.
[1453] Friedrich Müller ult. loc cit, p. 283.

de a Lei Fundamental poder romper, legitimamente com esse direito, na dúvida, a harmonização com regimes jurídicos tradicionais, enraizados na sociedade, opera como um argumento de autoridade na sustentação de uma dada interpretação.

1.2.4. *Os elementos teleológico e axiológico*

A. *A articulação entre dois elementos autónomos*

687. Diferentemente do CC português, que não confere um destaque explícito a estes elementos interpretativos, o artº 5º do CC do Brasil dispõe que na aplicação da lei o juiz obedece aos *"fins sociais a que se dirige"* e às *"exigências do bem comum"*.

Tercio Sampaio Ferraz[1454] associa estes dois elementos num único estádio de natureza compósito, mas clarifica a autonomia de cada um deles: a menção aos fins sociais da norma interpretada envolveria a interpretação teleológica (buscar-se-ia o "telos" ou o fim da norma); enquanto a convocação das exigências personalistas do *"bem comum" apelaria à interpretação axiológica,* dado que predica a necessidade de o intérprete atender a valores da vida em sociedade que a aplicação da norma pode encerrar.

Estes dois elementos, com destaque para o primeiro, ganham relevo na interpretação constitucional, marcada pela descoberta da fórmula "política" que está subjacente às normas da Lei Fundamental.

688. No que respeita à *interpretação de regras* prepondera o elemento teleológico em detrimento do axiológico que tem, neste domínio, escassa utilidade quando se está diante de normas com mandatos claros de definição. Apenas quando uma regra abarca no seu conteúdo standards ou conceitos indeterminados que remetam para valores, ou quando se situa claramente como instrumento de projeção no concreto de um princípio estruturante de forte densidade axiológica, poderá fazer sentido apelar aos seus padrões metajurídicos.

B. *O elemento teleológico*

689. O elemento teleológico envolve a necessidade de perscrutar o fim qualificado, a justificação social, o alcance político e as consequências rele-

[1454] Tercio Sampaio Ferraz ult. loc cit, p. 262.

vantes de um preceito constitucional objeto de interpretação[1455]. A busca do fim da norma, da fórmula política da sua *"ratio legis"*, tem um substrato aristotélico: *"a natureza não faz nada em vão"* e o mesmo se aplica ao direito. As normas constitucionais são sempre decididas em razão de um fim.

690. A busca do sentido que melhor corresponda ao fim da norma interpretada e que deve pressupor uma única solução cabal, de entre diversas vias possíveis, torna a interpretação teleológica dependente dos estádios interpretativos que a tenham antecedido[1456] – o que lhe retira autonomia como elemento interpretativo[1457]. Na verdade, antes de se poder prospetar o fim de uma norma, importa apreender o seu sentido gramatical e conexões sistemáticas e aferir o circunstancialismo subjetivo e objetivo da sua génese, constituindo o elemento histórico, na sua complexidade heteróclita, uma via facilitadora da interpretação teleológica.

691. Para Hesse a interpretação teleológica é *"praticamente uma carta em branco"*, sendo difícil, apenas a partir dela, descobrir a relação de sentido da norma[1458]. E na realidade, a subsidiarização dos elementos literais, lógicos e históricos em benefício de uma interpretação teleológica constitui uma via para que o intérprete inove, descobrindo finalidades de política constitucionais que não foram decididas, mas que defluem das suas pré-compreensões. A hipertrofia da interpretação teleológica transforma-a numa via arriscada de mistura da fase de interpretação com a de concretização, à luz da realidade jurídica do caso a decidir, o que não parece constituir uma via de interpretação tecnicamente correta.

Daí que seja a interpretação teleológica, o elemento interpretativo preferido por certos tribunais constitucionais mais ativistas e, em especial, pelo Tribunal de Justiça da União Europeia[1459]. De facto, este órgão jurisdicional tende a examinar a norma, não apenas à luz dos seus fins, mas com referência aos fins explícitos e implícitos que ele próprio inculca na própria ordem

[1455] Cfr. Jacinto Rodrigues Bastos "Notas ao Código Civil", Lisboa, I, 1987 p. 39.

[1456] François Ost e Michel Van Kerchove ult. loc cit, p. 66 e seg.; E. Garcia Alonso "La Interpretación de la Constitución", Madrid, 1984, p. 117.

[1457] Friedrich Müller, ult. loc cit, p. 269.

[1458] Hesse ult. loc cit, p. 105.

[1459] Cfr. Oreste Pollicino: "Legal Reasoning of the Court of Justice in the Context of the Principle of Equality Between Judicial Activism and Self-restraint", 1-2, German Law Journal, vol. 5 no. 3, 2004, p. 289.

jurídica europeia[1460]. Para que não seja tida como uma carta em branco, opção que desfiguraria a natureza científica da interpretação, deve a aplicação do elemento teleológica seguir as diretrizes estruturantes da Constituição com impacto interpretativo, ou seja, buscar o fim das normas em consonância com as traves mestras da identidade constitucional. É, nesta sede, que tem relevo a proposta de BOCKENFÖRDE (infra,§ 649) de fazer assentar o processo de interpretação na Teoria da Constituição[1461].

Em estreita conexão com estas diretrizes estruturantes da interpretação, com impacto no elemento teleológico, emergem cânones ou pontos de vista que, não sendo exclusivos do mesmo elemento, contribuem para a sua iluminação (infra § 693).

C. *Interpretação axiológica*

692. Um grau elevado de determinação da regra constitucional torna pouco pertinente este elemento interpretativo, que pode, ainda assim, operar em torno de algumas regras associadas a standards de raiz axiológica.

Nem a Constituição se define como uma ordem de valores, nem procede o entendimento segundo o qual se deve descortinar, necessariamente, um valor por detrás de cada regra. Tão pouco constitui uma diretriz hermenêutica, que as regras possam ter o seu sentido dependente das pré-compreensões axiológicas do intérprete, mesmo quando a disposição não incorpore nenhuma medida de valor.

[1460] Cfr. MIGUEL POIARES MADURO, Interpreting European Law: Judicial Adjudication in a Context of Constitutional Pluralism, in "European Journal of Legal Studies", Vol.1, Issue 2, pg. 5, December 2007.

[1461] Assim, na esfera de matérias relativas às relações entre órgãos de soberania, os princípios da separação com interdependência de poderes e o principio democrático, tal como se encontram desenhados na Constituição de 1976 e têm sido aplicados pelo Tribunal Constitucional, têm especial relevo na delimitação dos fins das regras constitucionais objeto de interpretação. No domínio da autonomia regional e autárquica, existem regras, standards e princípios que enformam o poder de auto-regulação de coletividades territoriais periféricas e que permitem iluminar os fins das regras da Lei Fundamental que dispõem sobre a matéria. E, no universo dos direitos fundamentais, todo o finalismo subjacente à interpretação de regras da Constituição erige-se em torno dos artºs 12º, 13º, 15º, 16º, 17º e, muito especialmente, do artº 18º da CRP.

D. *Cânones hermenêuticos*

693. De entre os cânones com peso na interpretação teleológica e axiológica, cumpre destacar, de entre outros:

i) *A supremacia da Constituição:* o fim das regras a interpretar deve, salvo situações que envolvam normas excecionais, ser harmonizado com os próprios fins estruturantes da identidade constitucional;
ii) *Correção funcional*: o fim atribuído à norma interpretada deve ser conforme ao princípio da separação com interdependência de poderes;
iii) *Integração:* o fim atribuído à norma deve contribuir para a unidade política do Estado e da ordem constitucional;
iv) *Interpretação conforme:* esta técnica de controlo de constitucionalidade, *passível de ser também utilizada na fase de correção e concretização do processo interpretativo,* significa que sempre que de um enunciado constitucional emirja mais do que um sentido verosímil deve, em princípio, adjudicar-se ao preceito aquele sentido que se mostrar mais afeiçoado à Constituição[1462].

1.2.5. *A correção como momento conclusivo do programa normativo*

694. Em síntese, a interpretação das normas constitucionais deve passar por um programa que envolva a convocação coordenada dos elementos integrativos da hermenêutica de recorte dogmático que é aplicada para interpretação da lei[1463]. Isto sem prejuízo, como já teve oportunidade de assinalar, de poderem e até deverem ser utilizados, suplementarmente, ou integrados nesses elementos, diversos cânones interpretativos específicos da interpretação constitucional[1464] e, de, num estádio posterior, o sentido

[1462] Carlos Blanco de Morais "Justiça Constitucional", II, op. cit, p.

[1463] Forsthoff "Stato di Diritto in Transformazione", Milano, 1973, p. 19 e seg.; Karl Larenz "Metodologia da Ciência do Direito" 1989, Lisboa p. 438; Manoel Gonçalves Ferreira Filho "Curso de Direito Constitucional", S. Paulo, 2008, p. 382 e 385; Jorge Miranda ult loc cit, p. 320.

[1464] Forsthoff, reagindo às críticas de Kriele no clássico "Gesprechung von Martin Kriele Theorie des Rechtsgewinnung" in "Der Staat" 8, 1969, p. 525; Klaus Stern "Derecho del Estado de la Republica Federal de Alemania", Madrid, 1987, p. 284 e 285; Livio Paladin "Le Fonti (...)" op. cit, p. 145; Guido Lucatello "Sul Nesso de Sistematizazuine, Interpretazione nel Indagine Guiuridico", "Diritto e Societá", 4, 1989, p. 607 e seg.; Ignacio de Otto "La Posicion del Tribunal Constitucional a partir de la la Doctrina de la Interpretación Constitucional in AAVV "El tribunal Constitucional" III, Madrid, 1981, p. 1946 e seg; Villar Palasi "La Interpretación y los Apotegmas Lógico, Juridicos", Madrid, 1975, p. 147 e seg.; Jorge

provisório ser admissível o recurso a técnicas não subsuntivas de concretização de normas de conteúdo mais vago e indeterminado[1465].

Não é possível pré-fixar uma qualquer hierarquia entre os quatro elementos que concorrem para a realização de um *programa normativo,* cujo fim é o de atribuir um sentido interpretativo provisório a um preceito constitucional[1466].

695. Uma interpretação com pretensões de racionalidade metódica, e validade nos resultados que se propõe obter, pressupõe que o significado determinante da solução interpretativa, obtida através do elemento literal ou vocabular, seja confirmado e complementado pelos restantes elementos. O processo interpretativo é dinâmico, envolve uma conjugação de todos os elementos, cujo peso difere de caso para caso, e nem sempre envolve uma sequência completa ou linear.

Por exemplo, algumas vezes, o Tribunal Constitucional, identificadas as normas constitucionais e ordinárias em tensão, salta diretamente do texto da Lei Fundamental para uma componente do elemento histórico, que é a do precedente interpretativo[1467] e, tomando por bom o significado obtido nesse precedente, procede diretamente a uma subsunção. Noutras, quando o texto é ambíguo e a interpretação sistemática se revela insuficiente, o Tribunal escava na componente do elemento histórico que inere à descodificação da vontade do legislador, faz prevalecer o sentido deste elemento sobre o elemento teleológico e sobre a própria realidade jurídica , realizando, por fim, uma operação subsuntiva.

MIRANDA, ult loc cit; de algum modo, com reservas, BOCKENFÖRDE "Stato Costituzione Democrazia" - op. cit, p. 100 e 102.

[1465] Em favor de operações concretizadoras de princípios, mormente no domínio dos direitos fundamentais vide KLAUS STERN, ult loc cit, 28 e seg. e 288 e seg.; partindo de um Teoria da Constituição, BOCKENFÖRDE "Stato Costituzione Democrazia in "Teorie de interpretazione e Diritti Fondamentali" p. 320; LIVIO PALADIN, ult. loc cit, p. 150; JORGE MIRANDA, ult loc cit, p. 320 e seg.; admitindo mas desvalorizando a ponderação, a qual não dispensaria uma prévia interpretação normativa vide GARCIA AMADO "El Juicio de Ponderacion y sus partes: Una critica" in AAVV Rober Alexy: Derechos Sociales y Ponderacion op. cit, p. 250 e seg.

[1466] Por todos, FRIEDRICH MÜLLER ult. loc cit. p. 235, que se refere ao insucesso de todas as tentativas doutrinais levadas a cabo para atingir esse efeito.

[1467] Fazendo relevar o significado normativo atribuído por anteriores interpretações feitas pelo mesmo Tribunal às referidas normas.

696. Ocorrerá uma *interpretação declarativa com pretensões provisórias de sustentabilidade*, sempre que o elemento lógico-sistemático seja congruente com o sentido do elemento textual[1468], confirmando-o.

Todavia, existem por vezes discordâncias entre o enunciado das palavras e a consequencialidade lógica que flui do seu real significado, pois o legislador poderá, por exemplo, na sua vontade declarada, ter dito de menos, ou de mais, do que aquilo que pretendia quando formou a sua vontade psicológica ou poderá, mesmo, contraditar-se com outras disposições da própria Lei Fundamental.

Por outra banda, existem na norma constitucional interpretada, termos com aparente clareza que se acabam por se revelar equívocos e até inservíveis em face do direito ordinário com o qual entram numa relação supra-ordenada. O elemento literal é, nesse caso, insuficiente e torna-se, então, indispensável recorrer aos elementos sistemático e lógico, como fatores de correção: o elemento sistemático resulta ser incontornável para que o sentido completo da norma se obtenha mediante a sua conjugação com outras normas da Constituição; e o elemento lógico resulta ser determinante para afastar vias de solução *incoerentes,* solucionar *antinomias* (mediante *revogações tácitas e aplicações preferenciais*) e fundamentar o recurso a *interpretações restritivas*[1469] ou *extensivas*[1470].

Como se viu, a *interpretação histórica* é impostergável como elemento complementar e corretivo: uma solução interpretativa obtida isoladamente por via literal e lógico-sistemática, sendo clara e determinada no seu significado, pode, no entanto: i) *estar desfasada* do sentido que o Tribunal Constitucional tenha entretanto adjudicado à mesma norma em jurisprudência anterior em razão da mutabilidade das situações da vida; ii) desembocar num significado que, de acordo com os trabalhos preparatórios, foi inequivocamente excluído pelo legislador constitucional; iii) ou pode ser tributária de um conjunto circunstâncias que pontificavam num dado momento histórico e que se modificaram radicalmente no momento em que ocorre a interpretação.

[1468] Francesco Ferrara ult. loc cit, p. 147 e seg.

[1469] Usadas quando o texto, sendo generalizável de acordo com a sua formulação gramatical, entre em contradição com outras normas, havendo que circunscrever o seu objeto ou âmbito de aplicação.

[1470] Correção de proposições reducionistas que envolve a eliminação de particularidades dispensáveis e o alargamento do âmbito de aplicação do preceito.

O elemento de interpretação teleológica e axiológica de regras constitucionais exibe menor relevo autónomo do que os elementos anteriores já que, salvo melhor opinião, resulta ser uma decorrência dos mesmos. A fase teleológica guarda, ainda assim, uma função corretiva, argumentativa e sintética, permitindo fixar o fim da norma de acordo com os dados disponíveis, harmonizar diversos fins que determinadas soluções interpretativas podem fazer colidir, afastar sentidos que divirjam daquilo que se sedimenta como objetivo central da norma e, enfim, justificar a solução adotada à luz dos referidos fins.

Em suma, a operação corretiva envolve um grau relevante de discricionariedade do intérprete limitado por uma exigente fundamentação da opção que o mesmo sufraga, sempre que valoriza claramente certos elementos em detrimento e outros.

1.3. A fase de concretização

697. Importa fazer algumas precisões sobre o que neste escrito se entende por concretização.

Para efeitos de uma operação interpretativa desenvolvida em sede de controlo de constitucionalidade, a concretização é a extração de uma relação de significado de um preceito constitucional e a sua aplicação a uma situação problemática específica criada pelo direito ordinário que reclama a formulação de um juízo de constitucionalidade.

No fundo, a concretização é *um processo de revelação ou de descoberta do sentido do direito constitucional decidido e que, mediante um percurso metódico trilhado partir de um enunciado geral, progride em direção à resolução de um caso particular.*

Neste sentido, a operação concretizadora não é a via equacionada por Kelsen de progressão de uma norma geral e abstrata para uma norma individual e concreta, dado que na *fiscalização abstrata* da constitucionalidade, a interpretação das normas constitucionais é operada sem relação direta necessária com um caso singular ou concreto. Menos será, na linha de Friedrich Müller, *"a produção de uma norma geral no quadro da solução de um caso determinado"*[1471], na medida em que não é, à luz do princípio da separação de poderes, função do intérprete jurisdicional produzir normas, nem a do legislador produzir meros textos ou arrazoados de palavras.

[1471] Friedrich Müller ult loc cit, p. 222.

O legislador é o decisor político por excelência e produz normas através de textos, que são vias de comunicação do seu comando ou decisão e o papel do intérprete é, não o de criar o comando, mas revelar o seu sentido. Revelação feita, se necessário, com alguma criatividade, a partir do produto da comunicação, à luz do tempo, da realidade jurídica e da realidade fática à qual a norma se aplica,

Aceitando-se a distinção entre o sentido geral de uma norma revelada pelo intérprete e uma "norma de decisão" precisada pelo mesmo intérprete no processo de resolução de uma situação problemática especifica, tal não significa que esta última tenha conteúdo singular e não possa coincidir com a primeira.

Importa precisar, em sede de controlo de constitucionalidade como a exercida em Portugal, que *a operação interpretativa apenas incide sobre normas* (seja o parâmetro constitucional, seja a norma de direito ordinário submetida a controlo) e, como tal, não envolve juízos concretizadores que apreciem casos singulares, como sucede da Alemanha e Espanha, onde o recurso de amparo, que consome mais de 90% da atividade de fiscalização, recai sobre sentenças e atos administrativos. Por vezes o uso irrefreado da fórmula *"concretização"*, pela doutrina não germânica, peca por assentar equivocadamente em institutos não transponíveis para outros ordenamentos.

Mesmo em sede de controlo concreto, onde o contexto inerente a um caso singular releva com maior pragnância em termos interpretativos, a interpretação recai sobre a norma constitucional e sobre a norma ordinária aplicada ou desaplicada por um tribunal comum. Haverá, assim, que delimitar o sentido da "concretização", nos sistemas português e brasileiro de controlo de constitucionalidade: ele envolve a progressão densificadora do sentido de uma norma constitucional para o domínio de regulação de uma dada situação problemática, criada por uma norma de direito comum, num determinado contexto político, temporal, social e cultural.

Em sede de interpretação realizada no âmbito da fiscalização da constitucionalidade, o momento de concretização, em sentido amplo, envolve três operações:

i) Uma operação de conjugação entre a solução interpretativa provisória inerente ao resultado do "programa normativo" (supra § 632)e o chamado "âmbito normativo" (supra § 653);
ii) A título eventual, um *teste argumentativo final à solidez* da solução interpretativa obtida;

iii) Uma operação subsuntiva de aplicação da norma à situação problemática.

698. A conjugação entre o programa e o âmbito normativo consiste numa tarefa dinâmica, a qual postula que a solução interpretativa final seja orientada para a situação problemática que se pretende solucionar no momento em que a interpretação se realiza[1472].

Esta operação pode ser facilitada, pelo uso dos dados recolhidos nos diversos elementos constitutivos do programa normativo, com relevo para certas componentes do elemento histórico. O intérprete, ao captar o conteúdo da norma, terá de o entender no contexto da situação problemática à qual se aplica e no tempo em que o controlo de constitucionalidade é ativado. O resultado do programa normativo deve tomar em conta as particularidades (circunstanciais ou estruturais) da realidade política, social e jurídica afetada pelas normas em tensão e que rodeia, presentemente, o problema que justificou a fiscalização e que se encontra ligado à normação ordinária fiscalizada, também ela sujeita a uma operação interpretativa paralela (supra, § 632 e seg.).

Por exemplo, uma norma constitucional de natureza tributária, feita para ser aplicada, sem eficácia retrospetiva, num quadro de normalidade, pode ser objeto de uma transformação do seu sentido quando confrontada com um quadro de emergência financeira, situação que a própria Constituição não acolhe explicitamente. Tal sucedeu quando o Tribunal Constitucional no Ac. nº 399/2010 enfatizou, num cenário de exceção financeira, que a proibição de retroatividade fiscal se dirigiria, apenas, à retroatividade autêntica e não à retroatividade inautêntica, ou retrospetividade, situação presente no caso a decidir, a qual deveria ser escrutinada quanto à sua admissibilidade à luz do principio mais flexível da proteção de confiança.

A conjugação entre programa e âmbito normativo supõe que pré-exista uma interpretação provisória, prévia à concretização, que será posteriormente reconfigurada, à luz da situação problemática a solucionar, de forma a gerar uma solução interpretativa final que releva para a decisão do tribunal e que pode, em tese, não coincidir exatamente com a referida solução provisória.

Em qualquer caso, é um dado sociológico que os juízes, tendendo a ser "conservadores" na interpretação e defesa da Constituição, não são imu-

[1472] Gomes Canotilho "Direito Constitucional" op. cit, p. 1215 e seg.

nes ao seu tempo já que, como membros da sociedade, refletem certos valores e tendências dominantes. E o facto é que, existindo fortes movimentos políticos e sociais que se impõem num dado momento no panorama político e cultural, os juízes inclinam-se frequentemente a interpretar as normas constitucionais em consonância com essa tendência, mesmo contra o legislador maioritário. Daí que, mesmo nos ciclos ativistas, em que a Justiça Constitucional inovou, essa inovação é muitas vezes precedida por movimentações legislativas e sociais: foi o caso Brown vs Board of Education, a propósito do termo da discriminação racial nas escolas, o qual foi antecedido por anos de campanhas públicas e reformas legislativas em diversos Estados[1473]. Salienta-se, ainda, o caso paradigmático do New Deal, em que foi mais decisiva a opinião pública e os movimentos populares do que a ameaça de uma reforma do STF ("packing-court") pelo Presidente. E poderá ser, também, o caso do tribunal Português no período 2011/2014, quando, em sintonia com a rua, enfrentou uma maioria parlamentar que procurava aprovar medidas restritivas impopulares em matéria de salários e pensões, para cumprir com os contratos acordados com os credores internacionais.

Esses movimentos não se confundem, necessariamente, com certos figurinos de modas propulsionados por grupos de pressão cirurgicamente colocados junto do poder político e dos média, sem interiorização na consciência colectiva, os quais intentam atos de captura do judiciário para a realização de duvidosas interpretações abrogantes da Constituição[1474].

A fidelidade à Constitucional não é sinónimo de fidelidade às expectativas originárias de aplicação do preceito constitucional, pelo que a melhor forma de garantia e perenização do adquirido constitucional é ajustá-lo a mudanças sociais e culturais, entretanto verificadas. Para tal, os juízes intérpretes, no discurso sugestivo de alguma doutrina[1475], não necessitariam de ser "políticos", moralistas, "reis filósofos" ou "divindades" (como o *Juiz Hércules* de Dworkin), mas titulares de órgãos públicos designados para cumprir uma função do Estado e nela, para decidir situações problemáticas

[1473] Michael Klarman "From Jim Crow to Civil Rights: the Supreme Court and the struggle for racial equality", Oxford, 2004.

[1474] Terá sido, segundo algumas opiniões o Ac. nº 121/2010 do TC português, sobre o casamento entre pessoas do mesmo sexo, que desvitalizou, sem fundamento normativo na Lei Fundamental, a receção constitucional da DUDH operada pelo nº 2 do artº 16º da CRP).

[1475] Jack Balkin "Living Originalism", op. cit, p. 328.

situadas num dado tempo, de acordo com o sentido objetivo da Constituição adaptada a esse tempo.

O intérprete, em casos duvidosos, deve, neste estádio final da interpretação, evitar tanto leituras cegas, automaticistas e puramente abstratas da Constituição que façam tábua rasa da especificidade da situação jurídica a solucionar, como, muito em particular, afastar a tentação de leituras tópicas que o levem a dobrar por completo a norma ao caso (tentação que deve ser evitada ao máximo quando se tratar de uma regra com elevado grau de decedibilidade). O *"self restraint"* não se resume a uma contenção auto-policiada, mas constitui uma verdadeira exigência imposta pela separação de poderes[1476].

699. Nas situações mais complexas que impliquem uma pluralidade de soluções interpretativas divergentes e verosímeis[1477], o juiz intérprete, antecipando já a motivação da sua decisão, deve confrontar os argumentos que amparam a solução interpretativa por ele preferida, com soluções interpretativas alternativas e a respetiva ordem de argumentos. Com efeito, o mesmo intérprete, quando realiza este *teste de controlo*, pode antever a debilidade dos fundamentos da solução por ele preferida e acabar por optar por uma interpretação alternativa mais sólida.

Muitos dos cânones hermenêuticos já utilizados no decurso do programa normativo, ou que nele ficaram pendentes, bem como outros pontos de vista interpretativos, podem ser revisitados neste passo do processo interpretativo que envolve a construção de um discurso de fundamentação. Correção funcional, unidade da Constituição, interpretação restritiva e extensiva e interpretação conforme à Constituição – são alguns cânones com impacto neste momento de finalização interpretativa.

700. *A subsunção é o momento de concretização "stricto sensu" do processo interpretativo de uma regra constitucional*: o sentido da norma constitucional é formulado como uma premissa maior, o sentido do direito ordinário que é objeto do controlo como uma premissa menor e a conclusão firma-se como o juízo de inconstitucionalidade ou não inconstitucionalidade que se profere em relação à segunda, a partir dos pressupostos que resultam da primeira.

[1476] BOCKENFÖRDE ult loc cit, p. 110.

[1477] As quais, num processo de controlo de constitucionalidade advêm das partes, do *amicus curiae*, de opiniões da doutrina e jurisprudência de referência e, inclusivamente, do distinto entendimento de outros juízes.

2. Introdução à interpretação de princípios constitucionais

2.1. Elementos comuns e disjuntivos com o processo de interpretação de regras

A. Os princípios como parâmetros diretos de controlo de constitucionalidade

701. Observámos que os princípios constitucionais, como *enunciados jurídicos de valores, com natureza política ou moral* (supra § 462 e §526 e seg.), são normas constitucionais e exibem força normativa.

Quer as constituições sintéticas, como a norte-americana, quer as programáticas de alcance limitado, como a alemã, quer as prolixas como a portuguesa e a brasileira estão eivadas de princípios normativos que têm constituído frequente parâmetro de julgamentos de inconstitucionalidade de direito ordinário. Encontra-se, assim, superada a discussão teórica que envolvia a querela de se saber se os princípios são juridicamente irrelevantes, se relevam indiretamente para a interpretação das regras ou se assumem força jurídica e relevância direta: é inquestionável que, independentemente da sua função interpretativa de certas regras e das suas particularidades hermenêuticas, eles dispõem de relevância direta e autónoma como parâmetros de constitucionalidade.

Relevância que, contudo é variável, em razão da maior ou menor objetividade do bem que tutela, da maior ou menor determinação do seu conteúdo na linguagem constitucional e do maior ou menor grau de concretização consolidada que recebe por parte da jurisprudência.

702. Se bem que existam princípios cardeais que estribam a ordenação do poder político (supra, § 508 e seg.), o facto é que na componente estatutária da Constituição predominam as regras jurídicas. Contudo, no universo dos direitos fundamentais e de certas tarefas económicas e sociais do Estado, abundam princípios, sem prejuízo de os mesmos se articularem com uma pluralidade significativa de regras e de conceitos jurídicos indeterminados. Certo é que, em razão da sua indeterminação conteudística, os princípios constitucionais não podem ser objeto de uma metódica interpretativa exatamente igual à utilizada para a interpretação de uma regra. Um princípio constitucional não é uma decisão: é um critério geral marcado por um elevado nível de indefinição, de onde pode ser retirada uma diversidade de decisões normativas, o que significa que os fins por ele fixados podem ser alcançados por uma pluralidade de regras, em tese juridicamente válidas, mas que podem ser, inclusivamente, contrárias entre si.

B. Etapas hermenêuticas idênticas e complementos metódicos da interpretação de princípios

703. Em sede de controlo de constitucionalidade, as etapas interpretativas da determinação de uma relação de significado extraída de um princípio são as mesmas que convocamos para a interpretação de regras (fase cognitiva, ancorada no programa interpretativo e fase de concretização). Contudo, para a interpretação dos princípios, como os métodos e cânones da interpretação jurídico-dogmática são insuficientes, a componente concretizadora assume maior peso e existe a necessidade de se encontrar ferramentas complementares[1478].

704. O peso do *programa normativo no processo de interpretação de princípios* é menor *do que o que subjaz à descodificação das regras.* Isto, porque o texto, em razão de um nível inferior de precisão na linguagem utilizada bem como quanto ao seu grau de decidibilidade deôntica, tende a ser menos esclarecedor sobre o alcance e o âmbito dos fins a atingir, e, sobretudo, em relação aos meios e vias para esse efeito. E, ainda, porque o elemento lógico-sistemático pode ter um alcance limitado, na medida em que não existem antinomias normativas em sentido próprio com outros princípios, mas antes, colisões e concursos em que as respetivas relações de precedência só limitadamente se solucionam através dos critérios da especialidade ou da exceção.

Já *o peso da etapa concretizadora resulta ser bem mais significativa.* Vejamos porquê.

Em *primeiro lugar,* porque o nível de indeterminação do enunciado do princípio ou do standard confere-lhe maior plasticidade para que o intérprete o possa ajustar ao *ambiente normativo,* ou seja, à realidade social, política e temporal envolvente da solução problemática que reclama a sua aplicação.

Em *segundo lugar,* porque nesse ajustamento ao real, a discricionariedade do intérprete é tanto maior quanto o facto de o princípio incorporar valores extrajurídicos, como é o caso de bens de relevância moral ou política, os quais modulam o sentido da norma na sua aplicação à especificidade de uma situação problemática.

Em *terceiro lugar,* porque dessa plasticidade emergem, com mais facilidade do que sucede com as regras, soluções interpretativas divergentes,

[1478] BOCKENFÖRDE ult. loc cit, p. 69.

eivadas de pretensão de validade, pelo que o teste de confronto entre a solução preferida e as soluções alternativas é marcado por um maior peso na vertente dialética entre argumentação e contra-argumentação[1479].

E, em *quarto e último lugar*, estando em causa a aplicação de um princípio a uma situação problemática específica, a subsunção não é, frequentemente, o critério metódico concretizador mais adequado para a obtenção da regra de decisão. Isto não significa, como apressadamente é referido, que a subsunção não possa ser utilizada como via de concretização de um princípio. Na verdade, tal como se verá, alguns dos princípios constitucionais estruturantes e de conteúdo menos neutro (como a proporcionalidade) já se encontram jurisprudencialmente densificados numa pluralidade de sub-critérios de conteúdo mais ou menos denso, a partir dos quais o juiz realiza operações subsuntivas de concretização.

Contudo, em muitos outros casos em que o princípio reclama juízos de balanceamento (como é o caso da proporcionalidade em sentido estrito que integra o último "teste" do princípio da proteção da confiança, cfr supra § 490), ou em que não existe o mencionado grau de densificação jurisprudencial (princípio da dignidade da pessoa humana) ou, ainda, quando emergem situações novas, torna-se fundamental recorrer a métodos não subsuntivos. É nesta sede que o *juízo de ponderação,* no quadro de um teste de proporcionalidade, se destaca como via de concretização normativa em sede de colisão entre princípios, no âmbito de um processo de controlo de constitucionalidade de leis restritivas de direitos de liberdade.

705. Isto, sem prejuízo de poderem ser convocadas outras vias metódicas alternativas e, por vezes, mais adequadas à situação a resolver, como as da determinação do âmbito de proteção do direito afetado e da concordância prática entre princípios colidentes[1480], bem como da aplicação de critérios de precedência lógica, de conformidade instrumental e de complementaridade entre princípios[1481].

706. A par destas particularidades, existem cânones que, nos diversos elementos de interpretação, são específicos da interpretação de princípios: é o caso da supremacia constitucional do regime estruturante dos direitos *fundamentais; do princípio da concordância prática; da interpretação extraída do*

[1479] Para a qual são mobilizados e filtrados, critérios não jurídicos agregados a valores.

[1480] Bodo Pieroth-Bernhard Schlink "Direitos Fundamentais, Direito Estadual II", op. cit., p. 92 e seg.

[1481] Assim, Humberto Ávila "Teoria dos Princípios" op. cit, p. 124 e seg.

contexto histórico; e, duvidosamente, da máxima efetividade dos princípios que incorporam direitos fundamentais. Outros critérios canónicos pontificam, na especialidade para, em sede de concretização, orientarem *operações de ponderação constitucionalmente adequadas.*

2.2. Breves observações sobre o programa normativo

A. O texto

707. Tal como enfatiza Garcia Amado (infra,§ 732-2º) antes de se proceder à concretização em sentido estrito de um principio é necessário examinar os enunciados linguísticos e interpretá-lo a partir de um texto. HESSE[1482] pontualizou, por seu turno, que a interpretação se encontra vinculada a algo previamente estabelecido num enunciado textual e o mesmo enunciado linguístico limita as possibilidades das relações de sentido que dele se podem extrair, não sendo admissível um significado contraditório com a compreensão linear e lógica que deflui do respetivo texto.

708. Ainda assim, existem alguns (escassos) princípios que não se encontram explicitamente consagrados no texto da Constituição, mas que dele podem ser deduzidos por via interpretativa, mediante operações de abstração ou, ao invés, de trabalhos de concretização que incidem, respetivamente, sobre regras e sobre princípios textualmente consagrados. Como refere Jack Balkin[1483] a propósito da Constituição norte-americana, não existe uma cláusula expressa de *separação de poderes e de freios e contrapesos* na mesma Constituição: contudo, esses princípios, considerados inequivocamente como estruturantes, são deduzidos (por abstração) das regras que regulam o estatuto e os poderes dos diversos órgãos e, igualmente, confirmados tanto pelo elemento histórico, que atestou a vontade do constituinte, como pela consolidação da prática constitucional. O mesmo se diga do *princípio democrático,* que é o que mais se utiliza no argumentário contra o ativismo judicial e que não consta do texto, inferindo-se das regras que regem o modelo de representação política. *Sucessivas abstrações* feitas a partir de regras, e a análise de grupos de decisões jurisprudenciais que confiram uma solução análoga à mesma situação, permitem revelar o princípio que fundou as referidas decisões.

[1482] Konrad Hesse "Temas Fundamentais (...)" op. cit, p. 116 e seg.
[1483] Jack Balkin "Living Originalism", Cambridge, Massashussets. London, 2011, p. 14 e seg.

709. Por outro lado, *a concretização* de certos princípios explícitos de ordem geral, permite decantar a existência de outros princípios instrumentais. É, claramente, na Constituição portuguesa, o caso do princípio da *proteção da confiança*. Este constitui uma dimensão subjetiva do princípio da segurança jurídica (associado ao principio da proporcionalidade) que opera como critério garantístico dos direitos fundamentais, deduzindo-se, por seu turno o referido princípio da segurança jurídica do princípio do Estado de direito enunciado no nº 2 da CRP. Esta concretização foi, como vimos realizada pelo Tribunal Constitucional (Cfr. Ac. nº 287/90) que transplantou, para o efeito, uma construção gizada pela jurisprudência constitucional alemã.

B. O alcance do elemento lógico-sistemático

710. A interpretação lógica e sistemática encontra-se estreitamente ligada ao elemento textual e opera como instrumento de preclusão de contradições normativas. Permite, por exemplo, fazer prevalecer, à luz do critério da especialidade, uma regra sobre um principio constitucional com a qual a primeira se encontre em oposição. Permite, igualmente, identificar relações de complementaridade entre dois princípios em aparente colisão, mas que se posicionem numa relação "género-espécie"[1484].

O mesmo elemento possui, contudo, uma eficácia limitada em sede de colisão entre princípios, a qual não se seleciona, em regra, mediante operações de revogação, privação total de eficácia ou invalidade de um deles. Nesta esfera, operam outras vias de solução da colisão que não radicam num enfoque puramente lógico.

C. O relevo jurisprudencial do elemento histórico

711. O elemento histórico tem na interpretação dos princípios um peso muito expressivo a nível da componente centrada no *precedente jurisprudencial.*

Um exame à jurisprudência mais recente do Tribunal Constitucional português, que chama à colação um conjunto restrito de princípios como parâmetro direto de constitucionalidade, revela-nos que o sentido atribuído aos mesmos princípios, assenta em critérios consolidados em precedentes jurisprudenciais do mesmo Tribunal. Existe, de facto, um acumulado de

[1484] Humberto Ávila, ult. loc, cit p. 124.

decisões que vão confirmando significações normativas que comportam um *elemento estático e um outro dinâmico* que se manifesta através de atualizações, ajustamentos e evoluções deslizantes de fórmulas e critérios gerais de concretização constitucional, derivados da especificidade de novos casos e de mudanças na realidade política e social.

712. A importância do precedente jurisprudencial é enorme, com especial relevo para os princípios estruturantes em matéria de direitos fundamentais, como os da igualdade, proporcionalidade, proteção da confiança, justa causa no despedimento e acesso à justiça. Na verdade, o Tribunal Constitucional português foi densificando critérios e sub-parâmetros de decisão em torno dos referidos princípios ao ponto de, a partir do mesmos, ser perfeitamente possível realizar, em certas circunstâncias, operações subsuntivas de concretização[1485].

713. O peso da doutrina no processo interpretativo é igualmente relevante pois, sem prejuízo da constância da jurisprudência, é a partir dos seus contributos que o Tribunal Constitucional vai imprimindo evoluções e ajustamentos na atividade interpretativa dos princípios constitucionais. O mesmo sucede com a circulação de precedentes jurisprudenciais estrangeiros ínsitos em decisões emblemáticas.

714. A "Occasio Legis" tem um impacto significativo na relação entre o programa e o ambiente normativo, já que permite uma avaliação das circunstâncias que rodearam a génese e evolução do princípio até ao momento da sua concretização. O parâmetro constitucional de criação jurisprudencial da "exceção financeira" constitui um exemplo cabal da relevância da realidade envolvente das medidas que são objeto de controlo no juízo de constitucionalidade.

715. Existe, em síntese, um enorme peso das mencionadas componentes do elemento histórico da interpretação dos princípios, a tal ponto que por vezes emerge o risco de uma certa petrificação mecanicista na revelação do sentido dos seus mandatos e de cristalização dos estratos normativos que por via interpretativa os densificam a partir das orientações consolidadas da jurisprudência.

[1485] Por exemplo, em juízos de constitucionalidade que envolvam o princípio da proporcionalidade é possível formular juízos subsuntivos de inconstitucionalidade a partir dos critérios inerentes aos sub-princípios da adequação e da necessidade, o mesmo sucedendo a partir do princípio da igualdade relativamente a certo tipo de discriminações negativas com carácter infundado.

D. A elasticidade dos elementos teleológicos e axiológicos

716. O *elemento axiológico* tem um peso considerável, permitindo ao intérprete modular bens jurídicos de ordem moral e política com reporte a tendências dominantes do tempo presente e, no plano fático, às suas pré-compreensões.

Importa, contudo, recordar que a Constituição consiste num complexo de normas decididas e não num conjunto de valores morais, filosóficos ou políticos. Se é um facto que existem valores inspiradores de regras, que os princípios enunciam juridicamente diretrizes finalísticas a partir de valores[1486] e que esses princípios carecem de concretização, não é menos verdade quc, passe o pleonasmo, os valores por si mesmo não "valem" juridicamente, nem são assimiláveis a regras e a princípios. Enquanto estes últimos, como normas, impõem um "dever-ser", já os valores assumem uma essência teleológica, temporalmente mutável ou inconstante e marcada por opções subjetivas de preferência[1487].

Converter, por via hermenêutica, o Direito Constitucional em valor, seria abdicar da racionalidade na interpretação e degradar o primado jurídico da Constituição como lei[1488]. Seria, igualmente, vaporizar a normatividade através de uma argumentação emotiva, precária e casuística que propiciaria concretizações subjetivistas assentes na canonização de termos de conteúdo vazio, que cada intérprete depreenderia de acordo com as suas pré-compreensões[1489], estilhaçando-se a segurança jurídica[1490]. Ora, a Constituição é mais do que um conjunto de axiomas, já que se impoõe como ordem dotada de um programa juridicamente vinculante de "integração e de representação" da vontade do povo[1491], garantido pelos tribunais.

[1486] Livio Paladin ult. loc cit. p. 144 e seg.
[1487] Häbermas "Direito e Democracia, op. cit, p. 310.
[1488] Häbermas ult loc cit.
[1489] Thoff ult loc cit, e "Los Derechos Fundamentales en El Estado de La Sociedad Indistrial", 1975, p. 237 e seg, sendo respaldado pelo pequeno mas incisivo texto de Schmitt "La Tirania Dei Valori" cit, de quem Forsthoff era discípulo; Bockenförde "Stato Costituzione Democrazia"op. cit, p. 110; John Hart Ely "Democracy and Distrust" op. cit p. 4 e seg. e p. 87 e seg.; Paramo Arguelles citando Alf Ross "Razionamiento Juridico y Interpretación Constitucional", REDC, nº 2, 1988, p. 107.
[1490] Cfr o recente e incisivo escrito "revisionista" de Eros Grau "Porque Tenho medo dos Juízes", p. 22.
[1491] Cfr. Klaus Stern ult loc cit, p. 286.

De toda a sorte, os valores mais básicos do ordenamento constitucional relevam auxiliarmente no processo interpretativo dos princípios que os contêm. Daí que o elemento axiológico (atenta a sua natureza extrajurídica) se articule, de forma estreita, com o âmbito normativo, na medida em que o intérprete perceciona certos valores e paradigmas sociais à luz da evolução que os mesmos entretanto experimentaram no tempo em que se realiza a interpretação. Por exemplo, a moral objetiva dos anos 50, dos anos 70 e do virar do milénio sofreu mutações importantes em temas convivenciais fraturantes como a família, o casamento e a disponibilidade sobre a própria vida e o próprio corpo, em relação às quais os juízes tendem a revelar alguma sensibilidade ou abertura.

Por seu turno, *o elemento teleológico* é relevante em sede hermenêutica, na medida em que os princípios são normas-fim. Contudo, a precisão do escopo diretivo do princípio depende da prévia densificação do peso e do alcance do valor ou bem jurídico que o mesmo enuncia.

717. Cumpre ao intérprete reduzir ou temperar o alcance do elemento axiológico e evitar uma deriva que o leve a revelar sentidos que produzam "normas de decisão" retiradas, não da Constituição, mas de padrões externos à mesma, que assumam uma natureza objetivamente inovadora, e que cuja construção se situe mais num domínio de otimização política do que como revelação e concretização do direito posto.

2.3. A concretização

718. Trata-se de um momento fundamental no processo interpretativo que envolve a aplicação de princípios a uma situação problemática. Isto, porque implica a extração de um critério constitucional de decisão, a partir de um enunciado normativo indeterminado que irá servir de parâmetro a uma norma ordinária, cuja constitucionalidade é contestada. O princípio constitucional, cujo fim pode ser alcançado por uma pluralidade de regras, carece de densificação à luz da situação real à qual se aplica. Dessa operação concretizadora, emerge uma regra geral construída pelo intérprete que, depois de confrontada com a lei que é objeto de fiscalização, propiciará o que se designa por "regra de decisão" – a qual irá fundamentar um juízo de constitucionalidade. É do agrupamento, categorização e ulterior generalização destas normas de decisão e dos critérios gerais onde assentam, que um dado princípio vai sedimentando com o tempo, adquirindo um certo grau de densidade e precisão fisionómica como parâmetro normativo.

719. O processo de concretização de princípios envolve vias metódicas diversas, das quais a *ponderação* é a mais destacada em razão da sua utilização comum pela Justiça Constitucional[1492]. O *tema da concretização de princípios é demasiado complexo e debatido em monografias relevantes para ser desenvolvido num Curso de Direito Constitucional* que se limita a generalizações propedêuticas em matéria de interpretação. Daí que as presentes linhas se limitem a uma breve síntese e a um conjunto de remissões sobre o instituto.

A. A densificação de um princípio no quadro de operações subsuntivas e integrativas

720. Nem sempre existem colisões entre princípios, já que alguns deles se aplicam unidireccionalmente a uma dada situação problemática.

Princípios estruturantes fortemente concretizados nas suas diversas decorrências pela jurisprudência (caso do principio da igualdade) são servidos por critérios jurisprudenciais portadores de um nível apreciável de determinabilidade, que justificam a realização de frequentes operações subsuntivas de aplicação a diversos casos problemáticos[1493]. Noutros casos, essa concretização é operada pelo juiz à luz da realidade específica do caso a decidir[1494].

[1492] Utilização que tem lugar sempre que a suspeita de inconstitucionalidade de um ato legislativo ordinário, que restringe direitos fundamentais, envolve um conflito ente um principio ou interesse público qualificado que sustenta o mesmo ato e outro principio constitucional que se lhe opõe, predicando a sua constitucionalidade.

[1493] Assim, se uma norma do Código laboral, objeto de impugnação, permitir despedimentos centrados em razões objetivas indeterminadas a fixar pela entidade patronal, e se a significação do princípio da justa causa de despedimento implica, à luz da jurisprudência do Tribunal Constitucional, a proibição de despedimentos fundados em parâmetros vagos e indeterminados, porque insusceptíveis de controlo jurisdicional e potenciadores de decisões arbitrárias, é possível ao Tribunal Constitucional, mediante um raciocínio subsuntivo, entender que a norma legal impugnada é um conceito indeterminado e que, por conseguinte, é inconstitucional pelo facto de violar a proibição da indeterminabilidade dos pressupostos do despedimento, ínsita no princípio da justa causa na cessação do contrato de trabalho (cfr Ac. nº 474/2013).

[1494] Por exemplo, no caso das omissões relativas em que o legislador ordinário, ao editar uma norma, confere um benefício a uma categoria de cidadãos sem o estender a outra categoria que se encontra numa situação homóloga, cria-se um silêncio omissivo que viola, por ação, o principio da igualdade. A não inclusão da segunda categoria de cidadãos no âmbito pessoal de previsão da norma equivale a uma norma ideal de exclusão que o Tribunal Constitucional afasta, à luz do principio da igualdade, que determina um tratamento igual para situações iguais (critério subsuntivo). Contudo, o Tribunal pode ir mais longe, reparando para o futuro a inconstitucionalidade através de uma sentença aditiva sem ablação de texto, que determine

B. Relações de precedência entre princípios colidentes

721. De acordo com alguns entendimentos, e sem prejuízo da inexistência de uma hierarquia formal entre normas constitucionais, existem princípios ancilares do núcleo identitário de uma Constituição, que regem a atuação estadual e que *devem ser sempre observados por outros princípios, de tal sorte que, salvo situações extraordinárias, estão fechados à ponderação, não podendo ceder perante outros que com eles colidam*[1495]. A sua mais elevada dimensão de peso no plano axiológico confere-lhe uma maior força como parâmetro, sendo exigível o seu acatamento por parte de uma ordem de razões contrária.

O princípio da separação de poderes, podendo ser objeto de uma pluralidade de sentidos interpretativos que rodeiam a sua aplicação a casos específicos, não é, em regra, suscetível de ceder, no quadro de um juízo de ponderação, quando confrontado com outros princípios. Com efeito, sub-princípios como o Estado de direito e, na dependência deste último, o da proteção da confiança encontram-se numa relação sucessiva de dependência em relação ao primeiro[1496]. O mesmo se diga do *princípio democrático* na sua dimensão nuclear.

722. Há quem entenda, igualmente, que o primado dos direitos de liberdade sobre os direitos sociais (supra, § 579 e seg.) implica como regra geral a prevalência dos princípios que amparam os primeiros sobre os que sustentam os segundos. Podem, contudo, existir *situações excecionais* em que, estando em conta o *mínimo existencial* (o "núcleo duro" do conteúdo essencial do direito) atinente a alguns direitos sociais medulares que integram a cláusula do Estado social (saúde, educação e segurança social), certos direitos de liberdade cedem, no caso concreto, na sequência de um juízo de ponderação, por incorporarem valores de menor peso face àqueles.

723. Também, certos princípios guardam em face de outros relações de *especialidade ou excecionalidade,* pelo que a sua concretização passa por um

que a norma é inconstitucional, na medida em que não incluiu a referida categoria de cidadãos. Tal significa que, no futuro a norma passa a ser lida em conjugação com o principio da igualdade, no sentido de passar a incluir a segunda categoria de pessoas. A componente reconstrutiva ou "normativa" da sentença envolve uma concretização do principio da igualdade pelo Tribunal Constitucional em termos que implicam uma operação integrativa de uma lacuna axiológica. O Tribunal, a partir do princípio da igualdade, prolata uma norma de decisão que preenche uma falha ilícita de regulação, alargando e transformando o âmbito de aplicação da norma interpretada e objeto de controlo de constitucionalidade.

[1495] Humberto Ávila ult. loc cit, p. 126 e seg.

[1496] Humberto Ávila ult. loc cit, p. 125.

caminho feito do geral para o particular, em que os mais densos prevalecem sobre os menos densos.

C. *Apontamento sobre as colisões entre princípios e o juízo de ponderação na esfera da interpretação de normas relativas a direitos fundamentais*

a) Conceito

724. A ponderação consiste numa *operação de pesagem e balanceamento concreto entre princípios constitucionais simultaneamente aplicáveis a uma situação problemática. Dela decorre a prevalência aplicativa de um princípio sobre outro e a subsequente extração de um critério específico de decisão a partir do seu enunciado*[1497].

[1497] VITALINO CANAS "O Principio da Proibição do Excesso (...)" op. cit, p. 692 e seg. e 794 discorda da posição por nós defendida na outra Edição ao do 2º Volume do Curso de Direito Constitucional segundo a qual a ponderação envolve normas princípio, sustentando antes que opera entre os efeitos positivos e negativos das normas. Sobre esta questão cumpre evidenciar os seguintes pontos: i) Quando afirmámos que a ponderação se faz entre normas-principio não sustentei que as mesmas seriam apenas sopesadas em abstrato, mas que se avaliaria o seu peso especifico em razão da sua aplicação a uma situação problemática específica. ii) Uma norma-principio de direitos fundamentais em sede de colisão normativa não se reduz aos seus efeitos: envolve um texto, um comando com um dado grau de determinabilidade, bens jurídicos tutelados com relevo específico, uma relação de sentido à luz do ambiente normativo que rodeia o caso concreto e os efeitos que produz, com relevo para os sacrifícios e benefícios que afetam direitos fundamentais de interesses públicos qualificados. Ora, quando numa lei restritiva de um direito concorrem dois princípios constitucionais (vide direito à privacidade vs liberdade de imprensa), não se pondera apenas os efeitos da norma, sem prejuízo da sua relevância. Como escrevem LOTHAR MICHAEL e MARTIN MORLOK ("Direitos Fundamentais (...)" op. cit, p. 492), procede-se, também, a uma avaliação abstrata da relação entre meios e fins, através de categorias normativas. E nessa operação existem direitos ou interesses com maior valência do que outros, em razão da essencialidade dos bens tutelados, sendo possível fazer gradações abstratas, mesmo dentro do mesmo direito (direito à vida, p. exº). E caso se releia a primeira "lei" de Alexy (quanto maior o grau de afetação de um bem jurídico maior a importância e grau de satisfação do bem protegido pelo principio preferente) observa-se que, se a satisfação radica na análise dos efeitos da norma, a avaliação da importância do bem jurídico, envolve uma dimensão abstrata que excede esses efeitos. Logo não é possível reduzir o objeto de ponderação aos efeitos; iii) Em síntese, quando dois direitos fundamentais colidem numa lei que afete desfavoravelmente um deles para salvaguardar o outro, colidem os bens jurídicos tutelados por normas e, por consequência, colidem duas normas constitucionais. Nenhum princípio normativo colidente é inválido quando o outro prevalece, sendo sim, inválida, a lei que tenha dado prioridade ao princípio derrotado na decisão final invalidante. Há uma hierarquia móvel. A ponderação é uma operação de pesagem em que uma norma constitucional derrota aplicativamente outra por ostentar razões mais fortes em seu favor. O objeto da ponderação são normas, nelas incluídos os seus efeitos.

Nos Estados Unidos existem vias interpretativas ou critérios fluidos da decisão "primos" da ponderação realizada nos sistemas europeus reconduzidos ao chamado "balancing" que envolveria três níveis de escrutínio: *"rational basis", "strict scrutiny" e "intermediate scrutiny"*[1498]. Mas o facto é que esta via não seria isenta de críticas pois compararia por vezes coisas incomparáveis ou mensuráveis, assentaria em critérios contraditórios, recuaria para casos difíceis[1499], não seria desejável em múltiplas situações e apenas ganharia solidez como *definitional balancing* selado pelo precedente impondo-se questionar se, o que imperaria como norma de controlo, não seria a força do precedente e menos a fluidez casuística do reasoning que inere à operação de balancing.

A ponderação consiste num método frequentemente utilizado na garantia do âmbito de proteção de direitos fundamentais, mormente quando uma lei restringe direitos, liberdades e garantias, pois a Constituição portuguesa alude a esse balanceamento no nº 2 do seu artº 18º. Com efeito, este preceito determina que as restrições legais a direitos de liberdade "*devem limitar-se ao necessário para salvaguardar outros direitos ou interesses constitucionalmente protegidos*". Deste enunciado resulta a imposição de um juízo de proporcionalidade que supõe a realização de três etapas ou testes, numa ordem sistemática já aqui abordada supra (supra, §476 e seg.): *sub-princípio da adequação, sub-princípio da necessidade e sub-princípio da proporcionalidade estrita*. Ora, é precisamente este último que implica um juízo de ponderação entre o princípio ou interesse público prevalecente que justifica o sacrifício do direito – e os princípios que ampara o direito que é alvo do sacrifício[1500].

725. O teste da *ponderação*, contrariamente aos juízos de necessidade e adequação, os quais envolvem processos mais ou menos controláveis ou verificáveis da racionalidade do ato normativo posto em crise, postula

[1498] Com desenvolvimento, VITALINO CANAS ult. loc cit, p. 139 e seg.

[1499] VITALINO CANAS (ult. loc cit. p. 149 e seg.) ratifica em parte estas críticas, sobretudo no balancing feito "ad hoc" mas defende o *definitional balancing* realizados pelo legislador ou pelo juiz constitucional, quando selado pelo precedente.

[1500] Algo ambiguamente, o nº 2 do artigo 18º da CRP alude, literalmente, ao critério da necessidade, mas determina a realização de uma operação estrita de proporcionalidade, no sentido de determinar que o sacrifício do direito restringido deve estar justificado na salvaguarda de outros direitos ou interesses constitucionalmente protegidos (de peso potencialmente equivalente ou maior).

um elevado grau de discricionariedade e até de subjetivismo por parte do juiz[1501], quando pesa, no caso concreto, a relevância dos princípios e interesses em colisão e faz com que um deles ceda em face do outro.

Essa cedência ou "desbancamento" implica, como alguém afirmou, uma certa forma de *hierarquia móvel* ditada pela realidade jurídica do caso específico a resolver[1502]. Ela implica que, para a concretização de duas "normas de decisão" alternativas e colidentes extraídas dos princípios em tensão, o *ambiente normativo,* que subjaz à realidade jurídica e fática que rodeia a situação problemática, assuma basta importância na escolha jurisdicional da "norma de decisão" prevalecente[1503].

Os princípios que cedem, perante outros, não são, todavia, inválidos, mas sim "derrotados" no caso em julgamento, sendo o efeito dessa derrotabilidade, o bloqueamento total ou parcial da sua eficácia aplicativa à situação problemática. Inválida será a norma, textual ou ideal, de direito ordinário, amparada no princípio derrotado que se revele desconforme ao princípio vencedor : ou seja, com aquele que o Tribunal Constitucional fez prevalecer. Já noutra colisão respeitante a um caso diferente, a realidade pode impor uma inversão na relação de prevalência entre os mesmos princípios.

c) Orientações hipotéticas sobre a seleção dos princípios em tensão e a conceção de uma operação de ponderação

726. A ponderação constitui, pese as críticas de que é alvo (infra § 732), um "método" comum de concretização de princípios utilizado pela Justiça Constitucional e os demais intérpretes, em cenários que envolvem conflitos entre direitos fundamentais ou entre estes e interesses públicos com relevo constitucional. Como tal, importa equacionar o enquadramento do processo ponderativo.

727. Humberto Ávila traça um conjunto de diretrizes analíticas dos princípios colocados numa relação de tensão, a propósito da resolução de uma questão de constitucionalidade, resolução que poderá passar pela via da ponderação ou por outro método alternativo.

[1501] Cfr. em geral, Bernhard Schlink "German Constitutional Culture in Transition" Cardozo Law Review nº 14, 1992-1993. Em especial Bodo Pieroth-Bernard Schlink "Direitos Fundamentais", op. cit e p. 84 e seg.

[1502] Assim. Riccardo Guastini "ult. loc cit p. 89.

[1503] Assim, Alexy. Contra Bodo Pieroth, Bernard Schlink op. cit, p. 70 e 94.

Considera, nomeadamente, o mesmo jus-publicista que[1504]:

i) Quando menos específico for o fim inerente a um princípio, menos controlável será a sua realização no concreto em sede de fiscalização da constitucionalidade, pelo que o fim geral que lhe inere deve dar lugar a um fim específico, cumprindo ao intérprete reduzir a sua vagueza, mediante a análise das normas constitucionais que restrinjam o seu âmbito de aplicação;

ii) Fins demasiado vagos ou imprecisos podem ser densificados através da convocação de casos paradigmáticos da jurisprudência, com soluções exemplares passíveis de generalização ou, ainda, do agrupamento de casos isolados análogos que, examinados no seu conjunto, elucidem valores e critérios comuns a preservar;

iii) A identificação do conteúdo dos princípios pressupõe uma delimitação dos bens ou valores jurídicos efetivamente protegidos e os meios admissíveis e necessários para a sua realização.

728. Registando-se uma colisão entre princípios que alicerçam distintos direitos fundamentais ou interesses qualificados, e verificando-se uma restrição legal a um deles, coloca-se o problema da realização de um juízo estrito de proporcionalidade, o qual exige a conceção de uma ponderação metodicamente estruturada, que implicará[1505]:

i) A *preparação da operação de ponderação* (que postula a necessidade de *"estudar, indicar e identificar o que vai ser sopesado e porquê"*, o que implicaria a observância do *"postulado do carater explícito das premissas"*);

ii) A *realização da ponderação* (que reclamará uma operação de "pesagem" dos bens jurídicos em tensão no contexto de uma solução problemática carente de uma norma de decisão e a indicação do primado de um princípio sobre outro, bem como a justificação dessa prevalência);

iii) A *Reconstrução da ponderação,* que implicaria a conceção ou revelação de regras de relação centradas na primazia registada entre os elementos sopesados, as quais devem ter uma pretensão de validade para além do caso solucionado pela norma de decisão.

[1504] Humberto Ávila ult. loc cit, p. 91 e seg.
[1505] Humberto Ávila ult. loc cit, p. 156.

d) Tópicos inerentes à realização da ponderação

729. Terá sido Robert Alexy o autor que mais longe levou a pretensão de cientificidade da ponderação.

Alexy entende que toda a ação que se repercuta no tema dos direitos fundamentais é abrangida no respetivo âmbito temático de proteção[1506] e evidencia a importância da realidade fáctica (ou suporte fático inerente ao "âmbito normativo") na resolução de uma situação problemática. Daqui decorre que existirá, na ponderação entre dois direitos em conflito no quadro de uma situação problemática, a revelação de um *conteúdo geral e primário do direito ("prima facie")* decantado a partir da interpretação do princípio que o justifica, a par do *conteúdo definitivo do direito*, o qual é obtido depois da realização da ponderação.

De acordo com este autor, os princípios contrapostos terão uma relevância ou peso diferente em relação ao caso problemático que os convoca, se bem que, em abstrato, fora dessa situação problemática, nenhum ostente uma posição de superioridade sobre o outro.

Na medida em que a prevalência de um princípio permita obter uma "norma de decisão" a partir de um critério geral, esse critério deve, como foi referido, ter uma pretensão de generalidade , ou seja, deve aplicar-se no futuro a casos análogos. Passam, assim, a cristalizar-se em torno da estrutura do princípio, parâmetros normativos mais densos, com razoável pretensão de decidibilidade. Isto, sem prejuízo de casos novos exigirem novos exercícios de ponderação.

730. Alexy traçou diversos critérios ou "leis" da ponderação[1507], dos quais cumpre destacar três. Assim:

i) Quanto maior o grau de prejuízo ou de não satisfação de um bem jurídico enunciado num principio (e que é total ou parcialmente preterido), maior deve ser a importância do bem protegido pelo principio preferente, bem como o respetivo nível de satisfação;
ii) Quanto mais intensa for, no plano restritivo, uma intervenção legal na esfera de um direito fundamental, tanto maior deverão ser as certezas das premissas que amparam a referida intervenção e o ónus de argumentação imposto ao legislador para fundamentar a não inconstitucionalidade da lei;

[1506] Virgilio Afonso da Silva "Direitos Fundamentais", S. Paulo, 2009, p. 161.
[1507] Cfr. Robert Alexy "Sistema Juridico, Principios Juridicos y Razón Prática", Doxa, 5, 1988, p. 148 e seg.

iii) Os princípios procedimentais prevalecerão sobre os materiais, somente quando se encontrarem ligados a outros princípios materiais.

731. Não existindo um "ponderómetro", como reconhece ironicamente GARCIA AMADO, o facto é que constitui uma preocupação torturada, e até superlativa de ALEXY, procurar atribuir um rigor científico às suas "leis", ao ponto de pretender aproximar esse rigor dos critérios de observação, teste e comprovação das ciências exatas. Para tal passou crescentemente a utilizar *fórmulas matemáticas* para justificar o suposto rigor dos argumentos utilizados numa operação de balanceamento ou ponderação, fórmulas que foi alterando e que refletem a operatividade das suas "leis". Essa tentativa de aproximação ao método dedutivo[1508], como busca de uma legitimação lógica, teve como objetivo o cálculo do peso inerente aos direitos em conflito num caso concreto (bem como à argumentação esgrimida a seu favor) e, subsequentemente, à justificação do primado do princípio que, de acordo com esses critérios, exibe um maior peso. Trata-se da famosa "fórmula de peso".

A título de exemplo[1509], a primeira "lei" de ALEXY (supra, § 729), referida à relação entre a maior intensidade na satisfação do principio prevalente e o maior nível de restrição de um principio sacrificado estaria representada nos seguintes dados: Pi e Pj seriam os princípios que fundamentam os direitos em tensão; I i e I j os níveis de intensidade da satisfação e restrição; Gi seria o peso concreto do principio Pi em relação ao principio Pj.

Ter-se-ia, então, a seguinte fórmula: Gi,= Ii-Ij. Trata-se da fórmula mais simples.

Os níveis de intensidade satisfação ou da restrição (Ii e Ij) são qualificados de "leve", "médio" ou "elevado" e podem ser objeto de quantificação numérica: à intensidade "leve" corresponderia o valor 1, à média, a intensidade 2 e à elevada a intensidade 3.

Se o resultado da operação for positivo (ou seja, a importância e grau de satisfação de um principio preservado for elevado por contraste com o grau elevado de insatisfação e de sacrifício do principio restringido,) o principio Pi prevaleceria sobre o Pj. Contudo, se o resultado for negativo (se impor-

[1508] Cfr., em geral, ROBERT ALEXY. Postcript. In ALEXY, Robert. A Theory of Constitutional Rights, Oxford, 2002.

[1509] A par do *Poscript*, cit na nota precedente, segue-se, com alterações, o exemplo dado com alguma clareza por VIRGÍLIO AFONSO DA SILVA, ult. loc cit, p. 175 e seg.

tância do principio preferido for menor por contrate com um elevado sacrifício mas uma elevada importância do princípio restringido), o Pj prevalecerá sobre o Pi.

Em suma, o resultado da ponderação corresponde à pesagem de, pelo menos, dois fatores:

i) O grau de importância decorrente da satisfação do princípio prevalecente;

ii) O grau de importância e a intensidade do prejuízo do princípio "derrotado".

Na prática, esta operação envolve a colocação, em dois pratos da balança, de todos os argumentos que pesam em favor de um e outro princípio, à luz de uma situação problemática , com a atribuição de um peso específico e quantificado. No final do processo prevalecerá o princípio com maior peso.

Esta fórmula simples foi ulteriormente recomposta através de equações de maior complexidade, que aqui não serão abordadas e que envolvem, igualmente a inclusão de outros elementos, como o peso abstrato dos princípios em colisão[1510].

e) Cânones aplicáveis

732. Em sede da operação concretizadora que envolva um juízo de ponderação (o qual se encontra invariavelmente soldado, tanto a elementos teleológicos e axiológicos do programa interpretativo como ao "ambiente normativo") podem ser mobilizados, a par de outros cânones gerais aplicáveis ao programa normativo já aqui abordados, determinados cânones específicos.

É o caso da *concordância prática,* decorrente da unidade da Constituição, que orientaria a ponderação e envolveria um juízo de otimização[1511] sobre o conteúdo de dois princípios colidentes na esfera dos direitos fundamentais. Essa "concordância" envolveria uma preocupação de equilíbrio, não estrito[1512], mas relativo e assimétrico, entre os princípios em tensão, bus-

[1510] Cfr Virgílio Afonso da Silva, op. cit, p. 176. Vide outras fórmulas, in Mattias Klatt-Moritz Meister "The Constitutional Structure (...)" op. cit. e em literatura em língua portuguesa, Robert Alexy "A Construção dos Direitos Fundamentais", Trad do Desembargador Paulo Pereira Gouveia in "Direito e Política", 6, Fev-Abr, Lisboa, 2014, p. 46.

[1511] Realização máxima de um direito, na medida do possível.

[1512] Friedrich Müller "Discours (...)" op. cit.

cando-se uma "norma de decisão" que constitua uma síntese dialética entre as normas conflituantes [1513].Um princípio derrotado não deveria ser integralmente sacrificado, salvaguardando-se o seu núcleo essencial.

Verifica-se, contudo, que independentemente da sua utilidade semântica para justificar retoricamente certas decisões, a concordância prática não passa, por vezes, de uma "intenção pia" ou de um simples "apelo"[1514]. Isto porque existem colisões em concreto, em que determinado princípio ou interesse público qualificado prevalecem na íntegra sobre o princípio ou interesse com o qual se confrontam.

f) Observações finais sobre a legitimidade e os pressupostos de convocabilidade da ponderação pela Justiça Constitucional

733. A análise da admissibilidade e dos limites da ponderação entre princípios deve ser avaliada à luz da prática da sua convocação na Justiça Constitucional, no contexto das críticas que lhe são desferidas na doutrina e dos conflitos de ordem político-constitucional que a sua utilização suscita.

Sobre esta questão, cumpre formular cinco pontos de vista.

1º. *A técnica da ponderação, no contexto de um juízo estrito de proporcionalidade, em que colidem dois princípios constitucionais convocados para solucionar um caso que envolve uma lei restritiva de direitos fundamentais, constitui uma via metódica usada por todos os tribunais constitucionais.*

No caso português é, inclusivamente, um parâmetro de controlo de constitucionalidade previsto no nº 2 do artº 18º da CRP, pelo que não estará, de "iure constituto" em causa a sua admissibilidade, que é um ponto assente, mas a sua natureza, as condições da sua conceção, a fiabilidade da fórmula de peso e os seus limites.

No entendimento que se perfilha nestas linhas, e que diverge de uma boa parte da doutrina, a sua utilização não é obrigatória como parâmetro autónomo e geral da restrição legal a direitos sociais, podendo mesmo dizer-se que essa obrigatoriedade apenas terá lugar quando o princípio da proporcionalidade estiver associado a um princípio estruturante do sistema de direitos fundamentais (como a *igualdade proporcional* ou a *tutela da confiança,* no seu quarto teste). Com efeito, não constitui um imperativo normativo que do principio do Estado de Direito Democrático resulte

[1513] Humberto Ávila ult. loc cit, p. 157.
[1514] Friedrich Müller "ult. Loc cit, p. 287.

lógica ou teleologicamente uma imposição que determine a realização de uma operação de ponderação ou balanceamento. A ponderação que inere à proporcionalidade em sentido estrito constitui uma técnica interpretativa/concretizadora, de entre outras e não um mandato constitucional geral tido como indispensável para a realização da Justiça, fora do espetro onde a Constituição parece impor a sua convocação (como sucede com o nº 2 do artº 18º da CRP).

2º. A *ponderação não substitui, no processo de interpretação de um princípio normativo, nem o programa interpretativo nem o âmbito normativo, sendo antes uma operação de concretização com caráter autónomo que deflui dessas duas fases.*

Alerta Garcia Amado (autor que admite com reservas a ponderação, à qual, todavia, nega o carácter de método com pretensão de racionalidade científica) para o facto de a ponderação como via metódica não ter verdadeira autonomia, pois o resultado depende, em primeiro lugar, da prévia interpretação das normas concorrentes, constitucionais e legais que se encontram em tensão[1515]. Para este Autor, é o Tribunal que coloca o princípio X a competir com o princípio Y. Podem existir, potencialmente, mais princípios em conflito, mas é o Tribunal Constitucional, examinada a argumentação dos interessados, que seleciona quais são os que entram em colisão. A escolha entre os princípios é tida como fundamental pois *"em sede de ponderação a prevalência pode ser diferente e mudar o juízo de idoneidade"*, assumindo as razões que levam a essa escolha caráter interpretativo, mas também político[1516].

A valorização dos elementos interpretativos é feita, com ênfase, pela doutrina que tem dominado a teoria da interpretação em sede de direitos fundamentais na Alemanha nas últimas décadas.

Assim, Schlink, que recusa a ponderação operada à luz do princípio da proporcionalidade *stricto sensu* (posição que não se adota, mas que é difícil ignorar) afirma que, em sede de afetação restritiva de direitos fundamentais, onde a colisão entre direitos se situa no quadro de limites implícitos das restrições, resulta ser essencial a determinação do âmbito de proteção

[1515] Garcia Amado "El Juicio de Ponderación y sus partes: una critica" in AAVV Robert Alexy: Derechos Sociales y Ponderación – Org Ricardo Garcia Manrique, Madrid, 2007, p. 250.

[1516] Garcia Amado ult. loc cit, p. 259. Interroga-se o autor: porque razão, no direito ao aborto, se deve colocar o direito à vida do feto frente ao desenvolvimento da personalidade da mulher e não diante da integridade física?

de cada direito, a qual é feita através do que designa de *"meios normais de interpretação, a partir do texto, história, génese e sistemática"*[1517]. Esse âmbito não poderia ser alargado, através de elementos externos às normas interpretadas, a juízos estritos de proporcionalidade e a presunções etéreas, como a do conceito *"in dubio pro libertate"* ao qual não estaria associado um critério racional.

3º. *A justificação da atribuição de um maior peso a um princípio sobre outro, num processo de concretização estribado na técnica da ponderação assenta, essencialmente, na pertinência da argumentação jurídica e técnica, e menos em valores ou em* fórmulas matemáticas, incapazes de quantificar com rigor, *elementos qualitativos de expressiva relevância.*

Esta mesma asserção foi expressa por alguns discípulos de ALEXY e defensores do recurso à ponderação. VIRGÍLIO AFONSO DA SILVA escreveu que *"não é possível alcançar, com o procedimento do sopesamento, uma exatidão matemática, nem substituir a argumentação jurídica por modelos matemáticos e geométricos. Esses modelos podem, quando muito, servir de ilustração, pois a decisão jurídica não é matemática, nem puro cálculo"*[1518]. O autor refere que, fundamental, na equação de critérios de peso, será buscar regras argumentativas, critérios valorativos e justificações para prevalências condicionadas.

Têm sido difundidas críticas mais duras à formulação matemática. ALEXY, foi confrontado com os reparos de HABERMAS e SCHLINK, nos quais foi acusado de complicar e "embrulhar" a sua construção num conjunto de equações matemáticas, injetadas artificialmente para o universo jurídico-constitucional, como forma de emprestar uma aparência de exatidão lógico-dedutiva a um conjunto de critérios, cujo rigor determinante não teria logrado demonstrar. A fórmula matemática poderia ser manipulada pelo intérprete que, de acordo com as suas ideologias ou pré-compreensões jurídico-filosóficas, poderia adulterar o valor dos "pesos" que atribui a cada variável e a partir daí chegar a uma qualquer solução: a qual pode ser totalmente distinta de um juízo de ponderação sobre o mesmo caso, realizada

[1517] BODO PIEROTH, BERNARD SCHLINK ult. loc cit, p. 70 e seg.

[1518] VIRGÍLIO AFONSO DA SILVA op. cit, p. 176. Contra, outros discípulos de ALEXY que procuram aperfeiçoar e atualizar as fórmulas, como é o caso de MATTIAS KLATT, MORITZ MEISTER ult. loc cit., p. 10 e seg.. Vide, também, VITALINO CANAS (ult. loc cit, p. 776) que critica o facto de a fórmula de peso ser inconciliável com a incomensurabilidade de diversos fatores a ponderar, mormente axiológicos, se bem que entenda que a impossibilidade de reconduzir a ponderação a uma fórmula matemática não condenaria este método à "irracionalidade".

por diferentes intérpretes utilizando pesos diversos. Por outro lado existem bens axiológicos incomensuráveis (liberdade de consciência ou de expressão) ou cuja avaliação quantitativa (vide saúde) envolveria modelos complexos que não seriam compatíveis com o raciocínio próprio da atividade jurisdicional comum e com os meios colocados à sua disposição.

Por outro lado, se examinarmos a jurisprudência constitucional portuguesa e brasileira, a convocação da proporcionalidade em sentido estrito nunca terá passado, salvo algum caso isolado, pelo recurso a fórmulas matemáticas, mas pela via argumentativa, nem sempre convincente e nem sempre isenta de politicidade.

Finalmente, parece complexo ponderar realidades extra-jurídicas como os valores. Como hierarquizar algo mutável sem base Constitucional para o efeito? Como escreve certa doutrina que sentido fará proclamar a vida como valor supremo, como faz o Tribunal Constitucional alemão se admite que o legislador ordinário está habilitado a proceder a intervenções no mesmo direito para preservar outros direitos fundamentais e interesses de ordem geral[1519]?

4º. Salvo nas situações onde a Constituição imponha a convocação do teste da ponderação à luz do princípio da proporcionalidade, o recurso a esta via deve assumir natureza subsidiária

Na ordem jurídica portuguesa, a restrição legal a direitos de liberdade deve ser submetida a um exame de proporcionalidade e neste, a um teste de ponderação, nos termos do nº 2 do artº 18º da CRP. O mesmo se diga de restrições a direitos sociais, nas quais se invoque suspeitas de desigualdade desproporcional e a violação de um princípio da confiança, que implica um teste de proporcionalidade estrita.

Contudo, em situações de colisão entre direitos sociais, ou entre estes e interesses público de relevo qualificado, o juiz não é forçado a convocar a ponderação já que a Constituição, como vimos, o não impõe.

Igualmente parece pouco lógico que a ponderação possa ter lugar quando o balanceamento se faça, diretamente, com princípios ancilares que, diretamente, não são "derrotáveis", como o conteúdo fundamental do principio democrático, do principio da separação de poderes ou do principio da independência nacional no seu núcleo intangível (cfr supra § 732-4º).

[1519] Dimitri Dimoulis, Leonardo Martins "Teoria Geral dos Direitos Fundamentais" S. Paulo, 2014, p. 220, reportando-se à decisão do TC alemão const. BvR 357/2005, nº 85º.

A razão de ser da subsidiariedade deste critério radica no facto de as chamadas "leis da ponderação" serem argumentos que podem fundar, com elevado grau de probabilidade, uma solução racional, mas não constituem critérios científicos portadores de um rigor inatacável. Isto porque se prestam a modulações pelo subjetivismo do intérprete, podendo gerar soluções contrárias, em razão do intérprete e dos diferentes critérios de peso que este atribua às variáveis.

A atribuição de elementos de peso aos valores que os princípios enunciam é uma tarefa desprovida de rigor dogmático, atenta a mutabilidade dos mesmos valores e o diferente significado que os mesmos ostentam para os diversos intérpretes. De acordo com Bockenförde, a associação de valores aos princípios que regem os direitos fundamentais encobriria deliberadamente juízos concretos de puro decisionismo, já que não haveria fundamento racional para uma ordem hierarquizada de valores[1520]. A norma sujeita a ponderações desarmónicas e mal fundamentadas perderia a força, frustrando-se a dimensão garantística dos direitos fundamentais, com a dissolução da sua vinculatividade, gerando-se o risco de serem atribuídos às pessoas não carentes de proteção e negados aos que dela necessitassem.

No mesmo sentido, Habermas considera que a interpretação e a concretização de princípios não se fariam através da "ponderação de valores", os quais não teriam caráter normativo pois, enquanto as normas seriam deônticas, os valores seriam apenas teleológicos[1521]. Converter direito em valor seria degradar o direito, pelo que aplicar a proporcionalidade estrita a princípios traria algumas desvantagens e, dentro destas, a de propiciar decisões políticas e não jurídicas.

A prática da jurisprudência constitucional alemã sobre a matéria não deixa de ser interessante quanto á subsidiarização da autonomia desta via metódica, na tutela de direitos de liberdade[1522].

[1520] Bockenförde ult. loc cit, p. 110 e seg.

[1521] J. Habermas "Direito e Democracia", Rio de Janeiro, 1977 p. 310.

[1522] De acordo com Dimitri Dimoulis e Leonardo Martins "Teoria Geral dos Direitos Fundamentais" op. cit, p. 218 e seg., a jurisprudência doTribunal de Karlsruhe, vertida nomeadamente sobre liberdade de escolha de profissão pese invocar nominalmente a proporcionalidade em sentido estrito para a realização de operações de ponderação, combina-a na prática com o critério da necessidade: a solução que se retira do teste é quase sempre igual à solução recolhida através do teste da necessidade, claudicando a sua autonomia. Tendência igual existiria, segundo estes autores no STF brasileiro. Em conclusão questiona-se utilidade

5º. A permeabilidade da ponderação ao subjetivismo do intérprete e à transferência da decisão política para os tribunais justificaria a adoção de critérios restritivos quanto à sua convocação.

A ponderação constitucionalmente adequada[1523] deve ser admitida como instrumento de concretização constitucional.

Contudo, o uso deste método por muitos tribunais, sem elementos fundamentados de peso e sem justificações cabais, serviu de expediente para legitimar, numa capa de racionalidade pseudo-científica, decisões políticas por parte de um poder incompetente para as tomar. Impressiona por vezes que, sobretudo no domínio de medidas restritivas de intensidade média de direitos sociais que envolvam avultados montantes de redução da despesa, para efeito de equilíbrio das contas públicas num quadro de exceção financeira, uma decisão de inconstitucionalidade possa ser tomada na base de um juízo de ponderação *pela mera maioria de um ou dois votos.* Juízo que nem sempre logra motivar o maior peso do direito sacrificado e o menor peso do interesse público, o qual pode ser derrotado, não por não possuir uma efetiva relevância, mas porque foi menos bem fundado juridicamente pelo autor da lei, em processo contencioso[1524].

Julga-se, que nas circunstâncias descritas, e na dúvida, o Tribunal Constitucional não deve obstar à decisão do legislador, abstendo-se de julgar a inconstitucionalidade caso se sustente, apenas, numa simples operação de ponderação, situação que, sendo rara como vimos em nota de rodapé neste mesmo parágrafo, tem por vezes sucedido, mormente em Portugal, em decisões pouco convincentes[1525]. E quanto mais indeterminado e menos

prática da ponderação na jurisprudência, atenta a sua associação frequente com o critério da necessidade.

[1523] Ponderação feita com um balanceamento exaustivo de argumentos em favor da prevalência de um principio num cenário de colisão, como forma de extração de uma norma de decisão cujas premissa sejam generalizáveis.

[1524] Em sentido rigorosamente contrário, respondendo a todos os críticos e considerando que a ponderação seria o método mais sofisticado para resolver colisões complexas entre princípios, mediante uma objetividade que nenhum outro critério lograria oferecer, vide Mattias Klatt, Moritz Meister "The Constitutional Structure of Proportionality" op. cit, p. 167 e seg.

[1525] Cumpre referir o caso controvertido do Ac. nº 251/2017 do TC português sobre uma matéria de impacto económico entre privados, que causa perplexidades sobre o emprego da ponderação, a qual exige uma evidência que aqui não existe. O Tribunal aplica o princípio da proporcionalidade a uma lei restritiva de um direito fundamental, que determinava a inadmissibilidade de defesa por exceção pelas empresas de medicamentos genéricos perante o

densificado jurisprudencialmente for o parâmetro, menos aptidão terá para operar como padrão de um juízo de inconstitucionalidade.

Sustenta-se, pois, que, em matéria financeira e, em especial, na esfera de restrições a normas consagradoras de direitos sociais com manifesto impacto orçamental, *a prolação de um juízo de inconstitucionalidade a partir de uma ponderação entre princípios ou entre estes e interesses públicos qualificados, deve operar na base de critérios de evidência*[1526].

Nestes termos, entendendo que a presunção de evidência terá de envolver decisões com largo acordo, considera-se que um juízo de inconstitucionalidade apenas baseado numa dada ponderação deveria exigir no Tribunal Constitucional uma deliberação tomada pela maioria de dois terços dos juízes em efetividade de funções. É que, a existir um maior peso oriundo do impacto do direito restringido em relação ao interesse público que intenta justificar a restrição, esse *desequilíbrio deve ser manifesto ou evidente* e, como tal, deve ser identificado e valorado por um assentimento alargado no Tribunal: assentimento que só uma maioria qua-

tribunal arbitral necessário, através da invocação da nulidade da patente do medicamento de referência. Considerando que a lei não ofendia os critérios da adequação e necessidade, o TC considerou que a norma era inconstitucional por violação do principio da proporcionalidade em sentido estrito. Perante duas posições divergentes na doutrina e nos tribunais ordinários e arbitrais, o TC tomou posição por uma delas, considerando que a impossibilidade de defesa por exceção viola a proibição de indefesa, pois o tempo em que o Tribunal de Propriedade Industrial (TPI) se pronunciaria seria muito elevado e as suas decisões de invalidade teriam eficácia ex tunc, ressalvando, contudo, os efeitos de decisões jurisdicionais transitadas em julgado. Para o TC, o recurso à ação de anulação da patente como única via de contestar a validade da patente pode deixar o requerente de autorização para a introdução do medicamento no mercado sem possibilidade de defesa contra uma patente inválida no âmbito de uma arbitragem. Violar-se-ia a "justa medida" pois seria excessivo forçar o requerente da autorização a ter que recorrer ao TPI – para ali requerer a declaração de invalidade de uma Patente, com efeitos *erga omnes,* quando pode apenas invocar a sua invalidade, *inter partes,* para efeitos exclusivos de se defender do pedido de condenação que lhe foi especificamente dirigido.
Sucede que na ponderação feita, o maior peso dado à solução da invalidade da proibição da defesa por exceção não convence. A ponderação exige evidência e não há um critério de evidência que fundamente a falta de garantias de defesa. Como admite o tribunal, a empresa de genérico pode recorrer ex ante ao TPI para invalidar a patente e pode requerer no TA a suspensão do processo até que o TPI se pronuncie sobre a validade. E ainda existe recurso final da decisão do TA. Há restrições à defesa mas a sua desproporção não é evidente para sustentar a inconstitucionalidade da norma por violação do direito a uma tutela jurisdicional efetiva.

1526 Algo proximamente Vitalino Canas ult. loc cit, p. 1165.

lificada permite concretizar. Trata-se de algo com um precedente no Brasil a propósito de sentenças manipulativas que restrinjam temporalmente os efeitos da declaração abstrata sucessiva da inconstitucionalidade.

O juízo de ponderação poderia ser levado a cabo nas situações que justifiquem a sua convocação, mas a formulação de uma decisão de inconstitucionalidade que apenas nele se baseie, reclamaria essa maioria de dois terços, que tornaria inquestionável o menor peso do interesse inerente à lei restritiva e a sua derrotabilidade. Por envolver uma limitação da competência do Tribunal Constitucional, semelhante solução deveria ser à cautela, operada por via de revisão constitucional.

Capítulo II
Notas e reflexões sobre o problema da interpretação constitucional como uma questão de poder

1. As conceções doutrinais de Estado e de Constituição e os correspondentes paradigmas hermenêuticos

734. Observou-se que a Teoria do Estado é hoje em dia inseparável da Teoria da Constituição e, nesta, a interpretação constitucional ocupa uma posição central. Examinámos na Parte IV distintas conceções doutrinárias sobre os fins do Estado de direito democrático e apreciámos as respetivas aceções de Constituição. Recuperamos, para a presente rubrica, a essência do que foi então avançado.

735. As construções positivistas, dentro da sua diversidade, centram-se numa ideia de Estado como unidade política soberana, fundada numa Constituição definida como direito decidido pelo povo e norma de referência da validade de toda a ordem jurídica. A Constituição teria como fim reger a produção das restantes normas, fixar regras sobre a organização e limitação do poder político e garantir os direitos fundamentais dos cidadãos.

Existe, como é evidente, uma maior taxa de neutralidade política e axiológica do positivismo sobre as tarefas constitucionais do Estado do que em relação às correntes suprapositivistas. O Poder Constituinte seria soberano tanto para criar modelos constitucionais utilitários e sintéticos, em que ao Estado não são cometidas tarefas intervencionistas de ordem económica e social como, ao invés, para adotar modelos programáticos, distributivos de tarefas prestacionais ao poder público.

O positivismo constitucional, por si próprio, não forneceu grandes contributos à hermenêutica constitucional. Esta continua sustentada *na mais sólida teorização metódica de matriz positivista em matéria interpretativa, que tem inspirado os Códigos Civis dos sistemas romanistas, e que é a do método jurídico--dogmático da Escola Histórica alemã,* gizado por Von Savigny[1527]. O objeto da interpretação seria o sentido objetivo da norma (a *voluntas legis* e não a voluntas legislatoris"), pois a mesma norma *"desprende-se do legislador e contrapõe-se a ele como um produto novo"*[1528].

Propõe o método jurídico uma sequência de diversos elementos e estádios de interpretação (literal, lógico, sistemático, histórico e teleológico) sem a existência de hierarquia entre os mesmos, mas com critérios de correção (os diversos elementos devem confirmar o resultado dos anteriores, devendo a interpretação lógica e sistemática corrigir a interpretação literal). Este método, sendo considerado como o mais controlável no plano da racionalidade argumentativa, foi criticado pelo facto de ter sido criado assumidamente, por Von Savigny, para a interpretação normativa do Direito Privado – e não para um Direito Público onde se destaca uma Constituição constelada de normas de principio[1529].

Uma importante plêiade de constitucionalistas e filósofos do direito que se destacaram, assumidamente ou não, na galáxia positivista (Forsthoff, Bockenförde, Klaus Stern, Crisafulli, Paladin, Habermas, Luhmann, Garcia Amado e Tercio Sampaio Ferraz) bem como, no mundo de língua portuguesa, *expoentes do jus-naturalismo institucionalista* (Manoel Gonçalves Ferreira Filho e Jorge Miranda) sustentam que o método jurídico conformaria a via correta para a interpretação da Constituição, sem prejuízo de o mesmo *dever ser complementado com cânones e especialidades próprios do Direito Constitucional.*

De entre os expoentes citados, quer do positivismo, quer do jus-naturalismo institucional que abraçam o método jurídico, existem perspetivas

[1527] Cfr Rudolf Von Ihering "El Fin del Derecho", Buenos Aires, 1978, p. 191 e seg. O *método jurídico* destacou-se como uma reação oitocentista contra o positivismo exegeta francês na esfera do Direito Privado. Para o autor, o direito normado não poderia ser interpretado à margem do sentimento do povo e da sua história, havendo que harmonizar povo e legislador.

[1528] Francesco Ferrara "Interpretação das Leis" (Cap IV e V do Tratado de Direito Civil Italiano), Coimbra, 1963, p. 134.

[1529] Cfr. sumariando as críticas, Maria Luisa Balaguer Callejón "Interpretación (...) op. cit, p. 35 e seg.

diversas sobre o modo como a hermenêutica de vertente dogmática influi na interpretação. Försthoff tende a acentuar mais a indispensabilidade do método jurídico e a posicionar os cânones específicos da interpretação constitucional num domínio de suplência, enquanto Bockenförde acentua os pontos de semelhança, mas também de diferença entre a lei ordinária e Constituição, para limitar o âmbito da hermenêutica clássica e acentuar outras vias de concretização de princípios, a partir da Teoria da Constituição. Por outro lado, enquanto certos autores aceitam sem grande relutância a ponderação no processo de concretização de princípios (Klaus Stern, Jorge Miranda), outros aceitam-na com reservas (Paladin e Garcia Amado) e outros, ainda, chegam mesmo a um ponto de quase rejeição (Schlink e Bockenförde).

736. As conceções suprapositivistas, pese a sua diversidade doutrinária, concebem, com especial relevo para o Continente Europeu, um modelo de Estado, por um lado, vinculado a tarefas intervencionistas de prestação social e por outro, limitado, interna e externamente, na sua soberania[1530]. A Constituição é concebida como ordenação normativa de um "Estado de direitos fundamentais", na qualidade de uma ordem primacial de valores de ordem moral e política, centrados na ideia de dignidade humana. A Lei fundamental não seria o produto de uma decisão voluntarista, mas antes a corporização de um contrato social evolutivo, outorgado por uma sociedade livre e pluralista e composta por normas de tessitura aberta, aptas a integrar um conjunto de valores básicos ajustáveis às cambiantes e à diversidade desse pluralismo.

Norma constitucional não seria norma decidida mas norma interpretada mediante uma operação de concretização, em que uma disposição apenas ganharia significado após a sua aplicação a um caso concreto. Para a referida concretização o intérprete deveria ser guiado pelo problema a resolver, à luz dos princípios estruturantes da Constituição. No fundo, o autêntico produtor material da norma não seria o legislador, mas o intérprete.

No quadro de conflitos entre princípios que, em sede da tutela de direitos fundamentais, são convocados para uma operação de concretização normativa, o "método" preferido é o da ponderação ou balanceamento, o qual envolve um juízo de proporcionalidade sobre o peso concreto de cada princípio em colisão.

[1530] Limitações oriundas, respetivamente, da descentralização territorial e da integração dos Estados em organizações internacionais e supranacionais.

Ainda assim existem diferenças muito significativas entre os suprapositivistas sobre o vínculo do intérprete ao texto e o peso do ambiente normativo e da especificidade da situação problemática a decidir na solução interpretativa escolhida.

Hesse e Muller (§ 653), consideram que o texto limita o raciocínio tópico do intérprete e o resultado da interpretação resultará, necessariamente, da interação entre programa normativo e o ambiente normativo; Häberle (§396), confere ao intérprete-decisor um grau imenso de discricionariedade ditado pelas probabilidades que a disposição permite, pelo influxo do direito comparado, pela razoabilidade e pelos consensos obtidos numa sociedade aberta e plural de intérpretes, sendo sempre provisória, a solução interpretativa preferida num dado momento; Dworkin (§ 398) considera que a interpretação é construção normativa feita a partir do concreto e da ideia de Justiça como princípio estruturante da Constituição, a qual predicaria respostas corretas para questões de ordem moral; e Zagrebelski (§ 398) e os neo-constitucionalistas abrem-se a uma espécie de "self service" de métodos plurais que o intérprete escolheria em razão da fisiologia do caso e das suas pré-compreensões, à luz dos grandes princípios estruturantes.

2. Tensão entre "ideologias da interpretação" e o seu impacto nos princípios democrático, da segurança jurídica e da separação de poderes

2.1. Uma questão de poder

737. O problema metódico da interpretação constitucional constitui um dos desafios mais importantes que se colocam à Teoria do Estado e à Teoria da Constituição[1531]. Isto porque a opção da Justiça Constitucional por uma hermenêutica baseada no método jurídico ou centrada na concretização de princípios através de uma aproximação tópico-problemática, não se reduz a uma questão de técnica jurídica. A adoção de um ou outro percurso ou via metódica, de uma forma permanente e consistente, envolve uma opção fundamental sobre a identificação do *"locus"* do poder político soberano do Estado.

[1531] Assim, Rubio Llorente "La Forma del Poder" in "Estudios sobre la Constitución", Madrid, 1993, p. 605.

Soberano será, no Estado democrático contemporâneo, quem proferir a ultima palavra, tanto na produção material de normas, como na sua transformação e cancelamento.

738. O *uso do método jurídico*, integrado canonicamente por especialidades constitucionais, supõe uma opção clara por um modelo de "Constituição-marco", tendencialmente procedimental e essencialista[1532]; pelo princípio democrático-representativo na escolha das políticas legislativas[1533]; pela segurança jurídica na interpretação e aplicação do direito decidido[1534]; pela força normativa da Constituição[1535]; e pela separação de poderes[1536].

Ao Tribunal Constitucional competiria, como órgão jurisdicional, uma função imparcial de controlo jurídico das soluções do legislador e não uma tarefa de modificação da Constituição e de substituição do legislador.

Já a escolha *de uma via concretizadora e tópico-problemática* que eleja como parâmetros, nos chamados "casos difíceis", valores de conteúdo moral tidos como omnipresentes[1537], supõe uma opção por uma Constituição axiológica, em alguns casos diretiva e "vivente"(no sentido de o seu crescimento ser tributário das medidas de valor concretizadoras criadas interpretativamente pelo juiz). Uma Constituição que não infrequentemente relativiza a democracia maioritária em favor de uma democracia participativa ou consociativa[1538], e que desloca a atribuição do significado da Constituição e da lei para um juiz intérprete, produtor e aplicador de "sub-normas", e detentor da última palavra no ajustamento dúctil do enunciado linguístico ao "ambiente normativo".

[1532] Estatuto base da sociedade e poder, sem pretensões militantes de regulação totalista.

[1533] Mediante o respeito pelo direito decido pelo legislador eleito democraticamente para deliberar politicamente, devendo a sua vontade objetiva prevalecer, em situações de dúvida.

[1534] Limitando-se o espetro de significados potenciais que defluem de uma norma e permitindo-se uma maior calculabilidade no desfecho dos processos.

[1535] Dado que a norma molda-se mas não cede perante a força do caso concreto.

[1536] Os tribunais exercem na garantia da Constituição uma função de controlo das leis e não um poder normativo de substituição do legislador, convolando a interpretação numa forma de criação inovadora de normas constitucionais que o constituinte nunca decidiu.

[1537] Maioritariamente emergentes na esfera dos direitos fundamentais onde os princípios abundam.

[1538] A legitimidade da lei derivaria menos da sua deliberação maioritária pelos Parlamentos e mais pelo processo público da comunicação destes órgãos representativos com os interesses da sociedade pluralista que deveriam participar na sua conceção através do debate público e intervenção consultiva.

739. A dimensão política e até ideológica da seleção do método de interpretação depende da matéria sobre a qual esta recai e do grau de indeterminação ou de vagueza das normas constitucionais aplicáveis.

Se é certo que, em relação a muitos casos de solução cognitiva simples, não se colocam, *em sentido estrito*, questões metódicas de interpretação), o mesmo não sucede em relação a muitos dos problemas que despontam, pelo menos, em três domínios politicamente controversos: i) *os que envolvem direitos de liberdade relativos a modos de vida em sociedade* (questões conexas com o direito de informação, família, casamento, contraceção, orientação sexual, aborto, eutanásia, experiências em embriões, igualdade racial e de género, direitos de imigrantes e "ações afirmativas"); ii) *as políticas públicas de reforma do Estado com impacto financeiro que afetem negativamente direitos laborais e direitos sociais a prestações*; iii) e as controvérsias sobre *soberania externa* (no quadro de comunidades supranacionais) e sobre *autonomia territorial*.

É neste tipo de matérias que se coloca com propriedade, no plano da alta política, a interrogação de DAHL: *quem governa*?

2.2. "Ideologias" da interpretação constitucional

2.2.1. *Uma aproximação reducionista do problema: as "ideologias" estática e dinâmica da interpretação*

740. Uma *ideologia de interpretação constitucional* pode ser definida como *um conjunto sistematizado e simplificado de argumentos que sustentam uma visão global sobre o modo de revelação do sentido dos preceitos constitucionais, à luz de um modelo político de Constituição.*

A noção de "ideologia da interpretação constitucional" foi trabalhada por JERZI WROBLEWSKI[1539], e retomada por GUASTINI[1540], num, quadro, quiçá, algo simplificado. Os autores invocam a existência das chamadas ideologias "estática" e "dinâmica" da interpretação.

A *ideologia estática* pressuporia o respeito pelo princípio da estabilidade e certeza do direito, implicando uma constância nos critérios interpretativos. Nos Estados Unidos, estaria associada à corrente originalista que com-

[1539] JERZI WROBLEWSKI "Constitución y Teoria General de La Interpretación Juridica", Madrid, 1988.

[1540] GUASTINI "Teoria y Ideologia de la Interpretación Constitucional", op. cit, p. 59 e seg.

preende tanto conservadores[1541] como expoentes radicais-democratas, que valorizam os elementos literal e histórico da interpretação e entendem que um intérprete "forte" na justiça constitucional enfraquece diretos sociais criados pelas políticas públicas do legislador[1542].

É o originalismo conservador mesmo o mais atual e racionalmente temperado (*original expected application*), o alvo do rótulo da ideologia estática da interpretação. Procura o mesmo obviar às dificuldades interpretativas de normas constitucionais que contêm enunciados vagos, sustentando que o intérprete tem a missão de revelar o sentido dos preceitos, de acordo com a relação de significado que lhes era atribuída quando foram adotados pelo constituinte. Este entendimento, que envolve a necessidade de o intérprete retroagir ao tempo de elaboração dos textos constitucionais, para apreender o modo como estes eram então percecionados no seu significado e aplicá-los à realidade contemporânea, é tido por muitos como pouco realista. Isto porque não teria em conta a evolução político-social e o contexto da realidade presente em que as normas são aplicadas[1543], sendo-lhe relembrado que o direito é feito para os vivos.

A *ideologia estática* implicaria uma redução da intensidade do controlo de constitucionalidade sempre que princípios constitucionais sejam convocados como parâmetro, e envolveria uma deferência com a liberdade do legislador investido num mandato democrático, devendo o juízo de inconstitucionalidade recair, apenas, sobre atos manifestamente inconstitucionais.

A *ideologia dinâmica* implicaria, ao invés, a necessidade de as disposições constitucionais serem interpretadas evolutivamente, de modo a se ajustarem, utilmente, às exigências mutáveis da vida social e evitarem o envelhecimento normativo, podendo o intérprete, para o efeito, fazer uso de qualquer técnica. O imperativo de defesa da dignidade da pessoa humana e dos

[1541] ANTONIN SCALIA "Common Law Couts in a Civil Law System: The Role of United States Federal Courts in Interpreting the Constitution and Laws"in "A Matter of interpretation: Federal Courts and the Law", Princeton UP, 1997, p. 38, nt 4 e ROBERT H. BORK, "The Tempting of America: The Political Seduction of the Law", Touchstone Books, Simon and Schuster Inc, 1991. Sobre o originalismo, em especial o pensamento de BORK, v. JOÃO LEMOS ESTEVES, "Activismo Judicial e os seus Descontentes: Subsídios do Direito Constitucional dos EUA para a compreensão do estatuto do Tribunal Constitucional", Tese de Mestrado, Faculdade de Direito da Universidade de Lisboa, 2014 (texto policopiado), em especial, 201-225.

[1542] M. TUSHNET "Taking the Constitution Away from the Courts", Princeton, 1999 e "WEAK COURTS, Strong Rights", Princeton UP, 2008.

[1543] JACK BALKIN "Living Originalism" op. cit, p. 6 e seg.

correspondentes direitos fundamentais, contra o "despotismo" potencial das maiorias envolveria uma interpretação designada por "construtivismo", pautada pelo seu carácter criativo, contra-maioritário, relativamente livre de vínculos textuais, e tendo como limite essencial, a identificação do juiz com os grandes valores morais e o ideal de justiça[1544].

Opções liberais e progressistas rever-se-iam nesta linha interpretativa que coincide, teoricamente, nos Estados Unidos, seja com o *construtivismo*, seja com certas manifestações do realismo judicial progressista, ajustando-se algumas das respetivas manifestações aos ciclos ativistas do STF durante a presidência de Warren e Burger (infra § 748).

741. Esta dicotomia, podendo ser sugestiva, carece de validade científica.

Em primeiro lugar porque repousa em preconceitos políticos e filosóficos. Com efeito, a ideologia estática é transformada, de modo assaz simplista, em sinónimo de um positivismo subjetivista e mecanicista (como se não existisse o método científico-dogmático ajustado à interpretação constitucional); por seu turno, a interpretação dinâmica é erigida a puro reflexo de uma leitura moderna, evolutiva e regeneradora da Constituição (como se a mesma não pudesse ser utilizada como travão à mudança, como sucedeu com a oposição dos "quatro cavaleiros do apocalipse" do STF às reformas do "New Deal" do Presidente Roosevelt).

Em segundo lugar, porque o seu ângulo é reducionista, já que se baseia excessivamente nas contraposições doutrinárias bipolares mais extremas do sistema norte-americano, (no qual é esquecida, no plano intermédio, a incontornável construção *"procedimental-democrática"* de John Hart Ely[1545])

[1544] Ronald Dworkin "Taking the Rights Seriously" (op. cit) e "Freedoms Law. The Moral reading of the Constitution", Oxford, 1996.

[1545] Teorizada por John Hart Ely ("Democracy and Distrust", op. cit) é um dos constitucionalistas mais visitados em matéria de teoria da interpretação, sufragando um ideário *"procedimental-democrático"* na esfera hermenêutica. Para ele, o originalismo, tendo a vantagem da segurança jurídica e do respeito pela vontade democrática, levaria à petrificação de conceitos e a um desajustamento do sentido da norma à realidade contemporânea. Quanto às correntes dinâmicas anti-interpretativistas, se bem que mais ajustadas à interpretação de princípios, colocariam em xeque um valor central da ordem constitucional que é a democracia. O autor considera absurdo que os juízes adjudiquem os seus valores, cuja fonte de determinação se desconheceria, à sentença, já que tal potencia uma subjetividade e uma incerteza incompatíveis com o Direito. A realidade (a de que muitos juízes procedem à referida adjudicação) não pode ser transformada num dever ser, ou seja, num imperativo hermenêutico. Não seria, no fundo, admissível que um grupo de pessoas não eleitas diga ao povo que as leis aprovadas

e confere escasso enfoque ao debate interpretativo europeu, *mais complexo e mais sofisticado,* e no qual, o ideário "originalista" exposto não teve, até ao momento, uma relevância visível.

2.2.2. *A revelação de maiores evidências das "ideologias interpretativas" através das sensibilidades mais extremas do positivismo, suprapositivismo e posicionamentos ideológicos híbridos*

742. No contexto do Estado de direito democrático não é simples extrair das correntes positivistas e suprapositivistas um substrato político-ideológico incontestável que formate os respetivos modelos hermenêuticos. Em termos puramente políticos, coexistem no amplo universo dito positivista, pensadores conservadores (FORSTHOFF e LUHMANN), com expoentes liberais (WALDRON) e teóricos de esquerda (TUSHNET), alguns deles com remota influência marxista, (HABERMAS). E, no suprapositivismo, conservadores jus-naturalistas (SPADARO e BACHOF) coexistem com republicanos laicos e politicamente liberais (HESSE), neo-liberais (MADURO) expoentes da esquerda liberal (DWORKIN e ZAGREBELSKI) e pensadores neoconstitucionalistas de inspiração marxista (BONAVIDES).

As duas correntes têm uma efetiva pretensão de gizar uma hermenêutica constitucional afeiçoada ao programa constitucional, com propensão atualista da relação de sentido das normas minimamente respeitosa da vontade democrática e do princípio da separação de poderes. E, pelo menos, maioritariamente, os métodos e cânones de interpretação que concebem

pelos seus representantes são inconstitucionais por contradizerem os valores contingentes do mesmo grupo.
O autor critica que princípios "neutros" ou sem objeto definido(princípios neutrais como o "due process" em sentido material) sejam erigidos a parâmetros de constitucionalidade, defende um reforço da componente democrática do sistema atribuindo ao legislador o protagonismo das reformas políticas na esfera dos direitos e, na concretização judicial de princípios e conceitos indeterminados, sustenta que em áreas em que a Constituição seja silente ou pontifiquem cláusulas abertas que admitam soluções inteiramente diversas, o STF deveria ser respeitoso do legislador, sem prejuízo de invalidar decisões desproporcionadas que esmaguem direitos das minorias. Se o STF tem como tarefa guardar a Constituição deveria observar, privilegiadamente, as normas organizativas e procedimentais das quais dependeriam os freios e contrapesos do sistema e a força legitimadora do princípio democrático, tando no plano da deliberação maioritária da lei, como num processo inclusivo de formação da opinião e vontade legiferante, numa comunidade democrática e pluralista.

são introduzidos para operar no mundo do direito e não, necessariamente, na política contingente.

Ainda assim, extrai-se dos dois paradigmas hermenêuticos contrapostos, diferentes conceções de política constitucional, suscetíveis de moldar, de forma de diferente, a ordem jurídica de domínio estatal.

O positivismo tende a ser mais objetivista; mais neutro na exegese da identidade constitucional; mais exigente e procedimentalista quanto aos métodos de interpretação; e mais deferente, à luz da separação de poderes, com a autonomia do legislador. É, também, mais cético quanto à legitimidade das pré-compreensões dos juízes no processo de interpretação.

Já o suprapositivismo tende a ser mais subjetivista, mais comprometido axiologicamente com uma visão personalista de Constituição e das suas normas; mais pluralista em relação aos métodos e vias interpretativas colocados à disposição do intérprete; mais cético em relação à discricionariedade legislativa; e mais confiante no poder "normativo" dos tribunais em ajustar no concreto os preceitos constitucionais à realidade e defender os direitos das minorias em relação a "despotismos maioritários".

743. É, contudo, difícil de extrair, em bloco, destas conceções de política constitucional, autênticas ideologias de interpretação, sem prejuízo das referidas construções acentuarem tendências político-filosóficas e serem grávidas de consequências quanto à modulação de três pilares fundamentais do Estado de direito: a segurança jurídica, a democracia e a separação com interdependência de poderes.

Uma maior visualização da relação conectiva entre interpretação e ideologia constitucional é potenciada pelas *sensibilidades extremas* que pontificam nas teorias hermenêuticas do positivismo, supra-positivismo e de alguns posicionamentos híbridos. Sobretudo quando essas ideologias galgam os diques doutrinários e são incorporadas pelos juízes.

744. Assim, existem, sobretudo no *universo norte-americano*, sensibilidades próximas do positivismo que quase dispensam a própria existência dos órgãos de Justiça Constitucional[1546] ou que, muito proximamente, pretendem reduzir a sua intervenção a um *"soft control"*[1547], diferindo a solução dos

[1546] Alexander Bickel "The Least Dangerous Branch" op. cit.

[1547] Jeremy Waldron, "Law and Disagreement", Nova Iorque, 1999; "The Core of the Case Against Judicial Review" in Yale Law Journal, n. 115, 2006, p. 1350 e seg., Waldron critica a própria ideia de positivação constitucional dos direitos fundamentais dos cidadãos num documento escrito e rígido pois entende que tal enfraquece as garantias dos cidadãos perante

casos difíceis para a deliberação do legislador democrático. Trata-se contudo, de uma ideologia de baixa intensidade.

745. Num universo intermédio e indefinido, importa destacar, nos Estados Unidos, a "ideologia jurisdicional "que deflui do chamado *"realismo judicial"* que se limita a declarar que a Constituição é aquilo que os tribunais dizem que é através dos critérios interpretativos que entenda convocar[1548]. Desta corrente despontam práticas que vão ao ponto de tentar justificar uma espécie de autopoiése jurisprudencial, autossuficiente, desdenhosa do papel da doutrina[1549] e problematizadora de uma alteração radical dos pressupostos da separação de poderes[1550]. Por si só, este *decisionismo judicial pretencioso* é juridicamente inservível como corrente doutrinal, pois carece de qualquer objeto ou método e esgota-se num singelo *projeto difuso e desordenado de poder,* que é o da criação de facto, mas com manipulação do direito, do chamado "Estado judicial" antevisto por Schmitt.

Diversamente, no contexto europeu emergem *posições neo-liberais,* ditas *realistas,* que sustentam que a globalização política, económica e financeira, a interdependência dos estados e o influxo da sua inserção num mercado global reclamaria um Direito Constitucional pós-moderno, flexível, aberto a uma governação pós-nacional e servido por um intérprete sensível a essa realidade jurídica e política. O peso do transconstitucionalismo e do direito europeu obrigaria o intérprete constitucional a descolar do próprio texto e a interpretar a Constituição à luz dos problemas concretos, formulando juízos de ponderação que tenham em conta esses parâmetros internacionais. No fundo, procura-se uma Constituição multínivel e cosmopolita, funcionalmente limitada tanto pela realidade jurídica como pela extra-jurídica (leia-se, o mercado e as disponibilidades financeiras) bem como um juiz

o poder político. A definição dos direitos individuais deveria ser reservada ao debate político democrático e a um legislador atuando razoavelmente e de boa fé. Não devendo ocorrer essa positivação da de direitos, menos ainda se justificaria a fiscalização da constitucionalidade dos actos do legislador democraticamente legitimado por um Tribunal Constitucional forte. O controlo de constitucionalidade deveria assumir uma intensidade baixa.

[1548] Karl N. Llewellyn, firmou: "Aquilo que os operadores do direito fazem em relação aos conflitos é, na minha opinião, o próprio direito" (*The Bramble Bush.* On our law and its study), New York: 1951, p. 3.

[1549] Cfr. Schlink cit por Lucas Verdú in "La Constitución Abierta (...)" op. cit, p. 90.

[1550] Sendo quanto a este ponto criticado por outros expoentes do suprapositivismo, como Dworkin, "O Império do Direito", S. Paulo, 2007, p. 45.

intérprete sensível a essa realidade e protagonista de um controlo de baixa intensidade.

Trata-se, como vimos supra § 405 e seg., de um liberalismo transconstitucional, utilitário e algo relativista: i) que abraça o "direito suave" e a interpretação ponderativa por alternativas, legados pelo suprapositivismo de Häberle e Zagrebelsky (cujos valores centrados na moral e na justiça são aqui substituídos por normas internacionais e pelas "leis" do mercado); ii) que não postula qualquer método hermenêutico, salvo uma ponderação serviçal para todas as estações; iii) e que assenta num paradigma que tem por desejável uma fraca Constituição, fracos direitos e fracos Tribunais Constitucionais. Está-se, indubitavelmente, diante de uma ideologia interpretativa, com pretensões criativas de uma nova "Teoria da Constituição" europeísta ou globalizada que, abandonou a sua discrição para se revelar agora à luz do dia, mormente em Portugal, a partir dos debates em torno da jurisprudência da crise[1551].

746. No hemisfério suprapositivista, o construtivismo de Dworkin e a sua *religião civil* centrada na magnificação elástica dos princípios da Justiça, igualdade e liberdade como fonte de soluções interpretativas únicas com pretensão de correção moral, ditadas pelos juízes, não pode deixar de envolver uma dimensão de ideologia interpretativa, soldada ao liberalismo progressista, tendo inspirado no Além-Atlântico os ideólogos da chamada "nova hermenêutica".

Precisamente na órbita da "nova hermenêutica", assumem especial protagonismo contemporâneo os neo-constitucionalistas, que rescrevem os princípios da democracia e da separação de poderes, em termos tais que permitem a emergência ativa de um binómio entre uma Constituição dirigente e um poder jurisdicional competente para, na esfera dos direitos sociais, *legislar materialmente* a partir dos seus princípios, criando normas de decisão prevalecentes sobre as do legislador ou até substitutivas deste último em caso de omissão.

Trata-se, no fundo, de um *dirigismo constitucional ideológico*, que: *i)* faz repousar sobre as normas da Constituição social, *o seu programa de governo; ii)* que utiliza o *poder judicial como instrumento de controlo intenso (e por vezes como*

[1551] Rui Medeiros "A Jurisprudência Constitucional Portuguesa sobre a Crise" in AAVV "O Tribunal Constitucional e a Crise" op. cit, p. 283 e seg. e ainda "A Constituição portuguesa num Contexto Global" op. cit.

poder substitutivo) das políticas públicas do legislador; *iii)* e que recorre à *ponderação de valores e princípios*, em sede interpretativa, como critério dúctil do exercício do referido controlo.

747. A afirmação destas "ideologias" e a respetiva incorporação na prática dos órgãos de Justiça Constitucional converte, no Estado democrático, o debate sobre o senhorio da interpretação constitucional numa questão de localização da fonte real do poder político. *Os limites da interpretação ficam indissociavelmente ligados aos limites da competência dos tribunais constitucionais, questão que nunca foi abordada originariamente por uma Teoria clássica da Constituição que os concebeu como custódio imparcial da Lei Fundamental*[1552].

Observe-se as tensões que marcam as duas ideologias mais extremas da interpretação.

Na medida em que um Tribunal Constitucional, na medida em que venha a ser influenciado por uma cosmovisão neo-liberal, substitua a Constituição positiva por parâmetros diáfanos de direito internacional e supranacional e exerça um "soft control" sobre políticas públicas, na base ponderativa de uma tópica dita" realista" que incorpore a proeminência desses parâmetros, dar-se-á o primeiro passo em direção a um *sistema federal europeu, assente numa eutanásia do Estado, da Constituição e dos direitos de cidadania, expostos* à facticidade *incontornável dos poderes económicos transnacionais.* A Constituição deixa de servir a função que lhe foi atribuída pelo movimento constitucionalista que é o de limite do poder já que, com a "cumplicidade" metódica da interpretação, a mesma deixaria de representar qualquer limite credível aos poderes internacionais e transnacionais que, de facto e de direito, não se encontram sujeitos a qualquer forma de controlo eficaz no plano externo.

No polo oposto, *na galáxia neo-constitucionalista e dirigista*, impera uma filosofia voluntarista que intenta transformar um órgão de controlo num poder normativo, uma vez mais através da ponderação, como "técnica" de interpretação e concretização. Trata-se de uma ideologia que também ela debilita o paradigma de Constituição legada pelo movimento constitucionalista, pois suscita uma questão relevante sobre quem controla a validade dessas normas jurisprudenciais encobertas por uma cascata, hermética e encriptada, de critérios e fórmulas; qual o fundamento da autoridade para as ditar, à luz dos princípio democrático e da separação de poderes e, no fim de contas, quem controla e limita a Justiça Constitucional.

[1552] CARLOS BLANCO DE MORAIS "Autópsia (...)" op. cit, p. 86.

748. Não é possível aceitar que a hermenêutica constitucional seja abalada na sua dimensão científica através da sua captura por uma ideologia com contornos políticos e um projeto de poder que passe instrumentalmente pelo engrandecimento do judiciário. Projeto que se encontra ínsito, quer no dirigismo constitucional quer, embrionariamente, no "soft control" neo-liberal.

Permitir ao juiz transformar radicalmente a norma à luz facto, através de uma tópica, convocada à margem de questões dilemáticas que sejam inultrapassáveis pelo raciocínio dogmático, e inverter o sentido objetivo do direito decidido à luz das suas pré-compreensões, equivalerá ao esvaziamento da normatividade da Constituição, habilitando-se os tribunais a tomar "decisões que não foram decididas"[1553].

Não pode deste modo o juiz, valendo-se da sua posição de intérprete autorizado da Constituição, transitar da sua anterior posição de "servo" para se converter em "senhor" da lei fundamental[1554]. Um juiz que ignore o direito e se mova através da dirimição de conflitos morais e da densificação de valores e princípios, sem objeto definido, criará um inaceitável modelo de *"paternalismo judicial"*[1555]. Se a Constituição contém opções ideológicas e se a norma ordinária as pode também incorporar, pois são produto de um poder legiferante, não cabe aos tribunais constitucionais agir ideologicamente[1556], sob pena de desrespeitarem o seu estatuto de independência e imparcialidade. Tal envolveria, a par de um colapso da segurança jurídica, um risco de rutura da identidade constitucional através de um guardião judicial atuando sem limites e convertendo-se num oráculo, supostamente mais apto que o constituinte e o legislador para predizer o futuro e para *"contradizer a maioria política de hoje com os valores da maioria de amanhã"*[1557].

749. *Até que ponto a Justiça Constitucional é permeável às ideologias constitucionais da interpretação e em que termos* é que *os órgão políticos têm reagido ao fenómeno?*

Nos Estados Unidos, ciclos em que os juízes do STF sufragaram uma ideologia dinâmica de interpretação radicada no construtivismo, na "jurisprudência dos valores" e no próprio realismo, o Supremo e outros tribunais

[1553] Klaus Stern ult loc cit p. 286; Ignacio de Otto ult. Loc cit, p. 1948.
[1554] Garcia Amado "Teorias de la Tópica Juridica", Madrid, 1988, 278 ss.
[1555] Habermas ult loc cit; John Hart Ely p. 87 e seg.
[1556] Habermas ult loc cit.
[1557] Cfr. Johnh Hart Ely ult loc cit, p. 4 e seg. p. 11 e seg e p. 61 e seg.

inauguraram consulados ativistas que lideraram ulteriores processos de reformas legislativas.

Assim durante a Presidência de Earl Warren (1953-1969), o STF convocou a 14ª emenda (igualdade) para, no caso *Brown vs Board of Education* julgar a inconstitucionalidade da segregação racial nas escolas ("separate but equal"). No caso *Baker vs Carr,* a 14ª emenda foi invocada para invalidar um caso de manipulação da lei eleitoral num estado e, no caso *Levy vs Louisiana, para* julgar inválida uma lei que discriminava filhos ilegítimos órfãos em relação a prestações sociais. Finalmente a partir de um conceito neutro, "a cláusula do devido processo" no seu sentido material, o Tribunal Warren, no caso *Griswold vs Conneticut,* sustentou uma vertente ao direito à intimidade da vida privada e reinterpretou a 1ª emenda no sentido da legalidade da pornografia na medida em que o material não se reduzisse a algo incondicionalmente sem valor (*Caso Memmoirs vs Massachussets*).

A jurisprudência do Tribunal Earl Burger (1969-1986) sufragou a validade das ações afirmativas raciais, com quotas universitárias para negros (*University of California vs Bakke).* Com base na cláusula material do devido processo foi admitido o direito ao aborto por vontade da mulher (*Roe vs Wade),* com base num conjunto de critérios políticos que influenciaram outras jurisdições e, no caso *Carey vs Pop Service,* julgou-se a inconstitucionalidade de leis que proibiam anticonceptivos.

Mais recentemente, com o Tribunal Roberts, destacou-se a decisão de não inconstitucionalidade do *Obamacare* e sobretudo o entendimento que leis proibitivas de casamentos entre homossexuais e leis que permitiam orações nas escolas eram inconstitucionais, as quais geraram expressiva controvérsia[1558].

Tal como descreveu Charles Gardner Geyh[1559] os críticos do ativismo no Congresso propuseram remédios para contrariar a interferência do STF e dos tribunais nos poderes legislativos: redução orçamental ou retardamento de aprovações orçamentais; bloqueio de nomeações a juízes

[1558] Em 2005 um inquérito da American Bar Association revelou que 56% dos inquiridos entendeu que o "ativismo judicial" teria entrado em crise e o mesmo número de inquiridos considerou que a opinião dos tribunais em questões valóricas deveria harmonizar-se com os valores dos eleitores e que os juízes que repetidamente os ignorassem deveriam ser objeto de" impeachment".

[1559] Charles Gardner Geyh "When Courts and Congress Colide, The Struggle for Control of America's Judicial System", Michigan Press, 2006, p. 51 e seg. 113 e seg. 171 e seg. 253 e seg.

ativistas; alteração legal para suprimir a competência dos tribunais para se pronunciarem sobre questões eminentemente politicas; e emendas constitucionais que desfizessem decisões ou alterassem o modo de designação dos juízes ou a competência dos tribunais. Cumpre, contudo, recordar que uma boa parte destes remédios foi brandida sem ser utilizada e com resultados oscilantes[1560].

Verifica-se, em todo o caso, que o ativismo, como efeito direto da ideologia construtivista incidiu, sobretudo, sobre direitos civis e políticos, nomeadamente modos de vida e temas de consciência[1561].

750. Nos ordenamentos dos Estados da União Europeia, o modelo romanista do direito não abriu espaço à possibilidade de a Justiça Constitucional utilizar pontos de vista interpretativos dúcteis que lhe permitissem assumir um papel de vanguarda como ator político-institucional na transformação da ordem jurídica, em termos idênticos aos ocorridos nos Estados Unidos. Como exceção haveria a assinalar o Tribunal de Justiça da União

[1560] Segundo GEYH, os remédios foram destacados evolutivamente dado que o ativismo do STF é anterior ao debate contemporâneo sobre as ideologias interpretativas, ganhando, contudo, sentido com estas últimas. Em 1802 o Congresso extinguiu 16 julgados ou juizados criados um ano antes por outra maioria e livrou-se juízes impopulares e contra-maioritários. Tratou-se de uma prática que não repetiu. Em 1805 a Camara dos Representantes impetrou ação de impeachment a um juiz, por virtude de decisões ativistas, mas o Senado cancelou a iniciativa, não voltando o instituto a ser reativado com base nesse tipo de fundamentos. Em 1867 o Congresso removeu a jurisdição do STF em relação a um caso pendente de alta sensibilidade política, expediente que voltou a ser proposto mas não mais repetido.Em 1937 ocorreu a crise Roosevelt já abordada, mas em que a ameaça do *court packing* não voltou a ocorrer. quatro aditamentos à Constituição teriam ocorrido como efeito de controvérsias e desentendimentos com a jurisprudência do STF. Um deles teria sido a 16ª emenda (imposto sobre o rendimento, que quebrou a jurisprudência do caso Pollock vs Farmers Loan and Trust).
Tirando as situações descritas em que a emenda ou ameaça de emenda é a arma mais poderosa, o Congresso exibiu uma cultura de respeito pela jurisprudência do STF, mesmo com aquela com a qual maioritariamente discorda. O STF evitou, exceto na Era Roosevelt, declarar a inconstitucionalidade de lei após lei a nível federal, enveredando por uma orientação prudencial. As maiores tensões não ocorrem, presentemente entre STF e poderes, mas entre o STF e órgãos legislativos dos estados, grupos de cidadãos que abraçam causas valóricas e correntes doutrinárias do Direito Constitucional.

[1561] Cfr, em geral, LUÍS PEREIRA COUTINHO "The Passive Sovereignty of the Constitutional Judge, A State theory Approach" in "Judicial Activism", AAVV, org P. Coutinho, Massimo Latorre, Steven Smith, Springer, 2015 p. 119 e seg.; MICHAEL PERRY "The Constitution in the Courts- Law and Politics", New York, Oxford, 1994.

Europeia que, contudo, não é um Tribunal Constitucional de um Estado soberano, mas de uma organização internacional supraestadual.

Tão pouco os intérpretes constitucionais adotaram uma metodologia interpretativa "estática" de vertente originalista, a qual nunca teve arrimo no velho continente. A tensão do debate fixou-se entre os defensores do método jurídico e os apóstolos do método concretizador.

Focando a atenção na atuação do Tribunal Constitucional alemão, que tem constituído uma referência jurisprudencial para os restantes tribunais constitucionais europeus, Konrad Hesse referiu que o mesmo órgão começou por adotar a interpretação jurídico-dogmática[1562]. Ainda assim, dentro deste universo metódico, o Tribunal ora fez relevar a conjugação equilibrada dos diversos elementos da interpretação para a confirmação de uma solução[1563], ora conferiu um maior destaque à vontade subjetiva do legislador na elucidação do significado de um preceito, ora deu maior peso ao elemento lógico sistemático.

Todavia, influenciado pelo próprio Hesse, que presidiu ao órgão e o marcou no plano metódico, o Tribunal Constitucional alemão ajustou os elementos do método dogmático à resolução de casos concretos (mormente em sede de julgamento de recursos de amparo, designados de "queixa constitucional", e que incidem não apenas sobre normas, mas sobre a constitucionalidade de atos singulares como sentenças do poder judicial e atos administrativos). Aí tomou-se em consideração a realidade normativa, à qual o programa constitucional se aplicaria. Por outro lado, em outras situações que envolviam a colisão de princípios na esfera dos direitos fundamentais, o Tribunal Constitucional realizou juízos de ponderação centrados no principio da proporcionalidade, aproximando-se por vezes da metódica de Robert Alexy[1564]. Finalmente, o Tribunal terá, pontualmente, usado vias de aproximação tópica e terá ainda, extraordinariamente, aplicado prin-

[1562] Konrad Hesse "A Interpretação constitucional" in "Temas Fundamentais de Direito Constitucional", op. cit, 104. Em decisões (como a BVerfGE 1, 299 (312) o TC teria destacado que essencial para a interpretação de um preceito normativo seria a vontade objetiva do legislador, tal como se deduz do texto e do contexto da disposição.

[1563] Konrad Hesse cit BVerfGE 11, 126 (130).

[1564] Cfr. Garcia Amado "El Juicio de Ponderación (...)" op. cit, p. 252 e seg. Recebem especial enfoque a decisão BVerfGE, 19, 330 (caso Sachkundenachweis (solucionada no contexto do sub-critério da idoneidade), a decisão BVerfGE 95, 133 (Warnhinweise für Tabakerzeugnisse), solucionado à luz do sub-critério da necessidade e a sentença BVerfGE 86, 1 (caso TITANIC) decidida à luz do critério da proporcionalidade estrita.

cípios constitucionais a situações não configuradas no texto e não aceites na comunidade jurídica, como sucedeu com o já referido caso LÜTH, uma mutação constitucional gerada pela Justiça Constitucional, em que os direitos fundamentais foram, considerados oponíveis, não apenas aos poderes públicos mas também, em certas circunstâncias, às relações privadas[1565].

A Justiça Constitucional italiana, desenvolveu algum ativismo nos anos 70 e 80 mas essencialmente a nível de sentenças interpretativas de cunho aditivo ou condicional, tendo regressado a uma metódica jurídica mais positiva na interpretação de regras constitucionais, combinada com técnicas de ponderação após os anos 90, em boa parte por pressão dos tribunais comuns[1566].

Em suma, os tribunais constitucionais europeus, com relevo para a Justiça Constitucional alemã, não foram confrontados com uma batalha ideológica pela seleção de metódicas e vias interpretativas, limitando-se a integrar e combinar diversos métodos de interpretação, com especial relevo para a articulação do método jurídico-dogmático ajustado à Constituição (com os métodos concretizador e normativo-estruturante e o apelo à técnica da ponderação, como via de concretização em caso de colisão entre princípios constitucionais).

751. Foi na Africa do Sul e, sobretudo na América Latina que as vias interpretativas axiológicas e tópico-problemáticas alcançaram, graças ao seu acolhimento jurisprudencial, um patamar referencial de poder em sede institucional. O Brasil constitui, quanto a esta questão, um laboratório paradigmático, não apenas por ser a única potência regional relevante desse hemisfério, mas porque o STF se converteu, graças ao seu ativismo, no mais poderoso Tribunal Constitucional do mundo.

A "nova hermenêutica" conquistou um espaço de poder de transformação política na interpretação constitucional graças, essencialmente ao triunfo doutrinal da ideia de unidade dogmática entre direitos de liberdade e direitos sociais junto dos juízes comuns e dos juízes do STF. No fundo prevaleceram, quer as construções axiológicas tópico-problemáticas e probabilísticas de HÄBERLE[1567], sobretudo junto do STF, quer o pensamento

[1565] BOCKENFORDE, ult loc cit, p. 191 e seg.

[1566] CARLOS BLANCO DE MORAIS "Justiça Constitucional", II, op. cit, p. 275 e seg.

[1567] GILMAR MENDES, um dos constitucionalistas mais destacados da nova geração que presidiu ao STF no seu período de maior influxo ativista, é tido como um discípulo de HÄBERLE, por convicção e, eventualmente, também por pragmatismo. Num escrito sobre a influência

neo-constitucionalista junto dos tribunais comuns. Tal como reconhece DANIEL SARMENTO[1568], a conquista de efetividade normativa e plena justiciabilidade das normas relativas a direitos fundamentais, com relevo para os direitos sociais presentes na Constituição de 1988, teve lugar graças à ação do poder judicial.

Ações comuns e ações civis públicas criadas para tutela de direitos difusos foram aceites pelos tribunais comuns como meios idóneos para a aplicação direta de normas não exequíveis por si próprias sobre direitos sociais a prestações. Sintomaticamente, os interesses difusos foram transformados na prática em direitos difusos e estes em direitos subjetivos de titular indeterminado (ANA CRISTINA MEIRELES[1569]).

No caso em observação, sobretudo no campo do neoconstitucionalismo, este transformou-se em ideologia constitucional que converte a interpretação em ferramenta ou expediente de mutação constitucional e de concorrência aberta dos tribunais com o legislador, dotada de um critério final de preferência em favor dos primeiros, na definição das políticas

de HÄBERLE na jurisprudência do STF, (http://www.stf.jus.br/repositorio/cms/portalStfInternacional/portalStfAgenda_pt_br/anexo/Homenagem_a_Peter_Haberle__Pronuncia mento__3_1.pdf) GILMAR MENDES refere que *"Por meio de sua teoria constitucional, voltada à defesa da tolerância e da aceitação do outro e à proteção dos direitos fundamentais diante da complexa realidade do mundo atual, Peter Häberle contribuiu enormemente para o fortalecimento do Estado Constitucional, sobretudo em países de transição democrática". E continua: "No Brasil, sua contribuição tem sido inestimável para o desenvolvimento do direito constitucional. São muitos os doutrinadores brasileiros de renome que defendem a necessidade de consolidação da idéia de uma sociedade aberta de intérpretes da Constituição, formulada por Peter Häberle.*

Segundo essa conceção, o círculo de intérpretes da Lei Fundamental deve ser alargado para abarcar não apenas as autoridades públicas e as partes formais nos processos de *controle de constitucionalidade, mas todos os cidadãos e grupos sociais que, de uma forma ou de outra, vivenciam a realidade constitucional.*

A influência do professor Häberle também pode ser notada no âmbito do Supremo Tribunal brasileiro. Nesse sentido, em julgamento deste tribunal, o voto do eminente Ministro Celso de Mello em questão de ordem na ADIn nº 2.777". E acrescenta: "Ainda no Supremo Tribunal brasileiro, mencione-se o julgamento dos embargos infringentes na ADI 12892, em abril de 2003. A análise da decisão demonstra, de forma evidente, a adoção de um "pensamento do possível", valendo-se da lição de U. *Scheuner, citada por Häberle, no sentido de que, se a Constituição quiser preservar sua força regulatória, em uma sociedade pluralista, a Constituição não pode ser vista como texto acabado ou definitivo, mas sim como*
"projeto" ("Entwurf") em contínuo desenvolvimento".

[1568] DANIEL SARMENTO supra § 620. Vide, contudo, § 626.

[1569] ANA CRISTINA MEIRELES "A Eficácia (...)" op. cit, p. 200 e seg. e 207 e seg.

públicas na esfera dos direitos sociais. O neoconstitucionalismo é um projeto de transformação política e constitucional operado pelos tribunais sob a legitimação de uma girândola instável de métodos e vias interpretativas. Os tribunais, interpretando e concretizando normas constitucionais, revêm e reescrevem o princípio da democracia-representativa e da separação de poderes, investindo-se na faculdade de corrigir o mérito das políticas públicas e a substituição de omissões quantitativas e qualitativas do legislador. Compromisso entre o constitucionalismo moralmente reflexivo na linha de Häberle, Dworkin e Zagrebelski, o marxismo do "Direito Alternativo" e o "realismo jurídico", a leitura neoconstitucionalista gerou um fenómeno de puro decisionismo judicial que acabou por ditar um esboço de revisão das suas premissas por parte "dos seus "pais fundadores", manifestamente desconfortáveis pela emergência de um Estado judiciário difuso" que ameaça a certeza do direito e o equilíbrio orçamental dos estados e da Federação[1570]. Julga-se, realisticamente, que apenas num grave contexto de crise financeira a situação poderá ser invertida, não apenas através de emendas constitucionais (que se arriscariam a ser julgadas inválidas por ofensa a princípios implícitos nas cláusulas pétreas) mas por via de súmulas vinculantes ou decisões com efeito vinculante oriundas do Supremo Tribunal Federal.

2.3. Paradigmas hermenêuticos e conceções políticas sobre o Estado e o poder na Idade da informação

752. Em síntese, o facto de a Constituição ser uma lei de conteúdo político e natureza estruturante, jurisdicionalmente garantida e investida numa posição de supremacia jurídica, converte até certo ponto a metódica interpretativa das regras e princípios constitucionais numa questão de poder e, no extremo[1571], numa questão ideológica. De um modo ou de outro, a opção doutrinal e jurisdicional por um modelo hermenêutico de base jurídico-dogmática, ou por uma hermenêutica de base axiológica que permita ao

[1570] Luis Roberto Barroso "Ativismo Judicial e Legitimidade Democrática", in AAVV "Controlo de Constitucionalidade, Direitos Fundamentais", "Estudos Gilmar Mendes", Rio de Janeiro, p. 2010, p. 248 e 250 e seg.

[1571] No limite, na medida em que prevaleçam na esfera política posições extrema que suprimam ou reduzam drasticamente o poder da Justiça Constitucional no exercício da atividade interpretativa da Lei Fundamental ou que, ao invés, confiram a esta, uma dimensão jupiteriana de legislador material e censor das leis.

intérprete a livre escolha do método, não é neutra ou inconsequente sob um ponto de vista de político e constitucional.

Basta pensar que a conceção política e filosófica do intérprete-decisor (ou de um círculo concertado de intérpretes com poderes decisórios) relativa à organização do Estado e da sociedade pode, sob o invólucro de uma via hermenêutica fosca e complacente, segregar soluções interpretativas restritivas ou inovadoras. Soluções que, mediante fórmulas e padrões de concretização jurisprudencial (que conformam o direito "positivo" da Justiça Constitucional), criem uma normação constitucional material à margem da letra da Constituição, a partir da qual o juiz passa a condicionar o legislador democrático.

Neste sentido, algo haverá que reponderar, em Portugal, a respeito do uso banalizado da ponderação no processo interpretativo e de concretização de princípios colidentes.

A convocação da ponderação como critério único de julgamento da inconstitucionalidade de uma política pública, com projeção no universo social, resulta ser um instrumento excessivamente poderoso ao dispor da Justiça Constitucional. Isto, porque agrega uma componente de mérito, técnico e político, pouco ajustado ao exercício de uma função jurisdicional vocacionada para compor conflitos através da aplicação do direito e não através de padrões de referência situados fora dele. Num tempo de tensões políticas e sociais, poroso à reafirmação discreta (e subterrânea) de ideologias constitucionais interpretativistas, os juízos evanescentes de "razoabilidade" e, sobretudo, de "proporcionalidade estrita" através da ponderação, exibem alguma perigosidade institucional, já que permitem, mesmo com o uso de fórmulas de peso matematizadas, que a seleção dos princípios em colisão e a atribuição dos sobreditos pesos às correspondentes variáveis possam ser objeto de manipulações evidentes e portadoras de eficácia definitiva.

A ponderação entre princípios colidentes, que por via argumentativa admitem que uma dada situação problemática possa ser objeto de soluções antipódicas, só pode servir como juízo autónomo de inconstitucionalidade quando esta última for *evidente*, pelo que essa evidência deve *formalizar-se através de um largo assentimento decisório*. O contrário será transformar a ponderação num míssil sem controlo e num instrumento "interpretativo" para fazer política através da legitimação puramente formal da justiça togada.

753. No tempo presente e na esfera de uma sociedade internacional globalizada e interdependente, onde pontifica um modelo económico de mercado, a problemática do modelo de interpretação das leis e da Constituição deixou de ser uma questão puramente nacional ou paroquial, ou um limbo aristocrático de debates entre constitucionalistas e filósofos do direito, que demandam o ótimo inalcançável para a dignidade humana.

Na Idade da informação, *a clareza das normas e a sua interpretação estável pelos tribunais, mediante processos céleres está ligado a paradigmas de "boa governance" dos Estados.* Paradigmas que influem na sua classificação pelas agências de notação, a qual é, bem ou mal, pressuposto de um maior ou menor fluxo de investimento nacional e internacional, de uma maior ou menor dependência financeira dos Estados e de um maior progresso económico das sociedades.

Estados com um generoso sistema de prestações sociais, garantido ferreamente pelos tribunais, mas que se encontrem fortemente endividados e servidos por tribunais lentos, dogmáticos ou inconstantes nas suas decisões, são Estados propensos a uma baixa avaliação das agências de notação. Dessa notação pode derivar o risco evidente do de aumento dos juros da respetiva dívida soberana e a sua ulterior sujeição a programas de assistência financeira internacionais que acabam por gerar políticas restritivas que deitam por terra garantias constitucionais e conquistas sociais.

A certeza do direito passou a ser, nos membros da OCDE, um requisito de boa "governance". Constituições pautadas por princípios "neutros" ou privados de objeto definido, por preceitos ambíguos e por uma Justiça Constitucional apaixonada pelas suas próprias fórmulas ou padrões de concretização normativa ou que se mostre imprevisível na interpretação da lei Fundamental , são vistas pelos agentes económicos como constituições incertas que não favorecem a economia, os fluxos financeiros, o desenvolvimento económico e social e a garantia dos direitos dos cidadãos, nomeadamente no plano da liberdade, igualdade e propriedade. Daí não ser inocente que nos membros da OCDE, onde impera um modelo de Estado de direito democrático de matiz euro-americana, as técnicas de legística (métodos e técnicas tendentes a uma redação mais clara e precisa das normas e a uma avaliação do seu impacto como condição da sua eficácia[1572]) tenham ganho um enorme significado, migrando o debate para a

[1572] Carlos Blanco de Morais "Manual de Legística", Lisboa, 2007.

própria conceção das normas da União Europeia e para as próprias normas constitucionais.

Existe, neste ponto, uma clara intenção de responsabilização do legislador pela maior ou menor precisão da sua decisão normativa e respetivas consequências no plano de encargos, riscos e custos; pelo uso de técnicas de redação que reduzam necessariamente o leque de significados que podem defluir do texto; e pela limitação, consequente, do leque de escolhas do intérprete jurisdicional.

ÍNDICE

Introdução 7

PARTE I. O QUE É UMA CONSTITUIÇÃO? 11

CAPÍTULO I. A CONSTITUIÇÃO COMO NORMA FUNDAMENTAL DE UMA ORDEM JURÍDICA DE DOMÍNIO ESTATAL 13

1. Introdução conceptual 13
2. As relações de interdependência entre a Teoria Geral do Estado e a Teoria da Constituição 17
   - 2.1. Uma relação biunívoca em que o Estado assume carácter principal 17
   - 2.2. Nota sobre o influxo do supranacionalismo inorgânico e orgânico na arquitectura da Teoria do Estado e Teoria da Constituição 22

CAPÍTULO II. CLASSIFICAÇÃO DE CONSTITUIÇÕES 31

Secção I. Critério estrutural 31

1. Constituição em sentido institucional ou "absoluto" 32
   - 1.1. Conceito 32
   - 1.2. Nota sobre os atributos da aceção institucional de Constituição 33
     - *A. Uma noção polissémica* 33
     - *B. O Movimento Constitucionalista e o reforço da noção de "Constituição" como limite do poder político* 36
2. Constituição em sentido material 38
3. Constituição em sentido formal 41
   - 3.1. Noção 41
   - 3.2. Problemas de justaposição entre Constituição material e formal 42

SECÇÃO II. CRITÉRIO DE CODIFICAÇÃO NORMATIVA: CONSTITUIÇÃO INSTRUMENTAL E NÃO INSTRUMENTAL 43
4.1. Noção 43
4.2. A receção de normas constitucionais extravagantes 44

SECÇÃO III. CRITÉRIO PROCESSUAL 50
1. Constituições rígidas 51
2. Constituições flexíveis 53
3. Constituições semi-rígidas 54

SECÇÃO IV. CRITÉRIO TELEOLÓGICO 54
1. Constituições utilitárias 54
2. Constituições programáticas 55
2.1. Noção 55
2.2. Constituições programáticas sincréticas e prolixas 57

SECÇÃO V. CRITÉRIO ONTOLÓGICO 57
1. Noção 57
2. Constituições normativas 58
3. Constituições nominais 58
4. Constituições semânticas 59

SECÇÃO VI. CRITÉRIO DA UNIDADE AXIOLÓGICA E IDEOLÓGICA: CONSTITUIÇÕES SIMPLES E COMPROMISSÓRIAS 60

PARTE II. O MOVIMENTO CONSTITUCIONALISTA E AS METAMORFOSES DO ESTADO CONSTITUCIONAL 63

CAPÍTULO I. A "CONSTITUIÇÃO ANTIGA" E OS ESTADOS ESTAMENTAL E ABSOLUTO 65
1. Leis fundamentais e limitação difusa do poder real no "Estado de ordens" 65
2. Os limites ao poder real no Estado Absolutista 67

CAPÍTULO II. O ESTADO DE DIREITO E A CONSTITUIÇÃO MODERNA 71

SECÇÃO I. A FORMAÇÃO DO ESTADO LIBERAL DE DIREITO 71
1. Noção de Constituição Moderna 71
2. O Movimento constitucionalista 72

2.1. Introdução ao conceito de "constitucionalismo" 72
2.2. Nota sobre os antecedentes políticos e filosóficos do movimento constitucionalista 72
A. *O impacto diferido da "Glorious Revolution" britânica* 72
B. *O ideário político do iluminismo europeu continental* 77
2.3. Os três paradigmas dominantes do constitucionalismo liberal e a circulação de modelos 79
2.3.1. O movimento constitucionalista norte-americano 80
A. *Nota sobre o pensamento fundacional do constitucionalismo nos Estados Unidos da América* 80
B. *Tópicos sobre constitucionalismo norte, americano: a Constituição como direito supremo e a garantia efetiva das liberdades civis e políticas* 86
2.3.2. O constitucionalismo revolucionário francês: soberania popular e omnipotência da lei 90
A. *Nota breve sobre o influxo doutrinal dominante* 90
B. *Linhas de força do movimento constitucionalista francês* 92
2.3.3. O constitucionalismo pactuado e compromissório das monarquias dualistas 96
A. *Nota histórico, doutrinal* 96
B. *Traços dominantes do constitucionalismo dualista* 100
3. A matriz liberal de Constituição: Estado de direito democrático e Constituição utilitária 101

SECÇÃO II. O ESTADO SOCIAL E AS CONSTITUIÇÕES PROGRAMÁTICAS 102
1. Noções 102
2. Estado social de direito e reconfiguração do princípio da separação de poderes 103
3. Nota sobre o contexto histórico e político-institucional do despontar das constituições sociais 105
3.1. A "rebelião das massas" 105
3.2. Estado social e constitucionalização dos direitos sociais a prestações 109
A. *A fase embrionária da positivação jurídica de direitos sociais (1883-1917)* 109
B. *A constitucionalização dos direitos sociais nos novos regimes autocráticos* 111
C. *A constitucionalização dos direitos sociais no âmbito do Estado de direito democrático* 117
4. Nota sobre a crise do Estado social: evolução incerta para um Estado social "mínimo" ou para um modelo de Estado pós-social ? 122
4.1. O fim do modelo de "Estado proprietário" e intervencionista e a emergência do "Estado regulador" 122

4.2. Uma transição para um Estado social mínimo? 125
A. Crise no modelo capitalista e no modelo prestacional 125
B. A crise no sistema de integração social e política 126

PARTE III. SINOPSE SOBRE O CONSTITUCIONALISMO PORTUGUÊS 131

CAPÍTULO I. O CONSTITUCIONALISMO LIBERAL 133

SECÇÃO I. AS CONSTITUIÇÕES MONÁRQUICAS 133
1. A Constituição de 1822 133
1.1. Contexto histórico político 133
1.2. Forma de Exercício do poder constituinte 134
1.3. Fontes Cognitivas 134
1.4. Organização política 135
1.5. Organização territorial 135
1.6. Direitos fundamentais 136
1.7. Fiscalização e revisão constitucional 136
1.8. Vigência 136
2. A Carta Constitucional de 1826 137
2.1. Contexto histórico-político 137
2.2. Forma do exercício do Poder Constituinte 137
2.4. Fontes cognitivas 138
2.5. Organização política 138
2.6. Direitos fundamentais 140
2.7. Revisão e fiscalização constitucional 140
2.2. Vigência: as três "vidas" da Carta 141
3. A Constituição de 1838 141
3.1. Contexto Histórico-Político 141
3.2. Forma de exercício do poder constituinte 142
3.3. Fontes cognitivas 142
3.4. Organização política 142
3.5. Direitos fundamentais 143
3.6. Revisão e fiscalização da constitucionalidade 144
3.7. Vigência 144

SECÇÃO II. A CONSTITUIÇÃO REPUBLICANA DE 1911 144
1. Contexto histórico-político. 144
2. Forma de exercício do Poder Constituinte 145

3. Fontes cognitivas 146
4. Organização do poder político 146
4.1. O período 1911-1918 146
4.2. O período 1917-1918: o consulado sidonista 148
4.3. O período1919-1926: a agonia do parlamentarismo 148
5. Direitos fundamentais 149
6. Revisão constitucional e controlo de constitucionalidade 149
7. Vigência 150

CAPÍTULO II. AS CONSTITUIÇÕES SOCIAIS 151

SECÇÃO I. A CONSTITUIÇÃO DE 1933 151
1. Contexto histórico-político 151
2. Forma de exercício do poder constituinte 152
3. Fontes cognitivas 152
4. Organização do poder político 153
4.1. Caracterização geral 153
4.2. O Presidente da República 154
4.3. O Governo 155
4.4. O Parlamento 155
4.5. Os tribunais 156
5. Direitos fundamentais 157
6. Organização ultramarina 157
7. Revisão da Constituição e fiscalização da constitucionalidade 158
8. Vigência 159

SECÇÃO II. INTRODUÇÃO À CONSTITUIÇÃO DE 1976 160

SUBSECÇÃO I. A GÉNESE DA CONSTITUIÇÃO DA III REPÚBLICA 160
1. Contexto histórico-político 160
2. Forma de exercício do poder constituinte 164
2.1. Classificação 164
2.2. Nota sobre a formatação das linhas gerais do figurino constitucional pelo poder revolucionário 166
A. O Programa do Movimento das Forças Armadas 166
B. A Configuração do modelo constitucional através de pactos impostos pelo poder militar 167
3. Fontes Cognitivas 173
4. Sistema político 173
5. Direitos fundamentais 174

6. Organização territorial 174
7. Revisão constitucional e sistema de controlo da constitucionalidade 174
8. Vigência 175

PARTE IV. PODER CONSTITUINTE E TRANSFORMAÇÕES CONSTITUCIONAIS 177

CAPÍTULO I. O PODER CONSTITUINTE COMO ATO FUNDACIONAL DE UMA ORDEM JURÍDICA DE DOMÍNIO ESTATAL 179

SECÇÃO I. INTRODUÇÃO A UMA FONTE EXISTENCIAL DE DIREITO ESTRUTURANTE 179
1. Conceito de poder constituinte 179
2. Fundamento e atributos do poder constituinte 181
 2.1. Fundamentos históricos e políticos do conceito 181
 2.2. A natureza do poder constituinte 182
3. Tipologia 186
 3.1. Poder constituinte material e formal 186
  3.1.1. Razão de ser de uma distinção 186
  3.1.2. Modos de exercício do poder constituinte formal 187
 3.2. O poder constituinte revolucionário e o poder constituinte ditado por uma transição política 191
  A. Constituição e revolução 191
  B. A transição constitucional 192
 3.3. Poder constituinte soberano e não soberano 195
  A. O dogma soberanista do poder constituinte no liberalismo oitocentista 195
  B. O poder constituinte soberano 196
  C. Poder constituinte não soberano 198
 3.4. Poder constituinte soberano como decisão unilateral e como pacto 202
 3.5. Poder constituinte originário e derivado: objeções a uma fórmula antiga 204

SECÇÃO II. A PROBLEMÁTICA DOS LIMITES AO PODER CONSTITUINTE SOBERANO 206
1. Poder constituinte e soberania 206
2. Conceções que defendem a existência de limites ao poder constituinte soberano 207
 2.1. A problemática dos limites jurídicos "imanentes" e "transcendentes" 207

A. Apreciação crítica aos limites transcendentes 207
B. Os pretensos limites imanentes 210
2.3. A ausência de juridicidade nos chamados "limites estruturais" 221

CAPÍTULO II. TRANSFORMAÇÕES DA CONSTITUIÇÃO 225

SECÇÃO I. TIPOLOGIA SINÓPTICA SOBRE AS ALTERAÇÕES CONSTITUCIONAIS 225
1. Introdução 225
2. Alterações totais da Constituição – a transição constitucional e a revolução: noção e remissão 226
3. Alterações parciais da Constituição 226
3.1. Tipologia 226
3.2. Alterações expressas 226
A. A revisão constitucional: introdução e remissão 226
B. A derrogação constitucional com carácter derivado 228
3.3. As mutações informais da Constituição 230
A. Noção 230
B. Nota sobre as primícias e ciclos das mutações informais da Constituição 233
D. As fontes da mutação informal e o valor das normas objeto de transformação 235
E. Nota sobre algumas fontes de mutação informal 237
F. A problemática da existência de uma Constituição "não oficial" 245
G. O problema dos limites jurídicos às mutações constitucionais criadas pela Justiça Constitucional 249

SECÇÃO II. A REVISÃO CONSTITUCIONAL NA ORDEM JURÍDICA PORTUGUESA EM VIGOR 254
1. Revisão e conservação atualista da Constituição 254
2. Introdução às formas típicas de revisão constitucional em democracia 255
3. Os limites da revisão constitucional no ordenamento português. 257
3.1. Limites temporais 257
3.2. Limites formais 259
3.3. Limites circunstanciais 260
3.4. Limites materiais 261
A. Da existência de limites materiais intangíveis 261
B. A dupla revisão e o problema da subsistência de limites materiais intangíveis: equação do problema 266
C. Síntese da posição adotada: necessidade de observância de limites materiais "intangíveis" pelo poder de revisão 271
4. O processo de revisão da Constituição de 1976 276

4.1. Órgão competente 276
4.2. Fases processuais 276
A. Iniciativa 276
B. Instrução 278
C. Fase constitutiva 279
D. Fase certificatória 280
E. Fase integrativa de eficácia 282

PARTE V. PARA QUE SERVE UMA CONSTITUIÇÃO?: OS NOVOS DESAFIOS À TEORIA DA CONSTITUIÇÃO NUM ESTADO SOCIAL EM TRANSFORMAÇÃO 285

CAPÍTULO I. TEORIA DA CONSTITUIÇÃO E REDEFINIÇÃO DAS TAREFAS DO ESTADO DE DIREITO 287
1. Premissa: uma influência biunívoca entre a teorética do Estado de direito e da Constituição 287
2. A Constituição e a definição das tarefas do Estado 288
2.1. A Teoria da Constituição e as teorias constitucionais sobre o papel e as tarefas da Constituição e do Estado 288

CAPÍTULO II. ACEÇÕES DE CONSTITUIÇÃO NO ESTADO DE DIREITO DEMOCRÁTICO 295

SECÇÃO I. INTRODUÇÃO CONTEUDÍSTICA E METÓDICA 295

SECÇÃO II. OS SUPRAPOSITIVISMOS NA TEORIA DA CONSTITUIÇÃO 296

SUBSECÇÃO I. A CONSTITUIÇÃO JUSNATURALISTA: UMA ORDEM SUPERIOR DE VALORES DE FONTE ÉTICA E METAFÍSICA 296
1. Síntese 296
2. Nota sobre a evolução do pensamento constitucional jusnaturalista 298
2.1. As primícias pré-constitucionais: do império da "lei eterna" à secularização do Direito Natural 298
A. Antiguidade Clássica 298
B. O Pensamento tomista 299
C. A secularização do Direito Natural 300
D. Eclipse e revivescência do pensamento jusnaturalista 302
2.2. Teorias constitucionais dominantes 304
A. O institucionalismo jus-naturalista 304
B. A teologia constitucional 310

Subsecção II. A Constituição moralmente reflexiva 316
1. Síntese 316
1.1. Introdução ao constitucionalismo integrador e axiologicamente aberto 316
1.2. Linhas de força 317
2. Nota sobre as diversas facetas do moralismo reflexivo 320
2.1. As raízes: A "teoria da integração" 320
2.2. Os teóricos da Constituição como instrumento de integração 325
A. A Constituição como ordem moralmente reta e juridicamente efetiva 325
B. A Constituição como processo público aberto ao influxo jurídico e cultural transnacional 333
2.3. O moralismo principiológico 338

Subsecção III. Neoconstitucionalismo e dirigismo constitucional 350
1. Síntese 350
2. Neoconstitucionalismo e neoconstitucionalistas 352

Subsecção IV. O constitucionalismo "cosmopolita multinível" 360

Secção III. A Constituição positivista 373
3.1. Síntese 373
3.2. Nota sobre a Constituição positiva e os seus teóricos 377
A. O normativismo: a Constituição como norma de referência da ordem jurídica do Estado 377
B. O positivismo eclético das Escolas de Pádua e S. Paulo: a Constituição como fonte de normas e Lei estruturante da forma de Estado e de governo 385
C. O positivismo existencialista: a Constituição como decisão política fundamental 389
D. O positivismo sociológico: a Constituição procedimental do Estado de direito 398

CAPÍTULO III. POSIÇÃO ADOTADA 405

Secção I. Uma aceção positiva de Constituição 405
1. O objeto da Ciência do Direito Constitucional: a Constituição como Lei 405
2. Teoria geral da Constituição e teorias constitucionais 407
3. Por uma aceção jurídico-positiva da Constituição 409

Secção II. Pontos focais de uma teoria positiva de Constituição 409
1. Estado e Constituição 409
2. Sentido dogmático e sentido ideal de Constituição 419

3. Poder constituinte e Constituição 420
3.1. O poder constituinte como decisão e a Constituição como direito decidido 420
3.2. A Constituição como norma decidida e não como contrato social 423
3.3. A incondicionalidade jurídica da decisão constituinte 425
4. Funções da Constituição 427
4.1. A função integradora da unidade política do Estado e dos seus vínculos internacionais 428
4.2. A função legitimadora do Regime político 430
4.3. A função de organização e limitação do poder político 431
4.4. A função estruturante do sistema jurídico-normativo 432
4.5. A função de garantia do sistema de direitos fundamentais 437
4.6. A função concetiva das tarefas fundamentais do Estado 442
5. A estrutura normativa da Constituição: regras e princípios com um regime aplicativo e interpretativo diverso 445
6. O paradigma hermenêutico: o método jurídico de interpretação ajustado à especificidade das normas constitucionais 446

PARTE VI. A CONSTITUIÇÃO COMO NORMA DE REFERÊNCIA DO ORDENAMENTO JURÍDICO 449

CAPÍTULO I. A ORDENAÇÃO SISTEMÁTICA DA CONSTITUIÇÃO 451

CAPÍTULO II. A ESTRUTURA POLÍTICO-NORMATIVA DAS CONSTITUIÇÕES RÍGIDAS 453

SECÇÃO I. O PREÂMBULO 453
1. Conceito e natureza 453
2. Da irrelevância jurídica do preâmbulo da Constituição de 1976 456

SECÇÃO II. INTRODUÇÃO ÀS NORMAS CONSTITUCIONAIS 459

SUBSECÇÃO I. PRECEITO E NORMA CONSTITUCIONAL 459

SUBSECÇÃO II. TIPOLOGIA DAS NORMAS CONSTITUCIONAIS 460
1. Critério funcional 460
2. Critério da determinabilidade 462
2.1. Introdução às regras e princípios 462
2.2. Conceitos 463
2.3. Relações entre regras e princípios 463
2.4. Abertura das normas constitucionais 466

2.5. Sinopse sobre os princípios normativos fundamentais da Constituição portuguesa de 1976 470
2.5.1. Princípios reitores do Estado de direito 471
A. Princípio da independência nacional 471
B. Princípio da dignidade da pessoa humana 474
C. Princípio da proteção constitucional reforçada dos direitos, liberdades e garantias 480
D. Princípio da proporcionalidade 482
E. Princípios da segurança jurídica e da proteção da confiança 488
F. Princípio da igualdade 497
G. Princípio de acesso aos tribunais e a uma tutela jurisdicional efetiva 501
H. Princípios da constitucionalidade e da legalidade 505
2.5.2. Princípios de ordem política 506
A. Princípio da separação com interdependência de poderes 506
B. Princípio democrático 510
C. Princípio do Estado unitário: remissão 515
D. Princípio do Estado social 515
2.6. Nota complementar sobre a natureza e operatividade das regras e dos princípios constitucionais 516
2.6.1. As regras constitucionais 516
A. Natureza e função 516
B. Colisões entre regras constitucionais 518
C. Eficácia das regras: remissão 519
2.6.2. Princípios normativos 519
A. Natureza e atributos 519
B. Funções 524
C. Princípios e sub-princípios 525
E. Introdução às colisões entre princípios constitucionais 525
2.6.3. Relações entre regras e princípios 527
A. Critérios distintivos 527
B. Linhas de força de uma distinção tendencial 529
3. Critério do regime de aplicabilidade normativa 534
3.1. Introdução às diferenças estruturais entre normas constitucionais quanto à sua aplicabilidade e efetivação 534
3.2. Tipologia 535
A. Classificação adotada 535
B. As normas precetivas exequíveis por si próprias 537
C. Normas precetivas não exequíveis por si próprias ou normas de eficácia diferida 541
D. Normas programáticas 543

CAPÍTULO III. NOTA SOBRE O REGIME DE EXEQUIBILIDADE DAS NORMAS CONSTITUCIONAIS SOBRE DIREITOS FUNDAMENTAIS 549

SECÇÃO I. CONCEPTUALIZAÇÃO BÁSICA DOS DIREITOS FUNDAMENTAIS 549

1. Razão de ordem 549
2. Conceitos básicos 551
   2.1. Conceito de direito fundamental 551
      A. As pessoas como titulares dos direitos fundamentais 551
      B. As posições jurídicas ativas 552
      C. A fundamentalidade dos direitos 553
3. Direitos liberdades e garantias e direitos sociais 553

SECÇÃO II. A QUERELA RELATIVA À DIFERENCIAÇÃO DE REGIME JURÍDICO ENTRE DIREITOS, LIBERDADES E GARANTIAS E DIREITOS SOCIAIS 555

SUBSECÇÃO I. A TESE DA "UNIDADE DOGMÁTICA" ENTRE DIREITOS, LIBERDADES E GARANTIAS E DIREITOS SOCIAIS NA DOUTRINA PORTUGUESA 555

1. O reforço das garantias dos direitos sociais no centro de uma disputa jurídica, política e financeira 555
2. A colocação do problema da unidade dogmática entre direitos fundamentais e o seu contexto 557
   2.1. A dignidade da pessoa humana como fundamento de idêntica relevância material entre direitos de liberdade e direitos sociais 557
   2.2. A exigibilidade de prestações financeiras do Estado nos dois tipos de direitos e a relativização da reserva do possível como critério diferencial 558
   2.3. Regimes de aplicabilidade direta regeriam em dimensões diversas direitos de liberdade e direitos sociais 559
   2.4. O "*status*" de direito subjetivo não seria um atributo exclusivo dos direitos de liberdade 560
   2.5. Escassa relevância da sistematização constitucional como critério diferenciador entre direitos de liberdade e direitos sociais 560
   2.6. Negação do relevo prático de um sistema de proteção privilegiada aos direitos, liberdades e garantias 561
      A. Sujeição das duas categorias de direitos aos mesmos princípios constitucionais estruturantes 561
      B. Ausência de consequências práticas na atribuição de um regime reforçado de proteção aos direitos liberdades e garantias nos artigos 18º, 19º e 288º da CRP 562
      C. Imperativos de idêntica justiciabilidade 563

2.7. Critérios constitucionais que fariam subsistir uma diferença de regimes 564
A. Um critério orgânico da reserva parlamentar de lei não materialmente fundado como atributo do regime específico dos direitos, liberdades e garantias 564
B. O critério da aplicabilidade direta dos direitos, liberdade e garantias e a sua relativização 564
2.8. Supostos fatores de desvalorização dos direitos sociais 565
3. Posição adotada: um regime constitucional reforçado de proteção dos direitos civis e políticos 566
3.1. Ordem jurídica portuguesa: a natureza primacial dos direitos, liberdades e garantias 566
3.2. Fundamentos do regime privilegiado dos direitos de liberdade 567
A. A supremacia material dos direitos de liberdade sobre os direitos sociais como um imperativo de axiologia constitucional 567
B. A diferença qualitativa e quantitativa das obrigações prestacionais do Estado na esfera dos direitos liberdades e garantias e dos direitos sociais 571
C. A refração da supremacia substancial dos direitos liberdades e garantias na sistematização constitucional dos direitos fundamentais 573
D. Reservas sobre a dimensão subjetiva dos direitos sociais a prestações constantes da Constituição 575
E. A relevância do regime constitucional privilegiado de defesa dos direitos, liberdades e garantias 578

SUBSECÇÃO II. APONTAMENTO SOBRE A TESE DA INDIVISIBILIDADE DOS DIREITOS FUNDAMENTAIS NO BRASIL 588
1. Sinopse sobre a unidade dogmática entre direitos fundamentais no ordenamento brasileiro 588
1.1. Algumas diferenças estruturais no regime jurídico-normativo dos direitos sociais nos ordenamentos brasileiro e português 588
1.2. Introdução às linhas teóricas relativas à "indivisibilidade" entre direitos fundamentais 590
1.3. Teoria e prática judicial da construção unitária dos direitos fundamentais: a construção à margem da Constituição de um controlo difuso de constitucionalidade por omissão 593
1.4. "Virada doutrinal" na esfera da corrente defensora da indivisibilidade entre direitos fundamentais 596
2. Fragilidades da tese da indivisibilidade de direitos 599

CAPÍTULO III. O REGIME DE APLICABILIDADE DAS NORMAS CONSTITUCIONAIS COMO QUESTÃO CENTRAL DE ORGANIZAÇÃO DOS PODERES E DE CONCEÇÃO DE CONSTITUIÇÃO 603

1. Teoria da Constituição e a geometria variável do regime de aplicabilidade das normas constitucionais 603
2. Teoria da Constituição e o discurso do dirigismo constitucional 603
3. Teorias da interpretação e aplicabilidade das normas constitucionais: remissão 605

PARTE VII. A INTERPRETAÇÃO DA CONSTITUIÇÃO COMO TÉCNICA E COMO PODER 607

CAPÍTULO I. HERMENÊUTICA E INTERPRETAÇÃO CONSTITUCIONAL 609

SECÇÃO I. CONCEITOS 609

1. Interpretação de normas constitucionais 609
   1.1. Noção 609
   1.2. Estádios elementares de um processo interpretativo 609
   1.3. Interpretação em sentido amplo, interpretação inferente e interpretação em sentido estrito 611
   1.4. Interpretação da lei e interpretação da Constituição 613
   1.5. Os intérpretes da Constituição 614
2. A Hermenêutica constitucional 618
   2.1. Conceito 616
   2.2. Os métodos do processo hermenêutico 617

SECÇÃO II. TEORIA DA CONSTITUIÇÃO E METODOLOGIA INTERPRETATIVA 618

SUBSECÇÃO I. POSIÇÃO ADOTADA: O MÉTODO JURÍDICO COMO BASE DE REFERÊNCIA HERMENÊUTICA ADAPTADO ÀS ESPECIFICIDADES NORMATIVAS DA CONSTITUIÇÃO 618

1. Linhas de força de um modelo hermenêutico objetivista 618
2. Reflexões sobre o modelo hermenêutico adotado 619
   2.1. O método jurídico como condição de uma interpretação constitucional conforme à Ciência do Direito 619
   2.2. A Teoria da Constituição como pressuposto de uma seleção de métodos e técnicas de interpretação das normas constitucionais 620
   3.1. Teoria da Constituição e teoria da interpretação 620

3.2. Pontos de compromisso entre o método jurídico e o método concretizador 623
4. Integração de cânones e pontos de vista interpretativos específicos do Direito Constitucional nos elementos típicos da interpretação e nos mecanismos de controlo da solução interpretativa proposta 627

SUBSECÇÃO II. CRITÉRIOS METODOLÓGICOS DE INTERPRETAÇÃO CONSTITUCIONAL 628
1. A interpretação de regras constitucionais 628
1.1. O processo interpretativo 628
1.2. Fase cognitiva e programa normativo: os elementos interpretativos e os respetivos cânones 629
1.2.1. O elemento textual 629
1.2.2. Os elementos lógico e sistemático 634
A. A interpretação sistemática 634
B. Interpretação lógica 635
C. Cânones hermenêuticos com relevo para os elementos lógico e sistemático de interpretação 637
1.2.3. O Elemento histórico 639
A. Um estádio de interpretação de composição heteróclita 639
B. Precedentes interpretativos 640
C. Occasio Legis 643
D. A dimensão genética 644
E. A Comparação 646
F. Cânones 648
1.2.4. Os elementos teleológico e axiológico 649
A. A articulação entre dois elementos autónomos 649
B. O elemento teleológico 649
C. Interpretação axiológica 651
D. Cânones hermenêuticos 652
1.2.5. A correção como momento conclusivo do programa normativo 652
1.3. A fase de concretização 655
2. Introdução à interpretação de princípios constitucionais 660
2.1. Elementos comuns e disjuntivos com o processo de interpretação de regras 660
A. Os princípios como parâmetros diretos de controlo de constitucionalidade 660
B. Etapas hermenêuticas idênticas e complementos metódicos da interpretação de princípios 661

2.2. Breves observações sobre o programa normativo 663
A. O texto 663
B. O alcance do elemento lógico-sistemático 664
C. O relevo jurisprudencial do elemento histórico 664
D. A elasticidade dos elementos teleológicos e axiológicos 666
2.3. A concretização 667
A. A densificação de um princípio no quadro de operações subsuntivas e integrativas 668
B. Relações de precedência entre princípios colidentes 669
C. Apontamento sobre as colisões entre princípios e o juízo de ponderação na esfera da interpretação de normas relativas a direitos fundamentais 670

CAPÍTULO II. NOTAS E REFLEXÕES SOBRE O PROBLEMA DA INTERPRETAÇÃO CONSTITUCIONAL COMO UMA QUESTÃO DE PODER 685
1. As conceções doutrinais de Estado e de Constituição e os correspondentes paradigmas hermenêuticos 685
2. Tensão entre "ideologias da interpretação" e o seu impacto nos princípios democrático, da segurança jurídica e da separação de poderes 688
2.1. Uma questão de poder 688
2.2. "Ideologias" da interpretação constitucional 690
2.2.1. Uma aproximação reducionista do problema: as "ideologias" estática e dinâmica da interpretação 690
2.2.2. A revelação de maiores evidências das "ideologias interpretativas" através das sensibilidades mais extremas do positivismo, suprapositivismo e posicionamentos ideológicos híbridos 693
2.3. Paradigmas hermenêuticos e conceções políticas sobre o Estado e o poder na Idade da informação 704

